Schweizerische Kirchenrechtsquellen IV
Sources du droit ecclésial suisse IV

Schweizerisches Jahrbuch für Kirchenrecht
Beiheft 6

Annuaire suisse de droit ecclésial
Cahier 6

PETER LANG
Bern · Berlin · Bruxelles · Frankfurt am Main · New York · Oxford · Wien

Schweizerische Kirchenrechtsquellen
Sources du droit ecclésial suisse

IV: Evangelisch-reformierte Kirchenverfassungen der Schweiz
Le droit constitutionnel des églises évangeliques réformées de la Suisse

Von/Par
Jakob Frey & Dieter Kraus

PETER LANG
BERN · BERLIN · BRUXELLES · FRANKFURT AM MAIN · NEW YORK · OXFORD · WIEN

Bibliografische Information Der Deutschen Bibliothek
Die Deutsche Bibliothek verzeichnet diese Publikation in der Deutschen Nationalbibliografie; detaillierte bibliografische Daten sind im Internet über ‹http://dnb.ddb.de› abrufbar.

ISBN 978-3-0343-0075-9
ISSN 1422-3163

Hochfeldstrasse 32, CH-3012 Bern
info@peterlang.com, www.peterlang.com, www.peterlang.net

Inhaltsverzeichnis

Beiheft 6 (2009)

Vorwort ... 11

Abkürzungen ... 13

Einleitung ... 15

Texte (in alphabetischer Reihung der Kantone)

Aargau (Argovie) ... 41

– Organisationsstatut der Evangelisch-Reformierten Landeskirche des Kantons Aargau vom 21. November 1984 ... 41

Appenzell ... 47

– Kirchenverfassung der evangelisch-reformierten Landeskirche beider Appenzell vom 26. November 2000 ... 47

Basel-Landschaft (Bâle-Campagne) ... 63

– Verfassung der Evangelisch-reformierten Kirche des Kantons Basel-Landschaft vom 8. Juli 1952 ... 63

Basel-Stadt (Bâle-Ville) ... 79

– Verfassung der Evangelisch-reformierten Kirche des Kantons Basel-Stadt vom 21. November 1910 ... 79

Bern/Berne ... 101

– Verfassung der Evangelisch-reformierten Landeskirche des Kantons Bern vom 19. März 1946 ... 101

– Constitution de l'Eglise nationale réformée évangélique du canton de Berne, du 19 mars 1946 115

Fribourg/Freiburg 129
– Constitution ecclésiastique de l'Eglise évangélique réformée du canton de Fribourg, du 26 mai 1997 129
– Kirchenverfassung der Evangelisch-reformierten Kirche des Kantons Freiburg vom 26. Mai 1997 141

Genève (Genf) 153
– Constitution de l'Eglise protestante de Genève, du 7 juillet 1908 153

Glarus (Glaris) 171
– Verfassung für die Evangelisch-Reformierte Landeskirche des Kantons Glarus vom 26. November 1989 171

Graubünden/Grigioni (Grisons) 185
– Verfassung der Evangelisch-reformierten Landeskirche des Kantons Graubünden vom 26. Februar 1978 185
– Costituzione della Chiesa evangelica riformata del Cantone Grigioni, del 26 febbraio 1978 197

Jura 209
– Constitution de l'Eglise réformée évangélique de la République et Canton du Jura, du 29 juin 1979 209

Luzern (Lucerne) 223
– Verfassung der Evangelisch-Reformierten Kirche des Kantons Luzern vom 28. November 1968 223

Neuchâtel (Neuenburg) 245
– Constitution de l'Eglise reformée évangélique du canton de Neuchâtel, du 25 mars 1979 245

Nidwalden (Nidwald) ... 261
- Verfassung für die Evangelisch-Reformierte Kirche des Kantons Nidwalden vom 22. Mai 2002 ... 261

Obwalden (Obwald) ... 269
- Kirchenorganisation der Evangelisch-reformierten Kirchgemeinde Obwalden (alter Kantonsteil) vom 30. November 1989 ... 269
- Kirchenorganisation der Evangelisch-reformierten Kirchgemeinde Engelberg vom 14. September 1972 ... 278
- Organisationsstatut des Verbandes der evangelisch-reformierten Kirchgemeinden Obwalden vom 10./17. Februar 2002 ... 287

St. Gallen (Saint-Gall) ... 291
- Verfassung der Evangelisch-reformierten Kirche des Kantons St. Gallen vom 13. Januar 1974 ... 291

Schaffhausen (Schaffhouse) ... 305
- Verfassung der Evangelisch-reformierten Kirche des Kantons Schaffhausen vom 22. September 2002 ... 305

Schwyz (Schwytz) ... 323
- Verfassung der Evangelisch-reformierten Kantonalkirche Schwyz vom 13. Juni 1996 ... 323

Solothurn (Soleure) ... 337
- Verfassung der evangelisch-reformierten Kirche Kanton Solothurn vom 5. Juni 2005 ... 337
- Ordnung des Verbandes der evangelisch-reformierten Synoden des Kantons Solothurn vom 9. November 2002 ... 347

Thurgau (Thurgovie) ... 351
- Verfassung der Evangelischen Landeskirche des Kantons Thurgau vom 27. November 2000 ... 351

Ticino (Tessin) ... 373
– Statuti della Chiesa evangelica riformata nel Ticino, del 30 ottobre 1976 ... 373
– Statuten der evangelisch-reformierten Kirche im Tessin vom 30. Oktober 1976 ... 380

Uri ... 387
– Organisationsstatut der Evangelisch-Reformierten Landeskirche Uri vom 22. April 1986/19. November 2001 ... 387

Valais/Wallis ... 397
– Constitution de l'Eglise réformée évangélique du Valais (EREV), du 4 novembre 1972 ... 397
– Verfassung der Evangelisch-reformierten Kirche des Wallis vom 4. November 1972 ... 406

Vaud (Waadt) ... 415
– Règlement général d'organisation de l'Eglise évangélique réformée du Canton de Vaud, du 31 août 2007 ... 415

Zug (Zoug) ... 425
– Gemeindeordnung der evangelisch-reformierten Kirchgemeinde des Kantons Zug vom 24. August 1997 ... 425

Zürich (Zurich) ... 441
– Kirchenordnung der evangelisch-reformierten Landeskirche des Kantons Zürich vom 2. Juli 1967 ... 441

Anhang:

Schweizerischer Evangelischer Kirchenbund (SEK), **Fédération des Eglises protestantes de Suisse** (FEPS), **Federazione delle Chiese evangeliche della Svizzera** (FCES) ... 489
– Verfassung des Schweizerischen Evangelischen Kirchenbundes vom 13. Juni 1950 ... 489

– Constitution de la Fédération des Eglises protestantes de Suisse, du 13 juin 1950 ... 497
– Costituzione della Federazione delle Chiese evangeliche della Svizzera, del 13 giugno 1950 ... 505

Mitarbeiter dieses Beiheftes ... 513
Anschriften der Herausgeber des Jahrbuchs ... 514

Vorwort

Beiheft 6/2009 zum SJKR

Wir freuen uns, mit diesem sechsten Beiheft zum SJKR einen weiteren Band der Schweizerischen Kirchenrechtsquellen vorlegen zu können. Er folgt auf die bisher erschienenen Bände zum kantonalen Staatskirchenrecht (Band I), zum Religionsrecht des Bundes (Band II) sowie zu den Konkordaten und weiteren Verträgen zwischen Staat und Religionsgemeinschaften (Band III)[1].

Dieser vierte Band der Schweizerischen Kirchenrechtsquellen umfasst das Verfassungsrecht der reformierten Kirchen der Schweiz gemäss dem Stand vom 1. Januar 2009, unter Beschränkung auf die öffentlichrechtlich anerkannten Kirchen und unter Einbezug des Schweizerischen Evangelischen Kirchenbundes. Während die bisherigen Bände im Wesentlichen auf das religionsbezogene staatliche Recht ausgerichtet waren, wird mit diesem Band nun erstmals schwerpunktmässig das eigene, innere Recht der Kirchen in den Blick genommen[2].

Die Schweizerische Vereinigung für evangelisches Kirchenrecht sowie die evangelisch-reformierten Kirchen der Schweiz haben zu diesem Beiheft sowohl ideell als auch finanziell beigetragen. Dafür sei ihnen unser aufrichtiger Dank ausgesprochen.

Jakob Frey und Dieter Kraus

1 Bibliographische Nachweise zu den bisherigen Bänden des Gesamtprojektes:
- Schweizerische Kirchenrechtsquellen I: Kantonales Recht, hg. von *Jakob Frey*, SJKR-Beiheft 2 (1999), Bern 1999;
- Schweizerische Kirchenrechtsquellen II: Religionsrecht des Bundes, hg. von *Jakob Frey* und *Peter Karlen*, SJKR-Beiheft 3 (2000), Bern 2000;
- Schweizerische Kirchenrechtsquellen III: Konkordate und weitere Verträge, hg. von *Christoph Winzeler* i.V.m. dem Institut für Religionsrecht der Universität Freiburg/Schweiz, SJKR-Beiheft 5 (2004), Bern 2004.

2 Ergänzungen zu den einzelnen Bänden der Kirchenrechtsquellen finden sich wie üblich im Dokumentationsteil des SJKR.

Abkürzungen

Nachfolgend werden die in diesem Beiheft verwendeten Abkürzungen von Gesetzen und Gesetzessammlungen aufgelöst.

bGS [AR]	Bereinigte (systematische) Gesetzessammlung des Kantons Appenzell A. Rh.
BGS [SO]	Bereinigte Sammlung der solothurnischen Erlasse (Systematische Gesetzessammlung)
BGS [ZG]	Bereinigte Gesetzessammlung des Kantons Zug
BR	Bündner Rechtsbuch
BSG	Bernische Systematische Gesetzessammlung
BV	Bundesverfassung
CCS	Code civil suisse
CE	Constitution ecclésiastique, Constitution de l'Eglise
CSC	Collezione sistematica del diritto cantonale grigionese
GDB [OW]	Gesetzesdatenbank (Obwalden)
GRB	Grossratsbeschluss
GS [AI]	Gesetzessammlung des Kantons Appenzell I. Rh.
GS [GL]	Sammlung des glarnerischen Rechts
KES	Kirchliche Erlasssammlung (Bern)
KGS [BL]	Kirchliche Gesetzessammlung (Basel-Landschaft)
KGS [GR]	Kirchliche Gesetzes-Sammlung (Graubünden)
KiO	Kirchenordnung
KiOrg	Kirchenorganisation
Kirchl. GSlg.	Kirchliche Gesetzessammlung
KiV	Kirchenverfassung
KV	Kantonsverfassung
LB	Landbuch des Kantons Obwalden
LS	Zürcher Loseblattsammlung
NG	Nidwaldner Gesetzessammlung
OS	Organisationsstatut
RB [TG]	Thurgauer Rechtsbuch
RB [UR]	Urner Rechtsbuch

RE	Règlement ecclésiastique
RL	Raccolta delli leggi vigenti del Cantone Ticino
RLE	Recueil des lois ecclésiales (Berne)
RGO	Règlement général d'organisation (Vaud)
RS	Recueil systématique du droit fédéral / Raccolta sistematica del diritto federale
RS/VS	Recueil systématique des lois cantonales [valaisannes] depuis 1954 et 2000
RSB	Recueil systématique des lois bernoises
RSF	Recueil systématique de la législation fribourgeoise
RSG	Recueil officiel systématique de la législation genevoise en vigueur
RSJU	Recueil systématique du droit jurassien
RSV	Recueil systématique de la législation vaudoise
SAR	Systematische Sammlung des Aargauischen Rechts
SG	Systematische Gesetzessammlung des Kantons Basel-Stadt
SGF	Systematische Gesetzessammlung des Kantons Freiburg
sGS [SG]	Systematische Gesetzessammlung des Kantons St. Gallen
SGS [BL]	Systematische Gesetzessammlung des Kantons Basel-Landschaft
SGS/VS	Systematische Gesetzessammlung des Kantons Wallis seit 1954
SHR	Schaffhauser Rechtsbuch
SR	Systematische Sammlung des Bundesrechts
SRL	Systematische Rechtssammlung des Kantons Luzern
SRLA	Systematische Rechtssammlung der Reformierten Landeskirche Aargau
SRSZ	Systematische Gesetzessammlung (Kanton Schwyz)
StGB	Schweizerisches Strafgesetzbuch
ZGB	Schweizerisches Zivilgesetzbuch

SJKR/ASDE Beiheft 6 (2009), S. 15-39

Einleitung

Evangelisch-reformierte Kirchenverfassungen der Schweiz

von Jakob Frey/Dieter Kraus

I. Vorbemerkung

Das evangelische Kirchenrecht bezeichnet mit dem Begriff ‚Kirchenverfassung' das rechtliche Grundstatut einer Kirche bzw. dasjenige eines institutionalisierten Zusammenwirkens von Kirchen. Eine Kirchenverfassung ist damit eine grundlegende Normengesamtheit, die ihrem Gegenstand eine rechtliche Gestalt gibt: Ordnender Wille wird in sprachliche Form gebracht und mit normativer Kraft ausgestattet. Die Bestimmung von Aufgaben und Zielen, Rechten und Pflichten sowie die Einrichtung und Ausgestaltung von Ämtern, Zuständigkeiten und Verfahren zeigen die Mittel und Wege an, mit denen und auf denen die verfasste Kirche sich rechtlich bauen will[1].

II. Kirchenverfassungen und Kirchenordnungen

Die evangelisch-reformierten Kirchenverfassungen der Schweiz handeln üblicherweise von Aufgabe und Aufbau der Kirche, den kirchlichen Organstrukturen und Mitgliedschaftsverhältnissen, der Stellung der Kirche

1 *Dieter Kraus*, Revisionen reformierter Kirchenverfassungen und Kirchenordnungen in der Schweiz – Themen und Tendenzen, in: Das Recht der Kirche, hg. von Cla Reto Famos und Ingolf U. Dalferth, Zürich 2004, S. 27 ff. (28).

im schweizerischen und weltweiten Protestantismus sowie ihrer Beziehung zum Staat. Auffällig ist, dass die Kirchenverfassung regelmässig ergänzt wird durch eine Kirchenordnung, die in vielerlei Hinsicht stärker ins Einzelne gehende Vorschriften enthält. Im Verhältnis dieser beiden Dokumente geht es in der Kirchenverfassung typischerweise um die grundsätzlichen und organisatorischen Dinge, während sich die Kirchenordnung vor allem den Formen und Weisen kirchlichen Handelns widmet. Eine Kirchenordnung ist demgemäss sowohl vom Begriff her als auch in der Praxis nicht lediglich eine der Kirchenverfassung nachgeordnete Ausführungsnorm. Sie hat einen anderen, eigenen Regelungsgegenstand, der ebenfalls auf grundlegende Aspekte bezogen ist und zu demjenigen der Kirchenverfassung in einem Ergänzungsverhältnis steht[2]. Eine vollständige Beschreibung der Kirchenverfassung einer evangelisch-reformierten Kantonalkirche muss daher beide Dokumente in ihrem Zusammenhang und in ihrer Wechselwirkung sehen[3]. In diesem Sinne lässt sich ein weiterer von einem engeren Begriff von Kirchenverfassung unterscheiden. Während ersterer Kirchenverfassung mitsamt Kirchenordnung meint, bezeichnet letzterer lediglich das Dokument, das die grundsätzlichen und organisatorischen Dinge ordnet und das heutzutage meist Kirchenverfassung genannt wird[4].

Die Aufteilung grundlegender Gehalte auf zwei Dokumente erinnert an die traditionelle Unterscheidung von inneren und äusseren Angelegenheiten, dadurch dass grosso modo die Kirchenverfassung häufig gewisse sog. äussere, die Kirchenordnung hingegen eher sog. innere Angelegenheiten regelt. Dies zieht bedeutsame Konsequenzen nach sich. Zum einen ist die Reichweite des kantonalen Genehmigungserfordernisses für das landeskirchliche Grundstatut zu nennen. Diejenigen Kantone, die ein derartiges Genehmigungserfordernis vorsehen, beziehen es üblicherweise allein auf die Kirchenverfassung, nicht aber auf die Kirchenordnung. Alle in der Kirchenordnung geregelten Dinge werden so rechtstechnisch genehmigungsfrei. Zum anderen bewirkt diese Aufteilung, dass die Bedeutung der Kirchenverfassung mit fortschreitender Entflechtung von Kirche

2 Siehe dazu die beispielhafte Beschreibung der Kirchenverfassung und der Kirchenordnung in einigen Kantonen, hinten IV S. 20 ff.

3 Eine Liste der evang.-reform. Kirchenordnungen der Schweiz findet sich am Ende dieser Einleitung (hinten S. 36 ff.).

4 Im Folgenden wird der Begriff Kirchenverfassung in jenem engeren Sinne verwendet.

und Staat zunimmt. Denn sofern und soweit gewisse sog. äussere Angelegenheiten staatlicherseits geregelt und damit wesentliche kirchliche Organisationsstrukturen in der Kantonsverfassung und der ihr nachgeordneten kantonalen Gesetzgebung bestimmt wurden bzw. noch werden, besteht für eine ‚Kirchenverfassung' zur Regelung eben solcher Angelegenheiten und Strukturen nur wenig Anlass. Je stärker sich der Kanton jedoch aus diesen Angelegenheiten zurückzieht und je grösser die Organisationsautonomie der öffentlichrechtlich anerkannten Kirchen wurde bzw. wird, desto wichtiger und notwendiger wird es für die Kirchen, diese Dinge selbst zu bestimmen. Regelungsort hierfür ist das kantonalkirchliche Recht, und dort an erster Stelle die Kirchenverfassung.

Das Gewicht der Kirchenverfassungen hat ferner durch eine stärkere theologische Durchdringung ihrer Regelungsgegenstände zugenommen. Kirchenverfassungen wollen nicht nur ein dürres Organisationsstatut sein, sondern – nach innen als auch nach aussen – erklären, welche Kirche sie verfassen und Verständnis sowie Interesse wecken für die Rechtsgestalt der Kirche.

Die Gesamtheit dieser Entwicklungen hat massgeblich dazu beigetragen, dass in den letzten Jahrzehnten Kirchenordnungen dort, wo sie bislang die kantonalkirchliche Grundnorm waren, bei einer Revision abgelöst wurden durch Kirchenverfassungen, die ggfs. von einer Kirchenordnung ergänzt werden. So wurde in Glarus die „Kirchenordnung" von 1950 durch die „Kirchenverfassung" von 1989 und die „Kirchenordnung" von 1991 ersetzt[5]. Ähnlich verfuhr in den siebziger Jahren die Solothurner Kirche im Kanton: Anstatt der aus dem Jahre 1948 stammenden „Kirchenordnung" gibt es seit 1978 eine „Kirchenverfassung" (nunmehr diejenige von 2005) und eine „Kirchenordnung" (1977); die St. Galler und die Thurgauer Kirche gingen 1974 bzw. 1984 von „Grundgesetz" (1922) bzw. „Organisationsgesetz" (1921) zu „Kirchenverfassung" über. Vor einigen Jahren wiederholte sich dies in Schaffhausen: auf die „Organisation der Evangelisch-reformierten Kirche des Kantons Schaffhausen" (1914) folgte die „Verfassung der evangelisch-reformierten Kirche des Kantons Schaffhausen" (2002).

Es gibt damit heute kaum noch evangelisch-reformierte Kantonalkirchen, die andere Bezeichnungen als „Verfassung"/„Kirchenverfassung"

5 Die KiO 1950 wurde durch die KiO 1991 aufgehoben; die der KiV von 1989 entgegenstehenden Bestimmungen der alten Kirchenordnung waren bereits von Art. 60 KiV ausser Kraft gesetzt worden.

oder „Constitution"/„Constitution ecclésiastique" verwenden. Wo dies der Fall ist, wie in Uri oder im Aargau, kann es an konfessionellen Besonderheiten oder gar an juristischen Missverständnissen liegen.

So mag das römisch-katholische Verständnis von kantonalkirchlicher Organisation eine Rolle spielen, wenn in dem in konfessioneller Hinsicht römisch-katholisch geprägten Kanton Uri das evangelisch-reformierte ebenso wie das römisch-katholische Grundstatut „Organisationsstatut" genannt werden. Der fehlende „Kirchen"-Charakter römisch-katholischer kantonalkirchlicher Organisation – Kirchencharakter kommt im Modell des Dualismus kanonischer und kantonaler Kirchenorganisation lediglich der römisch-katholischen Kirche zu – lässt sich aber nicht auf die evangelisch-reformierte Kirche übertragen, in deren Tradition ‚Kirche' in der öffentlichrechtlichen Kirchenorganisation Wirklichkeit wird[6]. Im Aargau, wo das kantonalkirchliche Grundstatut ebenfalls „Organisationsstatut" heisst, wird in der rechtswissenschaftlichen Kommentarliteratur die u.E. irrige Ansicht vertreten, dass die – bereits in der Kantonsverfassung verwendete – Bezeichnung „Organisationsstatut" für die Kantonalkirchen verbindlich ist und daher bei der Namensgebung zwingend herangezogen werden muss[7]. Richtigerweise handelt es sich bei dem in der Aargauer Kantonsverfassung verwendeten Begriff Organisationsstatut um einen Typusbegriff, den die öffentlichrechtlich anerkannten Kirchen benutzen können, ohne aber gehindert zu sein, ihn durch einen ihrem Selbstverständnis eventuell besser entsprechenden Begriff zu ersetzen. Es ist auch nirgends ersichtlich, welchem staatlichen Interesse es dienen soll, den öffentlichrechtlich anerkannten Kirchen die Verwendung eines bestimmten Begriffs unter Ausschluss anderer Bezeichnungsweisen vorzuschreiben.

In der Waadt schliesslich gibt es keine „Constitution de l'Eglise", sondern nur – seit neuestem – ein „Règlement général d'organisation de l'Eglise évangélique réformée du Canton de Vaud" von 2007, was mit der besonderen staatskirchenrechtlichen Situation der evangelisch-reformierten Kirche in diesem Kanton zusammenhängt[8].

6 Dazu näher *Dieter Kraus*, Schweizerisches Staatskirchenrecht. Hauptlinien des Verhältnisses von Staat und Kirche auf eidgenössischer und kantonaler Ebene, Tübingen 1993, S. 393.

7 So *Kurt Eichenberger*, Verfassung des Kantons Aargau vom 25. Juni 1980. Textausgabe mit Kommentar, Aarau/Frankfurt a.M./Salzburg 1986, § 110 Rz. 3.

8 Dazu *Philippe Gardaz*, La nouvelle loi ecclésiastique vaudoise, in: SJKR/ASDE 5 (2000), S. 186 ff. – Das RGO abgekürzte Grundstatut (siehe hinten S. 415 ff.)

Etwas quer zu diesen Entwicklungen steht die Begrifflichkeit im Kanton Zürich. Dort heisst das Grundstatut der reformierten Landeskirche „Kirchenordnung“[9]. Dies mag am Herkommen liegen, ist Kirchenordnung doch der traditionelle Begriff in Zürich[10]. Traditionen haben ihren Eigenwert, und begriffliche Kontinuität erhöht sicherlich die Wiedererkennungsrate. Auch dürfen begriffliche Fragen nicht überhöht werden. Gleichwohl sollten zwischenzeitlich eingetretene Veränderungen der staatskirchenrechtlichen Rahmenbedingungen in der Bezeichnungsweise nachvollzogen werden, nachdem in den vergangenen Jahrzehnten weitreichende Entflechtungsmassnahmen im Verhältnis von Kanton und Kirchen erfolgt sind und im Jahr 2007 schliesslich ein neues Kirchengesetz angenommen wurde, das sich auf die Regelung der wesentlichen Punkte des Status der drei in Zürich öffentlichrechtlich anerkannten Kirchen beschränkt[11]. Es kann seither keine Rede mehr davon sein, dass der Kanton der (einstmals: seiner) reformierten Kirche ihre Verfassung gibt, wie es zuvor noch im Gesetz über die evangelisch-reformierten Landeskirche von 1963 der Fall war. Es wäre daher wohl angebracht, die „Verfassung“ der reformierten Landeskirche nunmehr auch als solche zu bezeichnen[12]. Allerdings steht mittlerweile fest, dass auch bei der im Gefolge der Neuregelung des Verhältnisses von Staat und Kirche derzeit diskutierten Neufassung der Zürcher Kirchenordnung die bisherige Terminologie beibehalten wird[13].

---

ersetzt in gewisser Weise die bisherige Loi sur l'Eglise évangélique réformée du canton de Vaud (loi ecclésiastique, du 2 novembre 1999).

9 Kirchenordnung der evang.-reform. Landeskirche des Kantons Zürich vom 2. Juli 1967; in Revision (Schlussphase). Zum Fortgang der Revision siehe die Berichterstattung im SJKR/ASDE, zuletzt durch *Martin Röhl* in Band 12 (2007), S. 212 ff. (230). Siehe auch hinten bei Zürich, Anm. *, S. 441.

10 Nicht nur die KiO 1967 trägt diese Bezeichnung, sondern auch ihre Vorgängerin, die KiO 1905. Das Gesetz über die Organisation der evangelischen Landeskirche des Kantons Zürich von 1902 gab der Kirche das Recht zum Erlass einer autonomen Satzung (vgl. *Eduard Rübel*, Kirchengesetz und Kirchenordnung der Zürcher Landeskirche. Einführung und Texte. Kurzkommentar zum Kirchengesetz, 2. Aufl. Zürich 1983, S. 5).

11 Kirchengesetz (KiG) vom 9. Juli 2007.

12 Vgl. näher *D. Kraus*, Revisionen reformierter Kirchenverfassungen (Anm. 1), S. 31 f.

13 Siehe die Hinweise zur Kirchenordnungsrevision in Anm. 9.

III. Annäherung an ein gemeinschweizerisches Kirchenverfassungsmodell

Die mit diesem Band der Schweizerischen Kirchenrechtsquellen vorgelegte Gesamtzusammenstellung der Verfassungen der evangelisch-reformierten Landeskirchen mag es auch erleichtern, gewisse gemeinsame Charakteristika dieser Texte herauszuarbeiten und in Erfahrung zu bringen, ob und inwieweit von einem gemeinschweizerischen Kirchenverfassungsmodell gesprochen werden kann. In der Tat deutet einiges darauf hin, dass die Revisionen des reformierten Kirchenverfassungsrechts der letzten Jahrzehnte – bei aller Unterschiedlichkeit und Experimentierfreude im Einzelnen – zu einer beachtlichen Konvergenz der Regelungsgehalte geführt haben. Indes ist hier nicht der Ort, um auf diese Frage näher einzugehen, sondern es soll lediglich auf frühere, einschliesslich eigener, Versuche einer solchen Annäherung hingewiesen werden[14].

IV. Landeskirchliche Verfassungstexte im Kontext kantonalen Staatskirchenrechts

Das Verfassungsrecht der evangelisch-reformierten Landeskirchen steht nicht isoliert im Raum, sondern bildet mit den Bestimmungen des kanto-

14 *Jakob Frey*, Gemeindeleitung im Zusammenwirken von Kirchenvorsteherschaft und Pfarrerschaft. Gedanken nach dem „Thurgauer Pfarrerentscheid" des Schweizerischen Bundesgerichts, in: SJKR/ASDE 1 (1996), S. 15 ff.; *Ueli Friederich*, Sinn und Aufgaben einer evangelischen Kirchenverfassung. Überlegungen aus rechtlicher Sicht, in: Kirche in der Stadt. Gesellschaftlicher Wandel und Rechtsgestalt einer evangelisch-reformierten Kirche am Beispiel Basel-Stadt (Beiheft 1/1999 zum SJKR/ASDE), Bern 1999, S. 83 ff.; *Cla Reto Famos*, Leitung und Gliederung einer evangelisch-reformierten Kirchgemeinde, in: SJKR/ ASDE 4 (1999), S. 11 ff.; *Christoph Winzeler*, Leitung und Gliederung einer evangelisch-reformierten Landeskirche, ebda., S. 37 ff.; *Thomas Wipf*, Wahrnehmbar und verbindlich Reformierte Kirche sein. Konsensbildung über das Wesen und die Gestalt der Kirche in den evangelisch-reformierten Kirchenverfassungen der Schweiz, in: SJKR/ASDE 10 (2005), S. 11 ff., *Samuel Lutz*, Reformierte Kirchenverfassungen aus ekklesiologischer Sicht, ebda., S. 25 ff.; *Christian Tappenbeck/René Pahud de Mortanges*, Reformierte Kirche Schweiz? Kirchenrechtliche Überlegungen zur Stellung des SEK und zu einem schweizerischen reformierten „Bischofsamt", ebda., S. 51 ff.; *D. Kraus*, Revisionen reformierter Kirchenverfassungen (Anm. 1), S. 33 ff.

nalen Staatskirchenrechts und den religionsrechtlichen Vorschriften des Bundes eine vielfach ineinander verwobene Gesamtheit.

Dabei spielt das kantonale Verfassungs- und Gesetzesrecht für das landeskirchliche Verfassungsrecht eine besonders grosse Rolle, wenn und weil es Massgaben für die Organisation und Tätigkeit der Landeskirchen enthält. In sehr unterschiedlichem Umfang – abhängig vor allem auch von der jeweiligen konfessionellen Prägung und Geschichte des betreffenden Kantons – kommt es auch bei den öffentlichrechtlich anerkannten Kirchen und deren Kirchgemeinden zur Anwendung, sei es direkt oder sinngemäss. Zusätzlich heranzuziehen ist oft das kantonale Gemeinderecht, sofern und soweit die Kirchgemeinden zum Kreis der kantonalen Gemeindearten gehören oder das kantonale öffentliche Recht auf sie zumindest entsprechend anwendbar ist; darüber hinaus kann dies etwa für Wahl- und Stimmrechtsregelungen, Steuergesetze oder Verwaltungsverfahrensordnungen einschliesslich ggfs. des kantonalen Personalrechts gelten[15].

Viele Bestimmungen kantonalen Staatskirchenrechts weisen demgemäss eine starke kirchenverfassungsrechtliche Relevanz auf. Dies soll im Folgenden an einigen Kantonen beispielhaft aufgezeigt werden, unter ergänzender Heranziehung innerkirchlicher Gesetzgebung der betreffenden Landeskirchen.

Am Rande erwähnt sei, dass auch das Bundesrecht Einfluss auf die Ausgestaltung des Kirchenverfassungsrechts nimmt, und zwar nicht nur durch die religionsrechtlichen Bestimmungen der BV, sondern etwa auch dadurch, dass die gemäss der Bundesverfassung zu gewährende Rechtsweggarantie (Art. 29a BV) auch für die Landeskirchen wirksam ist[16].

1. Basel-Landschaft

a) Die Kirchenverfassung im kantonalen Recht

Die Verfassung des Kantons Basel-Landschaft vom 17. Mai 1984[17] regelt das Verhältnis zwischen Staat und Kirchen recht eingehend. Demnach

15 Aus neuester Zeit siehe etwa im Zürcher Kirchengesetz (2007) §§ 5 Abs. 3 (allgemein) und 17 (speziell für die Kirchgemeinden).

16 Hierzu vgl. *Giusep Nay*, Staatlicher und landeskirchlicher Rechtsschutz in kirchlichen Angelegenheiten, in: SJKR/ASDE 13 (2008), S. 11 ff.

17 SGS 100.

sind die Evangelisch-reformierte, die Römisch-katholische sowie die Christkatholische Kirche als Landeskirchen anerkannt und sie sind öffentlichrechtliche Körperschaften mit eigener Rechtspersönlichkeit (§ 136 Abs. 1 und 2). Die Landeskirchen ordnen ihre Angelegenheiten im Rahmen von Verfassung und Gesetz selbständig (§ 137 Abs. 1).

Was die staatskirchenrechtliche Grundlegung der Kirchenverfassung anbelangt, so ist § 137 Abs. 2 die massgebende Normierung:

> **§ 137. Selbständigkeit der Landeskirchen.** […] (2) Erlass und Änderung der Kirchenverfassung bedürfen der Zustimmung der Mehrheit der stimmenden Kirchenglieder und unterliegen der Genehmigung des Regierungsrates. Diese wird erteilt, wenn nicht Bundesrecht oder kantonales Recht entgegensteht.

Auch weitere Bestimmungen der Kantonsverfassung beziehen sich auf die Kirchenverfassung und geben z.T. in der Art einer Rahmengesetzgebung an, welche Materien diese regeln soll oder kann. Auf diese Weise wird deutlich, dass die Kantonsverfassung die Kirchenverfassung als den obersten kirchlichen Erlass ausdrücklich statuiert und ihr einen hohen Stellenwert zuerkennt. Zu nennen sind namentlich die folgenden Paragraphen:

> **§ 138. Zugehörigkeit zu einer Landeskirche, Stimm- und Wahlrecht.** (1) Kantonseinwohner gehören der Landeskirche ihrer Konfession an, wenn sie die in der Kirchenverfassung genannten Erfordernisse erfüllen. […] (3) Die Kirchenverfassung ordnet das Stimm- und Wahlrecht in Landeskirche und Kirchgemeinden.
>
> **§ 139. Kirchgemeinden.** (1) Die Landeskirchen gliedern sich nach den Bestimmungen ihrer Kirchenverfassung in Kirchgemeinden. […] (3) Die Kirchenverfassungen bestimmen Stellung und Organisation der Kirchgemeinden. Sie ordnen das Verfahren bei Vereinigung und Teilung.
>
> **§ 140. Finanzwesen.** (1) Die Kirchgemeinden erheben von den Angehörigen ihrer Konfession für die Erfüllung ihrer Aufgaben Kirchensteuern nach den Bestimmungen des Gesetzes und der Kirchenverfassung. […]
>
> **§ 141. Rechtspflege.** […] (4) Das Verwaltungsgericht überprüft die Übereinstimmung des angefochtenen Akts mit Bundesrecht, kantonalem Recht und, sofern es die Kirchenverfassung vorsieht, mit dem landeskirchlichen Recht.“

Im weiteren, zum Teil wiederholend, enthält auch die kantonale Kirchengesetzgebung[18] Vorschriften über den Erlass einer Kirchenverfassung. Gemäss § 2 stellt jede Landeskirche ihre Verfassung und ihre Ordnung selbständig auf und bezeichnet die Organe, die sie nach innen und aussen

18 Kirchengesetz vom 3. April 1950 (SGS 191).

vertreten[19]. Die Verfassung und ihre Änderungen bedürfen der Genehmigung des Regierungsrates. Diese ist zu erteilen, wenn sie nichts enthalten, was der Bundesverfassung, der kantonalen Staatsverfassung oder der kantonalen Gesetzgebung zuwiderläuft. Hingegen unterstehen der Genehmigungspflicht nicht die inneren Angelegenheiten der Kirchen wie die Lehre, die Verkündigung, der Kultus und die Seelsorge.

b) Kirchenordnung

Wichtigster kirchlicher Erlass neben der Kirchenverfassung ist die Kirchenordnung von 1956[20], die über 160 Artikel umfasst. Sie beschreibt das „Leben der Kirchgemeinde" (Art. 2-60) und das „Leben der Kirche" (Art. 61-77), widmet sich sodann (Art. 78-90) den Vorschriften über die Zugehörigkeit zur Kirche (Zugehörigkeit i.e.S., Wahlen und Abstimmungen) und regelt schliesslich in einem letzten grossen Abschnitt (Art. 91-154ter) die Dienste der Kirche sowohl in der Kirchgemeinde als auch in der Gesamtkirche.

2. *Basel-Stadt*

a) Kirchenverfassungsrechtliche Vorgaben der Kantonsverfassung

Das staatskirchenrechtliche System des Kantons Basel-Stadt wurde häufig mit dem Begriff der ‚hinkenden' oder ‚weitgehenden' Trennung von Staat und Kirche charakterisiert. Gleichwohl kommt auch in der neuen Verfassung des Kantons Basel-Stadt vom 23. März 2005[21] eine durchaus enge Verbindung zwischen Staat und Kirchen zum Ausdruck. Die Kantonsverfassung gesteht den öffentlichrechtlich anerkannten Kirchen Selbständigkeit zu, regelt indes das demokratisch ausgestaltete Erlass-, Änderungs- und Genehmigungsverfahren:

> **§ 127. Selbständigkeit.** (1) Die öffentlichrechtlich anerkannten Kirchen und Religionsgemeinschaften ordnen ihre Verhältnisse selbstständig.
>
> (2) Sie geben sich eine Verfassung; deren Erlass und Änderung bedürfen der Zustimmung einer Mehrheit ihrer stimmenden Mitglieder und der Genehmigung des Regierungsrates.

19 Evang.-reformierterseits siehe die Verfassung der Evangelisch-reformierten Kirche des Kantons Basel-Landschaft vom 8. Juli 1952, hinten S. 63 ff.

20 Kirchl. GSlg. 4.1.

21 SG 111.100.

(3) Der Regierungsrat erteilt die Genehmigung, wenn weder Bundesrecht noch kantonales Recht entgegenstehen.

(4) Innerhalb der vorstehenden Bestimmungen regelt das Gesetz das Verfahren über die Genehmigung der Verfassungen und der Steuerordnungen sowie die Oberaufsicht über die Vermögensverwaltung[22].

Zudem regelt die Kantonsverfassung relativ eingehend, welche Inhalte die Kirchenverfassungen[23] aufzuweisen haben. Das betrifft einmal die Voraussetzungen der Konfessionszugehörigkeit (§ 128 Abs. 1). Sodann haben die Kirchenverfassungen das Stimm- und Wahlrecht zu ordnen (§ 128 Abs. 3). Im weiteren müssen die Kirchenverfassungen die Stellung und die Grundzüge der Organisation der untergeordneten Körperschaften definieren, wobei die Gliederung in Kirchgemeinden, Quartiergemeinden oder andere untergeordnete Körperschaften nicht zwingend vorgegeben ist (§ 129). Schliesslich verlangt die Kantonsverfassung, dass die öffentlichrechtlich anerkannten Kirchen und Religionsgemeinschaften das Verfahren zur Beurteilung strittiger Rechtsverhältnisse ordnen (§ 131 Abs. 1).

b) Weitere kirchliche Gesetzgebung

Neben der Kirchenverfassung besteht eine umfangreiche innerkirchliche Ausführungsgesetzgebung[24]. Die Organisationsordnung[25] beinhaltet vor allem Regelungen zur Mitgliedschaft (I., §§ 1-13), zur Organisation der Kirchgemeinden und der Kantonalkirche (II., §§ 14-26) und zum Verfahren (III., §§ 27-76, hier insbes. Geschäftsordnung der Kirchgemeindeversammlungen und der Kirchenvorstände, Rechtsmittel). Am Schluss des

22 Vgl. das Gesetz betreffend die Staatsoberaufsicht über die öffentlich-rechtlichen Kirchen und die Israelitische Gemeinde sowie über die Verwendung von Staats- und Gemeindemitteln zu Kirchenzwecken (Kirchengesetz) vom 8. November 1973 (SG 190.000).

23 Evang.-reformierterseits siehe die Verfassung der Evangelisch-reformierten Kirche des Kantons Basel-Stadt vom 21. November 1910, hinten S. 79 ff.

24 Zu finden in der Kirchl. GSlg. der Evangelisch-reformierten Kirche des Kantons Basel-Stadt, hg. vom Kirchenrat 1956, mit seitherigen Nachträgen.

25 Ordnung betreffend die Organisation der Evangelisch-reformierten Kirche des Kantons Basel-Stadt (Organisationsordnung) vom 18. Juni 2008 (Kirchl. GSlg. IV B 1; sie ist an die Stelle der Ordnung betreffend die Organisation der evangelisch-reformierten Kirche des Kantons Basel-Stadt (Kirchenordnung) vom 6. November 1957 getreten.

Dokuments sind in zwei Anhängen die einzelnen Kirchgemeinden sowie kantonalkirchlichen Ämter und Dienste umschrieben.

Als Erlass mit dem mehr typischem Charakter einer Kirchenordnung wäre namentlich die Ordnung für die Gottesdienste und kirchlichen Handlungen (Gottesdienstordnung) vom 21. Juni 2006[26] zu nennen.

3. *Neuchâtel*

a) Autonome Verfassungsgebung durch die Kirche

Im Hinblick darauf, dass der Kanton Neuenburg einer der sog. ‚Trennungskantone' ist, kennt die Verfassung des Kantons Neuenburg[27] keine Vorschriften zum kirchlichen Verfassungsrecht. „L'Etat est séparé des Eglises et des autres communautés religieuses." (Art. 97 Abs. 2 Satz 1 KV). Immerhin aber kann der Staat die Kirchen als Institutionen des öffentlichen Interesses anerkennen (Art. 97 Abs. 2 Satz 2 KV) und tut dies auch. Gemäss Art. 98 KV sind näher bestimmte finanzielle und steuerliche Privilegien vorgesehen oder möglich. Gestützt auf Art. 98 Abs. 5 KV kann der Staat mit den anerkannten Kirchen Konkordate abschliessen, auch um die finanziellen Beiträge im Einzelnen festzulegen[28].

Eine Kirchenverfassung kann von der Kantonsverfassung klarerweise weder vorgeschrieben noch sonstwie erwähnt werden. Eine solche basiert somit völlig auf dem eigenen kirchlichen Recht[29]. Die Kirchenverfassung wird von kirchlichen Organen beschlossen und ganz oder teilweise revidiert, ohne dass staatliche Behörden eine Prüfung vornehmen oder die Verfassung oder ihre Revisionen genehmigen. Bemerkenswert ist dabei, dass eine Kirchenverfassungsänderung hohe formelle Hürden überwinden muss: Es bedarf nach der zweiten Lesung in der Synode einer qualifizierten Mehrheit von zwei Dritteln der anwesenden Mitglieder, um nur schon einen Änderungsantrag zu stellen (Art. 82 Ziff. 1 KiV), oder das Änderungsbegehren erfordert einen schriftlichen Antrag von 1000 Stimmbe-

26 Kirchl. GSlg. IV C 1.

27 Constitution de la République et Canton de Neuchâtel, du 24 septembre 2000 (RS 101).

28 Dazu näher unter b).

29 Evang.-reformierterseits siehe die Constitution de l'Eglise reformée évangélique du canton de Neuchâtel, du 25 mars 1979, hinten S. 245 ff.

rechtigten (Art. 82 Ziff. 2 KiV). Es ist schliesslich gar nicht die Synode, welche für die Verfassungsrevision formell zuständig ist, sondern die *Assemblée générale* (Art. 20 KiV). Hinsichtlich der Zusammensetzung der Assemblée générale gelten die Art. 18 und 19 KiV: „L'Assemblée générale se compose de l'ensemble des membres de l'Eglise inscrits dans les registres de paroisse. – L'Assemblée générale siège par paroisses, sur convocation du Synode ou à la demande du tiers au moins des paroisses." Auf diese Weise ist gewährleistet, dass eine Verfassungsrevision nicht leichtfertig vorgenommen wird.

b) Konkordat

Gestützt auf die Kantonsverfassung wurde im Jahr 2001 ein Kirchenkonkordat abgeschlossen[30]. Das Konkordat regelt die Beziehungen zwischen dem Staat und den Kirchen. Insbesondere legt es auch die finanziellen Beiträge des Staates an die Kirchen fest und es regelt die Erhebung des freiwilligen Kirchenbeitrags durch den Staat. Das Konkordat und jede künftige Änderung müssen durch den Grossen Rat genehmigt werden[31].

Das Konkordat stellt auch sicher, dass das Verhältnis der Evangelisch-reformierten Kirche zur Theologischen Fakultät der Universität Neuenburg vertraglich geregelt wird (Art. 17).

c) Kirchenordnung

Die neuenburgische reformierte Kirche hat eine Kirchenordnung aus dem Jahr 1982[32]. In sehr umfangreichen und zahlreichen Bestimmungen (über 300 Artikel) wird darin im Detail das Kirchenwesen geregelt (I. Membres de l'Eglise, II. Assembée générale, III. Direction de l'Eglise – mit Synode, Synodalrat, IV. Les paroisses, V. Communautés, V^{bis}. Faculté de théologie, VI. Ministres de l'Eglise, VII. Cultes, actes ecclésiastiques et

30 Concordat entre l'Etat de Neuchâtel et l'Eglise réformée évangélique du Canton de Neuchâtel, l'Eglise catholique romaine, l'Eglise catholique chrétienne, du 2 mai 2001 (RSN 181.10). Abgedruckt (auch in nichtamtl. dt. Übers.) in: Schweizerische Kirchenrechtsquellen III: Konkordate und weitere Verträge, hg. von *Christoph Winzeler*, SJKR-Beiheft 5 (2004), Bern 2004, S. 237 ff. (Nr. 37). Dieses Konkordat ersetzt drei Konkordate, die der Kanton mit den jeweiligen Kirchen abgeschlossen hatte.

31 Art. 20 des Konkordats i.V.m. Art. 61 Bst. e KV.

32 Règlement général de l'Eglise réformée évangélique du Canton de Neuchâtel (édition 1982, genaues Beschlussdatum aus dem Dokument nicht ersichtlich).

éducation chrétienne[33], VII. Commissions synodales, IX. Institutions de l'Eglise, X. Organisation financière de l'Eglise). Dazu kommen einige Anhänge, welche sich auf die Organisation der Kirchgemeinde beziehen.

4. Nidwalden

a) Selbständigkeit der anerkannten Kirchen

Die Verfassung des Kantons Unterwalden nid dem Wald vom 10. Oktober 1965[34] sieht das Kapitel „Staat und Kirche" an prominenter Stelle vor[35], worin die grosse Bedeutung der Kirche im Kanton Nidwalden zum Ausdruck kommt. Landeskirche im eigentlichen Sinne ist jedoch nur die römisch-katholische Kirche (Art. 34 Abs. 1 KV); die evangelisch-reformierte Kirche ist „öffentlichrechtlich anerkannt" (Art. 35 KV). Weitere Bestimmungen zu den Kirchgemeinden finden sich in Teil IV der Kantonsverfassung.

Zur Kirchenverfassung[36] gibt es in der Kantonsverfassung einige Aussagen. Grundlegend ist Art. 37:

> **Art. 37. Selbständigkeit.** (1) Die öffentlichrechtlich anerkannten Kirchen ordnen im Rahmen der Gesetzgebung ihre Angelegenheiten selbständig.
>
> (2) Wird durch die stimmberechtigten Kirchenglieder eine Kirchenverfassung erlassen, bedarf sie der Genehmigung durch den Landrat[37].

Das Bestehen von Kirchenverfassungen wird in Art. 89 KV ausdrücklich vorausgesetzt. Gemäss Abs. 1 dieser Bestimmung richtet sich das Stimm- und Wahlrecht in den Kirchgemeinde- oder Kapellgemeinden nach den Bestimmungen der Kantonsverfassung; das Stimm- und Wahlrecht kann durch die Kirchenverfassung auf weitere Kirchenglieder ausgedehnt werden. Zwar ordnen die Kirchen ihre Angelegenheiten gemäss Art. 37

33 Mit lediglich 34 Artikeln relativ knapp.

34 NG 111.

35 Die Kantonsverfassung ist wie folgt aufgebaut: Teil I – Rechte und Pflichten der Bürgerinnen und Bürger, Teil II – Die öffentlichen Aufgaben, *Teil III – Staat und Kirche*, Teil IV – Die kantonalen und kommunalen Gewalten und ihre Funktionen, Teil V – Die Korporationen, Teil VI – Revision der Verfassung, Teil VII – Übergangsbestimmungen.

36 Evang.-reformierterseits siehe die Verfassung für die Evangelisch-Reformierte Kirche des Kantons Nidwalden vom 22. Mai 2002, hinten S. 261 ff.

37 Landrat = legislative Staatsgewalt.

KV selbständig, gleichwohl bestehen diverse organisatorische Vorgaben seitens des Kantons, die sich auch auf das kirchliche Leben auswirken. So sieht Art. 89 Abs. 2 KV vor, dass der zuständige Pfarrer oder Kaplan von Amtes wegen Mitglied des Kirchen- oder Kapellrates ist.

b) Bestand der Kirchgemeinden

Das Genehmigungsrecht des Kantons besteht auch hinsichtlich des Bestandes der Kirchgemeinden. Gemäss Art. 88 Abs. 2 KV bedarf die Neubildung, Zusammenlegung oder Teilung von Kirchgemeinden (oder Kapellgemeinden) nicht nur der Zustimmung der Stimmberechtigten, sondern ebenfalls des Landrates. Die näheren Ausführungen dazu finden sich im Gesetz über die Organisation und Verwaltung der Gemeinden (Gemeindegesetz) vom 28. April 1974[38]. Demnach fasst die evangelisch-reformierte Kirche das ganze Kantonsgebiet in einer einzigen Kirchgemeinde zusammen (Art. 6 Abs. 2 GemG). Die Neubildung, Zusammenlegung oder Teilung von Kirchgemeinden oder Kapellgemeinden erfordert die Zustimmung der Stimmberechtigten *der Gemeinde* sowie des Landrates.

Die Verfassung der Evangelisch-Reformierten Kirche Nidwalden[39] unterteilt die Kirchgemeinde indes in Kreise, wenn Art. 5 vorschreibt, dass die Evangelisch-Reformierte Kirche Nidwalden *eine einzige, in mehrere Kreise gegliederte Kirchgemeinde* bildet, die das ganze Kantonsgebiet umfasst. Die Umschreibung dieser Kreise wird in der Kirchenordnung vorgenommen[40].

5. Schaffhausen

a) Vorgaben der Kantonsverfassung an die Kirchenverfassung

Die grundlegenden Beziehungen des Kantons Schaffhausen zu den Kirchen und Religionsgemeinschaften sind im 8. Kapitel der Kantonsverfas-

38 NG 171.1.
39 NG 191.2.
40 Gemäss Art. 33 der Kirchenordnung ist die Kirchgemeinde in drei Gemeindekreise eingeteilt: 1) Stans, Stansstad, Ennetmoos, Oberdorf, Dallenwil, Wolfenschiessen, 2) Buochs, Ennetbürgen, Beckenried, Emmetten, 3) Hergiswil.

sung zu finden[41]. Gemäss Art. 109 KV organisieren sich die anerkannten Kirchen nach demokratischen und rechtsstaatlichen Grundsätzen selbständig. Sie geben sich ein Organisationsstatut, das vom Regierungsrat genehmigt werden muss. Der Begriff „Organisationsstatut“ scheint dabei eher veraltet; zum Zeitpunkt der Beschlussfassung der Kantonsverfassung galt noch das Organisationsstatut der reformierten Kirche vom 26. Februar 1914. Seit dem Jahr 2002 hat die Evangelisch-reformierte Kirche des Kantons Schaffhausen indes eine *Verfassung* (im SHR nicht publiziert)[42].

Eine verbindliche Vorgabe für die Kirchenverfassung stellt auch Art. 111 Abs. 2 KV dar. Demnach haben die Kirchen in ihrem Organisationsstatut die Aufsicht über die Kirchgemeinden und deren Finanzhaushalt sowie die Wahl ihrer Geistlichen zu regeln. Im weiteren haben sie – gemäss Art. 113 Abs. 1 – für einen genügenden Rechtsschutz ihrer Mitglieder und der Kirchgemeinden zu sorgen. Somit ist der Rechtsschutz in der Kirchenverfassung zwingend zu reglementieren[43], was auch wegen der bundesrechtlich zu beachtenden Rechtsweggarantie (Art. 29a BV) sehr bedeutsam ist.

Besondere organisatorische Vorschriften für die Kirchgemeinden bestehen seitens des Kantons nicht. Das Gemeindegesetz vom 17. August 1998[44] enthält – mit Ausnahme der Art. 96 (betr. Mitteilungspflicht der Einwohnerkontrollen an die Kirchgemeinden bei der Anmeldung in der Gemeinde) und 138 (betr. Benützungsrechte der Kirchgemeinden an den im Eigentum der Gemeinden stehenden Kirchen und deren Zubehör) – keine Regelungen, die für die Kirchgemeinden bzw. die Landeskirchen

41 Verfassung des Kantons Schaffhausen vom 22. September 2002 (SHR 101.100). Grundlegend zum Beitragswesen siehe das Gesetz über die Ausrichtung von Beiträgen an die Landeskirchen vom 22. November 1982 (SHR 130.100).

42 Verfassung der Evangelisch-reformierten Kirche des Kantons Schaffhausen vom 22. September 2002, hinten S. 305 ff.

43 Art. 59 KiV enthält Verweisungen auf kantonale Gesetze: „Der Rechtsschutz in kirchlichen Angelegenheiten richtet sich nach dem kantonalen Gemeindegesetz [SHR 120.000], dem kantonalen Wahlgesetz [SHR 160.000] sowie dem Gesetz über den Rechtsschutz in Verwaltungssachen [SHR 172.200]. Die staatlichen Bestimmungen sind sinngemäss anwendbar.“ Art. 42 KiV betrifft die Rekurskommission. Als oberste kirchliche Rechtsmittelinstanz überprüft sie Rekurse gegen Entscheide des Kirchenrates und beurteilt Erlasse gemäss Art. 51 des Gesetzes über den Rechtsschutz in Verwaltungssachen.

44 SHR 120.000.

anwendbar sind. Die Landeskirche regelt demnach die Organisation der Kirchgemeinden vollumfänglich selber.

b) Kirchenordnung

Neben der Kirchenverfassung als oberstem landeskirchlichen Erlass gibt es eine Reihe von weiteren kirchlichen Gesetzen, Dekreten und Verordnungen, allen voran die von der Synode erlassene Kirchenordnung (jetzt diejenige vom 29. November 2006). Sie ist wie folgt aufgebaut: I. Die Kirchenmitglieder (Art. 2-3), II. Die Kirchgemeinde (Die feiernde Gemeinde / Die lernende Gemeinde / Die seelsorgliche und diakonische Gemeinde / Die missionarische und prophetische Gemeinde / Kunst und Kultur im kirchlichen Leben / Die Leitung der Gemeinde / Kommunikation, Öffentlichkeitsarbeit / Der Haushalt der Kirchgemeinde / Kirchkorporationen und Minderheiten: Art. 4-71), III. Die Kirchenregion (Art. 72-77), IV. Die Kantonalkirche (Die evangelisch-reformierte Stimmbürgerschaft / Die Synode / Der Kirchenrat / Die Rekurskommission / Weitere kantonalkirchliche Organe: Art. 78-97), V. Die schweizerische und die weltweite Kirche (Art. 98-100), VI. Freiwilligenarbeit, Dienste, Ämter (Allgemeines/Funktionen, Dienste, Ämter in der Kirchgemeinde / Kantonalkirchliche Dienste, Ämter und Beziehungen: Art. 101-155), VII. Rechtsschutz (Art. 156-164), VIII. Neuerungen (Art. 165-166) und IX. Schlussbestimmungen (Art. 167-169).

Die derzeit geltende Kirchenordnung – wie übrigens schon ihre Vorgängerin vom 3. Februar 1921 – enthält allerlei Erklärungen und ekklesiologische Ausführungen wie z.B. Art. 165 Abs. 1: „Ordnungen haben nur dienende Funktion. Wo sich für die Verkündigung des Evangeliums und das kirchliche Leben neue Wege aufdrängen, welche über bestehende Ordnungen hinausgehen, sind diese anzupassen."

c) Mitgliedschaft in einer Kirchgemeinde ausserhalb der Wohngemeinde

Besonders erwähnt sei noch das Dekret über die Mitgliedschaft vom 26. November 2003[45]. Dieses regelt den Übertritt in eine Wahlkirchgemeinde, denn die Kirchenverfassung kennt als eine (schweizerische) Besonderheit die Kirchenmitgliedschaft *ausserhalb der Wohngemeinde* in

45 Kirchl. GSlg. E 754.

einer schaffhausischen Kirchgemeinde der eigenen Wahl[46]. Hier betrat die Schaffhauser Kirche Neuland und hatte deshalb auch das Verfahren zu regeln, ohne auf Musterreglemente und bewährte Vorbilder zurückgreifen zu können.

6. Thurgau

a) Kantonsverfassung

Das Verhältnis von Staat und Kirche wird in Teil VIII der Kantonsverfassung[47] geregelt. Zur Organisation und Kompetenzverteilung heisst es dort:

> **§ 92. Organisation.** (1) Die Landeskirchen ordnen ihre inneren Angelegenheiten selbständig.
>
> (2) Sie regeln Angelegenheiten, die sowohl den staatlichen als auch den kirchlichen Bereich betreffen, in einem Erlass, der die demokratischen und rechtsstaatlichen Grundsätze zu wahren hat. Dieser unterliegt der Volksabstimmung in der Landeskirche und bedarf der Genehmigung durch den Grossen Rat.
>
> (3) Oberste Behörde jeder Landeskirche ist ein Parlament. Dieses erlässt das Organisationsgesetz[48] und wählt die vollziehenden Organe.

Genehmigungspflichtig ist somit – gemäss Abs. 1 und 2 – eigentlich nur der Erlass, welcher sowohl den staatlichen als auch den kirchlichen Bereich beschlägt, wohingegen die „inneren" Angelegenheiten selbständig und folglich ohne staatliche Genehmigung geordnet werden. In der Praxis wurde die Genehmigungsfrage wie folgt gelöst: Die Kirchenverfassung und ihre Änderungen werden der evangelisch-konfessionellen Volksabstimmung unterbreitet; sie treten nach Annahme durch die Stimmberechtigten der Evangelisch-reformierten Landeskirche sowie

46 Vgl. Art. 4 Abs. 2 und Abs. 6 sowie Art. 22 Abs. 2 KiV.

47 Verfassung des Kantons Thurgau vom 16. März 1987 (RB 101).

48 Mit „Organisationsgesetz" ist die landeskirchliche Grundordnung gemeint und nicht etwa ein kantonales Kirchengesetz. Zum Zeitpunkt der Beschlussfassung der Kantonsverfassung knüpfte der Begriff an die früher geltende „Verfassung der Evangelischen Landeskirche des Kantons Thurgau vom 10. Dezember 1984" an (nunmehr die Verfassung der Evangelischen Landeskirche des Kantons Thurgau vom 27. November 2000, hinten S. 351 ff.). Der kirchliche Grunderlass der römisch-katholischen Landeskirche heisst noch heute „Gesetz über die Organisation der Katholischen Landeskirche des Kantons Thurgau" (vom 1. Juli 1968, RB 188.21).

nach Genehmigung durch den Grossen Rat auf einen durch den Kirchenrat festzusetzenden Zeitpunkt in Kraft (§ 87 KiV). Demgegenüber wurde die Kirchenordnung der evangelisch-konfessionellen Volksabstimmung zwar ebenfalls unterbreitet, nicht aber ihre Ergänzung im Jahr 2000; eine Genehmigung durch die kantonale Behörde ist nicht vorgesehen.

Auch weitere Bestimmungen der Kantonsverfassung sind für die Landeskirchen und ihre Kirchgemeinden anwendbar, so namentlich § 29 Abs. 1, wonach niemand seiner unmittelbaren Aufsichtsbehörde angehören darf[49].

b) Weitere kantonale Gesetzgebung mit Wirkung für die Kirchgemeinden und die Landeskirchen

Verschiedene sehr alte kantonale Gesetze sind in letzter Zeit aufgehoben worden, so das Gesetz über die Organisation des Kirchenwesens und die Verwaltung der konfessionellen und paritätischen Kirchenfonds (1851), das Gesetz betreffend die staatsbürgerliche Stellung der Kirchgemeinden und die ökonomische Ausstattung der Pfarrpfründen des Kantons (1866), das Gesetz betreffend die Konvertitenordnung (1820). Neu ist das Gesetz über kirchliche Paritätsverhältnisse und Verträge vom 23. Februar 2000[50], das an die Stelle eines früheren entsprechenden Gesetzes getreten ist. Weitere Erlasse des Kantons sind für die Landeskirchen direkt oder subsidiär anwendbar, so das Verantwortlichkeitsgesetz[51] oder das Verwaltungsrechtspflegegesetz[52].

c) Kirchenordnung und weitere kirchliche Gesetzgebung

Die kirchliche Gesetzgebung – mit Ausnahme der Kirchenverfassung sämtlich Erlasse, die in abschliessender Kompetenz kirchlicher Organe

49 Das Bundesgericht stellte am 8. August 1994 (BGE 120 Ia 194) in einem nicht unproblematischen Entscheid fest, dass § 16 Abs. 3 der früheren Kirchenverfassung (wonach die von der Gemeinde gewählten Pfarrer der Kirchenvorsteherschaft von Amtes wegen angehörten) gegen die Unvereinbarkeitsregel der Kantonsverfassung verstiess. In der Folge wurde die Kirchenverfassung einer umfassenden Revision unterzogen.

50 RB 186.1.

51 Gesetz über die Verantwortlichkeit vom 14. Februar 1979 (RB 170.3), gemäss § 84 KiV.

52 Gesetz über die Verwaltungsrechtspflege vom 23. Februar 1981 (RB 170.1), siehe § 1 Abs. 2.

beschlossen wurden – ist im Rechtsbuch des Kantons Thurgau publiziert (siehe Rubrik 187, zur Zeit über 30 Erlasse, zudem Vereinbarungen mit Nachbarkantonen). Zudem sind alle Erlasse auch in einer kirchlichen Sammlung enthalten[53]. An erster Stelle zu erwähnen ist die Kirchenordnung von 1978[54]. Diese wurde mit Beschluss vom 28. Februar 2000 durch eine Verordnung (hauptsächlich zu gottesdienstlichen Fragen) der Synode ergänzt[55]. Hervorzuheben sind zudem grundlegende Erlasse wie z.B. die Verordnung der evangelischen Synode des Kantons Thurgau über die Rechtspflege der thurgauischen Landeskirche vom 23. Juni 2003/15. März 2004[56].

7. Besonderheit: Subsidiäre Anwendung des kantonalen Rechts

Vor allem in Kantonalkirchen der Ostschweiz und z.T. der Zentralschweiz, nicht aber bei den Kirchen der Westschweiz, ist noch folgende Feststellung bedeutsam: Wenn im Recht der Kirchenverfassung und generell im kirchlichen Recht keine Vorschrift gefunden wird, gilt subsidiär das kantonale Recht.

So lautet Art. 44 der Verfassung der Evang.-reform. Landeskirche des Kantons Graubünden: „Die Bestimmungen des kantonalen Rechtes finden, soweit diese Verfassung keine besonderen Bestimmungen enthält, sinngemäss Anwendung.“ Ähnlich formuliert § 60 der Verfassung der Evang.-Reform. Kirche des Kantons Luzern: „Soweit die Kirchenverfassung nichts anderes bestimmt, finden die entsprechenden Vorschriften des staatlichen Rechts Anwendung.“ Oder etwa Art. 65 der Verfassung der Evang.-reform. Kirche des Kantons St. Gallen: „Kann dem kirchlichen Recht keine Vorschrift entnommen werden, so findet die kantonal-sanktgallische Gesetzgebung über die Bürgerversammlung, die Urnenabstimmungen, über Referendum und Initiative sowie über die Verwaltungsrechtspflege sinngemäss Anwendung.“[57] Hinzuweisen ist weiterhin

53 Siehe im Internet www.evang-kirche-tg.ch (Kirchliche Gesetzessammlung, KGS).

54 Kirchenordnung der evangelischen Landeskirche des Kantons Thurgau vom 20. Februar 1978 (RB 187.12).

55 RB 187.121.

56 RB 187.123.

57 Ähnlich auch Art. 4 Abs. 2 der Kirchenverfassung der evangelisch-reformierten Landeskirche beider Appenzell, Art. 58 der Verfassung für die Evangelisch-

auf die spezielle Regelung in § 86 der Verfassung der Evang. Landeskirche des Kantons Thurgau, die über die Anwendung von staatlichem Recht sogar noch hinausgeht: „Wo der Verfassung für einen entscheidungsbedürftigen Fall weder eine Vorschrift entnommen noch staatliches Recht angewendet werden kann, soll nach bewährter Praxis und unter Berücksichtigung der Gesetzgebung anderer christlicher Kirchen insbesondere reformatorischer Herkunft entschieden werden."

V. Zu Aufbau und Inhalt dieses Beiheftes

Im Hinblick darauf, dass dieser Quellenband die Kirchenverfassungen der in den einzelnen Kantonen öffentlichrechtlich anerkannten evangelisch-reformierten Kirchen umfasst, wird ein Aufbau nach Kantonen in alphabetischer Reihenfolge zugrunde gelegt. Da sich Kirchen- und Kantonsgebiet zumeist decken, kommt für jeden Kanton in der Regel ein Text zum Abdruck, typischerweise die Kirchenverfassung der evangelisch-reformierten Landes- bzw. Kantonalkirche oder „Eglise nationale"/„Eglise protestante"[58].

Anders ist es dort, wo die räumlichen oder politischen Verhältnisse komplexer sind, wie etwa in Solothurn (Verfassung der evang.-reform. Kirche Kanton Solothurn und Ordnung des Verbandes der evang.-reform. Synoden des Kantons Solothurn), in Obwalden (Kirchenorganisation der Evang.-reform. Kirchgemeinde Obwalden – alter Kantonsteil, Kirchenorganisation der Evang.-reform. Kirchgemeinde Engelberg, Organisationsstatut des Verbandes der evang.-reform. Kirchgemeinden Obwalden) oder in Appenzell (Kirchenverfassung der evang.-reform. Landeskirche beider Appenzell).

Anders ist es ferner bei Fehlen eines mit ‚Kirchenverfassung' bezeichneten Grundstatuts; dort wird derjenige Text abgedruckt, welcher in der

Reformierte Landeskirche des Kantons Glarus, § 54 der Verfassung der Evangelisch-reformierten Kantonalkirche Schwyz.

58 Im Kanton Genf gibt es zwei reformierte Kirchen: die „Eglise protestante de Genève" und die „Eglise Evangélique libre de Genève". Die Eglise protestante de Genève ist im Unterschied zur Eglise libre öffentlich anerkannt (vgl. das Genfer Règlement déclarant que trois Eglises sont reconnues publiques vom 16. Mai 1944, RSG C 4 15 03). In diesem Band (S. 153 ff.) wird die Kirchenverfassung der (öffentlich anerkannten) Eglise protestante abgedruckt.

Sache der Kirchenverfassung entspricht, d.h. etwa das Organisationsstatut (Aargau), die Kirchenorganisation (Obwalden, Uri), die Statuti (Tessin), das Règlement général d'organisation (Waadt), die Kirchen- (Zürich) oder Gemeindeordnung (Zug).

In mehrsprachigen Kantonen werden alle Sprachfassungen aufgeführt, so für Bern/Berne (Verfassung bzw. Constitution), Fribourg/Freiburg (Constitution ecclésiastique bzw. Kirchenverfassung), Graubünden/Grigioni (Verfassung bzw. Costituzione) und Valais/Wallis (Constitution bzw. Verfassung). Im Falle des Ticino folgt auf die italienischsprachigen Statuti eine nichtamtliche deutsche Übersetzung.

Als Anhang ist schliesslich die Verfassung des Schweizerischen Evangelischen Kirchenbundes in deutscher, französischer sowie in italienischer Sprache abgedruckt[59]. Die schweizerischen evangelisch-reformierten Landeskirchen sind Mitglied des SEK[60], sofern sie nicht einem Kirchenverband angehören – in diesem Fall werden die Mitgliedschaftsrechte durch den Verband wahrgenommen[61]. In der Regel ist die Mitgliedschaft der Landes- bzw. Kantonalkirchen in den jeweiligen Kirchenverfassungen und Organisationsstatuten verankert[62].

59 Vgl. Art. 8bis der SEK-Verfassung, wonach grundlegende Dokumente des SEK auch in italienischer Sprache erscheinen.

60 Mit Ausnahme der Evangelisch-reformierten Kirche von Republik und Kanton Jura gestützt auf Art. 4 Abs. 2 (in fine) SEK-Verfassung. Zudem die in Art. 1 bzw. 4 der SEK-Verfassung nicht erwähnte Eglise Evangélique libre de Genève (EELG) und die Evangelisch-methodistische Kirche in der Schweiz.

61 Synodalverband Bern-Jura: für Evangelisch-reformierte Kirche des Kantons Bern und Evangelisch-reformierte Kirche von Republik und Kanton Jura. Vgl. auch Verband der evangelisch-reformierten Kirchgemeinden des Kantons Obwalden.

62 Dazu siehe:
- Aargau: Art. 1 Abs. 5 OS;
- Appenzell: Art. 5 Abs. 3 KiV;
- Basel-Landschaft: Art. 2 Abs. 4 KiV;
- Bern: Art. 3 Abs. 2 KiV (die Zugehörigkeit zum SEK ist im Kanton Bern auch durch das staatliche Kirchengesetz (BSG 410.11) vorgeschrieben: Art. 60 Abs. 1: „Sie [die evang.-ref. Landeskirche] ist Glied der allgemeinen christlichen Kirche und gehört mit den übrigen evangelischen Kirchen zum Schweizerischen evangelischen Kirchenbund.“);
- Fribourg: Art. 2 Abs. 3 und Art. 41 CE;
- Genève: vgl. Titre I CE (nicht ausdrücklich);
- Glarus: Art. 2 Abs. 2 KiV;
- Graubünden: vgl. Art. 1 Abs. 2 KiV (nicht ausdrücklich);
- Luzern: vgl. § 1 Abs. 3 KiV (nicht ausdrücklich);

Die nachfolgend wiedergegebenen kirchlichen Verfassungstexte sind auf dem Stand vom 1. Januar 2009. Da sich die kirchliche Verfassungsgebung weiterentwickeln wird – im Blick sind u.a. ein neues Organisationsstatut der Aargauer Kirche, die neue Kirchenordnung der Zürcher Landeskirche, eine Teilrevision der Kirchgemeindeordnung Zug – handelt es sich um eine Art „Momentaufnahme". Doch ist zu bedenken, dass Revisionen kirchlicher Verfassungen behutsam und „nicht ohne Not" vorgenommen werden. Sie weisen eine hohe Beständigkeit auf.

Liste der evangelisch-reformierten Kirchenordnungen der Schweiz

Aargau:

Kirchenordnung der Evangelisch-Reformierten Landeskirche des Kantons Aargau vom 22. November 1976 (SRLA 151.100)

Appenzell:

Kirchenordnung der evangelisch-reformierten Landeskirche beider Appenzell vom 27. März 2001 (Kirchl. GSlg. 2.10)

Basel-Landschaft:

Ordnung der Evangelisch-reformierten Kirche des Kantons Basel-Landschaft vom 5. März 1956 (Kirchl. GSlg. 4.1)

- Neuchâtel: Préambule und Art. 1 Abs. 2 CE;
- Nidwalden: Art. 4 KiV;
- Obwalden: Art. 3 Bst. a Organisationsstatut des Verbandes, vgl. auch Art. 6 Abs. 1 KiOrg alter Kantonsteil, Art. 6 Abs. 2 KiOrg Engelberg;
- St. Gallen: Art. 5 KiV;
- Schaffhausen: Art. 48 Abs. 1 KiV;
- Schwyz: § 5 Abs. 2 KiV;
- Solothurn: Art. 3 Abs. 1 KiV;
- Tessin: Art. 3 statuti;
- Thurgau: § 3 KiV;
- Uri: Art. 5 Abs. 1 OS;
- Waadt: vgl. Art. 108 Ziff. 18 Règlement ecclésiastique (nicht ausdrücklich), entsprechende Regelung auch im neuen Règlement ecclésiastique vorgesehen;
- Wallis: Art. 3 Abs. 1 CE;
- Zürich: Art. 213 Abs. 1 KiO, auch in der neuen KiO entsprechend vorgesehen (dort Art. 10).

Basel-Stadt:

Ordnung betreffend die Organisation der Evangelisch-reformierten Kirche des Kantons Basel-Stadt (Organisationsordnung) vom 18. Juni 2008 (Kirchl. GSlg. IV B 1)

Bern/Berne:

Kirchenordnung des evangelisch-reformierten Synodalverbandes Bern-Jura vom 11. September 1990 (KES 11.020)

Règlement ecclésiastique de l'Union synodale Berne-Jura, du 11 septembre 1990 (RLE 11.020)

Fribourg/Freiburg:

Règlement ecclésiastique de l'Eglise évangélique réformée du canton de Fribourg, du 3 novembre 1997

Kirchenordnung der Evangelisch-reformierten Kirche des Kantons Freiburg vom 3. November 1997

Genève:

Règlement de l'Eglise protestante de Genève (état du 3 octobre 2008)

Glarus:

Kirchenordnung für die Evangelisch-reformierte Landeskirche des Kantons Glarus vom 24. Januar 1991 (Kirchl. GSlg. 3/A; GS IV A/21/2)

Graubünden/Grigioni:

Verordnung über Aufbau und Leben der Kirchgemeinde vom 5. November 1980 (Kirchl. GSlg. 210)

Jura:

Règlement ecclésiastique de l'Union synodale Berne-Jura, du 11 septembre 1990 (RLE 11.020)

Luzern:

Kirchenordnung der Evangelisch-Reformierten Kirche des Kantons Luzern vom 13. November 1996

Neuchâtel:

Règlement général de l'Eglise réformée évangélique du Canton de Neuchâtel (édition 1982)

Nidwalden:

Kirchenordnung der evangelisch-reformierten Kirche Nidwalden vom 20. Mai 1992

Obwalden:

Kirchenordnung der evangelisch-reformierten Kirchgemeinde Obwalden (alter Kantonsteil) vom 30. November 1989

Anm.: Für die Evangelisch-reformierte Kirchgemeinde Engelberg gibt es keine Kirchenordnung.

St. Gallen:

Kirchenordnung der evangelisch-reformierten Kirche des Kantons St. Gallen vom 30. Juni 1980 (Kirchl. GSlg. 11-20; sGS 175.11)

Schaffhausen:

Kirchenordnung der evangelisch-reformierten Kirche des Kantons Schaffhausen vom 29. November 2006

Schwyz:

Kirchenordnung der evangelisch-reformierten Kantonalkirche Schwyz vom 16. Juni 2000 (Kirchl. GSlg. 30)

Solothurn:

Kirchenordnung der Evangelisch-reformierten Kirche im Kanton Solothurn vom 12. November 1977

Thurgau:

Kirchenordnung der evangelischen Landeskirche des Kantons Thurgau vom 20. Februar 1978 (RB 187.12)

Ticino:

–

Uri:

Kirchenordnung der Evangelisch-Reformierten Landeskirche Uri vom 7. Mai 2007

Valais/Wallis:

Règlement ecclésiastique de l'Eglise réformée évangélique du Valais (état 2006)

Kirchenordnung der Evangelisch-reformierten Kirche des Wallis (Stand 2006)

Vaud:

Règlement ecclésiastique de l'Eglise évangélique réformée du Canton de Vaud, du 20 novembre 1999

Règlement ecclésiastique de l'Eglise évangélique réformée du Canton de Vaud, 2009 (le nouveau RE n'est, au moment de l'impression de ce volume, que partiellement en vigueur)

Zug:

–

Zürich:

Kirchenordnung der evangelisch-reformierten Landeskirche des Kantons Zürich vom 2. Juli 1967 (voraussichtlich noch bis Ende 2009 in Kraft, vgl. hinten bei Zürich, Anm. *, S. 441; und typologisch eher eine Kirchenverfassung, siehe oben S. 15 ff., 19)

SJKR/ASDE Beiheft 6 (2009), S. 41-45

Aargau (Argovie)

Organisationsstatut der Evangelisch-Reformierten Landeskirche des Kantons Aargau vom 21. November 1984*

Die Synode der Evangelisch-Reformierten Landeskirche des Kantons Aargau, gestützt auf die §§ 109-115 der Kantonsverfassung des Kantons Aargau[1], beschliesst:

Grundsatz. Die Evangelisch-Reformierte Landeskirche des Kantons Aargau ist Glied der weltweiten Christenheit. Zusammen mit den Kirchen der Reformation unterstellt sie sich dem Worte Gottes und sieht ihren Auftrag darin, das Evangelium von Jesus Christus den Menschen aller Schichten, Sprachen und Rassen nahe zu bringen.

Art. 1. Landeskirche. (1) Die Evangelisch-Reformierte Landeskirche des Kantons Aargau ist eine öffentlich-rechtliche Körperschaft mit Sitz in Aarau.

* SRLA 111.100. – Genehmigt vom Grossen Rat am 26. März 1985 mit dem Vorbehalt, dass für die in Art. 10 Abs. 3 nicht verankerten Aufgaben keine Steuermittel verwendet werden dürfen; in Kraft getreten am 1. Januar 1986.
Änderungen des Organisationsstatuts erfolgten am: 10. Juni 1998 (genehmigt am 24. November 1998); 9. Juni 1999 (genehmigt am 30. November 1999); 6. Juni 2001 (genehmigt am 4. Dezember 2001); 19. November 2003 (genehmigt am 8. Juni 2004).
Am 12. November 2008 hat die Aargauer Synode ein neues Organisationsstatut beschlossen. Es wurde im Januar 2009 vom Regierungsrat genehmigt. Der Grosse Rat wird es voraussichtlich im März 2009 beraten. Nach Genehmigung durch den Grossen Rat wird der Kirchenrat das Datum der Inkraftsetzung bestimmen. Zur Vermeidung von Rechtsunsicherheit ist geplant, das neue OS nur zusammen mit der neuen KiO in Kraft zu setzen. Da sich die neue KiO jedoch erst in Vorbereitung zur Vernehmlassung befindet, wird das bisherige OS noch eine Zeitlang fortgelten.

1 SAR 110.000.

(2) Sie umfasst die evangelisch-reformierten Kirchgemeinden und die vereinsrechtlich organisierten Diasporagemeinden des Kantons.
(3) Sie ordnet ihre Angelegenheiten frei und selbständig im Rahmen von Verfassung und Gesetz.
(4) Sie verwaltet ihr Vermögen und ihre Einkünfte selbständig nach den Grundsätzen, die für öffentliches Gut und öffentliche Einkünfte gelten.
(5) Sie ist Mitglied des Schweizerischen Evangelischen Kirchenbundes.

Art. 2. Mitgliedschaft/Stimm- und Wahlrecht. (1) Mitglied der Kirche ist jeder evangelisch-reformierte Einwohner, der im Kanton seinen Wohnsitz hat, sofern er nicht ausdrücklich seinen Austritt erklärt hat.
(2) Stimm- und wahlberechtigt in den Angelegenheiten der Landeskirche und ihrer Kirchgemeinden sind die schweizerischen und ausländischen Kirchgenossen, welche das 16. Altersjahr zurückgelegt haben und aus anderen Gründen auf Grund der Kantonsverfassung vom Stimmrecht nicht ausgeschlossen sind.
(3) Das Wahl- und Abstimmungsverfahren in den Kirchgemeinden richtet sich nach der staatlichen Gesetzgebung, soweit landeskirchliche Erlasse nichts anderes bestimmen.

Art. 3. Amtsdauer. Die Amtsdauer der Behördemitglieder, Pfarrerinnen und Pfarrer (bei definitiver Wahl) sowie der Diakonischen Mitarbeiterinnen und Mitarbeiter beträgt 4 Jahre.

Art. 4. Ausstandspflicht. Mitglieder von kirchlichen Behörden und kirchliche Mitarbeiterinnen und Mitarbeiter haben sich bei Geschäften, die sie unmittelbar betreffen, in Ausstand zu begeben.

Art. 5. Referendum. (1) Bei Beschlüssen der Kirchgemeindeversammlung über Steuerfuss und Ausgaben kann ein Begehren um nochmalige Beratung und Beschlussfassung anlässlich der nächsten ordentlichen oder einer ausserordentlichen Kirchgemeindeversammlung gestellt werden. Es ist durch 20 Stimmberechtigte innert 10 Tagen seit Beschlussfassung bei der Kirchenpflege schriftlich anzumelden und ist zustande gekommen, wenn es innert 30 Tagen nach der Kirchgemeindeversammlung von mindestens 10 Prozent der Stimmberechtigten unterzeichnet und eingereicht wird.
(2) Die von der Kirchgemeindeversammlung gemäss Abs. 1 gefassten Beschlüsse unterliegen der Urnenabstimmung, wenn 20 Stimmberechtigte innert 10 Tagen seit der zweiten Beschlussfassung bei der Kirchenpflege das Referendum schriftlich anmelden und wenn es innert 30 Tagen nach der zweiten Kirchgemeindeversammlung von mindestens 10 Prozent der Stimmberechtigten unterzeichnet und eingereicht wird.

Eine Urnenabstimmung findet auch dann statt, wenn ein Drittel der an der zweiten Kirchgemeindeversammlung anwesenden Stimmberechtigten dies verlangt.
(3) Rechtsetzende Erlasse der Synode sowie Beschlüsse der Synode über die Höhe der Gemeindebeiträge an die Zentralkasse und über Ausgaben unterliegen der landeskirchlichen Volksabstimmung, wenn das Referendum innert 10 Tagen seit der Beschlussfassung beim Kirchenrat von 20 Stimmberechtigten schriftlich angemeldet wird und 5000 Stimmberechtigte es innert 60 Tagen verlangen.

Art. 6. Initiative. 5000 Stimmberechtigte können beim Kirchenrat eine Initiative einreichen.

Art. 7. Synode. (1) Oberstes Organ der Landeskirche ist die Synode.
(2) Jede Kirchgemeinde bildet einen Wahlkreis und wählt ihre Synodalen nach den Bestimmungen der Kirchenordnung.
(3) Wählbar sind alle stimmberechtigten, im Wahlkreis wohnenden Glieder der Landeskirche.
(4) Die Synode erlässt das Organisationsstatut, die Kirchenordnung[2] und andere zur Ausführung des Organisationsstatuts erforderliche allgemeine Bestimmungen.
(5) Sie wählt den Kirchenrat und das Rekursgericht.
(6) Sie bezieht von den Kirchgemeinden gleichmässige Beiträge für die Bedürfnisse der Landeskirche.
(7) Sie ordnet die gesamtkirchlichen Dienste.

Art. 8. Kirchenrat. (1) Der Kirchenrat ist das vollziehende Organ der Landeskirche.
(2) Er führt die Geschäfte der Landeskirche.
(3) Die Zahl der Kirchenräte wird von der Synode bestimmt. Die Mitglieder müssen mehrheitlich Laien sein.

Art. 9. Rekursgericht. Das Rekursgericht ist die oberste Beschwerdeinstanz der Landeskirche.

Art. 10. Kirchgemeinden. (1) Die Kirchgemeinden sind als Körperschaften des öffentlichen Rechts im Rahmen des Organisationsstatuts und der Kirchenordnung selbständig.

2 Kirchenordnung der Evangelisch-Reformierten Landeskirche des Kantons Aargau (KiO) vom 22. November 1976 (SRLA 151.100), verfügbar im Internet unter www.ref-ag.ch. – Zurzeit befindet sich die Kirchenordnung in einer Gesamtrevision, die für die Zeit von 2007-2010 geplant ist (Beschluss der Synode vom 15. November 2006).

(2) Sie wählen aus ihrer Mitte eine Kirchenpflege als vollziehendes Organ.
(3) Sie können nach Massgabe der staatlichen Gesetzgebung Steuern erheben für ihre eigenen Aufgaben, die der Landeskirche und des Schweizerischen Evangelischen Kirchenbundes, namentlich für Verkündigung, Seelsorge und Diakonie, Unterricht und Bildung, Mission und Ökumene, Finanzausgleich und Verwaltung.
(4) Die Kirchgemeinden verwalten ihr Vermögen und ihre Einkünfte selbständig nach den Grundsätzen, die für öffentliches Gut und öffentliche Einkünfte gelten.
(5) Änderungen im Bestand der Kirchgemeinden (Neubildung, Zusammenlegung, Teilung) erfolgen durch Beschluss der Synode, wenn ein Bedürfnis nachgewiesen ist und keine finanziellen Bedenken entgegenstehen.

Art. 11. Kirchgemeindeversammlung. (1) Oberstes Organ der Kirchgemeinde ist die Kirchgemeindeversammlung, bestehend aus den stimmberechtigten Gliedern.
(2) Die Kirchenordnung regelt das Nähere über Einberufung, Leitung und Befugnisse und über den Gang der Verhandlungen.

Art. 12. Wahl der ordinierten Dienste. (1) Jede Kirchgemeinde wählt eine oder mehrere Pfarrpersonen.
(2) Diakonische Mitarbeiterinnen und Mitarbeiter werden von der Kirchgemeinde gewählt.
(3) Für die Wählbarkeit der Pfarrerinnen und Pfarrer ist in der Regel das Konkordat betreffend die gegenseitige Zulassung evangelisch-reformierter Pfarrer in den Kirchendienst[3] massgebend.
(4) Die Ausbildung der Diakonischen Mitarbeiterinnen und Mitarbeiter richtet sich nach den Mindestanforderungen der Diakonatskonferenz.
(5) Die Wählbarkeit der Pfarrerinnen und Pfarrer sowie der Diakonischen Mitarbeiterinnen und Mitarbeiter stellt der Kirchenrat fest.
(6) Das Nähere bestimmen die Kirchenordnung oder nachgeordnete Erlasse.

Art. 13. Dekanat. (1) Die Kirchgemeinden sind nach Massgabe der Kirchenordnung in Dekanaten zusammengefasst.
(2) Der Dekan ist Organ des Kirchenrates und kann diesem nicht angehören. Er sorgt für die Zusammenarbeit der Kirchgemeinden seines Dekanates sowie für die Befolgung der landeskirchlichen Vorschriften durch die Kirchgemeinden. Er versieht die ihm von der Kirchenordnung übertragenen Aufgaben.

3 SRLA 940.100.

Art. 14. Rechtsschutz. (1) Beschlüsse und Entscheide kirchlicher Behörden können mit Beschwerde weitergezogen werden; vermögensrechtliche und verwaltungsvertragliche Streitigkeiten sind im Klageverfahren auszutragen; die Kirchenordnung regelt die Voraussetzungen.
(2) Für das Verfahren gilt unter Vorbehalt abweichender Bestimmungen im innerkirchlichen Recht das kantonale Gesetz über die Verwaltungsrechtspflege (VRPG)[4].
(3) Vorbehalten bleiben die Bestimmungen der Kantonsverfassung, des Verwaltungsrechtspflegegesetzes und anderer staatlicher Erlasse über den Weiterzug landeskirchlicher Verfügungen und Entscheide an den Regierungsrat und das Verwaltungsgericht.

Art. 15. Revision. (1) Die Synode kann eine Gesamt- oder Teilrevision dieses Statuts beschliessen.
(2) Wird die Gesamtrevision verlangt, so unterbreitet der Kirchenrat der Synode eine Vorlage. Die Synode bestellt eine Revisionskommission und beschliesst über deren Anträge.
(3) Wird nur eine Teilrevision verlangt, so kann von der Bestellung einer Revisionskommission abgesehen werden. Im Übrigen gelten die Regeln über die Gesamtrevision.
(4) Von der Synode beschlossene Gesamt- oder Teilrevisionen dieses Organisationsstatuts unterliegen der Abstimmung der stimmberechtigten Kirchgenossen, wenn es 5000 Stimmberechtigte innert 60 Tagen vom Zeitpunkt der Bekanntmachung an verlangen. Publikationsorgan ist das Amtsblatt des Kantons Aargau.

Art. 16. Inkrafttreten. (1) Dieses Organisationsstatut wurde von der Synode am 25. November 1981 und am 21. November 1984 abgeändert. Die abgeänderten Bestimmungen bedürfen der Genehmigung des Grossen Rates, ebenso das gesamte Organisationsstatut gemäss § 130 Abs. 3 Kantonsverfassung. Der Kirchenrat bestimmt den Zeitpunkt des Inkrafttretens nach den erfolgten Genehmigungen.
(2) Die Kirchenorganisation vom 20. Januar 1930, die Kirchenordnung vom 4. Dezember 1933 sowie alle bisherigen landeskirchlichen Verordnungen, Erlasse, Reglemente, soweit sie mit dem vorstehenden Organisationsstatut in Widerspruch stehen, sind aufgehoben.

4 SAR 271.100.

SJKR/ASDE Beiheft 6 (2009), S. 47-61

Appenzell

Kirchenverfassung der evangelisch-reformierten Landeskirche beider Appenzell vom 26. November 2000*

Inhaltsverzeichnis

	Artikel
Präambel	
Teil I: Bestand und Umfang	1
Teil II: Grundsätze und Aufgaben	4
Teil III: Demokratische Rechte	6
A. Allgemeine Bestimmungen	6
B. Initiativrecht	8
C. Referendum	11
Teil IV: Behörden und Dienstrecht der Landeskirche	13
A. Allgemeine Bestimmungen	13
B. Synode	16
C. Kirchenrat	21
D. Dienstrechtliche Bestimmungen	28
E. Rechtsprechung	37
Teil V: Finanzordnung	40
Teil VI: Kirchgemeinden	44
Teil VII: Revision der Verfassung und Übergangsbestimmungen	53

* Kirchl. GSlg. Nr. 1.10. – Die Kirchenverfassung wurde durch die Stimmberechtigten der evangelisch-reformierten Landeskirche beider Appenzell an der Urnenabstimmung vom 26. November 2000 erlassen.
Keine Änderungen seither.

Präambel

Die evangelisch-reformierte Landeskirche beider Appenzell ist Teil der weltweiten christlichen Kirche. Sie glaubt nach dem Zeugnis des Alten und Neuen Testaments an Gott in Jesus Christus und im Heiligen Geist, lebt aus der Liebe Gottes und hofft auf sein Reich. Sie verkündet das Evangelium in Wort und Tat.
Sie ist eine Weggemeinschaft von Menschen, die

- sich in ihrer Unterschiedlichkeit annehmen,
- schwache und benachteiligte Menschen stützen,
- offen sind für das Gespräch mit Menschen anderer Konfessionen und Religionen,
- sich für Menschenrechte und für Gerechtigkeit, Frieden und Bewahrung der Schöpfung einsetzen.

In Verantwortung vor Gott stellt sie sich ihren Aufgaben in schrift- und zeitgemässer Form und gibt sich folgende Verfassung:

Teil I: Bestand und Umfang

Art. 1. Landeskirche. (1) Die evangelisch-reformierte Landeskirche beider Appenzell, nachfolgend Landeskirche genannt, ist eine selbständige Körperschaft des öffentlichen Rechts.
(2) Die Landeskirche bestimmt selbständig über ihre inneren Angelegenheiten und nimmt öffentliche Aufgaben wahr.
(3) Die Landeskirche bemüht sich um Offenheit und Zusammenarbeit über Grenzen hinweg.

Art. 2. Bestand und Umfang sowie Mitgliedschaft. (1) Die Landeskirche besteht zur Zeit aus den Kirchgemeinden Urnäsch, Herisau, Schwellbrunn, Hundwil, Stein, Schönengrund, Waldstatt, Teufen, Bühler, Gais, Speicher, Trogen, Rehetobel, Wald, Grub-Eggersriet, Heiden, Wolfhalden, Walzenhausen, Reute-Oberegg und Appenzell.
(2) Anzahl und Grenzen der Kirchgemeinden sind offen. Vorbehalten bleibt Absatz 5 hiernach.
(3) Die Mitgliedschaft in einer Kirchgemeinde ist Grundlage der Mitgliedschaft in der Landeskirche.
(4) Jedem Mitglied mit Wohnsitz in Ausserrhoden steht es frei, durch schriftliche Erklärung in eine andere ausserrhodische Kirchgemeinde überzutreten. Einzelheiten sind in einem Reglement festgelegt.

(5) Die Grenzen der Kirchgemeinde Appenzell sind fest. Ausgeschlossen ist der Übertritt von Mitgliedern in Innerrhoden zu Kirchgemeinden in Ausserrhoden und umgekehrt.

Art. 3. Kirchgemeinde. Die Kirchgemeinde besteht von Verfassung wegen und umfasst einerseits die auf ihrem Gebiete wohnhaften oder ihr zugeteilten Personen evangelisch-reformierten Glaubens, welche nicht schriftlich ihren Austritt oder ihre Nichtzugehörigkeit erklärt haben, und andererseits jene Mitglieder, welche sich ihr angeschlossen haben.

Teil II: Grundsätze und Aufgaben

Art. 4. Zusammenleben in der Landeskirche. (1) Das Zusammenleben in der Landeskirche richtet sich nach christlichen Grundsätzen und nach demokratischen Vorgaben.
(2) Wo die ausdrückliche Regelung einer besonderen Rechtsfrage in der Kirchenverfassung nicht vorgenommen wird, gelten analog die Bestimmungen des Staats- und Verwaltungsrechtes des Kantons Appenzell Ausserrhoden.

Art. 5. Landeskirchliche Tätigkeit. (1) Die Landeskirche sorgt im Sinne der Präambel dafür, dass ihr Auftrag erfüllt wird, vor allem durch Verkündigung, Feiern, Seelsorge, Diakonie und Unterricht. Weltweit setzt sie sich ein im ökumenisch-missionarischen Bereich und in der Entwicklungszusammenarbeit.
(2) Die Landeskirche erfüllt die Aufgaben, die über den Rahmen und die Möglichkeiten der Kirchgemeinden hinausgehen.
(3) Die Landeskirche ist Mitglied des Schweizerischen Evangelischen Kirchenbundes.
(4) Die Kirchenordnung regelt das Nähere.

Teil III: Demokratische Rechte

A. Allgemeine Bestimmungen

Art. 6. Volkssouveränität. Die Stimmberechtigten aller Kirchgemeinden sind das oberste Organ der Landeskirche.

Art. 7. Stimm- und Wahlrecht. (1) Das Stimm- und Wahlrecht in kirchlichen Angelegenheiten steht allen Mitgliedern der Kirchgemeinden nach Vollendung des 16. Altersjahres zu, unabhängig ihrer Staatsangehörigkeit.

(2) Als Mitglied einer Kirchenbehörde sind alle Mitglieder der Kirchgemeinde wählbar. Massgebend für das Wählbarkeitsalter ist die Kantonsverfassung von Appenzell Ausserrhoden.

B. Initiativrecht

Art. 8. Initiativrecht. (1) Mit einer Initiative kann die Total- oder Teilrevision der Kirchenverfassung verlangt werden.
(2) Das Initiativbegehren kann als einfache Anregung oder als ausgearbeiteter Entwurf eingereicht werden und darf nicht mehr als einen Gegenstand betreffen.
(3) Eine Initiative ist gültig zustande gekommen, wenn sie innerhalb von 4 Monaten von mindestens 250 Stimmberechtigten unterzeichnet worden ist oder die Zustimmung von mindestens 4 Kirchgemeinden auf Grund eines Beschlusses ihrer Stimmberechtigten gefunden hat.
(4) Initiativen sind von der Synode innerhalb eines Jahres zu behandeln.

Art. 9. Zustimmung und Gegenvorschlag zum Initiativbegehren durch die Synode. (1) Stimmt die Synode dem Initiativbegehren zu, so unterstellt sie dieses der Abstimmung, falls es sich um einen ausgearbeiteten Entwurf handelt. Handelt es sich um eine einfache Anregung, so arbeitet sie eine dem Sinn der Initiative entsprechende Vorlage aus.
(2) Befürwortet die Synode das Initiativbegehren, bringt sie es ohne Gegenvorschlag zur landeskirchlichen Abstimmung. Lehnt sie es ab, kann sie einen Gegenvorschlag ausarbeiten und ihn zusammen mit dem Initiativbegehren dem Souverän zur Abstimmung vorlegen.

Art. 10. Verfahren. (1) Die Stimmberechtigten können gültig sowohl der Initiative als auch dem Gegenvorschlag zustimmen und entscheiden, welche der beiden Vorlagen sie vorziehen, wenn beide angenommen werden sollten.
(2) Der Kirchenrat entscheidet über das Zustandekommen, die Synode über die Gültigkeit einer Initiative.
(3) Ganz oder teilweise ungültig sind Initiativen, welche dem Grundsatz der Einheit der Materie, dem Grundsatz der Einheit der Form oder übergeordnetem Recht widersprechen oder welche undurchführbar sind.

C. Referendum

Art. 11. Obligatorisches Referendum. Die Stimmberechtigten entscheiden über

a) die Total- oder Teilrevision der Kirchenverfassung,

b) die Veränderung der Rechtsform der heutigen Kirchgemeinden oder der Landeskirche,
c) andere Beschlüsse, falls die Synode mit einem Mehr von drei Vierteln deren Unterstellung unter das obligatorische Referendum beschliesst.

Art. 12. Fakultatives Referendum. Eine landeskirchliche Abstimmung über
a) Schaffung, Änderung und Aufhebung allgemeinverbindlicher Reglemente der Synode,
b) Vereinbarungen mit anderen Kirchen der Schweiz, sofern sie allgemeinverbindlicher Natur sind,
c) Ausgabenbeschlüsse der Synode, sofern sie die in der landeskirchlichen Gesetzgebung festgelegte Höhe überschreiten,

ist anzuordnen, wenn 250 Stimmberechtigte oder 4 Kirchgemeinden auf Grund eines Beschlusses ihrer Stimmberechtigten dies innerhalb von 4 Monaten seit Publikation verlangen.

Teil IV: Behörden und Dienstrecht der Landeskirche

A. Allgemeine Bestimmungen

Art. 13. Allgemeines und Gewaltenteilung. (1) Die Synode als gesetzgebende, der Kirchenrat als vollziehende und die Rekurskommission als rechtsprechende Behörde erfüllen ihre Aufgaben getrennt.
(2) Wer Aufgaben der Landeskirche wahrnimmt, ist an Kirchenverfassung, Kirchenordnung und Reglemente sowie an die staatlichen Bestimmungen gebunden. Die Erfüllung dieser Aufgaben erfolgt im Interesse der Landeskirche, nach Treu und Glauben, willkürfrei und nach dem Grundsatze der Verhältnismässigkeit.
(3) Die Amtsdauer der kirchlichen Behörden beträgt 4 Jahre.

Art. 14. Unvereinbarkeit und Ausstand. (1) Mitglieder einer Kirchenvorsteherschaft oder Mitglieder der Synode können nicht gleichzeitig Mitglieder des Kirchenrates sein.
(2) Die Zugehörigkeit von Pfarrpersonen zur Kirchenvorsteherschaft regelt die Kirchenordnung.
(3) Mitglieder von Behörden haben bei Geschäften, die sie selbst betreffen, in den Ausstand zu treten.
(4) In die Rekurskommission sind Mitglieder der Synode, des Kirchenrates oder einer Kirchenvorsteherschaft nicht wählbar.

(5) Kirchlichen Behörden und landeskirchlichen Kommissionen, mit Ausnahme der Synode, dürfen nicht zugleich angehören: Ehegatten, Eltern, Kinder und Geschwister.

Art. 15. Rechtsetzungsformen. (1) Alle grundlegenden Rechtssätze der landeskirchlichen Gesetzgebung müssen verbindlich erlassen werden als

a) Reglemente durch die Synode,
b) Ausführungsverordnungen durch den Kirchenrat.

(2) Dazu gehören Bestimmungen über

a) die Grundzüge der Organisation und die Aufgaben der Behörden,
b) den Gegenstand von Abgaben, die Grundsätze ihrer Bemessung und den Kreis der Abgabepflichtigen,
c) Zweck, Art und Rahmen bedeutender Leistungen der Landeskirche.

B. Synode

Art. 16. Zusammensetzung und Wahl. (1) Die Synode besteht aus den Abgeordneten der Kirchgemeinden. Die Mitglieder der Synode stimmen ohne Instruktionen. Die Verhandlungen sind öffentlich.
(2) Jede Kirchgemeinde hat Anrecht auf mindestens 2 Sitze. Kirchgemeinden mit mehr als 1000 Mitgliedern wählen für jedes zusätzliche angebrochene Tausend ein weiteres Synodenmitglied.

Art. 17. Zuständigkeiten. (1) Die Synode als landeskirchliches Parlament trägt die Verantwortung für die Ordnung der Landeskirche und gestaltet aktiv die Rahmenbedingungen der kirchlichen Tätigkeit. Sie beaufsichtigt den Kirchenrat und die Kirchenverwaltung.
(2) Die Synode entscheidet unter Vorbehalt des fakultativen Referendums über

a) die Festsetzung des landeskirchlichen Steuerfusses sowie die Finanzplanung auf Antrag des Kirchenrates,
b) Schaffung, Änderung und Aufhebung von Kirchenordnung[1] und Reglementen,
c) Vereinbarungen mit anderen Kirchen der Schweiz, sofern sie allgemeinverbindlicher Natur sind.

(3) Die Synode entscheidet abschliessend über

a) Rechtsgültigkeit der Synodalwahlen,

1 Kirchenordnung der evangelisch-reformierten Landeskirche beider Appenzell vom 27. März 2001 (Kirchl. GSlg. 2.10), verfügbar im Internet unter www.ref-arai.ch.

b) Genehmigung des Amtsberichtes des Kirchenrates,
c) Finanzausgleich zwischen den Kirchgemeinden,
d) landeskirchlich zu regelnde Anstellungsbedingungen und den Stellenplan für die Personen, welche durch den Kirchenrat angestellt werden,
e) Genehmigung der Leitbilder von Landeskirche und Kirchenrat,
f) Zulassung und Auflösung von Kirchgemeinden sowie Änderung von Grenzen.

(4) Im Weiteren ist die Synode zuständig für die Herausgabe eines Kirchenblattes.

Art. 18. Wahlen. Die Synode wählt
a) die Mitglieder des Büros und aus deren Mitte die Präsidentin oder den Präsidenten,
b) die Mitglieder des Kirchenrates und aus dessen Mitte die Präsidentin oder den Präsidenten,
c) die Geschäftsprüfungskommission, bestehend aus mindestens 3 Mitgliedern,
d) die Abgeordneten und eine Stellvertretung in den Schweizerischen Evangelischen Kirchenbund,
e) die Arbeitgebervertretung im Stiftungsrat der PERKOS sowie ein Mitglied in die Kontrollstelle der PERKOS,
f) die Projektkommission,
g) die Verantwortlichen der Ombudsstelle,
h) die Rekurskommission, bestehend aus 5 Mitgliedern.

Art. 19. Finanzkompetenzen. (1) Die Synode beschliesst unter Beachtung des Finanzplanes über Voranschlag und Rechnung.

(2) Die Synode beschliesst unter Vorbehalt des fakultativen Referendums über
a) einmalige Ausgaben, wenn sie 10 Prozent der Gesamteinnahmen des vorangehenden Rechnungsjahres übersteigen,
b) neue wiederkehrende Ausgaben, wenn sie 1 Prozent der Gesamteinnahmen des vorangehenden Rechnungsjahres übersteigen.

Art. 20. Büro der Synode, Kommissionen und Ombudsstelle. (1) Die Synode erlässt ein Geschäftsreglement.

(2) Das Büro der Synode ist Adressat für Anfragen an die Synode und verantwortlich für die Vorbereitung und Durchführung der Synodaltagungen.

(3) Der Synode stehen zusätzlich zum Büro als ständige Kommissionen zur Verfügung:
– die Geschäftsprüfungskommission,
– die Projektkommission,

– die Rekurskommission.

(4) Die Synode kann für die Vorbereitung der Geschäfte zudem besondere Kommissionen bilden, denen auch Nichtsynodale angehören können.

(5) Die Ombudsstelle der Synode kann von Kirchenmitgliedern, Angestellten, Kirchenvorsteherschaften und Behörden der Landeskirche für die Bereinigung bei Differenzen zwischen diesen angerufen werden.

C. Kirchenrat

Art. 21. Stellung und Aufgaben. Der Kirchenrat ist die oberste leitende, planende und vollziehende Behörde der Landeskirche und deren Vertretung nach innen und aussen.

Art. 22. Zusammensetzung und Wahl. (1) Der Kirchenrat besteht aus mindestens fünf von der Synode gewählten Mitgliedern. Ordinierte Theologinnen und Theologen sind mit mindestens 1 Person vertreten; sie dürfen jedoch nicht die Mehrheit bilden.

(2) Der Kirchenrat ist beschlussfähig, wenn die Mehrheit seiner Mitglieder anwesend ist.

Art. 23. Zuständigkeit des Kirchenrates. (1) Der Kirchenrat bestimmt unter Vorbehalt der Zuständigkeit der Synode die Ziele und Mittel des kirchlichen Handelns. Er ist darüber hinaus, in Absprache mit dem Büro der Synode, zuständig für die Vorbereitung der Geschäfte der Synode und den Vollzug ihrer Beschlüsse. Er kann daher im Rahmen des übergeordneten Rechtes Verordnungen erlassen. Über die Tätigkeit legt er jährlich Rechenschaft ab.

(2) Im Weiteren ist der Kirchenrat zuständig für

a) Kontakte zu Kirchgemeinden und deren Begleitung,
b) Schaffung von Verordnungen für Rechnungsführung und Rechnungsprüfung in den Kirchgemeinden,
c) Schaffung von Verordnungen für den Religionsunterricht,
d) Abklärungen für die Zulassung von Pfarrpersonen, sozial-diakonischen Mitarbeitenden und von Unterrichtenden,
e) Rechtsmittelentscheide betreffend Rekurse gegen Entscheide der Kirchenvorsteherschaften,
f) Pflege der Beziehungen zu beiden appenzellischen Kantonsregierungen.

Art. 24. Wahlbefugnisse. Der Kirchenrat wählt

a) diejenigen landeskirchlichen Mitarbeitenden, deren Wahl nicht ausdrücklich der Synode vorbehalten ist,

b) landeskirchliche Kommissionen und Abordnungen, deren Wahl nicht ausdrücklich der Synode vorbehalten ist.

Art. 25. Aufsicht über die Kirchgemeinden. (1) Der Kirchenrat führt die Aufsicht über die Kirchgemeinden.
(2) Der Kirchenrat genehmigt die von den Kirchgemeinden erlassenen Reglemente und andere genehmigungspflichtige Geschäfte der Kirchgemeinden.
(3) Der Kirchenrat prüft die Kirchgemeindearchive. Die Kirchenordnung regelt das Nähere.

Art. 26. Aufsicht über die Pfarrpersonen. (1) Der Kirchenrat ist mitverantwortlich für die theologische Arbeit der Pfarrpersonen.
(2) Der Kirchenrat stellt auf Grund der Konkordatsbestimmungen die Wahlfähigkeit fest und erteilt bei persönlicher Eignung und Befähigung die Zulassung.
(3) Der Kirchenrat ist im Weiteren zuständig für die Genehmigung der Stellvertretungsregelung bei Pfarrvakanz, längerer Beurlaubung oder Krankheit.
(4) Der Kirchenrat sorgt für die Begleitung der Theologiestudierenden und deren Empfehlung für die Zulassung zur Prüfung. Er vermittelt Praktikumsleiterinnen oder Praktikumsleiter. Auf Grund der Konkordatsbestimmungen stellt er die Ordination geprüfter und wahlfähiger Kandidatinnen und Kandidaten sicher.

Art. 27. Finanzkompetenzen. (1) Der Kirchenrat ist zuständig für die Führung des landeskirchlichen Rechnungswesens und die Aufstellung des Voranschlages.
(2) Der Kirchenrat ordnet landeskirchliche Kollekten an.
(3) Der Kirchenrat beschliesst über
a) gebundene Ausgaben und Änderungen im Finanzvermögen ohne Beschränkung,
b) einmalige Ausgaben, wenn sie 1 Prozent der Gesamteinnahmen des vorangehenden Rechnungsjahres nicht übersteigen,
c) neue wiederkehrende Ausgaben, wenn sie 0,2 Prozent der Gesamteinnahmen des vorangehenden Rechnungsjahres nicht übersteigen.

D. Dienstrechtliche Bestimmungen

Art. 28. Grundsatz der Dienstpflicht. Die Mitarbeitenden der Landeskirche und der Kirchgemeinden erfüllen gewissenhaft die Aufgaben und Verpflichtungen, die ihnen auf Grund der landeskirchlichen Gesetzgebung, privatrechtlicher Anstellungsverträge sowie besonderer Vereinbarungen zukommen.

Art. 29. Verschwiegenheit. Die Mitarbeitenden der Landeskirche und der Kirchgemeinden schweigen über Angelegenheiten, die sie in Erfüllung ihrer Aufgaben erfahren. Diese Verpflichtung bleibt auch nach Auflösung des Dienstverhältnisses bestehen.

Art. 30. Aufsicht und Verantwortlichkeit. (1) Die Aufsicht über die Tätigkeit der Pfarrpersonen und der landeskirchlichen Angestellten übt der Kirchenrat aus, jene über die anderen Angestellten der Kirchgemeinde die Kirchenvorsteherschaften.
(2) Die Verantwortlichkeit der Landeskirche und der Kirchgemeinden richtet sich nach den Bestimmungen der landeskirchlichen Gesetzgebung.

Art. 31. Pfarrpersonen. (1) Pfarrpersonen im Sinne der landeskirchlichen Gesetzgebung sind Gemeindepfarrpersonen, Pfarrpersonen mit landeskirchlichen Funktionen, Vikare und Vikarinnen sowie Stellvertreterinnen und Stellvertreter.
(2) Über die Anstellung von Gemeindepfarrpersonen entscheiden die Stimmberechtigten der Kirchgemeinde. Die Einzelheiten regelt die Kirchenordnung.
(3) Vikare und Vikarinnen und Pfarrpersonen für Stellvertretungen werden von der Kirchenvorsteherschaft angestellt.
(4) Die Kirchenordnung und das Dienst- und Besoldungsreglement regeln die Dienstpflicht der Pfarrpersonen.
(5) In Ausnahmefällen kann die Anstellung an den Kirchenrat delegiert werden.

Art. 32. Anstellung von Unterrichtenden. (1) Für die Anstellung von Unterrichtenden ist die Kirchenvorsteherschaft verantwortlich.
(2) Grundlage der Anstellung ist das Dienst- und Besoldungsreglement.

Art. 33. Sozial-diakonisch Mitarbeitende. (1) Für diakonische Aufgaben kann die Kirchgemeinde sozial-diakonisch Mitarbeitende einsetzen.
(2) Sozial-diakonisch Mitarbeitende werden von der Kirchenvorsteherschaft angestellt. Der Kirchenrat trifft Abklärungen für die Zulassung auf Grund der Bestimmungen der deutschschweizerischen Diakonatskonferenz.
(3) Grundlage der Anstellung ist das Dienst- und Besoldungsreglement.

Art. 34. Landeskirchlicher Pfarrkonvent. (1) Alle in der Landeskirche tätigen Pfarrpersonen sind Mitglieder des Pfarrkonvents.
(2) Der Pfarrkonvent ist Ansprechpartner des Kirchenrats. Er hat das Recht, dem Kirchenrat und der Synode Anträge zu stellen.

(3) Organisation und Aufgaben sind in der Kirchenordnung geregelt.

Art. 35. Landeskirchliche Konvente. Analog zum landeskirchlichen Pfarrkonvent können weitere kirchliche Berufsgruppen einen landeskirchlichen Konvent mit denselben rechtlichen Möglichkeiten bilden.

Art. 36. Ortskonvent. (1) Falls in einer Kirchgemeinde mehr als eine Person angestellt ist, können die Angestellten der Kirchgemeinde einen Ortskonvent bilden. Dieser ist Ansprechpartner der Kirchenvorsteherschaft.
(2) Mitgliedschaft und Organisation sind im Kirchgemeindereglement zu definieren.

E. Rechtsprechung

Art. 37. Rechtsprechungsbefugnisse des Kirchenrates. (1) Der Kirchenrat entscheidet als erste Instanz über Beschwerden gegen Wahlen und Beschlüsse der Stimmberechtigten in den Kirchgemeinden sowie gegen Entscheide der Kirchenvorsteherschaften.
(2) Der Kirchenrat entscheidet bei Differenzen zwischen Kirchgemeinden untereinander. Er entscheidet ebenfalls zwischen Angestellten und Kirchgemeinden.
(3) Die Rechtsmittelfrist beträgt in allen Fällen 20 Tage seit Publikation oder schriftlicher Mitteilung des Beschlusses.

Art. 38. Rekurskommission. (1) Die Synode setzt eine Rekurskommission ein, die für sie die genannten Rechtsmittelfunktionen nach den Bestimmungen der landeskirchlichen Gesetzgebung und nach den analog anwendbaren Bestimmungen des Verwaltungsverfahrensrechtes des Kantons Appenzell Ausserrhoden wahrnimmt.
(2) Die Rekurskommission entscheidet über Beschwerden gegen Verfügungen und Beschlüsse des Kirchenrates.
(3) Die Rekurskommission als zweite und abschliessende Instanz entscheidet über Rekurse gegen Rechtsmittelentscheide des Kirchenrates sowie gegen Entscheide der Kirchenvorsteherschaften.

Art. 39. Rechtsprechung in Angelegenheiten der Kirchensteuern. (1) Einsprachen gegen die Steuerveranlagung betreffend Kirchensteuer sind an die staatlichen Stellen zu richten.
(2) Kirchliche Stellen entscheiden über Rügen betreffend der subjektiven Steuerpflicht und den zur Anwendung gebrachten Steuerfuss. Staatliche Stellen entscheiden über Streitigkeiten betreffend Steuerobjekt und Steuerberechnungsgrundlagen.

(3) Die staatlichen Stellen in Rechtsmittelverfahren, die Steuerobjekt und Steuerberechnungsgrundlagen betreffen, sind bezüglich der Frage der subjektiven Steuerpflicht an den Entscheid der kirchlichen Organe gebunden.

Teil V: Finanzordnung

Art. 40. Allgemeine Grundsätze. (1) Landeskirche und Kirchgemeinden führen ihren Finanzhaushalt sparsam, wirtschaftlich und mittelfristig ausgeglichen.
(2) Der Kirchenrat sorgt für eine unabhängige Revision der Finanzhaushalte.

Art. 41. Mittelbeschaffung. Die Landeskirche beschafft sich ihre Mittel durch

a) die von der Synode festgelegten Steuern,
b) weitere von der Synode beschlossene Beiträge,
c) die Vermögenserträge,
d) Spenden, Legate und andere Zuwendungen.

Art. 42. Steuern. (1) Die Steuern der Landeskirche bemessen sich auf der Grundlage der Angaben für die staatlichen Steuern. Der landeskirchliche Steuerfuss wird durch die Synode festgesetzt. Über den Steuerfuss in den Kirchgemeinden entscheiden die Stimmberechtigten.
(2) Die Steuern werden durch die zuständigen Amtsstellen der Kantone in Rechnung gestellt. Entsprechende Verträge zwischen kirchlichen und staatlichen Stellen regeln das Nähere[2].

Art. 43. Ausgaben. Jede Ausgabe der Landeskirche und der Kirchgemeinden setzt eine gesetzliche Grundlage, einen Budgetposten oder einen Ausgabenbeschluss der zuständigen Behörde voraus.

Teil VI: Kirchgemeinden

Art. 44. Autonomie. (1) Die Kirchgemeinden sind als selbständige Glieder der Landeskirche Körperschaften des öffentlichen Rechts. Der Umfang der Autonomie ergibt sich aus den Bestimmungen dieser Verfassung und der übrigen landeskirchlichen Gesetzgebung.

2 Konkordat über die Pastoration und Besteuerung der in Appenzell I.Rh. wohnhaften Angehörigen der evangelischen Konfession vom 2. Juni/1. Dezember 1969 (bSG [AR]; GS [AI] 180.301).

(2) Die Kirchgemeinden können im Rahmen ihrer Autonomie unter Berücksichtigung der landeskirchlichen Gesetzgebung untereinander eine Zusammenarbeit auf vertraglicher Basis vereinbaren.

Art. 45. Organisation und Zuständigkeiten der Stimmberechtigten. (1) Die Kirchgemeinden legen ihre Organisation im Rahmen der landeskirchlichen Gesetzgebung in einem Kirchgemeindereglement fest.
(2) Das Kirchgemeindereglement bedarf der Zustimmung der Stimmberechtigten und der Genehmigung durch den Kirchenrat. Es regelt im Mindesten
a) die Wahl und Besetzung der Kirchenvorsteherschaft und der Geschäftsprüfungskommission,
b) das Verfahren für die Erarbeitung und Beschlussfassung von Führungsgrundlagen, insbesondere von Kirchgemeindereglement, Leitbild und Finanzplanung,
c) Verfahren bei Neu- oder Wiederbesetzung kirchlicher Stellen,
d) die Freiwilligenarbeit in der Kirchgemeinde,
e) die Modalitäten bei der Auflösung der Kirchgemeinde.

Art. 46. Kirchgemeindeversammlung und Urnenabstimmung. (1) Die Stimmberechtigten der Kirchgemeinde sind deren oberstes Organ.
(2) Kirchgemeindeversammlungen oder Urnenabstimmungen finden statt, sooft es die Geschäfte erfordern, mindestens jedoch einmal im Jahr. Für die Durchführung ist die Kirchenvorsteherschaft verantwortlich.
(3) Kirchgemeindeversammlungen oder Urnenabstimmungen müssen innerhalb von drei Monaten stattfinden, wenn die im Kirchgemeindereglement festgelegte Zahl von Stimmberechtigten unter Angabe des Verhandlungsgegenstandes dies schriftlich verlangt.

Art. 47. Verfahren. (1) Die Stimmberechtigten der Kirchgemeinden legen fest, ob die Kirchgemeindeversammlung beibehalten oder die Urnenabstimmung eingeführt werden soll.
(2) Im Rahmen einer Kirchgemeindeversammlung beschliessen die Stimmberechtigten mit offener Stimmabgabe, sofern die Mehrheit nicht eine geheime Stimmabgabe verlangt.
(3) Kirchgemeindeversammlungen werden vom Präsidenten oder der Präsidentin der Kirchenvorsteherschaft oder von stellvertretenden Personen geleitet.
(4) Über die Geschäfte von Kirchgemeindeversammlungen und Urnenabstimmungen müssen die Stimmberechtigten im voraus ausreichend informiert werden.

Art. 48. Zuständigkeit der Stimmberechtigten. (1) Die Stimmberechtigten sind zuständig für

a) die Abnahme der Jahresrechnung und die jährliche Beschlussfassung über den Voranschlag sowie die Entlastung der Kirchenvorsteherschaft,
b) die jährliche Beschlussfassung über den Steuerfuss innerhalb der Kirchgemeinde,
c) Entscheide über Angelegenheiten von wesentlicher Tragweite für das Leben in der Kirchgemeinde,
d) die Beschlussfassung über Erwerb, Veräusserung oder Verpfändung von Grundstücken, Verträge mit der Einwohnergemeinde, grössere Bauvorhaben, Äufnung oder Verwendung von Fondationen und Aufnahme von Krediten für ausserordentliche Bedürfnisse,
e) den Beschluss über Änderungen der Grenzen der Kirchgemeinde und über den Zusammenschluss mit anderen Kirchgemeinden, vorbehältlich der Genehmigung durch die Synode.

(2) Die Stimmberechtigten wählen

a) die Kirchenvorsteherschaft, bestehend aus mindestens fünf Mitgliedern,
b) aus deren Mitte diejenigen Personen, welche das Präsidium und das Kassieramt innehaben,
c) die Geschäftsprüfungskommission, bestehend aus mindestens drei Mitgliedern,
d) die Synodalen.

(3) Die Stimmberechtigten entscheiden über die Anstellung von Pfarrpersonen.

Art. 49. Kirchenvorsteherschaft. (1) Die Kirchenvorsteherschaft ist die oberste leitende, planende und vollziehende Behörde der Kirchgemeinde. Sie erledigt alle Geschäfte, für die nicht auf Grund besonderer Vorschriften eine andere Behörde zuständig ist.
(2) Die Kirchenvorsteherschaft ist beschlussfähig, wenn die Sitzung ordnungsgemäss einberufen worden und die Mehrheit ihrer Mitglieder anwesend ist. Die Zuständigkeiten der Kirchenvorsteherschaft ergeben sich im Einzelnen aus der Kirchenordnung einerseits und aus dem Kirchgemeindereglement andererseits.
(3) Gegen Verfügungen der Kirchenvorsteherschaft kann innerhalb von 20 Tagen seit der schriftlichen Eröffnung Beschwerde an den Kirchenrat geführt werden.

Art. 50. Geschäftsprüfungskommission. (1) Die Geschäftsprüfungskommission überprüft die Amtsführung der Kirchenvorsteherschaft anhand der

Protokolle und weiterer notwendiger Unterlagen im Hinblick auf die aktuelle und die längerfristige Entwicklung der Kirchgemeinde.
(2) Die Geschäftsprüfungskommission erstattet den Stimmberechtigten und der Kirchenvorsteherschaft alljährlich schriftlichen Bericht über ihre Tätigkeit und stellt Antrag betreffend Entlastung der Kirchenvorsteherschaft.

Art. 51. Finanzausgleich. Der landeskirchliche Finanzausgleich unterstützt Kirchgemeinden mit hoher Steuerbelastung unter besonderer Berücksichtigung von Bau- und Unterhaltskosten.

Art. 52. Initiativrecht. (1) Die im Kirchgemeindereglement festgelegte Zahl von Stimmberechtigten hat das Recht, eine Abstimmung über jeden Gegenstand zu verlangen, für den die Stimmberechtigten zuständig sind.
(2) Die Bestimmungen auf landeskirchlicher Ebene gelten sinngemäss auch für die Kirchgemeinde.

Teil VII: Revision der Verfassung und Übergangsbestimmungen

Art. 53. Verfassungsrevisionen. (1) Die Kirchenverfassung kann jederzeit ganz oder teilweise revidiert werden. Verfassungsrevisionen erfolgen auf dem Wege des obligatorischen Referendums.
(2) Teilrevisionen können einzelne oder mehrere sachlich zusammenhängende Bestimmungen umfassen.
(3) Die Frage, ob eine Totalrevision durchzuführen sei, ist der Synode zu unterbreiten. Sie entscheidet und legt das Verfahren fest.

Art. 54. Inkrafttreten. (1) Diese Verfassung tritt per 1. Januar 2001 in Kraft.
(2) Auf diesen Zeitpunkt hin wird die Verfassung für die evangelisch-reformierte Landeskirche beider Appenzell vom 16. April 1978 aufgehoben.
(3) Den Kirchgemeinden ebenso wie der Landeskirche wird eine Frist von 5 Jahren, das heisst bis zum 1. Januar 2006, eingeräumt, innert welcher die in dieser Verfassung neu festgelegten organisatorischen Anforderungen an die Landeskirche erfüllt werden müssen.

SJKR/ASDE Beiheft 6 (2009), S. 63-78

Basel-Landschaft (Bâle-Campagne)

Verfassung der Evangelisch-reformierten Kirche des Kantons Basel-Landschaft vom 8. Juli 1952*

Inhaltsverzeichnis

Artikel

Präambel

I. Wesen und Aufgabe der Kirche 1

II. Rechtlicher Charakter der Kirche 3

III. Aufbau der Kirche 7

A. Die Kirche in der Gemeinde 7

B. Die Kirche im Kanton 17

IV. Inkrafttreten und Revision der Verfassung 26

Präambel

Im Namen und zur Ehre Gottes, des Vaters, des Sohnes und des Heiligen Geistes und zu unserem zeitlichen und ewigen Heil.
Jesus Christus, Gottes Sohn, hat aus der ganzen Menschheit eine Gemeinde zum ewigen Leben berufen. Er sammelt, schützt und erhält sie durch seinen Geist und sein Wort in Einigkeit des wahren Glaubens von Anbeginn der Welt bis ans Ende.
Als Glied dieser einen, heiligen, auf Gottes Wort gegründeten, weltumfassenden Gemeinde glaubt und verkündet die Evangelisch-reformierte Kirche des Kantons Basel-Landschaft:

* Kirchl. GSlg. 3.1. – Die „Erläuternden Bemerkungen", die der Verfassung in der Kirchl. GSlg. vorangestellt sind und aus der Sicht der Verfassungsratskommission Genese, Inhalt und Bedeutung der 1952 zur kirchlichen Volksabstimmung gestellten Kirchenverfassung skizzieren, sind hier nicht abgedruckt.
Änderungen der Verfassung erfolgten am: 4. Juni 1972; 11. September 1983; 1. April 1990; 24. September 2000; sowie redaktionelle Anpassungen per 1. Januar 2007 und 1. Januar 2009.

Also hat Gott die Welt geliebt, dass er seinen eingeborenen Sohn gab, auf dass alle, die an ihn glauben, nicht verloren werden, sondern das ewige Leben haben. (Johannes 3, 16)
Aus Gnade seid ihr selig geworden durch den Glauben – und das nicht aus euch: Gottes Gabe ist es –, nicht aus den Werken, auf dass sich nicht jemand rühme. (Epheser 2, 8-9)
Du sollst lieben Gott, den Herrn, von ganzem Herzen, von ganzer Seele und von ganzem Gemüte. Dies ist das vornehmste und grösste Gebot. Das andere aber ist ihm gleich: Du sollst deinen Nächsten lieben wie dich selbst. In diesen zwei Geboten hanget das ganze Gesetz und die Propheten. (Matthäus 22, 37-40)

I. Wesen und Aufgabe der Kirche

Art. 1. (1) Die aus der Reformation hervorgegangene Evangelisch-reformierte Kirche des Kantons Basel-Landschaft verkündet das Evangelium von Jesus Christus, dem Sohne Gottes, allein nach der Heiligen Schrift Alten und Neuen Testaments.
(2) Sie anerkennt demnach kein anderes Oberhaupt über sich als den gekreuzigten, auferstandenen und wiederkommenden Herrn Jesus Christus. Sie kennt für die gesamte Menschheit und für jeden Einzelnen kein anderes Heil als die unverdiente Gnade Gottes, die uns offenbart ist in Jesus Christus.
(3) Sie bezeugt, dass vor Gott kein Unterschied des Geschlechts oder der sozialen Stellung, der Rasse oder des Volkstums gilt. Sie verkündigt die Herrschaft Gottes über das gesamte Leben des Volkes in Staat und Gesellschaft, in Wirtschaft und Kultur und bittet um das Kommen seines Reiches.

Art. 2. (1) Die Evangelisch-reformierte Kirche des Kantons Basel-Landschaft hat von ihrem Herrn den Auftrag, allem Volk die frohe Botschaft von Jesus Christus zu verkündigen. Sie leistet diesen Dienst durch Predigt, Taufe und Abendmahl, Unterweisung der Kinder, Jugendarbeit, Seelsorge, Evangelisation, Liebestätigkeit und auf jede andere ihr mögliche Weise.
(2) Sie ruft alle Menschen zum Glauben und ermahnt sie zur tätigen Teilnahme am Leben der Gemeinde.
(3) Sie ist durch Jesus Christus verpflichtet zur Bekämpfung jeder leiblichen und geistigen Not sowie ihrer Ursachen. Sie setzt sich ein für die Aufrechterhaltung der Würde und Integrität jedes Menschen.
(4) Sie anerkennt ihre Verantwortung für die Werke der innern und äussern Mission und für die Glaubensbrüder in der Diaspora. Als Mitglied des

Schweizerischen Evangelischen Kirchenbundes pflegt sie die Beziehungen zu den übrigen Kirchen der Schweiz und der Ökumene.

II. Rechtlicher Charakter der Kirche

Art. 3. Rechtspersönlichkeit. (1) Die Evangelisch-reformierte Kirche des Kantons Basel-Landschaft hat als anerkannte Landeskirche öffentlich-rechtliche Persönlichkeit. Ihre Rechte und Pflichten sind in §§ 136 ff. der Kantonsverfassung[1] und im kantonalen Kirchengesetz[2] niedergelegt. Sie gibt sich selbständig ihre eigenen Ordnungen im Rahmen der Bundesverfassung, der Kantonsverfassung und der kantonalen Gesetze.
(2) Sie hat ihren Sitz in Liestal.

Art. 4. Kirchengebiet. Trennung und Zusammenlegung. (1) Die Evangelisch-reformierte Landeskirche besteht aus der Gesamtheit der kantonalen Kirchgemeinden: Aesch-Pfeffingen; Allschwil-Schönenbuch; Arisdorf-Giebenach-Hersberg; Arlesheim; Bennwil-Hölstein-Lampenberg; Biel-Benken; Binningen-Bottmingen; Birsfelden; Bretzwil-Lauwil; Bubendorf-Ramlinsburg; Buus-Maisprach; Diegten-Eptingen; Frenkendorf-Füllinsdorf; Gelterkinden-Rickenbach-Tecknau; Kilchberg-Rünenberg-Zeglingen; Langenbruck; Läufelfingen; Laufental, bestehend aus Laufen, Grellingen, Blauen, Brislach, Burg i.L., Dittingen, Duggingen, Liesberg, Nenzlingen, Roggenburg, Röschenz, Wahlen, Zwingen; Lausen; Liestal-Seltisberg; Münchenstein; Muttenz; Oberwil-Therwil-Ettingen; Oltingen-Wenslingen-Anwil; Ormalingen-Hemmiken; Pratteln-Augst; Reigoldswil-Titterten; Reinach; Rothenfluh; Rümlingen-Buckten-Häfelfingen-Känerkinden-Wittinsburg; Sissach-Böckten-Diepflingen-Itingen-Thürnen; Tenniken-Zunzgen; Waldenburg-Oberdorf-Niederdorf-Liedertswil; Wintersingen-Nusshof; Ziefen-Lupsingen-Arboldswil.
(2) Eine Trennung oder eine Zusammenlegung einzelner Kirchgemeinden kann nur auf dem Weg der Verfassungsänderung vorgenommen werden (Kirchengesetz § 6). In beiden Fällen ist nicht nur die Mehrheit der an der Abstimmung teilnehmenden Kirchenglieder der Gesamtgemeinde, sondern auch die Mehrheit in den Einzelgemeinden erforderlich.
(3) Die Regelung besonderer örtlicher Verhältnisse erfolgt durch die Kirchenordnung.
(4) Bereits bestehende oder werdende reformierte Kirchgemeinden in der ausserkantonalen Diaspora können nach Übereinkunft mit den zuständigen

1 SGS 100.
2 SGS 191.

Behörden den angrenzenden basellandschaftlichen Kirchgemeinden angeschlossen werden.
(5) Den Kirchgemeinden steht die Möglichkeit offen, Zweckverbände zu gründen oder unter sich Zusammenarbeitsverträge (Konkordate) über die gemeinsame Durchführung kultureller und kirchlicher Anlässe, die Zusammenlegung ihrer Verwaltung, den Kanzeltausch etc. abzuschliessen. Dazu können andere Kirchgemeinden des Kantons Basel-Landschaft und der angrenzenden Kantone durch eine einfache schriftliche Erklärung beitreten, wenn mindestens die Hälfte der Kirchenpflegen der teilnehmenden Kirchgemeinden dem Beitritt zustimmt. Diese Verträge sowie allfällige Beitritte sind dem Kirchenrat zur Genehmigung vorzulegen.

Art. 5. Zugehörigkeit zur Landeskirche. Austritt. (1) Alle getauften und im evangelisch-reformierten Glauben unterrichteten Kantonseinwohner sind Glieder der Evangelisch-reformierten Kirche des Kantons Basel-Landschaft.
(2) Von auswärts Zugezogene, die bisher schon einer evangelischen Kirche angehört haben, werden ebenfalls Glieder der Evangelisch-reformierten Kirche des Kantons.
(3) Neueintretende und aus andern Konfessionen oder Religionen Übertretende erhalten eine angemessene Unterweisung. Das Nähere bestimmt die Kirchenordnung.
(4) Der Austritt aus der Kirche ist dem Präsidenten der betreffenden Kirchgemeinde schriftlich zu erklären.
(5) Die Inhaber der elterlichen Sorge können die entsprechenden Erklärungen auch für ihre Kinder unter 16 Jahren abgeben.
(6) Jedes Glied der Landeskirche gehört der Kirchgemeinde seines Wohnortes an. Jedes Glied der Kirchgemeinde ist auch Glied der Landeskirche.

Art. 6. Stimmrecht und Wahlrecht. (1) Die Kirchgemeindeglieder, die das schweizerische Bürgerrecht besitzen, sind in den Angelegenheiten der Evangelisch-reformierten Kirche mit 16 Jahren stimmfähig und haben das aktive und passive Wahlrecht.
(2) Ausländer erhalten das Stimmrecht und das aktive Wahlrecht nach einjährigem Wohnsitz in ihrer Kirchgemeinde[3]. Das passive Wahlrecht wird ihnen nach dreijährigem Wohnsitz in der Schweiz zuerkannt.

3 Interpretationsverfügung des Kirchenrates vom 18. September 1972: „in ihrer Kirchgemeinde" ist zu ersetzen mit „in der Schweiz".

III. Aufbau der Kirche

A. Die Kirche in der Gemeinde

Art. 7. Die Kirchgemeinden haben öffentlich-rechtlichen Charakter.

Art. 8. Aufgaben der Kirchgemeinde. (1) Die Kirchgemeinde sorgt für die schriftgemässe Verkündigung des Wortes Gottes in Predigt und Unterricht, Taufe und Abendmahl, Seelsorge und Diakonie. Sie tritt ein für die Geltung des Evangeliums im täglichen Leben. Sie ist verantwortlich für die kirchliche Betreuung aller Gemeindeglieder und fördert christliche Einrichtungen und Werke.
(2) Alle Glieder der Kirchgemeinde sind berufen, an der Erfüllung dieser Aufgaben mitzuarbeiten.
(3) Jede Kirchgemeinde führt die Beschlüsse der Synode und des Kirchenrates aus.

Art. 9. Organe der Kirchgemeinde. Die Kirchgemeinde übt ihre Befugnisse im Rahmen der staatlichen Gesetze, der Kirchenverfassung und der Kirchenordnung aus durch:
a) die Kirchgemeindeversammlung,
b) die Kirchenpflege.

Art. 10. Kirchgemeindeversammlung. Traktandenliste. (1) Die Kirchgemeindeversammlung besteht aus den stimmberechtigten Gliedern und tritt ordentlicherweise einmal im Jahr zusammen. Sie kann ausserdem jederzeit durch die Kirchenpflege einberufen werden. Verlangt ein Zwanzigstel der stimmberechtigten Gemeindeglieder unter Angabe der Gründe eine Kirchgemeindeversammlung, so muss diese innert Monatsfrist stattfinden.
(2) Die Kirchgemeindeversammlung hat folgende Befugnisse und Pflichten:
1. Behandlung aller Fragen des kirchlichen Lebens in der Gemeinde,
2. Erlass einer Kirchgemeindeordnung, die der Genehmigung des Kirchenrates bedarf, und der für die kirchlichen Dienste bestimmten Reglemente,
3. Vorbereitung der Wahlen in die kirchlichen Behörden,
4. Vorbereitung der Pfarrwahlen,
5. Abnahme und Genehmigung des Jahresberichtes, der Jahresrechnung und des Voranschlages der Kirchenpflege, Festsetzung des Steuerfusses, Wahl der Rechnungsrevisoren,
6. Beratung und Beschlussfassung über Anträge an die Synode und an den Kirchenrat.

(3) Es können nur Beschlüsse gefasst werden über Gegenstände, die auf der Traktandenliste stehen. Diese ist den Stimmberechtigten mindestens zehn Tage vor der Kirchgemeindeversammlung zur Kenntnis zu bringen.

Art. 11. Gemeindereferendum. Die Beschlüsse der Kirchgemeindeversammlung müssen der Urnenabstimmung unterstellt werden, wenn innert Monatsfrist ein Zehntel der Stimmberechtigten ein solches Begehren stellt.

Art. 12. Abstimmungen und Wahlen. (1) Bei Abstimmungen entscheidet das einfache Mehr der anwesenden Stimmberechtigten. Stimmengleichheit gilt als Ablehnung. Auf Verlangen eines Viertels der anwesenden Stimmberechtigten muss die Abstimmung geheim durchgeführt werden.
(2) Bei Wahlen gilt das geheime Wahlverfahren und das absolute Mehr. Bei einem allfälligen zweiten Wahlgang entscheidet das relative Mehr.

Art. 13. Urnenabstimmung. (1) Der Urnenabstimmung in der Kirchgemeinde unterliegen, sofern nicht die Bestimmungen nach Abs. 2 angewandt werden:
1. die Wahl der Kirchenpflege und ihres Präsidenten,
2. die Wahl der Abgeordneten in die Synode,
3. die Wahl der Pfarrer,
4. Verfassungsrevisionen und Synodalbeschlüsse, die dem Kirchenvolk unterbreitet werden, sowie Beschlüsse der Kirchgemeindeversammlung, gegen die das Gemeindereferendum gemäss Art. 11 zustande gekommen ist.

(2) Wenn für die Wahlen gemäss Abs. 1 Ziff. 1-3 bis und mit viertletztem Montag (Datum Poststempel) vor der angesetzten Wahl für die einzelnen zu vergebenden Ämter nicht mehrere Kandidaten aufgestellt sind, so kann nach Beschluss der Kirchgemeindeversammlung auf eine Wahlhandlung verzichtet werden. Der Kirchenrat widerruft den angesetzten Wahlgang, erklärt die Vorgeschlagenen als gewählt und gibt diesen Beschluss der Kirchgemeinde bekannt. Die Kirchenpflege publiziert die Wahl gemäss den Vorschriften der Gemeindeordnung der Einwohnergemeinden über die öffentliche Bekanntmachung von Wahlen (§ 51 Abs. 5 des Gemeindegesetzes vom 28. Mai 1970[4]). Synodalwahlen werden ausserdem durch den Kirchenrat im kantonalen Amtsblatt publiziert.
(3) Die Kirchgemeindeordnung kann die Wahl des Kirchenpflegepräsidenten der Kirchgemeindeversammlung oder der Kirchenpflege übertragen. Eine stille Wahl gemäss Abs. 2 ist in diesem Fall nicht zulässig.

4 SGS 180 (Abs. 5 ist mittlerweile aufgehoben worden).

(4) Die Kirchenordnung regelt die Einzelheiten des Abstimmungs- und Wahlverfahrens. Auf die besonderen Verhältnisse der einzelnen Kirchgemeinden ist dabei Rücksicht zu nehmen.

Art. 14. Kirchenpflege. Aufgaben. (1) Die Kirchenpflege ist das vollziehende Organ der Kirchgemeinde und vertritt sie nach aussen. Sie besteht aus mindestens fünf Mitgliedern, die, mit Ausnahme der Pfarrer, von der Kirchgemeinde für die Dauer von vier Jahren gewählt werden.
(2) Die Pfarrer gehören der Kirchenpflege von Amtes wegen an, können aber deren Präsidentschaft nicht führen.
(3) Die Kirchenpflege konstituiert sich selbst, unter Vorbehalt von Art. 13. Sie ist beschlussfähig, wenn mehr als die Hälfte ihrer Mitglieder anwesend ist.
(4) In den verschiedenen Ortschaften einer Kirchgemeinde werden die Kirchenpfleger gesondert gewählt. Die Kirchgemeindeordnung kann aber die gesamthafte Bestellung der Kirchenpflege bestimmen.
(5) Mitglieder der Synode, die der Kirchenpflege nicht angehören, werden zu ihren Sitzungen eingeladen. Sie haben beratende Stimme.
(6) Die Kirchenpflege hat folgende Aufgaben:

1. Sie ist mit dem Pfarrer verantwortlich für die rechte Betreuung der Gemeinde und in ihrem Bereich für die Erfüllung der in den Art. 2, 5 und 8 der Kirche auferlegten Verpflichtungen.
2. Sie beaufsichtigt und unterstützt den Pfarrer und die übrigen Amtsträger in ihrer Tätigkeit.
3. Sie vollzieht die kirchlichen Erlasse, Verordnungen und Beschlüsse.
4. Sie bereitet die von der Kirchgemeindeversammlung zu behandelnden Angelegenheiten vor.
5. Sie entscheidet nach den Richtlinien des Kirchenrates über die Benützung der kirchlichen Gebäude.
6. Sie wählt, eventuell in Verbindung mit weitern zuständigen Behörden, den Organisten und den Sigristen und setzt deren Entschädigungen fest.
7. Sie wählt Sozialdiakoninnen und Sozialdiakone und weitere Angestellte, die im Rahmen der Kirchgemeindeordnung mit besonderen Aufgaben betraut werden können, und setzt deren Entschädigungen fest.

(7) Wenn das Amt des Sigristen noch mit Obliegenheiten nicht kirchlicher Art verbunden ist, setzen die Kirchenordnung und die Kirchgemeindeordnung das Nähere fest.

Art. 15. Pfarrer. (1) Es ist Aufgabe der Pfarrer, das Evangelium von Jesus Christus auf Grund der Heiligen Schrift nach bestem Wissen und Gewissen rein und lauter in Predigt, Taufe und Abendmahl zu verkünden, die Jugend

im christlichen Glauben zu unterweisen, in der Gemeinde als Seelsorger tätig zu sein und den Herrn mit einem Wandel nach seinen Geboten zu bezeugen.
(2) Der Pfarrer ist verpflichtet, sein Amt treu und gewissenhaft zu versehen und sich an die gesetzlichen Bestimmungen zu halten.
(3) Zum Dienst eines Pfarrers kann gewählt werden, wer nach abgeschlossenem theologischem Studium die Konkordatsprüfung oder eine gleichwertige Prüfung bestanden hat und vom Kirchenrat als wählbar erklärt worden ist.
(4) In Notzeiten kann ausnahmsweise von der Erfüllung dieser Voraussetzungen abgesehen werden. In diesen Fällen kann der Kirchenrat mit Zustimmung der Kirchgemeinde geeignete Glieder der Kirche mit den Funktionen des Pfarramtes für eine bestimmte Zeit betrauen.
(5) Die Wahl der Pfarrer erfolgt in den Kirchgemeinden durch die stimmberechtigten Gemeindeglieder. Sie ist im Sinne von § 4 des Kirchengesetzes durchzuführen.
Die Wahl der Pfarrer der öffentlichen Anstalten erfolgt durch den Kirchenrat. Der Dienst der Anstaltspfarrer wird durch eine vom Kirchenrat gewählte Amtspflege begleitet. Das Nähere regelt die Kirchenordnung.
(6) Der Pfarrer legt der Kirchenpflege regelmässig und auf Verlangen Rechenschaft über seine Amtstätigkeit ab.
(7) Gibt die Amtsführung eines Pfarrers zu Klagen Anlass oder führt der Pfarrer gegen seine Kirchenpflege oder Kirchgemeinde Beschwerde, so haben die Beteiligten den Dekan zu Rate und zur Vermittlung heranzuziehen. Sind dessen Bemühungen vergeblich, so unterbreitet der Dekan die Angelegenheit dem Kirchenrat zur weiteren Behandlung. Der Kirchenrat kann in schweren Fällen teilweise oder gänzliche Amtsenthebung des Pfarrers verfügen. Diesem steht das Recht zu, innert 30 Tagen an die Rekurskommission zu gelangen.
(8) Die Kirchenordnung legt die Kriterien für die Bestimmung der Zahl der mit Kantonsbeiträgen unterstützten Pfarrstellen fest.
(9) Für die vorübergehende Vertretung eines Pfarrers können Missionare sowie Kandidaten des Kirchen- und Missionsdienstes herangezogen werden.

Art. 16. Haushalt der Kirchgemeinde

a) Einnahmen

(1) Die Kirchgemeinden decken ihre Bedürfnisse und diejenigen der Landeskirche durch die Erhebung einer Kirchensteuer bei ihren Mitgliedern, die in Abs. 3 aufgeführten Beiträge und allfällige weitere Zuwendungen.
(2) Der Grundstückgewinn wird nicht besteuert.
Die Landeskirche ist befugt, ergänzende Rechtsnormen betreffend die Kirchensteuern zu erlassen.

(3) Gemäss Art. 21 erhalten die Kirchgemeinden
- einen Beitrag an die Pfarrerbesoldung,
- einen Finanzausgleich nach Massgabe der Finanzordnung,
- Baubeiträge aus den Kirchensteuern der juristischen Personen.

b) Ausgaben

(4) Gemäss Art. 21 bezahlen die Kirchgemeinden
- einen Pro-Kopf-Beitrag an die landeskirchliche Verwaltungsrechnung,
- einen Finanzausgleich nach Massgabe der Finanzordnung.

(5) Die Beziehung zwischen den Kirchgemeinden und der Stiftung Kirchen- und Schulgut Baselland und die Rechte und Pflichten der Pfarrer, die ein Pfarrhaus dieser Stiftung bewohnen, werden durch das Kirchengesetz und dessen Ausführungsvorschriften geregelt.

(6) Die Kirchgemeinden haben ausserdem aufzukommen für:
- die Besoldung (inkl. Versicherungsbeiträge) der Pfarrer und ihrer weiteren Mitarbeiter unter Vorbehalt von Abs. 3,
- den Unterhalt der Liegenschaften in Verbindung mit dem Kirchen- und Schulgut gemäss § 9 Abs. 3 des Kirchengesetzes,
- die Orgeln, Glocken, Kirchenuhren und dergleichen unter Vorbehalt von § 11 des Kirchengesetzes,
- besondere örtliche Bauaufgaben,
- die weiteren von der Kirchgemeindeversammlung beschlossenen Ausgaben.

B. Die Kirche im Kanton

Art. 17. Organe. Die Organe der Evangelisch-reformierten Kirche des Kantons Basel-Landschaft sind:

a) die Synode als Vertretung der Landeskirche und Aufsichtsbehörde über die gesamte Kirchenverwaltung,
b) der Kirchenrat als Verwaltungs- und Vollziehungsbehörde der Landeskirche,
c) die Rekurskommission als Beschwerdeinstanz.

Art. 18. Synode

a) Wahl

(1) Jede Kirchgemeinde wählt bis zu einer Seelenzahl von 3000 zwei Vertreter in die Synode. Auf je weitere 1500 Gemeindeglieder und auf eine verbleibende Bruchzahl von 1000 und mehr fällt ein weiteres Mandat. Massgebend ist jeweils die Bevölkerungszahl am 31. Dezember des dem Wahltermin vorangehenden Jahres, die aufgrund der Fortschreibung der Einwohnerkontrollen zu ermitteln ist.

(2) Die Kirchgemeinden bilden die Wahlkreise für die Synode.

(3) Die Mitglieder der Synode werden auf die Dauer von vier Jahren von den stimmberechtigten Gemeindegliedern nach dem Mehrheitsprinzip durch die Urne gewählt.

(4) Wählbar sind alle stimmberechtigten Glieder der Landeskirche, die in bürgerlichen Ehren stehen. In einem Wahlkreis kann nicht mehr als ein amtierender Pfarrer einer Kirchgemeinde in die Synode gewählt werden.

(5) Die Synode ist für die Validierung der Wahl ihrer Mitglieder zuständig und wählt in geheimer Wahl den Präsidenten, den Vizepräsidenten und den Protokollführer.

b) Zusammentritt

(6) Sie tritt jährlich zur ordentlichen Tagung in der Regel in Liestal zusammen.

(7) Auf Verlangen des Kirchenrates, von drei Kirchgemeinden oder zehn Synodalen wird die Synode durch ihren Präsidenten zu ausserordentlichen Tagungen einberufen.

(8) Sie gibt sich eine Ordnung, in der sie die Eröffnung ihrer Tagungen, den Gang der Verhandlungen und die Art der Beschlussfassung bestimmt.

c) Befugnisse

(9) Sie erlässt die Kirchenordnung[5].

(10) Sie ist zuständig für alle Fragen, die zur Aufgabe der Kirche gehören, insbesondere für die Liturgie, das Gesangbuch, die Gottesdienstordnung, den kirchlichen Jugendunterricht, das kirchliche Leben und die Gesetzgebung.

(11) Sie prüft und genehmigt den Amtsbericht des Kirchenrates.

(12) Sie beschliesst über

- den Voranschlag und die Rechnung der Landeskirche,
- die Verteilung der Kirchensteuern der juristischen Personen,
- die Verteilung des ordentlichen Kantonsbeitrages,
- die Pro-Kopf-Beiträge der Kirchgemeinden an die Landeskirche und die Finanzausgleichsbeträge.

(13) Sie erlässt die Finanzordnung sowie die Personal- und Besoldungsordnung für die Pfarrer und andere landeskirchliche Angestellte.

(14) Sie ist zuständig für die Anordnung regelmässiger Kollekten und Haussammlungen.

(15) Die Synode wählt den Kirchenrat, dessen Präsidenten und Vizepräsidenten, ferner die Kommissionen. Sie erledigt alle weiteren ihr nach Synodal-

5 Ordnung der Evangelisch-reformierten Kirche des Kantons Basel-Landschaft vom 5. März 1956 (Kirchl. GSlg. 4.1), verfügbar im Internet unter www.erkbl.ch.

ordnung zustehenden Wahlen. Der Kirchenrat kann für die Wahlen der Synode Vorschläge unterbreiten.
Für die Wahl des Kirchenrates, dessen Präsidenten und Vizepräsidenten gilt das geheime Wahlverfahren und das absolute, bei einem zweiten Wahlgang das relative Mehr.
Das Verfahren für die Wahl der Kommissionen und die weiteren gemäss Synodalordnung der Synode zustehenden Wahlen wird im Geschäftsreglement der Synode geregelt.
(16) Die Synode beschliesst über die vom Kirchenrat vorgelegten Geschäfte und nimmt die Visitationsberichte des Kirchenrates entgegen.
(17) Ausser dem Kirchenrat hat jedes Mitglied der Synode und jede Kirchgemeinde das Recht, der Synode Vorlagen einzureichen. Solche Vorlagen müssen dem Kirchenrat drei Wochen vor der Tagung der Synode eingereicht werden. Sie werden auf die Traktandenliste gesetzt.

Art. 19. Kirchenrat

a) Organisation

(1) Der Kirchenrat ist die Verwaltungs- und Vollziehungsbehörde der Landeskirche. Er vertritt die Landeskirche nach aussen und unterhält die Verbindungen mit andern Kirchen und mit dem Schweizerischen Evangelischen Kirchenbund.
(2) Der Kirchenrat besteht aus sieben Mitgliedern. Höchstens drei gehören der Pfarrschaft an. Seine Amtsdauer beträgt vier Jahre.
Die Mitglieder des Kirchenrates gehören der Synode nicht an.
(3) Der Kirchenrat führt die Beschlüsse der Synode aus und erlässt die erforderlichen Bestimmungen.
Er ordnet die Sekretariats- und Verwaltungsgeschäfte.
(4) Der Kirchenrat wird vom Präsidenten zur Erledigung der vorliegenden Geschäfte einberufen und ist bei Anwesenheit von vier Mitgliedern beschlussfähig.

b) Befugnisse

(5) Er ist berechtigt, im Rahmen seines Geschäftskreises Anträge an die Synode zu stellen.
(6) Er entscheidet über die Wählbarkeit von Bewerbern für Pfarrstellen.
(7) Er veranlasst in Verbindung mit dem zuständigen Dekan die Visitation der Gemeinden und der Pfarrämter.
(8) Er ist zuständig für die Begutachtung der offiziellen Lehrmittel für den Religions- und Konfirmandenunterricht.

(9) Er wählt

- die Vertreter in den Schweizerischen Evangelischen Kirchenbund, in die Konkordatsbehörde und weitere überkantonale kirchliche Gremien,
- die Inhaber kantonalkirchlicher und regionaler Ämter, den Kirchensekretär und die weitern landeskirchlichen Angestellten,
- die Pfarrer an den öffentlichen Anstalten.

(10) Er entscheidet über einmalige Ausgaben im Rahmen der ihm zur Verfügung stehenden Mittel.

(11) Er erteilt den Kirchgemeindeordnungen, den Kirchensteuerreglementen, Verträgen betreffend Zweckverbänden, Zusammenarbeitsverträgen sowie entsprechenden Abänderungen die Genehmigung, falls darin keine mit der Verfassung, der Kirchenordnung und den Synodalbeschlüssen unvereinbare Bestimmungen enthalten sind.

(12) Er entscheidet über Beschwerden, die gegen Beschlüsse der Kirchenpflegen und Kirchgemeindeversammlungen erhoben werden. Solche Beschwerden sind innert einer Frist von 30 Tagen dem Kirchenrat einzureichen. Ferner entscheidet er endgültig über Beschwerden gegen Wahlen und Abstimmungen der Kirchgemeinden. Solche Beschwerden sind innert einer Frist von drei Tagen dem Kirchenrat einzureichen.
Für das Wahl- und Abstimmungsverfahren sind die entsprechenden Bestimmungen der kantonalen Gesetzgebung über die Wahlen und Abstimmungen massgebend, soweit die Kirchenordnung hierüber keine besondern Bestimmungen aufstellt.

Art. 20. Rekurskommission. (1) Die in Art. 15 Abs. 7 vorgesehene Rekurskommission besteht aus fünf Mitgliedern und zwei Ersatzmitgliedern. Sie wird von der Synode auf eine Amtsdauer von vier Jahren gewählt. Sie konstituiert sich selbst.

(2) Ausser den ihr in Art. 15 Abs. 7 überbundenen Aufgaben beurteilt sie Beschwerden von Kirchengliedern oder Kirchgemeinden gegen Entscheide des Kirchenrates gemäss Art. 19 Abs. 12 und 25 Abs. 1 sowie allfällige Einsprachen der Kirchgemeinden gegen Entscheide des Kirchenrates betreffend die Gültigkeit von Kirchgemeindeordnungen gemäss Art. 19 Abs. 11.

(3) Beschwerden gemäss Abs. 2 und Einsprachen der Kirchgemeinden betreffend die Gültigkeit von Kirchgemeindeordnungen sind innert 30 Tagen seit Zustellung beim Sekretariat der Landeskirche einzureichen.

(4) Ferner beurteilt die Rekurskommission Streitigkeiten zwischen Kirchgemeinden.

(5) Die Synode erlässt ein Reglement für das Verfahren vor der Rekurskommission.

Art. 21. Haushalt der Kirche im Kanton. (1) Die finanziellen Bedürfnisse der Landeskirche und ihrer Kirchgemeinden werden gemäss dem kantonalen Kirchengesetz gedeckt durch

- die Kirchensteuer der Mitglieder,
- einen Anteil der Kirchensteuern der juristischen Personen,
- den ordentlichen Kantonsbeitrag,
- allfällige weitere Beiträge.

(2) Der ordentliche Kantonsbeitrag wird für die Besoldung der Anstaltspfarrer und für einen Beitrag an die Besoldung der Gemeindepfarrer verwendet. In den Gemeinden wird der in der Finanzordnung verankerte Prozentsatz der Pfarrerbesoldung subventioniert. Ein Anspruch auf Subventionierung besteht nur für diejenigen Pfarrstellen, welche die in der Kirchenordnung hiefür festgelegten Kriterien erfüllen.

(3) Die Kirchensteuern der juristischen Personen werden für kantonalkirchliche, regionale und übergemeindliche Aufgaben und für Beiträge an kirchliche Bauvorhaben verwendet.

(4) Die Landeskirche unterhält für ihre Kirchgemeinden einen Finanzausgleich, der durch die Finanzordnung geregelt wird.

(5) Die Finanzordnung und die Personal- und Besoldungsordnung sowie deren Änderungen und Synodebeschlüsse betreffend einmalige Ausgaben von mehr als Fr. 100’000.- und neue jährlich wiederkehrende Ausgaben von mehr als Fr. 50’000.-, die nicht ausdrücklich in der Verfassung oder in einem dem fakultativen Referendum unterstellten Erlass verankert sind, unterstehen dem fakultativen Referendum.

Wird dieses innert 6 Wochen nach Veröffentlichung des Erlasses bzw. Beschlusses in dem durch die Kirchenordnung zu bestimmenden kirchlichen Publikationsorgan nicht ergriffen, so erwächst der betreffende Erlass bzw. Beschluss in Rechtskraft.

In Bezug auf das Zustandekommen des Referendums gelten die Bestimmungen von Art. 24.

(6) Die finanziellen Verpflichtungen der Landeskirche sind:

- die Kosten der Kirchenverwaltung und der von der Synode geschaffenen kantonalkirchlichen und regionalen Ämter,
- Beiträge an den Kirchenbund, die Theologische Konkordatsprüfungsbehörde und weitere überkantonale kirchliche Aufgaben,
- der Finanzausgleich gemäss Abs. 4,
- die Äufnung der von der Synode errichteten Sonderfonds sowie die von ihr beschlossenen weiteren Ausgaben.

Art. 22. Pfarrkonvent und Dekanate. (1) Der Pfarrkonvent umfasst sämtliche im Kirchendienst stehenden Pfarrer und die Pfarrer in den staatlichen Anstalten. Der Konvent dient der Kirche durch Leistung theologischer Arbeit, insbesondere durch Besprechung kirchlicher Fragen, durch wissenschaftliche Weiterbildung, durch Förderung der praktischen Amtstätigkeit der Pfarrer und durch Behandlung von Fragen des öffentlichen Lebens.
Der Konvent wählt seinen Präsidenten selbst.
Der Kirchenrat überweist dem Pfarrkonvent zur Prüfung und Stellungnahme die Fragen der Lehre, des Gottesdienstes und der Liturgie.
(2) Die Evangelisch-reformierte Kirche von Baselland ist in Dekanate gegliedert.
Die Pfarrer eines Dekanats bilden das Pfarrkapitel. Dieses wählt den Dekan.
Der Dekan dient den Pfarrern seines Pfarrkapitels als Seelsorger.
Die Dekanatseinteilungen und die Aufgaben des Dekans werden durch die Kirchenordnung festgelegt.

Art. 22bis. Diakoniekonvent. (1) Der Diakoniekonvent umfasst sämtliche im Kirchendienst stehenden Sozialdiakoninnen und Sozialdiakone und dient dem beruflichen Gespräch, der vertieften Auseinandersetzung mit sozialdiakonischen Fragen und der Begegnung seiner Mitglieder. Er fördert den Zusammenhalt unter den Sozialdiakoninnen und Sozialdiakonen und stärkt damit die Einheit der Kirche. Er fördert die praktische Tätigkeit und die Weiterbildung seiner Mitglieder.
(2) Der Diakoniekonvent wählt eine Präsidentin oder einen Präsidenten und konstituiert sich selbst.
(3) Der Kirchenrat überweist dem Diakoniekonvent die Fragen der Diakonie zur Prüfung und Stellungnahme.

Art. 23. Kirchenkollekten. (1) Das Kirchenopfer des ordentlichen Gottesdienstes und aller kirchlicher Veranstaltungen soll grundsätzlich für die christliche Liebestätigkeit und zur Unterstützung kirchlicher Werke verwendet werden. Über die Verwendung verfügen unter Vorbehalt nachfolgender Bestimmung die einzelnen Kirchgemeinden.
(2) Die Kirchenpflege kann in ihrer Kirchgemeinde und der Kirchenrat in allen Kirchgemeinden ausserordentlicherweise das Kirchenopfer besondern Zwecken zuwenden und in gleicher Weise Haussammlungen anordnen. Vorbehalten bleibt die Zuständigkeit der Synode gemäss Art. 18 Abs. 14.

Art. 24. Referendum. Die von der Synode zu erlassende Kirchenordnung wird allen Stimmberechtigten zugestellt. Gegen sie kann innert sechs Wochen das Referendum ergriffen werden. Der Kirchenrat bestimmt den Tag des Beginns dieser Frist. Das Referendum gilt als zustande gekommen, wenn es durch Beschluss von mindestens drei Kirchgemeindeversammlungen oder durch eintausend Stimmberechtigte mit beglaubigten Unterschriften verlangt wird. Diese Bestimmungen gelten auch für allfällige spätere Abänderungen, die in den kirchlichen Publikationsorganen bekanntgegeben werden. Die Synode bestimmt, ob und welche weitern Beschlüsse allgemeiner Natur ebenfalls dem Referendum zu unterstellen sind. Sie ordnet im einzelnen das Verfahren.

Art. 25. Rechtsmittel. (1) Gegen Kirchensteuerveranlagungen kann innert 30 Tagen seit Zustellung Einsprache bei der Kirchenpflege erhoben werden. Die Einspracheentscheide der Kirchenpflege können innert 30 Tagen seit Zustellung beim Kirchenrat mit Beschwerde angefochten werden. Für den Weiterzug der kirchenrätlichen Entscheide gilt Art. 20 Abs. 2 und 3.
(2) Gegen letztinstanzliche Steuerentscheide kirchlicher Behörden steht jedem Betroffenen innert einer Frist von 10 Tagen seit Zustellung das Beschwerderecht an das Verwaltungsgericht zu.
(3) Jedes Glied der Kirche ist berechtigt, innert der Frist von 10 Tagen Beschwerden beim Verwaltungsgericht zu erheben gegen letztinstanzliche Entscheide der Landeskirche, von denen es betroffen ist. Das gleiche Beschwerderecht steht auch den Kirchgemeinden zu.
(4) Ferner sind die Kirchgemeinden und jedes Glied der Kirche berechtigt, Erlasse der Landeskirche innert zehn Tagen seit deren Publikation im kirchlichen Publikationsorgan beim Verwaltungsgericht anzufechten.
(5) Das Verwaltungsgericht überprüft die Übereinstimmung des angefochtenen Aktes mit dem Bundesrecht, dem kantonalen Recht und dem landeskirchlichen Recht, soweit dieses nicht die innern Angelegenheiten der Kirche, wie die Lehre, Verkündigung, den Kultus, die Seelsorge und den Unterricht betrifft.

IV. Inkrafttreten und Revision der Verfassung

Art. 26. Inkrafttreten. (1) Die vorstehende Verfassung gilt als angenommen, wenn die Mehrheit der an der Abstimmung teilnehmenden Aktivbürger reformierter Konfession ihr zustimmt.
(2) Für das Abstimmungsverfahren gelten die Bestimmungen der kantonalen Gesetze. Die Erwahrung der Abstimmung über die Verfassung erfolgt durch den Regierungsrat.
(3) Nach der Genehmigung der Verfassung durch den Regierungsrat im Sinne von § 2 des Kirchengesetzes treten die Bestimmungen, die die Wahl der Mitglieder der neuen Synode betreffen, sofort in Kraft. Diese Synode

wird vom bisherigen Synodalrat einberufen; ihr vorläufiger Aufgabenkreis ist die Wahl des Kirchenrates und die Beratung der Erlasse, die von der Verfassung vorgesehen sind.
(4) Die ganze Verfassung tritt am 1. Januar 1953 in Kraft.

Art. 27 und 28. [aufgehoben]

Art. 29. Revision der Verfassung. (1) Die vorstehende Verfassung kann ganz oder teilweise abgeändert werden, wenn zwei Drittel der Mitglieder der Synode oder drei Kirchgemeinden durch Mehrheitsbeschluss oder tausend Stimmberechtigte durch beglaubigte Unterschriften eine entsprechende Änderung anregen.
(2) Die Synode berät die Abänderungsanträge. Ihre Beschlüsse unterliegen der Abstimmung durch die nach dieser Verfassung stimmberechtigten Kirchenglieder; sie gelten als angenommen, wenn die Mehrheit der Stimmenden sie beschliesst.

SJKR/ASDE Beiheft 6 (2009), S. 79-99

Basel-Stadt (Bâle-Ville)

Verfassung der Evangelisch-reformierten Kirche des Kantons Basel-Stadt vom 21. November 1910*

Inhaltsverzeichnis

		§§
I. Teil: Die evangelisch-reformierte Kirche als Ganzes		1
I.	Das Wesen der Kirche	1
II.	Tätigkeit der Kirche	2
III.	Rechtlicher Charakter der Kirche. Sitz und Bekanntmachungen	3
IV.	Mitgliedschaft und Stimmrecht	4
V.	Minderheiten	6
VI.	Vermögensbestand und Vermögensleistungen der Kirche	8
VII.	Die Behörden der Kirche	10
	A. Die Synode	10
	B. Der Kirchenrat	17
VIII.	Kantonalkirchliche Funktionen	20a
II. Teil: Die Kirchgemeinden		21
I.	Im Allgemeinen	21
II.	Organe der Kirchgemeinde	23
	A. Die Gesamtheit der Stimmberechtigten	24
	B. Die Kirchgemeindeversammlung	25
	C. Der Kirchenvorstand	26
III.	Die Quartiergemeinden	27b
IV.	Französische Kirche	28

* Kirchl. GSlg. IV A. – Die Gutheissung durch den Regierungsrat erfolgte am 17. Dezember 1910, angenommen in der Volksabstimmung am 18./19. Februar 1911.
Änderungen der Verfassung erfolgten am: 29. September 1920; 8. Januar 1936; 4. Juli 1956; 16. Februar 1966; 15. Mai 1968; 20. Mai 1970; 20. Januar 1971; 17. November 1971; 24. November 1976; 25. März 1990; 17. November 1996; 10. November 2002; 26. November 2006. Totalrevision geplant.

III. Teil: Das pastorale Amt, das diakonische Amt und die Kapitel 29
I. Das pastorale Amt 29
II. Das diakonische Amt 36
IV. Teil: Christliche Werke und Kommunitäten 42
V. Teil: Verfassungsrevision 43
Referendum und Initiative 43a
VI. Teil: Übergangsbestimmungen 44

Die von den stimmberechtigten Mitgliedern der evangelisch-reformierten Landeskirche des Kantons Basel-Stadt am 7./8. Mai 1910 gewählte Synode beschliesst auf Grund der vom Grossen Rat am 10. Februar 1910 vorgenommenen und in der Volksabstimmung vom 5./6. März 1910 gutgeheissenen Partialrevision der Verfassung des Kantons Basel-Stadt vom 2. Dezember 1889[1] nach Anhörung von Bericht und Antrag des Kirchenrates was folgt:

Im Namen und zur Ehre Gottes, unseres Schöpfers und Vaters, der uns Jesus Christus als unseren Heiland und Erlöser geschenkt und uns durch ihn berufen hat aus der Finsternis zu seinem wunderbaren Lichte. Amen.

I. Teil: Die evangelisch-reformierte Kirche als Ganzes

I. Das Wesen der Kirche

§ 1. (1) Die evangelisch-reformierte Kirche des Kantons Basel-Stadt ist ein Glied der allgemeinen christlichen Kirche. Sie ist Erbe und Rechtsnachfolgerin der in Basel am 8. Februar 1529 kraft Beschlusses des Volks und der Behörden auf Grund der heiligen Schrift erneuerten Kirche, zählt sich zu den wie sie selbst aus der Reformation hervorgegangenen Kirchen und pflegt besonders enge Beziehungen zu den reformierten Kirchen der Schweiz. Als Volkskirche steht sie allen im Kanton Basel-Stadt wohnenden Protestanten offen.

(2) Die Grundlage ihrer Lehre ist Jesus Christus und sein Evangelium, das sie aus der Bibel unter der Leitung des christlichen Gewissens, der christlichen Erfahrung und der Wissenschaft erforscht, verkündet und im Leben zu verwirklichen trachtet. Getreu den Grundsätzen des Protestantismus erwartet sie, dass ihre Mitglieder in den evangelischen Glaubenswahrheiten sich eine persönliche, auf Überlegung und Erfahrung gegründete Überzeugung bilden. Sie will ihnen darin nach Kräften helfen und sie als Glieder eines Leibes,

1 Heute: Verfassung des Kantons Basel-Stadt vom 23. März 2005 (SG 111.100).

dessen Haupt Christus ist, vereinigen im Geiste göttlicher Wahrheit, Gerechtigkeit und Liebe. Ihr Ziel ist, zur Förderung des Reiches Gottes auf Erden beizutragen durch das Evangelium als die unversiegbare Quelle ewigen Lebens und persönlichen wie gemeinschaftlichen Fortschrittes.

II. Tätigkeit der Kirche

§ 2. (1) Die evangelisch-reformierte Kirche erstrebt ihre Ziele durch die persönliche Betätigung und das lebendige Beispiel aller ihrer Mitglieder, ihrer Geistlichen und anderen Mitarbeiter und Mitarbeiterinnen in den Gemeinden, in den kantonalkirchlichen Diensten, in gemeindeübergreifenden Gemeinschaften, in christlichen Werken und Kommunitäten, Initiativen und Projekten sowie an anderen Orten kirchlichen Lebens. Die Kirche wirkt durch Taufe, Religions- und Jugendunterricht, Konfirmation, öffentlichen Gottesdienst, Feier des Abendmahls und Vornahme anderer kirchlicher Handlungen, durch Seelsorge, christliche Lehre, religiöse Aus- und Weiterbildung, christliche Liebestätigkeit und Diakonie, innere und äussere Mission und durch sonstige geeignete Mittel.
(2) Die Dienstleistungen der Kirche und ihr öffentlicher Unterricht sind unentgeltlich. Vorbehalten bleibt die Erhebung von Gebühren, wenn ausserhalb der festgesetzten Gottesdienststunden die Bereitstellung, Heizung und Beleuchtung der Kirchgebäude und die Dienste der Organisten, Sigristen usw. beansprucht werden.

III. Rechtlicher Charakter der Kirche. Sitz und Bekanntmachungen

§ 3. (1) Die evangelisch-reformierte Kirche des Kantons Basel-Stadt ist ein Personenverband mit öffentlich-rechtlicher Persönlichkeit. Unter Vorbehalt der Oberaufsicht des Staates, wie sie durch die Kantonsverfassung und deren Ausführungsgesetze[2] geregelt ist, ordnet und verwaltet sie ihre Angelegenheiten selbständig.
(2) Ihr Sitz ist in Basel. Ihre Bekanntmachungen erfolgen in mindestens zwei Tagesblättern des Kantons und nötigenfalls im Kantonsblatt; die Gründung eines eigenen Organs bleibt vorbehalten.
(3) Die Verfassung und die allgemeinen Erlasse der Kirche werden in einer vom Kirchenrat geführten Gesetzessammlung vereinigt.

2 Gesetz betreffend die Staatsoberaufsicht über die öffentlich-rechtlichen Kirchen und die Israelitische Gemeinde sowie über die Verwendung von Staats- und Gemeindemitteln zu Kirchenzwecken (Kirchengesetz) vom 8. November 1973 (SG 190.00); Verordnung zum Kirchengesetz vom 13. Dezember 1994 (SG 190.110).

IV. Mitgliedschaft und Stimmrecht

§ 4. (1) Als Mitglied der Kirche wird jeder protestantische Kantonseinwohner betrachtet, der nicht ausdrücklich in der von der Kirchenordnung[3] geforderten Form auf diese Mitgliedschaft verzichtet.
(2) Angehörige anderer christlicher Bekenntnisse und anderer Religionen sowie Konfessionslose können jederzeit als Mitglieder der evangelisch-reformierten Kirche aufgenommen werden. Die Kirchenordnung bestimmt das Nähere hierüber.
(3) Austritts- und Beitrittserklärungen erfolgen vor vollendetem sechzehnten Altersjahr durch den Inhaber der väterlichen oder vormundschaftlichen Gewalt. Bei höheren Altersstufen ist Stellvertretung in der Erklärung ausgeschlossen und die persönliche Erklärung nur wirksam, wenn der, welcher sie abgibt, rechtlich handlungsfähig ist.

§ 5. (1) Stimmberechtigt in Angelegenheiten der evangelisch-reformierten Kirche sind deren Mitglieder, die das 16. Altersjahr zurückgelegt haben.
(2) Zugezogene Kirchenmitglieder erlangen das Stimmrecht nach dreimonatigem Aufenthalt im Kanton.

V. Minderheiten

§ 6. (1) Wenn ein Teil der Angehörigen der evangelisch-reformierten Kirche, sei es in deren Gesamtbereich, sei es in einer oder mehreren Kirchgemeinden, seine religiösen Bedürfnisse durch die Gemeindepfarrer und die offiziellen Gottesdienste nicht als befriedigt erachtet, und daher Geistliche nach seinem Sinn anstellt und besoldet und besondere Gottesdienste und religiösen Jugendunterricht einrichtet, ohne jedoch aus der Kirche auszutreten oder sich sonst den von ihr aufgestellten Pflichten zu entziehen, so steht es der Synode frei, auf ein an sie gerichtetes, die Verhältnisse darlegendes Gesuch hin für jene Zwecke:

1. unter Vorbehalt des Gegenrechts und unter Vorrang der offiziellen Gebrauchszeiten die Mitbenützung der gottesdienstlichen Lokale und Geräte zu gestatten;
2. die Mithilfe der Organisten, Sigristen usw. bei den gottesdienstlichen Versammlungen einzuräumen, beides gegen mässige Vergütung oder unentgeltlich;
3. die Lieferung von Brot und Wein zum Abendmahl ganz oder teilweise zu übernehmen;
4. einen Beitrag an die Besoldung der Geistlichen zu leisten.

3 Kirchl. GSlg. IV B 1.

(2) Diese Bewilligungen erfolgen einzeln oder insgesamt auf Widerruf oder auf bestimmte, zwei Jahre nicht übersteigende Dauer. Sie sind an die Bedingung geknüpft, dass jene Geistlichen sich in ihren Funktionen an die Bestimmungen der Kirchenordnung halten, sich den kirchlichen Visitationen unterziehen und die in ihren religiösen Unterricht aufgenommenen Kinder sowie alle vollzogenen persönlichen kirchlichen Handlungen der zuständigen registerführenden Stelle anzeigen.

§ 7. (1) Wird ein Gesuch der in § 6 gedachten Art unterschriftlich von mindestens einem Fünftel der stimmberechtigten Mitglieder einer Kirchgemeinde gestellt und ist es im Hinblick auf Richtungsverschiedenheiten gerechtfertigt, so müssen, wenn es sich um die Anstellung eines Geistlichen handelt, der die Wahlfähigkeit für die evangelisch-reformierte Kirche des Kantons Basel-Stadt besitzt, die in § 6 Ziff. 1-3 erwähnten Leistungen erfolgen, und zwar unentgeltlich. Ferner hat die Kirche alsdann einen Beitrag an die Besoldung jenes Geistlichen zu gewähren, und zwar in der Höhe von:

1. einem Fünftel der Barbesoldung eines Pfarrers, wenn das Begehren von einem Fünftel bis einem Viertel der stimmberechtigten Gemeindeglieder ausgeht;
2. der Hälfte der Barbesoldung eines Pfarrers, wenn das Begehren von mehr als einem Viertel, aber nicht mehr als einem Drittel der stimmberechtigten Gemeindeglieder ausgeht;
3. der Barbesoldung eines Pfarrers, wenn das Begehren von mehr als einem Drittel der stimmberechtigten Gemeindeglieder ausgeht.

(2) Die Synode kann diese Ansätze überschreiten, wenn es ihr durch besondere Verhältnisse, namentlich mit Rücksicht auf die Zahl der kirchlichen Funktionen und der den religiösen Unterricht besuchenden Kinder, geboten erscheint.

(3) Die Bewilligung erfolgt jeweilen auf ein bis zwei Jahre. Wiederholung ist vorbehalten. Im übrigen gelten die Bestimmungen von § 6.

VI. Vermögensbestand und Vermögensleistungen der Kirche

§ 8. (1) Die evangelisch-reformierte Kirche ist Eigentümerin der ihr gemäss Einführungsbestimmung Ziff. 4 der Verfassungsrevision vom 10. Februar und 5./6. März 1910 ausgewiesenen Vermögensstücke.

(2) Sie bestreitet ihre Bedürfnisse aus dem Ertrag ihres Finanzvermögens und ihrer Spezialfonds, aus den ihr zufliessenden freiwilligen Gaben, soweit nicht besondere Verwendungsbestimmungen bestehen, sowie aus den von

ihren Angehörigen erhobenen Steuern, über welche ihre Steuerordnung[4] und das staatliche Aufsichtsgesetz das Nähere bestimmen. Sie ist berechtigt, zur Deckung ausserordentlicher Bedürfnisse Anleihen aufzunehmen.
(3) Über das Kirchenopfer bestimmt die Kirchenordnung.

§ 9. (1) Die evangelisch-reformierte Kirche kommt mit ihrer Zentralkasse für die kirchlichen Finanzbedürfnisse auf, soweit dieselben durch die Kirchenordnung vorgesehen in den Jahresvoranschlag aufgenommen und durch die Synode gutgeheissen sind; insbesondere:
1. für die Besoldungen und Ruhegehalte der Geistlichen, der Organisten, Sigristen usw. und des Personals der Zentralverwaltung, sowie für die Kosten der nötigen Stellvertretung und Aushilfe, soweit sie der Kirche obliegen;
2. für die Kosten des Kirchenrates, der Synode und des Konkordates;
3. für die Betriebs- und Unterhaltungskosten der kirchlichen Gebäude und Geräte sowie der Kinderlehrzimmer;
4. für die Kosten der Errichtung neuer kirchlicher Gebäude.

(2) Vorbehalten bleiben allfällige Sonderbestimmungen sowie etwaige im Einzelfall mit einer Gemeinde über deren Beitragsleistungen getroffene Abmachungen.

VII. Die Behörden der Kirche

A. Die Synode

§ 10. (1) Die oberste Behörde der Evangelisch-reformierten Kirche ist die Synode. Ihre Amtsdauer währt vier Jahre.
(2) Die Amtsdauer der Synode beginnt am 1. September.
(3) Die Synode besteht aus 80 Mitgliedern. 78 Mitglieder werden gewählt von den stimmberechtigten Angehörigen der Kirche nach dem Grundsatz der Verhältniswahl; als Wahlkreise gelten die Kirchgemeinden; 2 Mitglieder werden gewählt durch die Gemeindeversammlung der Französischen Kirche gemäss Règlement intérieur aus ihren der Evangelisch-reformierten Kirche Basel-Stadt angehörenden Gliedern.
(4) Der Kirchenrat bestimmt vor den Synodalwahlen, wie viele Mitglieder von den einzelnen Gemeinden entsprechend der Zahl ihrer Stimmberechtigten zu wählen sind.
(5) Wählbar sind die stimmberechtigten Angehörigen der Kirche.

4 Steuerordnung der Evangelisch-reformierten Kirche vom 29. Februar 1952 (Kirchl. GSlg. IV D 1).

(6) Ersatzwahlen finden bei den von den Gemeinden gewählten Mitgliedern, wenn keine Ersatzleute nachrücken, vor Beginn der zweiten Hälfte der Amtsdauer statt; bei den durch die Gemeindeversammlung der Französischen Kirche ernannten Mitgliedern erfolgen Ersatzwahlen unverzüglich.

§ 11. (1) Die Synode konstituiert sich nach der Gesamterneuerung auf Einladung des Kirchenrates. Sie wird durch das älteste anwesende Mitglied eröffnet; je zwei von ihm bezeichnete Mitglieder amten vorläufig als Sekretäre und Stimmenzähler.
(2) Hierauf erledigt die Synode die Wahlprüfung und wählt auf eine Amtsdauer von zwei Jahren aus ihrer Mitte einen Präsidenten/eine Präsidentin und einen Vizepräsidenten/eine Vizepräsidentin, und zwei Sekretäre/Sekretärinnen. Sodann bestellt sie den Kirchenrat auf vier Jahre und ernennt dessen Präsidenten/Präsidentin und Vizepräsidenten/Vizepräsidentin auf vier Jahre.

§ 12. Die Synode ist beschlussfähig bei Anwesenheit des absoluten Mehrs ihrer Mitglieder. Ihre Verhandlungen sind öffentlich, soweit nicht Beschränkung oder Ausschluss der Öffentlichkeit beschlossen wird.

§ 13. (1) Die Synode tritt auf Einladung ihres Präsidenten ordentlicherweise zusammen:
1. im Frühjahr zur Behandlung des Berichtes und der Rechnung des Vorjahres,
2. im Herbst zur Behandlung des Rechnungsvoranschlages für das folgende Jahr.

(2) Ausserordentlicherweise kann die Synode einberufen werden:
1. infolge eines in ihrer letzten Sitzung ergangenen Beschlusses,
2. auf Verlangen des Kirchenrates,
3. auf schriftliches, von mindestens 15 Mitgliedern gestelltes, begründetes Begehren.

§ 14. Die Befugnisse der Synode sind folgende:
1. Sie erlässt die Kirchenordnung[5] und andere in Ausführung der Kirchenverfassung notwendig werdende allgemeine Bestimmungen.
   Insbesondere regelt sie die Organisation der Kirche, die Wahlart der Synode und der Kirchenvorstände, die Geschäftsordnung der Synode und des Kirchenrats sowie die Befugnisse und den Geschäftsgang der Kirchenvorstände, den Gottesdienst, den Unterricht in der biblischen Ge-

5 Ordnung betreffend die Organisation der Evangelisch-reformierten Kirche des Kantons Basel-Stadt (Organisationsordnung) vom 18. Juni 2008 (Kirchl. GSlg. IV B 1), verfügbar im Internet unter www.erk-bs.ch.

schichte vom ersten bis sechsten Schuljahre sowie den übrigen kirchlichen Jugendunterricht, die finanziellen Angelegenheiten der Kirche mit Inbegriff der Steuerleistungen und allfälliger Anleihen, die Zahl und die Umgrenzung der Kirchgemeinden und der Pfarrstellen, das Verfahren bei Wahl und Anstellung der Pfarrer und Pfarrerinnen und der anderen Angestellten der Kirche.

2. Sie entscheidet über Einführung und Abänderung von Liturgie, Gesangbuch und kirchlichen Lehrmitteln.
3. Sie hat die Oberaufsicht über die gesamte Kirchenverwaltung.
4. Sie prüft und erledigt nach Vorlage des Kirchenrates den Jahresbericht, den Voranschlag und die Jahresrechnung.
5. Sie beschliesst über die Errichtung kirchlicher Gebäude.
   Sie erteilt oder versagt dem Kirchenrat die Genehmigung:
   - zum Erwerb, zum Verkauf und zur Verpfändung von Grundstücken, sofern der Kaufpreis oder die Pfandbelastung den von der Synode in einer Ordnung festgelegten Maximalbetrag übersteigt;
   - zur Aufnahme öffentlicher Anleihen;
   - zu anderen vom Kirchenrat abgeschlossenen Verträgen, sofern es sich um dauernde Lasten, die einen von der Synode in einer Ordnung festgelegten Maximalbetrag übersteigen, oder um wichtige in Geld nicht abschätzbare Angelegenheiten handelt.
6. Sie wählt den Kirchenrat auf vier Jahre und dessen Präsidenten/in und Vizepräsidenten/in auf vier Jahre.
7. Sie ernennt die in ihrem Geschäftsreglement vorgesehenen Kommissionen, sowie den/die Kantonsabgeordneten/e zum interkantonalen Prüfungskonkordat und dessen/deren Vertreter/in auf vier Jahre.
8. Sie entscheidet über Beschwerden gegen Beschlüsse des Kirchenrates, sofern deren Erledigung nicht dem Regierungsrat zukommt.

8a. Sie schafft diejenigen Ämter, welche sie zur Erfüllung der in § 2 der Verfassung genannten Aufgaben der Kirche neben dem Gemeindepfarramt als nötig erachtet, und bestimmt die Wahlart für deren Besetzung.

8b. Sie ernennt die Kommission für den Unterricht in der biblischen Geschichte, soweit nicht die von der Synode zu erlassende Ordnung für diesen Unterricht über deren Wahl anders bestimmt.

9. Sie stellt das Protokoll ihrer Verhandlungen einschliesslich des Jahresberichtes des Kirchenrates dem Regierungsrate zu.

§ 15. Aus eigener Initiative oder auf Verlangen des Kirchenrates, des Kapitels oder eines Drittels der Kirchenvorstände tritt die Synode mit den Kirchenvorständen und dem Kapitel zur Besprechung von Gegenständen kirchlichen Interesses zusammen. Eine verbindliche Beschlussfassung steht diesen Versammlungen nicht zu.

§ 16. Die Tätigkeit der Mitglieder der Synode und ihrer Kommissionen ist eine ehrenamtliche. Die Sekretäre der Synode und ihrer Kommissionen beziehen ein Taggeld.

B. Der Kirchenrat

§ 17. (1) Ein aus neun Mitgliedern bestehender Kirchenrat vertritt die evangelisch-reformierte Kirche nach aussen und ist mit ihrer allgemeinen Verwaltung, soweit diese nicht den Kirchenvorständen oder der Synode zukommt, sowie mit der Vollziehung und Handhabung der kirchlichen Vorschriften und der Beschlüsse der Synode betraut: er trifft die erforderlichen Ausführungsbestimmungen im Rahmen der von der Synode erlassenen Vorschriften.
(2) Der Kirchenrat wird von der Synode nach ihrer Konstituierung in geheimer Abstimmung aus den stimmberechtigten Angehörigen der evangelisch-reformierten Kirche auf vier Jahre gewählt. Es dürfen nicht mehr als vier Mitglieder des Kirchenrates ordinierte Theologen/Theologinnen sein. Verwandte und Verschwägerte in gerader Linie und im ersten Grade der Seitenlinie können nicht gleichzeitig Mitglieder des Kirchenrates sein.
(3) Frei werdende Stellen sind ungesäumt auf den Rest der Amtsdauer neu zu besetzen.
(4) Die Mitglieder des Kirchenrates können nicht gleichzeitig Mitglieder der Synode sein, besitzen aber beratende Stimme und das Recht, über einen in Beratung liegenden Gegenstand Anträge zu stellen.

§ 18. (1) Der Kirchenrat wird von seinem Präsidenten versammelt, so oft es die Geschäfte erfordern, oder wenn vier Mitglieder es mit schriftlicher Begründung verlangen. Er ist beschlussfähig bei Anwesenheit von fünf Mitgliedern.
(2) Der Kirchenrat ernennt den Kirchenverwalter oder die Kirchenverwalterin und dessen oder deren Stellvertreter oder Stellvertreterin.

§ 19. Die Befugnisse des Kirchenrates sind folgende:

1. Er vermittelt den Verkehr der Kirche mit den Staats- und Gemeindebehörden des Kantons und mit auswärtigen kirchlichen Behörden.
2. Er wählt den Examinator und dessen Stellvertreter in die Prüfungsbehörde der Konkordatskantone und empfiehlt die hiesigen Studierenden der Theologie zum Konkordatsexamen; mit den im Konkordat Geprüften verfährt er nach dessen Vorschriften und lässt sich vom Examinator jährlich über sie einen Spezialbericht erstatten.

3. Er ernennt, wo eine Prüfung bloss für den kantonalen Kirchendienst zu bestehen ist, den Prüfungsausschuss und nimmt die Ordination vor; er ist befugt, auswärtige Geistliche in den Verband der Geistlichkeit der evangelisch-reformierten Kirche von Basel-Stadt aufzunehmen.
4. Er ist im Rahmen der von der Synode erlassenen Ordnungen zuständig für alle Personalangelegenheiten der Kirche. Insbesondere schliesst der Kirchenrat, vertreten durch die Kirchenverwaltung, die Anstellungsverträge der Kirche mit allen ihren Angestellten ab und kann Versetzungen von Angestellten innerhalb der Kirche vorsehen.
5. Er erteilt nach den Bestimmungen der Kirchenordnung das Recht zur Aushilfe und Stellvertretung im Pfarrdienst.
6. Er ordnet Vikariate, eventuell auch Lernvikariate, an und bestellt sie; er übt das Vorschlagsrecht bei der Ernennung von Feldpredigern aus.
7. Er beaufsichtigt die Pfarrer und Pfarrerinnen sowie die Angestellten der kantonalkirchlichen Dienste und der Kirchenverwaltung in ihrer Amtsführung und übt die Disziplinargewalt über sie aus.
8. Er setzt die Löhne und die übrigen Leistungen der Pfarrer und Pfarrerinnen und der anderen Angestellten der Kirche im Rahmen der Vorschriften fest.
9. Er kann die Initiative zur Abänderung der Kirchenverfassung und zum Erlass anderer allgemeiner kirchlicher Vorschriften ergreifen.

9a. Er überwacht den in den Schulen erteilten Unterricht in der biblischen Geschichte.

10. Er begutachtet die Anregungen der Kirchenvorstände und des Kapitels zuhanden der Synode.
11. Er erstattet der Synode Bericht und Antrag über alles, was in ihren Geschäftskreis fällt; insbesondere legt er ihr den Rechnungsvorschlag, den Jahresbericht und die Jahresrechnung vor und begutachtet die Berichte und Anträge, die aus der Mitte der Synode oder ihrer Kommissionen hervorgehen.
12. Er erlässt die Verordnungen, welche nicht in die Kompetenz der Synode fallen.
13. Er führt ein Verzeichnis der stimmberechtigten Angehörigen der Kirche und ihrer Gemeinden, sowie ein Verzeichnis der steuerpflichtigen Angehörigen der Kirche.
14. Er ordnet die erforderlichen Wahlen an und bestellt die Wahlbüros; er prüft die Gültigkeit der Pfarrwahlen und der Kirchenvorstandswahlen.
15. Er verwaltet das Vermögen der Gesamtkirche.
16. Er prüft die Jahresberichte und die Jahresrechnungen der Kirchgemeinden und die Jahresberichte der Geistlichen über ihre Amtstätigkeit.

17. Er ist befugt, Ausschüsse zu bestellen und Spezialkommissionen einzuberufen.
18. Er vollzieht die Synodalbeschlüsse und bringt sie zur Kenntnis der Pfarrämter, Kirchenvorstände und Kirchgemeinden; er ordnet ihren Vollzug an und überwacht ihre Ausführung.
19. Er ordnet kirchliche Visitationen an.
20. Er entscheidet letztinstanzlich über Anstände zwischen den Geistlichen und ihren Gemeinden, sowie über Streitigkeiten, welche die äussere Einrichtung und Ausübung des Gottesdienstes betreffen.
21. Er verzeichnet die Übertritte in die evangelisch-reformierte Kirche und erledigt die Austrittserklärungen.
22. Er entscheidet letztinstanzlich über die Bewilligungen der Benützung von kirchlichen Gebäuden.
23. Er kassiert die Beschlüsse der Kirchenvorstände bei Umgehung oder Überschreitung gesetzlicher Bestimmungen und Befugnisse.
24. Überhaupt hat er in allen Beziehungen für das Wohl der Kirche und die Ordnung in derselben Sorge zu tragen.

§ 20. Für die Entschädigung des Präsidenten und der in besonderem Masse in Anspruch genommenen Mitglieder des Kirchenrates, für die Besoldungen des Personals der Zentralverwaltung sowie für die Bestreitung der Kanzleikosten und die laufenden Ausgaben des Kirchenrates sind jährlich die erforderlichen Beträge in den Voranschlag aufzunehmen.

VIII. Kantonalkirchliche Funktionen

§ 20a. (1) Den kantonalkirchlichen Diensten obliegen Aufgaben im Sinne von § 2, die über den Rahmen der Kirchgemeinden hinausgehen und auf kantonalkirchlicher Ebene wirksamer erfüllt werden können.
(2) Die Tätigkeiten der kantonalkirchlichen Dienste und der Kirchgemeinden sollen in gegenseitiger Ergänzung den unterschiedlichen Schwerpunkten christlicher Existenz in einer städtischen Volkskirche gerecht werden.
(3) Die Synode schafft und beauftragt diejenigen Ämter und Dienste, die sie zur Erfüllung der Aufgaben der Evangelisch-reformierten Kirche Basel-Stadt auf kantonaler Ebene als nötig erachtet.

II. Teil: Die Kirchgemeinden

I. Im Allgemeinen

§ 21. (1) Die Kirchgemeinden sind Gebietskörperschaften, die sich in das gesamte Gebiet der Kirche teilen. Ihre Zahl und Umgrenzung wird durch die Synode bestimmt.
(2) Die Mitglieder einer Kirchgemeinde sind alle in deren Gebiet wohnhaften Kirchenmitglieder, die nicht schriftlich erklärt haben, einer anderen Kirchgemeinde angehören zu wollen. Wer in Angelegenheiten der Kantonalkirche stimmberechtigt ist, ist es auch in Kirchgemeindesachen.

§ 22. (1) Die Kirchgemeinden sind Personenverbände mit öffentlichrechtlicher Persönlichkeit. Sie sind vermögensfähig, haben das Recht, Zuwendungen anzunehmen und für besondere kirchliche Gemeindezwecke freiwillige Sammlungen zu veranstalten, besitzen aber kein Steuerrecht und dürfen keine Anleihen aufnehmen.
(2) Die Kirche überlässt die ihr gehörenden Kirchgebäude und Pfarrhäuser den Kirchgemeinden zum Gebrauch; diese sind nicht berechtigt, ohne Zustimmung des Kirchenrates Veränderungen daran vorzunehmen oder sie ihrer kirchlichen Bestimmung zu entziehen.

II. Organe der Kirchgemeinde

§ 23. (1) Organe der Kirchgemeinde sind:
1. die Gesamtheit der Stimmberechtigten,
2. die Kirchgemeindeversammlung,
3. der Kirchenvorstand.

(2) Sie üben ihre Befugnisse im Rahmen von Kirchenverfassung, Kirchenordnung und einer allfälligen Kirchgemeindeordnung aus.
(3) Sie sind gemeinsam für die rechte Ordnung der Gemeinde in allen Belangen verantwortlich.

A. Die Gesamtheit der Stimmberechtigten

§ 24. Der Gesamtheit der Stimmberechtigten liegt ob:
1. Wahl des Kirchenvorstandes,
2. Wahl der Abgeordneten in die Synode,
3. Wahl der Gemeindepfarrer,
4. Abstimmung über Beschlüsse der Kirchgemeindeversammlung, sofern dies gemäss § 25c Abs. 2 verlangt wird.

B. Die Kirchgemeindeversammlung

§ 25. (1) Die Kirchgemeindeversammlung besteht aus allen nach § 5 stimmberechtigten Gliedern der Gemeinde.
(2) Sie tritt ordentlicherweise einmal im Jahr an einem vom Kirchenrat festgelegten Tag zusammen.
(3) Sie tritt ferner zusammen, wenn sie der Kirchenvorstand einberuft, oder wenn es 100 stimmberechtigte Gemeindeglieder unterschriftlich fordern.

§ 25a. Der Kirchgemeindeversammlung fallen folgende Aufgaben zu:
1. Behandlung der Fragen des kirchlichen Lebens;
2. Genehmigung der vom Kirchenvorstand im Rahmen der gesamtkirchlichen Ordnung festgesetzten äusseren Einrichtung und Ausübung des Gottesdienstes;
3. Erlass der Kirchgemeindeordnung. Diese bedarf der Genehmigung durch den Kirchenrat, wobei die Genehmigung zu erteilen ist, wenn die Kirchgemeindeordnung kein höherstehendes kirchliches oder staatliches Recht verletzt;
4. Prüfung und Genehmigung von Jahresbericht und Jahresrechnung des Kirchenvorstandes, Wahl der Rechnungsrevisoren;
5. Beschlussfassung über die Bildung von Quartiergemeinden;
6. Antragstellung über die Teilung der Kirchgemeinde oder deren Vereinigung mit einer anderen Kirchgemeinde als notwendige Voraussetzung der Beschlussfassung der Synode;
7. Beschlussfassung über wichtige Fragen betreffend Einsatz und bauliche Veränderung von zum Gebrauch überlassenen Liegenschaften unter Vorbehalt der Zuständigkeit von Synode und Kirchenrat;
8. Antragstellung an die Synode betreffend Personalstellen;
9. Vorbereitung und Durchführung von Pfarrwahlen gemäss § 32 Abs. 3;
10. Vorbesprechung der Wahlen in den Kirchenvorstand und in die Synode;
11. Beratung und Beschlussfassung über Anträge an Synode und Kirchenrat.

§ 25b. (1) Über Einladung, Teilnahme, Stimmberechtigung, Leitung, Geschäftsordnung und Beschlussfähigkeit der Kirchgemeindeversammlung bestimmt die Kirchenordnung.
(2) Die Anträge der Kirchgemeindeversammlung werden dem Kirchenrat oder der Synode durch den Kirchenvorstand unterbreitet.

§ 25c. (1) Endgültige Beschlüsse der Kirchgemeindeversammlung, die weder persönlicher noch dringlicher Natur sind, müssen in einer vom Kirchenrat angeordneten Form publiziert werden.

(2) Sie sind der Gesamtheit der stimmberechtigten Gemeindeglieder zur Annahme oder Verwerfung vorzulegen, wenn es innert Monatsfrist seit der Publikation mindestens 100 stimmberechtigte Gemeindeglieder unterschriftlich verlangen.

C. Der Kirchenvorstand

§ 26. (1) Dem Kirchenvorstand gehören an:
1. 4 bis 13 Mitglieder, welche durch die Gesamtheit der Stimmberechtigten der Gemeinde gewählt werden;
2. die Gemeindepfarrer von Amtes wegen.

(2) Der Kirchenrat setzt jeweilen vor der Gesamterneuerung auf Antrag des Kirchenvorstandes die Zahl der zu wählenden Kirchenvorstandsmitglieder jeder Gemeinde fest, wobei die Zahl der stimmberechtigten Gemeindeglieder zu berücksichtigen ist.
(3) Die Wahl des Kirchenvorstandes erfolgt gleichzeitig und nach den gleichen Grundsätzen wie die Wahl der Synode; ebenso finden Ersatzwahlen in der gleichen Weise wie für die Mitglieder der Synode statt.
(4) Wählbar sind die stimmberechtigten Gemeindeglieder. Verlegt ein Kirchenvorstandsmitglied nach seiner Wahl den Wohnsitz in eine andere baselstädtische Kirchgemeinde, so kann es sein Amt bis zum Ende der Amtsdauer beibehalten.
(5) Die Tätigkeit der Kirchenvorstandsmitglieder ist unentgeltlich.

§ 27. (1) Der Kirchenvorstand versammelt sich nach der Gesamterneuerung, sobald seine Wahl vom Kirchenrat validiert worden ist, auf die Einladung und unter der Leitung des ältesten Mitglieds zur konstituierenden Sitzung. Er wählt auf eine Amtsdauer von zwei Jahren aus seiner Mitte einen Präsidenten/eine Präsidentin, einen Vizepräsidenten/eine Vizepräsidentin und einen Sekretär/eine Sekretärin.
(2) Im übrigen wird der Kirchenvorstand von seinem Präsidenten versammelt, so oft Geschäfte vorliegen, oder wenn es von einem Drittel seiner Mitglieder schriftlich verlangt wird.

§ 27a. Der Kirchenvorstand übt alle in die Zuständigkeit der Gemeinde fallenden Rechte und Pflichten aus, soweit sie nicht einem anderen Gemeindeorgan oder bestimmten Personen zugewiesen sind, insbesondere:
1. Vorbereitung der Geschäfte der Kirchgemeindeversammlung, Vorlage von Jahresbericht und Jahresrechnung;
2. Antragstellung in Fragen des kirchlichen Lebens an die Kirchgemeindeversammlung;

3. Laufende kurz- und längerfristige Planung der Gemeindeaktivitäten, insbesondere die vorausschauende Beurteilung von Bedarf, Verfügbarkeit und Einsatz personeller, finanzieller und infrastruktureller Mittel;
4. Sorge für die gute Ordnung beim Gottesdienst sowie Förderung des Gemeindelebens;
5. Verwaltung des Vermögens der Kirchgemeinde gemäss den in der Kirchgemeindeordnung festgehaltenen Kompetenzen;
6. Entscheid über die Bewilligung der Benützung von Gemeindegebäuden; soweit es sich dabei um Kirchen handelt, ist der Kirchenvorstand zu diesem Entscheid erst in zweiter Instanz zuständig;
7. Bestimmung des Zweckes der den Kirchgemeinden überlassenen Kollekten;
8. Überwachung des Zustandes der zum Gebrauch überlassenen Liegenschaften, Sorge für Reparaturen und Unterhalt;
9. Vorschlag für die Anstellung der Sigriste und Sigristinnen, Gastgeber und Gastgeberinnen, sozialdiakonischen Mitarbeiter und Mitarbeiterinnen, Organisten und Organistinnen sowie von Mitarbeitern und Mitarbeiterinnen in anderen Gemeindefunktionen und besoldeten Hilfskräften, einschliesslich der Stellungnahme zu vom Kirchenrat vorgesehenen Versetzungen, soweit sie in der Gemeinde tätige oder für eine Tätigkeit in der Gemeinde bestimmte Pfarrer und Pfarrerinnen oder andere Angestellte betreffen;
10. Vertretung der Kirchgemeinde nach aussen.

III. Die Quartiergemeinden

§ 27b. (1) Die Kirchgemeinden können nach Gebiet umschriebene Quartiergemeinden bilden, welche sich in das gesamte Gebiet der Kirchgemeinde teilen. Die Quartiergemeinden sind Personenverbände mit öffentlich-rechtlicher Persönlichkeit.

(2) Die Bildung von Quartiergemeinden erfolgt durch einen Beschluss der Kirchgemeindeversammlung. Sie bedarf der Verankerung in der Kirchgemeindeordnung.

(3) In der Kirchgemeindeordnung sind die Anzahl, die gebietsmässige Umgrenzung, die Benennung sowie, in Ausführung der nachfolgenden Bestimmungen, die Organisation und die Befugnisse der Quartiergemeinde festzulegen.

(4) Die Mitglieder einer Quartiergemeinde sind alle in deren Gebiet wohnhaften Kirchgemeindeglieder, die nicht schriftlich erklärt haben, einer anderen Quartiergemeinde angehören zu wollen.

(5) Organe jeder Quartiergemeinde sind die Gesamtheit der stimmberechtigten Mitglieder, die Quartiergemeindeversammlung und, als ein nach demokratischen Grundsätzen zu wählendes Exekutivorgan, der Quartiergemeindevorstand.
(6) Pfarrwahlen und Gemeindehelferwahlen sind in jedem Fall durch die Organe der Kirchgemeinde vorzunehmen. Im übrigen bestimmt die Kirchgemeindeordnung, in welchem Umfang kirchgemeindliche Befugnisse auf die Quartiergemeinden übergehen.

IV. Französische Kirche

§ 28. (1) Die im Jahr 1572 gegründete Französische Kirche (Eglise française de Bâle) sorgt für die kirchlichen Bedürfnisse derjenigen im Kanton Basel-Stadt und seiner Umgebung wohnhaften evangelisch-reformierten Personen, deren Umgangssprache die französische ist.
(2) Der Französischen Kirche können als Glieder angehören:
a) Glieder der Evangelisch-reformierten Kirche Basel-Stadt; sie bleiben in derjenigen Kirchgemeinde stimmberechtigt, in der sie wohnen;
b) Einwohner der engeren und weiteren schweizerischen Umgebung von Basel, welche Glieder der Evangelisch-reformierten Kirche ihres Wohnortes sind und bleiben.
(3) Die Zugehörigkeit zur Französischen Kirche wird erworben durch Beitrittserklärung.

§ 28a. (1) Die Französische Kirche besitzt die öffentlich-rechtliche Persönlichkeit einer Gemeinde und hat ihr eigenes Vermögen.
(2) Ihre ordentlichen Organe sind Gemeindeversammlung (Assemblée de paroisse) und Consistoire.
(3) Ihre Angestellten sind Angestellte der Evangelisch-reformierten Kirche Basel-Stadt.
(4) Die Evangelisch-reformierte Kirche Basel-Stadt kommt für den Aufwand an Besoldungen, Personalversicherung, Amtswohnungen, Gottesdienstraum, Kultuskosten und weiteren Gemeindebedürfnissen in gleichem Umfange auf wie bei den übrigen Kirchgemeinden.
(5) Die Evangelisch-reformierte Kirche Basel-Stadt verständigt sich mit den evangelisch-reformierten Kirchen der umliegenden Kantone über deren Beiträge an den von ihr für die Französische Kirche erbrachten Aufwand.

§ 28b. (1) Die Organisation der Französischen Kirche, namentlich das Verhältnis von Gemeindeversammlung (Assemblée de paroisse) und Consistoire, wird geordnet durch ein Statut (Règlement intérieur de l'Eglise française

reformée évangélique de Bâle), das der Genehmigung durch die Synode bedarf.
(2) Die §§ 23 bis 27a, 30 Abs. 1, 31 Abs. 2 und 32 der Kirchenverfassung finden auf die Französische Kirche keine Anwendung.
(3) Die von der Synode beschlossenen Ordnungen gelten auch für die Französische Kirche, soweit nicht in ihnen selber oder in den §§ 28 und 28a der Kirchenverfassung etwas Abweichendes bestimmt ist.

III. Teil: Das pastorale Amt, das diakonische Amt und die Kapitel

I. Das pastorale Amt

§ 29. (1) Jede Kirchgemeinde hat einen oder mehrere Pfarrer; die Bestimmung des Hauptpfarrers unter mehreren Pfarrern einer Gemeinde wird durch die Kirchenordnung geregelt.
(2) Bei der Einrichtung von Pfarrstellen in Kirchgemeinden und auf kantonal-kirchlicher Ebene ist darauf zu achten, dass in genügender Anzahl Pfarrerinnen und Pfarrer beschäftigt werden, die sich regelmässig der Wortverkündigung und anderen gottesdienstlichen Amtshandlungen widmen.
(3) Es ist darauf Bedacht zu nehmen, dass, anhand der letzten eidgenössischen Volkszählung berechnet, womöglich auf einen Pfarrer nicht mehr als dreitausend Kirchgemeindemitglieder entfallen.

§ 30. (1) Die Gemeindepfarrerinnen und Gemeindepfarrer werden durch die Kirchgemeindeversammlung auf unbestimmte Zeit gewählt.
(2) Wählbar sind die in Basel ordinierten oder durch Beschluss des Kirchenrates von auswärts aufgenommenen Theologen und Theologinnen sowie die aufgrund eines Wahlfähigkeitszeugnisses der Konkordatskonferenz in einem Konkordatskanton ordinierten Theologen und Theologinnen.
(3) Der Kirchenrat kann auch solchen evangelisch-reformierten Theologen und Theologinnen die Wählbarkeit zuerkennen, die nicht über ein von der Konkordatskonferenz ausgestelltes Wählbarkeitszeugnis verfügen, wenn sie eine den Konkordatsbestimmungen im Wesentlichen entsprechende Ausbildung abgeschlossen haben, und sofern entweder genügende Praxis im pfarramtlichen Dienst nachgewiesen ist, oder die entsendende Kirche Gegenrecht hält.
(4) Vorbehalten bleiben die Sonderbestimmungen über die Wahl und die Wahlfähigkeitserfordernisse der Geistlichen der Französischen Kirche.

§ 31. Die kirchliche Gesetzgebung (Ordnung) regelt die Anstellung der von den Gemeinden gewählten Pfarrer und Pfarrerinnen durch den Kirchenrat und die Auflösung ihrer Amts- und Anstellungsverhältnisse.

§ 32. Die kirchliche Gesetzgebung (Ordnung) regelt das Verfahren für die Wahl der Pfarrer und Pfarrerinnen.

§ 33. (1) Den Pfarrern liegen ob:
1. die gottesdienstlichen Verrichtungen in ihrer Gemeinde,
2. die Erteilung des kirchlichen Jugendunterrichts,
3. die Ausübung der Seelsorge,
4. diejenigen Verrichtungen, die ihnen ausserdem durch die Kirchenordnung oder durch andere Erlasse der Synode zugewiesen werden.

(2) Wo an einer Gemeinde mehrere Geistliche angestellt sind, wird die Geschäftsverteilung auf Antrag des Kirchenvorstandes vom Kirchenrat festgesetzt.
(3) Über die Benützung einer Gemeindekirche entscheidet erstinstanzlich ein vom Kirchenvorstand bezeichneter, dort tätiger Pfarrer.

§ 34. Das Dienstverhältnis der Pfarrer und der Vikare mit Einschluss der Besoldungen, der Ruhegehälter und des Disziplinarwesens wird durch die von der Synode erlassenen Ordnungen geregelt.

§ 35. (1) Das Kapitel besteht aus den im Amt befindlichen Pfarrern der evangelisch-reformierten Kirche des Kantons, aus den Geistlichen der von der Kirche subventionierten Minderheiten und aus den an den öffentlichen Anstalten des Kantons angestellten reformierten Geistlichen.
(2) Es wählt aus seiner Mitte auf sechs Jahre seinen Präsidenten, dessen Stellvertreter und einen Schreiber.
(3) Es versammelt sich auf Einladung seines Präsidenten oder auf Begehren von sieben Mitgliedern.
(4) Es kann ein Reglement für seine Beratungen aufstellen.
(5) Zu seinen Sitzungen kann es mit beratender Stimme beiziehen: die vormaligen Pfarrer der evangelisch-reformierten Kirche des Kantons, die Vikare dieser Kirche, die in den Verband der Geistlichkeit der evangelisch-reformierten Kirche des Kantons Basel-Stadt aufgenommenen auswärtigen Geistlichen, sowie die Professoren und Privatdozenten der theologischen Fakultät der Universität Basel.
(6) Das Kapitel bespricht in freier Weise Fragen religiösen, kirchlichen und theologischen Interesses.

(7) Es kann vom Kirchenrat oder von der Synode zur Begutachtung kirchlicher Fragen eingeladen werden und auch ohne solche Einladung jenen Behörden seine Meinungsäusserung unterbreiten.
(8) Es erstattet dem Kirchenrat jährlich über seine Verhandlungen Bericht.

II. Das diakonische Amt

§ 36. (1) Die Diakonie bringt die soziale Dimension des Evangeliums durch konkretes Wirken zur Geltung.
(2) Den diakonischen Mitarbeiterinnen und Mitarbeitern obliegt:
- Aufbau und Pflege der diakonischen Verantwortung,
- Hilfe für Einzelne und für Gruppen,
- Aufbau und Begleitung von Laienarbeit,
- Bildungsarbeit, Alters- und Jugendarbeit.

§ 37. (1) Die kirchliche Gesetzgebung regelt die Wahlfähigkeit nach Möglichkeit in Übereinstimmung mit den anderen reformierten Kirchen in der Schweiz.
(2) Diakonische Mitarbeiterinnen und Mitarbeiter können für ihren Dienst ordiniert werden. Die Evangelisch-reformierte Kirche Basel-Stadt anerkennt die Ordination anderer reformierter Kirchen in der Schweiz.

§ 38. (1) Die diakonischen Mitarbeiterinnen und Mitarbeiter der Evangelisch-reformierten Kirche Basel-Stadt bilden gemeinsam das Diakoniekapitel.
(2) Das Diakoniekapitel pflegt den Erfahrungsaustausch unter seinen Mitgliedern, fördert deren Weiterbildung und bespricht in freier Weise Fragen des kirchlichen und diakonischen Interesses.
(3) Das Diakoniekapitel gibt sich ein Reglement; dieses ist vom Kirchenrat zu genehmigen. Es erstattet dem Kirchenrat jährlich über seine Verhandlungen Bericht.

[§§ 39-41 aufgehoben]

IV. Teil: Christliche Werke und Kommunitäten

§ 42. (1) Christliche Werke und Kommunitäten erfüllen in unabhängiger Weise eine Aufgabe im Rahmen des Auftrags der Kirche.
(2) Auf ihren Antrag können Werke und Kommunitäten, welche die Grundsätze der Evangelisch-reformierten Kirche Basel-Stadt bejahen und auf Dauer eingerichtet sind, von der Synode kirchlich anerkannt werden.

V. Teil: Verfassungsrevision

§ 43. (1) Wenn mindestens 2000 stimmberechtigte Angehörige der Kirche oder zwei Drittel der Kirchenvorstände oder die Mehrheit sämtlicher Mitglieder der Synode eine Verfassungsrevision verlangen, ist wie folgt vorzugehen:
(2) Handelt es sich nur um eine Revision einzelner Bestimmungen der Verfassung (Partialrevision), so unterbreitet die Synode nach vorgängigem Bericht des Kirchenrates das Begehren in der von den Initianten vorgeschlagenen Fassung, und wenn es nicht formuliert war, in einer von ihr selbst getroffenen Fassung, samt ihrem Antrag innerhalb sechs Monaten den Stimmberechtigten zum Entscheid; derselbe erfolgt mit dem absoluten Mehr der abgegebenen gültigen Stimmen.
(3) Handelt es sich um eine Revision der ganzen Verfassung (Totalrevision), so unterbreitet die Synode nach vorgängigem Bericht des Kirchenrates das Begehren samt ihrem Antrage innerhalb sechs Monaten den Stimmberechtigten zum Entscheid über die Eintretensfrage. Bejahen weniger als drei Viertel der abgegebenen gültigen Stimmen die Eintretensfrage, so ist das Begehren abgelehnt; bejahen mindestens drei Viertel der abgegebenen gültigen Stimmen die Eintretensfrage, so entscheidet die Synode, ob sie die neue Verfassung selbst ausarbeiten oder ihre Ausarbeitung einem Verfassungsrat anheimgeben will. Im letzteren Fall wird der Verfassungsrat nach den für die Synode geltenden Bestimmungen gewählt. Die neue Verfassung ist den Stimmberechtigten vorzulegen; sie ist angenommen, wenn sich diese mit mindestens zwei Drittel der abgegebenen gültigen Stimmen zu deren Gunsten aussprechen.
(4) Wird eine Totalrevision infolge Änderung der Kantonsverfassung notwendig, so entscheidet die Synode vorbehältlich abweichender Bestimmungen der Kantonsverfassung, ob sie die neue Verfassung selbst ausarbeiten oder ihre Ausarbeitung einem Verfassungsrat anheimgeben will. Die neue Verfassung ist den Stimmberechtigten zum Entscheid vorzulegen; derselbe erfolgt mit dem absoluten Mehr der abgegebenen gültigen Stimmen.

Referendum und Initiative

§ 43a. (1) Kirchliche Ordnungen allgemein verbindlicher Natur, sowie endgültige Synodalbeschlüsse, die weder persönlicher noch dringlicher Natur sind, sollen der Gesamtheit der Stimmberechtigten zur Annahme oder Verwerfung vorgelegt werden, wenn es von wenigstens 2000 Stimmberechtigten innerhalb sechs Wochen vom Tage der Publikation des Beschlusses an ver-

langt oder von der Synode beschlossen wird (fakultatives Referendum). Sie treten in Kraft, wenn dieses Verfahren nicht Platz greift.
(2) 2000 Stimmberechtigte sind befugt, jederzeit bei der Synode das Begehren nach Erlass, Abänderung oder Aufhebung einer kirchlichen Ordnung oder eines Synodalbeschlusses zu stellen (Initiative).
(3) Tritt die Synode nicht darauf ein, so ist der Entscheid, ob dem Begehren Folge zu geben sei, spätestens sechs Monate nach der Behandlung durch die Synode der Gesamtheit der Stimmberechtigten anheim zu geben.
(4) Ist die Synode sofort, oder durch die Volksabstimmung dazu veranlasst, auf das Begehren eingetreten, und hat sie den Entwurf einer Ordnung oder eines Synodalbeschlusses ausgearbeitet oder genehmigt, so ist er der Gesamtheit der Stimmberechtigten nur dann zum Entscheid zu unterbreiten, wenn dagegen das Referendum ergriffen wird.

VI. Teil: Übergangsbestimmungen

§ 44. Die Kirchenverfassung tritt, unter Vorbehalt ihrer Gutheissung durch den Regierungsrat und die stimmberechtigten Kirchenmitglieder, am 1. April 1911 in Wirksamkeit.

§ 45. (1) Die Amtsdauer der kirchlichen Behörden, die im Wahljahr 1990 gewählt werden, beginnt am 1. Juni 1990 und endet am 31. August 1995.
(2) Die Synode wählt auf eine Amtsdauer von zuerst drei, dann zweieinviertel Jahren ihren Präsident/ihre Präsidentin und ihren Vizepräsidenten/ihre Vizepräsidentin, den Präsidenten/die Präsidentin und den Vizepräsidenten/die Vizepräsidentin des Kirchenrates und die in § 12 Abs. 1 der Geschäftsordnung der Synode aufgeführten Kommissionen.
(3) Der Kirchenvorstand wählt auf eine Amtsdauer von zuerst drei, dann zweieinviertel Jahren aus seiner Mitte einen Präsidenten/eine Präsidentin, einen Vizepräsidenten/eine Vizepräsidentin und einen Sekretär/eine Sekretärin.

SJKR/ASDE Beiheft 6 (2009), S. 101-128

Bern/Berne

Verfassung der Evangelisch-reformierten Landeskirche des Kantons Bern vom 19. März 1946*

Inhaltsverzeichnis

	Artikel
I. Die Kirche und ihre Glieder	1
II. Der Aufbau der Kirche	8
A. Die Kirchgemeinden	8
B. Die Bezirkssynoden	13
C. Die Kirchensynode	15
D. Der Synodalrat	20
E. Das Rekurswesen	21b
F. Die kirchlichen Volksrechte	22
III. Das Pfarramt	28
IV. Der Geldhaushalt der Kirche	36
V. Schluss- und Übergangsbestimmungen	39

Im Namen und zur Ehre Gottes, unseres Schöpfers und Vaters;
Im Namen unseres Herrn Jesus Christus, der uns von Gott gemacht ist zur Weisheit, zur Gerechtigkeit, zur Heiligung und zur Erlösung;
Im Namen des Heiligen Geistes, der uns erweckt zur Gemeinde der Glaubenden und unter uns waltet als Geist der Kraft, der Liebe und der Zucht.

* Kirchliche Erlasssammlung (KES) 11.010. – Angenommen in der Volksabstimmung vom 13. Oktober 1946.
Änderungen der Verfassung erfolgten am: 4. Dezember 1962 / 17. März 1963; 11. Juni 1985 / 1. Dezember 1985; 14. Juni 1995 / 26. November 1995; 5. Dezember 2000 / 4. Quartal 2001.

I. Die Kirche und ihre Glieder

Einen andern Grund kann niemand legen ausser dem, der gelegt ist, welcher ist Jesus Christus. (1. Kor. 3, 11)

Art. 1. Wesen und geschichtliche Grundlage der Kirche. (1) Die evangelisch-reformierte Kirche des Kantons Bern bekennt sich zu Jesus Christus als dem alleinigen Haupt der einen allgemeinen christlichen Kirche.
(2) Sie findet ihn bezeugt in der Heiligen Schrift Alten und Neuen Testaments, die sie nach bestem Wissen und Gewissen unter der Leitung des Heiligen Geistes erforscht.
(3) Sie weiss sich berufen zum Glauben an Gottes rettende Gnade, zum Dienst der Liebe und zu der Hoffnung auf das Kommen des Reiches Gottes.
(4) Ihre geschichtliche Grundlage sind der Reformationserlass vom 7. Februar 1528, die zehn Schlussreden der Berner Disputation und der Berner Synodus von 1532.

Art. 2. Auftrag der Kirche. (1) Die evangelisch-reformierte Kirche des Kantons Bern hat von ihrem Herrn den Auftrag, allem Volk in Kirche und Welt die Frohe Botschaft von Jesus Christus zu verkündigen.
(2) Sie versieht diesen Dienst zum Aufbau der Gemeinde durch Predigt, Taufe und Abendmahl, Lehre, Unterweisung der Kinder und Jugendlichen, Seelsorge, Liebestätigkeit, innere und äussere Mission und jedes andere ihr zur Verfügung stehende Mittel.
(3) Sie ruft ihre Glieder ohne Ansehen der Person zur Busse, zum Glauben und zur Heiligung und ermahnt sie zu tätiger Teilnahme am Leben der Kirche.
(4) Sie bezeugt, dass das Wort Gottes für alle Bereiche des öffentlichen Lebens, wie Staat und Gesellschaft, Wirtschaft und Kultur gilt. Sie bekämpft daher alles Unrecht sowie jede leibliche und geistige Not und ihre Ursachen.

Art. 3. Beziehungen zu anderen Kirchen. (1) Die evangelisch-reformierte Kirche des Kantons Bern pflegt Beziehungen zu den einzelnen reformierten Kirchen der Schweiz, zu den Glaubensbrüdern in der Diaspora und zu den verwandten Kirchen der weiten Welt und ihrem Zusammenschluss (Ökumene).
(2) Sie ist Mitglied des Schweizerischen Evangelischen Kirchenbundes.

Art. 4. Rechtspersönlichkeit. (1) Die evangelisch-reformierte Kirche des Kantons Bern ist als Landeskirche juristische Person des öffentlichen Rechts mit Sitz in Bern.

(2) Ihre Rechte und Pflichten als öffentlich-rechtliche Körperschaft sind niedergelegt in der Staatsverfassung des Kantons Bern vom 4. Juni 1893[1], im Gesetz über die Organisation des Kirchenwesens vom 6. Mai 1945 (Kirchengesetz)[2] sowie in den übrigen einschlägigen Gesetzen und Erlassen.

Art. 5. Kirchengebiet. (1) Das bernische Kirchengebiet umfasst das ganze Gebiet des Kantons Bern.

(2) Zum bernischen Kirchengebiet gehört ferner der obere Teil des Kantons Solothurn (Bezirke Bucheggberg, Solothurn, Lebern, Wasseramt), gemäss der Übereinkunft zwischen den Ständen Bern und Solothurn vom 17. Februar 1875 und den seitherigen Nachträgen[3].

(3) Die besonderen Verhältnisse der Kirchgemeinden Ferenbalm, Kerzers und Murten sind umschrieben in der Übereinkunft zwischen den Ständen Bern und Freiburg vom 22. Januar und 6. Februar 1889[4].

Art. 6. Zugehörigkeit. (1) Der evangelisch-reformierten Kirche kann nur angehören, wer zugleich Glied einer einzelnen Kirchgemeinde ist. Glieder der evangelisch-reformierten Kirche des Kantons Bern sind:

a) alle Einwohner des bernischen Kirchengebiets, die nach den Vorschriften der Kirchenordnung[5] getauft und admittiert worden sind,
b) Personen von mehr als sechzehn Jahren, die auf Grund eines besonderen Gesuches in die Kirche aufgenommen worden sind,
c) alle Personen, die von auswärts in das bernische Kirchengebiet eingezogen sind und bisher schon einer dem Schweizerischen Evangelischen Kirchenbund angeschlossenen Kirche oder Gemeinschaft angehört haben,
d) die Glieder weiterer evangelischer Kirchen oder Gemeinschaften, sofern sie die Erfordernisse und Grundsätze dieser Verfassung anerkennen,
e) Kinder unter 16 Jahren, deren Eltern der evangelisch-reformierten Kirche angehören, sofern die Inhaber der elterlichen Gewalt nicht etwas anderes bestimmen.

1 Überholt. Heute: Verfassung des Kantons Bern vom 6. Juni 1993 (BSG 101.1).
2 Heute: Gesetz über die bernischen Landeskirchen vom 6. Mai 1945 (BSG 410.11).
3 Heute: Übereinkunft zwischen den Ständen Bern und Solothurn betreffend die kirchlichen Verhältnisse in den evangelisch-reformierten Kirchgemeinden des Bucheggberges und der Bezirke Solothurn, Lebern und Kriegstetten vom 23. Dezember 1958 (BSG 411.232.12).
4 BSG 411.231.91.
5 KES 11.020.

(2) Die Zugehörigkeit zur Kirche gilt für die unter a) bis d) genannten Personen solange, als sie nicht rechtsgültig ihren Austritt aus der Kirche erklärt haben.

Art. 7. Stimmrecht, Wahlrecht, Wählbarkeit. (1) Stimmberechtigt in kirchlichen Angelegenheiten sind Angehörige der evangelisch-reformierten Kirche, die das 18. Altersjahr zurückgelegt haben und seit drei Monaten in einer evangelisch-reformierten Kirchgemeinde des Kantons Bern wohnen.
(2) Jedes stimmberechtigte Glied der Kirche hat das Recht:
a) an den kirchlichen Wahlen und Abstimmungen der Kirchgemeinde seines Wohnsitzes teilzunehmen,
b) an den Wahlen in die Bezirkssynode im Rahmen der massgebenden Bestimmungen des Bezirksreglements sowie in die Kirchensynode teilzunehmen,
c) an den Abstimmungen über die Kirchenverfassung und über die dem Referendum unterstellten Beschlüsse der Kirchensynode teilzunehmen sowie das Vorschlagsrecht in kantonalen kirchlichen Angelegenheiten auszuüben.
(3) Jedes stimmberechtigte Glied der Kirche ist wählbar:
a) als Mitglied des Kirchgemeinderates und anderer kirchlicher Behörden der Kirchgemeinde seines Wohnsitzes,
b) als Mitglied der Behörden des kirchlichen Bezirks,
c) als Mitglied der Kirchensynode sowie anderer Behörden der Gesamtkirche.
(4) Als Mitglied der Kirchensynode ist wählbar, wer in einer Kirchgemeinde des für die Wahl zuständigen Wahlkreises Wohnsitz hat. Bei Wegzug aus dem Wahlkreis kann die angefangene Amtsdauer beendet werden, sofern das Synodemitglied weiterhin im bernischen Kirchengebiet wohnhaft ist.

II. Der Aufbau der Kirche

Lasset uns rechtschaffen sein in der Liebe und wachsen in allen Stücken an dem, der das Haupt ist, Christus, von welchem aus der ganze Leib zusammengefügt ist. (Eph. 4, 15, 16)

A. Die Kirchgemeinden

Art. 8. Aufgaben der Kirchgemeinden. (1) Die Kirchgemeinden bilden in ihrer Gesamtheit die evangelisch-reformierte Kirche des Kantons Bern. Sie verwalten im Rahmen der bestehenden Gesetze ihre Angelegenheiten selbst.

(2) Die Kirchgemeinde ist berufen, den vom Herrn der Kirche erhaltenen Auftrag im Sinne von Art. 2 dieser Verfassung zu verwirklichen.
(3) Sie sorgt dafür, dass auf ihrem Gebiet das Evangelium in jeder geeigneten Weise frei verkündigt werden kann.
(4) Sie soll acht haben auf den Wandel ihrer Glieder und sich die Förderung christlicher Einrichtungen und Werke angelegen sein lassen.
(5) Sie sorgt für die genügende kirchliche Betreuung aller Gemeindeglieder. Sie trifft die zu ihrem eigenen Ausbau erforderlichen Massnahmen und stellt rechtzeitig die hiezu nötigen Mittel bereit.
(6) Kirchgemeindeversammlung, Kirchgemeinderat und Pfarrer arbeiten gemeinsam am Aufbau der Gemeinde.

Art. 9. Die Kirchgemeinde in der Gesamtkirche. Die Kirchgemeinde ist zur Mitwirkung an den Aufgaben der Gesamtkirche verpflichtet und hat die Beschlüsse der Kirchensynode und die Anordnungen des Synodalrates gewissenhaft auszuführen.

Art. 10. Die Glieder der Kirchgemeinde und ihre Aufgaben. (1) Zur Kirchgemeinde gehören alle in ihrem Gebiet wohnhaften Glieder der Kirche.
(2) Alle Glieder der Kirchgemeinde sind zur Beteiligung am kirchlichen Leben aufgerufen. Entsprechend ihrer Eignung sollen sie bestimmte Dienstleistungen übernehmen und an der Lösung besonderer Aufgaben im Rahmen der Kirchgemeinde mithelfen.

Art. 11. Organisation der Kirchgemeinden. (1) Die Organisation der Kirchgemeinden wird durch das Kirchengesetz, das Gemeindegesetz[6] und dessen Ausführungsbestimmungen geregelt. Auf Grund dieser gesetzlichen Vorschriften sowie der Kirchenverfassung und der Kirchenordnung erlässt jede Kirchgemeinde ein Kirchgemeindereglement.
(2) Die Organe der Kirchgemeinde sind
– die Kirchgemeindeversammlung,
– der Kirchgemeinderat.

Art. 12. Hilfskräfte der Kirchgemeinden. (1) Die Anstellung, die Aufgaben und die Pflichten der Organisten, Kantoren, Diakone, Gemeindehelferinnen, Sigristen und anderer Mitarbeiter werden durch besondere Dienstanweisungen der einzelnen Kirchgemeinden geregelt.
(2) In geeigneter Weise soll auch die Arbeit der Sonntagschulhelfer geordnet werden.

6 BSG 170.11.

B. Die Bezirkssynoden

Art. 13. Organisation der Bezirkssynoden. (1) Die Bezirkssynode ist die Vertretung der Kirchgemeinden eines kirchlichen Bezirks zur Durchführung gemeinsamer Aufgaben.
(2) Die Kirchensynode ordnet durch ein Reglement die Abgrenzung der kirchlichen Bezirke, die Zusammensetzung und die Aufgaben der Bezirkssynoden.

Art. 14. Aufgaben der Bezirkssynoden. (1) Aufgaben der Bezirkssynode sind insbesondere:

a) ein Bindeglied zwischen den einzelnen Kirchgemeinden im Bezirk zu sein,
b) das christliche Leben im Bezirk zu fördern und das Interesse an allen kirchlichen Angelegenheiten von allgemeiner Bedeutung in den Gemeinden wach zu halten.

(2) Die Kirchensynode und der Synodalrat können den Bezirkssynoden die Lösung besonderer Aufgaben übertragen.

C. Die Kirchensynode

Art. 15. Zusammensetzung der Synode. (1) Die oberste Vertretung der evangelisch-reformierten Kirche des Kantons Bern ist die kantonale Kirchensynode, deren Mitglieder jeweils für eine Amtsdauer von vier Jahren gewählt werden.
(2) Die Kirchensynode zählt 197 Mitglieder. Die Sitze werden auf die einzelnen Wahlkreise im Verhältnis der Zahl der evangelisch-reformierten Kirchenglieder jedes Wahlkreises zur Gesamtzahl der evangelisch-reformierten Kirchenglieder verteilt. Massgebend ist dabei die in der letzten eidgenössischen Volkszählung ermittelte evangelisch-reformierte Wohnbevölkerung. Jeder Wahlkreis hat Anspruch auf mindestens zwei Sitze.
(3) Je ein Restmandat geht an diejenigen Wahlkreise, die mehr Kirchgemeinden umfassen als ihnen Sitze zustehen. In erster Linie haben die Wahlkreise mit der grössten Anzahl nicht vertretener Kirchgemeinden je einen Anspruch, in zweiter Linie jene mit der grössten Anzahl Kirchgemeinden.

Art. 16. Zusammentreten und Aufgaben der Kirchensynode. (1) Die Kirchensynode tritt mindestens einmal im Jahr zusammen.
(2) Sie behandelt und entscheidet alle innerkirchlichen Angelegenheiten im Sinne von Art. 2 und 3 dieser Verfassung. Vorbehalten bleiben das Referendum gemäss Art. 23 dieser Verfassung und die Umschreibung des Aufgabenkreises des Synodalrates in der Kirchenordnung.

Art. 17. Zuständigkeit der Kirchensynode. (1) Die Kirchensynode hat im Besonderen über folgende Gegenstände zu beraten und endgültig zu beschliessen:

a) Geschäftsordnung der Kirchensynode,
b) Wahl des Synodalrates, seines Präsidenten und Vizepräsidenten sowie alle weiteren ihr durch die Geschäftsordnung übertragenen Wahlen,
c) Geschäftsbericht des Synodalrates, Jahresrechnung und Voranschlag sowie die jährlichen Beiträge der Kirchgemeinden an die kirchliche Zentralkasse gemäss Art. 37,
d) – neue einmalige Ausgaben bis zum Betrag von Fr. 500'000 für den gleichen Gegenstand,
   – neue wiederkehrende Ausgaben bis zum Betrag von Fr. 150'000 für den gleichen Gegenstand,
   – Erwerb von Grundstücken bis zum Betrag von Fr. 2'000'000,
e) Schaffung gesamtkirchlicher Ämter,
f) Vorberatung und Antrag in äusseren kirchlichen Angelegenheiten, soweit es sich um allgemein verbindliche staatliche Erlasse auf kirchlichem Gebiet oder deren Abänderung handelt,
g) die Liturgie,
h) Fragen, die das Verhältnis zum Schweizerischen Evangelischen Kirchenbund betreffen, sofern sie nicht zum Geschäftsbereich des Synodalrates gehören.

(2) Die Kirchensynode ermächtigt den Synodalrat in einem Reglement, neue Ausgaben im Einzelfall bis zu 20 % der in Bst. d von Abs. 1 genannten Beträge in eigener Kompetenz zu beschliessen. Sie legt den Betrag fest, bis zu welchem der Synodalrat Grundstücke in eigener Kompetenz erwerben kann.

Art. 18. Dem Referendum unterstellte Gegenstände. Die Kirchensynode hat ferner zu beraten und Beschluss zu fassen über folgende dem Referendum unterstellte Gegenstände:

a) Kirchenordnung[7],

7 Kirchenordnung des evangelisch-reformierten Synodalverbandes Bern-Jura vom 11. September 1990 (KES 11.020), verfügbar im Internet unter www.refbejuso.ch. – Die rechtliche Grundlage der Kirchenordnung ist nicht nur diese Kirchenverfassung, sondern zugleich auch die Konvention zwischen der Evangelisch-reformierten Landeskirche des Kantons Bern, einerseits, und der Evangelisch-reformierten Kirche von Republik und Kanton Jura, anderseits, über die Schaffung eines Synodalverbandes, vom 16. Mai/14. Juni 1979 (KES 71.120), abge-

b) Grundlinien für die Gottesdienstordnung und den kirchlichen Jugendunterricht sowie die Einführung eines Kirchengesangbuches,
c) Ausgaben, welche die Beträge gemäss Art. 17 Bst. d übersteigen,
d) Ausführungsbestimmungen für die Erhebung der Abgaben der Kirchgemeinden,
e) Massnahmen innerkirchlicher Art, die für alle Kirchgemeinden oder ihre Glieder oder für alle Pfarrer dauernd verbindlich sind.

Art. 19. Vorlagen an die Kirchensynode. Das Recht, in der Kirchensynode Vorlagen einzubringen, steht zu:
a) dem Synodalrat,
b) in Form einer Motion jedem Mitglied oder einer Anzahl von Mitgliedern,
c) den kirchlich Stimmberechtigten und den Kirchgemeinden gemäss dem Vorschlagsrecht nach Art. 24.

D. Der Synodalrat

Art. 20. Zusammensetzung des Synodalrates. (1) Der Synodalrat besteht aus sieben Mitgliedern, welche von der Kirchensynode frei aus der Zahl der kirchlich Stimmberechtigten des bernischen Kirchengebietes für eine Amtsdauer von vier Jahren gewählt werden. Die Mitglieder des Synodalrates können nicht zugleich Mitglieder der Kirchensynode sein, haben aber bei deren Verhandlungen beratende Stimme.
(2) Vorbehalten bleiben die für den Evangelisch-reformierten Synodalverband Bern-Jura geltenden Bestimmungen.

Art. 21. Aufgaben des Synodalrates. (1) Der Synodalrat ist die oberste Verwaltungs-, Aufsichts- und Vollzugsbehörde der evangelisch-reformierten Kirche des Kantons Bern.
(2) Die Kirchenordnung umschreibt seinen Aufgabenkreis.
(3) Er behandelt alle innerkirchlichen Angelegenheiten im Rahmen dieser Verfassung und der Kirchenordnung. Er hat die Rechte der Kirche zu wahren und soll das Gedeihen der Kirche und ihrer Gemeinden nach Kräften fördern.
(4) Dem Synodalrat steht das Recht der Vorberatung in äusseren kirchlichen Angelegenheiten zu, soweit es nicht von der Kirchensynode ausgeübt wird.

Art. 21a. Finanzkompetenzen des Synodalrates. Der Synodalrat beschliesst alle Ausgaben und Rechtsgeschäfte, soweit nicht ausdrücklich ein anderes Organ dafür zuständig ist.

---

druckt in: Schweizerische Kirchenrechtsquellen III: Konkordate und weitere Verträge, hg. von *Christoph Winzeler*, SJKR-Beiheft 5 (2004), Bern 2004 (Nr. 29).

E. Das Rekurswesen

Art. 21b. Rekurswesen. (1) Die Kirchensynode kann eine Rekurskommission errichten. Diese behandelt Beschwerden
a) in gesamtkirchlichen Angelegenheiten,
b) in Kirchgemeindeangelegenheiten, falls keine kantonale Stelle zuständig ist.
(2) Deren Stellung und Befugnisse sind in der Kirchenordnung geregelt.

F. Die kirchlichen Volksrechte

Art. 22. Gesuche um Entbindung von Beschlüssen. (1) Wenn der Vollzug eines Beschlusses der Kirchensynode oder des Synodalrates für eine Kirchgemeinde mit unverhältnismässigen Schwierigkeiten verbunden ist, so kann der Kirchgemeinderat auf Grund eines Begehrens der Kirchgemeindeversammlung innert Jahresfrist an den Synodalrat das Gesuch stellen, von der Durchführung des Beschlusses ganz oder in bestimmtem Umfange entbunden zu werden.
(2) Der Synodalrat prüft die geltend gemachten Gründe und trifft daraufhin seinen Entscheid; dieser kann zur endgültigen Erledigung an die Kirchensynode weitergezogen werden.

Art. 23. Referendum. (1) Beschlüsse der Kirchensynode gemäss Art. 18 dieser Verfassung werden vom Synodalrat sofort bekannt gegeben.
(2) Innert 120 Tagen, von der Bekanntmachung an gerechnet, kann an den Synodalrat das Begehren gestellt werden, es sei ein solcher Synodebeschluss der Abstimmung der kirchlich Stimmberechtigten zu unterbreiten.
(3) Dieses Begehren kann gestellt werden:
a) von mindestens 20'000 kirchlich Stimmberechtigten,
b) von mindestens 20 Kirchgemeinden, welche jede für sich in gesetzmässig einberufener und abgehaltener Kirchgemeindeversammlung einen dahingehenden Beschluss gefasst haben.
(4) Das Verfahren wird im Einzelnen durch eine Verordnung geregelt.

Art. 24. Vorschlagsrecht. (1) Das Vorschlagsrecht nach Art. 67 des Kirchengesetzes kann ausgeübt werden
a) von mindestens 10'000 kirchlich Stimmberechtigten,
b) von mindestens 20 Kirchgemeinden im Sinn von Art. 23 Bst. b.
(2) Bei der Einreichung des Vorschlages sind zehn Bevollmächtigte zu bezeichnen.
(3) Das Verfahren wird im Einzelnen durch eine Verordnung geregelt.
(4) Vorbehalten bleibt Art. 40 dieser Verfassung.

Art. 25. Einreichung eines Vorschlages. Der Vorschlag ist dem Synodalrat zuhanden der Kirchensynode einzureichen. Er kann die Form eines ausgearbeiteten Entwurfs oder einer einfachen Anregung haben.

Art. 26. Behandlung des Vorschlages durch den Synodalrat. (1) Der Synodalrat prüft, ob der Vorschlag den Vorschriften der Kirchenverfassung, Kirchengesetz und Verordnung entspricht und ob er eine innerkirchliche Angelegenheit betrifft.

(2) Sind diese Erfordernisse nicht erfüllt, so setzt er die Bevollmächtigten davon in Kenntnis und gibt dem Vorschlag keine weitere Folge.

(3) Sind die Erfordernisse erfüllt, so gibt der Synodalrat der Kirchensynode bei ihrem nächsten Zusammentreten vom Wortlaut des Vorschlages und von seinem eigenen Antrag Kenntnis.

(4) Dieser Antrag kann lauten:

a) auf Annahme des unveränderten oder nur sprachlich abgeänderten ausgearbeiteten Entwurfs,
b) auf Ausführung der einfachen Anregung,
c) auf Ablehnung des Vorschlages,
d) auf Annahme eines Gegenvorschlages des Synodalrates.

Art. 27. Behandlung des Vorschlages durch die Kirchensynode. (1) Die Beratung der Kirchensynode über den Vorschlag richtet sich nach ihrer Geschäftsordnung.

(2) Nimmt die Kirchensynode einen ausgearbeiteten Entwurf an, so erhält er die Bedeutung eines Beschlusses der Kirchensynode.

(3) Nimmt die Kirchensynode eine einfache Anregung an, so beschliesst sie damit deren Ausführung.

(4) Lehnt die Kirchensynode einen Vorschlag ohne Gegenvorschlag ab oder nimmt sie einen vom Synodalrat oder aus der Mitte der Kirchensynode gemachten Gegenvorschlag an, so hat dieser Entscheid die Bedeutung eines Beschlusses der Kirchensynode. Der abgelehnte Vorschlag fällt dahin, wenn mindestens acht der Bevollmächtigten ihn zurückziehen oder sich dem Gegenvorschlag anschliessen, oder wenn die Angelegenheit nicht dem Referendum untersteht.

(5) Betrifft der Vorschlag die Kirchenverfassung, so ist dieser beziehungsweise ein allfälliger Gegenvorschlag der Abstimmung der kirchlich Stimmberechtigten zu unterbreiten. In den übrigen Fällen entscheidet die Kirchensynode, ob ihr Beschluss sachlich unter Art. 17 oder 18 dieser Verfassung fällt.

III. Das Pfarramt

Weidet die Herde Christi, die euch befohlen ist, und sehet wohl zu, nicht gezwungen, sondern willig; nicht um schändlichen Gewinnes willen, sondern von Herzensgrund, nicht als die über das Volk herrschen, sondern werdet Vorbilder der Herde. (1. Pt. 5, 2.3)

Art. 28. Das Amt des Pfarrers. (1) Mit der Predigt, der Verwaltung von Taufe und Abendmahl, dem kirchlichen Unterricht und der Seelsorge sind ordentlicherweise die Pfarrer betraut.
(2) Die Kirchensynode stellt Bestimmungen über andere schon bestehende oder neu zu schaffende pfarramtliche Stellungen auf.

Art. 29. Aufgabe des Pfarrers. (1) Jeder Pfarrer ist verpflichtet, das Evangelium von Jesus Christus auf Grund der Heiligen Schrift nach bestem Wissen und Gewissen rein und lauter zu lehren und zu predigen, durch einen Wandel nach Gottes Geboten der Lehre des Heils in allen Stücken Zeugnis zu geben und die Aufgaben seines Amtes treu und gewissenhaft zu erfüllen.
(2) Er hat sich in seiner Amtsführung an die vorliegende Kirchenverfassung und die aus ihr abgeleiteten Verordnungen zu halten.

Art. 30. Ausbildung der Pfarrer. (1) Für die Ausbildung der Pfarrer unterhält der Staat eine evangelisch-theologische Fakultät an der Hochschule Bern.
(2) Bei der Neubesetzung von Lehrstühlen soll der Synodalrat mit der Fakultät Fühlung nehmen und nötigenfalls dem Regierungsrat seine Auffassung mitteilen.
(3) Die Bestimmungen über das Lernvikariat und allfällige weitere Massnahmen und Einrichtungen zur Ausbildung für das Pfarramt werden durch die Kirchensynode festgelegt.

Art. 31. Aufnahme in den Kirchendienst. (1) Zu pfarramtlichen Stellungen sind nur solche Pfarrer wählbar, die in den bernischen Kirchendienst aufgenommen sind.
(2) Die evangelisch-theologische Prüfungskommission des Kantons Bern und der Synodalrat haben sich in besonderen Gutachten darüber zu äussern, ob sie einen Bewerber zur Aufnahme in den Kirchendienst empfehlen. Ohne diese Empfehlung darf kein Bewerber in den bernischen Kirchendienst aufgenommen werden.
(3) Durch die Konsekration wird der Bewerber ermächtigt, alle kirchlichen Handlungen zu vollziehen.
(4) Die Kirchenordnung umschreibt die Anordnung und Durchführung der Konsekration.

(5) Nach der Konsekration erfolgt die Aufnahme in den bernischen Kirchendienst durch einen Beschluss des Regierungsrates.
(6) Die Aufnahme auswärts konsekrierter Pfarrer in den bernischen Kirchendienst geschieht nach den Bestimmungen des Reglementes über die Prüfung der Kandidaten für den Dienst der evangelisch-reformierten Kirche des Kantons Bern.

Art. 32. Amtsführung. (1) Eine vom Synodalrat zu erlassende Dienstanweisung ordnet die Amtsführung der Pfarrer.
(2) Die Pfarrer stehen in ihrer Amtsführung unter dem Schutz und der Aufsicht des Kirchgemeinderates und des Synodalrates.
(3) In Konfliktfällen steht dem Pfarrer das Recht zu, mündliche oder schriftliche Erklärungen abzugeben.

Art. 33. Staatliche Bestimmungen über die Pfarrer. Die Wahl und Wiederwahl der Pfarrer, ihre Besoldung und die Versetzung in den Ruhestand sowie die Abberufung und die Streichung aus dem Kirchendienst richten sich nach den Bestimmungen der staatlichen Gesetzgebung.

Art. 34. Theologinnen. (1) Theologinnen, die konsekriert und in den bernischen Kirchendienst aufgenommen sind, können als vollamtliche Pfarrer gewählt werden.
(2) In den bernischen Kirchendienst aufgenommene Theologinnen sind an vollamtliche Pfarrstellen mit besonderen Aufgaben wählbar.

Art. 35. Missionare. (1) Die evangelisch-reformierte Kirche des Kantons Bern kann Missionare, die mit ihr verbunden sind und welche die von der aussendenden Missionsgesellschaft geforderte Ausbildung abgeschlossen haben, für den Missionsdienst ordinieren.
(2) Sie bekennt sich damit zur Verpflichtung, für die Ausbreitung des Evangeliums in der weiten Welt einzustehen.

IV. Der Geldhaushalt der Kirche

Wer im Geringsten treu ist, der ist auch im Grossen treu; und wer im Geringsten unrecht ist, der ist auch im Grossen unrecht. (Lk. 16, 10)

Art. 36. Geldmittel der Kirche. (1) Die zur Erfüllung ihres Auftrages und zu ihrem Unterhalt notwendigen Geldmittel kommen der Kirche zu:
a) aus den Leistungen des Staates,
b) aus dem Ertrag der Kirchengüter und Stiftungen,
c) aus freiwilligen Zuwendungen und Vermächtnissen,

d) aus den Kirchensteuern, die von den Kirchgemeinden beschlossen und erhoben werden.

(2) Der Umfang der staatlichen Leistungen und der Bezug der Kirchensteuern ist durch die entsprechenden Erlasse geordnet.

Art. 37. Kirchliche Zentralkasse. (1) Für die Verwaltung, die Bedürfnisse und Aufgaben der Gesamtkirche besteht eine Zentralkasse, die vor allem durch Beiträge der Kirchgemeinden gespiesen wird.
(2) Die Beiträge der Kirchgemeinden werden nach ihrer wirtschaftlichen Leistungsfähigkeit bemessen.
(3) Die Kirchensynode erlässt die notwendigen Ausführungsbestimmungen in einem referendumspflichtigen Erlass.

Art. 38. Kollekten. (1) Im Auftrag der Kirchensynode ordnet der Synodalrat die Erhebung von Kollekten der Gesamtkirche an. Er überwacht die Abrechnung und die Verwendung solcher Kollekten.
(2) In besonderen Fällen kann der Synodalrat auch die Durchführung von allgemeinen Sammlungen bei den Gliedern der Kirche anordnen.
(3) Jede Kirchgemeinde ist gehalten, den Ertrag der Kollekten rechtzeitig abzuliefern.

V. Schluss- und Übergangsbestimmungen

Art. 39. Inkrafttreten der Verfassung. (1) Diese Verfassung gilt als angenommen, wenn sie die absolute Mehrheit der sich an der Abstimmung beteiligenden Stimmberechtigten auf sich vereinigt.
(2) Sie tritt spätestens ein halbes Jahr nach ihrer Annahme in der Abstimmung der kirchlich Stimmberechtigten in Kraft. Den genauen Zeitpunkt bestimmt der Synodalrat.
(2bis) Die Änderungen der Revision vom 5. Dezember 2000 treten mit Ausnahme von Art. 20 Abs. 1 nach Annahme durch die Stimmberechtigten in Kraft. Die Änderung von Art. 20 Abs. 1 tritt am 1. April 2003 in Kraft.

Art. 40. Änderung der Verfassung. (1) Die Kirchenverfassung kann ganz oder teilweise geändert werden, wenn es die Kirchensynode mit Zweidrittelmehrheit beschliesst oder wenn gemäss Art. 24-27 vom Vorschlagsrecht Gebrauch gemacht wird. In beiden Fällen ist eine Abstimmung der kirchlich Stimmberechtigten anzuordnen.
(2) Falls die ganze oder teilweise Änderung der Verfassung auf dem Wege des Vorschlagsrechtes verlangt wird, so muss dieses Begehren von mindestens 20'000 kirchlichen Stimmberechtigten oder von 40 Kirchgemeinden unterstützt werden.

Art. 41. Kirchenverfassung und Kirchenordnung. Auf den Zeitpunkt des Inkrafttretens dieser Verfassung werden diejenigen Artikel der Kirchenordnung vom 17. Dezember 1918 (mit den seitherigen Zusätzen und Abänderungen), die durch Bestimmungen der Verfassung ersetzt werden, aufgehoben. Die übrigen Vorschriften bleiben bis zum Erlass der neuen Kirchenordnung und der Dienstanweisung für die Pfarrer in Kraft.

Art. 42. Neue Erlasse. Nach der Annahme dieser Verfassung ist über folgende Erlasse zu beraten und zu beschliessen:

a) eine von der Kirchensynode zu erlassende Kirchenordnung, welche die Ausführungsbestimmungen zur vorliegenden Verfassung und die anderen Einzelheiten zur Ordnung der kirchlichen Angelegenheiten enthält,
b) eine vom Synodalrat zu erlassende Dienstanweisung für die Pfarrer,
c) die in die Zuständigkeit der Kirchensynode fallenden Reglemente und Verordnungen,
d) die in den Aufgabenkreis des Synodalrates gehörenden Dienstordnungen, Vollziehungsverordnungen, Verwaltungsreglemente und weiteren Vorschriften.

Constitution de l'Eglise nationale réformée évangélique du canton de Berne, du 19 mars 1946*

Table des matières

		Articles
I.	L'Eglise et ses membres	1
II.	L'organisation de l'Eglise	8
	A. Les paroisses	8
	B. Les Synodes d'arrondissement	13
	C. Le Synode ecclésiastique	15
	D. Le Conseil synodal	20
	E. Droit de recours	21b
	F. Les droits des paroisses et des membres de l'Eglise	22
III.	Les pasteurs	28
IV.	Les finances de l'Eglise	36
V.	Dispositions transitoires et finales	39

Au nom et à la gloire de Dieu, notre Créateur et notre Père;
Au nom de notre Seigneur et Sauveur Jésus-Christ, qui a été fait pour nous, de la part de Dieu, sagesse, justice, sanctification et rédemption;
Au nom du Saint-Esprit, qui a fait de nous un peuple de croyants et qui agit en nous comme un Esprit de force, d'amour et de sagesse.

I. L'Eglise et ses membres

Personne ne peut poser un autre fondement que celui qui a été posé, Jésus-Christ. (I. Corinthiens 3, 11)

Art. 1. Essence et base historique de l'Eglise. (1) L'Eglise réformée évangélique du canton de Berne confesse sa foi en Jésus-Christ, le seul Chef de l'Eglise chrétienne universelle.

* Recueil des lois ecclésiales (RLE) no. 11.010. – Adoptée par votation populaire du 13 octobre 1946.
Révisions: 4 décembre 1962 / 17 mars 1963; 11 juin 1985 / 1 décembre 1985; 14 juin 1995 / 2 novembre 1995; 5 décembre 2000 / décembre 2001.

(2) Elle proclame que ce sont les Saintes Ecritures de l'Ancien et du Nouveau Testament qui lui rendent témoignage: elle les étudie en toute conscience et à la lumière de la science, sous la direction du Saint-Esprit.
(3) Elle affirme que Dieu l'appelle à croire en sa grâce rédemptrice, à exercer le ministère de la charité et à espérer en la venue de son règne.
(4) Ses bases historiques sont: l'Edit de Réformation du 7 février 1528, les dix thèses finales de la Dispute de Berne et le Synodus bernois du 9 janvier 1532.

Art. 2. La mission de l'Eglise. (1) L'Eglise réformée évangélique du canton de Berne a reçu de son Chef la mission de prêcher à tous, dans l'Eglise et dans le monde, l'Evangile de Jésus-Christ.
(2) Elle accomplit cette tâche en vue de l'édification de l'Eglise et s'en acquitte par la prédication, l'administration des sacrements du Baptême et de la Sainte-Cène, l'enseignement de la doctrine, l'instruction de l'enfance et de la jeunesse, la cure d'âmes, la bienfaisance, la mission intérieure et la mission en terre païenne, et par tout autre moyen à sa disposition.
(3) Sans faire acception de personnes, elle appelle ses membres à la repentance, à la foi, à la sanctification et les exhorte à prendre une part active à la vie de l'Eglise.
(4) Elle proclame que l'autorité de la Parole de Dieu s'étend à tous les domaines de la vie publique tels que l'Etat, la société, l'économie, la culture. Elle combat toute injustice et lutte contre la misère matérielle et morale dans ses causes et ses manifestations.

Art. 3. Relations avec les autres Eglises. (1) L'Eglise réformée évangélique du canton de Berne entretient des relations avec les autres Eglises réformées de la Suisse, avec les protestants disséminés, ainsi qu'avec les Eglises sœurs du monde entier et leur organisation œcuménique.
(2) Elle est membre de la Fédération des Eglises protestantes de la Suisse.

Art. 4. Personnalité juridique. (1) L'Eglise réformée évangélique du canton de Berne, en sa qualité d'Eglise nationale, est une personne morale de droit public. Son siège est à Berne.
(2) Ses droits et ses devoirs, en tant que corporation de droit public, sont définis dans la Constitution cantonale du 4 juin 1893[1], dans la loi sur les Eglises du 6 mai 1945[2] et dans les lois et actes législatifs qui en découlent.

Art. 5. Territoire de l'Eglise. (1) Le territoire de l'Eglise bernoise coïncide avec celui du canton de Berne.

1 Aujourd'hui: Constitution du canton de Berne, du 6 juin 1993 (RSB 101.1).
2 Loi sur les Eglises nationales bernoises, du 6 mai 1945 (RSB 410.11).

(2) De plus, la partie supérieure du canton de Soleure – soit les districts du Bucheggberg, de Soleure, du Lebern et du Wasseramt – font aussi partie de l'Eglise bernoise, aux termes de la convention passée entre l'Etat de Berne et l'Etat de Soleure le 17 février 1875[3] et des actes additionnels ultérieurs.
(3) Le statut ecclésiastique spécial des paroisses de Ferenbalm, de Chiètres et de Morat est réglé par la convention passée entre l'Etat de Berne et l'Etat de Fribourg le 22 janvier et le 6 février 1889[4].

Art. 6. Les membres de l'Eglise. (1) Pour appartenir à l'Eglise réformée évangélique il faut être membre d'une de ses paroisses.
Sont membres de l'Eglise réformée évangélique du canton de Berne:
a) toutes les personnes qui habitent le territoire de l'Eglise et qui, conformément au Règlement ecclésiastique, ont été baptisées et reçues dans l'Eglise,
b) toutes les personnes de plus de 16 ans qui ont été admises dans l'Eglise à la suite d'une requête expressément formulée,
c) toutes les personnes qui élisent domicile sur le territoire de l'Eglise et qui se rattachaient précédemment à l'une des Eglises ou communautés, membres de la Fédération des Eglises protestantes de la Suisse,
d) les membres d'autres Eglises ou communautés évangéliques, pour autant qu'ils admettent les exigences et les principes de la présente Constitution,
e) les enfants de moins de 16 ans dont les parents font partie de l'Eglise, à moins que les détenteurs de la puissance paternelle n'en aient décidé autrement.

(2) Toutes les personnes énumérées sous les lettres a) à d) font partie de l'Eglise aussi longtemps qu'elles n'en ont pas déclaré leur sortie dans les formes prescrites par la loi.

Art. 7. Droit de vote. (1) Sont habilités à voter en matière ecclésiastique les membres de l'Eglise réformée évangélique âgés de 18 ans révolus, qui sont domiciliés depuis trois mois dans une paroisse réformée évangélique du canton de Berne.
(2) Tout membre de l'Eglise habilité à voter a le droit:
a) de participer aux élections et aux votations de sa paroisse de domicile,

3 Aujourd'hui: Convention entre les Etats de Berne et de Soleure concernant la situation confessionnelle des paroisses réformées évangéliques du Bucheggberg et des districts de Soleure, Lebern et Kriegstetten, du 23 décembre 1958 (RSB 411.232.12).
4 RSB 411.231.91.

b) de prendre part à l'élection du Synode d'arrondissement, dans les limites des dispositions du règlement de l'arrondissement, ainsi qu'à celle du Synode ecclésiastique,
c) de participer aux votations sur la Constitution de l'Eglise et sur les décisions du Synode ecclésiastique soumises au référendum, ainsi que d'exercer son droit d'initiative dans les affaires ecclésiastiques cantonales.

(3) Tout membre de l'Eglise habilité à voter est éligible:
a) comme membre du Conseil de paroisse et d'autres autorités ecclésiastiques de sa paroisse de domicile,
b) comme membre des autorités des arrondissements ecclésiastiques,
c) comme membre du Synode ecclésiastique ainsi que d'autres autorités de l'Eglise dans son ensemble.

(4) Est éligible comme membre du Synode ecclésiastique la personne qui est domiciliée dans une paroisse du cercle électoral dont relève l'élection. Lorsqu'un membre du Synode quitte son cercle électoral, il peut terminer la législature entamée, pour autant qu'il reste domicilié dans le canton de Berne.

II. L'organisation de l'Eglise

Professant la vérité dans la charité, croissons à tous égards en Celui qui est le Chef, Christ. C'est de Lui que le corps tout entier tire son développement. (Ephésiens 4. 15, 16)

A. Les paroisses

Art. 8. Les tâches de la paroisse. (1) L'Eglise réformée évangélique du canton de Berne est formée par l'ensemble de ses paroisses. Celles-ci administrent elles-mêmes leurs affaires dans le cadre de la législation.
(2) La paroisse est appelée à réaliser, au sens de l'art. 2, la mission que l'Eglise a reçue de son Chef.
(3) Elle veillera par tous les moyens appropriés à ce que l'Evangile puisse être prêché librement sur son territoire.
(4) Elle veillera sur le comportement de ses membres et vouera tous ses soins au développement des institutions et des œuvres chrétiennes.
(5) Elle pourvoira à ce que tous ses membres bénéficient, selon leurs besoins, du ministère de l'Eglise. Elle travaillera constamment à son propre développement et, dans ce but, prendra à temps toutes les mesures financières ou autres que comporte la situation.

(6) L'Assemblée de paroisse, le Conseil de paroisse et les pasteurs travailleront en commun à l'édification de la paroisse.

Art. 9. La paroisse et l'Eglise. La paroisse est tenue de collaborer aux tâches de l'Eglise et doit exécuter consciencieusement les décisions du Synode ecclésiastique et les ordonnances du Conseil synodal.

Art. 10. Les membres de la paroisse et leurs devoirs. (1) Tous les membres de l'Eglise qui résident sur le territoire d'une paroisse sont membres de cette paroisse.
(2) Les membres de la paroisse sont appelés à participer à la vie de l'Eglise. Ils accepteront, conformément à leurs dons, des tâches déterminées et prêteront leur concours à la paroisse afin qu'elle puisse accomplir ses tâches particulières.

Art. 11. L'organisation des paroisses. (1) L'organisation des paroisses est réglée par la Loi sur l'organisation des cultes, la loi sur les communes[5] et ses ordonnances d'exécution. Sur la base de ces actes législatifs, de la Constitution de l'Eglise et du Règlement ecclésiastique, chaque paroisse se donnera un règlement paroissial.
(2) Les organes de la paroisse sont:
– l'Assemblée de paroisse,
– le Conseil de paroisse.

Art. 12. Les fonctionnaires et les employés de la paroisse. (1) Chaque paroisse édictera des instructions de service sur l'engagement, les tâches et les obligations des organistes, des chantres, des diacres, des aides de paroisse féminines, des sacristains et autres employés.
(2) L'activité des moniteurs d'école du dimanche sera organisée d'une façon appropriée.

B. Les Synodes d'arrondissement

Art. 13. Organisation des Synodes d'arrondissement. (1) Le Synode d'arrondissement est la représentation des paroisses d'un arrondissement ecclésiastique, en vue de l'accomplissement de certaines tâches communes.
(2) Le Synode ecclésiastique fixe, par un règlement, les limites des arrondissements ecclésiastiques, la composition et les tâches des Synodes d'arrondissement.

5 RSB 170.11.

Art. 14. Tâches des Synodes d'arrondissement. (1) Les tâches des Synodes d'arrondissement sont en particulier:

a) d'être un organe de liaison entre les paroisses de l'arrondissement,
b) de travailler au développement de la vie chrétienne dans l'arrondissement et de maintenir dans les paroisses l'intérêt pour toutes les affaires religieuses de portée générale.

(2) Le Synode ecclésiastique et le Conseil synodal peuvent confier aux Synodes d'arrondissement l'exécution de certaines tâches.

C. Le Synode ecclésiastique

Art. 15. Sa composition. (1) La représentation suprême de l'Eglise réformée évangélique du canton de Berne est le Synode ecclésiastique dont les membres sont élus pour 4 ans.
(2) Le Synode ecclésiastique compte 197 membres. Les sièges sont répartis entre les différents cercles électoraux proportionnellement au nombre de membres de l'Eglise réformée évangélique du Canton de Berne de chaque cercle électoral par rapport au nombre total des membres de l'Eglise réformée évangélique. Est déterminant à cet égard le chiffre de la population réformée évangélique résidante déterminé lors du dernier recensement fédéral. Chaque cercle électoral a droit à deux sièges au moins.
(3) Les sièges qui n'ont pas encore été attribués sont répartis entre les cercles électoraux qui comptent un nombre de paroisses supérieur au nombre des sièges qui leur reviennent. Ont droit à un siège, en premier lieu, les cercles électoraux qui comptent le plus grand nombre de paroisses non représentées, en second lieu, ceux qui comptent le plus de paroisses.

Art. 16. Quand il siège; ses tâches. (1) Le Synode ecclésiastique siège pour le moins une fois par année. Il discute et décide de toutes les affaires intérieures de l'Eglise au sens des art. 2 et 3 de la présente Constitution.
(2) Demeurent réservés: le référendum prévu à l'art. 23 de la présente Constitution et les compétences du Conseil synodal telles que les définit le Règlement ecclésiastique.

Art. 17. Ses compétences. (1) Le Synode ecclésiastique délibère notamment sur les affaires énumérées ci-après et en décide souverainement:

a) il édicte le Règlement intérieur du Synode ecclésiastique;
b) il élit le Conseil synodal, son président et son vice-président et procède à toutes les autres nominations dont le charge le règlement intérieur;

c) il approuve le rapport de gestion du Conseil synodal, les comptes annuels et le budget et fixe les contributions annuelles que les paroisses aux termes de l'art. 37, versent à la Caisse centrale de l'Eglise;
d) il décide
   - des nouvelles dépenses uniques dont le montant pour un même objet va jusqu'à 500'000.- francs,
   - des nouvelles dépenses périodiques dont le montant pour un même objet va jusqu'à 150'000.- francs,
   - de l'acquisition de biens fonciers jusqu'à concurrence d'un montant de 2'000'000.- francs;
e) il crée les ministères pour l'Eglise dans son ensemble;
f) il donne son préavis et use de son droit de proposition dans les affaires ecclésiastiques extérieures quand il s'agit de l'élaboration ou de la modification d'actes législatifs émanant de l'Etat qui concernent les affaires de l'Eglise et qui ont un caractère obligatoire et général;
g) il adopte la liturgie;
h) il tranche les questions qui concernent les rapports avec la Fédération des Eglises protestantes de la Suisse pour autant qu'elles ne sont pas de la compétence du Conseil synodal.

(2) Le Synode ecclésiastique autorise par un règlement le Conseil synodal à décider de son propre ressort de nouvelles dépenses dont le montant dans le cas particulier ne dépasserait pas 20 % des sommes citées sous la lettre d) du paragraphe 1. Il fixe la limite supérieure du montant que le Conseil synodal peut consacrer à l'achat de biens fonciers, de son propre ressort.

Art. 18. Les affaires soumises au référendum. De plus le Synode ecclésiastique délibère et décide des affaires suivantes qui sont soumises au référendum:

a) il établit le Règlement ecclésiastique[6];
b) il fixe les lignes générales de l'ordre du culte et de l'instruction religieuse et il adopte le psautier de l'Eglise;

6 Règlement ecclésiastique de l'Union synodale réformée évangélique Berne-Jura, du 11 septembre 1990 (RLE 11.020), voir www.refbejuso.ch. – La base légale du Règlement ecclésiastique n'est pas seulement la Constitution de l'Eglise, mais simultanément la Convention entre l'Eglise nationale réformée évangélique du canton de Berne, d'une part, et l'Eglise réformée évangélique de la République et Canton du Jura, d'autre part, concernant la création d'une Union synodale, du 16 mai/14 juin 1979 (RLE 71.120), imprimée dans: Sources du droit ecclésial suisse III: Concordats et autres accords, éd. par *Christoph Winzeler*, Cahier 5 ASDE (2004), Berne 2004 (N°. 29).

c) il décide des dépenses dont le montant dépasse les montants qui sont prévus à l'art. 17 lett. d;
d) il édicte les dispositions d'exécution relatives à la perception des contributions paroissiales;
e) il prend les décisions concernant les affaires intérieures de l'Eglise qui lient d'une façon durable et obligatoire toutes les paroisses ou leurs membres ou tous les pasteurs.

Art. 19. Droit de présenter des propositions. Ont qualité pour présenter des propositions au Synode ecclésiastique:
a) le Conseil synodal,
b) chaque membre du Synode ecclésiastique ou un groupe de ses membres sous forme de motion,
c) les membres de l'Eglise ayant droit de vote et les paroisses par voie d'initiative selon l'art. 24.

D. Le Conseil synodal

Art. 20. Sa composition. (1) Le Conseil synodal se compose de sept membres élus par le Synode ecclésiastique pour quatre ans et choisis parmi les membres de l'Eglise possédant le droit de vote. Les membres du Conseil synodal ne peuvent pas être en même temps membres du Synode ecclésiastique, mais ils y siègent avec voix consultative.
(2) Demeurent réservées les dispositions applicables dans l'Union synodale réformée évangélique Berne-Jura.

Art. 21. Ses compétences. (1) Le Conseil synodal est l'autorité supérieure administrative, exécutive et de surveillance de l'Eglise réformée évangélique du canton de Berne.
(2) Le Règlement ecclésiastique fixe ses compétences.
(3) Le Conseil synodal traite toutes les affaires intérieures de l'Eglise dans les limites fixées par la présente Constitution et le Règlement ecclésiastique. Il doit sauvegarder les droits de l'Eglise et travailler de son mieux à la prospérité de l'Eglise et de ses paroisses.
(4) Le Conseil synodal jouit du droit de préavis et de pré-consultation dans les affaires extérieures de l'Eglise pour autant que ce droit ne soit pas exercé par le Synode ecclésiastique.

Art. 21a. Compétences du Conseil synodal en matière de finances. Le Conseil synodal décide de toutes les dépenses et actes juridiques, pour autant qu'ils ne soient pas expressément de la compétence d'un autre organe.

E. Droit de recours

Art. 21b. Droit de recours. (1) Le Synode ecclésiastique peut instituer une Commission des recours. Celle-ci traite les recours concernant

a) des affaires qui concernent l'ensemble de l'Eglise,

b) des paroisses si aucun service cantonal n'est compétent en la matière.

(2) Le statut et les prérogatives de la Commission des recours sont définis dans le Règlement ecclésiastique.

F. Les droits des paroisses et des membres de l'Eglise

Art. 22. Dispense d'exécuter une décision. (1) Quand l'exécution d'une décision du Synode ecclésiastique ou du Conseil synodal se heurte, pour une paroisse, à des difficultés extraordinaires, son conseil peut, dans le délai d'une année, à la requête de l'Assemblée de paroisse, demander au Conseil synodal d'être dispensé entièrement ou partiellement de l'exécution de la dite décision.

(2) Le Conseil synodal examine les motifs évoqués et prend la décision. Celle-ci peut être soumise au Synode ecclésiastique qui tranche en dernier ressort.

Art. 23. Le référendum. (1) Les décisions du Synode ecclésiastique sur les affaires énumérées à l'art. 18 de la présente Constitution seront immédiatement publiées par le Conseil synodal.

(2) Dans un délai de 120 jours à compter du jour de la publication, demande peut être adressée au Conseil synodal qu'une telle décision soit soumise au vote de l'Eglise.

(3) Cette requête peut être adressée:

a) par 20'000 membres de l'Eglise au moins, ayant droit de vote,

b) par 20 paroisses au moins qui en auront chacune ainsi décidé en Assemblée de paroisse convoquée et tenue conformément à la loi.

(4) La procédure est réglée par une ordonnance.

Art. 24. Droit d'initiative. (1) Le droit d'initiative prévu par l'art. 67 de la loi sur les Eglises peut être exercé:

a) par 10'000 membres au moins ayant droit de vote,

b) par 20 paroisses au moins selon la procédure prévue à l'art. 23 lett. b.

(2) La remise de l'initiative sera confiée à 10 mandataires.

(3) La procédure est réglée par voie d'ordonnance.

(4) L'art. 40 de la présente Constitution demeure réservé.

Art. 25. Dépôt de l'initiative. L'initiative sera remise au Conseil synodal à l'intention du Synode ecclésiastique. Elle peut revêtir la forme d'un projet complètement élaboré ou d'une proposition conçue en termes généraux.

Art. 26. Procédure devant le Conseil synodal. (1) Le Conseil synodal examine si l'initiative répond aux exigences de la Constitution de l'Eglise, de la Loi sur les cultes et de ses ordonnances d'exécution et si elle se rapporte à une affaire intérieure de l'Eglise.
(2) Si ces conditions ne sont pas remplies, il en avise les mandataires et ne donne aucune suite à l'initiative.
(3) Si, au contraire, ces conditions sont remplies, le Conseil synodal donne connaissance du texte de l'initiative au Synode ecclésiastique lors de la prochaine session et lui soumet en même temps sa proposition.
(4) Celle-ci peut porter sur:
a) l'adoption, dans sa teneur intégrale, ou avec des modifications de style, du projet de l'initiative complètement élaboré,
b) l'exécution de l'initiative conçue en termes généraux,
c) le rejet de l'initiative,
d) l'adoption d'un contre-projet du Conseil synodal.

Art. 27. Procédure devant le Synode. (1) La discussion de l'initiative par le Synode ecclésiastique a lieu conformément à son Règlement intérieur.
(2) Le Synode ecclésiastique approuve-t-il sans réserve un projet complètement élaboré, celui-ci revêt la signification d'une décision synodale.
(3) Approuve-t-il une initiative conçue en termes généraux, il en décide par là l'exécution.
(4) Rejette-t-il une initiative sans qu'il y ait de contre-projet, ou bien accepte-t-il un contre-projet émanant du Conseil synodal ou du Synode lui-même, sa prise de position équivaut à une décision synodale. L'initiative qui a été refusée tombe définitivement quand huit de ses mandataires la retirent ou acceptent le contre-projet, ou quand l'affaire n'est pas de celles soumises au référendum.
(5) Si l'initiative se rapporte à la Constitution de l'Eglise, elle doit être soumise, elle ou son contre-projet, au vote de l'Eglise. Dans tous les autres cas, le Synode ecclésiastique détermine si la décision relève de l'art. 17 ou de l'art. 18 de la présente constitution.

III. Les pasteurs

Paissez le troupeau de Dieu qui vous est confié; faites-le non par contrainte, mais de bon gré, non pour un gain sordide, mais par dévouement, non en dominant sur ceux qui vous sont échus en partage, mais en vous rendant les modèles du troupeau. (I. Pierre 5, 2-3)

Art. 28. Le ministère pastoral. (1) La prédication, l'administration des sacrements du baptême et de la Sainte-Cène, l'instruction religieuse et la cure d'âmes sont confiés, en règle générale, aux pasteurs.
(2) Le Synode ecclésiastique statue sur d'autres fonctions pastorales qui existent ou pourraient êtres créées.

Art. 29. La tâche du pasteur. (1) Chaque pasteur est tenu d'enseigner et de prêcher de toute son intelligence et en toute conscience, dans sa pureté et son intégrité l'Evangile de Jésus-Christ selon les Saintes Ecritures, de rendre témoignage à la doctrine du salut par une vie conforme en toutes choses aux commandements de Dieu, de remplir fidèlement et consciencieusement les devoirs de sa charge.
(2) Il se conformera, dans l'exercice de son ministère, à la présente Constitution et aux ordonnances qui en découlent.

Art. 30. La préparation des pasteurs. (1) L'Etat entretient à l'Université de Berne une faculté de théologie évangélique pour la préparation des pasteurs.
(2) Lors de la repourvue d'une chaire à la dite faculté, le Conseil synodal prendra contact avec la Faculté et, s'il le juge nécessaire, fera connaître son opinion au Conseil-exécutif.
(3) Le Synode ecclésiastique réglemente le stage des candidats en théologie et prend toutes autres mesures et dispositions pour la formation des pasteurs.

Art. 31. Agrégation et consécration. (1) Sont seuls éligibles à des postes pastoraux les pasteurs agrégés au clergé bernois.
(2) La Commission des examens en théologie évangélique du canton de Berne et le Conseil synodal ont à se prononcer l'un et l'autre sur l'agrégation d'un candidat au clergé bernois. Sans les recommandations de ces autorités aucun candidat ne peut être agrégé.
(3) La consécration confère à celui qui la reçoit le droit d'accomplir tous les actes ecclésiastiques.
(4) Le Règlement ecclésiastique fixe les conditions de la consécration et établit l'ordonnance de la cérémonie.
(5) L'agrégation au clergé bernois relève d'une décision du Conseil-exécutif et ne peut avoir lieu qu'après la consécration.
(6) L'agrégation au clergé bernois de pasteurs consacrés dans une autre Eglise a lieu conformément aux prescriptions du règlement sur les examens des candidats au ministère de l'Eglise réformée évangélique du canton de Berne.

Art. 32. Les pasteurs dans l'exercice de leurs fonctions. (1) Une instruction de service émanant du Conseil synodal réglemente l'exercice des fonctions des pasteurs.
(2) Les pasteurs exercent leur ministère sous la protection et la surveillance du Conseil de paroisse et du Conseil synodal.
(3) En cas de conflit, le pasteur a le droit de s'expliquer oralement ou par écrit.

Art. 33. Dispositions de la loi relative aux pasteurs. L'élection, la réélection des pasteurs, leur traitement, leur mise à la retraite ainsi que leur révocation ou leur radiation du clergé bernois sont réglés par les prescriptions de la législation cantonale.

Art. 34. Théologiennes. (1) Des théologiennes consacrées et agrégées au clergé bernois peuvent être nommées pasteurs titulaires.
(2) Les théologiennes agrégées au clergé bernois peuvent être nommées comme titulaires de postes pastoraux pour tâches spéciales.

Art. 35. Missionnaires. (1) L'Eglise réformée évangélique du canton de Berne peut consacrer, pour le service de la Mission, des missionnaires qui se réclament d'elle et qui ont accompli les études imposées par la société missionnaire dont ils dépendent.
(2) L'Eglise bernoise reconnaît ainsi qu'elle a le devoir de répandre l'Evangile dans le monde entier.

IV. Les finances de l'Eglise

Celui qui est fidèle dans les plus petites choses l'est aussi dans les grandes; et celui qui est injuste dans les plus petites choses l'est aussi dans les grandes. (Luc 16,10)

Art. 36. Les ressources financières de l'Eglise. (1) Les ressources financières dont l'Eglise a besoin pour accomplir sa tâche et pour subvenir à son administration lui sont fournies par:
a) les prestations de l'Etat,
b) les revenus des biens de l'Eglise et des fondations,
c) des dons et des legs,
d) les impôts décrétés et levés par les paroisses.
(2) Le montant des prestations de l'Etat et le droit de lever des impôts paroissiaux font l'objet de décrets spéciaux.

Art. 37. La Caisse centrale de l'Eglise. (1) La Caisse centrale de l'Eglise subvient aux dépenses qu'occasionnent à l'Eglise son administration, ses

obligations et ses tâches. Cette caisse est alimentée principalement par les contributions des paroisses.
(2) Les contributions des paroisses sont fixées d'après leur capacité financière.
(3) Le Synode ecclésiastique édicte les ordonnances d'exécution nécessaires sous la forme d'un acte législatif soumis au référendum.

Art. 38. Les collectes. (1) Le Conseil synodal ordonne, au nom du Synode ecclésiastique, les collectes générales de l'Eglise. Il en surveille le décompte et l'emploi.
(2) Dans certains cas, le Conseil synodal peut ordonner des collectes générales chez les membres de l'Eglise.
(3) Chaque paroisse est tenue de livrer le montant des collectes dans le délai fixé.

V. Dispositions transitoires et finales

Art. 39. Entrée en vigueur de la Constitution. (1) La présente Constitution sera réputée acceptée si elle obtient la majorité absolue des suffrages exprimés.
(2) Elle entrera en vigueur au plus tard six mois après son acceptation par les électeurs de l'Eglise. La date précise sera fixée par le Conseil synodal.

Art. 39a. Dispositions finales. Les modifications apportées à la Constitution par la révision du 5 décembre 2000, à l'exception de l'art. 20 al. 1, entreront en vigueur après leur acceptation par les électeurs ayants droit au vote. La modification de l'art. 20 al. 1 entrera en vigueur à l'ouverture de la législature 2003.

Art. 40. Révision de la Constitution. (1) La révision totale ou partielle de la présente Constitution peut avoir lieu si le Synode le décide à la majorité des deux tiers de ses membres ou si elle est demandée par voie d'initiative selon les art. 24 à 27. Dans les deux cas, la demande de révision sera soumise au vote de l'Eglise.
(2) Si la révision totale ou partielle est demandée par voie d'initiative, la demande devra être présentée par au moins 20'000 électeurs ecclésiastiques ou par 40 paroisses.

Art. 41. Constitution et Règlement ecclésiastique. (1) Les articles du Règlement ecclésiastique du 17 décembre 1918 (y compris ses adjonctions et modifications) qui sont remplacés par des prescriptions de la présente Constitution sont abrogés dès l'entrée en vigueur de celle-ci.

(2) Les autres articles restent en vigueur jusqu'au moment où paraîtra le nouveau Règlement ecclésiastique et l'Instruction de service pour les pasteurs.

Art. 42. Nouveaux actes législatifs. Après l'acceptation de la présente Constitution, les actes législatifs suivants devront être discutés et adoptés:

a) un Règlement ecclésiastique, émanant du Synode ecclésiastique, qui contiendra les ordonnances d'exécution de la présente Constitution et les autres prescriptions réglant les affaires ecclésiastiques,
b) une Instruction de service pour les pasteurs, émanant du Conseil synodal,
c) les règlements et ordonnances qui sont de la compétence du Synode ecclésiastique,
d) les règlements de service, ordonnances d'exécution, règlements d'administration et autres prescriptions qui sont de la compétence du Conseil synodal.

SJKR/ASDE Beiheft 6 (2009), S. 129-152

Fribourg/Freiburg

Constitution ecclésiastique de l'Eglise évangélique réformée du canton de Fribourg, du 26 mai 1997*

Table des matières

	Articles
Préambule	
1. Fondement	1
2. L'Eglise: sa réalité et sa mission	2
3. Statut juridique de l'Eglise	5
4. Structure de l'Eglise	15
4.1 L'Eglise dans la paroisse	15
4.2 L'Eglise dans le canton	24
4.2.1. Organes	24
4.2.2. Finances	34
4.2.3. Recours	39
4.3 Fédération des Eglises Protestantes de la Suisse et œcuménisme	41
5. Au service de l'Eglise	42
6. Dispositions transitoires et finales	47

Préambule

Quant au fondement, nul ne peut en poser un autre que celui qui est en place: Jésus-Christ. (1. Corinthiens 3, 11)

* La présente Constitution a été adoptée par le Synode le 26 mai 1997 à la majorité des deux tiers requise, approuvée par le Conseil d'Etat du Canton de Fribourg le 9 septembre 1997 et acceptée en votation populaire ecclésiastique le 23 novembre 1997.
Modification: 13 novembre 2006.

1. Fondement

Art. 1. L'Eglise. L'Eglise est présente là où la parole de Dieu contenue dans les Ecritures saintes de l'Ancien et du Nouveau Testament est proclamée et écoutée, là où les sacrements du baptême et de la sainte cène sont administrés conformément à l'Evangile et là où la foi au Dieu biblique, Père, Fils et Saint-Esprit, se manifeste en actes individuels et communautaires.

2. L'Eglise: sa réalité et sa mission

Art. 2. L'Eglise évangélique réformée du canton de Fribourg. (1) L'Eglise évangélique réformée du canton de Fribourg fait partie de l'Eglise universelle qui depuis les temps apostoliques reconnaît l'autorité de l'Evangile de Jésus-Christ portée par les Ecritures saintes de l'Ancien et du Nouveau Testament. Elle se réclame de la Réforme du seizième siècle. Elle demeure ouverte à l'action du Saint-Esprit.
(2) L'Eglise évangélique réformée du canton de Fribourg vit selon l'ordre presbytérien synodal.
(3) Elle est membre de la Fédération des Eglises Protestantes de la Suisse qui l'unit aux Eglises réformées du monde entier et aux Eglises membres du Conseil œcuménique des Eglises.
(4) La Constitution du canton de Fribourg lui reconnaît un statut de droit public[1].

Art. 3. Mission de l'Eglise. (1) L'Eglise évangélique réformée du canton de Fribourg a reçu de Jésus-Christ, son seul Seigneur, la mission d'annoncer sa Parole à tout humain sans distinction d'appartenance culturelle, ethnique ou politique.
(2) Elle remplit sa tâche par la prédication, le baptême, la sainte cène, l'enseignement religieux, la formation des enfants et des adultes, la cure d'âme, la diaconie, l'évangélisation, la participation aux œuvres d'entraide et de mission des Eglises et par tout autre moyen dont elle dispose.
(3) Elle témoigne de la vérité de la parole divine dans tous les domaines de la vie publique, Etat, société, économie et culture. Elle s'engage pour la justice ainsi que pour l'élimination de la détresse matérielle et spirituelle et de ses causes.

Art. 4. Baptême. Le baptême est le signe fondamental visible de l'appartenance à l'Eglise de Jésus-Christ. L'Eglise évangélique réformée du canton de

1 Art. 141 de la Constitution du Canton de Fribourg, du 16 mai 2004 (RSF 10.1).

Fribourg reconnaît tout baptême administré selon l'ordre de Jésus-Christ. Elle le confère à toute personne non baptisée qui le demande.

3. Statut juridique de l'Eglise

Art. 5. Personnalité juridique. (1) L'Eglise évangélique réformée du canton de Fribourg constitue, en sa qualité d'Eglise cantonale reconnue, une corporation de droit public dotée de la personnalité juridique. Elle a son siège à Morat.
(2) Elle se gère de manière indépendante et statue définitivement sur toute contestation interne.
(3) Elle se donne sa propre organisation dans le cadre des Constitutions et lois fédérales et cantonales.

Art. 6. Etendue territoriale. (1) L'Eglise évangélique réformée du canton de Fribourg s'étend au territoire du canton de Fribourg. Elle se compose des paroisses de Bulle-La Gruyère, Cordast, Estavayer-le-Lac, Ferenbalm, Fribourg, Chiètres, Meyriez, Môtier-Vully, Morat, Romont-Châtel-St-Denis et du district de la Singine.
(2) Les situations particulières des paroisses dont le territoire s'étend au-delà du canton sont réglées dans des conventions intercantonales, notamment la convention entre les cantons de Berne et de Fribourg du 22 janvier et 6 février 1889.

Art. 7. Paroisses. (1) Chaque paroisse doit constituer une unité cohérente et viable du point de vue de sa grandeur et de sa composition.
(2) La création, la réunion ou la division de paroisses sont soumises à l'accord des paroisses concernées et du Synode.

Art. 8. Associations de paroisses. (1) Pour mieux remplir leurs tâches, les paroisses peuvent s'unir en associations dont les buts servent à l'unité de l'Eglise et à la solidarité entre les paroisses. De telles associations ne remplacent pas la paroisse en tant que support de la vie ecclésiale dans un lieu déterminé.
(2) L'entrée dans une association de paroisses doit être décidée par l'Assemblée des paroisses concernées et approuvée par le Synode.
(3) L'organisation d'une association de paroisses est définie dans un règlement approuvé par le Conseil synodal et l'Assemblée de paroisse des paroisses concernées.

Art. 9. Subdivision de paroisses. Les paroisses peuvent créer des subdivisions dotées d'organes propres, dont l'organisation est définie dans un règlement de paroisse approuvé par le Conseil synodal et l'Assemblée de paroisse.

Art. 10. Membres de l'Eglise. L'Eglise évangélique réformée du canton de Fribourg est ouverte à tous et appelle chacun à la communion dans la foi en Jésus-Christ, à la repentance et à la sanctification. Elle reconnaît pour membres tous ceux qui se déclarent chrétiens évangéliques réformés et qui sont domiciliés sur le territoire de l'une de ses paroisses. Chaque membre de l'Eglise évangélique réformée du canton de Fribourg fait partie de la paroisse de son lieu de domicile.

Art. 11. Droit de vote et d'élection; éligibilité. Les membres de l'Eglise évangélique réformée du canton de Fribourg jouissent du droit de vote et d'élection dès la seizième année révolue. Ils sont éligibles dès qu'ils ont atteint l'âge de la majorité civique. Les étrangers jouissent des mêmes droits.

Art. 12. Sortie. (1) Chaque membre âgé de seize ans révolus et capable de discernement peut en tout temps déclarer sa sortie de l'Eglise. Cette déclaration est un acte personnel qui n'entraîne en aucun cas la sortie des autres membres de la famille.
(2) Les détenteurs de l'autorité parentale sont habilités à exercer le droit de sortie au nom de leurs enfants âgés de moins de seize ans.
(3) Celui qui veut sortir de l'Eglise doit le communiquer par écrit au Conseil de paroisse. Celui-ci lui adresse un formulaire de déclaration de sortie et un document de l'Eglise cantonale qui lui explique les conséquences de son acte. Le Conseil de paroisse offre à la personne concernée la possibilité d'avoir un entretien avec un de ses membres ou un ministre.
(4) La sortie prend effet avec le renvoi, par lettre recommandée adressée au Conseil de paroisse, du formulaire de sortie signé, rétroactivement pour la date de la première déclaration de volonté. Elle entraîne la disparition des droits et devoirs qui résultent de l'appartenance à la paroisse et à l'Eglise évangélique réformée du canton de Fribourg.
(5) Le Conseil de paroisse confirme la sortie par écrit.

Art. 13. Déclaration de non-appartenance. Celui qui, contrairement à l'inscription figurant au contrôle des habitants, n'est pas membre de l'Eglise évangélique réformée peut présenter au Conseil de paroisse une déclaration écrite de non-appartenance signée à la main qui sera confirmée par le Conseil de paroisse.

Art. 14. Protection des données. Le traitement des données personnelles est régi par la législation cantonale en matière de protection des données.

4. Structure de l'Eglise

4.1 L'Eglise dans la paroisse

Art. 15. Tâches. La paroisse constitue le support de la vie ecclésiale dans un lieu déterminé. Elle pourvoit à l'annonce de l'Evangile par la prédication et l'enseignement, le baptême et la sainte cène, la cure d'âme et la diaconie. Elle s'engage à promouvoir l'Evangile dans la vie quotidienne et encourage toute institution et action chrétienne.

Art. 16. Solidarité interparoissiale. (1) Les paroisses forment l'Eglise évangélique réformée du canton de Fribourg.
(2) Elles sont solidaires entre elles et collaborent à la réalisation de leurs tâches communes. Elles doivent collaborer à l'exécution des tâches de l'Eglise cantonale et appliquent les décisions du Synode et du Conseil synodal.

Art. 17. Personnalité juridique. La paroisse est une corporation de droit public. Elle s'organise librement dans le cadre des dispositions de la Constitution et du Règlement ecclésiastiques.

Art. 18. Organes. Les organes de la paroisse sont:
1. l'Assemblée de paroisse,
2. le Conseil de paroisse,
3. la Commission de révision des comptes.

Art. 19. Assemblée de paroisse. (1) L'Assemblée de paroisse est l'organe suprême de la paroisse. Elle est composée de tous les membres de la paroisse jouissant du droit de vote.
(2) Elle traite de toute question relative à la vie ecclésiale de la paroisse.
(3) Elle maintient les liens avec le Synode et le Conseil synodal et exécute leurs décisions.
(4) Elle élit le Conseil de paroisse, la Commission de révision des comptes, les ministres consacrés et les délégués au Synode.
(5) Elle est responsable de la gestion des finances et des biens-fonds paroissiaux.

Art. 20. Conseil de paroisse. (1) Le Conseil de paroisse favorise la vie de la paroisse et de l'Eglise avec le concours de ses collaborateurs. Il est responsable devant l'Assemblée de la gestion des finances, des biens et de l'administration de la paroisse et représente celle-ci à l'égard des tiers.
(2) Il est formé de membres répondant aux qualités requises pour cette fonction. Ceux-ci sont élus pour une durée de quatre ans et sont rééligibles.

Les ministres consacrés font partie d'office du Conseil de paroisse. Leur droit de vote est précisé dans le Règlement ecclésiastique.

Art. 21. Commission de révision des comptes. La Commission de révision des comptes examine les questions financières, les comptes et le budget soumis à l'Assemblée de paroisse.

Art. 22. Impôt paroissial et collectes. (1) Les paroisses couvrent leurs besoins financiers et ceux de l'Eglise cantonale au moyen d'un impôt paroissial perçu dans les limites prévues par la législation cantonale.
(2) Elles administrent leurs revenus et leur patrimoine selon les principes d'une gestion prudente des biens publics.
(3) Les collectes sont affectées à des activités chrétiennes et au soutien d'œuvres ecclésiastiques et d'utilité publique.

Art. 23. Formes particulières de paroisses. La présence de l'Eglise se manifeste aussi par des communautés non-paroissiales articulées autour de ministères dits spécialisés.

4.2 L'Eglise dans le canton

4.2.1. Organes

Art. 24. Organes. Les organes de l'Eglise évangélique réformée du canton de Fribourg sont:

1. le Synode,
2. le Conseil synodal,
3. l'Assemblée des ministres,
4. la Commission financière,
5. la Commission de recours.

Art. 25. Synode. (1) Le Synode est l'organe suprême de l'Eglise évangélique réformée du canton de Fribourg.
(2) Il s'occupe de toute question propre à l'Eglise.
(3) Il maintient les liens avec les paroisses, les Eglises sœurs, la Fédération des Eglises Protestantes de la Suisse et ses œuvres, la Conférence des Eglises protestantes de la Suisse romande et la Deutschschweizerische Kirchenkonferenz.
(4) Il élit le Conseil synodal et les autres organes de l'Eglise, encourage et surveille leur activité.
(5) Il adopte la Constitution ecclésiastique en vue de la votation populaire.

(6) Il édicte le Règlement ecclésiastique[2], qui est soumis au référendum facultatif.
(7) Il édicte des règlements.
(8) Il fait des propositions en matière de révision de la législation ecclésiastique de l'Etat.
(9) Il statue sur la création et la suppression des postes ministériels, paroissiaux ou cantonaux, sur préavis du Conseil synodal.
(10) Il consacre les ministres sur préavis de la commission de consécration.
(11) Il est responsable de l'administration et de la gestion financière de l'Eglise cantonale et fixe le montant des contributions paroissiales.

Art. 26. Composition. (1) Le Synode se compose des délégués élus par les paroisses et des personnes qui ont le droit d'y siéger d'office. La période législative dure quatre ans. Les membres du Synode sont rééligibles.
(2) Chaque paroisse délègue au Synode la présidente ou le président du Conseil de paroisse ou, en cas d'empêchement, sa remplaçante ou son remplaçant, un ministre consacré par paroisse et deux membres éligibles de la paroisse. Les paroisses de plus de 900 membres élisent un délégué supplémentaire pour chaque nouvelle tranche de 900 membres ou un reste de plus de 450 membres. Est déterminant le dernier recensement fédéral.
(3) Sont membres d'office du Synode avec voix délibérative:
- deux représentants de la pastorale nommés parmi ses membres,
- deux représentants de l'assemblée des diacres nommés parmi ses membres,
- deux représentants des catéchètes, un par langue, nommés par leurs pairs,
- deux représentants des ministères cantonaux nommés par leurs pairs,
- la directrice ou le directeur de la Schule Uttewil.

(4) Les membres du Conseil synodal n'ont pas le droit de vote. Ils peuvent cependant prendre la parole et faire des propositions au sujet de n'importe quel objet discuté.

Art. 27. Motion et proposition. Chaque membre du Synode, chaque paroisse ou cent membres de l'Eglise disposant du droit de vote ont le droit de déposer des motions et des propositions, que le Synode devra ensuite traiter.

Art. 28. Référendum. Les décisions du Synode doivent, dans un délai de douze mois à compter du Synode, être soumises à votation populaire ecclésiastique si, dans les deux mois suivant la décision, trois Conseils de paroisse

2 Règlement ecclésiastique de l'Eglise évangélique réformée du canton de Fribourg, du 3 novembre 1997, voir www.ref-fr.ch.

ou au moins mille membres de l'Eglise disposant du droit de vote en font la demande.

Art. 29. Conseil synodal. Le Conseil synodal est l'organe exécutif de l'Eglise évangélique réformée du canton de Fribourg. Il veille à l'unité de l'Eglise et la représente auprès des tiers. Il est responsable de sa gestion vis-à-vis du Synode.

Art. 30. Composition. Le Conseil synodal se compose de sept membres de l'Eglise, dont trois ministres consacrés. Les membres du Conseil synodal sont responsables collégialement des décisions prises par le Conseil. Ils sont élus pour quatre ans et sont rééligibles.

Art. 31. Assemblée des ministres. (1) Les pasteures et les pasteurs au service de l'Eglise évangélique réformée du canton de Fribourg forment la pastorale.
(2) Les diacres et les collaborateurs consacrés forment l'assemblée des diacres.
(3) La pastorale et l'assemblée des diacres constituent ensemble l'Assemblée des ministres.
(4) L'Assemblée des ministres a les tâches suivantes:
- elle encourage les travaux d'approfondissement et la formation continue de ses membres;
- elle élit les deux doyens.

(5) L'Eglise cantonale peut confier à ces instances certaines questions pour examen et prise de position.

Art. 32. Commission financière. La Commission financière examine les questions financières, les comptes et le budget soumis au Synode.

Art. 33. Commission de recours. La Commission de recours est composée de cinq membres, dont deux ministres consacrés et au moins un juriste, qui ne peuvent pas être membres simultanément du Conseil synodal. La législature correspond à celle du Synode. Le président ou la présidente de la Commission, ses membres ainsi que trois membres suppléants sont élus par le Synode et sont rééligibles.

4.2.2. Finances

Art. 34. Gestion des finances. (1) Les besoins financiers de l'Eglise cantonale sont couverts par les contributions des paroisses à la caisse synodale, fixées en fonction du budget adopté par le Synode, éventuellement par des contributions supplémentaires et des dons.

(2) Le Synode fixe la clé de répartition des contributions sur la base de la totalité des impôts cantonaux payés dans le canton par les contribuables réformés et les personnes morales, d'une part, et de l'ensemble des impôts cantonaux payés dans la paroisse concernée par les contribuables réformés et les personnes morales, d'autre part.

Art. 35. Péréquation financière. (1) Les paroisses, aux situations financières très diverses, sont également responsables les unes des autres sur le plan matériel. Le Synode œuvre en vue d'une péréquation des charges financières.
(2) Conformément à la loi concernant les rapports entre les Eglises et l'Etat, le Synode, dans le but d'atténuer les disparités financières existant entre les paroisses, verse, moyennant requête, des contributions à celles dont les capacités financières sont plus faibles. Il tient dans ce but une caisse de péréquation.
(3) La Société fribourgeoise de secours aux protestants disséminés administre cette caisse de péréquation au nom du Synode et en collaboration avec le Conseil synodal; il présente au Synode le budget, le rapport et les comptes annuels pour approbation.
(4) La caisse de péréquation est alimentée par les contributions de la caisse synodale et, éventuellement, par d'autres contributions et dons. Sur proposition de la Société fribourgeoise de secours aux protestants disséminés, le Synode détermine l'importance de sa contribution dans le cadre de son budget.

Art. 36. Utilisation des moyens disponibles. Les contributions de la caisse de péréquation sont affectées aux frais de personnel et aux dépenses de construction ainsi qu'à des dépenses extraordinaires, et sont versées aux paroisses à faible capacité financière qui, malgré une gestion économe et l'adoption d'un taux d'impôt dépassant la moyenne pendant une longue période, n'arrivent pas par leurs propres moyens à exécuter leurs tâches conformément à la législation ecclésiastique et aux décisions du Synode.

Art. 37. Conditions. (1) La paroisse requérante doit démontrer que son taux d'impôt sur le revenu a dépassé, pendant les trois dernières années, de plus de dix pour-cent la moyenne arithmétique des taux d'impôt sur le revenu de toutes les paroisses réformées du canton de Fribourg. Dans des cas difficiles, le Synode peut autoriser des exceptions.
(2) Le Synode peut soumettre l'octroi des contributions à des conditions et des charges.

Art. 38. Restitution. Si, au moment où elle boucle ses comptes, la paroisse constate que les contributions qu'elle a reçues en vertu de la péréquation n'ont pas été ou n'ont été que partiellement utilisées, elle doit restituer le montant disponible à la caisse de péréquation la même année.

4.2.3. Recours

Art. 39. Compétence du Conseil synodal. Le Conseil synodal statue sur les recours déposés contre les décisions du Conseil de paroisse, de l'Assemblée de paroisse et du Bureau de l'Assemblée de paroisse.

Art. 40. Commission de recours. (1) Les recours contre les décisions du Conseil synodal, du Bureau du Synode et de l'Assemblée des ministres peuvent être portés devant la Commission de recours, qui statue définitivement.
(2) Conformément à la loi sur les rapports entre les Eglises et l'Etat[3], les voies de droit en matière fiscale sont réservées.
(3) La Commission de recours tente la conciliation dans les affaires qui lui sont soumises par le Synode ou le Conseil synodal.

4.3 Fédération des Eglises Protestantes de la Suisse et œcuménisme

Art. 41. Fédération des Eglises Protestantes de la Suisse et œcuménisme. L'Eglise évangélique réformée du canton de Fribourg est membre de la Fédération des Eglises Protestantes de la Suisse; elle est unie aux Eglises réformées du monde entier et aux Eglises membres du Conseil œcuménique des Eglises. Avec son identité confessionnelle, elle œuvre pour l'unité de l'Eglise de Jésus-Christ en collaboration avec les autres Eglises et Communautés chrétiennes.

5. Au service de l'Eglise

Art. 42. Bénévolat. (1) L'ensemble des membres de l'Eglise participe au ministère de Jésus-Christ.
(2) Les membres de l'Eglise soutiennent ses activités selon leurs possibilités, leurs dons et leur formation.
(3) L'Eglise encourage et reconnaît l'engagement des bénévoles. Elle offre à ces derniers des possibilités de formation.

3 Loi concernant les rapports entre les Eglises et l'Etat, du 26 septembre 1990 (RSF 190.1).

Art. 43. Fonctions particulières. (1) L'Eglise charge certaines personnes de tâches particulières:

- dans le domaine de la transmission de la foi, plus particulièrement dans la catéchèse et le culte,
- dans la diaconie, plus particulièrement dans les services sociaux et la cure d'âme,
- dans l'édification de la paroisse, notamment dans la formation des adultes,
- dans la gestion et l'administration, notamment au sein des autorités et du personnel administratif,
- dans le déroulement du culte, plus particulièrement en ce qui concerne la musique et le service de sacristie.

(2) Ces fonctions exigent des dispositions intérieures, une formation approfondie et adaptée au poste et, en règle générale, le statut de membre de l'Eglise.
(3) L'Eglise rémunère celles et ceux qui occupent ces fonctions et reconnaît leur travail.

Art. 44. Consécration. (1) Par la consécration, l'Eglise peut reconnaître les ministres dont la vocation a été éprouvée par l'achèvement d'une formation reconnue par les Eglises membres de la Fédération des Eglises Protestantes de la Suisse.
(2) L'Eglise évangélique réformée du canton de Fribourg peut conférer l'agrégation à un ministre consacré dans une Eglise sœur.
(3) En accord avec les autres Eglises réformées, l'Eglise évangélique réformée du canton de Fribourg consacre au ministère des pasteurs (Verbi Divini Minister) et des diacres.

Art. 45. Protection et surveillance. Toutes les personnes chargées d'un ministère sont placées sous la protection et la surveillance du Conseil synodal.

Art. 46. Formation et formation continue. Les paroisses et l'Eglise cantonale encouragent la formation et la formation continue au sein des ministères et des services ecclésiaux.

6. Dispositions transitoires et finales

Art. 47. Organes. (1) Les Conseils de paroisse en fonction lors de l'entrée en vigueur de la présente Constitution sont maintenus durant une période de 3 ans à compter de cette date.

(2) Dans un délai de 4 mois suivant l'entrée en vigueur de la présente Constitution, les Assemblées de paroisse élisent leurs nouveaux délégués au Synode.
(3) La première législature du Synode sous le régime de la nouvelle législation commencera à partir du premier Synode ordinaire suivant l'élection de ces nouveaux délégués.
(4) Le Conseil synodal en fonction lors de l'entrée en vigueur de la présente Constitution est maintenu pendant les 2 ans suivant le début de la première législature du Synode.

Art. 48. Droit applicable. (1) Jusqu'à l'entrée en vigueur du nouveau Règlement ecclésiastique, les organes de l'Eglise appliquent, pour toutes les questions qui ne sont pas réglées par la Constitution, les dispositions de l'ancien droit.
En particulier, elles appliquent:
- les dispositions du Règlement ecclésiastique des 7 novembre 1976 et 28 octobre 1979 et de la Constitution ecclésiastique du 16 novembre 1969;
- les dispositions de la loi du 25 septembre 1980 sur les communes et de son règlement d'exécution;
- les dispositions du code du 23 mai 1991 de procédure et de juridiction administrative.

(2) En cas de lacune des textes légaux applicables, le Conseil synodal édicte la réglementation nécessaire jusqu'à l'entrée en vigueur du nouveau Règlement ecclésiastique.

Art. 49. Révision. Le Synode peut réviser la Constitution en tout ou en partie à la majorité des deux tiers. Les révisions totales sont soumises au vote populaire, les révisions partielles au référendum facultatif.

Art. 50. Entrée en vigueur. Le Conseil synodal fixe la date d'entrée en vigueur de la Constitution après son adoption par le Synode à la majorité des deux tiers et son approbation par le Conseil d'Etat et après qu'elle a été acceptée en votation populaire ecclésiastique à la majorité simple.

Kirchenverfassung der Evangelisch-reformierten Kirche des Kantons Freiburg vom 26. Mai 1997*

Inhaltsverzeichnis

	Artikel
Präambel	
1. Grundlage	1
2. Wesen und Auftrag der Kirche	2
3. Rechtlicher Charakter der Kirche	5
4. Der Aufbau der Kirche	15
4.1 Die Kirche in der Gemeinde	15
4.2 Die Kirche im Kanton	24
4.2.1 Organe	24
4.2.2 Finanzen	34
4.2.3 Beschwerden	39
4.3 Kirchenbund und Ökumene	41
5. Im Dienst der Kirche	42
6. Übergangs- und Schlussbestimmungen	47

Präambel

Einen andern Grund kann niemand legen als den, der gelegt ist, welcher Jesus Christus ist. (1. Korinther 3, 11)

1. Grundlage

Art. 1. Kirche. Kirche ist da, wo Gottes Wort auf Grund der Heiligen Schrift des Alten und Neuen Testaments verkündigt und gehört wird, wo Taufe und Abendmahl gemäss dem Evangelium gefeiert werden und der Glaube an den Gott der Bibel – Vater, Sohn und Heiliger Geist – im persönlichen Handeln und im Handeln der Gemeinschaft zum Ausdruck kommt.

* Die vorliegende Verfassung wurde am 26. Mai 1997 mit der vorgeschriebenen Zweidrittelsmehrheit von der Synode beschlossen, vom Staatsrat des Kantons Freiburg am 9. September 1997 genehmigt und in der kirchlichen Volksabstimmung vom 23. November 1997 angenommen.
Änderung: 13. November 2006.

2. *Wesen und Auftrag der Kirche*

Art. 2. Die Evangelisch-reformierte Kirche des Kantons Freiburg. (1) Die Evangelisch-reformierte Kirche des Kantons Freiburg ist Teil der einen, allgemeinen christlichen Kirche, die sich seit apostolischer Zeit zum Evangelium Jesu Christi gemäss der biblischen Botschaft des Alten und Neuen Testaments bekennt. Sie beruft sich auf die Reformation des 16. Jahrhunderts. Sie bleibt offen für das Wirken des Heiligen Geistes.
(2) Die Evangelisch-reformierte Kirche des Kantons Freiburg lebt unter synodal-presbyterianischer Ordnung.
(3) Sie ist Glied des Schweizerischen Evangelischen Kirchenbundes und durch diesen verbunden mit den reformierten Kirchen in der ganzen Welt und mit allen Kirchen des Ökumenischen Rates.
(4) Sie ist in der Verfassung des Kantons Freiburg öffentlich-rechtlich anerkannt[1].

Art. 3. Auftrag der Kirche. (1) Die Evangelisch-reformierte Kirche des Kantons Freiburg hat von Jesus Christus, ihrem alleinigen Haupt, den Auftrag, allen Menschen ohne Ansehen der kulturellen, ethnischen oder politischen Zugehörigkeit seine Botschaft zu verkündigen.
(2) Sie versieht diesen Dienst zum Aufbau der Gemeinde durch Predigt, Taufe und Abendmahl, Unterricht und Bildung von Kindern und Erwachsenen, Seelsorge, Diakonie, Evangelisation, Unterstützung der kirchlichen Hilfswerke und der Mission und jedes andere ihr zur Verfügung stehende Mittel.
(3) Sie bezeugt, dass das Wort Gottes für alle Bereiche des öffentlichen Lebens, für Staat und Gesellschaft, Wirtschaft und Kultur gilt. Sie tritt ein für Gerechtigkeit und die Behebung leiblicher und geistiger Not und ihrer Ursachen.

Art. 4. Taufe. Die Taufe ist das grundlegende sichtbare Zeichen der Zugehörigkeit zur Kirche Jesu Christi. Die Evangelisch-reformierte Kirche des Kantons Freiburg anerkennt jede nach dem Auftrag Jesu Christi vollzogene Taufe. Ungetauften gewährt sie auf Ersuchen hin die Taufe.

3. *Rechtlicher Charakter der Kirche*

Art. 5. Rechtspersönlichkeit. (1) Die Evangelisch-reformierte Kirche des Kantons Freiburg ist als anerkannte Landeskirche eine Körperschaft öffentlichen Rechts mit Rechtspersönlichkeit. Ihr Sitz ist in Murten.

1 Art. 141 der Verfassung des Kantons Freiburg vom 16. Mai 2004 (SGF 10.1).

(2) Sie ordnet ihre Angelegenheiten in eigener Verantwortung und entscheidet innerkirchliche Streitigkeiten endgültig.
(3) Sie gibt sich ihre eigene Ordnung im Rahmen der Verfassung und der Gesetze der Eidgenossenschaft und des Kantons Freiburg.

Art. 6. Kirchengebiet. (1) Das ganze Gebiet des Kantons Freiburg bildet das Kirchengebiet der Evangelisch-reformierten Kirche des Kantons Freiburg. Die Kirche besteht aus den Kirchgemeinden Bulle-la Gruyère, Cordast, Estavayer-le-Lac, Ferenbalm, Freiburg, Kerzers, Merlach, Môtier-Vully, Murten, Romont-Châtel-St-Denis und des Sensebezirks.
(2) Die besonderen Verhältnisse in den grenzübergreifenden Kirchgemeinden werden in interkantonalen Vereinbarungen geregelt, namentlich dem Staatsvertrag zwischen den Kantonen Bern und Freiburg vom 22. Januar und 6. Februar 1889.

Art. 7. Kirchgemeinde. (1) Jede Kirchgemeinde soll in ihrer Grösse und Zusammensetzung eine sinnvolle und lebensfähige Einheit bilden.
(2) Für die Neubildung, Teilung oder Vereinigung von Kirchgemeinden ist die Zustimmung der betroffenen Kirchgemeinden und der Synode notwendig.

Art. 8. Kirchgemeinde-Verbände. (1) Kirchgemeinden können sich zur besseren Erfüllung ihres Auftrags zu Verbänden zusammenschliessen, wenn deren Zielsetzungen der Einheit der Kirche und der Solidarität unter den Gemeinden dienen. Solche Verbände ersetzen die Kirchgemeinde als Trägerin des kirchlichen Lebens an einem bestimmten Ort nicht.
(2) Der Beitritt zu einem Kirchgemeinde-Verband muss von der Versammlung der betroffenen Kirchgemeinden beschlossen und von der Synode genehmigt werden.
(3) Die Organisation eines Kirchgemeinde-Verbandes wird in einem Reglement festgelegt, das vom Synodalrat und den Kirchgemeindeversammlungen der betroffenen Gemeinden genehmigt werden muss.

Art. 9. Kirchgemeinde: Untereinheiten. Die Kirchgemeinden können Untereinheiten mit eigenen Organen schaffen. Deren Organisation wird in einem Kirchgemeindereglement festgelegt, das vom Synodalrat und der Kirchgemeindeversammlung genehmigt werden muss.

Art. 10. Mitglieder der Kirche. Die Evangelisch-reformierte Kirche des Kantons Freiburg ist offen für alle Menschen und ruft sie zur Gemeinschaft im Glauben an Jesus Christus, in Umkehr und Heiligung. Sie anerkennt alle als ihre Mitglieder, die sich als evangelisch-reformierte Christen bekennen und im Gebiet einer ihrer Kirchgemeinden wohnen. Jedes Glied der evangelisch-reformierten Kirche des Kantons Freiburg gehört der Kirchgemeinde seines Wohnorts an.

Art. 11. Stimm- und Wahlrecht. Die Mitglieder der Evangelisch-reformierten Kirche des Kantons Freiburg haben das Stimm- und das aktive Wahlrecht vom vollendeten 16. Altersjahr an, das passive Wahlrecht nach Erreichen der staatsbürgerlichen Volljährigkeit. Ausländerinnen und Ausländer geniessen die gleichen Rechte.

Art. 12. Austritt. (1) Ein Mitglied, welches das 16. Altersjahr vollendet hat und urteilsfähig ist, kann jederzeit den Austritt aus der Evangelisch-reformierten Kirche erklären. Die Austrittserklärung ist ein persönlicher Akt und hat in keiner Weise den Austritt anderer Familienmitglieder zur Folge.
(2) Die Inhaber der elterlichen Gewalt sind zuständig, das Austrittsrecht im Namen ihrer Kinder unter 16 Jahren auszuüben.
(3) Wer seinen Austritt erklären will, hat dies dem Kirchgemeinderat schriftlich mitzuteilen. Er erhält daraufhin ein Formular für die Austrittserklärung und ein Dokument der Kantonalkirche, das die Folgen des Austritts erläutert. Ausserdem bietet der Kirchgemeinderat der betreffenden Person die Möglichkeit zu einem Gespräch mit einem seiner Mitglieder oder einem Amtsträger.
(4) Der Austritt wird mit der Rücksendung des unterzeichneten Formulars mittels eingeschriebenem Brief an den Kirchgemeinderat rückwirkend auf das Datum der ersten Willenserklärung wirksam. Mit dem Austritt erlöschen die Rechte und Pflichten, die sich aus der Zugehörigkeit zur Kirchgemeinde und der Mitgliedschaft in der Evangelisch-reformierten Kirche des Kantons Freiburg ergeben.
(5) Der Kirchgemeinderat bestätigt den erfolgten Austritt schriftlich.

Art. 13. Erklärung der Nichtzugehörigkeit. Wer entgegen der Meldung durch die Einwohnerkontrolle nicht Mitglied der evangelisch-reformierten Kirche ist, kann dem Kirchgemeinderat eine eigenhändig unterzeichnete schriftliche Erklärung der Nichtzugehörigkeit vor-legen, die vom Kirchgemeinderat bestätigt wird.

Art. 14. Datenschutz. Der Umgang mit Personendaten unterliegt der kantonalen Datenschutzgesetzgebung.

4. Der Aufbau der Kirche

4.1 Die Kirche in der Gemeinde

Art. 15. Aufgaben. Die Kirchgemeinde ist Trägerin des kirchlichen Lebens an einem bestimmten Ort. Sie sorgt für die Verkündigung des Evangeliums in Predigt und Unterricht, Taufe und Abendmahl, Seelsorge und Diakonie. Sie tritt für die Geltung des Evangeliums im täglichen Leben ein und fördert christliche Einrichtungen und Werke.

Art. 16. Übergemeindliche Solidarität. (1) Die Kirchgemeinden bilden die Evangelisch-reformierte Kirche des Kantons Freiburg.
(2) Die Kirchgemeinden sind in Solidarität miteinander verbunden und arbeiten zur Erfüllung ihres gemeinsamen Auftrags zusammen. Sie sind zur Mitwirkung an den Aufgaben der Freiburger Kantonalkirche verpflichtet und führen die Beschlüsse der Synode und des Synodalrates aus.

Art. 17. Rechtspersönlichkeit. Die Kirchgemeinde als Körperschaft des öffentlichen Rechts ordnet ihre Angelegenheiten im Rahmen der übergeordneten Bestimmungen der Kirchenverfassung und der Kirchenordnung selbständig.

Art. 18. Organe. Die Organe der Kirchgemeinde sind:
1. die Kirchgemeindeversammlung,
2. der Kirchgemeinderat,
3. die Rechnungsprüfungskommission.

Art. 19. Kirchgemeindeversammlung. (1) Die Kirchgemeindeversammlung als oberstes Organ der Kirchgemeinde besteht aus den stimmberechtigten Mitgliedern der Gemeinde.
(2) Sie behandelt Fragen des kirchlichen Lebens in der Gemeinde.
(3) Sie wahrt die Verbindung mit Synode und Synodalrat und führt deren Beschlüsse aus.
(4) Sie wählt den Kirchgemeinderat, die Rechnungsprüfungskommission, die ordinierten Amtsträger und die Abgeordneten in die Synode.
(5) Sie trägt die Verantwortung für den Finanzhaushalt und die Liegenschaften der Gemeinde.

Art. 20. Kirchgemeinderat. (1) Der Kirchgemeinderat fördert in Zusammenarbeit mit den kirchlichen Mitarbeitern das Leben der Gemeinde und der Gesamtkirche. Er ist der Kirchgemeindeversammlung gegenüber verantwortlich für den Finanzhaushalt, das Vermögen und die Verwaltung der Gemeinde und vertritt die Gemeinde gegen aussen.

(2) Der Kirchgemeinderat wird aus geeigneten Gemeindegliedern gewählt. Die Amtsdauer beträgt vier Jahre. Wiederwahl ist möglich. Ordinierte Amtsträger gehören dem Kirchgemeinderat von Amtes wegen an. Ihr Stimmrecht wird in der Kirchenordnung geregelt.

Art. 21. Rechnungsprüfungskommission. Die Rechnungsprüfungskommission prüft die Finanzgeschäfte, die Rechnung und das Budget der Kirchgemeinde zu Handen der Kirchgemeindeversammlung.

Art. 22. Kirchensteuern und Kollekten. (1) Die Kirchgemeinden decken ihre finanziellen Bedürfnisse und diejenigen der Kantonalkirche durch die Erhebung einer Kirchensteuer nach Massgabe der kantonalen Gesetzgebung.
(2) Die Kirchgemeinden verwalten ihre Geldmittel und ihr Vermögen sorgfältig nach den Grundsätzen, die für öffentliches Gut und für öffentliche Einkünfte gelten.
(3) Kollekten sind bestimmt für die christliche Liebestätigkeit und die Unterstützung kirchlicher und gemeinnütziger Werke.

Art. 23. Besondere Gemeindeformen. Kirche zeigt sich auch in jenen Gemeindeformen, die sich um die Spezialämter bilden.

4.2 Die Kirche im Kanton

4.2.1 Organe

Art. 24. Organe. Die Organe der Evangelisch-reformierten Kirche des Kantons Freiburg sind:
1. die Synode,
2. der Synodalrat,
3. der Konvent,
4. die Finanzkommission,
5. die Rekurskommission.

Art. 25. Synode. (1) Die Synode ist das leitende Organ der Evangelisch-reformierten Kirche des Kantons Freiburg.
(2) Sie behandelt gesamtkirchliche Fragen.
(3) Sie wahrt die Verbindung mit den Kirchgemeinden, den Schwesterkirchen, dem Schweizerischen Evangelischen Kirchenbund und seinen Werken, der Deutschschweizerischen Kirchenkonferenz und der Conférence des Eglises protestantes de la Suisse romande.
(4) Sie wählt den Synodalrat und die gesamtkirchlichen Organe und fördert und überwacht ihre Arbeit.

(5) Sie verabschiedet die Kirchenverfassung zuhanden der kirchlichen Volksabstimmung.
(6) Sie erlässt die Kirchenordnung[2], die dem fakultativen Referendum untersteht.
(7) Sie erlässt Reglemente.
(8) Sie stellt Antrag zur Revision der staatlichen Kirchengesetzgebung.
(9) Sie beschliesst auf Vorschlag des Synodalrates die Schaffung und Aufhebung von Pfarr- oder Diakonatsstellen in den Kirchgemeinden und in der Kantonalkirche.
(10) Sie ordiniert die Amtsträger auf Antrag der Konsekrationskommission.
(11) Sie hat die Verantwortung für die Verwaltung und den Finanzhaushalt der Kantonalkirche und setzt die Gemeindebeiträge fest.

Art. 26. Zusammensetzung. (1) Die Synode setzt sich zusammen aus den gewählten Abgeordneten der Kirchgemeinden und den von Amtes wegen bestimmten Mitgliedern. Die Amtsdauer beträgt vier Jahre. Wiederwahl ist möglich.
(2) Jede Kirchgemeinde ordnet die Kirchgemeindepräsidentin oder den – Präsidenten oder im Verhinderungsfall deren Stellvertreter, einen ordinierten Amtsträger und zwei weitere wahlfähige Gemeindeglieder in die Synode ab. Kirchgemeinden mit mehr als 900 Mitgliedern wählen für je 900 Mitglieder oder einen Rest von mehr als 450 Mitgliedern einen zusätzlichen Synodalen. Massgebend ist die letzte eidgenössische Volkszählung.
(3) Von Amtes wegen gehören der Synode mit Stimmrecht an:

- zwei vom Pfarrkonvent aus seiner Mitte bestimmte Synodale,
- zwei vom Diakonatskonvent aus seiner Mitte bestimmte Synodale,
- je ein von den französischsprachigen und den deutschsprachigen Katechetinnen und Katecheten bestimmter Synodaler,
- zwei von den Inhabern gesamtkirchlicher Ämter bestimmte Synodale,
- die Leiterin oder der Leiter der Schule Uttewil.

(4) Die Mitglieder des Synodalrates haben in der Synode kein Stimmrecht. Sie können jedoch zu den behandelten Geschäften jederzeit das Wort ergreifen und Anträge stellen.

Art. 27. Motion und Antrag. Jedes Mitglied der Synode, jede Kirchgemeinde oder 100 stimmberechtigte Mitglieder der Kirche haben das Recht, Motionen und Anträge einzureichen, die von der Synode behandelt werden müssen.

2 Kirchenordnung der Evangelisch-reformierten Kirche des Kantons Freiburg vom 3. November 1997, verfügbar im Internet unter www.ref-fr.ch.

Art. 28. Referendum. Ein Synodebeschluss muss innerhalb von 12 Monaten nach der Synode der kirchlichen Volksabstimmung unterbreitet werden, wenn innerhalb von 2 Monaten nach dem Synodebeschluss von den Räten dreier Kirchgemeinden oder von mindestens 1000 stimmberechtigten Mitgliedern der Kirche das Begehren gestellt worden ist.

Art. 29. Synodalrat. Der Synodalrat ist die ausführende Behörde der Evangelisch-reformierten Kirche des Kantons Freiburg. Er sorgt für die Einheit der Kirche und vertritt sie gegen aussen. Er ist der Synode für seine Amtsführung verantwortlich.

Art. 30. Zusammensetzung. Der Synodalrat besteht aus sieben Kirchengliedern, von denen drei ordinierte Mitarbeiterinnen oder Mitarbeiter sind. Jedes Mitglied des Synodalrates trägt als Teil der Kollegialbehörde die gefällten Entscheide mit. Die Amtsdauer beträgt vier Jahre. Wiederwahl ist möglich.

Art. 31. Konvent. (1) Die Pfarrerinnen und Pfarrer im Ministerium der Evangelisch-reformierten Kirche des Kantons Freiburg bilden den Pfarrkonvent.
(2) Die ordinierten diakonischen Mitarbeitenden bilden den Diakonatskonvent.
(3) Pfarr- und Diakonatskonvent bilden zusammen den Konvent.
(4) Der Konvent hat folgende Aufgaben:
- Er fördert die fachspezifische Arbeit und Weiterbildung seiner Mitglieder.
- Er wählt die beiden Dekane.

(5) Die Kantonalkirche kann den Konventen bestimmte Fragen zu Studium und Stellungnahme unterbreiten.

Art. 32. Finanzkommission. Die Finanzkommission prüft die Finanzgeschäfte, die Rechnung und das Budget der Kantonalkirche zu Handen der Synode.

Art. 33. Rekurskommission. Die Rekurskommission besteht aus fünf Mitgliedern, wovon zwei ordinierte Mitarbeitende und wenigstens eines Jurist sein sollen. Sie dürfen nicht gleichzeitig dem Synodalrat angehören. Die Amtsdauer entspricht jener der Synode. Die Synode wählt die Präsidentin oder den Präsidenten der Rekurskommission, die Mitglieder und drei Ersatzmitglieder. Wiederwahl ist möglich.

4.2.2 Finanzen

Art. 34. Finanzhaushalt. (1) Die finanziellen Bedürfnisse der Evangelisch-reformierten Kirche des Kantons Freiburg werden gedeckt durch Beiträge

der Kirchgemeinden an die Synodalkasse gemäss dem durch die Synode beschlossenen Budget und eventuell durch zusätzliche Beiträge und Gaben.
(2) Die Synode legt den Beitragsschlüssel fest aufgrund des Totals der von den reformierten und den juristischen Personen des ganzen Kantons bezahlten Kantonssteuern einerseits und des Totals der von den reformierten und den juristischen Personen in der betreffenden Kirchgemeinde bezahlten Kantonssteuern andererseits.

Art. 35. Finanzausgleich. (1) Die Kirchgemeinden mit ihrer unterschiedlichen Finanzkraft sind auch materiell füreinander verantwortlich. Die Synode sorgt für einen angemessen Ausgleich der Lasten.
(2) Zur Abschwächung der finanziellen Ungleichheiten unter den Kirchgemeinden richtet die Synode auf der Grundlage des Gesetzes über die Beziehungen zwischen den Kirchen und dem Staat an Kirchgemeinden mit geringerer Finanzkraft auf Gesuch hin Beiträge aus. Sie führt für diesen Zweck eine Ausgleichskasse.
(3) Der Protestantisch-kirchliche Hilfsverein des Kantons Freiburg verwaltet diese Ausgleichskasse im Auftrag der Synode und in Zusammenarbeit mit dem Synodalrat und legt der Synode Budget, Jahresbericht und Rechnung zur Genehmigung vor.
(4) Die Ausgleichskasse wird durch Beiträge der Synodalkasse und eventuell durch weitere Beiträge und Gaben gespiesen. Auf Antrag des Protestantisch-kirchlichen Hilfsvereins des Kantons Freiburg bestimmt die Synode im Rahmen ihres Budgets die Höhe des Synodebeitrags.

Art. 36. Verwendung der verfügbaren Mittel. Die Beiträge der Ausgleichskasse sind bestimmt für Personal- oder Baukosten sowie ausserordentliche Aufwendungen in Kirchgemeinden mit geringer Finanzkraft, die ihre Aufgaben gemäss der kirchlichen Gesetzgebung und den Beschlüssen der Synode trotz sparsamer Haushaltführung und einem langfristig über dem Durchschnitt liegenden Steuerfuss nicht aus eigener Kraft erfüllen können.

Art. 37. Voraussetzungen. (1) Die gesuchstellende Kirchgemeinde hat nachzuweisen, dass der Kirchensteuersatz auf dem Einkommen während der letzten 3 Jahre um mindestens 10 Prozent höher lag als das arithmetische Mittel der Einkommenssteuersätze aller freiburgischen reformierten Kirchgemeinden. In Härtefällen kann die Synode Ausnahmen bewilligen.
(2) Die Synode kann die Beitragsgewährung an Bedingungen und Auflagen knüpfen.

Art. 38. Rückerstattung. Stellt eine Kirchgemeinde beim Rechnungsabschluss fest, dass sie Beiträge aus dem Finanzausgleich nicht oder nur teilweise ausschöpfen musste, hat sie den nicht benötigten Betrag im gleichen Jahr an die Ausgleichskasse zurückzuerstatten.

4.2.3 Beschwerden

Art. 39. Kompetenz des Synodalrats. Der Synodalrat entscheidet über Beschwerden gegen Entscheide des Kirchgemeinderates, der Kirchgemeindeversammlung oder des Büros der Kirchgemeindeversammlung.

Art. 40. Rekurskommission. (1) Beschwerden gegen Entscheide des Synodalrats, des Büros der Synode oder des Konvents können an die Rekurskommission weitergezogen werden. Sie entscheidet endgültig.
(2) Das Beschwerderecht in Steuerfragen gemäss Kirchengesetz[3] bleibt vorbehalten.
(3) Die Rekurskommission übernimmt Schlichtungsaufgaben, die ihr von der Synode oder vom Synodalrat übertragen werden.

4.3 Kirchenbund und Ökumene

Art. 41. Kirchenbund und Ökumene. Die Evangelisch-reformierte Kirche des Kantons Freiburg ist Glied des Schweizerischen Evangelischen Kirchenbundes und verbunden mit den reformierten Kirchen in der ganzen Welt und den Mitgliedkirchen des Ökumenischen Rates. In Zusammenarbeit mit anderen christlichen Kirchen und Gemeinschaften bekennt sie sich in ihrer konfessionellen Eigenart zur Einheit der einen Kirche Jesu Christi.

5. Im Dienst der Kirche

Art. 42. Freiwillige Mitarbeit. (1) Alle Mitglieder der Kirche stehen gemeinsam im Dienst von Jesus Christus.
(2) Sie tragen das Leben der Kirche entsprechend ihren Möglichkeiten, ihren Gaben und ihrer Ausbildung mit.
(3) Die Kirche fördert und anerkennt freiwillige Mitarbeit. Sie bietet entsprechende Bildungsmöglichkeiten an.

Art. 43. Besondere Aufträge. (1) Die Kirche beauftragt einzelne Personen für besondere Aufgaben
- in der Verkündigung, vor allem in Katechese und Gottesdienst,
- in der Diakonie, vor allem in sozialen Diensten und in der Seelsorge,

3 Gesetz über die Beziehungen zwischen den Kirchen und dem Staat vom 26. September 1990 (SGF 190.1).

- im Gemeindeaufbau, vor allem in der Erwachsenenbildung,
- in Leitung und Verwaltung, vor allem in Behörden und Administration,
- in der Mitarbeit im Gottesdienst, vor allem in Kirchenmusik und Sigristendienst.

(2) Voraussetzung für diese Dienste sind die innere Bereitschaft, eine gründliche, den Aufgaben entsprechende Ausbildung und in der Regel die Kirchenmitgliedschaft.
(3) Die Kirche anerkennt und entschädigt diese Beauftragten.

Art. 44. Ordination. (1) Die Kirche kann jene Amtsträger ordinieren, deren Berufung durch eine abgeschlossene und von den Mitgliedkirchen des Schweizerischen Evangelischen Kirchenbundes anerkannte Ausbildung bestätigt worden ist.
(2) Die Evangelisch-reformierte Kirche des Kantons Freiburg kann Amtsträger in ihren Dienst aufnehmen, die in einer Schwesterkirche ordiniert worden sind.
(3) Im Einklang mit den anderen evangelischen Kirchen ordiniert die Evangelisch-reformierte Kirche des Kantons Freiburg zum Pfarramt (Verbi Divini Minister) und zum Diakonat.

Art. 45. Schutz und Aufsicht. Alle kirchlichen Amtsträger stehen unter dem Schutz und der Aufsicht des Synodalrates.

Art. 46. Aus- und Weiterbildung. Kirchgemeinden und Kantonalkirche fördern die Aus- und Weiterbildung für kirchliche Ämter und Dienste.

6. Übergangs- und Schlussbestimmungen

Art. 47. Organe. (1) Die Kirchgemeinderäte, die zum Zeitpunkt des Inkrafttretens dieser Kirchenverfassung im Amte sind, üben ihre Funktion während einer Periode von 3 Jahren ab diesem Datum weiter aus.
(2) Innerhalb einer Frist von 4 Monaten nach Inkrafttreten dieser Kirchenverfassung wählen die Kirchgemeindeversammlungen ihre neuen Mitglieder in die Synode.
(3) Die erste Legislaturperiode der Synode unter der neuen Gesetzgebung beginnt mit der ersten ordentlichen Synode nach der Wahl der neuen Mitglieder der Synode.
(4) Der zum Zeitpunkt des Inkrafttretens dieser Kirchenverfassung amtierende Synodalrat bleibt während 2 Jahren nach Beginn der ersten Legislaturperiode der Synode im Amt.

Art. 48. Anwendbares Recht. (1) Bis zur Inkraftsetzung der neuen Kirchenordnung wenden die Organe der Kirche für alle Fragen, die nicht in dieser Kirchenverfassung geregelt sind, das bisherige Recht an.
Sie wenden insbesondere an:

– die Bestimmungen der Kirchenordnung vom 7. November 1976 und 28. Oktober 1979 und der Kirchenverfassung vom 16. November 1969;
– die Bestimmungen des Gesetzes vom 25. September 1980 über die Gemeinden und seines Ausführungsreglementes;
– die Bestimmungen des Gesetzes vom 23. Mai 1991 über die Verwaltungsrechtspflege.

(2) In Zweifelsfällen erlässt der Synodalrat bis zur Inkraftsetzung der neuen Kirchenordnung die notwendigen Bestimmungen.

Art. 49. Revision. Die Synode kann die vorliegende Verfassung mit Zweidrittelsmehrheit ganz oder teilweise revidieren. Totalrevisionen unterliegen der kirchlichen Volksabstimmung, Teilrevisionen dem fakultativen Referendum.

Art. 50. Inkrafttreten. Der Synodalrat setzt die Verfassung in Kraft, nachdem sie von der Synode mit Zweidrittelsmehrheit beschlossen, vom Staatsrat des Kantons Freiburg genehmigt und in der kirchlichen Volksabstimmung von der einfachen Mehrheit der Stimmenden angenommen worden ist.

SJKR/ASDE Beiheft 6 (2009), S. 153-170

Genève (Genf)

Constitution de l'Eglise protestante de Genève, du 7 juillet 1908*

Table des matières

Articles

Titre I: Déclaration
Titre II: Mission de l'Eglise 1
Titre III: Membres de l'Eglise 5
Titre IV: Paroisses et ministères cantonaux 13
Titre V: Organisations de l'Eglise 33a
1. Autorités de l'Eglise 33a
2. Organes de l'Eglise 34
A. Le Consistoire 35
B. Le Conseil du Consistoire 49
C. La Direction 55.1
3. Assemblée de l'Eglise 57
4. Assemblée de recours et clause d'arbitrage 58
Titre VI: Ministres de l'Eglise 60
1. Statut des ministres 60
2. Exercice du ministre 64
Titre VII: Finances de l'Eglise 72
Titre VIII: Temples 77
Titre IX: Révision de la Constitution – Dissolution de l'Eglise 81

* Adoptée par l'Assemblée constituante le 7 juillet 1908, votée par les électeurs protestants du canton de Genève le 27 septembre 1908, entrée en vigueur le 1er janvier 1909. – Le texte de la „Déclaration de foi", adoptée par le Consistoire le 18 juin 1992, n'est pas repris.
Modifications: 1910; 1912; 1939; 1944; 1963; 1968; 1975; 1976; 1979; 1984; 1985; 1987; 7/8 mars 1991; 12 mars 1992; 16 juin 2005; 16 octobre 2006; 15 et 29 novembre 2007; avril et juin 2008 (en vigueur depuis le 3 octobre 2008).

A la gloire de Dieu, notre Créateur et notre Père, qui nous a appelés des ténèbres à sa merveilleuse lumière. Amen.

Titre I: Déclaration

(1) L'Eglise protestante de Genève reconnaît pour son seul chef Jésus-Christ, Sauveur des hommes.
(2) Partie intégrante de l'Eglise universelle, héritière et continuatrice de l'Eglise fondée par le Conseil général de Genève le 21 mai 1536, elle se rattache aux Eglises issues comme elle de la Réformation et entretient des rapports particulièrement étroits avec les Eglises réformées de la Suisse.
(3) Elle place à la base de son enseignement la Bible librement étudiée à la lumière de la conscience chrétienne et de la science. Elle fait un devoir à chacun de ses membres de se former des convictions personnelles et réfléchies.
(4) Elle ouvre ses portes à tous les protestants du canton de Genève, sans leur imposer aucune Confession de foi. Son but est de les grouper et de les unir dans un esprit de justice et de fraternité en vue de leur développement religieux et moral.
(5) Elle travaille à l'avancement du règne de Dieu sur la terre par l'Evangile, source de vie éternelle et de progrès individuel et social.

Titre II: Mission de l'Eglise

Art. 1. Nom. Sous le nom d'*Eglise protestante de Genève*, les membres de cette Eglise constituent une Société soumise aux dispositions des art. 60 et suivants du Code civil suisse[1].

Art. 2. Siège et durée. Le siège de la Société est à Genève. Sa durée est illimitée. Ses publications officielles se font par la voie de la *Feuille d'Avis officielle de la République et canton de Genève.*

Art. 3. But. (1) L'Eglise protestante de Genève a pour but de satisfaire aux besoins religieux des protestants, de défendre et de répandre les principes de la Réforme. Elle poursuit l'accomplissement de son œuvre par le concours actif de tous ses membres, par le ministère de ses pasteurs, par l'enseignement religieux, le culte public, les cérémonies religieuses et par tous les moyens appropriés.
(2) Elle célèbre les sacrements du baptême et de la sainte Cène.

1 SR 210.

(3) Elle s'associe à la célébration des grands événements de l'histoire nationale.

Art. 4. Services. Les services de l'Eglise et le ministère de ses pasteurs sont à la disposition de quiconque les réclame.

Titre III: Membres de l'Eglise

Art. 5. Eglise universelle. (1) Sont membres de l'Eglise universelle ceux et celles qui reconnaissent Jésus-Christ comme Sauveur et Seigneur.
(2) Le baptême et la sainte Cène sont les signes d'appartenance à l'Eglise de Jésus-Christ.

Art. 6. Eglise protestante de Genève. Sont membres de l'Eglise protestante de Genève, les personnes habitant le canton de Genève:
a) qui se reconnaissent comme protestant-e-s;
b) qui ont été enregistré-e-s comme tel-le-s par l'administration ecclésiastique;
c) et qui n'ont pas manifesté leur appartenance à une autre Eglise ou communauté religieuse à Genève.

Art. 7. Hors canton. Les membres de l'Eglise peuvent demander de conserver leur qualité de membre lorsqu'ils s'établissent hors du canton.

Art. 8. Affiliation. Tout membre de l'Eglise est affilié à une paroisse. En outre il peut adhérer à un ou plusieurs ministères cantonaux.

Art. 9. Devoirs. Les membres de l'Eglise en particulier:
a) témoignent de leur foi dans leur vie quotidienne;
b) participent à la vie de l'Eglise, des paroisses, des ministères cantonaux;
c) subviennent régulièrement aux besoins matériels de l'Eglise, des paroisses, des ministères cantonaux.

Art. 10. Droit de vote. Tout membre de l'Eglise a le droit de vote dès 16 ans.

Art. 11. Eligibilité. Tout membre de l'Eglise est éligible dans les Conseils et au Consistoire dès l'âge de 18 ans.

Art. 12. Renonciation. Un membre peut en tout temps sur sa simple déclaration cesser de faire partie de l'Eglise.

Titre IV: Paroisses et ministères cantonaux

Art. 13. Composition de l'Eglise. (1) Pour accomplir dans toute sa diversité la mission que le Seigneur lui confie, l'Eglise est constituée:

a) de paroisses locales ou cantonales,
b) de ministères cantonaux, regroupés en Services, par lesquels s'exercent des missions spécifiques intéressant l'ensemble de l'Eglise.

(2) Selon les besoins, l'Eglise reconnaît et/ou suscite d'autres formes ecclésiales à sa mission.

Art. 14. Forme juridique. (1) Les paroisses se constituent en associations (art. 60 et suivants du Code civil suisse).
(2) Les ministères cantonaux peuvent se constituer en associations.
(3) Leurs statuts sont soumis à l'approbation du Consistoire.

Art. 15. Organisation: paroisses. Le Consistoire définit le territoire des paroisses.

Art. 15bis. Organisation: ministères cantonaux. (1) Le Consistoire définit le nombre et la mission des ministères cantonaux.
(2) Le Conseil du Consistoire décide de l'organisation des ministères cantonaux sur proposition des Services concernés.

Art. 16. Paroisses. Une paroisse est constituée des membres de l'Eglise domiciliés sur le territoire paroissial et de ceux qui, n'y habitant pas, ont demandé leur adhésion à cette paroisse.

Art. 17. Ministère cantonal: composition. (1) Le ministère cantonal est une structure spécifique de l'Eglise par laquelle elle réalise une partie de sa mission.
(2) La composition d'un ministère cantonal est fonction de sa mission et de son organisation.

Art. 18. Région. (1) Les paroisses sont regroupées en région par le Consistoire.
(2) Les Conseils de paroisse mandatent le Bureau de région pour coordonner le travail dans la région.
(3) Le Bureau de région est formé d'un-e délégué-e par le Conseil de paroisse et d'un-e des ministres de la région.
(4) Il peut désigner par cooptation deux personnes supplémentaires au maximum.

Art. 19. Service. (1) Les ministères cantonaux sont regroupés dans des Services par le Consistoire.

(2) Par mandat du Consistoire, un Service est chargé d'une ou de plusieurs missions particulières assumées par un ou plusieurs ministères cantonaux qui le constituent.
(3) Le Service soutient et encourage cette mission dans les régions en coordination avec l'ensemble de l'Eglise.

Art. 20. Affectation des biens. Les biens de la paroisse ou du ministère cantonal (lorsqu'il est constitué en association) sont destinés à subvenir à l'accomplissement de leur mission. Ils ne peuvent être détournés de leur destination.

Art. 21. Dissolution. En cas de dissolution d'une paroisse ou d'un ministère cantonal (lorsqu'il est constitué en association), ses biens sont attribués à l'Eglise protestante de Genève.

Art. 22. Organes. Les organes de la paroisse ou du ministère cantonal (lorsqu'il est constitué en association) sont:
a) l'assemblée générale,
b) le Conseil.

Art. 23. Assemblée générale ordinaire. L'assemblée générale ordinaire est convoquée une fois par année par le Conseil.

Art. 24. Assemblée générale extraordinaire. A la demande soit d'un dixième des membres ayant le droit de vote, soit du Conseil, soit du Conseil du Consistoire, une assemblée générale extraordinaire est convoquée par le Conseil.

Art. 25. Présidence de l'assemblée générale. L'assemblée générale est présidée par le-la président-e du Conseil ou, à défaut, par un membre de celui-ci.

Art. 26. Compétences de l'assemblée générale. Sous réserve des attributions du Consistoire, l'assemblée générale:
1. adopte les statuts de la paroisse ou du ministère cantonal (lorsqu'il est constitué en association);
2. nomme la commission chargée de trouver les candidat-e-s au Conseil et au Consistoire;
3. élit au scrutin secret le Conseil, et pour les paroisses le-la délégué-e au Consistoire et son-sa suppléant-e;
4. adopte le rapport annuel du Conseil;
5. approuve les comptes et donne décharge au Conseil;
6. nomme les vérificateurs-trices des comptes;

7. se prononce sur les décisions importantes concernant la vie de la paroisse ou du ministère, et prend connaissance du budget;
8. exerce les compétences que lui attribuent la Constitution et les Règlements en cas de vacance d'un poste de ministre.

Art. 27. Composition du Conseil. (1) Le Conseil se compose de sept membres au minimum.
(2) La-les personne-s déléguée-s ou suppléante-s au Consistoire sont membres du Conseil.
(3) Pour les paroisses, la personne déléguée ou suppléante au Consistoire est membre du Conseil.

Art. 27bis. Bureau. Le Conseil nomme son Bureau composé, pour le moins, d'un-e président-e, d'un-e trésorier-ère et d'un-e secrétaire.

Art. 28. Renvoi aux Règlements. Les règlements fixent les attributions et l'organisation du Service et du ministère cantonal (lorsqu'il n'est pas constitué en association).

Art. 29. Participation des ministres. Les ministres en activité assistent de droit aux séances ordinaires du Conseil et du Bureau avec voix délibérative.

Art. 30. Responsabilité générale du Conseil. Sous réserve des attributions du Consistoire, le Conseil est l'autorité responsable.

Art. 31. Mission du Conseil. La mission du Conseil, définie par l'assemblée générale, est en particulier de:
1. collaborer avec les ministres à la proclamation de l'Evangile de Jésus-Christ;
2. veiller avec les ministres à l'unité de la paroisse ou du ministère cantonal et à l'accueil des nouveaux membres;
3. représenter la paroisse ou le ministère cantonal;
4. gérer les biens de la paroisse ou du ministère cantonal;
5. préparer les assemblées générales ordinaires ou extraordinaires.

Art. 32. Installation du Conseil. Le Conseil est installé lors d'un culte par un-e représentant-e du Consistoire, désigné-e par celui-ci.

Titre V: Organisations de l'Eglise

Titre V/1: Autorités de l'Eglise

Art. 33a. Autorités. Les autorités de l'Eglise sont:
a) le Consistoire,

b) les Conseils de paroisses, de Services et de ministères cantonaux,
c) la Compagnie des pasteurs et des diacres.

Art. 33b. (1) L'autorité de l'Eglise s'exerce solidairement au sein de l'assemblée du Consistoire.
(2) Le Consistoire délègue l'autorité de l'Eglise aux différents organes conformément à la Constitution et aux règlements.

Titre V/2: Organes de l'Eglise

Art. 34. Organes. Les organes de l'Eglise sont:
a) le Consistoire,
b) le Conseil du Consistoire,
c) la Direction.

A. Le Consistoire

Art. 35. Mission. Le Consistoire:
1. veille à la proclamation de l'Evangile de Jésus-Christ et au maintien de l'unité de l'Eglise protestante de Genève; contribue au maintien et au développement des valeurs du protestantisme;
2. étudie les questions concernant la vie de l'Eglise et définit les grandes orientations du projet ecclésial que met en œuvre la Direction;
3. se prononce sur la politique générale, notamment en matière de gestion des ressources humaines, de formation, de gestion immobilière et financière et de communication;
4. peut confier des mandats à la Compagnie des pasteurs et des diacres et à la Faculté autonome de théologie protestante;
5. se prononce sur les propositions à caractère stratégique présentées par les paroisses, les ministères cantonaux, la Compagnie des pasteurs et des diacres et la Faculté autonome de théologie protestante;
6. nomme et mandate la Commission d'examen de la gestion, l'organe de contrôle financier et la Commission électorale chargée de trouver les candidat-e-s au Conseil du Consistoire;
7. élabore et modifie la Constitution et les Règlements de l'Eglise[2].

Art. 36. Conseil du Consistoire. (1) Le Consistoire élit au scrutin secret le/la président-e et les membres du Conseil du Consistoire.

2 Règlement de l'Eglise protestante de Genève, voir sous www.protestant.ch.

(2) Il délègue au Conseil du Consistoire les compétences qui lui sont nécessaires.

Art. 37. Rapport avec les commissions. Sur proposition de son Conseil, le Consistoire nomme et mandate les commissions et les délégations; il étudie et se prononce sur les rapports établis à son intention.

Art. 38. Rapport avec les paroisses et les ministères cantonaux. Le Consistoire:

1. approuve les statuts des paroisses, des ministères cantonaux et, le cas échéant, des Services;
2. définit le territoire des paroisses ainsi que le nombre et la mission des ministères cantonaux;
3. groupe les paroisses en régions et les ministères cantonaux en services;
4. installe les membres des Conseils de paroisses et de ministères cantonaux.

Art. 39. Ministres. Le Consistoire:

- se prononce sur les demandes de consécration,
- procède à l'installation des ministres.

Art. 40. Finances. Le Consistoire:

- se prononce sur la proposition de budget,
- approuve les comptes et donne décharge au Conseil du Consistoire.

Art. 41. Composition. (1) Le Consistoire est composé:

- d'un-e délégué-e laïque par paroisse;
- d'un-e ou deux délégué-e-s laïque-s par Conseil de Service;
- d'un-e ministre par pastorale de Région;
- un-e ministre par pastorale de Service;
- un-e professeur-e de la Faculté autonome de théologie protestante, membre de l'Eglise;
- des membres du Conseil du Consistoire comprenant le/la modérateur-trice.

(2) Chaque représentation comporte une suppléance.

(3) Une directive d'application d'ensemble précise les critères donnant droits à un-e ou deux délégué-e-s par Service.

Art. 42. Suppléance. Si un-e délégué-e est empêché-e de siéger, il/elle se fait remplacer par un-e suppléant-e.

Art. 43. Désignation des ministres délégués. Les pastorales des Régions et des Services, la Compagnie des pasteurs et des diacres et la Faculté autonome de théologie protestante déterminent elles-mêmes le mode d'élection de leurs délégué-e-s et de leurs suppléant-e-s.

Art. 44. Autres participants. Le/la directeur-trice participe aux séances du Consistoire avec voix consultative. Il/elle peut présenter des propositions par l'entremise du Conseil du Consistoire.

Art. 45. Installation. (1) Lors de leur entrée en fonction, les délégué-e-s titulaires, les suppléant-e-s et les membres du Conseil du Consistoire sont installés par le-la président-e de l'Eglise.
(2) Le/la président-e de l'Eglise est installé-e par le/la doyen-ne d'âge des membres titulaires du Consistoire.

Art. 46. Consultation. Les délégué-e-s des paroisses, des ministères cantonaux, de la Compagnie des pasteurs et des diacres et de la Faculté autonome de théologie protestante transmettent à leurs instances respectives les projets, les informent des débats du Consistoire et sollicitent leurs préavis.

Art. 47. Convocation ordinaire. Le Consistoire est convoqué au minimum quatre fois par an par le Conseil du Consistoire.

Art. 48. Convocation extraordinaire. Dix membres du Consistoire ont le droit d'exiger la convocation de l'assemblée en séance extraordinaire.

B. Le Conseil du Consistoire

Art. 49. Mission. Sous réserve des attributions des paroisses, des ministères cantonaux et de la Compagnie des pasteurs et des diacres, le Consistoire délègue au Conseil du Consistoire les compétences nécessaires à la vie de l'Eglise, notamment:

1. d'organiser la répartition des charges entre ses membres, sous réserve de l'art. 36;
2. de convoquer le Consistoire, d'en établir l'ordre du jour, de préparer les dossiers et d'en assumer la présidence des séances;
3. de présenter au Consistoire les questions de caractère stratégique concernant la vie de l'Eglise, notamment en matière de gestion des ressources humaines, de formation, de gestion immobilière et financière et de communication;
4. d'engager ou licencier le/la directeur-trice et les membres de la Direction;
5. d'assurer le lien entre le Consistoire et la Direction;
6. de proposer la création, la composition et le mandat des commissions et des délégations;

7. d'assurer la haute surveillance de la Direction et de veiller à la bonne exécution des décisions du Consistoire;
8. de veiller à l'observation de la Constitution et des Règlements de l'Eglise.

Art. 50. Composition. (1) Le Conseil du Consistoire est composé d'au moins six personnes, membres de l'Eglise, dont une majorité de laïques et du/de la Modérateur-trice avec voix délibérative.
(2) Les candidat-e-s au Conseil du Consistoire sont choisi-e-s en priorité parmi les délégué-e-s titulaires et suppléant-e-s au Consistoire; s'ils/elles sont élu-e-s, ils/elles perdent leur mandat de délégué-e-s au Consistoire.

Art. 51. Présidence. (1) Le/la président-e du Conseil du Consistoire est soit un-e laïque soit un-e ministre.
(2) Le/la président-e du Conseil du Consistoire porte le titre de président-e de l'Eglise.
(3) Le/la président-e de l'Eglise représente l'Eglise dans ses rapports avec les tiers, notamment avec les autres Eglises, les communautés religieuses, et avec les autorités civiles; le/la président-e peut occasionnellement déléguer cette charge à un autre membre du Conseil du Consistoire.

Art. 52. Responsabilité. La responsabilité de l'Eglise est valablement engagée à l'égard des tiers par la signature collective de deux membres du Conseil du Consistoire ou d'un membre du Conseil du Consistoire et d'un membre de la direction.

Art. 53. Compte-rendu d'activité. Le Conseil du Consistoire rend compte régulièrement, mais au moins une fois par an, au Consistoire de son activité et des décisions qu'il a prises.

Art. 54. Voix délibérative au Consistoire. Les membres du Conseil du Consistoire ont voix délibérative au Consistoire, à l'exception des cas prévus par les Règlements de l'Eglise.

C. La Direction

Art. 55.1. Directeur-trice. Le/la directeur-trice assiste en principe aux séances du Conseil du Consistoire. Il-elle a voix consultative.

Art. 55.2. Composition. (1) La Direction est composée du/de la directeur-trice et des autres responsables nommé-e-s par le Conseil du Consistoire en qualité de membres de la Direction.
(2) Ces personnes doivent être membres de l'Eglise.

Art. 55.3. Mission. La direction est chargée:

1. de mettre en œuvre le projet ecclésial défini par le Consistoire et d'assurer la bonne exécution des décisions du Consistoire;
2. de maintenir et développer les relations avec les paroisses et les ministères cantonaux, les régions et les services; de les aider à résoudre leurs difficultés;
3. de proposer au Consistoire par l'entremise du Conseil du Consistoire la répartition territoriale des paroisses, le nombre et la mission des ministères cantonaux, ainsi que la composition des régions et des services;
4. de veiller au meilleur emploi des forces ministérielles et laïques ainsi qu'à leur formation;
5. d'engager ou de licencier les ministres et les autres collaborateurs-trices de l'Eglise;
6. de gérer les affaires courantes de l'Eglise;
7. de gérer les finances de l'Eglise, tenir les comptes et préparer le budget;
8. de veiller à la gestion du patrimoine et à la conservation des archives de l'Eglise;
9. de veiller au bon fonctionnement de l'Eglise et de procéder aux adaptations nécessaires;
10. d'assurer la communication interne et externe en étroite liaison avec le/la président-e de l'Eglise;
11. de représenter l'Eglise dans tous les domaines qui ne sont pas dévolus au/à la président-e de l'Eglise;
12. de faire respecter la Constitution, les Règlements et les décisions du Consistoire;
13. d'assurer la cohérence entre les lieux d'Eglise.

Art. 56.1. Compagnie. (1) Tout-e ministre actif-ve dans l'Eglise protestante de Genève est de droit membre de la Compagnie des pasteurs et des diacres.
(2) Celle-ci est constituée en association (art. 60 ss. du Code civil suisse) et son/sa président-e est le/la Modérateur-trice.
(3) Elle peut présenter des propositions au Consistoire.
(4) Elle donne son préavis sur la nomination du/de la chargé-e de la formation.

Art. 56.2. Modérature. (1) Le/la Modérateur-trice représente la Compagnie des pasteurs et des diacres au Consistoire (respectivement son/sa suppléant-e).
(2) Il/elle est membre du Conseil du Consistoire avec voix délibérative.
(3) Il/elle préside l'Assemblée de l'Eglise.

Titre V/3: Assemblée de l'Eglise

Art. 57. But. Chaque année le Conseil du Consistoire invite le Consistoire, les Conseils de paroisses et de ministères cantonaux, la Compagnie des pasteurs et diacres, la Faculté autonome de théologie protestante, ainsi que les membres de l'Eglise pour une information sur des questions générales. Cette assemblée de l'Eglise peut exprimer des vœux à l'intention du Consistoire. Elle est présidée par le/la Modérateur-trice. Une telle assemblée de l'Eglise peut être convoquée à la demande du Consistoire, de cinq Conseils de paroisses ou de ministères cantonaux, de la Compagnie des pasteurs et diacres ou de la Faculté autonome de théologie protestante.

Titre V/4: Assemblée de recours et clause d'arbitrage

Art. 58. Assemblée de recours. (1) Une décision du Consistoire en matière constitutionnelle peut faire l'objet d'un recours. L'assemblée habilitée à se prononcer est composée des Conseils de paroisses et de ministères cantonaux et de la Compagnie des pasteurs et diacres. Cette assemblée est présidée par le/la président-e de l'Eglise.
(2) Après une information et un débat, l'assemblée se prononce au scrutin secret. Demeure réservée la procédure référendaire.

Art. 59. Clause d'arbitrage. (1) Un membre de l'Eglise qui conteste une décision à laquelle il n'a pas adhéré et qui viole des dispositions du droit civil ou de la présente Constitution ou des Règlements de l'Eglise peut recourir à un tribunal arbitral.
(2) Ce tribunal arbitral est composé de trois arbitres, membres de l'Eglise. Chacune des deux parties choisit un arbitre. Les arbitres désignent le/la président-e qui doit être un-e juriste.
(3) Le tribunal arbitral fixe lui-même la procédure applicable; il siège en instance unique.

Titre VI: Ministres de l'Eglise

Préambule. (1) L'Eglise a pour mission de rendre présente au monde l'œuvre de Dieu accomplie en Jésus-Christ, serviteur et seigneur, en vue du rassemblement de toute l'humanité dans son Royaume.
(2) Afin de mettre les chrétiens en état d'accomplir ce ministère dans toute sa diversité, Dieu les assiste de son Esprit et donne à l'Eglise des ministres aux compétences diverses et complémentaires.

(3) Dans la reconnaissance et le discernement, l'Eglise a la responsabilité d'accueillir ces personnes, d'éprouver leur vocation et de leur confier, dans la mesure du possible, un ministère qui corresponde à leur formation, à leurs aptitudes et à leurs charismes.
(4) Pasteur-e-s et diacres sont les ministres dont traite le présent titre VI. D'autres ministères sont évoqués ailleurs dans la Constitution.

Titre VI/1: Statut des ministres

Art. 60. Ministères. L'Eglise protestante de Genève reconnaît différents ministères, exercés par des hommes et des femmes auxquels Dieu a adressé vocation et dont la formation est reconnue.

Art. 61. Inscription au rôle des ministres. (1) Pour prétendre à l'exercice d'un ministère dans l'Eglise, il faut en faire par écrit la demande au Conseil du Consistoire, qui doit donner son accord.
(2) Les candidats doivent remplir les conditions suivantes:

1. Les pasteur-e-s doivent être titulaires d'une licence en théologie obtenue à la Faculté de Théologie de l'Université de Genève, ou à celles de Lausanne ou Neuchâtel; toute autre formation théologique, qui doit être de niveau universitaire, est soumise à l'approbation de la Commission des ministères.
   Les diacres doivent être porteurs d'un diplôme délivré par le Département romand des ministères diaconaux (DRMD); toute autre formation diaconale est soumise à l'approbation de la Commission des ministères.

En outre, il faut:

2. être baptisé,
3. être membre de l'Eglise protestante de Genève,
4. avoir accompli des stages de formation professionnelle validés par la Commission des stages et de la formation aux ministères,
5. s'engager à respecter la Constitution et les Règlements de l'Eglise.

(3) Les ministres agréés sont inscrits au rôle des ministres de l'Eglise tenu par le Conseil du Consistoire.
(4) Ils ont le caractère d'ecclésiastique au sens de la loi.

Art. 62. Consécration. (1) La consécration exprime la reconnaissance par l'Eglise de la vocation au ministère pastoral, ou diaconal, adressée à l'un-e de ses membres.
(2) Après le temps probatoire, le ministre est invité par la Commission des ministères à demander au Consistoire sa consécration.

(3) La Commission des ministères est chargée d'examiner les demandes de consécration, elle éprouve la vocation, elle adresse un préavis au Consistoire.
(4) La cérémonie de consécration est définie par les Règlements.

Art. 63. Ministres. (1) En raison de sa formation, le-la pasteur-e est, sans exclusive, chargé de la prédication de l'Evangile, de l'administration des sacrements, des actes ecclésiastiques, de la cure d'âme, de la responsabilité théologique, communautaire et catéchétique.
(2) En raison de sa formation et de son expérience professionnelle antérieure, le-la diacre est, sans exclusive, chargé de l'animation cultuelle, communautaire et catéchétique, ainsi que de la diaconie.
(3) Les titres reconnus dans l'EPG sont les suivants:
Pasteur, diacre et professeur de théologie protestante, en activité, agrégé ou retraité.
Un professeur de théologie protestante doit être membre de l'EPG pour exercer une fonction dans l'Eglise.
(4) Un ministre exerce un ministère lorsqu'il est engagé dans l'EPG sur la base d'un contrat de travail ou d'un mandat.
(5) Un ministre agrégé ou retraité peut être au bénéfice d'un mandat ou d'une convention; ceux-ci sont à durée déterminée. Il reçoit automatiquement une délégation pastorale.

Titre VI/2: Exercice du ministre

Art. 64. Activité des ministres. (1) Les ministres exercent collégialement leur ministère.
(2) Les pasteurs-e-s et les diacres, avec les personnes qui exercent d'autres responsabilités dans l'Eglise, cherchent ensemble à discerner des charismes, à susciter et affermir des engagements dans la communauté.

Art. 65. Agrément ou refus du Conseil de paroisse ou de ministère. Les Conseils concernés ont la compétence d'agréer ou de refuser une candidature transmise par la Direction.

Art. 66. Cérémonie d'accueil. Lors de la cérémonie d'accueil du nouveau ministre, un acte liturgique signifie l'engagement mutuel du ministre et de la communauté paroissiale ou du Service concerné.

Art. 67. Liberté de prédication. (1) Les ministres enseignent et prêchent librement l'Evangile sous leur propre responsabilité.
(2) Cette responsabilité s'inscrit dans la recherche de fidélité à l'Evangile qui engage toute l'Eglise.

Art. 68. Délégation pastorale. Pour assurer la prédication et administrer les sacrements, le Conseil du Consistoire peut accorder, pour un temps limité, une délégation pastorale.

[Art. 69 à 71: abrogés]

Titre VII: Finances de l'Eglise

Art. 72. Généralités. (1) Les finances de l'Eglise protestante de Genève sont dirigées par le Conseil du Consistoire, sous la surveillance du Consistoire qui nomme à cet effet, pour la durée de son mandat, une Commission financière.
(2) Les biens destinés à l'administration générale de l'Eglise sont distincts des biens affectés à l'exercice de la bienfaisance.

Art. 73. Caisse centrale. (1) Les biens destinés à l'administration générale sont réunis sous le nom de Caisse centrale de l'Eglise.
(2) Cette caisse est alimentée par:
1. les contributions annuelles des membres de l'Eglise,
2. les dons et legs avec ou sans destination spéciale,
3. les revenus des capitaux et des fonds de réserve de l'Eglise.

Art. 74. Participation des membres. Tout membre de l'Eglise participe aux charges financières de celle-ci par une contribution annuelle, proportionnelle au montant de sa fortune et de ses revenus figurant dans son bordereau d'impôts cantonal.

Art. 75. Dépenses générales. La Caisse centrale pourvoit aux dépenses générales de l'Eglise. Les dépenses générales sont:
1. le traitement des pasteurs et les indemnités de logement,
2. la part incombant à l'Eglise dans: a) le traitement des organistes, chantres et marguilliers; b) l'entretien des temples dont elle est propriétaire; c) les frais d'enseignement religieux,
3. tout autre objet déterminé par le Consistoire.

Art. 76. Bienfaisance. (1) Le Consistoire remet aux Conseils de paroisse les dons qu'il reçoit ou les revenus des fonds qu'il possède en vue de l'exercice de la bienfaisance.
(2) Ces biens ne peuvent en aucun cas être détournés de leur destination ni par le Consistoire ni par les Conseils de paroisse.

Titre VIII: Temples

Art. 77. Propriété. Les temples, presbytères et biens curiaux dont les communes cèdent la propriété, en exécution de l'art. 3 de la loi du 15 juin 1907[3], sont remis à l'Eglise.

Art. 78. Droit d'usage. L'Eglise remet aux paroisses intéressées le droit d'usage des temples et biens curiaux dont elle est propriétaire. Un règlement spécial fixe la procédure à suivre pour les travaux d'entretien et de réparation, ainsi que pour la répartition des frais entre la caisse centrale et les paroisses.

Art. 79. Destination. Les temples, presbytères et biens curiaux doivent en tout temps conserver leur destination religieuse (art. 3 de la loi du 15 juin 1907).

Art. 80. Jouissance commune. (1) Si une minorité comprenant le quart des membres de l'Eglise ayant le droit de vote demande la jouissance d'un temple pour un culte régulier dont elle assume les frais, cette jouissance doit lui être accordée gratuitement, sous réserve des droits de la majorité. Cette co-jouissance est accordée sous la condition que ce culte sera soumis aux Règlements de l'Eglise et que les personnes qui le célèbrent resteront membres de l'Eglise.
(2) Les règles à suivre pour la co-jouissance sont édictées par le Consistoire.

Titre IX: Révision de la Constitution – Dissolution de l'Eglise

Art. 81. Initiative. Révision totale. Révision partielle. Notification.
(1) L'initiative en matière constitutionnelle appartient:
1. au Consistoire;
2. aux Conseils de paroisses et de ministères cantonaux, pourvu que la révision soit demandée par cinq au moins d'entre eux;
3. aux conseillers de paroisses et de ministères cantonaux titulaires, pourvu que la révision soit demandée par 50 au moins d'entre eux;
4. aux membres de l'Eglise ayant le droit de vote, pourvu que la révision soit demandée par 500 au moins d'entre eux.

(2) S'il est proposé de procéder à une *révision totale* de la Constitution, le Consistoire devra, dans les six mois, poser aux membres de l'Eglise ayant le

3 Pour consulter les dispositions de cette loi voir: *Zaccaria Giacometti*, Quellen zur Geschichte der Trennung von Staat und Kirche, Tübingen 1926, p. 542 et seq.

droit de vote la question d'opportunité en donnant son préavis. Si les trois quarts des suffrages valables sont en faveur de la révision totale, le Consistoire fera procéder à la nomination d'une assemblée constituante, selon les formes usitées pour l'élection du Consistoire. Cette assemblée constituante sera chargée d'élaborer une nouvelle Constitution qui sera soumise aux membres de l'Eglise ayant le droit de vote. Pour que la nouvelle Constitution soit acceptée, il est nécessaire que les deux tiers des suffrages exprimés aient été affirmatifs.
(3) Le Consistoire se prononce en trois débats à au moins un mois d'intervalle, dans l'espace d'une année, sur toute demande de *révision partielle* de la Constitution. Si une proposition émanant de membres du Consistoire ne réunit pas la majorité des membres de celui-ci, il n'y sera donné aucune suite. Dans tous les autres cas, les propositions de révision partielle de la Constitution seront, sous réserve de ce qui est dit ci-après, soumises aux membres de l'Eglise ayant le droit de vote dans la législature en cours avec un préavis du Consistoire en observant toutefois un délai minimum de trois mois à compter de la décision de celui-ci.
(4) Toutefois, lorsqu'une proposition de révision partielle de la Constitution aura été acceptée par le Consistoire en troisième débat par la majorité des membres du Consistoire, celui-ci pourra, au lieu de la soumettre aux membres de l'Eglise ayant le droit de vote, notifier sa décision aux Conseils de paroisses et de ministères cantonaux en les informant que, pendant un délai de trois mois dès cette notification, il pourra être demandé que la proposition soit soumise aux membres de l'Eglise ayant le droit de vote. Il sera donné suite à cette demande si elle est formulée par au moins cinq Conseils de paroisses et-ou de ministères cantonaux, ou cinquante conseillers de paroisses ou de ministères cantonaux titulaires ou cinq cents membres de l'Eglise ayant le droit de vote. Au cas contraire, la disposition nouvelle entrera en vigueur à l'expiration du délai de trois mois.
Dans le cas visé à l'alinéa précédent, le Conseil du Consistoire, en même temps qu'il notifiera la décision du Consistoire aux Conseils de paroisses et de ministères cantonaux, en communiquera le texte aux bulletins et journaux de l'Eglise et des paroisses en vue de sa publication.

Art. 82. Conditions de dissolution. Procédure. (1) Toute proposition de dissoudre l'Eglise ne peut être soumise aux membres de l'Eglise ayant le droit de vote que si elle est appuyée soit par la moitié du corps électoral, soit par la moitié des Conseils de paroisses et de ministères cantonaux, soit par les quatre cinquièmes des membres du Consistoire.
(2) Lorsque l'une ou l'autre de ces conditions est remplie, la question est soumise aux membres de l'Eglise ayant le droit de vote et la dissolution est

prononcée: 1° si les deux tiers des membres de l'Eglise ayant le droit de vote ont pris part à la votation; 2° si les trois quarts des votants se sont prononcés pour la dissolution; 3° si les deux tiers des paroisses et des ministères cantonaux se sont prononcés dans le même sens.

Art. 83. Dissolution. (1) En cas de dissolution de l'Eglise, le Consistoire procédera à la liquidation et décidera notamment à qui les biens de l'Eglise seront attribués.

(2) Cette décision devra toutefois être soumise au corps électoral, si le cinquième des membres de l'Eglise ayant le droit de vote ou la moitié de l'ensemble des Conseils de paroisses et de ministères cantonaux en fait la demande dans les deux mois suivant la publication de l'arrêté consistorial.

SJKR/ASDE Beiheft 6 (2009), S. 171-183

Glarus (Glaris)

Verfassung für die Evangelisch-Reformierte Landeskirche des Kantons Glarus vom 26. November 1989*

Inhaltsverzeichnis

	Artikel
Grundsätzliche Bestimmungen	1
Kirchgemeinden	7
Kirchgemeindeversammlung	13
Kirchenräte	18
Revisoren	21
Dienste	23
Pfarramt	24
Dekanat	27
Evangelisch-Reformierte Landeskirche	30
Aktivbürgerschaft	33
Synode	40
Kantonaler Kirchenrat	48
Geschäfts- und Rechnungsprüfungskommission GPK	54
Gemeinsame Bestimmungen für Kirchgemeinden und Landeskirche	56
Schlussbestimmungen	59

* Kirchl. GSlg. 2/A. GS IV A/1/4. – Beschlossen von der ausserordentlichen Synode vom 25. Februar 1988; gutgeheissen durch die Aktivbürgerschaft am 26. November 1989; genehmigt durch den Landrat des Kantons Glarus am 27. Juni 1990.
Keine Änderungen seither.

Einen andern Grund kann niemand legen als den, der gelegt ist, welcher Jesus Christus ist. (1. Kor. 3, 11)

Dient einander als gute Verwalter der vielfältigen Gnade Gottes, jedes mit der Gabe, die es empfangen hat. (1. Pt. 4, 10)

Christus spricht: Siehe, ich bin bei euch alle Tage bis an das Ende der Welt. (Mt. 28, 20)

Grundsätzliche Bestimmungen

Art. 1. Auftrag. Die Evangelisch-Reformierte Landeskirche des Kantons Glarus weiss sich im Glauben an das kommende Reich Gottes dazu aufgerufen, für die Christusbotschaft in unserem Volk einzutreten. Sie dient mit ihren Kirchgemeinden dem Volk durch die Verkündigung des Evangeliums von Jesus Christus im Gottesdienst in Wort und Sakrament, in kirchlichen Handlungen, Seelsorge, Unterweisung, Diakonie und weiteren Taten der Nächstenliebe. Vom Evangelium her setzt sie sich ein für die kirchliche Gemeinschaft, die Mission, die Wahrung der Menschenrechte und die Verantwortung gegenüber der Schöpfung.

Art. 2. Zugehörigkeit. (1) Die Evangelisch-Reformierte Landeskirche versteht sich als Teil der weltweiten christlichen Kirche.
(2) Sie ist Mitglied des Schweizerischen Evangelischen Kirchenbundes.

Art. 3. Name. (1) Evangelisch ist sie, weil sie Grund und Verpflichtung zu ihrem Glauben und Handeln erkennt im Evangelium gemäss Altem und Neuem Testament.
(2) Reformiert ist sie dank ihrer Herkunft aus der Reformation Huldrych Zwinglis und seiner Nachfolger, und durch ihren Willen, sich stets der Heiligen Schrift gemäss zu erneuern.
(3) Landeskirche ist sie durch ihre Verbindung mit dem Werden und Wachsen des glarnerischen Staatswesens und durch ihre Verankerung in der Verfassung des Kantons Glarus.

Art. 4. Ökumene. (1) Verpflichtendes Ziel der Evangelisch-Reformierten Landeskirche ist die christliche Einheit. Daher arbeitet sie mit andern Konfessionen und christlichen Gemeinschaften zusammen.
(2) In der Begegnung mit anderen Religionsgemeinschaften bemüht sie sich – auf der Grundlage der Glaubens- und Gewissensfreiheit – um Dialog und Verständnis.

Art. 5. Rechtsform. Die Evangelisch-Reformierte Landeskirche ist eine öffentlich-rechtliche Körperschaft. Sie ordnet im Rahmen des staatlichen Rechts[1] ihre Angelegenheiten selbständig.

Art. 6. Mitgliedschaft. Die Evangelisch-Reformierte Landeskirche umfasst alle Personen, die einer evangelisch-reformierten Kirchgemeinde des Kantons Glarus angehören.

Kirchgemeinden

Art. 7. Erfüllung des Auftrages. (1) Die Kirchgemeinden sorgen für die Erfüllung ihres Auftrages gemäss den Grundsätzen dieser Verfassung. Sie wirken im Rahmen ihrer Möglichkeiten an der Lösung kantonal- und gesamtkirchlicher Aufgaben mit.
(2) In allgemeinen Angelegenheiten, die nicht landeskirchlich geordnet sind, steht der Entscheid den Kirchgemeinden zu.

Art. 8. Bestand. (1) Bestand und Umfang der Kirchgemeinden werden in der Kirchenordnung festgelegt.
(2) Veränderungen in Bestand und Umfang der Kirchgemeinden bedürfen der Zustimmung der betreffenden Kirchgemeindeversammlungen und der Genehmigung durch die Synode.

Art. 9. Mitgliedschaft. (1) Mitglied einer Kirchgemeinde ist jede im Kirchgemeindegebiet wohnhafte evangelisch-reformierte Person, die nicht schriftlich ihren Austritt erklärt hat.
(2) Zeichen und Ausdruck findet diese Mitgliedschaft in Taufe und Abendmahl, in Unterweisung und Konfirmation, in der Teilnahme am Gottesdienst und im Interesse am Leben der Gemeinde.

Art. 10. Rechtsform. Die Kirchgemeinde ist als öffentlich-rechtliche Körperschaft vermögensfähig und berechtigt, Steuern zu erheben. Im Rahmen der staatlichen und kirchlichen Rechtsordnung regelt sie ihre Angelegenheiten selbständig.

Art. 11. Organe. Die Organe der Kirchgemeinde sind:
a) die Kirchgemeindeversammlung,
b) der Kirchenrat,
c) die Beauftragten für die Rechnungsrevision.

1 Vgl. insbesondere Art. 135-137 der Verfassung des Kantons Glarus vom 1. Mai 1988 (GS I A/1/1) und Gemeindegesetz vom 3. Mai 1992 (GS II E/2).

Art. 12. Zusammenarbeit. (1) Die Kirchgemeinden können zur Erfüllung von Aufgaben zusammenarbeiten. Sie sind ermächtigt, Zweckverbände zu bilden.
(2) Vereinbarungen unter Kirchgemeinden über die dauernde gemeinsame Erfüllung von Aufgaben sind dem Evangelischen Kirchenrat des Kantons Glarus (= kantonaler Kirchenrat) zur Kenntnis zu bringen.
(3) Statuten von Zweckverbänden sind dem kantonalen Kirchenrat zur Genehmigung vorzulegen. Seine Entscheidung kann innerhalb von 30 Tagen an die Synode weitergeleitet werden, welche endgültigen Beschluss fasst.
(4) Ist die Zusammenarbeit zwingend notwendig und können sich die Kirchgemeinden innerhalb einer vom kantonalen Kirchenrat festgesetzten Frist nicht einigen, so trifft die Synode die erforderlichen Massnahmen.

Kirchgemeindeversammlung

Art. 13. Stellung. Die Kirchgemeindeversammlung ist das oberste Organ der Kirchgemeinde. Sie besteht aus der stimmberechtigten evangelisch-reformierten Einwohnerschaft.

Art. 14. Stimmrecht. (1) Das Stimm- und Wahlrecht in kirchlichen Angelegenheiten steht allen Mitgliedern der Kirchgemeinde zu, die das Schweizer Bürgerrecht besitzen und das 16. Altersjahr zurückgelegt haben.
(2) Als Mitglied einer Kirchenbehörde sind alle Mitglieder der Kirchgemeinde wählbar, die das Schweizer Bürgerrecht besitzen und das 18. Altersjahr zurückgelegt haben.
(3) Ausländer und Ausländerinnen mit Niederlassungsbewilligung, die sich zur evangelischen Kirche zählen, sind gemäss Abs. 1 und 2 stimmberechtigt und wählbar.

Art. 15. Einberufung. (1) Die Kirchgemeindeversammlung wird vom Kirchenrat einberufen, so oft es die Geschäfte erfordern, mindestens jedoch einmal im Jahr.
(2) Sie muss innerhalb von drei Monaten zusammentreten, wenn es ein Zehntel der Stimmberechtigten unter Angabe des Verhandlungsgegenstandes schriftlich verlangt.

Art. 16. Aufgaben. In den Aufgabenbereich der Kirchgemeindeversammlung fallen insbesondere:

a) Wahl des Präsidenten oder der Präsidentin der Kirchgemeinde,
b) Wahl des Verwalters oder der Verwalterin des Kirchengutes,
c) Wahl der übrigen Mitglieder des Kirchenrates,
d) Wahl der Beauftragten der Rechnungsrevision,

e) Wahl der Synodalen,
f) Wahl der Pfarrer und Pfarrerinnen,
g) Wahl der übrigen Angestellten der Kirchgemeinde, soweit diese nicht dem Kirchenrat übertragen ist,
h) Wahl der Stimmenzähler und Stimmenzählerinnen,
i) Abnahme der Jahresrechnung,
k) Beschlussfassung über Voranschlag und Steuerfuss,
l) Entscheid über Angelegenheiten von wesentlicher Tragweite für das Leben in der Kirchgemeinde,
m) Beschlussfassung über Erwerb, Veräusserung oder Verpfändung von Grundstücken, grössere Bauvorhaben, Äufnung oder Verwendung von Fondationen und Aufnahme von Krediten für ausserordentliche Bedürfnisse,
n) Aufsicht über die Verwaltung der Kirchgemeinde,
o) Beschluss über die Zugehörigkeit zu einem Zweckverband.

Art. 17. Beschwerde. (1) Wer gegen Beschlüsse von Kirchgemeindeversammlungen ein eigenes schutzwürdiges Interesse geltend macht, kann innerhalb von zehn Tagen seit der Beschlussfassung beim kantonalen Kirchenrat Beschwerde erheben.
(2) Die Bestimmungen des Verwaltungsrechtspflegegesetzes[2] finden sinngemäss Anwendung.
(3) In Rechtsfragen kann jede Partei den Entscheid des kantonalen Kirchenrates nach den Bestimmungen des Verwaltungsrechtspflegegesetzes innerhalb von zehn Tagen an das Verwaltungsgericht weiterziehen.

Kirchenräte

Art. 18. Aufgaben. Der Kirchenrat ist die leitende und vollziehende Behörde der Kirchgemeinde. Er fördert das kirchliche Leben in der Gemeinde und erledigt alle Geschäfte, die nicht anderen Organen übertragen sind.

Art. 19. Zusammensetzung. (1) Der Kirchenrat besteht aus dem Präsidenten oder der Präsidentin der Kirchgemeinde, dem Verwalter oder der Verwalterin des Kirchengutes und mindestens drei weiteren Mitgliedern.
(2) Er ist beschlussfähig, wenn die Mehrheit der Mitglieder anwesend ist.
(3) Pfarrer und Pfarrerin sind zu den Verhandlungen des Kirchenrates mit beratender Stimme beizuziehen.

2 GS III G/1.

(4) Weitere Mitarbeiter und Mitarbeiterinnen der Kirchgemeinde können beigezogen werden.

Art. 20. Beschwerde. (1) Wer ein eigenes schutzwürdiges Interesse geltend macht, kann gegen Entscheide des Kirchenrates innerhalb von 30 Tagen seit der Eröffnung beim kantonalen Kirchenrat Beschwerde erheben.
(2) Die Bestimmungen des Verwaltungsrechtspflegegesetzes finden sinngemäss Anwendung.

Revisoren

Art. 21. Wahlverfahren. Die Kirchgemeindeversammlung wählt mindestens zwei Beauftragte für die Rechnungsrevision. Sie dürfen weder dem Kirchenrat angehören noch Bedienstete der Kirchgemeinde sein.

Art. 22. Aufgaben. Die Beauftragten für die Rechnungsrevision prüfen das gesamte Rechnungswesen und erstatten der Kirchgemeindeversammlung jährlich Bericht.

Dienste

Art. 23. Grundsätzliches. (1) Die Evangelisch-Reformierte Landeskirche ist auf die Mitarbeit und die Mitverantwortung ihrer Mitglieder angewiesen.
(2) Kirchgemeinden, Zweckverbände und Landeskirche können geeignete Personen mit der Ausübung bestimmter Dienste beauftragen. Sie fördern deren Weiterbildung.

Pfarramt

Art. 24. Auftrag und Ausbildung. (1) Dem Pfarrer und der Pfarrerin ist die Verkündigung des Evangeliums anvertraut.
(2) Dieser Dienst erfordert eine theologische Ausbildung.
(3) Pfarrer und Pfarrerin versehen ihre Aufgabe nach den Grundsätzen dieser Verfassung.

Art. 25. Wählbarkeit. (1) Ins Pfarramt ist wählbar, wer die folgenden Voraussetzungen erfüllt:

a) Wahlfähigkeitszeugnis der theologischen Konkordatsprüfungsbehörde,
b) Ordination zum Kirchendienst.

(2) Ausnahmsweise kann der kantonale Kirchenrat jemanden auch aufgrund einer anderen, gleichwertigen Ausbildung als wählbar erklären.

(3) Sofern die Verhältnisse es erfordern, kann die Synode abweichende Regelungen der Wahlfähigkeit erlassen.

Art. 26. Pfarrkonvent. (1) Die gemäss Art. 25 gewählten Personen sind die stimmberechtigten Mitglieder des Pfarrkonvents.
(2) Der Pfarrkonvent befasst sich mit Fragen der Amtsführung sowie weiteren, das Pfarramt berührenden Problemen.
(3) Der Pfarrkonvent hat das Recht, dem kantonalen Kirchenrat und der Synode Anträge zu stellen.

Dekanat

Art. 27. Wahlverfahren. Der Pfarrkonvent wählt aus seiner Mitte für den Vorsitz den Dekan oder die Dekanin. Diese Wahl bedarf der Bestätigung durch die Synode.

Art. 28. Aufgaben. In den Aufgabenbereich des Dekanats fallen:
a) die Vertretung des Pfarrkonvents nach aussen,
b) die Beratung der Pfarrerschaft in kirchlichen und persönlichen Fragen,
c) die Pfarrinstallation zur Amtseinführung,
d) die Ausübung des Rechts, an Sitzungen des kantonalen Kirchenrats mit beratender Stimme teilzunehmen.

Art. 29. Nichttheologische Fachleute. (1) Die Kirchgemeinden, die Zweckverbände und die Evangelisch-Reformierte Landeskirche können weitere Personen wie Diakone und Diakoninnen, Katecheten und Katechetinnen, Gemeindehelfer und Gemeindehelferinnen für die Erfüllung kirchlicher Aufgaben in Dienst nehmen.
(2) Die Synode kann für solche Mitarbeiter und Mitarbeiterinnen die Ordination zum Kirchendienst vorsehen.

Evangelisch-Reformierte Landeskirche

Art. 30. Aufgaben. Die Evangelisch-Reformierte Landeskirche erfüllt die ihr durch diese Verfassung übertragenen Aufgaben.

Art. 31. Mittel. Die finanziellen Aufwendungen der Evangelisch-Reformierten Landeskirche werden insbesondere gedeckt durch:
a) die in der kantonalen Gesetzgebung bestimmten Steuern,
b) die Steuerbeiträge aufgrund von Synodalbeschlüssen,
c) den Ertrag des Vermögens sowie der Stiftungen und Fonds,
d) staatliche Beiträge.

Art. 32. Organe. Die Organe der Evangelisch-Reformierten Landeskirche sind:

a) die evangelisch-reformierte Aktivbürgerschaft,
b) die Synode,
c) der Evangelische Kirchenrat des Kantons Glarus (kantonaler Kirchenrat),
d) die Geschäfts- und Rechnungsprüfungskommission (GPK).

Aktivbürgerschaft

Art. 33. Bestand. Die evangelisch-reformierte Aktivbürgerschaft besteht aus der Gesamtheit der stimmberechtigten Mitglieder aller Kirchgemeinden der Evangelisch-Reformierten Landeskirche.

Art. 34. Obligatorisches Referendum. Änderungen der Kirchenverfassung unterliegen in geheimer Abstimmung dem obligatorischen Referendum der Aktivbürgerschaft.

Art. 35. Fakultatives Referendum. (1) Dem fakultativen Referendum unterstehen:

a) von der Synode erlassene Gesetze und allgemeinverbindliche Beschlüsse,
b) Kreditbeschlüsse der Synode, soweit sie den in der Kirchenordnung festgelegten Mindestbetrag übersteigen.

(2) 800 Mitglieder der Aktivbürgerschaft oder mindestens zwei Kirchgemeinden können innerhalb von 60 Tagen – von der Veröffentlichung im Amtsblatt an gerechnet – verlangen, dass ein dem fakultativen Referendum unterstehender Beschluss der geheimen Abstimmung unterstellt wird.

Art. 36. Initiative. (1) Mit einem Initiativbegehren können 600 Mitglieder der Aktivbürgerschaft oder mindestens drei Kirchgemeinden den Erlass, die Änderung oder die Aufhebung von Bestimmungen der Kirchenverfassung, der Kirchenordnung[3] oder eines nicht in die abschliessende Zuständigkeit der Synode fallenden Beschlusses verlangen.
(2) Das Initiativbegehren kann als einfache Anregung oder als ausgearbeiteter Entwurf gestellt werden. Es muss eindeutig abgefasst sein und darf nur einen einzigen Erlass zum Gegenstand haben.

Art. 37. Vorgehen im Falle einer einfachen Anregung. (1) Wird ein Initiativbegehren in der Form der einfachen Anregung gestellt, und ist die

3 Kirchl. GSlg. 3/A.

Synode damit einverstanden, so hat sie einen entsprechenden Erlass auszuarbeiten.
(2) Stimmt die Synode dem Begehren nicht zu, so hat die Aktivbürgerschaft darüber zu entscheiden, ob ein solcher Erlass ausgearbeitet werden soll.

Art. 38. Vorgehen im Falle eines ausgearbeiteten Entwurfs. (1) Stimmt die Synode einem Initiativbegehren in der Form des ausgearbeiteten Entwurfes zu, so ist der Entwurf der Aktivbürgerschaft zum Entscheid vorzulegen.
(2) Stimmt die Synode dem Initiativbegehren nicht zu, so kann sie die Verwerfung der Initiative beantragen und allenfalls einen Gegenvorschlag ausarbeiten.
(3) Die Abstimmung über die Initiative und den Gegenvorschlag findet gleichzeitig statt. Das doppelte Ja ist zulässig. Erreichen sowohl die Initiative wie der Gegenvorschlag das absolute Mehr, so gilt jene Vorlage als angenommen, die mehr Ja-Stimmen auf sich vereinigt.

Art. 39. Zulässigkeit. (1) Die Synode entscheidet über die Zulässigkeit eines Initiativbegehrens.
(2) Gegen den Entscheid der Synode, durch welchen ein Initiativbegehren als rechtswidrig bezeichnet wird, kann innerhalb von zehn Tagen seit der Eröffnung nach den Bestimmungen des Verwaltungsrechtspflegegesetzes beim Verwaltungsgericht Beschwerde wegen Rechtsverletzung geführt werden.

Synode

Art. 40. Rechtsstellung. Die Synode ist – unter Vorbehalt der Zuständigkeit der evangelisch-reformierten Aktivbürgerschaft – das oberste Organ der Kantonalkirche.

Art. 41. Zusammensetzung. (1) Die Synode besteht aus:
a) den von den Kirchgemeinden gewählten Abgeordneten,
b) den evangelisch-reformierten Mitgliedern des Regierungsrates,
c) den gemäss Art. 25 dieser Verfassung gewählten Pfarrern und Pfarrerinnen.

(2) Die Mitglieder des kantonalen Kirchenrates nehmen an der Synode teil. Sie haben das Recht, Anträge zu stellen und sich an den Beratungen zu beteiligen, nicht aber an Abstimmungen und Wahlen.

Art. 42. Wahl der Abgeordneten. (1) Die Kirchgemeinden ordnen 50 Mitglieder in die Synode ab.
(2) Jeder Kirchgemeinde steht mindestens ein Sitz zu.

(3) Im übrigen regelt die Kirchenordnung die Sitzverteilung nach Massgabe der evangelisch-reformierten Wohnbevölkerung.

Art. 43. Antragsrecht. Das Recht, Anträge an die Synode zu stellen, steht zu:

a) den Synodalen,
b) den Kommissionen der Synode,
c) dem kantonalen Kirchenrat,
d) dem Pfarrkonvent,
e) den Kirchgemeinden sowie den örtlichen Kirchenbehörden.

Art. 44. Aufgaben. (1) Die Synode trägt die Verantwortung für die Ordnung der Landeskirche und übt die Oberaufsicht über die gesamte kirchliche Tätigkeit aus.

(2) Es stehen ihr insbesondere zu:

a) Wahl des Präsidenten oder der Präsidentin, des Vizepräsidenten oder der Vizepräsidentin und des Aktuars oder der Aktuarin der Synode; diese bilden zusammen das Synodalbüro,
b) Wahl des Präsidenten oder der Präsidentin, des Finanzverwalters oder der Finanzverwalterin und der übrigen fünf Mitglieder des kantonalen Kirchenrates,
c) Wahl des Präsidenten oder der Präsidentin der GPK, der zwei Beauftragten für die Rechnungsrevision sowie der zwei weiteren Mitglieder der GPK,
d) Wahl der Mitglieder weiterer Kommissionen,
e) Wahl des Predigers oder der Predigerin der Synode,
f) Genehmigung des kirchenrätlichen Jahresberichtes und Kenntnisnahme vom Bericht der GPK zur Tätigkeit des kantonalen Kirchenrates und zu dessen Jahresbericht,
g) Genehmigung der Jahresrechnungen,
h) Festsetzung des Budgets und der Höhe des Steuerbeitrages der Kirchgemeinden,
i) Genehmigung des Berichtes der GPK,
k) Erlass der Kirchenordnung[4], weiterer Gesetze und allgemeinverbindlicher Beschlüsse,
l) Beschlüsse über Richtlinien und Empfehlungen,
m) Schaffung regionaler Dienste,

4 Kirchenordnung für die Evangelisch-reformierte Landeskirche des Kantons Glarus vom 24. Januar 1991 (GS IV A/21/2; Kirchl. GSlg. 3/A), verfügbar im Internet unter www.ref.ch/gl.

n) Genehmigung von Vereinbarungen und Verträgen, welche vom kantonalen Kirchenrat mit andern Kirchen, mit dem Staat oder mit Institutionen von öffentlichem Interesse abgeschlossen werden,
o) Genehmigung von Beitritten zu interkantonalen Organisationen,
p) Ausgabenbeschlüsse, welche nicht in die Kompetenz des kantonalen Kirchenrates fallen,
q) Bestätigung der vom Pfarrkonvent getroffenen Wahl in das Dekanat.

Art. 45. Geschäftsordnung. (1) Die Synode gibt sich ein Geschäftsreglement.
(2) Sie ist beschlussfähig, wenn die absolute Mehrheit der Mitglieder anwesend ist.
(3) Die Verhandlungen der Synode sind in der Regel öffentlich.
(4) Aus wichtigen Gründen kann die Synode geheime Verhandlungen beschliessen. Der Vorentscheid hat unter Ausschluss der Öffentlichkeit zu erfolgen.

Art. 46. Sitzungen. (1) Die Synode versammelt sich ordentlicherweise einmal pro Jahr.
(2) Ausserordentliche Sitzungen können unter Angabe der zu behandelnden Geschäfte einberufen werden durch den Beschluss:
a) der Synode,
b) ihres Büros,
c) des kantonalen Kirchenrates,
d) auf schriftliches Begehren von mindestens einem Fünftel der Mitglieder der Synode oder von zwei örtlichen Kirchenbehörden.

Art. 47. Beschwerde. Wer gegen Beschlüsse der Synode ein eigenes schutzwürdiges Interesse geltend macht, kann innerhalb von zehn Tagen seit der Beschlussfassung nach den Bestimmungen des Verwaltungsrechtspflegegesetzes beim Verwaltungsgericht Beschwerde wegen Rechtsverletzung erheben.

Kantonaler Kirchenrat

Art. 48. Zusammensetzung. (1) Der kantonale Kirchenrat besteht aus dem Präsidenten oder der Präsidentin, dem Finanzverwalter oder der Finanzverwalterin und fünf weiteren Mitgliedern.
(2) Dem Rat dürfen nicht mehr als drei Mitglieder des Pfarrerstandes angehören.

Art. 49. Konstituierung. (1) Unter Vorbehalt der Wahlbefugnis der Synode konstituiert sich der kantonale Kirchenrat selbst.
(2) Er wählt die kirchenrätlichen Abordnungen und Ausschüsse.

Art. 50. Aufgaben. Der kantonale Kirchenrat leitet die Evangelisch-Reformierte Landeskirche, vollzieht die Gesetze und Beschlüsse der Synode und vertritt die Landeskirche nach aussen. Es stehen ihm insbesondere zu:
a) Wahl in Ämter, Kommissionen und Abordnungen, deren Bestellung nicht ausdrücklich der Synode vorbehalten ist,
b) Ordinationen,
c) Prüfung der Wahlfähigkeit der Pfarrer und Pfarrerinnen gemäss Art. 25 dieser Verfassung und Validierung der entsprechenden Wahlen,
d) Vorbereitung und Antragstellung zu allen Geschäften der Synode,
e) Aufsicht über die von ihm gewählten Beauftragten und über das Unterrichtswesen,
f) Oberaufsicht über die Kirchgemeinden,
g) Entscheid über Beschwerden gegen Wahlen und Beschlüsse von Kirchgemeindeversammlungen und örtlichen Kirchenräten,
h) Entscheid bei Streitigkeiten zwischen Kirchgemeinden,
i) Vernehmlassungen der Landeskirche.

Art. 51. Finanzkompetenzen. Die Finanzkompetenzen des kantonalen Kirchenrates werden durch die Kirchenordnung geregelt.

Art. 52. Jahresbericht. Der kantonale Kirchenrat legt der Synode jährlich einen schriftlichen Bericht vor.

Art. 53. Beschwerde. Wer gegen die Verfügungen und Entscheide des kantonalen Kirchenrates ein eigenes schutzwürdiges Interesse geltend macht, kann innerhalb von 30 Tagen seit der Eröffnung nach den Bestimmungen des Verwaltungsrechtspflegegesetzes beim Verwaltungsgericht Beschwerde wegen Rechtsverletzung erheben.

Geschäfts- und Rechnungsprüfungskommission GPK

Art. 54. Zusammensetzung. Die GPK besteht aus dem Präsidenten oder der Präsidentin, zwei Beauftragten für die Rechnungsrevision und zwei weiteren Mitgliedern.

Art. 55. Aufgaben. (1) Die GPK prüft die Amtsführung des kantonalen Kirchenrates anhand der Protokolle, Jahresberichte und weiterer Unterlagen.

(2) Die zwei Beauftragten für die Rechnungsrevision prüfen insbesondere das Rechnungswesen der Landeskirche.
(3) Die GPK erstattet der Synode alljährlich Bericht und Antrag.

Gemeinsame Bestimmungen für Kirchgemeinden und Landeskirche

Art. 56. Amtsdauer und Amtsantritt. (1) Die Amtsdauer aller kirchlicher Behörden, Amtsträger und Angestellten beträgt vier Jahre.
(2) Die Amtszeit beginnt am 1. Juli nach den Gesamterneuerungswahlen.
(3) Für die von der Synode Gewählten beginnt die Amtszeit mit der Synode.

Art. 57. Rechnungsjahr. Das Rechnungsjahr deckt sich mit dem Kalenderjahr.

Art. 58. Ergänzendes Recht. Soweit dem kirchlichen Recht keine Vorschrift entnommen werden kann, findet das staatliche Recht sinngemäss Anwendung.

Schlussbestimmungen

Art. 59. Inkrafttreten. (1) Diese Kirchenverfassung bedarf der Zustimmung der Aktivbürgerschaft und der Genehmigung durch den Landrat.
(2) Sie tritt auf den 1. Januar des folgenden Jahres in Kraft.

Art. 60. Aufhebung des bisherigen Rechts. Mit dem Inkrafttreten der vorliegenden Kirchenverfassung treten alle kirchlichen Gesetze, Reglemente und Verordnungen ausser Kraft, soweit sie dieser Verfassung widersprechen.

Art. 61. Übergangsbestimmung. Die beim Inkrafttreten dieser Verfassung laufende Amtsdauer der Behörden, Beauftragten und Angestellten richtet sich nach dem bisherigen Recht.

SJKR/ASDE Beiheft 6 (2009), S. 185-207

Graubünden/Grigioni (Grisons)

Verfassung der Evangelisch-reformierten Landeskirche des Kantons Graubünden vom 26. Februar 1978*

Inhaltsverzeichnis

		Artikel
A.	Allgemeine Bestimmungen	1
B.	Die Kirchgemeinde	3
	1. Die Kirchgemeindeversammlung	8
	2. Der Kirchgemeindevorstand	11
	3. Das Revisorat	14
	4. Das Pfarramt	15
C.	Die Organe der Evangelisch-reformierten Landeskirche	17
	1. Das evangelische Bündnervolk	18
	2. Kolloquien	20
	3. Die Synode	22
	4. Der Evangelische Grosse Rat	25
	5. Der Kirchenrat	29
	6. Die Rekurskommission	33
D.	Austritt aus der Evangelisch-reformierten Landeskirche	36
E.	Die Kantonale Evangelische Kirchenkasse	39
F.	Revision der Verfassung und Initiativrecht	41
G.	Schluss- und Übergangsbestimmungen	44
Übergangsbestimmungen		

* Kirchl. GSlg. 100. – Vom evangelischen Bündnervolk angenommen am 26. Februar 1978.
Änderungen: 7. März 1993.

A. Allgemeine Bestimmungen

Art. 1. Grundlegung. (1) Die Evangelisch-reformierte Landeskirche Graubünden ist die Gemeinschaft aller Einwohner, die einer ihrer Kirchgemeinden angehören.
(2) Mit der gesamten Christenheit bekennt sie sich zu Jesus Christus als ihrem Herrn. Im Sinne der Reformation gründet sie sich auf das Wort Gottes, wie es in der Bibel überliefert ist. Sie bezeugt das ihr anvertraute Evangelium in Wort und Tat in der Hoffnung auf das Kommen des Reiches Gottes. Dazu schliesst sie sich mit andern Kirchen, insbesondere den evangelischen Kirchen in der Schweiz, in geeigneter Weise zusammen.

Art. 2. Rechtsform. Die Evangelisch-reformierte Landeskirche Graubünden ist eine öffentlich-rechtliche Körperschaft[1].

B. Die Kirchgemeinde

Art. 3. Aufgabe. Die Kirchgemeinde erfüllt ihre Aufgabe im Rahmen der landeskirchlichen Ordnung selbständig. Sie trägt die Verantwortung für die in ihr ausgeübten Dienste, vor allem für regelmässigen Gottesdienst, Unterricht, Seelsorge, Liebestätigkeit und das ihr anvertraute Kirchgemeindevermögen. Sie wirkt an gesamtkirchlichen Aufgaben mit.

Art. 4. Personelle Zugehörigkeit. (1) Der evangelischen Kirchgemeinde gehören alle Personen evangelischer Konfession mit Wohnsitz in ihrem Gebiet an, die nicht ausdrücklich ihre Nichtzugehörigkeit zur Landeskirche erklärt haben oder aus ihr ausgetreten sind.
(2) Personen evangelischer Konfession mit Wohnsitz in politischen Gemeinden, in denen keine evangelische Kirchgemeinde besteht, gehören zur nächstliegenden evangelischen Kirchgemeinde. Der Kirchenrat kann eine andere Regelung treffen, wenn durch diese eine bessere Pastoration gewährleistet wird.

Art. 5. Neue Kirchgemeinden, Verschmelzung, Pastorationsgemeinschaft. (1) Die Neugründung von Kirchgemeinden und die Vereinigung benachbarter Kirchgemeinden zu einer einzigen Kirchgemeinde bedürfen der Genehmigung des Evangelischen Grossen Rates.
(2) Mit Einwilligung des Kolloquiums und des Kirchenrates können sich Kirchgemeinden zu Pastorationsgemeinschaften zusammenschliessen.

1 Vgl. Art. 98 f. der Verfassung des Kantons Graubünden vom 18. Mai 2003/ 14. September 2003 (BR 110.100).

Art. 6. Steuerhoheit. Die Kirchgemeinde ist befugt, zur Erfüllung ihrer Aufgaben Steuern zu erheben, soweit die Erträgnisse des Kirchgemeindevermögens hierfür nicht ausreichen. Es gelten die Grundsätze der Kantonsverfassung.

Art. 7. Organe. Notwendige Organe der Kirchgemeinde sind:
a) die Kirchgemeindeversammlung,
b) der Kirchgemeindevorstand,
c) das Revisorat,
d) das Pfarramt.

1. Die Kirchgemeindeversammlung

Art. 8. Zusammensetzung. Die Kirchgemeindeversammlung wird aus den nach Art. 18 dieser Verfassung stimmberechtigten Angehörigen der Kirchgemeinde gebildet.

Art. 9. Einberufung. (1) Die Kirchgemeindeversammlung wird vom Kirchgemeindevorstand einberufen, so oft es die Geschäfte erfordern, mindestens jedoch einmal im Jahr.
(2) Sie muss innerhalb von drei Monaten zusammentreten, wenn es ein Zehntel der Stimmberechtigten unter Angabe des Verhandlungsgegenstandes schriftlich verlangt.

Art. 10. Zuständigkeit. (1) In die Zuständigkeit der Kirchgemeindeversammlung fallen:
1. Erlass der Kirchgemeindeordnung und der notwendigen Gesetze,
2. Wahl des Präsidenten, der weiteren Mitglieder des Kirchgemeindevorstandes und der Rechnungsrevisoren,
3. Wahl der Vertreter der Kirchgemeinde im Kolloquium,
4. Wahl und Entlassung der Pfarrer,
5. Genehmigung des Rechenschaftsberichtes des Kirchgemeindevorstandes, der Jahresrechnung und des Voranschlages,
6. Festsetzung des Steuerfusses für die Steuern der Kirchgemeinde,
7. Beschlussfassung über im Voranschlag nicht enthaltene Ausgaben, soweit diese Befugnis nicht durch die Kirchgemeindeordnung andern Organen zugewiesen ist,
8. Anträge in kirchlichen Angelegenheiten zuhanden des Kolloquiums oder des Kirchenrates,
9. Beschlussfassung über Angelegenheiten, die nicht durch die Verfassung oder die Kirchgemeindeordnung einer andern Behörde übertragen sind.

(2) Die Kirchgemeindeordnung kann vorsehen, dass bestimmte, in die Zuständigkeit der Kirchgemeindeversammlung fallende Entscheidungen durch Urnenabstimmungen getroffen werden.
(3) In grösseren Gemeinden kann die Kirchgemeindeordnung auch eine Gemeindevertretung vorsehen und dieser die in Abs. 1 Ziff. 5 bis 9 genannten Aufgaben oder einzelne davon übertragen.

2. Der Kirchgemeindevorstand

Art. 11. Konstituierung. Der Kirchgemeindevorstand besteht aus dem Präsidenten, dem Aktuar und mindestens einem weiteren Mitglied. Besteht er nur aus drei Mitgliedern, sind Stellvertreter zu bestimmen.

Art. 12. Sitzungen. (1) Der Kirchgemeindevorstand versammelt sich auf Anordnung des Präsidenten so oft es die Geschäfte erfordern. Er tritt ferner zusammen, wenn es die Mehrheit der Mitglieder verlangt.
(2) Der Kirchgemeindevorstand ist beschlussfähig, wenn die Mehrheit der Mitglieder, mindestens deren drei, anwesend sind.
(3) An den Sitzungen nimmt in der Regel der Pfarrer oder eine Vertretung der kirchlichen Amtsträger mit beratender Stimme teil.

Art. 13. Zuständigkeit. (1) Der Kirchgemeindevorstand ist das vollziehende Organ der Kirchgemeinde. Er wahrt und fördert das kirchliche Leben in der Gemeinde.
(2) Es obliegen ihm insbesondere:
1. der Vollzug der Erlasse der Kirchgemeinde,
2. die Vorbereitung der Geschäfte der Kirchgemeindeversammlung,
3. die Vorbereitung der Pfarrwahlen und Mitteilung der Wahl an den Kirchenrat sowie, wenn notwendig, die Einsetzung von Provisoren nach Rücksprache mit dem Kolloquium,
4. die Unterstützung und Beaufsichtigung der kirchlichen Amtsträger in ihrer Tätigkeit,
5. der Entscheid über die Zulassung zur Konfirmation in Zweifelsfällen,
6. die Verwaltung des Kirchgemeindevermögens,
7. die Mitwirkung beim Vollzug der landeskirchlichen Erlasse,
8. die Berichterstattung über die Tätigkeit der landeskirchlichen Behörden zuhanden der Gemeindeglieder,
9. die Vertretung der Kirchgemeinde nach aussen.

3. Das Revisorat

Art. 14. Zusammensetzung, Aufgabe. Das Revisorat besteht aus mindestens zwei Revisoren. Diese prüfen jährlich die Rechnung der Kirchgemeinde und erstatten ihr darüber Bericht.

4. Das Pfarramt

Art. 15. Wählbarkeit. (1) Als Pfarrer können nur Mitglieder der Synode amten.
(2) Theologen, die nicht Mitglieder der Synode sind, können mit Bewilligung des Kirchenrates als Provisoren pfarramtliche Tätigkeit ausüben.

Art. 16. Auftrag. Der Pfarrer steht im Dienst der Kirchgemeinde. Seinen Auftrag in Verkündigung, Unterricht, Seelsorge und Diakonie erfüllt er auf Grund dieser Verfassung und innerhalb der gesetzlichen Bestimmungen in Verantwortung gegenüber dem Herrn der Kirche.

C. Die Organe der Evangelisch-reformierten Landeskirche

Art. 17. Organe. Organe der Evangelisch-reformierten Landeskirche sind:
a) das evangelische Bündnervolk,
b) die Kolloquien,
c) die Synode,
d) der Evangelische Grosse Rat,
e) der Kirchenrat,
f) die Rekurskommission.

1. Das evangelische Bündnervolk

Art. 18. Stimmberechtigung. (1) Das evangelische Bündnervolk besteht aus der Gesamtheit der in kirchlichen Angelegenheiten stimmberechtigten Kantonseinwohner evangelischer Konfession.
(2) Stimmberechtigt in landeskirchlichen Angelegenheiten sind – ohne Unterschied der Staatszugehörigkeit – alle Mitglieder der Evangelisch-reformierten Landeskirche, die das 16. Altersjahr erfüllt haben und die übrigen Voraussetzungen der politischen Stimmberechtigung erfüllen. Die Wählbarkeit beginnt mit dem vollendeten 18. Lebensjahr.

Art. 19. Zuständigkeit. Der Abstimmung im evangelischen Bündnervolk unterliegen:
1. Änderungen der kirchlichen Verfassung,

2. Erlasse der Landeskirche, die für alle ihre Mitglieder verbindlich sind,
3. Beschlüsse, die neue einmalige Ausgaben von mehr als 500'000 Franken oder neue wiederkehrende Ausgaben von mehr als 100'000 Franken, im gesamten mehr als 500'000 Franken, in sich schliessen, sofern 3000 Stimmberechtigte dies verlangen,
4. Beschlüsse, die der Evangelische Grosse Rat der Abstimmung unterstellt.

2. Kolloquien

Art. 20. Zusammensetzung. (1) Die Kolloquien setzten sich aus den im Kolloquialgebiet wohnenden Synodalen und den Mitgliedern des Evangelischen Grossen Rates sowie aus den Vertretern der Kirchgemeinden zusammen. Zahl und Umfang der Kolloquien bestimmt der Evangelische Grosse Rat.
(2) Jede Kirchgemeinde ordnet mindestens einen Vertreter ab. Kirchgemeinden mit mehr als zweitausend Einwohnern haben Anspruch auf einen weiteren Vertreter für jedes angefangene weitere Zweitausend.
(3) Die Kolloquien konstituieren sich selbst; sie geben sich Statuten, welche der Genehmigung durch den Kirchenrat bedürfen.

Art. 21. Aufgaben. (1) Das Kolloquium ist das verbindende Glied zwischen Kirchgemeinden und Landeskirche. Es fördert den Kontakt der Kirchgemeinden untereinander.
(2) Das Kolloquium hat insbesondere folgende Aufgaben:
1. Planung und Ordnung der kirchlichen Dienste innerhalb des Kolloquialgebietes unter Vorbehalt der Rechte der Kirchgemeinden; Behandlung regionaler und gesamtkirchlichen Fragen,
2. Vorberatung aller Erlasse der Landeskirche zuhanden des Kirchenrates und Behandlung anderer Fragen, welche dieser dem Kolloquium vorlegt,
3. Anträge, Anregungen und Vorschläge zuhanden des Kirchenrates,
4. Mithilfe bei der Ausführung der Beschlüsse des Evangelischen Grossen Rates und der Synode,
5. Mithilfe bei der Aufsicht über die Amtsführung der Pfarrer und Religionslehrer sowie Beratung der Kirchgemeindevorstände,
6. Anordnung und Überwachung der Provisionen unter Vorbehalt der Rechte der Kirchgemeinden,
7. Wahl der Kolloquialvertreter in den Evangelischen Grossen Rat,
8. Zustellung seiner Protokolle an den Kirchenrat.

3. Die Synode

Art. 22. Zusammensetzung. (1) Die Synode setzt sich aus den nach ihrer Ordnung aufgenommenen evangelischen Pfarrern zusammen.
(2) Die Zugehörigkeit zur Synode erlischt mit dem freiwilligen Austritt, mit dem Wegzug aus dem Kanton oder infolge Ausschlusses.
(3) Die Synode konstituiert sich selbst. Die Mitglieder des Kirchenrates nehmen an den Sitzungen mit beratender Stimme teil.

Art. 23. Sitzung. Die Synode versammelt sich in der Regel einmal im Jahr. Den Ort ihrer ordentlichen Sitzung bestimmt sie von Fall zu Fall; denjenigen von ausserordentlichen Sitzungen bestimmt der Kirchenrat.

Art. 24. Aufgaben. Die Synode hat folgende Aufgaben:

1. Erlass ihrer Geschäftsordnung,
2. Beratung aller Erlasse der Landeskirche[2] und Ausarbeitung der Stellungnahmen zuhanden des Evangelischen Grossen Rates,
3. Anträge, Anregungen und Vorschläge zuhanden des Evangelischen Grossen Rates,
4. Aufnahme und Ordination von Kandidaten und anderen Bewerbern,
5. Aufnahme von auswärts ordinierten Pfarrern,
6. Oberaufsicht über die Amtsführung der Pfarrer und Entscheid über Zensuren, Suspensionen und Ausschluss,
7. Wahl des Dekans, der beiden Vizedekane, des Kanzellars, Vizekanzellars und Quästors sowie der synodalen Kommissionen und zweier Mitglieder des Kirchenrates,
8. Sorge für Liturgie, Gesangbücher sowie Lehrpläne und Lehrmittel für den Religionsunterricht,
9. Behandlung theologischer Fragen.

4. Der Evangelische Grosse Rat

Art. 25. Zusammensetzung. (1) Der Evangelische Grosse Rat setzt sich zusammen:

1. aus den Abgeordneten des Grossen Rates, die der Evangelisch-reformierten Landeskirche angehören und sich zur Mitarbeit im Evangelischen Grossen Rat auf schriftliche Anfrage hin ausdrücklich verpflichten,

2 Die Kirchliche Gesetzessammlung ist verfügbar im Internet unter www.gr-ref.ch. Der wichtigste Erlass unterhalb der Kirchenverfassung ist die Verordnung über Aufbau und Leben der Kirchgemeinden vom 5. November 1980 (Kirchl. GSlg. 210).

2. aus 60 Abgeordneten, die von den Kolloquien aus ihrer Mitte gewählt werden. Jedes Kolloquium hat Anspruch auf mindestens zwei Vertreter. Die verbleibenden Mandate werden im Verhältnis der evangelischen Bevölkerung auf die Kolloquien verteilt.

(2) Die Mitglieder des Kirchenrates wohnen den Sitzungen des Evangelischen Grossen Rates mit beratender Stimme bei.

Art. 26. Konstituierung. (1) Der Evangelische Grosse Rat wählt für jede Amtsperiode einen Präsidenten, einen ersten und einen zweiten Vizepräsidenten sowie einen Protokollführer und dessen Stellvertreter.
(2) Die Amtsperiode richtet sich nach jener des Grossen Rates des Kantons.

Art. 27. Zuständigkeit. Dem Evangelischen Grossen Rat obliegt die allgemeine Leitung der Evangelisch-reformierten Landeskirche, insbesondere

1. die Verabschiedung von Vorlagen gemäss Art. 19 dieser Verfassung zuhanden der Abstimmung im evangelischen Bündnervolk,
2. der Erlass von allgemeinen Verordnungen unter Vorbehalt von Art. 19 dieser Verfassung, von Ausführungsverordnungen zu Gesetzen und von reglementaren Bestimmungen,
3. Beschlüsse über verbindliche Zusammenarbeit mit anderen Kirchen und Organisationen, unter Vorbehalt von Art. 19 dieser Verfassung,
4. die Oberaufsicht über die gesamte Verwaltung der Landeskirche und evangelischen Kassen und Stiftungen,
5. die Verabschiedung des Voranschlages, die Festsetzung des Steuerfusses und die Genehmigung der Jahresrechnung der Kirchenkasse,
6. die Wahl der Geschäftsprüfungskommission,
7. die Genehmigung der Statuten der Stiftungen, welche die Synode verwaltet,
8. die Anordnung von Kollekten,
9. die Wahl von vier nicht der Synode angehörenden Mitgliedern des Kirchenrates, des Präsidenten und des Vizepräsidenten des Kirchenrates sowie der Rekurskommission,

10 die Genehmigung des Amtsberichtes des Kirchenrates.

Art. 28. Geschäftsordnung. Soweit nichts anderes bestimmt ist, gilt die Geschäftsordnung des Grossen Rates sinngemäss.

5. Der Kirchenrat

Art. 29. Zusammensetzung. (1) Der Kirchenrat besteht aus sieben Mitgliedern.
(2) Der Dekan gehört dem Kirchenrat von Amtes wegen an.

(3) Zwei weitere Mitglieder wählt die Synode aus ihrer Mitte; vier Mitglieder wählt der Evangelische Grosse Rat.
(4) Die Amtsdauer des Kirchenrates beträgt vier Jahre.
(5) Die Mitglieder des Kirchenrates sind zweimal wiederwählbar. Von dieser Vorschrift ist der Dekan ausgenommen.

Art. 30. Konstituierung. (1) Den Präsidenten und den Vizepräsidenten des Kirchenrates wählt der Evangelische Grosse Rat auf eine Amtsdauer von vier Jahren.
(2) Der Kirchenrat wählt einen Aktuar und einen Vizeaktuar, die nicht Mitglieder des Rates sind.

Art. 31. Sitzungen. Der Kirchenrat tritt auf Einladung des Präsidenten zusammen, so oft es die Geschäfte erfordern. Drei Mitglieder können die Abhaltung einer Sitzung verlangen.

Art. 32. Zuständigkeit. Der Kirchenrat ist die ausführende Behörde der Landeskirche. Ihm obliegt insbesondere

1. der Vollzug der landeskirchlichen Erlasse, der Beschlüsse des evangelischen Bündnervolkes, des Evangelischen Grossen Rates und der Synode, soweit nicht andere Organe dafür zuständig sind,
2. die Feststellung der Zahl der Mitglieder des Evangelischen Grossen Rates gemäss Art. 25 dieser Verfassung und der Zahl der von den einzelnen Kolloquien zu wählenden Mitglieder,
3. die Vorbereitung der Sachgeschäfte der Synode und des Evangelischen Grossen Rates,
4. die Oberaufsicht über die Kirchgemeinden und die Kolloquien und die Genehmigung der Kirchgemeindeordnungen sowie der Kolloquialstatuten,
5. der Verkehr mit der Synode und dem Evangelischen Grossen Rat,
6. die Wahl des Verwalters der kantonalen Evangelischen Kirchenkasse,
7. die Bestätigung der Pfarrwahlen und die Erteilung der Erlaubnis zu pfarramtlichen Handlungen an Nichtsynodale,
8. die Vertretung der Landeskirche nach aussen.

6. Die Rekurskommission

Art. 33. Bestand und Zuständigkeit. (1) Die Beurteilung von Rekursen und Verwaltungsklagen gegen Kirchgemeinden, Kolloquien und den Kirchenrat obliegt der landeskirchlichen Rekurskommission.
(2) Diese besteht auf fünf Mitgliedern, von denen die Synode zwei aus ihrer Mitte und der Evangelische Grosse Rat die übrigen wählt.

(3) Die Amtsdauer beträgt vier Jahre. Die Mitglieder der Rekurskommission sind unbeschränkt wiederwählbar.
(4) Die Rekurskommission konstituiert sich selbst.

Art. 34. Weiterzug. Die Entscheide der Rekurskommission unterliegen dem Weiterzug an das Verwaltungsgericht des Kantons Graubünden, soweit das Gesetz nichts anderes bestimmt.

Art. 35. Verfahren. Für das Verfahren vor der Rekurskommission und dem Verwaltungsgericht gilt sinngemäss das Verwaltungsprozessrecht des Kantons[3].

D. Austritt aus der Evangelisch-reformierten Landeskirche

Art. 36. Austritt. (1) Ein Austritt aus der Evangelisch-reformierten Landeskirche ist dem Kirchgemeindevorstand schriftlich zu erklären. Auf weitere Familienglieder bezieht sich der Austritt nur, wenn diese in der Erklärung ausdrücklich aufgeführt sind und das 16. Altersjahr nicht erfüllt haben.
(2) Mitglieder einer auswärtigen evangelischen Kirche, die im Kanton Graubünden Wohnsitz nehmen, werden als Mitglieder der Evangelisch-reformierten Landeskirche betrachtet, es sei denn, sie erklären ihre Nichtmitgliedschaft.

Art. 37. Wirkung. Der Ausgetretene verliert das Recht, den Dienst der Evangelisch-reformierten Landeskirche Graubünden in Anspruch zu nehmen.

Art. 38. Wiedereintritt. Der Wiedereintritt ist jederzeit durch Erklärung an den Kirchgemeindevorstand möglich. Ausgetretene, welche kirchliche Dienste in Anspruch nehmen, werden als wiedereingetreten betrachtet. Vom Wiedereintretenden kann eine Nachzahlung der Kirchensteuer für die letzten zwei Jahre gefordert werden.

E. Die Kantonale Evangelische Kirchenkasse

Art. 39. Grundsatz. Zur Deckung der finanziellen Bedürfnisse unterhält die Evangelisch-reformierte Landeskirche die Kantonale Evangelische Kirchenkasse.

3 Vgl. Gesetz über die Verwaltungsrechtspflege vom 31. August 2006 (BR 370.100).

Art. 40. Kirchensteuer. Zur Bestreitung der Ausgaben erhebt die Evangelisch-reformierte Landeskirche Steuern, soweit dies nötig ist. Es erfolgt ein Finanzausgleich zwischen den Kirchgemeinden. Näheres bestimmt das Gesetz.

F. Revision der Verfassung und Initiativrecht

Art. 41. Grundsatz. Die Revision dieser Verfassung im ganzen oder in einzelnen Bestimmungen kann jederzeit vorgenommen werden.

Art. 42. Initiative der landeskirchlichen Behörden. Die Synode oder der Evangelische Grosse Rat können eine Total- oder Teilrevision der Verfassung vorschlagen.

Art. 43. Verfassungs- und Gesetzesinitiative des Volkes. (1) Mindestens 3000 stimmberechtigte Mitglieder der Landeskirche können allgemeine Anregungen zur gänzlichen oder teilweisen Revision der Kirchenverfassung oder eines Gesetzes oder zum Erlass eines neuen Gesetzes einreichen.
(2) Für die Revision einzelner Verfassungs- oder Gesetzesbestimmungen sind auch formulierte Vorschläge zulässig.
(3) Der Kirchenrat legt die Vorschläge den Kolloquien und der Synode vor und unterbreitet sie innerhalb zweier Jahre dem Evangelischen Grossen Rat.
(4) Der Evangelische Grosse Rat legt den Vorschlag mit seinem Bericht dem evangelischen Bündnervolk zur Abstimmung vor.
(5) Beschlüsse des Evangelischen Grossen Rates über Volksinitiativen unterliegen dem Weiterzug an das Verwaltungsgericht des Kantons Graubünden.

G. Schluss- und Übergangsbestimmungen

Art. 44. Subsidiäres Recht. Die Bestimmungen des kantonalen Rechtes finden, soweit diese Verfassung keine besonderen Bestimmungen enthält, sinngemäss Anwendung.

Art. 45. Inkrafttreten. (1) Diese Verfassung tritt nach der Zustimmung des Evangelischen Bündnervolkes auf den 1. Januar 1979 in Kraft. Sie ersetzt die kirchliche Verfassung für den Kanton Graubünden evangelischen Teils vom 18. November 1894.
(2) Die Verfassungsrevision vom 7. März 1993 tritt wie folgt in Kraft: Art. 18 Abs. 2 nach Annahme durch das evangelische Bündnervolk, die übrigen Artikel am 1. Januar 1994.

Übergangsbestimmungen

[…].

Costituzione della Chiesa evangelica riformata del Cantone Grigioni, del 26 febbraio 1978*

Indice

	articolo
A. Generalità	1
B. La Comunità	3
1. L'Assemblea di Chiesa	8
2. Il Concistoro	11
3. La Commissione di revisione	14
4. L'Ufficio parrocchiale	15
C. Gli organi della Chiesa evangelica riformata cantonale	17
1. Il Popolo evangelico grigione	18
2. I Colloqui	20
3. Il Sinodo	22
4. Il Gran Consiglio evangelico	25
5. Il Consiglio ecclesiastico	29
6. La Commissione di ricorso	33
D. Dimissioni dalla Chiesa evangelica riformata cantonale	36
E. La Cassa ecclesiastica evangelica cantonale	39
F. Revisione della costituzione e diritto di iniziativa	41
G. Disposizioni finali e transitorie	44
Disposizioni transitorie	

A. Generalità

Art. 1. Lineamenti fondamentali. (1) La Chiesa evangelica riformata del Cantone Grigioni è l'unione comunitaria di tutti gli abitanti che fanno parte di una delle sue Comunità.
(2) Con tutta la cristianità essa confessa Gesù Cristo quale suo Signore. Nel senso della Riforma essa si fonda sulla parola di Dio quale è tramandata nella Bibbia. Testimonia con parole e fatti del Vangelo affidatole, in attesa

* Approvata dal popolo evangelico grigione il 26 febbraio 1978.
Modifiche: 7 marzo 1993.

dell'avvento del regno di Dio. A tal fine si unisce in comunione d'intenti con altre Chiese, in particolare con le Chiese evangeliche in Svizzera.

Art. 2. Stato giuridico. La Chiesa evangelica riformata del Cantone Grigioni è un ente di diritto pubblico.

B. La Comunità

Art. 3. Compiti. La Comunità assolve il suo compito in modo autonomo nel quadro dell'ordinamento ecclesiastico cantonale. Essa è responsabile per i servizi di sua competenza e sopratutto per la celebrazione regolare dei culti, per l'insegnamento religioso, per la cura d'anime, per le attività diaconali e per il patrimonio comunitario affidatole. Collabora all'adempimento di compiti comuni alle Chiese.

Art. 4. Appartenenza alla Comunità. (1) Fanno parte della Comunità evangelica tutte le persone di confessione evangelica domiciliate sul suo territorio che non abbiano dichiarato esplicitamente di non voler farne parte o che ne sono uscite.
(2) La persone di confessione evangelica domiciliate in Comuni politici in cuo non esiste una Comunità evangelica fanno parte della Comunità evangelica più vicina. Il Consiglio ecclesiastico può disporre in altro modo al fine di garantire una migliore cura d'anime nella diaspora.

Art. 5. Nuove Comunità, fusioni, unificazione del servizio pastorale. (1) La costituzione di nuove Comunità e la fusione di Comunità vicine in una sola Comunità richiedono l'approvazione del Gran Consiglio evangelico.
(2) Con il consenso del Colloquio e del Consiglio ecclesiastico singole Comunità possono unirsi per provvedere insieme alla cura pastorale.

Art. 6. Sovranità fiscale. La Comunità è autorizzata a riscuotere imposte per l'adempimento dei suoi compiti qualora non siano sufficienti i proventi del suo patrimonio. Valgono al riguardo i principi della costituzione cantonale[1].

Art. 7. Organi. Sono organi obbligatori della Comunità:
a) l'Assemblea di Chiesa,
b) il Concistoro,
c) la Commissione di revisione,
d) l'Ufficio parrocchiale.

1 Oggi: Costituzione del Cantone dei Grigioni 18 maggio 2003/14 settembre 2003 (CSC 110.100).

1. L'Assemblea di Chiesa

Art. 8. Composizione. L'Assemblea di Chiesa si compone dei membri della Comunità aventi diritto di voto ai sensi dell'art. 18 della presente costituzione.

Art. 9. Convocazione. (1) L'Assemblea di Chiesa viene convocata dal Concistoro ogni qual volta sia necessario, in ogni caso una volta all'anno.
(2) Essa deve essere convocata entro tre mesi qualora almeno un decimo dei membri con diritto di voto lo richieda indicando per scritto l'oggetto da trattare.

Art. 10. Competenze. (1) L'Assemblea di Chiesa ha le seguenti competenze:
1. emana l'ordinamento della Comunità e le leggi necessarie,
2. elegge il presidente, i membri del Concistoro e della Commissione di revisione,
3. elegge i rappresentanti della Comunità nel Colloquio,
4. elegge e licenzia i pastori,
5. approva il rapporto del Concistoro, la relazione finanziaria annuale e il bilancio preventivo,
6. stabilisce il tasso delle imposte della Comunità,
7. decide le spese non contemplate nel preventivo, in quanto tale competenza non sia assegnata ad altri organi dall'ordinamento della Comunità,
8. fa proposte al Colloquio e al Consiglio ecclesiastico in materia ecclesiastica,
9. decide nei casi in cui la costituzione o l'ordinamento della Comunità non attribuiscono la facoltà decisionale ad altre autorità.

(2) L'ordinamento della Comunità può prevedere che determinate decisioni di competenza dell'Assemblea di Chiesa vengano prese in una votazione per urne.
(3) Nelle Comunità più numerose l'ordinamento della Comunità può prevedere l'istituzione di una rappresentanza comunitaria e attribuirle tutti o alcuni dei compiti menzionati nel cpv. 1 cifre 5-9.

2. Il Concistoro

Art. 11. Composizione. Il Concistoro si compone del presidente, dell'attuario e di almeno un altro membro. Se esso comprende solo tre membri, devono essere nominati dei supplenti.

Art. 12. Sedute. (1) Il Concistoro è convocato dal presidente ogni volta che le trattande lo richiedono. Si riunisce inoltre se ciò è richiesto dalla maggioranza dei suoi membri.

(2) Le decisioni del Concistoro sono valide se prese dalla maggioranza dei suoi membri e in ogni caso da almeno tre di essi.
(3) Alle sedute viene di regola invitato il pastore o una rappresentanza dei titolorari di cariche ecclesiastiche. Essi hanno voto consultivo.

Art. 13. Competenza. (1) Il Concistoro è l'organo esecutivo della Comunità. Esso mantiene e promuove la vita religiosa nella Comunità.
(2) In particolare ha i seguenti compiti:
1. eseguisce gli ordinamenti della Comunità,
2. prepara le trattande per l'Assemblea di Chiesa,
3. prepara l'elezione dei pastori e ne comunica il risultato al Consiglio ecclesiastico; se necessario insedia dei provvisori in accordo con il Colloquio,
4. appoggia e sorveglia le attività dei titolari di cariche ecclesiastiche,
5. decide sull'ammissione alla confermazione in casi dubbi,
6. amministra il patrimonio comunitario,
7. collabora all'esecuzione degli ordinamenti della Chiesa evangelica riformata cantonale,
8. riferisce ai membri della Comunità sull'attività delle autorità ecclesiastiche cantonali,
9. rappresenta la Comunità verso l'esterno.

3. La Commissione di revisione

Art. 14. Composizione, Compito. La Commissione di revisione comprende almeno due revisori. Essi esaminano ogni anno il conto della Comunità e ne danno relazione.

4. L'Ufficio parrocchiale

Art. 15. Eleggibilità. (1) Possono esercitare le funzioni di pastore soltanto coloro che sono membri del Sinodo.
(2) I teologi che sono membri del Sinodo possono svolgere funzioni pastorali come provvisori solo col consenso del Consiglio ecclesiastico.

Art. 16. Compito. Il pastore è al servizio della Comunità. Egli assolve il suo compito di predicazione, insegnamento, cura d'anime e diaconia in base alla presente costituzione e nei limiti delle norme di legge, consapevole della sua responsabilità verso il Signore della Chiesa.

C. Gli organi della Chiesa evangelica riformata cantonale

Art. 17. Organi. Sono organi della Chiesa evangelica riformata cantonale:
1) il Popolo evangelico grigione,
2) i Colloqui,
3) il Sinodo,
4) il Gran Consiglio evangelico,
5) il Consiglio ecclesiastico,
6) la Commissione di ricorso.

1. Il popolo evangelico grigione

Art. 18. Diritto di voto. (1) Il popolo evangelico grigione comprende tutti gli abitanti del cantone di confessione evangelica aventi diritto di voto in materie ecclesiastiche.
(2) Hanno diritto di voto in materie ecclesiastiche cantonali tutti i membri della Chiesa evangelica riformata cantonale – senza distinzione di nazionalità – che hanno compiuto i 16 anni e adempiono gli altri presupposti del diritto di voto politico. L'eleggibilità comincia a 18 anni compiuti.

Art. 19. Competenza. Sono da sottoporre a votazione del Popolo evangelico grigione:
1. le modifiche della costituzione della Chiesa evangelica riformata cantonale,
2. gli ordinamenti della Chiesa evangelica riformata cantonale vincolanti per tutti i suoi membri,
3. le decisioni che comportano nuove spese oltre 500'000 franchi una tantum o nuove spese ricorrenti eccedenti 100'000 franchi e ammontanti complessivamente a più di 500'000 franchi, se ciò è richiesto da almeno 3000 aventi diritto di voto,
4. le decisioni che il Gran Consiglio evangelico sottopone a votazione popolare.

2. I Colloqui

Art. 20. Composizione. (1) I Colloqui comprendono i sinodali, i membri del Gran Consiglio evangelico abitanti nel loro territorio e i rappresentanti delle Comunità. Il numero e l'estensione dei Colloqui sono stabiliti dal Gran Consiglio evangelico.
(2) Ogni Comunità delega al Colloquio almeno un rappresentante. Le Comunità con più di duemila abitanti hanno diritto a un altro rappresentante per ogni duemila abitanti in più o per frazioni di duemila.

(3) I Colloqui si costituiscono da sé. Essi emanano i propri statuti ; questi devono essere approvati dal Consiglio ecclesiastico.

Art. 21. Compiti. (1) Il Colloquio funge da collegamento fra le Comunità e la Chiesa evangelica riformata cantonale. Esso promuove vicendevoli contatti fra le Comunità.
(2) Il Colloquio ha in particolare i seguenti compiti:
1. progetta e organizza servizi ecclesiastici nella propria circoscrizione territoriale, salvo i diritti della Comunità; tratta questioni d'importanza regionale o generale,
2. discute tutti i disegni di legge della Chiesa cantonale per trasmetterli poi al Consiglio ecclesiastico e tratta altri problemi che il Consiglio ecclesiastico presenta ai Colloqui,
3. presenta richieste, dà suggerimenti e fa proposte al Consiglio ecclesiastico,
4. coopera all'esecuzione dei decreti del Gran Consiglio evangelico e del Sinodo,
5. coopera alla sorveglianza dell'attività dei pastori, degli insegnanti di religione e consiglia i Concistori,
6. regola e sorveglia le provvisioni, salvo i diritti delle Comunità,
7. elegge i rappresentanti del Colloquio nel Gran Consiglio evangelico,
8. rimette i suoi verbali al Consiglio ecclesiastico.

3. Il Sinodo

Art. 22. Composizione. (1) Il Sinode si compone dei pastori ad esso ammessi secondo il proprio ordinamento.
(2) L'appartenenza al Sinodo si estingue con l'uscita volontaria, con la partenza dal Cantone o con l'esclusione.
(3) Il Sinodo si costituisce da sè. I membri del Consiglio ecclesiastico partecipano alle sedute sinodali con voto consultivo.

Art. 23. Sedute. Il Sinodo si raduna di regola una volta all'anno. Esso fissa di volta in volta il luogo della sua seduta ordinaria, mentre quello per sedute straordinarie è stabilito dal Consiglio ecclesiastico.

Art. 24. Compiti. Il Sinodo ha i seguenti compiti:
1. emana il proprio regolamento organico,
2. delibera su tutti i disegni di legge della Chiesa cantonale e presenta pareri al Gran Consiglio evangelico,
3. presenta richieste, dà suggerimenti e fa proposte al Gran Consiglio evangelico,

4. accoglie e ordina i candidati e altri richiedenti,
5. accoglie pastori ordinati altrove,
6. sovraintende come istanza superiore all'attività dei pastori e decide censure, sospensioni ed esclusioni,
7. elegge il decano, i due vicedecani, il cancelliere, il vicecancelliere, il questore, le commissioni sinodali e due membri del Consiglio ecclesiastico,
8. si occupa della liturgia, degli innari, dei programmi e dei libri di testo per l'insegnamento religioso,
9. tratta questioni teologiche.

4. Il Gran Consiglio evangelico

Art. 25. Composizione. (1) Il Gran Consiglio evangelico comprende:
1. i deputati al Gran Consiglio appartenenti alla Chiesa evangelica riformata cantonale che, interpellati per iscritto, si impegnano esplicitamente a collaborare nel Gran Consiglio evangelico,
2. i 60 delegati, che sono eletti dai Colloqui fra i loro membri. Ogni Colloquio ha diritto almeno a due rappresentanti. I mandati rimanenti vengono ripartiti fra i Colloqui in ragione della loro popolazione di confessione evangelica.

(2) I membri del Consiglio ecclesiastico partecipano con voto consultivo alle sedute del Gran Consiglio evangelico.

Art. 26. Cariche. (1) Il Gran Consiglio evangelico elegge per ogni periodo d'ufficio un presidente, un primo e un secondo vicepresidente, un segretario per i verbali e il suo supplente.
(2) Il periodo d'ufficio corrisponde a quello del Gran Consiglio del Cantone.

Art. 27. Competenze. Compito del Gran Consiglio evangelico è la direzione generale della Chiesa evangelica riformata cantonale. Esso ha inoltre i seguenti compiti particolari:
1. approva i recessi giusta l'art. 19 della presente costituzione per la votazione da parte del Popolo evangelico grigione,
2. emana ordinanze generali, salvo l'art. 19 della presente costituzione, ordinanze di attuazione di legge e disposizioni regolamentari,
3. decide sulla collaborazione impegnativa con altre Chiese e organizzazioni, salvo l'art. 19 della presente costituzione,
4. esercita la vigilanza suprema sull'intera amministrazione della Chiesa evangelica riformata cantonale e sulle casse e fondazioni evangeliche,

5. approva il preventivo, il conto annuale della Cassa ecclesiastica e fissa il tasso d'imposta,
6. nomina la commissione di gestione,
7. approva gli statuti delle fondazioni amministrate dal Sinodo,
8. ordina collette,
9. elegge quattro membri del Consiglio ecclesiastico non facenti parte del Sinodo, il presidente e il vicepresidente del Consiglio ecclesiastico e la Commissione di ricorso,
10 approva la relazione del Consiglio ecclesiastico.

Art. 28. Regolamento organico. Ove non sia stabilito altrimenti, fa stato per analogia il regolamento organico del Gran Consiglio.

5. Il Consiglio ecclesiastico

Art. 29. Composizione. (1) Il Consiglio ecclesiastico è composto di sette membri.
(2) Il decano ne fa parte d'ufficio.
(3) Due altri membri sono eletti dal Sinodo fra i sinodali e quattro membri sono eletti dal Gran Consiglio evangelico.
(4) Il periodo d'ufficio del Consiglio ecclesiastico è di quattro anni.
(5) Il membri del Consiglio ecclesiastico sono rieleggibili due volte. Da questa norma è eccettuato il decano.

Art. 30. Cariche. (1) Il Gran Consiglio ecclesiastico elegge il presidente e il vicepresidente del Consiglio ecclesiastico per une durata di quattro anni.
(2) Il Consiglio ecclesiastico nomina un attuario e un viceattuario, che non sono però suoi membri.

Art. 31. Sedute. Il Consiglio ecclesiastico viene convocato dal presidente ogni qual volta sia necessario. Tre membri possono richiedere la convocazione di una seduta.

Art. 32. Competenza. Il Consiglio ecclesiastico è l'autorità esecutiva della Chiesa evangelica riformata cantonale e ha in particolare i seguenti compiti:

1. eseguisce gli ordinamenti della Chiesa cantonale e i decreti del Popolo evangelico grigione, del Gran Consiglio evangelico e del Sinodo, salvo che altri organi siano competenti per l'esecuzione,
2. accerta il numero dei membri del Gran Consiglio evangelico a norma dell'art. 25 della presente costituzione e il numero dei membri la cui elezione è di competenza dei singoli Colloqui,
3. prepara le proposte e i progetti da presentare al Sinodo e al Gran Consiglio evangelico,

4. esercita la vigilanza suprema sulle Comunità e sui Colloqui e approva gli ordinamenti delle Comunità e gli statuti dei Colloqui,
5. cura i rapporti con il Sinodo e con il Gran Consiglio evangelico,
6. nomina l'amministratore della Cassa ecclesiastica evangelica cantonale,
7. conferma le nomine dei pastori e rilascia i permessi di funzioni pastorali a persone non appartenenti al Sinodo,
8. rappresenta la Chiesa cantonale verso l'esterno.

6. La Commissione di ricorso

Art. 33. Composizione e competenze. (1) La Commissione di ricorso della Chiesa evangelica riformata cantonale ha il compito di giudicare ricorsi e azioni di diritto amministrativo contro Comunità, Colloqui e il Consiglio ecclesiastico.
(2) Essa comprende cinque membri, di cui due sono eletti dal Sinodo fra i suoi membri e gli altri dal Gran Consiglio evangelico.
(3) Il periodo d'ufficio è di quattro anni. I membri del Commissione di ricorso sono rieleggibili per un tempo indeterminato.
(4) La Commissione di ricorso si costituisce da sé.

Art. 34. Impugnazione. Le decisioni della Commissione di ricorso possono essere impugnate presso il Tribunale amministrativo del Cantone Grigioni, ove la legge non disponga altrimenti.

Art. 35. Procedura. Per la procedura dinanzi alla Commissione di ricorso e al Tribunale amministrativo vale per analogia il diritto procedurale amministrativo del Cantone[2].

D. Dimissioni dalla Chiesa evangelica riformata cantonale

Art. 36. Dimissioni. (1) Chi vuol dimettersi dalla Chiesa evangelica riformata cantonale deve dichiararlo per iscritto al Concistoro competente. Gli effetti delle dimissione si estendono ad altri membri della famiglia soltanto se questi vengono espressamente menzionati nella dichiarazione e non hanno compiuto i 16 anni.
(2) I membri di un'altra Chiesa evangelica che eleggono domicilio nel Grigioni vengono considerati membri della Chiesa riformata cantonale, salvo che dichiarino di non volerne far parte.

2 Oggi: Legge sulla giustizia amministrativa, del 31 agosto 2006 (CSC 370.100).

Art. 37. Effetto. Chi si è dimesso dalla Chiesa evangelica riformata del Cantone Grigioni perde il diritto di valersi dei suoi servizi.

Art. 38. Riammissione. La riammissione è sempre possibile mediante una dichiarazione al Concistoro competente. I dimissionari che si valgono di servizi della Chiesa sono considerati riammessi. Si può pretendere dai riammessi il pagamento dell'imposta ecclesiastica degli ultimi due anni.

E. La Cassa ecclesiastica evangelica cantonale

Art. 39. Principio. La Cassa ecclesiastica evangelica cantonale serve a coprire il fabbisogno finanziario della Chiesa.

Art. 40. Imposta ecclesiastica. La Chiesa evangelica riformata cantonale riscuote imposte nella misura necessaria per il finanziamento delle spese. Il ricavo è ripartito fra le comunità in base a un conguaglio finanziario. La legge stabilisce norme più precise.

F. Revisione della costituzione e diritto di iniziativa

Art. 41. Principio. La presente costituzione può sempre venir sottoposta a revisione totale o parziale.

Art. 42. Iniziativa delle autorità ecclesiastiche. Il Sinodo o il Gran Consiglio evangelico possono proporre una revisione totale o parziale della costituzione.

Art. 43. Iniziativa popolare concernente la costituzione e le leggi.
(1) Almeno 3000 membri della Chiesa evangelica riformata cantonale aventi diritto di voto possono presentare proposte generiche per una revisione totale o parziale della costituzione o di una legge, o per l'emanazione di una nuova legge.
(2) Per la revisione di singole disposizioni costitutive o legislative sono ammesse anche proposte formulate.
(3) Il Consiglio ecclesiastico trasmette le proposte ai Colloqui e al Sinodo e le sottopone entro due anni al Gran Consiglio evangelico.
(4) Il Gran Consiglio evangelico presenta le proposte con un suo rapporto al Popolo evangelico grigione per la votazione.
(5) I decreti del Gran Consiglio evangelico riguardanti iniziative popolari possono venir impugnati presso il Tribunale amministrativo del Cantone Grigioni.

G. Disposizioni finali e transitorie

Art. 44. Diritto sussidiario. Nei casi in cui la presente costituzione non contempla particolari disposizioni si applicano per analogia le disposizioni del diritto cantonale.

Art. 45. Entrata in vigore. (1) La presente costituzione entra in vigore il 1° gennaio 1979, una volta accettata dal Popolo evangelico grigione, e sostituisce la costituzione ecclesiastica del Cantone Grigioni parte evangelica del 18 novembre 1894.
(2) La revisione della costituzione del 7 marzo 1993 entra in vigore come segue: art. 18 al. 2 dopo l'accettazione da parte del popolo evangelico grigione, gli altri articoli il 1° gennaio 1994.

Disposizioni transitorie

[…].

SJKR/ASDE Beiheft 6 (2009), S. 209-221

Jura

Constitution de l'Eglise réformée évangélique de la République et Canton du Jura, du 29 juin 1979*

Table des matières

	Articles
Préambule	
I. L'Eglise et ses membres	1
II. Dispositions générales	10
III. Organisation de l'Eglise	17
Chapitre 1: Les paroisses	17
Chapitre 2: L'Assemblée de l'Eglise	21
Chapitre 3: Le Conseil de l'Eglise	26
Chapitre 4: La Chambre des recours	29
IV. Droits des paroisses et des membres de l'Eglise	32
V. Les ministères	36
VI. Finances	41
VII. Conventions	44
VIII. Révision de la Constitution	45
Dispositions finales et transitoires	

Les membres des paroisses de Delémont, des Franches-Montanges et de Porrentruy,
en vertu du titre VII de la Constitution du 20 mars 1977 de la République et Canton du Jura[1],
en vertu de la loi du 26 octobre 1978 concernant les rapports entre les Eglises et l'Etat[2],

* Voir aussi RLE (Berne-Jura): no 71.170.

1 RSJU 101.

2 RSJU 471.1.

se donnent, par grâce de Dieu,
la Constitution suivante:

Préambule

(1) Dieu unit au Christ, par le Saint-Esprit, des hommes de toute nation, de toute race et de toute langue. Il les appelle et les renouvelle par la Parole et par les sacrements. Ainsi se constitue à travers le monde et les générations, le peuple de Dieu, l'Eglise universelle.
(2) L'Eglise réformée évangélique, issue du mouvement de réformation du XVIe siècle, est une expression de ce peuple. Conformément à sa tradition, elle confesse l'autorité unique du Christ, à qui le Saint-Esprit rend témoignage par la Bible. Elle est ainsi en communion avec tous ceux qui reconnaissent le Christ et vivent son Evangile. L'Eglise réformée évangélique de la République et Canton du Jura, désignée ci-après par l'Eglise, est formée des paroisses de Delémont, des Franches-Montagnes et de Porrentruy.
(3) L'Eglise proclame sa ferme volonté de demeurer dans l'Union synodale et de maintenir les liens historiques qui l'unissent au synode de l'arrondissement jurassien et à l'Eglise réformée évangélique du Canton de Berne.

Mission de l'Eglise

(4) Le Christ a donné à ses disciples la mission d'annoncer l'Evangile dans le monde entier.
(5) L'Eglise entend obéir à cet ordre et proclamer, dans tous les domaines, la foi et l'espérance chrétiennes.
(6) Sa prédication, dont elle revendique la liberté, se fonde sur l'Ancien et le Nouveau Testament. A l'exemple de son Seigneur, l'Eglise exerce le ministère de la réconciliation et lutte pour le respect, la dignité et la liberté de tous les hommes.
(7) Elle s'associe aux œuvres de l'Eglise universelle.
(8) Animée d'un souci œcuménique, elle travaille pour l'unité des chrétiens et entretient des relations confiantes avec les autres Eglises et les communautés évangéliques.
(9) Elle croit qu'en faisant de l'annonce de l'Evangile sa tâche essentielle, elle contribue à l'édification d'une société plus fraternelle. Dans cet esprit, elle apporte sa collaboration aux autorités et institutions du pays.

I. L'Eglise et ses membres

Art. 1. Personnalité juridique. (1) L'Eglise réformée évangélique de la République et Canton du Jura est une collectivité de droit public[3]. Elle jouit de la personnalité juridique.
(2) Ses droits et ses devoirs sont définis dans la Constitution cantonale du 20 mars 1977, dans la présente Constitution et dans les actes législatifs qui découlent de l'une ou de l'autre.
(3) L'Eglise a son siège à Delémont.

Art. 2. Territoire de l'Eglise. Le territoire de l'Eglise est celui du canton.

Art. 3. Autonomie de l'Eglise. (1) L'Eglise s'organise dans les limites du droit cantonal et règle ses affaires intérieures de manière autonome.
(2) Elle gère ses biens.

Art. 4. Droit de préemption. (1) L'Eglise jouit d'un droit de préemption sur les immeubles paroissiaux nécessaires à l'accomplissement de tâches ecclésiales au caritatives.
(2) Les conditions et les modalités de l'exercice du droit de préemption sont définies par voie d'ordonnance.

Art. 5. Affaires intérieures. La prédication, la doctrine, la cure d'âmes, le culte, les tâches religieuses de l'Eglise et des ecclésiastiques, la bienfaisance, l'entraide, la mission sont des affaires ecclésiastiques intérieures.

Art. 6. Membre de l'Eglise. (1) Pour appartenir à l'Eglise, il faut être membre d'une de ses paroisses.
(2) Sont membres d'une paroisse toutes les personnes établies sur son territoire:
a) baptisées et admises à la sainte cène conformément au règlement ecclésiastique[4],
b) âgées de seize ans révolus et admises dans l'Eglise à la suite d'une requête personnelle,
c) rattachées précédemment à une Eglise de la Fédération des Eglises protestantes de la Suisse ou de l'Alliance réformée mondiale,
d) membres d'autres Eglises ou communautés évangéliques et qui admettent la présente Constitution,

3 Voir art. 130 al. 1 de la Constitution de la République et Canton du Jura, du 20 mars 1977 (RSJU 101) et art. 11 al. 1 de la loi concernant les rapports entre les Eglises et l'Etat, du 26 octobre 1978 (RSJU 471.1).

4 Voir: RLE (Berne-Jura) 11.020.

e) âgées de moins de seize ans, dont les parents ou l'un des parents sont membres de l'Eglise et si le détenteur de l'autorité parentale ou tutélaire n'en a pas décidé autrement.

Art. 7. Sortie de l'Eglise. (1) Tout membre de l'Eglise, âgé de seize ans révolus, peut en sortir par une déclaration écrite adressée au Conseil de paroisse de son domicile.
(2) La sortie de l'Eglise est individuelle.
(3) Le détenteur de l'autorité parentale ou tutélaire formulera expressément une déclaration écrite de sortie pour les enfants et adolescents âgés de moins de seize ans.
(4) La sortie produit ses effets dès réception par le Conseil de paroisse, d'une déclaration valable. Celui-ci en donne acte à l'intéressé. L'impôt paroissial est dû pro rata temporis.

Art. 8. Non-appartenance à l'Eglise. Toute personne âgée de seize ans révolus, qui n'est pas membre de l'Eglise, peut adresser une déclaration écrite de non-appartenance au Conseil de paroisse de son domicile, qui lui en donne acte.

Art. 9. Droit de vote. (1) Sont électeurs, les membres de l'Eglise, sans égard à leur citoyenneté, âgés de seize ans révolus et capables de discernement.
(2) Tout électeur a le droit:
a) de participer aux élections et votations de l'Eglise,
b) d'exercer son droit d'initiative et de référendum.
(3) Chaque électeur exerce son droit dans sa paroisse de domicile.

Art. 10. Eligibilité. Les électeurs âgés de dix-huit ans révolus sont éligibles dans les autorités et aux fonctions de l'Eglise et des paroisses.

II. Dispositions générales

Art. 11. Délégation de compétences. L'Assemblée et le Conseil de l'Eglise peuvent déléguer certaines de leurs compétences par voie d'ordonnance qui en fixe l'objet, en précise le but et la portée.

Art. 12. Fonctions incompatibles. (1) Nul ne peut exercer simultanément deux des fonctions suivantes:
a) délégué à l'Assemblée de l'Eglise,
b) membre du Conseil de l'Eglise,
c) membre de la Chambre des recours.

(2) Les conseillers de paroisse ne peuvent pas être membres du Conseil de l'Eglise ou de la Chambre des recours.

Art. 13. Incompatibilité entre parents. (1) Ne peuvent faire partie ensemble du Conseil de l'Eglise et de la Chambre des recours:

a) les parents du sang et alliés en ligne directe,
b) les frères ou sœurs, germains, utérins ou consanguins,
c) les époux, les alliés en ligne collatérale au deuxième degré, les conjoints de frères ou sœurs.

(2) La dissolution du mariage ne fait pas cesser l'incompatibilité.

Art. 14. Durée des fonctions. (1) Les délégués à l'Assemblée de l'Eglise, les membres du Conseil de l'Eglise et de la Chambre des recours sont élus pour une période de quatre ans.
(2) Le président et le vice-président de l'Assemblée de l'Eglise sont élus dans leur fonction pour une période de deux ans, le président et le vice-président du Conseil de l'Eglise pour une période de quatre ans.
(3) Toute personne élue en cours de période exerce son mandat jusqu'à la fin de celle-ci.

Art. 15. Réélection. (1) Les délégués à l'Assemblée de l'Eglise et les membres du Conseil de l'Eglise ne sont rééligibles que deux fois consécutivement.
(2) Le président et le vice-président de l'Assemblée de l'Eglise et du Conseil de l'Eglise ne sont pas immédiatement rééligibles à la même fonction, sauf s'ils ont été élus en cours de période.

Art. 16. Responsabilité de l'Eglise et des paroisses. L'Eglise et les paroisses répondent du dommage que leurs autorités et leurs fonctionnaires causent, sans droit, dans l'exercice de leurs fonctions.

III. Organisation de l'Eglise

Chapitre 1: Les paroisses

Art. 17. Personnalité juridique. (1) Les paroisses de Delémont, des Franches-Montagnes et de Porrentruy sont des collectivités de droit public. Elles jouissent de la personnalité juridique.
(2) Tous les membres de l'Eglise, établis sur le territoire d'une paroisse, sont membres de cette paroisse.

Art. 18. Organisation et tâches. (1) Dans le cadre du droit cantonal et de la présente Constitution, les paroisses s'organisent et administrent leurs affaires de façon autonome.
(2) Les paroisses sont tenues de participer aux tâches de l'Eglise et d'exécuter les décisions des autorités ecclésiastiques supérieures.
(3) Chaque paroisse se donne un règlement d'organisation et d'administration, adopté par ses membres et approuvé par le Conseil de l'Eglise.
(4) Les organes de la paroisse sont:
a) l'Assemblée de paroisse,
b) le Conseil de paroisse.

Art. 19. Assemblée de paroisse. (1) L'Assemblée de paroisse est l'autorité supérieure de la paroisse.
(2) Elle décide de toutes les affaires qui lui sont attribuées par la Constitution ecclésiastique et les règlements qui en découlent, notamment:
a) l'élection du Conseil de paroisse,
b) l'élection des délégués à l'Assemblée de l'Eglise,
c) l'élection des pasteurs titulaires,
d) le budget et les comptes paroissiaux.
(3) Elle se préoccupe de tout ce qui concerne la vie de l'Eglise.
(4) Elle se compose des électeurs de la paroisse.

Art. 20. Conseil de paroisse. (1) Le Conseil de paroisse est l'autorité exécutive et administrative de la paroisse.
(2) Les compétences, la composition, l'élection et l'organisation du Conseil de paroisse sont définies dans les règlements ecclésiastiques et paroissiaux.

Chapitre 2: L'Assemblée de l'Eglise

Art. 21. Définition. L'Assemblée de l'Eglise représente le peuple de l'Eglise et exerce l'autorité supérieure.

Art. 22. Compétence législative. (1) L'Assemblée de l'Eglise peut proposer toute disposition législative constitutionnelle et opposer un contre-projet à toute initiative.
(2) Elle élabore les dispositions en cas de révision partielle de la Constitution.
(3) Elle édicte les actes législatifs, notamment ceux qui découlent de la Constitution.

Art. 23. Autres compétences. Les autres compétences de l'Assemblée de l'Eglise sont notamment les suivantes:

1. Elle élit:
   a) le président, le vice-président et les autres membres du Conseil de l'Eglise,
   b) les membres de la Chambre des recours.
2. Elle fixe le territoire des paroisses. Elle peut, avec l'accord des paroisses concernées, en modifier les limites.
3. Elle décide de la péréquation financière entre les paroisses.
4. Elle décide de la création et de la suppression de postes pastoraux.
5. Elle approuve les conventions.
6. Elle édicte un règlement déterminant le statut, la classification, le traitement et l'affiliation à une caisse de retraite, des pasteurs et des fonctionnaires de l'Eglise.
7. Elle approuve le budget et les comptes de l'Eglise.
8. Elle décide des dépenses extra-budgétaires supérieures à 5000 francs.
9. Elle approuve les rapports de gestion du Conseil de l'Eglise et de la Chambre des recours.
10. Elle crée les commissions permanentes et temporaires.

Art. 24. Composition. (1) L'Assemblée de l'Eglise se compose de vingt-sept membres répartis comme il suit:

a) treize membres pour la paroisse de Delémont,
b) cinq membres pour la paroisse des Franches-Montagnes,
c) neuf membres pour la paroisse de Porrentruy.

(2) Chaque paroisse désigne au moins deux conseillers de paroisse comme délégués.

Art. 25. Cercle électoral. Chaque paroisse forme un cercle électoral.

Chapitre 3: Le Conseil de l'Eglise

Art. 26. Statut. (1) Le Conseil de l'Eglise exerce l'autorité administrative et exécutive. Il représente l'Eglise auprès de l'Etat et des tiers.

(2) Il crée ses propres commissions.

(3) Ses membres participent avec voix consultative aux délibérations de l'Assemblée de l'Eglise.

Art. 27. Compétences. Le Conseil de l'Eglise, sous réserve des droits des membres de l'Eglise, des paroisses et des autorités ecclésiastiques supérieures, a notamment les compétences suivantes:

a) il exerce un droit de consultation et de proposition auprès des autorités de l'Etat,
b) il administre l'Eglise, gère ses biens et ses finances,
c) il coordonne les activités communes des paroisses,
d) il veille à ce que les paroisses et leurs organes collaborent aux tâches de l'Eglise. Il intervient lorsqu'une paroisse ne remplit pas ses devoirs,
e) il prononce l'agrégation et la radiation des pasteurs. Il est compétent pour tout ce qui concerne les fonctions des ecclésiastiques, sous réserve des droits dévolus à une autre autorité,
f) il contrôle l'administration des paroisses, apure leurs comptes et approuve leur règlement d'organisation et d'administration,
g) il élabore le budget de l'Eglise,
h) il fixe le traitement des pasteurs et des fonctionnaires de l'Eglise,
i) il organise la péréquation financière entre les paroisses,
j) il autorise les emprunts publics des paroisses,
k) il exerce le droit de préemption prévu à l'art. 4,
l) il veille à l'application des actes législatifs des autorités ecclésiastiques et civiles,
m) il exerce toute compétence administrative qui n'est pas expressément attribuée à une autre autorité.

Art. 28. Composition. Le Conseil de l'Eglise se compose de cinq membres.

Chapitre 4: La Chambre des recours

Art. 29. Compétences. (1) La Chambre des recours connaît définitivement de toute contestation interne de droit ecclésiastique ou de droit public fédéral et cantonal.
(2) Les compétences de la Cour constitutionnelle et de la Cour administrative du Tribunal cantonal sont réservées.

Art. 30. Composition. La Chambre des recours se compose de trois membres.

Art. 31. Procédure. La procédure est réglée par voie d'ordonnance.

IV. Droits des paroisses et des membres de l'Eglise

Art. 32. Référendum obligatoire. Sont soumis au vote du peuple de l'Eglise:

a) le principe d'une révision totale de la Constitution et l'ordonnance fixant les modalités de cette révision,
b) les dispositions constitutionnelles,
c) les initiatives valables auxquelles l'Assemblée de l'Eglise ne donne pas suite.

Art. 33. Référendum facultatif. (1) Sont soumis au vote du peuple de l'Eglise, à la demande de trois cents électeurs ou d'une paroisse, sur décision prise par l'assemblée à la majorité des deux tiers des électeurs présents:

a) les règlements et ordonnances édictés par l'Assemblée de l'Eglise,
b) toute dépense extra-budgétaire de plus de 20'000 francs,
c) les conventions.

(2) Le délai référendaire est de soixante jours.
(3) Pour le surplus, la procédure est réglée par voie d'ordonnance.

Art. 34. Référendum sur décision de l'Assemblée de l'Eglise. L'Assemblée de l'Eglise peut soumettre au vote du peuple de l'Eglise tout objet de sa compétence.

Art. 35. Droit d'initiative. (1) 500 électeurs ou deux paroisses, sur décision prise dans chaque assemblée à la majorité simple des électeurs présents, peuvent demander l'adoption, la modification ou l'abrogation de dispositions constitutionnelles, d'ordonnances ou de règlements. Les propositions faisant l'objet de l'initiative peuvent être présentées sous la forme d'une proposition conçue en termes généraux ou d'un projet rédigé de toutes pièces.
(2) Si l'Assemblée de l'Eglise ne donne pas suite à une initiative valable dans le délai de deux ans, celle-ci est soumise au vote du peuple de l'Eglise.
(3) Si l'initiative est acceptée, l'Assemblée de l'Eglise doit y donner suite dans le délai d'une année.
(4) Pour le surplus, la procédure est réglée par voie d'ordonnance.

V. Les ministères

La communauté entière est au service du Christ. Elle est, selon les termes apostoliques, un sacerdoce royal. Chaque chrétien participe donc au ministère de l'eglise qui invite tous les hommes à passer des ténèbres à la merveilleuse lumière de Celui qui les a appelés. (1 Pierre 2, 9-10)

Pour aider et fortifier l'Eglise dans son service, Dieu lui confie des ministères particulier et lui donne les hommes nécessaires à son édification. (Ephésiens 4, 11)

Art. 36. Ministère pastoral. (1) La prédication, l'administration des sacrements du baptême et de la Sainte cène, l'instruction religieuse et la cure d'âmes sont confiées, en règle générale, au pasteur.
(2) Le pasteur enseigne et prêche en toute conscience l'Evangile de Jésus-Christ selon les saintes Ecritures. Il s'efforce de conformer sa vie à son enseignement et de remplir fidèlement les devoirs de sa charge.

Art. 37. Consécration. La consécration confère, à celui qui la reçoit, le droit d'accomplir tous les actes ecclésiastiques.

Art. 38. Election et installation. (1) Est seul éligible le pasteur agrégé par le Conseil de l'Eglise conformément à l'ordonnance concernant les ecclésiastiques.
(2) Le pasteur est élu par l'Assemblée de paroisse, après mise au concours du poste. La procédure d'élection et de réélection est fixée par le règlement de paroisse.
(3) L'élection d'un pasteur consacré dans une autre Eglise est soumise aux mêmes prescriptions.
(4) Le pasteur élu dans une paroisse est installé dans ses fonctions lors d'un culte, conformément au règlement ecclésiastique.

Art. 39. Révocation et radiation. La procédure de révocation et de radiation d'un pasteur est réglée par l'ordonnance concernant les ecclésiastiques.

Art. 40. Autres ministères. (1) L'Eglise reconnaît d'autres ministères dont ceux de diacre, de catéchète, d'évangéliste, d'animateur, de secrétaire.
(2) Les paroisses ont la faculté de créer de tels postes.
(3) L'Assemblée de l'Eglise a également cette faculté, avec l'accord des paroisses.

VI. Finances

Art. 41. Ressources financières de l'Eglise et des paroisses. (1) Les ressources financières dont l'Eglise a besoin pour accomplir ses tâches et pour subvenir à son administration sont fournies par:

a) les contributions des paroisses,
b) l'impôt ecclésiastique perçu auprès des personnes morales,
c) les subsides de l'Etat,

d) le revenu des biens de l'Eglise et des fondations,
e) les dons et les legs.

(2) Les ressources financières dont les paroisses ont besoin pour accomplir leurs tâches et subvenir à leur administration sont fournies par:
a) l'impôt ecclésiastique perçu auprès de leurs membres,
b) les contributions de l'Eglise,
c) le revenu des biens paroissiaux et des fondations,
d) les dons et les legs.

(3) Le montant des subsides de l'Etat et le droit de lever l'impôt ecclésiastique sont réglés conformément à la Constitution cantonale.

Art. 42. Contributions des paroisses à l'Eglise. L'Assemblée de l'Eglise peut, pour les besoins financiers de l'Eglise astreindre les paroisses à des contributions proportionnelles à leur capacité financière.

Art. 43. Caisse de l'Eglise. La Caisse de l'Eglise assure le traitement des pasteurs et subvient aux dépenses que lui occasionnent ses tâches, ses obligations et son administration.

VII. Conventions

Art. 44. Le droit conventionnel est réservé[5].

VIII. Révision de la Constitution

Art. 45. Principe. (1) La Constitution peut être révisée en tout ou en partie.
(2) Toute révision doit être soumise au vote du peuple de l'Eglise.

Art. 46. Révision partielle. (1) La révision partielle suit la procédure législative ordinaire.
(2) Elle peut porter sur un ou plusieurs articles.
(3) Elle ne doit concerner qu'une seule matière.

5 Voir: Convention entre l'Eglise nationale réformée évangélique du canton de Berne, d'une part, et l'Eglise réformée évangélique de la République et Canton du Jura, d'autre part, concernant la création d'une Union synodale, du 16 mai/ 14 juin 1979 (RSB [BE] 410.291, RLE [Berne-Jura] 71.130); Convention entre l'Etat de Berne et l'Eglise nationale réformée évangélique du canton de Berne, d'une part, et l'Eglise réformée évangélique de la République et Canton du Jura, d'autre part, concernant l'Union synodale, du 20 octobre 1980.

Art. 47. Révision totale. (1) La révision totale de la Constitution est proposée au peuple de l'Eglise par voie d'initiative ou par l'Assemblée de l'Eglise.
(2) Dans un délai de six mois, l'Assemblée de l'Eglise pose la question de principe aux électeurs. Elle donne son préavis.
(3) Simultanément, elle soumet aux électeurs l'ordonnance fixant les modalités de cette révision.

Dispositions finales et transitoires

Art. 1. L'Assemblée constituante ecclésiastique décrète l'entrée en vigueur, simultanée ou successive, des dispositions de la présente Constitution adoptée par les membres de l'Eglise et approuvée par le Gouvernement.

Art. 2. (1) La législation découlant de la présente Constitution est établie pendant la période transitoire fixée par la loi concernant les rapports entre les Eglises et l'Etat.
(2) Jusqu'à l'entrée en vigueur des nouvelles dispositions, sont applicables:
a) le régime transitoire de la loi concernant les rapports entre les Eglises et l'Etat,
b) les règlements de paroisse en vigueur,
c) la législation de l'Eglise réformée évangélique du Canton de Berne, sous réserve de l'art. 3.

Art. 3. La législation de l'Eglise réformée évangélique du Canton de Berne est reçue en l'état qui est le sien le jour qui précède l'entrée en vigueur de la présente Constitution, et pour autant qu'elle ne soit pas contraire:
a) à la Constitution ecclésiastique[6] et aux ordonnances qui en découlent,
b) à la Constitution de la République et Canton du Jura et à la législation qui en découle,
c) aux conventions conclues entre les Eglises, le Canton de Berne et la République et Canton du Jura.

Art. 4. (1) La circonscription et le régime juridique des paroisses frontalières, ainsi que le statut ecclésiastique de leurs membres peuvent être réglés par convention, conformément à l'art. 36 de la loi concernant les rapports entre les Eglises et l'Etat.
(2) A défaut d'une telle convention, les paroissiens des Bois, des Genevez et de Lajoux sont membres de l'Eglise jurassienne et de la paroisse des Franches-Montagnes.

6 RLE 11.010.

Art. 5. (1) L'Assemblée constituante ecclésiastique tient lieu d'Assemblée de l'Eglise, jusqu'au jour où cette dernière est constituée.
(2) Elle en exerce les pouvoirs, à l'exception de ceux prévus à l'art. 23 lett. a et b de la présente Constitution.

Art. 6. Le Bureau de l'Assemblée constituante tient lieu de Conseil de l'Eglise jusqu'au jour où ce dernier est constitué. Il en exerce les pouvoirs.

Art. 7. (1) L'Assemblée de l'Eglise est élue, au plus tard, dans les trois mois qui suivent l'entrée en vigueur des dispositions constitutionnelles y relatives.
(2) Elle applique le règlement de l'Assemblée constituante tant qu'elle ne s'est pas donnée son propre règlement.
(3) Dans les trente jours qui suivent son élection, l'Assemblée de l'Eglise se constitue et élit le Conseil de l'Eglise et la Chambre des recours.

Art. 8. Une commission créée par l'Assemblée constituante connaît définitivement des plaintes relatives à l'élection de l'Assemblée de l'Eglise.

SJKR/ASDE Beiheft 6 (2009), S. 223-243

Luzern (Lucerne)

Verfassung der Evangelisch-Reformierten Kirche des Kantons Luzern vom 28. November 1968*

Inhaltsverzeichnis

		§§
I.	Grundsätzliches	1
II.	Die Kirchgemeinden	7
III.	Die Kantonalkirche	15
	A) Die Stimmberechtigten	16
	B) Die Synode	19
	C) Der Synodalrat	31
	D) Die Rekurskommission	36
	E) Der Synodalsekretär und die Synodalverwaltung	39
	F) Der Synodalkassier und die Synodalkasse	40
IV.	Das Pfarramt und das Kantonale Pfarrkapitel	42
	A) Das Pfarramt	42
	B) Das Kantonale Pfarrkapitel	52
V.	Allgemeine Bestimmungen	53
VI.	Verfassungsrevision	61
VII.	Einführungs- und Schlussbestimmungen	66

Anhang 1: Die Kirchgemeinden
Anhang 2: Die Wahlkreise

I. Grundsätzliches

§ 1. Grundlage und Auftrag. (1) Die Evangelisch-Reformierte Kirche des Kantons Luzern („Kantonalkirche“) ist ein Glied der allgemeinen christlichen

* Vom Grossen Rat genehmigt am 15. September 1969 (SRL Nr. 192).
Änderungen: 29. August 1990 (Änderung von Anhang 2).

Kirche. Sie zählt sich zu den aus der Reformation hervorgegangenen und auf Grund der Heiligen Schrift erneuerten und stets zu erneuernden Kirchen, deren einziges Haupt Jesus Christus ist. Sie ist als Volkskirche die Gemeinschaft der im Kanton Luzern wohnenden und sich zu ihr zählenden Protestanten.
(2) Ihre Grundlage ist Jesus Christus und sein Evangelium. Darum bekennt sich die Kantonalkirche zu dem von ihrem Herrn empfangenen Auftrag, die Botschaft vom Reiche Gottes auszurichten und den Herrschaftsanspruch Christi über jeden Menschen und alle Bereiche des Lebens zu verkünden. Das Wort Gottes gemäss der Heiligen Schrift soll in ihr nach bestem Wissen und Gewissen gepredigt, geglaubt und gelebt werden.
(3) Sie pflegt Beziehungen zu den Glaubensbrüdern in der übrigen Diaspora sowie zu den andern protestantischen Kirchen der Schweiz und weiss sich verbunden mit den Kirchen der weiten Welt.

§ 2. Dienst der Kirche. Die Kantonalkirche sieht die Erfüllung ihres Auftrages darin, ihre Glieder durch Gottes Wort zu stärken und die Bereitschaft zum Dienst an den Mitmenschen zu fördern. Dies geschieht im Gottesdienst, durch Taufe und Abendmahl, Unterricht, Seelsorge und Fürsorge, innere und äussere Mission sowie auf andere geeignete Weise.

§ 3. Rechtliche Stellung. (1) Die Kantonalkirche ist eine juristische Person des kantonalen öffentlichen Rechtes, gemäss Gesetz über die Kirchenverfassung vom 21. Dezember 1964[1].
(2) Sie ordnet ihre innerkirchlichen Belange selbständig und regelt den Aufbau, die Verwaltung und die finanziellen Angelegenheiten im Rahmen des Gesetzes über die Kirchenverfassung.
(3) Ihr Sitz ist Luzern.

§ 4. Zugehörigkeit. Wer Mitglied einer Kirchgemeinde ist, gehört zugleich der Kantonalkirche an.

§ 5. Stimmrecht. (1) Stimmberechtigt in Kantonalkirche und Kirchgemeinden sind die im Kanton Luzern wohnenden Schweizer und Schweizerinnen, welche Mitglied einer Kirchgemeinde sind, das achtzehnte Altersjahr erfüllt haben und im übrigen die Voraussetzungen erfüllen, die das staatliche Recht für die Ausübung des Stimmrechtes vorschreibt.
(2) Das Stimmrecht der Ausländer und Ausländerinnen wird durch kirchliche Satzung geregelt.

1 Gesetz über die Kirchenverfassung (Einführung und Organisation kirchlicher Synoden) vom 21. Dezember 1964 (SRL Nr. 187). Siehe übergeordnet indes §§ 79 f. der Verfassung des Kantons Luzern vom 17. Juni 2007 (SRL Nr. 1).

§ 6. Wählbarkeit. Wählbar ist jeder Stimmberechtigte. Vorbehalten bleiben die besonderen Bestimmungen über die Wahlfähigkeit zum Pfarramt.

II. Die Kirchgemeinden

§ 7. Gliederung in Kirchgemeinden. Im Kanton Luzern bestehen die im Anhang 1 aufgeführten Evangelisch-reformierten Kirchgemeinden. Änderungen, die sich aus Beschlüssen gemäss § 8 ergeben, werden in diesem Anhang nachgetragen.

§ 8. Bestandesänderungen. (1) Die Bildung, Neuumschreibung, Auflösung und Vereinigung von Kirchgemeinden erfolgt durch kirchliche Satzung.
(2) Grenzbereinigungen erfolgen auf Antrag der beteiligten Kirchgemeinden durch Beschluss der Synode.

§ 9. Mitgliedschaft. (1) Als Mitglied der Kirchgemeinde gilt jeder dort wohnende Protestant, der nicht von vornherein seine Nichtzugehörigkeit erklärt oder durch schriftliche Eingabe an den Kirchenvorstand austritt. Die Erfüllung der Steuerpflicht für das laufende Steuerjahr bleibt vorbehalten.
(2) Nichtmitglieder können schriftlich beim Kirchenvorstand den Beitritt erklären.
(3) Über die Zugehörigkeit von Kindern unter sechzehn Jahren entscheidet der Inhaber der elterlichen oder der vormundschaftlichen Gewalt.

§ 10. Aufgabe. Die Kirchgemeinde hat den Auftrag, alle Dienste zu vermitteln, welche die Kirche in Verkündigung, Unterricht, Seelsorge, kirchlicher Liebestätigkeit, innerer und äusserer Mission sowie auf andere Weise zu leisten berufen ist.

§ 11. Organisation und Befugnisse. Für die Kirchgemeinden gelten die Bestimmungen des Gemeindegesetzes mit folgenden Änderungen und Ergänzungen:

1. Dem Kirchenvorstand kommen neben seiner verwaltenden und vollziehenden Tätigkeit auch alle Aufgaben zu, welche der Kirchgemeinde auf innerkirchlichem Gebiet obliegen.
2. Das Stimmrecht richtet sich nach § 5, die Wählbarkeit nach § 6 der Kirchenverfassung.
3. Der Kirchenvorstand wählt den Aktuar. Wählbar ist jeder Konfessionsangehörige. Die Amtsdauer beginnt am 1. Januar.
4. Der Kirchenvorstand bestellt Organisten, Sigristen und weitere Hilfskräfte durch öffentlich-rechtliche Anstellung mit Beginn der Amtsdauer am 1. Januar oder durch zivilrechtlichen Dienstvertrag.

5. Die dem Regierungsrat, dem Gemeindedepartement und dem Regierungsstatthalter zugewiesenen Funktionen werden durch den Synodalrat oder ein von ihm gewähltes Organ ausgeübt. Das Nähere wird durch kirchliche Satzung geregelt.
6. Die Sonderorganisation gemäss §§ 61 ff. des Gemeindegesetzes vom 9. Oktober 1962[2] kann vorsehen, dass die Vertretung der Stimmbürger nach dem Grundsatz des Mehrheits- oder des Verhältniswahlverfahrens gewählt wird. Die von den Stimmbürgern beschlossene Sonderorganisation bedarf der Genehmigung der Synode.

§ 12. Gemeindeautonomie. (1) Die Kirchgemeinden regeln in eigener Verantwortung alle örtlichen Angelegenheiten, soweit sie nicht der Kantonalkirche zugewiesen sind.
(2) Dem Synodalrat obliegt die Aufsicht über die Tätigkeit der Kirchgemeinden auf innerkirchlichem Gebiet, über ihre Verwaltung und über ihren Finanzhaushalt sowie der Rekursentscheid über Beschlüsse der Kirchgemeinden und ihrer Behörden, soweit nicht die Rekurskommission zuständig ist.
(3) Ein Beschluss kann nur aufgehoben oder abgeändert werden, wenn er gegen die Staatsverfassung, staatliche Gesetze, die Kirchenverfassung oder einen darauf gestützten Erlass verstösst, offenbar unangemessen oder willkürlich ist.

§ 13. Vereinbarungen und Zweckverbände. (1) Mehrere Kirchgemeinden können miteinander Vereinbarungen treffen, namentlich über die Zusammenarbeit in der pfarramtlichen Betreuung.
(2) Sie können öffentlich-rechtliche Zweckverbände gemäss §§ 64 und 65 des Gemeindegesetzes vom 9. Oktober 1962 bilden.
(3) Vereinbarungen und Zweckverbände bedürfen der Genehmigung des Synodalrates.

§ 14. Steuerhoheit. Die Kirchgemeinden erheben nach Massgabe der staatlichen Gesetzgebung die Kirchensteuern, die zur Erfüllung ihrer Aufgaben und derjenigen der Kantonalkirche notwendig sind.

III. Die Kantonalkirche

§ 15. Organe. Die Organe der Kantonalkirche sind:
A) die Stimmberechtigten,
B) die Synode,

2 SRL Nr. 150.

C) der Synodalrat,
D) die Rekurskommission,
E) der Synodalsekretär,
F) der Synodalkassier.

A) Die Stimmberechtigten

§ 16. Befugnisse. (1) Die Stimmberechtigten wählen

a) die Synode,
b) den Verfassungsrat.

(2) Sie stimmen ab über:

1. Volksbegehren betreffend die Änderung oder Aufhebung der Kirchenverfassung,
2. Vorlagen der Synode betreffend die Änderung oder Aufhebung der Kirchenverfassung,
3. Volksbegehren betreffend den Erlass, die Änderung oder Aufhebung einer kirchlichen Satzung,
4. Erlasse der Synode, gegen die das Referendum zustande gekommen ist,
5. Erlasse der Synode, die diese von sich aus den Stimmberechtigten zur Annahme oder Verwerfung unterbreitet.

§ 17. Referendum. (1) Bei einer Gesamtzahl von weniger als 10'000 Stimmberechtigten können wenigstens zehn Prozent der Stimmberechtigten, bei einer Gesamtzahl von 10'000 und mehr Stimmberechtigten können wenigstens 1000 Stimmberechtigte verlangen, dass folgende Erlasse der Synode der Volksabstimmung zu unterbreiten sind (fakultatives Referendum):

1. alle kirchlichen Satzungen,
2. der jährliche Voranschlag,
3. der Beschluss über die Beiträge der Kirchgemeinden an die Synodalkasse, sofern ein höherer Betrag als der gemäss § 40 geltende Grundbeitrag beschlossen wurde,
4. Beschlüsse gemäss § 26 Abs. 1 Ziff. 4a und 10, die zulasten der Kantonalkirche für den gleichen Gegenstand eine einmalige neue Ausgabe von mehr als 50'000 Franken oder eine während mindestens zehn Jahren wiederkehrende neue Ausgabe von jeweils mehr als 5000 Franken zur Folge haben,
5. Beschlüsse gemäss § 26 Abs. 1 Ziff. 4b und 4c, soweit es sich um Werte von mehr als 50'000 Franken handelt,
6. Beschlüsse gemäss § 26 Abs. 1 Ziff. 14, sofern sie eine jährliche Ausgabe von mehr als 5000 Franken zur Folge haben.

(2) Das Begehren ist beim Synodalrat binnen 40 Tagen nach der Veröffentlichung des Erlasses einzureichen. Im übrigen gelten sinngemäss die staatlichen Vorschriften, mit der Änderung, dass der Kirchgemeindeaktuar für die Beglaubigung der Unterschriften zuständig ist.
(3) Die Synode kann Erlasse auch von sich aus dem fakultativen Referendum unterstellen oder den Stimmberechtigten zur Annahme oder Verwerfung unterbreiten.

§ 18. Initiative. (1) Bei einer Gesamtzahl von weniger als 10'000 Stimmberechtigten können wenigstens zehn Prozent der Stimmberechtigten, bei einer Gesamtzahl von 10'000 und mehr Stimmberechtigten können wenigstens 1000 Stimmberechtigte das Begehren um Erlass, Änderung oder Aufhebung einer kirchlichen Satzung stellen (Initiative).
(2) Das Begehren enthält entweder den Auftrag an die Synode, eine kirchliche Satzung im Sinne der Initianten zu erlassen (allgemeine Anregung), oder den Wortlaut der vorgeschlagenen kirchlichen Satzung (ausgearbeiteter Entwurf). Im Zweifelsfall wird das Begehren als allgemeine Anregung behandelt.
(3) Handelt es sich um ein Begehren in der Form der allgemeinen Anregung, hat die Synode darüber zu befinden, ob sie dem Begehren zustimmt oder nicht. Stimmt sie ihm zu, so hat sie unter dem Vorbehalt des Referendums eine kirchliche Satzung im Sinne der Initianten zu erlassen. Lehnt sie das Begehren ab, so hat sie es unverzüglich der Volksabstimmung zu unterbreiten.
(4) Handelt es sich um ein Begehren in der Form des ausgearbeiteten Entwurfes, so hat die Synode innert gesetzlicher Frist darüber zu befinden, ob sie dem Begehren, so wie es lautet, zustimmt oder nicht. Stimmt sie zu, so ist das Begehren wie eine von der Synode ausgearbeitete kirchliche Satzung dem fakultativen Referendum zu unterstellen. Stimmt sie nicht zu, so unterbreitet sie das Begehren, mit oder ohne Verwerfungsantrag, innert gesetzlicher Frist der Volksabstimmung. Gleichzeitig kann sie einen von ihr ausgearbeiteten Entwurf unterbreiten.
(5) Im übrigen gelten sinngemäss die staatlichen Vorschriften mit folgenden Änderungen und Ergänzungen:
1. Das Begehren darf sich nur auf einen einzigen Gegenstand beziehen.
2. Die Synodalverwaltung hat die Unterschriftenbogen vor Beginn der Unterschriftensammlung zu datieren und zu stempeln.
3. Für die Beglaubigung der Unterschriften ist der Kirchgemeindeaktuar zuständig.

4. Das Begehren ist binnen sechs Monaten beim Synodalrat zuhanden der Synode einzureichen. Diese Frist beginnt mit der Datierung und Stempelung der Unterschriftenbogen durch die Synodalverwaltung.
5. Solange die Volksabstimmung nicht angesetzt ist, können die auf den Unterschriftenbogen bezeichneten Initianten das Begehren zurückziehen. Das Begehren kann das Recht zum Rückzug ausschliessen.

B) Die Synode

§ 19. Stellung. (1) Die Synode ist die oberste Behörde der Kantonalkirche.
(2) Die Gesamterneuerung erfolgt in der ersten Hälfte des Monats Mai.

§ 20. Wahlkreise. Das Kantonsgebiet gliedert sich in die im Anhang 2 aufgeführten Wahlkreise. Änderungen erfolgen durch kirchliche Satzung; sie werden im Anhang nachgetragen.

§ 21. Zahl der Abgeordneten. (1) Die Synode besteht aus 70 in den Wahlkreisen gewählten Abgeordneten.
(2) Jeder Wahlkreis erhält vorweg zwei Sitze. Die übrigen Sitze werden entsprechend der protestantischen Wohnbevölkerung auf die Wahlkreise verteilt. Massgebend ist die jeweilige neueste eidgenössische Volkszählung.
(3) Der Synodalrat stellt die Zahl der zusätzlichen Sitze fest, die jedem Wahlkreis zusteht.

§ 22. Wahlart. (1) Für die Wahl der Abgeordneten gilt sinngemäss das Bundesgesetz betreffend die Wahl des Nationalrates mit folgenden Änderungen:
1. Wählbar ist jedes stimmfähige Mitglied der Kantonalkirche, das im betreffenden Wahlkreis auf einer gültigen Wahlliste zur Wahl vorgeschlagen ist.
2. Jede Wahlliste muss von mindestens zehn Stimmberechtigten des betreffenden Wahlkreises unterzeichnet werden.
3. Werden in einem Wahlkreis nicht mehr Wahlkandidaten vorgeschlagen, als zu wählen sind, so erklärt der Synodalrat als in stiller Wahl gewählt: die vorgeschlagenen Wahlkandidaten als Abgeordnete, die Ersatzkandidaten als Ersatzleute.
4. Werden in einem Wahlkreis nicht alle Sitze durch stille Wahl besetzt, so findet für die nicht besetzten Sitze eine Ergänzungswahl nach dem Mehrheitswahlverfahren statt.
5. Werden in einem Wahlkreis mehr Wahlkandidaten vorgeschlagen, als Sitze zu vergeben sind, so erfolgt die Wahl im Verhältniswahlverfahren.

(2) Alles Nähere wird durch die vom Synodalrat jeweils zu erlassende Wahlanordnung geregelt.

§ 23. Konstituierung. Die Synode tritt nach ihrer Gesamterneuerung auf Einladung des Synodalrates vor Ende Juni zur konstituierenden Sitzung zusammen.

§ 24. Wahlen. Die Synode wählt:

1. in der auf ihre Gesamterneuerung folgenden Sitzung sowie in der ordentlichen Frühjahrssitzung des dritten Jahres aus ihrer Mitte ein Büro, bestehend aus dem Präsidenten, dem Vizepräsidenten und je zwei Sekretären und Stimmenzählern sowie deren Stellvertretern. Der Präsident ist für die folgenden zwei Jahre weder als Präsident noch als Vizepräsident wählbar,
2. in der auf ihre Gesamterneuerung folgenden Sitzung für eine Amtsdauer von vier Jahren, mit Amtsantritt am 1. Juli: die Mitglieder des Synodalrates und der Rekurskommission sowie aus der Mitte dieser Behörden ihre Präsidenten und Vizepräsidenten,
3. in der auf ihre Gesamterneuerung folgenden Sitzung für ihre eigene Amtsdauer: die Vertreter in Organisationen, denen die Kantonalkirche angehört, soweit dazu nicht der Synodalrat ermächtigt wird.

§ 25. Erlasse. (1) Die Synode trifft die zur Ausführung der Kirchenverfassung notwendigen Erlasse[3].
(2) Allgemeine Erlasse, welche Rechte und Pflichten der Konfessionsangehörigen oder die Organisation, die Zuständigkeit oder die Aufgaben der Behörden oder das Verfahren regeln, bedürfen der Form der kirchlichen Satzung. Die Form der kirchlichen Satzung ist auch da zu wahren, wo sie durch besondere Vorschrift verlangt wird.
(3) Andere Erlasse erfolgen in der Form des Beschlusses.

§ 26. Weitere Aufgaben. (1) Der Synode obliegen alle weiteren, der obersten Kirchenbehörde zukommenden Aufgaben, insbesondere:

1. die Oberaufsicht über:
   a) das gesamte Kirchenwesen,
   b) den Synodalrat und die Geschäftsführung der Kantonalkirche, namentlich durch Prüfung des Rechenschaftsberichtes,
   c) den Geschäftsgang der Rekurskommission, namentlich durch Prüfung des Rechenschaftsberichtes,

3 Siehe insbes. Kirchenordnung der Evangelisch-Reformierten Kirche des Kantons Luzern vom 13. November 1996, verfügbar im Internet unter www.refluzern.ch.

2. die Festsetzung des jährlichen Voranschlages sowie der jährlichen Beiträge der Kirchgemeinden an die Synodalkasse,
3. die Abnahme der Jahresrechnung,
4. die Beschlussfassung über:
   a) neue Ausgaben, die nicht bereits auf einer anderen Rechtsgrundlage beruhen,
   b) Kauf, Verkauf, Tausch und Verpfändung von Grundstücken,
   c) Darlehen, Beteiligungen, Bürgschaften und ähnliche Verpflichtungen,
5. die Ermächtigung zur Aufnahme von Anleihen,
6. die Ausarbeitung von Vorlagen betreffend die Änderung der Kirchenverfassung, ausgenommen bei einer durch Volksbegehren veranlassten Totalrevision,
7. die Erwahrung des Zustandekommens und die Prüfung der Zulässigkeit von Volksbegehren sowie die Stellungnahme zu diesen Begehren,
8. die Beschlussfassung über:
   a) die Bildung, Neuumschreibung, Auflösung und Vereinigung von Kirchgemeinden (§ 8 Abs. 1),
   b) Grenzbereinigungen (§ 8 Abs. 2),
9. die Beschlussfassung über Änderungen der Wahlkreise (§ 20),
10. die Beschlussfassung über die Zugehörigkeit zu anderen Organisationen sowie über Vereinbarungen mit solchen, soweit dazu nicht der Synodalrat ermächtigt wird,
11. die Genehmigung der von einer Kirchgemeinde beschlossenen Sonderorganisation,
12. die Festsetzung:
    a) des Sitzungsgeldes und der Reiseentschädigung der Abgeordneten,
    b) der Entschädigung der Mitglieder des Synodalrates und der Rekurskommission,
13. die Regelung der Gehälter der kantonalen Funktionäre,
14. die Schaffung neuer kantonaler Stellen,
15. der Erlass ihrer eigenen Geschäftsordnung sowie die Festsetzung der Geschäftsordnungen des Synodalrates und der Rekurskommission auf deren Antrag.

(2) Beschlüsse gemäss Abs. 1 Ziff. 6 unterliegen der obligatorischen Volksabstimmung, solche gemäss Abs. 1 Ziff. 2, 4, 8a, 9, 10 und 14 nach Massgabe des § 17 dem fakultativen Referendum.

§ 27. Sitzungen. (1) Die Synode tritt im Frühjahr und im Herbst zu ordentlichen Sitzungen zusammen.

(2) Ausserordentliche Sitzungen finden statt:
1. wenn der Präsident es für notwendig erachtet,
2. wenn die Synode es beschliesst,
3. wenn der Synodalrat es verlangt,
4. wenn ein Fünftel der Abgeordneten es zur Behandlung eines bestimmten Geschäftes verlangt. In diesem Falle ist die Synode spätestens innert vier Wochen einzuberufen.

§ 28. Wahlen und Abstimmungen. (1) Die Synode ist beschlussfähig, wenn die Mehrheit der Abgeordneten anwesend ist.
(2) über Sachgeschäfte wird in der Regel offen abgestimmt.
(3) Es wird geheim gewählt.

§ 29. Öffentlichkeit der Verhandlungen. Die Sitzungen der Synode sind in der Regel öffentlich.

§ 30. Zweimalige Beratung. Änderungen der Kirchenverfassung sowie kirchliche Satzungen werden zweimal beraten. Mit der zweiten Beratung darf frühestens zwei Monate nach Beendigung der ersten begonnen werden.

C) Der Synodalrat

§ 31. Stellung. (1) Der Synodalrat ist die leitende, verwaltende und vollziehende Behörde der Kantonalkirche und vertritt diese nach aussen.
(2) Er besteht aus sieben Mitgliedern, die von der Synode aus den wählbaren Mitgliedern der Kantonalkirche gewählt werden.
(3) Die Mitglieder des Synodalrates haben in der Synode beratende Stimme und das Recht, zu einem in Beratung stehenden Gegenstand Anträge zu stellen.

§ 32. Befugnisse. (1) Der Synodalrat erstattet der Synode Bericht und Antrag über alles, was in ihren Geschäftsbereich fällt. Insbesondere legt er ihr jährlich den Voranschlag und die Jahresrechnung sowie alle zwei Jahre seinen Rechenschaftsbericht vor. Er hat besondere Berichte zu erstatten, wenn die Synode dies verlangt.
(2) Der Synodalrat erlässt die Vollziehungsverordnungen. In diese können allgemeine Vorschriften aufgenommen werden, welche die Erlasse der Synode näher ausführen oder in untergeordneten Fragen ergänzen. Die Synode kann sich die Genehmigung vorbehalten.
(3) Der Synodalrat vollzieht die Erlasse der Synode und die Vollziehungsverordnungen durch eigene Anordnungen und durch Anweisungen an die Synodalverwaltung.

§ 33. Weitere Aufgaben. Der Synodalrat hat noch folgende Aufgaben und Befugnisse:

1. Er beschliesst über Ausgaben im Sinne von § 26 Abs. 1 Ziff. 4, die 1000 Franken im einzelnen Fall und jährlich insgesamt 5000 Franken nicht übersteigen. Sind solche Ausgaben bereits Gegenstand der Beratungen der Synode, so kann diese darüber entscheiden.
2. Er ordnet die kantonalen Volkswahlen und Abstimmungen sowie die Volkswahlen in den Kirchgemeinden an.
3. Er beschliesst über die Gültigkeit von Wahlen und Abstimmungen, soweit nicht die Synode zuständig ist.
4. Er beschliesst über die Wahlfähigkeit zum Pfarramt sowie über das Recht zur Aushilfe und zur Stellvertretung im Pfarramt.
5. Er sorgt für die Amtseinsetzung neuer Pfarrer.
6. Er beschliesst auf Antrag einer Kirchgemeinde über die Errichtung neuer Pfarrstellen und Hilfspfarrstellen.
7. Er ernennt die Pfarrer für besondere Funktionen. Handelt es sich um einen Gemeindepfarrer, der die besondere Funktion neben seiner Aufgabe als Gemeindepfarrer ausüben soll, so ist sein Kirchenvorstand vorher anzuhören.
8. Er entscheidet über die Beurlaubung von Pfarrern. Bei einem Gemeindepfarrer ist dessen Kirchenvorstand vorher anzuhören.
9. Er macht die Vorschläge für die Wahl kirchlicher Funktionäre an den kantonalen Anstalten sowie für die Ernennung von Feldpredigern.
10. Er regelt das Anstellungsverhältnis der kantonalen Funktionäre.
11. Er wacht über die Amtsführung der Pfarrer, der Gemeindebehörden sowie der im Dienst der Kantonalkirche und der Kirchgemeinden stehenden Personen. Gegenüber Pfarrern steht ihm die Disziplinarbefugnis unmittelbar zu, gegenüber Gemeindefunktionären nur, wenn ein Kirchenvorstand es trotz Aufforderung unterlässt, die gebotenen Massnahmen zu treffen. Der Synodalrat hat das Recht und die Pflicht zum Einschreiten, wenn eine Pflichtverletzung vorliegt oder sich in einer Kirchgemeinde sonstwie Anstände ergeben. Er hat überhaupt in allen Belangen für das Wohl der Kirche zu sorgen.

§ 34. Wahlen. (1) Der Synodalrat wählt den Synodalsekretär und den Synodalkassier. Er bezeichnet aus seiner Mitte deren Stellvertreter.

(2) Die Amtsdauer des Synodalsekretärs und des Synodalkassiers beginnt am 1. November.

§ 35. Sitzungen. (1) Der Synodalrat wird von seinem Präsidenten einberufen, so oft es die Geschäfte erfordern oder wenn drei Mitglieder es schriftlich zur Behandlung eines bestimmten Gegenstandes verlangen.
(2) Damit der Synodalrat gültig verhandeln kann, müssen wenigstens vier Mitglieder anwesend sein.
(3) Die Mitglieder des Synodalrates sind zur Stimmabgabe verpflichtet. Für einen gültigen Beschluss bedarf es der Zustimmung der absoluten Mehrheit der Anwesenden.

D) Die Rekurskommission

§ 36. Stellung. (1) Die Rekurskommission ist die oberste kirchliche Disziplinarbehörde. Sie entscheidet anstelle der staatlichen Gerichte.
(2) Die Rekurskommission besteht aus fünf Mitgliedern und fünf Ersatzleuten, die von der Synode aus den wählbaren Mitgliedern der Kantonalkirche gewählt werden.
(3) Die Rekurskommission wählt von Fall zu Fall einen Aktuar. Sie legt der Synode alle zwei Jahre ihren Rechenschaftsbericht vor und erstattet besondere Berichte, wenn die Synode es verlangt.

§ 37. Befugnisse. (1) Die Rekurskommission befindet über Beschwerden gegen:
1. Entscheide, die der Synodalrat gegen eine im Dienst der Kantonalkirche stehende Person getroffen hat,
2. Entscheide, die ein Kirchenvorstand gegen eine im Gemeindedienst stehende Person getroffen hat,
3. Entscheide, die der Synodalrat gegen ein Mitglied einer Gemeindebehörde oder gegen eine im Gemeindedienst stehende Person getroffen hat. Beschwerdeberechtigt ist neben dem Betroffenen auch der Kirchenvorstand.

(2) Die Beschwerde kann erst gegen den Disziplinarentscheid selber eingereicht werden, nicht aber gegen Vorkehren, welche die zuständige Disziplinarbehörde während des Verfahrens getroffen hat.
(3) Der Entscheid der Rekurskommission ist endgültig.

§ 38. Verfahren. (1) Die Rekurskommission amtet in der Besetzung von fünf Mitgliedern. Die Mitglieder sind zur Stimmabgabe verpflichtet.
(2) Das Verfahren wird durch kirchliche Satzung geregelt.
(3) Die Rekurskommission oder deren Präsident kann von Amtes wegen oder auf Gesuch vorsorgliche Massnahmen treffen, sobald der Disziplinarentscheid eröffnet worden ist.

E) Der Synodalsekretär und die Synodalverwaltung

§ 39. Synodalverwaltung. (1) Der Synodalsekretär steht der Synodalverwaltung vor. Er ist Aktuar des Synodalrates.
(2) Die Synodalverwaltung besorgt unter der Aufsicht des Synodalrates die administrativen Aufgaben der Kantonalkirche.

F) Der Synodalkassier und die Synodalkasse

§ 40. Synodalkasse. (1) Der Synodalkassier verwaltet die Synodalkasse. Er steht unter der Aufsicht des Synodalrates.
(2) Die Synodalkasse wird gespiesen aus den Beiträgen der Kirchgemeinden, den Leistungen des Kantons für die Dienste an kantonalen Anstalten, dem Ertrag des Vermögens und freiwilligen Zuwendungen.
(3) Der jährliche Grundbeitrag der Kirchgemeinden besteht in einer Leistung von 0.015 Einheiten des jährlichen Steuerertrages. Massgebend sind die effektiven Eingänge des Vorjahres.
(4) Die Synode kann prozentuale Zuschläge zum Grundbeitrag beschliessen. § 17 Abs. 1 Ziff. 3 bleibt vorbehalten (fakultatives Referendum).

§ 41. Verwendung der Mittel. (1) Die Mittel der Synodalkasse dienen zur Deckung der finanziellen Bedürfnisse der Kantonalkirche, insbesondere:
1. für die Besoldung von Pfarrern oder andern Personen, die eine kantonale Aufgabe erfüllen,
2. für die Besoldung des Personals der Synodalverwaltung,
3. für die Kosten der Synode, des Synodalrates und der Rekurskommission,
4. für Beiträge an finanzschwache Kirchgemeinden,
5. für die Erfüllung gemeinsamer Aufgaben.

(2) Die erforderlichen Aufwendungen sind in den jährlichen Voranschlag aufzunehmen oder durch besondere Erlasse der Synode festzusetzen.

IV. Das Pfarramt und das Kantonale Pfarrkapitel

A) Das Pfarramt

§ 42. Stellung der Pfarrer. (1) Pfarrer im Sinne der Kirchenverfassung sind die Gemeindepfarrer, die Pfarrer mit kantonaler Funktion sowie die Hilfspfarrer, Vikare und Verweser.
(2) Stellung, Rechte und Pflichten der Pfarrer werden in der Kirchenordnung geregelt. Diese bedarf der Form der kirchlichen Satzung.

§ 43. Pfarrstellen. (1) In der Regel besteht für jede Kirchgemeinde eine Pfarrstelle.
(2) Für Kirchgemeinden mit grosser Bevölkerungszahl oder mit grosser räumlicher Ausdehnung können mit Zustimmung des Synodalrates weitere Pfarrstellen errichtet werden (§ 33 Ziff. 6).
(3) Kirchgemeinden können die Anstellung eines gemeinsamen Pfarrers vereinbaren.

§ 44. Hilfspfarrstellen, Vikariate. (1) Die Kirchgemeinde kann Hilfspfarrstellen errichten, wenn die Voraussetzungen zur Schaffung oder Beibehaltung einer Pfarrstelle nicht gegeben sind. Vorbehalten bleibt die Zustimmung des Synodalrates gemäss § 33 Ziff. 6.
(2) Sie kann Vikariate errichten, wenn es zur vorübergehenden Entlastung oder zur Stellvertretung eines Gemeindepfarrers notwendig ist.

§ 45. Pfarramt französischer Sprache. (1) Der Synodalrat kann für die Belange der Konfessionsangehörigen französischer Sprache ein besonderes Pfarramt errichten.
(2) Die Einzelheiten sind durch Vertrag mit dem Verein „Eglise évangélique de langue française Lucerne" und den interessierten Kirchgemeinden zu regeln.
(3) Der Vertrag bedarf der Genehmigung durch die Synode.

§ 46. Wahl. (1) Die Gemeindepfarrer werden durch die stimmberechtigten Mitglieder der Kirchgemeinde gewählt.
(2) Hilfspfarrer, Vikare und Verweser werden vom Kirchenvorstand ernannt.
(3) Pfarrer mit kantonaler Funktion werden vom Synodalrat ernannt.

§ 47. Wählbarkeit. (1) Zur Führung des Pfarramtes und zur Aushilfe im Pfarramt sind Männer und Frauen wählbar, die das Wählbarkeitszeugnis des Synodalrates zum Dienst in der Kantonalkirche besitzen. Wenn es die Verhältnisse rechtfertigen, kann der Synodalrat auch ausländische Staatsangehörige als wählbar erklären.
(2) Die Wählbarkeit wird Personen zuerkannt, welche die theologische Konkordatsprüfung oder die Prüfung einer schweizerischen evangelisch-reformierten Landeskirche bestanden haben.
(3) Ausnahmsweise kann der Synodalrat die Wählbarkeit auch Personen zuerkennen, die sich in anderer Weise über eine ausreichende theologische Bildung und praktische Befähigung ausweisen.

§ 48. Amtsdauer. (1) Die Amtsdauer der Gemeindepfarrer beträgt 6 Jahre und beginnt am 1. Juli.

(2) Scheidet ein Gemeindepfarrer aus und ist es nicht möglich, das Pfarramt innert drei Monaten zu besetzen, so ernennt der Kirchenvorstand einen Verweser. Für die Wahlfähigkeit gelten die gleichen Voraussetzungen wie für die Wahl in das Pfarramt.

§ 49. Bestätigungsverfahren. (1) Wenigstens vier Monate vor Ablauf der Amtsdauer der Gemeindepfarrer hat der Kirchenvorstand darüber Beschluss zu fassen, ob der Kirchgemeinde die Bestätigung sämtlicher Gemeindepfarrer zu beantragen sei.
(2) Beschliesst der Kirchenvorstand, der Kirchgemeinde die Bestätigung sämtlicher Gemeindepfarrer zu beantragen, so hat er diesen Beschluss bis zum 15. März öffentlich bekannt zu machen.
(3) Mit der Bekanntmachung ist die Mitteilung zu verbinden, dass die bisherigen Amtsinhaber ohne weiteres für eine neue sechsjährige Amtsdauer bestätigt sind, sofern nicht binnen 30 Tagen beim Kirchenvorstand ein Begehren um Durchführung von Gesamterneuerungswahlen eingereicht wird. Das Begehren ist zustande gekommen, wenn es in Kirchgemeinden mit weniger als 5000 Stimmberechtigten ein Zehntel der Stimmberechtigten, mindestens aber 50 Stimmberechtigte stellen und in grösseren Kirchgemeinden mindestens 500 Stimmberechtigte.

§ 50. Erneuerungswahlen. Beschliesst der Kirchenvorstand von sich aus, der Kirchgemeinde die Frage der Bestätigung der bisherigen Gemeindepfarrer zur Abstimmung zu unterbreiten, oder liegt ein Begehren gemäss § 49 Abs. 3 vor, so finden Gesamterneuerungswahlen statt, selbst wenn sich das Begehren nicht auf alle Gemeindepfarrer bezogen hat.

§ 51. Disziplinarische Verantwortlichkeit. Für die disziplinarische Verantwortlichkeit der Pfarrer gelten sinngemäss die Vorschriften des Beamtengesetzes[4] mit folgenden Änderungen und Ergänzungen:

1. Disziplinarbehörde ist der Synodalrat.
2. Wird ein Pfarrer im Amt eingestellt, so ernennt der Synodalrat nach Rücksprache mit dem Kirchenvorstand einen Verweser.
3. Ein im Amt eingestellter Pfarrer kann während der Dauer der Einstellung, ein vom Amt entlassener Pfarrer während zwei Jahren nicht zu einer pfarramtlichen Funktion innerhalb der Kantonalkirche berufen werden.

4 Vgl. heute: Gesetz über das öffentlich-rechtliche Arbeitsverhältnis (Personalgesetz) vom 26. Juni 2001 (SRL Nr. 50).

B) Das Kantonale Pfarrkapitel

§ 52. Stellung. (1) Das Kantonale Pfarrkapitel besteht aus den Gemeindepfarrern, den Hilfspfarrern sowie den Pfarrern, welche an kantonalen Anstalten tätig sind oder eine kantonale Aufgabe zu erfüllen haben. Es kann zu seinen Sitzungen mit beratender Stimme ehemalige, im Kanton wohnhafte Pfarrer sowie die Vikare, Verweser und andere Pfarrer, die durch ihre Tätigkeit mit der Kantonalkirche in Beziehung stehen, beiziehen. Es konstituiert sich selbst.
(2) Das Kantonale Pfarrkapitel bespricht Fragen von religiösem, kirchlichem oder theologischem Interesse. Es kann von der Synode oder vom Synodalrat zur Begutachtung solcher Fragen eingeladen werden oder auch von sich aus jenen Behörden seine Auffassung unterbreiten.
(3) Es erstattet dem Synodalrat jährlich über seine Verhandlungen Bericht.

V. Allgemeine Bestimmungen

§ 53. Innerkirchliche Belange. (1) Die innerkirchlichen Belange, insbesondere die gottesdienstlichen Veranstaltungen, der Unterricht, die Seelsorge, die Liebestätigkeit sowie die innere und äussere Mission werden in der Kirchenordnung geregelt. Diese ist als kirchliche Satzung zu erlassen.
(2) Die Behörden der Kantonalkirche und der Kirchgemeinden haben ihre innerkirchlichen Aufgaben mit gleicher Sorgfalt zu erfüllen wie ihre Aufgaben auf dem Gebiete der Verwaltung. Sie unterstehen hiefür der gleichen Verantwortlichkeit.

§ 54. Anordnung von Wahlen und Abstimmungen. (1) Durch den Synodalrat werden angeordnet:
1. die kantonalen Volkswahlen und Abstimmungen,
2. die Volkswahlen in den Kirchgemeinden.

(2) Die Gemeindeabstimmungen werden vom Kirchenvorstand angeordnet.

§ 55. Amtsdauer. (1) Die Amtsdauer für alle Behörden und Beamten der Kantonalkirche sowie der Kirchgemeinden beträgt vier Jahre. Vorbehalten bleiben die Bestimmungen über die Amtsdauer der Gemeindepfarrer (§ 48 Abs. 1).
(2) Ersatzwahlen in eine Behörde oder ein Amt erfolgen für den Rest der Amtsdauer.
(3) Die abtretende Behörde bleibt im Amt, bis sich die neue konstituiert hat.

§ 56. Unvereinbarkeit. (1) Niemand darf gleichzeitig der Synode, dem Synodalrat oder der Rekurskommission angehören.

(2) Ehegatten, Blutsverwandte und Verschwägerte, beide in gerader Linie und bis und mit dem dritten Grade der Seitenlinie, Ehegatten von Geschwistern sowie durch Kindesannahme verbundene Personen dürfen nicht gleichzeitig dem Synodalrat beziehungsweise der Rekurskommission angehören. Das Gleiche gilt zwischen den Mitgliedern und dem Aktuar dieser Behörden.
(3) Synodalsekretär und Synodalkassier sowie die vom Synodalrat vollamtlich gewählten Personen dürfen nicht der Synode oder dem Synodalrat oder der Rekurskommission angehören.

§ 57. Ausstand. Die Ausstandsgründe gemäss Beamtengesetz gelten sinngemäss für die Mitglieder der Synode, des Synodalrates und der Rekurskommission.

§ 58. Inpflichtnahme. (1) Es werden in Pflicht genommen:
1. die Mitglieder der Synode von dem den Vorsitz führenden Mitglied,
2. die Mitglieder des Synodalrates und der Rekurskommission vor versammelter Synode,
3. die Mitglieder des Kirchenvorstandes, der Rechnungskommission, der Vertretung der Stimmbürger sowie der Kirchgemeindeaktuar vom Synodalrat,
4. weitere definitiv gewählte Beamte der Kirchgemeinden sowie die definitiv gewählten Beamten der Kantonalkirche von ihrer Wahlbehörde,
5. die Mitglieder der Urnenbüros vom Kirchenvorstand.

(2) Die in Pflicht zu nehmende Person kann den Eid, das mündliche oder das schriftliche Gelübde ablegen.

§ 59. Bekanntmachungen. (1) Die öffentlichen Bekanntmachungen der Kantonalkirche erfolgen im Luzerner Kantonsblatt.
(2) Durch kirchliche Satzung kann eine andere Regelung getroffen werden.

§ 60. Anwendung des staatlichen Rechtes. Soweit die Kirchenverfassung nichts anderes bestimmt, finden die entsprechenden Vorschriften des staatlichen Rechtes Anwendung.

VI. Verfassungsrevision

§ 61. Voraussetzungen. (1) Die Kirchenverfassung kann jederzeit auf Antrag der Synode oder auf Grund eines Volksbegehrens (Verfassungsinitiative) durch Beschluss der Stimmberechtigten aufgehoben oder ganz oder teilweise geändert werden.
(2) Für das Zustandekommen eines Volksbegehrens bedarf es bei einer Gesamtzahl von weniger als 12'000 Stimmberechtigten der Unterschriften

von wenigstens zehn Prozent der Stimmberechtigten, bei einer Gesamtzahl von 12'000 und mehr Stimmberechtigten der Unterschriften von wenigstens 1200 Stimmberechtigten.
(3) Im übrigen gelten sinngemäss die Vorschriften über die Revision der Staatsverfassung mit den in den §§ 63 bis 65 der Kirchenverfassung festgelegten Änderungen und Ergänzungen.

§ 62. Revision auf Antrag der Synode. Will die Synode die Aufhebung oder Änderung der Kirchenverfassung veranlassen, so geht sie wie bei der Ausarbeitung einer kirchlichen Satzung vor.

§ 63. Verfahren bei Volksbegehren. (1) Die Synodalverwaltung hat die Unterschriftenbogen vor Beginn der Unterschriftensammlung zu datieren und zu stempeln.
(2) Für die Beglaubigung der Unterschriften ist der Kirchgemeindeaktuar zuständig.
(3) Das Begehren ist binnen sechs Monaten beim Synodalrat zuhanden der Synode einzureichen. Diese Frist beginnt mit der Datierung und Stempelung der Unterschriftenbogen durch die Synodalverwaltung.

§ 64. Volksbegehren auf Totalrevision. (1) Wurde, veranlasst durch Volksbegehren, die Totalrevision beschlossen, so obliegt die Ausarbeitung der neuen Kirchenverfassung einem Verfassungsrat.
(2) Der Verfassungsrat zählt gleich viele Mitglieder wie die Synode. Er ist gemäss den Vorschriften zu wählen, die für die Synode gelten.

§ 65. Volksbegehren auf Partialrevision. (1) Das Begehren enthält entweder den Auftrag an die Synode, eine Verfassungsänderung im Sinne der Initianten auszuarbeiten (allgemeine Anregung), oder den Wortlaut einer vorgeschlagenen Verfassungsänderung (ausgearbeiteter Entwurf). Im Zweifelsfall wird das Begehren als allgemeine Anregung behandelt.
(2) Handelt es sich um ein Begehren in der Form der allgemeinen Anregung, so hat die Synode darüber zu befinden, ob sie dem Begehren zustimmt oder nicht. Stimmt sie ihm zu, so hat sie einen Entwurf im Sinne der Initianten auszuarbeiten und innert gesetzlicher Frist der Volksabstimmung zu unterbreiten. Lehnt sie das Begehren ab, so ist es unverzüglich der Volksabstimmung zu unterbreiten.
(3) Handelt es sich um ein Begehren in der Form des ausgearbeiteten Entwurfes, so hat die Synode darüber zu befinden, ob sie dem Begehren, so wie es lautet, zustimmt oder nicht. Stimmt sie zu, so unterbreitet sie es unverzüglich der Volksabstimmung. Stimmt sie nicht zu, so unterbreitet sie es, mit oder ohne Verwerfungsantrag, der Volksabstimmung. Gleichzeitig kann sie

einen von ihr ausgearbeiteten Gegenentwurf unterbreiten. Die Volksabstimmung muss in jedem Fall innert gesetzlicher Frist stattfinden.
(4) Das Begehren darf sich nur auf einen einzigen Gegenstand beziehen.
(5) Solange die Volksabstimmung nicht angesetzt ist, können die auf den Unterschriftenbogen bezeichneten Initianten das Begehren zurückziehen. Das Begehren kann das Recht zum Rückzug ausschliessen.

VII. Einführungs- und Schlussbestimmungen

§ 66. Einführungsbestimmungen.
I. (1) Die erste Wahl der Synode wird gemäss § 13 Abs. 4 des Gesetzes über die Kirchenverfassung vom 21. Dezember 1964 durch den Regierungsrat angeordnet. Stimmberechtigung, Wählbarkeit, Wahlkreise sowie Zahl und Verteilung der Sitze richten sich nach den Bestimmungen der Kirchenverfassung (§§ 5 Abs. 1, 6, 20, 21, 22).
(2) Die Synode tritt binnen 30 Tagen nach ihrer Wahl zur konstituierenden Sitzung und zur Vornahme der ihr zustehenden Wahlen zusammen.
II. (1) Die erste Amtsdauer der Synode, des Synodalrates und der Rekurskommission sowie der vom Synodalrat gewählten Funktionäre endigt im Jahre 1973.
(2) Die erste Amtsdauer des Büros der Synode endigt im Jahre 1971.
III. (1) Die gegenwärtige Amtsdauer der Kirchgemeindebehörden und der vom Kirchenvorstand gewählten Funktionäre verlängert sich bis zum Jahre 1973.
(2) Die gegenwärtige Amtsdauer der Gemeindepfarrer endigt im Jahre 1974.
(3) Ersatzwahlen erfolgen für den Rest der Amtsdauer.
IV. Die Bestimmungen über das Stimmrecht der Ausländer und Ausländerinnen (§ 5 Abs. 2) treten erst mit der hierüber zu erlassenden kirchlichen Satzung in Kraft.
V. Für das Verfahren vor der Rekurskommission sind bis zum Erlass von Ausführungsbestimmungen zu § 38 Abs. 2 die Vorschriften über die Disziplinarrechtspflege durch das Bundesgericht sinngemäss anzuwenden.
VI. Solange die Synode nichts anderes beschliesst, finden für die Inpflichtnahme der Behörden und Beamten sinngemäss die Formeln entsprechend dem Dekret des Grossen Rates vom 16. März 1920 Anwendung.

§ 67. Schlussbestimmungen. (1) Die Kirchenverfassung ist angenommen, wenn ihr die absolute Mehrheit der gültig Stimmenden zustimmt.

(2) Sie bedarf der Genehmigung des Grossen Rates. Aus dem Genehmigungsbeschluss sich ergebende textliche Anpassungen sind vom Büro des Verfassungsrates vorzunehmen.
(3) Die Kirchenverfassung tritt mit ihrer Genehmigung durch den Grossen Rat in Kraft.

Anhang 1: Die Kirchgemeinden

Es bestehen folgende Kirchgemeinden:

1. Luzern,
2. Hochdorf,
3. Sursee,
4. Wolhusen,
5. Willisau-Hüswil,
6. Dagmersellen,
7. Reiden,
8. Escholzmatt.

Anhang 2: Die Wahlkreise

A) In der Evangelisch-Reformierten Kirchgemeinde Luzern die Wahlkreise 1-12, bestehend aus den gleichnamigen Sprengeln:
   1. Luzern Matthäus,
   2. Luzern Lukas,
   3. Luzern Weinbergli,
   4. Buchrain-Root,
   5. Ebikon,
   6. Emmen-Rothenburg,
   7. Horw,
   8. Kriens,
   9. Littau-Reussbühl,
   10. Malters,
   11. Meggen,
   12. Weggis-Vitznau.

B) Im übrigen Kantonsgebiet die Wahlkreise 13-19, bestehend aus den gleichnamigen Evangelisch-Reformierten Kirchgemeinden:
   13. Dagmersellen,
   14. Escholzmatt,
   15. Hochdorf,
   16. Reiden,

17. Sursee,
18. Willisau-Hüswil,
19. Wolhusen.

SJKR/ASDE Beiheft 6 (2009), S. 245-259

Neuchâtel (Neuenburg)

Constitution de l'Eglise reformée évangélique du canton de Neuchâtel, du 25 mars 1979*

Table des matières

	Articles
Préambule [1942]	
Titre premier: L'Eglise et ses membres	1
Titre II: La mission de l'Eglise	9
Titre III: L'organisation de l'Eglise	16
Chapitre premier: Généralités	16
Chapitre 2: L'Assemblée générale	18
Chapitre 3: Le Synode	21
Chapitre 4: Le Conseil synodal	31
Chapitre 5: Commissions synodales	35
Titre IV: Les paroisses	38
Chapitre premier: Généralités	38
Chapitre 2: L'Assemblée de paroisse	45
Chapitre 3: Le Conseil paroissial	48
Titre V: Les centres cantonaux et les communautés	53
Titre VI: Les permanents ministres et laïcs	56
Chapitre premier: Généralités	56
Chapitre 2: Les pasteurs	61
Chapitre 3: Les diacres	63
Chapitre 4: Les permanents laïcs	65a
Chapitre 5: Discipline	66

* La présente Constitution – à l'exception des art. 25, 73 et 81 – a été adoptée par l'Assemblée générale de l'Eglise le 25 mars 1979. Le Titre VII a été adopté le 24 février 1980.
Modifications: 27 avril 1983/8 mai 1983; 10 décembre 1986/10 mai 1987; 10 juin 1998/25 octobre 1998; 25 septembre 2002/10 novembre 2002.

Titre VII: Les études théologiques 68
Titre VIII: L'organisation financière de l'Eglise 73
Titre IX: La révision de la Constitution 82
Titre X: Dispositions finales 85

Préambule [1942]

L'Eglise réformée évangélique du canton de Neuchâtel place la présente Constitution sous la bénédiction de Dieu, devant lequel elle s'humilie dans le sentiment de sa misère et à qui elle rend grâce d'avoir recouvré son unité.

Partie intégrante de l'Eglise universelle, elle se rattache aux Eglises issues de la Réforme du XVIe siècle dont Guillaume Farel a été le principal ouvrier dans le pays de Neuchâtel, et elle est membre de la Fédération des Eglises protestantes de Suisse.

Elle déclare avoir pour seul chef Jésus-Christ; elle reconnaît dans la Bible, interprétée avec l'aide du Saint-Esprit, le document de la révélation divine; elle affirme que nous sommes sauvés par grâce, justifiés par la foi.

Elle proclame les bénédictions attachées au culte et à la prière ainsi qu'aux sacrements du baptême et de la sainte cène, en même temps que le devoir d'obéir aux exigences de l'Evangile.

Appelée à travailler au bien de tout le peuple et à annoncer, au près et au loin, la bonne nouvelle du Royaume de Dieu, source inépuisable de justice, d'amour et d'espérance éternelle, elle fait profession de sa foi en disant:

> *Gloire soit à Dieu, le Père tout-puissant, créateur du ciel et de la terre. Devant sa sainteté il n'y a pas de juste, pas même un seul, mais Dieu a tant aimé le monde qu'Il a donné son Fils unique afin que quiconque croit en lui ne périsse point, mais qu'il ait la vie éternelle.*
>
> *Gloire soit à Jésus, le Christ, le Fils de Dieu vivant, qui est venu chercher et sauver ce qui est perdu; il est le chemin, la vérité et la vie; il est mort pour nous sur la croix; il est ressuscité et il est devenu les prémices de ceux qui sont morts. Dieu l'a souverainement élevé et lui a donné le nom qui est au-dessus de tout nom.*
>
> *Gloire soit au Saint-Esprit qui nous transforme en de nouvelles créatures; tous ceux qui sont conduits par lui sont enfants de Dieu. Le fruit de l'Esprit c'est la charité, la joie, la paix.*
>
> *Notre Père qui est aux cieux, que ton nom soit sanctifié, que ton règne vienne, que ta volonté soit faite sur la terre comme au ciel.*
>
> *Amen.*

Titre premier: L'Eglise et ses membres

Il y a un seul Corps et un seul Esprit (...); un seul Seigneur, une seule foi, un seul baptême, un seul Dieu et Père de tous, qui règne sur tous, agit par tous, et demeure en tous. (Ephésiens 4, 4-6)

Art. 1. (1) L'Eglise réformée évangélique du canton de Neuchâtel, témoin de Jésus-Christ au pays de Neuchâtel, annonce l'Evangile, puissance de Dieu pour le salut de tous les hommes.
(2) Née de la fusion de l'Eglise nationale du canton de Neuchâtel et de l'Eglise évangélique neuchâteloise indépendante de l'Etat, elle fait partie de l'Eglise universelle, voulue par Jésus-Christ, fondée sur l'enseignement des apôtres et rendue vivante, à travers les siècles, par l'action du Saint-Esprit. Rattachée aux Eglises issues de la Réforme du XVIe siècle, elle est membre de la Fédération des Eglises protestantes de la Suisse et, par elle, du Conseil œcuménique des Eglises.
(3) Elle est régie par la présente Constitution et par ses règlements.

Art. 2. L'Eglise est reconnue institution d'intérêt public par la Constitution de la République et Canton de Neuchâtel[1]. Ses relations avec l'Etat sont réglées par un concordat[2].

Art. 3. Le siège de l'Eglise est à Neuchâtel.

Art. 4. (1) L'Eglise est au service de tous les habitants du pays de Neuchâtel par la proclamation de l'Evangile et par la diaconie. En sont membres tous ceux qui se reconnaissent chrétiens réformés évangéliques. Le baptême atteste leur appartenance à l'Eglise de Jésus-Christ.
(2) La qualité de membre implique l'adhésion aux principes, à la mission et à l'organisation de l'Eglise, tels qu'ils sont définis dans la présente Constitution.

Art. 5. Les membres de l'Eglise ont notamment pour devoir:
- de participer à la vie de la communauté paroissiale,
- de témoigner de leur foi dans leur existence,
- de subvenir aux besoins matériels de l'Eglise.

1 Voir: art. 98 al. 1 de la Constitution de la République et Canton de Neuchâtel, du 24 septembre 2000 (RSN 101).

2 Concordat entre l'Etat de Neuchâtel et l'Eglise réformée évangélique du canton de Neuchâtel, l'Eglise catholique romaine, l'Eglise catholique chrétienne, du 2 mai 2001 (RSN 410.331).

Art. 6. (1) Tout membre de l'Eglise est membre d'une paroisse.
(2) Le Conseil paroissial accueille les nouveaux membres et les inscrit au registre de paroisse selon la procédure fixée dans le Règlement général.

Art. 7. Un membre de l'Eglise inscrit dans le registre de paroisse peut en tout temps demander par écrit sa radiation.

Art. 8. Dès l'âge de 16 ans révolus, les membres inscrits dans le registre de paroisse ont le droit de vote. Les mineurs ne peuvent toutefois pas prendre part aux votations qui entraînent pour l'Eglise ou pour la paroisse des obligations civiles.

Titre II: La mission de l'Eglise

Nous travaillons ensemble à l'œuvre de Dieu. (I Corinthiens 3, 9)

Art. 9. L'Eglise a pour vocation de faire connaître à chacun, en paroles et en actes, l'amour manifesté par Dieu en Jésus-Christ à l'égard de tous les hommes, sans distinction de races et de conditions.

Art. 10. L'Eglise affirme que la souveraineté de Dieu en Jésus-Christ s'exerce non seulement sur la vie individuelle et privée, mais aussi sur la vie culturelle, sociale, économique et politique.

Art. 11. L'Eglise s'efforce d'édifier une communauté vivante et fraternelle, pour la gloire de Dieu, par la prédication de l'Evangile, l'administration du baptême et la célébration de la sainte cène.

Art. 12. (1) L'Eglise pourvoit à l'instruction et à l'éducation chrétienne des enfants et adolescents, en collaboration avec leurs parents.
(2) Elle forme ses membres au témoignage et au service chrétiens.

Art. 13. L'Eglise, consciente de la nécessité et l'ampleur de la tâche apostolique, participe à l'action missionnaire commune des Eglises. Elle atteste ainsi l'universalité de l'Eglise de Jésus-Christ.

Art. 14. L'Eglise collabore avec les forces chrétiennes du pays. Elle entend promouvoir l'esprit et l'action œcuméniques parmi ses membres, pour que l'unité du corps de Christ soit manifestée.

Art. 15. L'Eglise, fidèle au principe du sacerdoce universel, rappelle à tous ses membres leur responsabilité personnelle dans l'accomplissement de sa mission.

Titre III: L'organisation de l'Eglise

Vous avez été intégrés dans la construction qui a pour fondation les apôtres et les prophètes, et Jésus-Christ lui-même comme pierre maîtresse. (Ephésiens 2, 20)

Chapitre premier: Généralités

Art. 16. Les organes de l'Eglise sont:
- l'Assemblée générale,
- le Synode,
- le Conseil synodal.

Art. 17. Le Synode arrête un Règlement général qui fixe le détail de l'organisation de l'Eglise.

Chapitre 2: L'Assemblée générale

Art. 18. L'Assemblée générale se compose de l'ensemble des membres de l'Eglise inscrits dans les registres de paroisse.

Art. 19. L'Assemblée générale siège par paroisse, sur convocation du Synode ou à la demande du tiers au moins des paroisses.

Art. 20. L'Assemblée générale a le droit inaliénable:
- de nommer les députés paroissiaux ministres et laïcs au Synode et leurs suppléants,
- de modifier la Constitution.

Elle prend des décisions sur les objets qui lui sont soumis par le Synode.

Chapitre 3: Le Synode

Art. 21. Sous réserve des droits de l'Assemblée générale, l'autorité législative de l'Eglise est exercée par le Synode.

Art. 22. Le Synode se compose
- des députés paroissiaux ministres et laïcs,
- des députés des centres cantonaux,
- des députés des communautés,
- des députés de la Faculté de théologie.

Art. 23. Les législatures sont de 4 ans. Les membres sont rééligibles selon les modalités fixées par le Règlement général.

[Art. 24: supprimé]

Art. 25. (1) Chaque paroisse, centre cantonal et communauté reconnue est équitablement représenté au Synode.
(2) La députation des paroisses, centres cantonaux et communautés reconnues est fixée par le Règlement général.
(3) La députation de chaque paroisse est composée au moins d'un député ministre et d'un député laïc.
(4) Le Synode est composé d'une majorité de laïcs.

[Art. 26 et 27 supprimés]

Art. 28. (1) Le Synode siège à l'ordinaire deux fois par an.
(2) Il siège à l'extraordinaire sur décision du Conseil synodal ou à la demande du cinquième de ses membres.

Art. 29. Le Synode prend toutes les mesures que commande l'intérêt de l'Eglise, notamment:

1. il nomme le Conseil synodal et son président,
2. il nomme les commissions synodales,
3. il nomme les délégués de l'Eglise au Synode du „DM Echange et mission",
4. il édicte les règlements de l'Eglise,
5. il arrête le tableau des paroisses et des ministères cantonaux,
6. il crée des centres cantonaux,
7. il admet à la consécration au ministère pastoral et au ministère diaconal et il accorde l'agrégation au corps pastoral et diaconal,
8. il vote le budget, approuve les comptes et fixe le montant de la contribution ecclésiastique,
9. il adopte les rapports du Conseil synodal et des commissions synodales,
10. il prend les décisions sur les objets qui lui sont soumis par le Conseil synodal,
11. il exerce les autres attributions que lui confère la Constitution.

Art. 30. Le Règlement général[3] fixe l'organisation de la préparation des sessions synodales.

Chapitre 4: Le Conseil synodal

Art. 31. Le pouvoir exécutif et l'administration générale de l'Eglise sont confiés au Conseil synodal.

3 Règlement général de l'Eglise réformée évangélique du Canton de Neuchâtel (édition 1982), disponible dans l'internet à l'adresse www.eren.ch.

Art. 32. (1) Le Conseil synodal se compose de neuf membres, dont 4 pasteurs ou diacres, nommés pour 4 ans par le Synode. Un seul permanent laïc peut être élu à la place d'un pasteur ou diacre.
(2) Le président du Conseil synodal est un pasteur et il exerce cette charge à plein temps. La durée de son mandat est fixée par le Règlement général.
(3) Les incompatibilités sont fixées par le Règlement général.

Art. 33. (1) Le Conseil synodal dirige l'activité de l'Eglise et surveille celle des paroisses et des centres cantonaux. Il assure le lien avec les communautés reconnues.
(2) Il représente l'Eglise vis-à-vis de l'Etat, des organisations ecclésiastiques et des tiers.
(3) Il exerce toutes les attributions qui ne sont pas conférées expressément à un autre organe de l'Eglise.
(4) Il peut déléguer une partie de ses pouvoirs à certains de ses membres ou à des commissions spéciales nommées par lui et responsables envers lui.

Art. 34. (1) Le Conseil synodal pourvoit à l'exécution des décisions du Synode.
(2) Il présente à la session synodale ordinaire du printemps un rapport de gestion.

Art. 35. Le Conseil synodal nomme le secrétaire général; il fixe ses attributions. Il nomme le personnel de l'administration.

Chapitre 5: Commissions synodales

Art. 36. (1) Le Synode nomme les commissions permanentes et occasionnelles nécessaires à la vie de l'Eglise et à son témoignage.
(2) Les attributions et l'organisation des commissions permanentes, notamment la Commission de consécration et la Commission d'examen de la gestion, sont fixées par le Règlement général.

Art. 37. (1) Les commissions rapportent directement au Synode.
(2) Le Conseil synodal a le droit de se faire représenter dans chacune d'elles.

Titre IV: Les paroisses

Ne sommes-nous pas les membres du corps du Christ? (Ephésiens 5, 30)

Chapitre premier: Généralités

Art. 38. La paroisse accomplit sur le terrain local la mission de l'Eglise.

Art. 39. La paroisse comprend tous les membres de l'Eglise qui habitent la circonscription paroissiale.

Art. 40. Le tableau des paroisses délimite les circonscriptions paroissiales et fixe le nombre des postes de permanents.

Art. 40a. Une paroisse se constitue en lieux de vie et en centres d'activités pour accomplir localement la mission de l'Eglise.

Art. 41. (1) Les paroisses s'organisent corporativement selon la Constitution et les règlements de l'Eglise.
(2) Les statuts paroissiaux sont soumis à l'approbation du Conseil synodal. Le recours au Synode est réservé.

Art. 42. Les organes de la paroisse sont:
– l'Assemblée de paroisse,
– le Conseil paroissial.

Art. 43. Plusieurs paroisses peuvent s'entendre pour confier la responsabilité de la réalisation de tâches à une seule paroisse. Le Conseil synodal en est informé. Il peut demander l'établissement d'une convention.

Art. 44. La paroisse de langue allemande est soumise au même statut que les autres paroisses, sous réserve des dispositions spéciales imposées par sa situation particulière.

Chapitre 2: L'Assemblée de paroisse

Art. 45. L'Assemblée de paroisse se compose des membres de l'Eglise inscrits dans le registre de la paroisse.

Art. 46. (1) L'Assemblée de paroisse se réunit à l'ordinaire une fois par an.
(2) Elle se réunit à l'extraordinaire sur décision du Conseil synodal, du Conseil paroissial, ou à la demande du cinquième de ses membres.
(3) Elle vote dans les formes prévues par le Règlement général.

Art. 47. (1) L'Assemblée de paroisse exerce les attributions qui lui sont conférées par la Constitution et les règlements de l'Eglise et par les statuts paroissiaux, notamment:
1. elle adopte les statuts paroissiaux,
2. elle élit le ou les pasteurs, diacres et permanents laïcs de la paroisse,
3. elle élit le Conseil paroissial et son président,
4. elle élit le président de l'Assemblée de paroisse,
5. elle se prononce sur toutes les affaires immobilières intéressant la paroisse,

6. elle décide tous emprunts au nom de la paroisse,
7. elle adopte les rapports annuels du Conseil paroissial,
8. elle prend des décisions sur les objets qui lui sont soumis par le Conseil paroissial ou le Conseil synodal,
9. elle peut soumettre des propositions au Synode.

(2) Les décisions visées aux chiffres 1, 5 et 6 doivent être approuvées par le Conseil synodal.

Chapitre 3: Le Conseil paroissial

Art. 48. (1) Le Conseil paroissial se compose
- des permanents ministres et laïcs, dont le modérateur du colloque,
- des députés ministres et laïcs,
- des autres conseillers.

(2) Le Règlement général fixe le nombre, le quota et les exceptions.
(3) Tous les conseillers sont élus pour quatre ans et immédiatement rééligibles.
(4) Les incompatibilités sont fixées par le Règlement général.

Art. 49. Le Conseil paroissial est installé lors d'un culte public par le pasteur de la paroisse, au nom du Synode.

Art. 50. (1) Le Conseil paroissial a la responsabilité des activités spirituelles, cultuelles et administratives de la paroisse. Il exerce les attributions qui en découlent, sous réserve des compétences de l'Assemblée de paroisse.
(2) Il collabore avec les pasteurs, diacres et permanents laïcs dans l'exercice de leur ministère.

Art. 51. Le Conseil paroissial rend compte de son administration par un rapport annuel à l'Assemblée de paroisse, qui lui donne décharge sous réserve de l'approbation du Conseil synodal.

[Art. 52 supprimé]

Titre V: Les centres cantonaux et les communautés

Que l'amour fraternel demeure; n'oubliez pas l'hospitalité (...). Souvenez-vous de ceux qui sont en prison (...) de ceux qui sont maltraités. (Hébreux 13, 1-3)

Art. 53. Les centres cantonaux et les communautés accomplissent également la mission de l'Eglise.

Art. 54. (1) Les centres cantonaux permettent à l'Eglise de répondre aux besoins particuliers des hommes et de la société.
(2) Ils sont créés par le Synode sur la base d'une demande motivée et présentée par le Conseil synodal.

Art. 55. (1) Les communautés sont des groupements de chrétiens dont les membres vivent selon des normes qu'ils se sont données; elles veulent ainsi manifester la réalité de l'amour fraternel en Jésus-Christ.
(2) Elles peuvent, lorsqu'elles ont fait preuve de continuité, être reconnues par le Synode, sur la base d'une demande motivée, présentée par le Conseil synodal.

Titre VI: Les permanents ministres et laïcs

Il y a diversité de ministères, mais c'est le même Seigneur. (I Corinthiens 12, 5)

Chapitre premier: Généralités

Art. 56. (1) Les paroisses élisent leurs pasteurs, diacres et permanents laïcs.
(2) Les candidatures, soumises à l'agrément du Conseil synodal, sont proposées à l'Assemblée de paroisse par le Conseil paroissial.
(3) Le Conseil synodal peut proposer en tout temps des mutations aux paroisses et aux pasteurs, diacres et permanents laïcs intéressés.

Art. 57. La cérémonie d'installation du pasteur, diacre et permanent laïc nouvellement élu, présidée par un délégué du Conseil synodal, a lieu au cours d'un culte public.

Art. 58. (1) Les pasteurs, diacres et permanents laïcs sont élus pour six ans.
(2) Ils sont rééligibles. La réélection a lieu tacitement, sauf décision contraire de l'Assemblée de paroisse.

Art. 59. Le ministère doctoral exercé par les professeurs de théologie implique, en règle générale, la consécration pastorale.

Art. 60. Dans le cadre de la pastorale d'ensemble, le Synode peut décider ou autoriser l'institution de ministères pastoraux spécialisés et complémentaires.

Chapitre 2: Les pasteurs

Art. 61. Le ministère de la parole de Dieu, institution du Chef de l'Eglise, implique de la part de ceux qui l'exercent un appel de Dieu à témoigner de la souveraineté de Jésus-Christ.

Art. 62. Le Synode admet à la consécration pastorale les candidats chez lesquels la Commission de consécration a reconnu la foi, la piété et les capacités qui sont les signes de leur vocation.

Art. 62a. (1) Les pasteurs consacrés par l'Eglise sont agrégés d'office au corps pastoral neuchâtelois.
(2) Le Synode peut accorder l'agrégation à des pasteurs consacrés par d'autres Eglises.
(3) L'agrégation implique l'engagement de respecter la Constitution.
(4) Sont éligibles les pasteurs agrégés au corps pastoral neuchâtelois.

Chapitre 3: Les diacres

Art. 63. (1) L'annonce de l'Evangile implique le service du prochain ou diaconie.
(2) L'Eglise reconnaît le ministère diaconal comme un ministère nécessaire à la proclamation de l'amour que Dieu a manifesté envers tous les hommes.
(3) Elle désigne sous le titre de „ministères diaconaux" plusieurs catégories de services correspondant à des secteurs d'activité déterminés.

Art. 64. Le Synode admet à la consécration diaconale les candidats chez qui la Commission de consécration a reconnu la foi, l'esprit de service et les capacités qui sont les signes de leur vocation.

Art. 64a. (1) Les diacres consacrés par l'Eglise sont agrégés d'office au corps diaconal neuchâtelois.
(2) Le Synode peut accorder l'agrégation aux diacres consacrés par d'autres Eglises.
(3) L'agrégation implique l'engagement de respecter la Constitution.
(4) Sont éligibles les diacres agrégés au corps diaconal neuchâtelois.

[Art. 65 supprimé]

Chapitre 4: Les permanents laïcs

Art. 65a. L'Eglise reconnaît les permanents laïcs qui mettent leurs compétences et formations professionnelles à son service.

Art. 65b. Elle détermine les services qui peuvent être confiés aux permanents laïcs comme des secteurs d'activités qui ne relèvent ni spécifiquement du ministère pastoral ni du ministère diaconal.

Art 65c. Seuls les membres de l'EREN sont éligibles aux postes de permanents laïcs.

Art. 65d. L'élection ou la nomination implique de respecter la Constitution.

Chapitre 5: Discipline

Art. 66. Le Conseil synodal se tient en contact régulier avec les ministres et les aide de ses conseils et de ses directives.

Art. 67. (1) Le Conseil synodal exerce la discipline des ministres.
(2) L'exclusion du corps pastoral ou diaconal ne peut être prononcée que par le Synode.

Titre VII: Les études théologiques

Que leurs cœurs soient encouragés et qu'étroitement unis dans l'amour, ils accèdent, en toute sa richesse, à la plénitude de l'intelligence, à la connaissance du mystère de Dieu: Christ, en qui sont cachés tous les trésors de la sagesse et de la connaissance. (Colossiens 2, 2-3)

Art. 68. (1) L'Eglise reconnaît le rôle de la Faculté de théologie de l'Université dans l'enseignement, la recherche et la culture théologiques.
(2) La Faculté de théologie prépare les candidats au ministère pastoral et diaconal. Elle contribue au développement de la culture théologique dans l'Eglise et dans la société.

Art. 69. Une convention entre l'Eglise et l'Université, ratifiée par l'Etat de Neuchâtel, fixe les relations entre l'EREN et la Faculté de théologie[4].

[Art. 70 supprimé]

Art. 71. (1) La Commission des études constitue le lien entre l'Eglise et la Faculté.
(2) Elle comprend les professeurs ordinaires de la Faculté ainsi qu'un nombre égal de représentants de l'Eglise nommés par le Synode.

4 Convention entre l'Université de Neuchâtel et l'Eglise réformée évangélique du Canton de Neuchâtel concernant la Faculté de Théologie, du 19 décembre 2001.

(3) Elle est consultée sur toutes les questions relatives à la direction générale des études, en particulier sur la nomination des professeurs.

Art. 72. (1) Dans la procédure de nomination des professeurs de la Faculté de théologie, le Conseil synodal est consulté. Son avis est soumis à l'agrément du Synode.
(2) Les professeurs ordinaires sont, en principe, agrégés au corps pastoral.

Titre VIII: L'organisation financière de l'Eglise

Que chacun donne selon la décision de son cœur, sans chagrin ni contrainte, car Dieu aime celui qui donne avec joie. (II Corinthiens 9, 7)

Art. 73. Pour subvenir aux besoins matériels de l'Eglise, il est créé:
1. une Caisse centrale,
2. un Fonds de garantie des allocations de renchérissement de la Caisse de pension à laquelle l'EREN est rattachée,
3. dans chaque paroisse: une Caisse paroissiale.

(2) Le Synode ou les paroisses – avec l'approbation du Conseil synodal – peuvent créer d'autres fonds à buts déterminés.

Art. 74. (1) La Caisse centrale, placée sous la surveillance du Synode, est administrée par le Conseil synodal.
(2) Son organisation est précisée par le Règlement général.
(3) Le Synode désigne l'organe de contrôle.

Art. 75. (1) Le Conseil synodal prépare le budget et établit les comptes annuels qu'il soumet à l'approbation du Synode.
(2) Il gère les fonds au mieux des intérêts de l'Eglise et n'en dispose que dans les limites du budget et des décisions du Synode.

Art. 76. (1) Le produit de la contribution ecclésiastique constitue la principale ressource de la Caisse centrale.
(2) Il s'y ajoute d'autres recettes telles que: dons et legs, revenus des titres et des immeubles, prestations dues par l'Etat de Neuchâtel en vertu de l'article 98 de la Constitution cantonale, produit de collectes extraordinaires décidées par le Synode.

Art. 77. La Caisse centrale doit subvenir au traitement des serviteurs de l'Eglise, à l'entretien des immeubles, aux frais d'administration, aux allocations, subventions et autres dépenses votées par le Synode ou par le Conseil synodal.

Art. 78. Les Caisses paroissiales, ainsi que les autres fonds institués par les paroisses, disposent notamment des ressources suivantes:
1. le produit des collectes (souscriptions, ventes, etc.),
2. les dons et legs,
3. le revenu de leurs capitaux.

Art. 79. Les Caisses paroissiales subviennent notamment aux dépenses suivantes:
1. frais du culte, pour autant qu'ils ne sont pas à la charge des Communes, en vertu du Concordat,
2. frais de l'enseignement religieux,
3. frais généraux et administratifs des paroisses,
4. dépenses nécessitées par l'entraide fraternelle, les œuvres diaconales et caritatives instituées par la paroisse ou par le Synode,
5. subsides et allocations aux œuvres spéciales instituées ou soutenues par les paroisses.

Art. 80. (1) Les règlements des Caisses paroissiales et des fonds institués par les paroisses sont soumis à l'approbation du Conseil synodal.
(2) La gestion des fonds paroissiaux est soumise à la surveillance du Conseil synodal.

Art. 81. Le Fonds de garantie prévu à l'art. 73 est régi par un règlement spécial soumis à la ratification du Synode.

Titre IX: La révision de la Constitution

Art. 82. Ont qualité pour demander la révision partielle ou totale de la Constitution:
1. le Synode, sur décision prise en second débat à la majorité des deux tiers des membres présents,
2. mille électeurs, par voie de pétition écrite.

Art. 83. Toute demande de révision présentée par mille électeurs doit faire l'objet de deux débats au Synode, qui en recommande l'adoption ou le rejet.

Art. 84. Pour être acceptée, une demande de révision doit recevoir l'approbation de la majorité des deux tiers des électeurs convoqués en Assemblée générale de l'Eglise et prenant part à la votation.

Titre X: Dispositions finales

Art. 85. A titre exceptionnel, le Conseil synodal peut admettre comme membres de l'Eglise des protestants domiciliés hors du canton. Il désigne dans chaque cas la paroisse dont le nouveau membre fera partie.

Art. 86. A titre exceptionnel, le Synode peut répondre à une demande d'affiliation à l'Eglise présentée par une paroisse établie hors du canton.

Art. 87. Si une paroisse vient à disparaître et à être rayée du tableau des paroisses, ses biens sont attribués à l'Eglise.

SJKR/ASDE Beiheft 6 (2009), S. 261-267

Nidwalden (Nidwald)

Verfassung für die Evangelisch-Reformierte Kirche des Kantons Nidwalden vom 22. Mai 2002*

Inhaltsverzeichnis

		Artikel
I.	Grundsatz und Aufgabe	1
II.	Grundlagen und Mitgliedschaft	3
III.	Aufbau der Kirchgemeinde	9
	1. Kirchgemeindeversammlung	10
	2. Kirchenrat	14
	3. Pfarrkonvent	17
	4. Finanzkommission	19
	5. Gemeindekreisversammlung	21
	6. Kirchenpflege des jeweiligen Gemeindekreises	23
IV.	Kirchliche Behörden und Mitarbeitende	25
V.	Finanzhaushalt	27
VI.	Schlussbestimmungen	30

Das evangelisch-reformierte Kirchenvolk von Nidwalden, gestützt auf Art. 35 der Kantonsverfassung[1]*, beschliesst:*

I. Grundsatz und Aufgabe

Art. 1. Grundsatz. Die Evangelisch-Reformierte Kirche Nidwalden ist Teil der weltweiten Christenheit. Sie unterstellt sich dem Worte Gottes und sieht

* NG 191.2. – Vom Landrat genehmigt am 18. September 2002.
Keine Änderungen seither.

1 NG 111.

ihren Auftrag darin, das Evangelium von Jesus Christus den Menschen nahezubringen.

Art. 2. Aufgabe. Sie sorgt für die bibelgemässe Verkündigung des Wortes Gottes in Predigt und Unterricht, Taufe und Abendmahl, Seelsorge und Diakonie. Sie tritt ein für die Geltung des Evangeliums im täglichen Leben. Sie unterstützt Werke zwischenkirchlicher Hilfe und fördert die ökumenische Zusammenarbeit mit den christlichen Kirchen.

II. Grundlagen und Mitgliedschaft

Art. 3. Rechtspersönlichkeit. (1) Die Evangelisch-Reformierte Kirche Nidwalden ist eine öffentlich-rechtlich anerkannte Körperschaft gemäss der Kantonsverfassung[2].
(2) Sie ordnet ihre Angelegenheiten frei und selbstständig im Rahmen der staatlichen Verfassung und Gesetze sowie gemäss ihrer Kirchenverfassung.

Art. 4. Schweizerischer Evangelischer Kirchenbund. Die Evangelisch-Reformierte Kirche Nidwalden ist Mitglied des Schweizerischen Evangelischen Kirchenbundes und durch diesen mit den Kirchen der Leuenberger Kirchengemeinschaft, des Reformierten Weltbundes und des Ökumenischen Rates verbunden.

Art. 5. Kirchengebiet. Die Evangelisch-Reformierte Kirche Nidwalden bildet eine einzige, in mehrere Kreise gegliederte Kirchgemeinde, die das ganze Kantonsgebiet umfasst. Die Umschreibung dieser Kreise wird in der Kirchenordnung vorgenommen.

Art. 6. Mitgliedschaft. Mitglieder der Evangelisch-Reformierten Kirche Nidwalden sind alle Kantonseinwohnerinnen und Kantonseinwohner, die als Kinder evangelischer Eltern geboren, nach dem Willen der Eltern im evangelischen Glauben unterrichtet wurden, auf Gesuch hin aufgenommen oder als Mitglied einer ausserkantonalen oder ausländischen evangelischen Kirche im Kanton Nidwalden zugezogen sind, ohne gegenüber der Evangelisch-Reformierten Kirche ihre Nichtzugehörigkeit schriftlich zu erklären.

Art. 7. Austritt. Der Austritt aus der Kirche ist dem Kirchenrat schriftlich zu erklären.

2 Art. 35 der Verfassung des Kantons Unterwalden nid dem Wald vom 10. Oktober 1965 (NG 111): „Die evangelisch-reformierte Kirche ist öffentlich-rechtlich anerkannt.“

Art. 8. Stimmrecht und Wahlrecht. Die Kirchgemeindemitglieder, welche das 16. Altersjahr zurückgelegt haben, sind in Angelegenheiten der Evangelisch-Reformierten Kirche des Kantons Nidwalden stimmfähig und haben das aktive wie das passive Wahlrecht.

III. Aufbau der Kirchgemeinde

Art. 9. Organe. Die Kirchgemeinde übt ihre Befugnisse aus durch:
1. die Kirchgemeindeversammlung,
2. den Kirchenrat,
3. den Pfarrkonvent,
4. die Finanzkommission,
5. die Gemeindekreisversammlung,
6. die Kirchenpflege des jeweiligen Gemeindekreises.

1. Kirchgemeindeversammlung

Art. 10. Zusammensetzung und Einberufung. Die Kirchgemeindeversammlung besteht aus den stimmberechtigten Mitgliedern und tritt ordentlicherweise zweimal im Jahr zusammen. Sie kann ausserdem jederzeit durch den Kirchenrat einberufen werden. Verlangt eine Gemeindekreisversammlung oder ein Zwanzigstel der Stimmberechtigten unter Angabe der Gründe eine Kirchgemeindeversammlung, so muss diese innert dreier Monate stattfinden.

Art. 11. Aufgaben. (1) Die Kirchgemeindeversammlung hat folgende Befugnisse und Pflichten:
1. Behandlung aller Fragen des kirchlichen Lebens in der Gemeinde, soweit diese nach Kirchenverfassung oder Kirchenordnung nicht einem anderen Organ zugewiesen sind,
2. Erlass und Abänderung der Kirchenverfassung und Kirchenordnung[3],
3. Beschlussfassung über die Mitgliedschaft in Kirchenverbänden sowie die Genehmigung von Vereinbarungen oder Beschlüssen über die Beteiligung an zwischenkirchlichen Abkommen,
4. Wahl der Mitglieder des Kirchenrates sowie dessen Präsidentin oder dessen Präsidenten, der Vizepräsidentin bzw. des Vizepräsidenten und der Kirchengutsverwalterin oder des Kirchengutsverwalters,

3 Kirchenordnung vom 20. Mai 1992. Siehe auch Pfarrdienstordnung der evang.-ref. Kirche Nidwalden vom 14. Oktober 1992, verfügbar im Internet unter www.ref.kirche-nidwalden.ch.

5. Wahl der Pfarrerinnen und Pfarrer,
6. Wahl der Mitglieder der Finanzkommission,
7. Kenntnisnahme des Jahresberichtes des Kirchenrates, Genehmigung der Jahresrechnung und des Voranschlages sowie Festsetzung des Steuerfusses,
8. Beschlussfassung über einmalige Ausgaben von mehr als Fr. 50’000.- und jährlich wiederkehrende Ausgaben von mehr als Fr. 10’000.-,
9. Festsetzung der Entschädigung an Behördenmitglieder.

(2) Es können nur Beschlüsse gefasst werden über Geschäfte, die auf der Traktandenliste stehen.

(3) Die Einladung zur Kirchgemeindeversammlung hat spätestens 20 Tage vor dem festgesetzten Termin unter Angabe der Traktanden durch einmalige Veröffentlichung im kantonalen Amtsblatt zu erfolgen.

Art. 12. Abstimmungen und Wahlen. (1) Bei Abstimmungen entscheidet das einfache Mehr der anwesenden Stimmberechtigten. Stimmengleichheit gilt als Ablehnung.

(2) Für die Wahlen gelten Art. 58 ff. des Gemeindegesetzes[4].

Art. 13. Urnenabstimmung. (1) Die Erlasse, Sachgeschäfte und die Wahlen sind der Urnenabstimmung in der Versammlung zu unterbreiten, wenn dies vom Kirchenrat angeordnet oder von einem Zwanzigstel der Stimmberechtigten spätestens 8 Tage vor der Kirchgemeindeversammlung, auf deren Geschäftsordnung der zu behandelnde Gegenstand steht, schriftlich verlangt wird.

(2) Die Urnenabstimmung richtet sich im Übrigen nach den Art. 74 ff. des Gemeindegesetzes.

2. *Kirchenrat*

Art. 14. Zusammensetzung. Der Kirchenrat setzt sich zusammen aus:

1. der Präsidentin oder dem Präsidenten,
2. der Vizepräsidentin oder dem Vizepräsidenten,
3. der oder dem Vorsitzenden des Pfarrkonvents,
4. der Kirchengutsverwalterin oder dem Kirchengutsverwalter,
5. fünf weiteren Mitgliedern.

4 NG 171.1.

Art. 15. Aufgaben. Der Kirchenrat ist das vollziehende Organ der Kirchgemeinde und vertritt sie nach innen und aussen. Er hat insbesondere folgende Aufgaben:

1. Vorbereitung der Kirchgemeindeversammlung und der von dieser zu behandelnden Angelegenheiten,
2. Antragstellung bezüglich der Wahl und der periodischen Wiederwahl der Pfarrerinnen und Pfarrer,
3. Vollzug der kirchlichen Erlasse und Beschlüsse,
4. Abschluss und Auflösung aller Arbeitsverträge unter Vorbehalt der Wahl der Pfarrerinnen und der Pfarrer durch die Kirchgemeindeversammlung,
5. Genehmigung des Gottesdienst- und Kollektenplanes,
6. Beschlussfassung über einmalige Ausgaben bis zu Fr. 50'000.- und jährlich wiederkehrende von weniger als Fr. 10'000.-,
7. Vollzug der ihm durch die Kirchenordnung zugewiesenen Aufgaben.

Art. 16. Geschäftsordnung und Kommissionen. (1) Der Kirchenrat gibt sich eine Geschäftsordnung, durch die er Ressorts bilden und diesen Geschäfte zur selbstständigen Erledigung zuweisen kann.
(2) Für besondere Sachgeschäfte kann er Fachleute beiziehen und Kommissionen ernennen. In den Kommissionen führt ein Mitglied des Kirchenrates den Vorsitz.

3. Pfarrkonvent

Art. 17. Zusammensetzung. (1) Der Pfarrkonvent setzt sich zusammen aus den in der Kirchgemeinde wirkenden Pfarrerinnen und Pfarrern.
(2) Der Pfarrkonvent konstituiert sich selbst, wählt eine Vorsitzende oder einen Vorsitzenden und gibt sich eine Geschäftsordnung, welche der Genehmigung durch den Kirchenrat bedarf.

Art. 18. Aufgaben. (1) Der Pfarrkonvent dient der Kirchgemeinde durch theologische Arbeit, insbesondere durch Besprechung kirchlicher Fragen. Ferner fördert und koordiniert er die praktische Amtstätigkeit der Pfarrerinnen und Pfarrer und behandelt Fragen des öffentlichen Lebens.
(2) Der Kirchenrat übergibt dem Pfarrkonvent die religiösen, kirchlichen oder theologischen Fragen zur Prüfung und zur Stellungnahme.

4. Finanzkommission

Art. 19. Zusammensetzung. (1) Die Finanzkommission besteht aus drei Mitgliedern und konstituiert sich selbst.

(2) Die Mitgliedschaft in der Finanzkommission ist mit der Mitgliedschaft im Kirchenrat oder einer Kirchenpflege unvereinbar. Arbeitnehmende der Kirchgemeinde dürfen ebenfalls nicht der Finanzkommission angehören.

Art. 20. Aufgaben. Die Rechte und Pflichten der Finanzkommission richten sich nach den Art. 105 ff. des Gemeindegesetzes.

5. Gemeindekreisversammlung

Art. 21. Zusammensetzung. Die Gemeindekreisversammlung besteht aus den Stimmberechtigten des jeweiligen Gemeindekreises und tritt ordentlicherweise einmal im Jahr zusammen.

Art. 22. Aufgaben. Die Gemeindekreisversammlung wählt die Mitglieder der örtlichen Kirchenpflege sowie deren Präsidentin oder deren Präsidenten. Ausserdem steht ihr das Recht zu, zuhanden der Kirchgemeindeversammlung je eine Kandidatin oder einen Kandidaten zur Wahl in den Kirchenrat zu nominieren. Im weiteren nimmt sie die Aufgaben und Befugnisse wahr, welche ihr durch die Kirchenordnung zugewiesen werden.

6. Kirchenpflege des jeweiligen Gemeindekreises

Art. 23. Zusammensetzung. Jeder Gemeindekreis hat eine Kirchenpflege, welche fünf bis neun Mitglieder zählt. Die vom Kirchenrat als zuständig bezeichneten Pfarrerinnen und Pfarrer sind von Amtes wegen Mitglieder der Kirchenpflege, wobei sie weder das Präsidium noch die Vertretung im Kirchenrat ausüben können.

Art. 24. Aufgabe. (1) Die Kirchenpflege vertritt die Interessen der Evangelisch-Reformierten Kirche Nidwalden gegenüber den Behörden der im Gemeindekreis gelegenen politischen Gemeinden und Schulgemeinden sowie den Gemeinden der römisch-katholischen Kirche.
(2) Sie nimmt die Aufgaben und Befugnisse wahr, welche ihr durch die Kirchenordnung und den Kirchenrat zugewiesen werden, und konstituiert sich unter Vorbehalt von Art. 23 selbst.

IV. Kirchliche Behörden und Mitarbeitende

Art. 25. Amtsdauer. Die Amtsdauer der Behördenmitglieder beträgt 4 Jahre.

Art. 26. Amts- und Berufsgeheimnis. (1) Mitglieder der kirchlichen Behörden, Kommissionen und kirchliche Mitarbeitende haben bei Wahrnehmungen, die sie in Ausübung ihrer Tätigkeit gemacht haben und die sich auf die

amtlichen sowie beruflichen Obliegenheiten beziehen, Verschwiegenheit zu bewahren.
(2) Das Amts- und Berufsgeheimnis bleibt auch nach Beendigung des Amts- und Dienstverhältnisses bestehen.

V. Finanzhaushalt

Art. 27. Grundsatz. Der Finanzhaushalt ist nach den Grundsätzen der Gesetzmässigkeit, der Dringlichkeit, der Wirtschaftlichkeit und der Sparsamkeit zu führen.

Art. 28. Mittelbeschaffung. Die Kirchgemeinde erhebt bei ihren Mitgliedern eine Kirchensteuer, deren Bezug nach den Grundsätzen des staatlichen Steuerverfahrens durch das kantonale Steueramt erfolgt. Im weiteren verfügt sie über den gemäss der kantonalen Gesetzgebung ihr zustehenden Zuschlag zu den Ertrags- und Kapitalsteuern der juristischen Personen.

Art. 29. Mittelverwendung. Die Mittel der Kirchgemeinde sind in Beachtung ihrer Zweckbestimmung für die Erfüllung ihrer Aufgaben im Kanton sowie für die Verpflichtungen, die ihr aus der Mitgliedschaft in regionalen und überregionalen kirchlichen Institutionen erwachsen, zu verwenden. Der Kirchenrat ist ferner befugt, im Rahmen der an der Kirchgemeindeversammlung bewilligten Kredite weitere Werke der Seelsorge, der Hilfstätigkeit sowie der christlichen Bildung und Kultur mit Beiträgen zu unterstützen, auch wenn diese Aufgaben den Bereich örtlicher oder kantonaler kirchlicher Dienste und Einrichtungen überschreiten.

VI. Schlussbestimmungen

Art. 30. Inkrafttreten, Aufhebung der Verfassung vom 14. Dezember 1988. (1) Die Kirchenverfassung tritt nach Gutheissung durch die Kirchgemeindeversammlung mit der Genehmigung durch den Landrat sofort in Kraft.
(2) Mit dem Inkrafttreten dieser Verfassung wird die Verfassung vom 14. Dezember 1988 aufgehoben.

Art. 31. Revision. Jede ganze oder teilweise Änderung dieser Kirchenverfassung bedarf der Annahme durch die Kirchgemeindeversammlung und der Genehmigung durch den Landrat.

SJKR/ASDE Beiheft 6 (2009), S. 269-290

Obwalden (Obwald)

Kirchenorganisation der Evangelisch-reformierten Kirchgemeinde Obwalden (alter Kantonsteil) vom 30. November 1989*

Inhaltsverzeichnis

	Artikel
I. Allgemeine Bestimmungen	1
II. Aufbau der Kirchgemeinde	16
A. Die Kirchgemeindeversammlung	17
B. Der Kirchgemeinderat	21
C. Der Kirchgemeinderatspräsident	24
D. Die Rechnungsprüfungskommission	25
III. Das Pfarramt	26
IV. Übergangs- und Schlussbestimmungen	32

Die Evangelisch-reformierte Kirchgemeinde des Kantons Obwalden (alter Kantonsteil) zählt sich zu den aus der Reformation hervorgegangenen, auf Grund der heiligen Schrift erneuerten Volkskirchen und will in ihrem Gebiet die Aufgabe der Kirche, wie sie durch Jesus Christus gegeben ist, erfüllen.

Sie sammelt alle, die bereit sind, in ihrer Gemeinschaft das Wort Gottes zu hören und es wahrzunehmen. Sie weiss um ihre menschliche Mangelhaftigkeit und ist bestrebt, ihr Leben nach biblischer Weisung auszurichten und es von ihr aus unablässig zu erneuern.

Ihre Kirchenorganisation und ihre Kirchenordnung sind ihr Werkzeug und Mahnung, damit die Predigt und andere Formen der Verkündigung gewähr-

* GDB 160.2. – Vom Kantonsrat am 26. April 1990 genehmigt.
Änderungen: 8. Dezember 2002.

leistet werden, damit ihre Glieder in Taufe und Abendmahl die Verbundenheit im Herrn und untereinander feiern und ihren Dienst in der Seelsorge am Nächsten im Alltag wie in besonderen Werken der Liebe leisten.

Sie gibt sich, gestützt auf Art. 3 Abs. 1 und Art. 4 Abs. 3 der Kantonsverfassung vom 19. Mai 1968[1],

nachfolgende Kirchenorganisation[2]:

I. Allgemeine Bestimmungen

Art. 1. Name. Unter dem Namen „Evangelisch-reformierte Kirchgemeinde Obwalden (alter Kantonsteil)“, nachstehend „Kirchgemeinde“ genannt, besteht eine im November 1862 gegründete und durch Kantonsratsbeschluss vom 26. November 1907 staatlich anerkannte Religionsgemeinschaft.

Art. 2. Zweck. Die Kirchgemeine stellt sich zur Aufgabe, alle in ihrem Gebiet wohnenden Protestanten zum Aufbau und zur Pflege eines evangelischen Gemeindelebens zu sammeln.

Art. 3. Rechtlicher Charakter. (1) Die Kirchgemeinde ist eine öffentlich-rechtliche Körperschaft gemäss der Kantonsverfassung vom 19. Mai 1968.
(2) Die Kirchenorganisation bedarf der Genehmigung durch den Kantonsrat (Art. 4 Abs. 3 der Kantonsverfassung).
(3) Ihre inneren Belange ordnet und verwaltet sie selbständig und abschliessend in einer Kirchenordnung sowie durch Kirchgemeindebeschlüsse und Entscheide des Kirchgemeinderates.

Art. 4. Gebiet und Sitz. (1) Das Gebiet der Kirchgemeinde umfasst den Kanton Obwalden (alter Kantonsteil) mit den Gemeinden Sarnen, Kerns, Sachseln, Alpnach, Giswil und Lungern.
(2) Ihr Sitz ist der Kantonshauptort Sarnen.

1 GDB 101. – Art. 3 Abs. 1: „Die römisch-katholische Konfession als Mehrheitsbekenntnis und die evangelisch-reformierte Konfession werden als Kirchen mit öffentlich-rechtlicher Selbständigkeit und eigener Rechtspersönlichkeit anerkannt und geniessen den Schutz des Staates.“ Art. 4 Abs. 3: „Die evangelisch-reformierte Kirche gibt sich eine Kirchenorganisation, die der Genehmigung des Kantonsrates bedarf und zu genehmigen ist, sofern keine Verletzung von Bundesrecht und kantonalem Verfassungsrecht vorliegt.“

2 Ingress gemäss Nachtrag vom 8. Dezember 2002: Alle Begriffe in dieser Kirchenorganisation, die Personen betreffen, werden vom Amt her verstanden und meinen sowohl weibliche als auch männliche Personen.

Art. 5. Beziehung zur Evangelisch-reformierten Gemeinde Engelberg. Mit der Evangelisch-reformierten Kirchgemeinde Engelberg kann ein kantonaler Kirchgemeindeverband gemäss Art. 101 Abs. 3 und Art. 106 Abs. 2 der Kantonsverfassung errichtet werden. Die Errichtung eines solchen kantonalen Kirchgemeindeverbandes sowie dessen Organisationsstatut bedürfen der Beschlüsse beider Kirchgemeindeversammlungen und sind dem Regierungsrat zur Kenntnis zu bringen.

Art. 6. Verbindung mit anderen protestantischen Kirchen. (1) Die Kirchgemeinde ist als Mitglied des kantonalen Kirchgemeindeverbandes oder eines regionalen Zusammenschlusses Mitglied des Schweizerischen Evangelischen Kirchenbundes und durch diesen mit der Gemeinschaft evangelischer Kirchen in Europa (Leuenberger Kirchengemeinschaft) und den Kirchen des reformierten Weltbundes und des Ökumenischen Rates verbunden.
(2) Die Kirchgemeinde pflegt die Zusammenarbeit mit den Evangelisch-reformierten Kirchen in der Zentralschweiz.

Art. 7. Ökumene. Als Glied der einen Kirche Jesu Christi ist die Kirchgemeinde in ökumenischem Geist offen und bereit zum Gespräch und zur Zusammenarbeit mit anderen Kirchen und christlichen Gemeinschaften.

Art. 8. Mitgliedschaft. (1) Mitglieder der Kirchgemeinde sind alle in ihrem Gebiet wohnenden Protestanten, sofern diese nicht ausdrücklich ihre Nichtzugehörigkeit oder ihren Austritt erklärt haben.
(2) Personen, welche in die Kirchgemeinde eintreten oder aus einer anderen Religionsgemeinschaft in sie übertreten möchten, können auf schriftliches Gesuch hin vom Kirchgemeinderat nach Anhören des Pfarramtes aufgenommen werden. Das Nähere bestimmt die Kirchenordnung.
(3) Eine Erklärung über die Nichtzugehörigkeit zur Kirchgemeinde oder über den Austritt aus ihr ist schriftlich an den Kirchgemeinderat zu richten.
(4) Kollektivaustritte sind unzulässig.
(5) Ein Austritt wird wirksam auf Ende des Kalenderjahres, in welchem er erklärt wird.
(6) Über Eintritt, Nichtzugehörigkeit oder Austritt von Personen unter 16 Jahren verfügen die Inhaber der elterlichen oder vormundschaftlichen Gewalt.

Art. 9. Stimm- und Wahlrecht. (1) Stimmberechtigt und wählbar sind alle Gemeindeglieder, welche das sechzehnte Altersjahr zurückgelegt haben und seit wenigstens drei Monaten ununterbrochen im Gebiet der Kirchgemeinde wohnen.

(2) Konfirmierte Gemeindeglieder, die das sechzehnte Altersjahr noch nicht erfüllt haben, erhalten das Recht, an der Kirchgemeindeversammlung mit beratender Stimme teilzunehmen.

Art. 10. Verlust des Stimm- und Wahlrechts. Der Kirchgemeinderat entscheidet in jedem einzelnen Fall nach Massgabe des evangelischen Gemeindeverständnisses und unter sorgfältiger Prüfung und Abwägung aller Umstände darüber, ob ein Mitglied der Kirchgemeinde, welches infolge Entmündigung das politische Stimmrecht verloren hat, das Stimm- und Wahlrecht in der Kirchgemeinde weiterhin ausüben kann. Ein Weiterzug des Entscheides des Kirchgemeinderates ist nicht möglich.

Art. 11. Unvereinbarkeit. (1) Dem Kirchgemeinderat oder den Kommissionen dürfen nicht gleichzeitig angehören:

1. Personen, die in gerader Linie oder bis und mit dem dritten Grad der Seitenlinie blutsverwandt oder verschwägert sind,
2. Ehegatten oder Ehegatten von Geschwistern.

(2) Über den durch Verwandtschaft bedingten Rücktritt entscheidet nötigenfalls das Los.

Art. 12. Pflichten der Mitglieder. (1) Alle Mitglieder der Kirchgemeinde sind aufgerufen, am kirchlichen Leben tätigen Anteil zu nehmen und, sofern sie wählbar sind, besondere Ämter und Funktionen zu übernehmen.
(2) Gegen seinen ausdrücklichen Willen kann niemand zur Übernahme eines kirchlichen Amtes gezwungen werden.
(3) Wer ein Amt übernommen hat, ist verpflichtet, die ihm übertragenen Aufgaben nach bestem Wissen und Gewissen zu erfüllen.

Art. 13. Initiativrecht. (1) Jedes stimmberechtigte Gemeindeglied ist berechtigt, dem Kirchgemeinderat Fragen zu stellen und in der Form der allgemeinen Anregung oder der ausgearbeiteten Vorlage jederzeit Anträge über Gegenstände einzureichen, die in die Zuständigkeit der Kirchgemeindeversammlung fallen.
(2) Der Kirchgemeinderat hat solche Anträge innert Jahresfrist zur Abstimmung vorzulegen. Wird eine allgemeine Anregung zum Beschluss erhoben, so ist der Kirchgemeindeversammlung innert Jahresfrist die ausgearbeitete Vorlage zu unterbreiten.
(3) Die Anträge dürfen sich nur auf einen einzigen Gegenstand beziehen und müssen eine Begründung enthalten.

[Art. 14 aufgehoben]

Art. 15. Beschwerderecht. (1) Gegen Beschlüsse des Kirchgemeinderates oder der Kirchgemeindeversammlung kann binnen zwanzig Tagen nach Eröffnung beim Regierungsrat Beschwerde eingereicht werden.
(2) Bei Verletzung von Privatrechten ist der ordentliche Zivilprozessweg vorbehalten.

II. Aufbau der Kirchgemeinde

Art. 16. Organe der Kirchgemeinde. Kirchgemeindeversammlung, Kirchgemeinderat, Kirchgemeindepräsident und Rechnungsprüfungskommission bilden die Organe der Kirchgemeinde.

A. Die Kirchgemeindeversammlung

Art. 17. Kirchgemeindeversammlung. (1) Oberstes Organ der Kirchgemeinde ist die Kirchgemeindeversammlung. Sie besteht aus sämtlichen stimmberechtigten Gemeindegliedern.
(2) Die ordentliche Kirchgemeindeversammlung tritt alljährlich im Frühjahr und im Herbst zusammen.
(3) Ausserordentliche Kirchgemeindeversammlungen sind durchzuführen, so oft es der Kirchgemeinderat beschliesst oder wenn zehn Prozent der Stimmberechtigten unter Nennung der zu behandelnden Geschäfte dies schriftlich verlangen.
(4) Im letzteren Falle ist die Kirchgemeindeversammlung binnen dreier Monate nach Eingang des Begehrens durchzuführen.

Art. 18. Einladung und Publikation. Zur ordentlichen und zu ausserordentlichen Kirchgemeindeversammlungen hat der Kirchgemeinderat die stimmberechtigten Gemeindeglieder drei Wochen vorher unter Angabe von Ort, Zeit und Traktanden im amtlichen Publikationsorgan des Kantons einzuladen.

Art. 19. Verhandlungen. (1) Für die Verhandlungen der Kirchgemeindeversammlung gelten sinngemäss die Vorschriften der kantonalen Gesetzgebung.
(2) Anträge über Gegenstände, die nicht auf der Traktandenliste aufgeführt sind, können nur durch Mehrheitsbeschluss dem Kirchgemeinderat zur Prüfung und Berichterstattung überwiesen werden.
(3) Bei Wahlen und Abstimmungen entscheidet das absolute Mehr der Stimmenden.

Art. 20. Befugnisse. In die Zuständigkeit der Kirchgemeindeversammlung fallen:

1. die Wahl der Stimmenzähler,
2. die Festsetzung der Zahl der Kirchgemeinderäte im Rahmen von fünf bis dreizehn Mitgliedern,
3. auf eine Amtsdauer von vier Jahren die Wahl des Pfarrers,
4. auf eine Amtsdauer von vier Jahren die Wahl der Mitglieder des Kirchgemeinderates und der Rechnungsprüfungskommission,
5. auf eine Amtsdauer von einem Jahr die Wahl des Präsidenten und des Vizepräsidenten des Kirchgemeinderates,
6. der Erlass und die Abänderung der Kirchenorganisation unter Vorbehalt der Genehmigung durch den Kantonsrat (Art. 4 Abs. 3 der Kantonsverfassung),
7. der Erlass, die Aufhebung oder Abänderung der Kirchenordnung[3],
8. der Erlass, die Aufhebung oder Abänderung der Friedhofordnung unter Vorbehalt der Genehmigung durch den Regierungsrat (Art. 89 Abs. 3 der Kantonsverfassung) sowie weiterer Verordnungen,
9. die Beschlussfassung in Angelegenheiten der Mitgliedschaft zu übergemeindlichen kirchlichen Organisationen und Vereinbarungen,
10. die Beschlussfassung, Mitgliedschaften, die im Rahmen eines Kirchgemeindeverbandes gemäss Art. 5 der Kirchenorganisation gemeinsam mit der Evangelisch-reformierten Kirchgemeinde Engelberg in überkantonalen Organisationen und Vereinbarungen bestehen oder errichtet werden sollen, zu diskutieren und zur Abstimmung zu bringen,
11. die Entgegennahme des Jahresberichtes des Kirchgemeinderates,
12. die Genehmigung der Kirchgemeinderechnung, der Fondsrechnungen und des Voranschlages,
13. die Festsetzung des Steuerfusses,
14. die Beschlussfassung über Anträge des Kirchgemeinderates und von stimmberechtigten Gemeindegliedern.

B. Der Kirchgemeinderat

Art. 21. Kirchgemeinderat; Zusammensetzung. Der Kirchgemeinderat besteht aus mindestens fünf und höchstens dreizehn Mitgliedern. Der Pfarrer gehört ihm von Amtes wegen an, kann jedoch weder das Amt des Präsidenten noch des Vizepräsidenten bekleiden.

3 Kirchenordnung der evangelisch-reformierten Kirchgemeinde Obwalden (alter Kantonsteil) vom 30. November 1989.

Art. 22. Sekretär und Kirchengutsverwalter. (1) Der Kirchgemeinderat wählt den Sekretär des Kirchgemeinderates und den Kirchengutsverwalter. Er ist befugt, auch Nichtmitglieder des Kirchgemeinderates mit diesen Ämtern zu betrauen.

(2) Der Kirchgemeinderat erlässt ein Verwaltungsreglement, in welchem Aufgabenkreis, Kompetenzen und Zeichnungsberechtigung der Mitglieder des Kirchgemeinderates sowie des Sekretärs und des Kirchengutsverwalters festgelegt sind.

Art. 23. Zuständigkeit. Dem Kirchgemeinderat obliegen:

1. die geistliche Verantwortung für die Kirchgemeinde,
2. die Unterstützung des Pfarrers in allen seinen Aufgaben, besonders bei der Feier des Abendmahls,
3. die Aufsicht über die Ordnung des Gottesdienstes, der Amtshandlungen, des kirchlichen Unterrichts und weiterer kirchlicher Veranstaltungen,
4. die Aufsicht über die Erhebung und Verwendung des Kirchenopfers,
5. die Genehmigung des Protokolls der Kirchgemeindeversammlung,
6. der Vollzug der Beschlüsse der Kirchgemeindeversammlung,
7. die Vorbereitung der Anträge an die Kirchgemeindeversammlung,
8. die Aufstellung des Voranschlages zu Handen der Kirchgemeindeversammlung,
9. die Genehmigung der Kirchgemeinderechnung und der Fondsrechnungen zu Handen der Kirchgemeindeversammlung,
10. die Beschlussfassung über alle frei bestimmbaren Ausgaben gemäss Kantonsverfassung,
11. die Aufsicht über die Verwaltung des Kirchgemeindevermögens und der Fondsvermögen und die Beschlussfassung über Anlage von Vermögenswerten,
12. die Aufsicht über die Liegenschaften der Kirchgemeinde,
13. die Aufsicht über das Kirchgemeindearchiv und die pfarramtlichen Register,
14. der Erlass der für die Verwaltung der Kirchgemeinde notwendigen internen Reglemente,
15. die Wahl der kirchlichen Angestellten und der Abschluss von Anstellungsverträgen mit diesen,
16. die Aufsicht über die Amtsführung des Pfarrers und der kirchlichen Angestellten.

C. Der Kirchgemeinderatspräsident

Art. 24. Kirchgemeinderatspräsident; Zuständigkeit. (1) Der Präsident des Kirchgemeinderates ist zugleich Präsident der Kirchgemeinde. Er vertritt diese nach innen und nach aussen.
(2) Er, oder im Falle seiner Verhinderung der Vizepräsident und nach diesem das amtsälteste Mitglied des Kirchgemeinderates, leitet die Kirchgemeindeversammlung und die Sitzungen des Kirchgemeinderates.
(3) Er überwacht den Vollzug der Beschlüsse des Kirchgemeinderates.
(4) Er entscheidet über frei bestimmbare, für den gleichen Zweck bestimmte, einmalige Ausgaben gemäss Kirchenordnung.

D. Die Rechnungsprüfungskommission

Art. 25. Rechnungsprüfungskommission. (1) Die Rechnungsprüfungskommission besteht aus drei bis fünf Mitgliedern, die nicht dem Kirchgemeinderat angehören dürfen.
(2) Es obliegen ihr die Prüfung der Kirchgemeinde- und der Fondsrechnungen in Bezug auf Vollständigkeit und die diesbezüglichen rechtlichen Grundlagen sowie die Antragstellung darüber an die Kirchgemeindeversammlung.

III. Das Pfarramt

Art. 26. Aufgaben des Pfarrers. (1) Der Pfarrer ist verantwortlich für Gottesdienst, Taufe und Abendmahl, vollzieht kirchliche Trauungen und Abdankungen, erteilt den kirchlichen Unterricht und ist Seelsorger der Gemeinde.
(2) Er führt die kirchlichen Register.
(3) Amtshandlungen, die ihn in schwere Gewissensnot brächten, kann er nach Rücksprache mit dem Präsidenten des Kirchgemeinderates ablehnen.
(4) Die Dienste des Pfarrers sind für sämtliche Glieder der Kirchgemeinde unentgeltlich.

Art. 27. Pfarramt; Wählbarkeit. Die Voraussetzungen für die Wählbarkeit als Pfarrer werden durch die Kirchenordnung umschrieben.

Art. 28. Pfarrvakanz. Das Verfahren bei Eintritt einer Pfarrvakanz, der Neubesetzung der Pfarrstelle sowie der Amtseinsetzung des Pfarrers wird durch die Kirchenordnung bestimmt.

Art. 29. Wiederwahl. (1) Nach Ablauf einer vierjährigen Amtsdauer unterliegt der Pfarrer der periodischen Wiederwahl.

(2) Dieses Wahlverfahren ist in der Kirchenordnung geregelt.

Art. 30. Pfarrdienstordnung. Besteht mehr als eine Pfarrstelle, so legt der Kirchgemeinderat die Arbeitsteilung und die Dienstpflichten der Pfarrer in einer Pfarrdienstordnung fest und bezeichnet die Pfarrkreise.

Art. 31. Disziplinargewalt. Für die Disziplinargewalt des Kirchgemeinderates gegenüber dem Pfarrer gelten sinngemäss die Vorschriften der kantonalen Verfassung und Gesetzgebung.

IV. Übergangs- und Schlussbestimmungen

Art. 32. Inkrafttreten; Übergangsbestimmungen. (1) Die vorliegende Kirchenverfassung tritt mit der Genehmigung durch die Kirchgemeindeversammlung und durch den Kantonsrat in Kraft. Gleichzeitig tritt die Kirchenordnung in Kraft.
(2) Die Gemeindeordnung von 1955 und die Kirchenorganisation vom 5. Juni 1972 verlieren ihre Gültigkeit.

Kirchenorganisation der Evangelisch-reformierten Kirchgemeinde Engelberg vom 14. September 1972*

Inhaltsverzeichnis

	Artikel
I. Allgemeine Bestimmungen	1
II. Aufbau der Kirchgemeinde	16
A. Die Kirchgemeindeversammlung	17
B. Der Kirchgemeinderat	21
C. Der Kirchgemeinderatspräsident	25
D. Die Rechnungsprüfungskommission	26
III. Das Pfarramt	27
IV. Übergangs- und Schlussbestimmungen	28

Die Kirchgemeindeversammlung der Evangelisch-reformierten Kirchgemeinde Engelberg gibt sich, gestützt auf Art. 3 Abs. 1 und Art. 4 Abs. 3 der Kantonsverfassung vom 19. Mai 1968[1]*, die nachfolgende Kirchenorganisation:*

I. Allgemeine Bestimmungen

Art. 1. Name. Unter dem Namen „Evangelisch-reformierte Kirchgemeinde Engelberg", nachstehend „Kirchgemeinde" genannt, besteht eine am 11. Dezember 1960 nach den Bestimmungen von Art. 60 ff. des Schweizerischen Zivilgesetzbuches[2] gegründete Religionsgemeinschaft.

* GDB 160.3. – Vom Landrat am 12. Januar 1973 genehmigt.
Änderungen: 1. Mai 1988; 23. März 2003.

1 GDB 101 – Art. 3 Abs. 1: „Die römisch-katholische Konfession als Mehrheitsbekenntnis und die evangelisch-reformierte Konfession werden als Kirchen mit öffentlich-rechtlicher Selbständigkeit und eigener Rechtspersönlichkeit anerkannt und geniessen den Schutz des Staates." Art. 4 Abs. 3: „Die evangelisch-reformierte Kirche gibt sich eine Kirchenorganisation, die der Genehmigung des Kantonsrates bedarf und zu genehmigen ist, sofern keine Verletzung von Bundesrecht und kantonalem Verfassungsrecht vorliegt."

2 SR 210.

Art. 2. Grundlage. Die Evangelisch-reformierte Kirchgemeinde gründet sich als Kirche und auf das in der Heiligen Schrift des Alten und Neuen Testaments bezeugte Wort Gottes. Sie anerkennt es als einzige Quelle und Richtlinie ihres Verkündigens, Glaubens und Lebens im Wissen um das Erfordernis ständiger Selbstprüfung.

Art. 3. Rechtlicher Charakter. (1) Mit der Genehmigung der vorliegenden Kirchenorganisation durch den Kantonsrat des Kantons Obwalden konstituiert sich die Kirchgemeinde als öffentlich-rechtliche Körperschaft nach Massgabe der Kantonsverfassung vom 19. Mai 1968.
(2) Die Abänderung oder Neufassung der Kirchenorganisation bedarf der Genehmigung durch den Kantonsrat.
(3) Ihre inneren Belange ordnet und verwaltet die Kirchgemeinde selbstständig und abschliessend durch Kirchgemeindebeschlüsse und Entscheide des Kirchgemeinderates.

Art. 4. Gebiet und Sitz. (1) Das Gebiet der Kirchgemeinde umfasst das Gebiet der Einwohnergemeinde Engelberg.
(2) Ihr Sitz ist Engelberg.

Art. 5. Beziehung zur Evangelisch-reformierten Kirchgemeinde Obwalden. Mit der Evangelisch-reformierten Kirchgemeinde Obwalden kann ein kantonaler Kirchgemeindeverband gemäss Art. 101 Abs. 3 und Art. 106 Abs. 2 der Kantonsverfassung errichtet werden. Die Errichtung eines solchen kantonalen Kirchgemeindeverbandes sowie dessen Organisationsstatut bedürfen der Beschlüsse beider Kirchgemeindeversammlungen und sind dem Regierungsrat zur Kenntnis zu bringen.

Art. 6. Verbindung mit andern evangelisch-reformierten Kirchen.
(1) Die Kirchgemeinde zählt sich zu den aus der Reformation hervorgegangenen, auf Grund der heiligen Schrift erneuerten Volkskirchen.
(2) Die Kirchgemeinde ist als Mitglied des kantonalen Kirchgemeindeverbandes oder eines regionalen Zusammenschlusses Mitglied des Schweizerischen Evangelischen Kirchenbundes und durch diesen mit der Gemeinschaft evangelischer Kirchen in Europa (Leuenberger Kirchengemeinschaft) und den Kirchen des Reformierten Weltbundes und des Ökumenischen Rates verbunden.
(3) Die Kirchgemeinde pflegt die Zusammenarbeit mit den evangelisch-reformierten Kirchen in der Zentralschweiz.

Art. 7. Ökumene. Als Glied der einen Kirche Jesu Christi ist die Kirchgemeinde in ökumenischem Geist offen und bereit zum Gespräch und zur Zusammenarbeit mit anderen Kirchen und christlichen Gemeinschaften.

Art. 8. Mitgliedschaft. (1) Mitglied der Kirchgemeinde sind alle in ihrem Gebiet wohnenden Protestanten, sofern diese nicht ausdrücklich ihre Nichtzugehörigkeit oder ihren Austritt erklärt haben.
(2) Eine Erklärung über die Nichtzugehörigkeit zur Kirchgemeinde oder über den Austritt aus ihr ist schriftlich an den Kirchgemeinderat zu richten.
(3) Kollektivaustritte sind unzulässig.
(4) Ein Austritt wird wirksam auf Ende des Kalenderjahres, in welchem er erklärt wird.
(5) Personen, welche in die Kirchgemeinde eintreten oder aus einer andern Religionsgemeinschaft in sie übertreten möchten, können auf schriftliches Gesuch hin vom Kirchgemeinderat nach Anhören des Pfarrers aufgenommen werden.
(6) Über Nichtzugehörigkeit, Eintritt oder Austritt von Personen unter 16 Jahren verfügt der Inhaber der elterlichen oder vormundschaftlichen Gewalt.

Art. 9. Stimm- und Wahlrecht. (1) Stimmberechtigt und wählbar sind alle männlichen und weiblichen Gemeindeglieder, welche das Schweizer Bürgerrecht besitzen, das sechzehnte Altersjahr zurückgelegt haben und seit wenigstens drei Monaten ununterbrochen im Gebiet der Kirchgemeinde wohnen.
(2) Gemeindeglieder ausländischer Nationalität und Staatenlose erlangen dasselbe Stimm- und Wahlrecht nach einer ununterbrochenen Wohnsitzdauer von einem Jahr im Gebiet der Kirchgemeinde.

Art. 10. Verlust des Stimm- und Wahlrechtes. Der Kirchgemeinderat entscheidet in jedem einzelnen Fall nach Massgabe des evangelischen Gemeindeverständnisses und unter sorgfältiger Prüfung und Abwägung aller Umstände darüber, ob Mitglieder der Kirchgemeinde, welche infolge Entmündigung das politische Stimmrecht verloren haben, ihr Stimm- und Wahlrecht in der Kirchgemeinde weiterhin ausüben können. Ein Weiterzug des Entscheides des Kirchgemeinderates ist nicht möglich.

Art. 11. Unvereinbarkeit. (1) Dem Kirchgemeinderat oder den Kommissionen dürfen nicht gleichzeitig angehören:
1. Personen, die in gerader Linie oder bis und mit dem dritten Grad der Seitenlinie blutsverwandt oder verschwägert sind,
2. Ehegatten oder Ehegatten von Geschwistern.

(2) Über den durch Verwandtschaft bedingten Rücktritt entscheidet nötigenfalls das Los.

Art. 12. Pflichten der Mitglieder. (1) Alle Mitglieder der Kirchgemeinde sind aufgerufen, am kirchlichen Leben tätigen Anteil zu nehmen und, sofern sie wählbar sind, besondere Ämter und Funktionen zu übernehmen.
(2) Gegen seinen ausdrücklichen Willen kann niemand zur Übernahme eines kirchlichen Amtes gezwungen werden.
(3) [aufgehoben]
(4) Wer ein Amt übernommen hat, ist verpflichtet, die ihm übertragenen Aufgaben nach bestem Wissen und Gewissen zu erfüllen.

Art. 13. Initiativrecht. (1) Jedes stimmberechtigte Gemeindeglied ist jederzeit berechtigt, dem Kirchgemeinderat Fragen zu stellen und in der Form der allgemeinen Anregung oder der ausgearbeiteten Vorlage Anträge über Gegenstände einzureichen, die in die Zuständigkeit der Kirchgemeindeversammlung fallen. Der Kirchgemeinderat hat solche Anträge innert Jahresfrist zur Abstimmung vorzulegen. Wird eine allgemeine Anregung zum Beschluss erhoben, so ist der Kirchgemeindeversammlung innert Jahresfrist die ausgearbeitete Vorlage zu unterbreiten.
(2) Die Anträge dürfen sich nur auf einen einzigen Gegenstand beziehen und müssen eine Begründung enthalten.

[Art. 14 aufgehoben]

Art. 15. Beschwerderecht. (1) Gegen Beschlüsse des Kirchgemeinderates oder der Kirchgemeindeversammlung kann binnen zwanzig Tagen beim Regierungsrat Beschwerde eingereicht werden.
(2) Bei Verletzung von Privatrechten ist der ordentliche Zivilprozessweg vorbehalten.

II. Aufbau der Kirchgemeinde

Art. 16. Organe der Kirchgemeinde. Kirchgemeindeversammlung, Kirchgemeinderat, Kirchgemeindepräsident und Rechnungsprüfungskommission bilden die Organe der Kirchgemeinde.

A. Die Kirchgemeindeversammlung

Art. 17. Kirchgemeindeversammlung. (1) Oberstes Organ der Kirchgemeinde ist die Kirchgemeindeversammlung. Sie besteht aus sämtlichen stimmberechtigten Gemeindegliedern.
(2) Die ordentliche Kirchgemeindeversammlung tritt alljährlich einmal im Frühjahr bis spätestens Ende Juni zusammen.

(3) Ausserordentliche Kirchgemeindeversammlungen sind durchzuführen so oft es der Kirchgemeinderat beschliesst oder wenn 20 Prozent der Stimmberechtigten unter Nennung der zu behandelnden Geschäfte dies schriftlich verlangen.
(4) Im letzteren Falle ist die Kirchgemeindeversammlung binnen drei Monaten nach Eingang des Begehrens durchzuführen.

Art. 18. Einladung und Publikation. Zur ordentlichen und zu ausserordentlichen Kirchgemeindeversammlungen hat der Kirchgemeinderat die stimmberechtigten Gemeindeglieder spätestens eine Woche vorher unter Angabe von Ort, Zeit und Traktanden durch Zirkular und durch Publikation im Engelberger Anzeiger einzuladen.

Art. 19. Verhandlungen. (1) Für die Verhandlungen der Kirchgemeindeversammlung gelten sinngemäss die Vorschriften der kantonalen Gesetzgebung.
(2) Anträge über Gegenstände, die nicht auf der Traktandenliste aufgeführt sind, können nur durch Mehrheitsbeschluss dem Kirchgemeinderat zur Prüfung und Berichterstattung überwiesen werden.
(3) Bei Wahlen und Abstimmungen entscheidet das absolute Mehr der Stimmen.

Art. 20. Befugnisse. In die Zuständigkeit der Kirchgemeindeversammlung fallen:
1. Wahl der Stimmenzähler,
2. Festsetzung der Zahl der Kirchgemeinderäte im Rahmen von fünf bis neun Mitgliedern,
3. auf eine Amtsdauer von vier Jahren die Wahl des Pfarrers; vorbehalten bleibt Art. 28,
4. auf eine Amtsdauer von vier Jahren die Wahl der Mitglieder des Kirchgemeinderates und der Rechnungsprüfungskommission,
5. auf eine Amtsdauer von einem Jahr die Wahl des Präsidenten und des Vizepräsidenten des Kirchgemeinderates,
6. der Erlass und die Abänderung der Kirchenorganisation unter Vorbehalt der Genehmigung durch den Kantonsrat (Art. 4 Abs. 3 der Kantonsverfassung),
7. [aufgehoben]
8. der Erlass allgemein verbindlicher Verordnungen unter Vorbehalt der Genehmigung durch den Regierungsrat (Art. 89 Abs. 3 der Kantonsverfassung),
9. die Genehmigung des Vertrages über die Pastoration der Gemeinde gemäss Art. 27,

10. die Beschlussfassung in Angelegenheiten der Mitgliedschaft zu übergemeindlichen kirchlichen Organisationen und Vereinbarungen,
11. die Beschlussfassung, Mitgliedschaften, die im Rahmen eines Kirchgemeindeverbandes gemäss Art. 5 der Kirchenorganisation gemeinsam mit der Evangelisch-reformierten Kirchgemeinde Obwalden in überkantonalen Organisationen und Vereinbarungen bestehen oder errichtet werden sollen, zu diskutieren und zur Abstimmung zu bringen,
12. die Entgegennahme des Jahresberichtes des Kirchgemeinderates,
13. die Genehmigung der Kirchgemeinderechnung, der Fondsrechnungen und des Voranschlages,
14. die Beschlussfassung über Anträge des Kirchgemeinderates und von stimmberechtigten Gemeindegliedern.

B. Der Kirchgemeinderat

Art. 21. Kirchgemeinderat; Zusammensetzung. Der Kirchgemeinderat besteht aus mindestens fünf und höchstens neun Mitgliedern. Der Pfarrer gehört ihm von Amtes wegen an, kann jedoch weder das Amt des Präsidenten noch des Vizepräsidenten bekleiden.

Art. 22. Sekretariat. Der Kirchgemeinderat kann im Rahmen der ihm nach Art. 24 obliegenden Befugnisse einzelne Aufgaben einem Sekretariat übertragen. Der Inhaber oder die Inhaberin des Sekretariates hat an den Sitzungen des Kirchgemeinderates Antragsrecht und beratende Stimme.

[Art. 23. aufgehoben]

Art. 24. Zuständigkeit. Dem Kirchgemeinderat obliegen:
1. in Zusammenarbeit mit dem Pfarrer die Verantwortung für den Aufbau der Kirchgemeinde,
2. die Unterstützung des Pfarrers in allen seinen Aufgaben, insbesondere die Mitwirkung bei der Feier des heiligen Abendmahles,
3. die Beschlussfassung über die Ordnung des Gottesdienstes, der Amtshandlungen des kirchlichen Unterrichtes und weiterer kirchlicher Veranstaltungen,
4. die Beschlussfassung über die Erhebung und Verwendung der Kollekten,
5. die Beschlussfassung über die Einsetzung und Entschädigung eines Sekretariates gemäss Art. 22,
6. die; Genehmigung des Protokolls der Kirchgemeindeversammlung,
7. der Vollzug der Beschlüsse der Kirchgemeindeversammlung,
8. die Vorbereitung der Anträge an die Kirchgemeindeversammlung,

9. die Aufstellung des Voranschlages zuhanden der Kirchgemeindeversammlung,
10. die Genehmigung der Kirchgemeinderechnung und der Fondsrechnung zuhanden der Kirchgemeindeversammlung,
11. die Beschlussfassung über einmalige Ausgaben bis zur Gesamthöhe von zehn Prozent und jährlich wiederkehrende von bis zu zwei Prozent des Voranschlages,
12. die Aufsicht über die Verwaltung des Kirchgemeinde- und der Fondsvermögen und die Beschlussfassung über Anlage von Vermögenswerten,
13. die Aufsicht über die Liegenschaften der Kirchgemeinde,
14. die Aufsicht über das Kirchgemeindearchiv und die pfarramtlichen Register,
15. der Erlass der für die Verwaltung der Kirchgemeinde notwendigen internen Reglemente,
16. die Wahl der kirchlichen Angestellten und der Abschluss von Anstellungsverträgen mit diesen,
17. die Aufsicht über die Amtsführung des Pfarrers und der kirchlichen Angestellten.

C. Der Kirchgemeinderatspräsident

Art. 25. Kirchgemeinderatspräsident; Zuständigkeit. (1) Der Präsident des Kirchgemeinderates ist zugleich Präsident der Kirchgemeinde. Er vertritt diese nach Innen und nach Aussen.
(2) Er, oder im Falle seiner Verhinderung der Vizepräsident und nach diesem das amtsälteste Mitglied des Kirchgemeinderates, leitet die Kirchgemeindeversammlung und die Sitzungen des Kirchgemeinderates.
(3) Er überwacht den Vollzug der Beschlüsse des Kirchgemeinderates.
(4) Er entscheidet über frei bestimmbare, für den gleichen Zweck bestimmte, einmalige Ausgaben bis zu Fr. 500.-.

D. Die Rechnungsprüfungskommission

Art. 26. Rechnungsprüfungskommission. (1) Die Rechnungsprüfungskommission besteht aus zwei bis drei Mitgliedern, die nicht dem Kirchgemeinderat angehören dürfen.
(2) Es obliegen ihr die Prüfung der Kirchgemeinde- und der Fondsrechnungen und die Antragstellung darüber an die Kirchgemeindeversammlung.

III. Das Pfarramt

Art. 27. Pfarramt. (1) Solange die Voraussetzungen für die Errichtung eines eigenen Pfarramtes im Vollamt nicht erfüllt sind, kann die Pastoration der Kirchgemeinde durch Vertrag mit einer andern evangelisch-reformierten Kirchgemeinde oder mit einem Pfarrer gewährleistet werden.
(2) Der Pastorationsvertrag unterliegt der Genehmigung durch die Kirchgemeindeversammlung gemäss Art. 20 Ziff. 9.
(3) Für die Wählbarkeit als Pfarrer sind die Bestimmungen des „Konkordates betreffend die Ausbildung und die gegenseitige Zulassung evangelisch-reformierter Pfarrerinnen und Pfarrer in den Kirchendienst“[3] massgebend.

Art. 27a. Wiederwahl. (1) Nach Ablauf einer vierjährigen Amtsdauer unterliegt der Pfarrer der periodischen Wiederwahl. Der Wahltermin für die Wiederwahl wird spätestens sechs Monate vorher vom Kirchgemeinderat bekanntgegeben. Ein Wahlgang findet jedoch nur statt, wenn dies spätestens drei Monate vor dem bekanntgegebenen Wahltermin vom Kirchgemeinderat beschlossen oder innert der gleichen Frist von zehn Prozent der Stimmberechtigten schriftlich verlangt wird. Andernfalls erklärt der Kirchgemeinderat den Pfarrer als in stiller Wahl wiedergewählt und widerruft den angesetzten Wahlgang.
(2) Muss nach der vorliegenden Bestimmung eine Wahl durchgeführt werden, so erfolgt sie geheim.

Art. 27b. Aufgaben des Pfarrers. (1) Der Pfarrer ist verantwortlich für Gottesdienst, Taufe und Abendmahl, vollzieht kirchliche Trauungen und Abdankungen, erteilt den kirchlichen Unterricht und ist Seelsorger der Gemeinde.
(2) Er führt die kirchlichen Register.
(3) Amtshandlungen, die ihn in schwere Gewissensnot brächten, kann er nach Rücksprache mit dem Präsidenten des Kirchgemeinderates ablehnen.

Art. 27c. Disziplinargewalt des Kirchgemeinderates. Für die Disziplinargewalt des Kirchgemeinderates gegenüber dem Pfarrer gelten sinngemäss die Vorschriften der kantonalen Verfassung und Gesetzgebung.

3 Konkordat betreffend die gemeinsame Ausbildung der evangelisch-reformierten Pfarrerinnen und Pfarrer und ihre Zulassung zum Kirchendienst, abgedruckt in: Schweizerische Kirchenrechtsquellen III: Konkordate und weitere Verträge, hg. von *Christoph Winzeler*, SJKR-Beiheft 5 (2004), Bern 2004, Nr. 53.

IV. Übergangs- und Schlussbestimmungen

Art. 28. Inkrafttreten, Übergangsbestimmungen. (1) Die vorliegende Kirchenorganisation tritt mit der Genehmigung durch den Kantonsrat in Kraft.
[(2) aufgehoben]

Organisationsstatut des Verbandes der evangelisch-reformierten Kirchgemeinden Obwalden vom 10./17. Februar 2002*

Inhaltsverzeichnis

		Artikel
I.	Allgemeine Bestimmungen	1
II.	Verbandsrat	5
III.	Finanzierung	13
IV.	Auflösung	15
V.	Schlussbestimmungen	16

I. Allgemeine Bestimmungen

Art. 1. Rechtsstellung/Mitglieder. (1) Unter dem Namen „Verband der evangelisch-reformierten Kirchgemeinden des Kantons Obwalden" (nachfolgend Verband) besteht eine öffentlich-rechtliche Körperschaft im Sinne von Art. 101 Abs. 3 und Art. 84 der Kantonsverfassung[1] mit eigener Rechtspersönlichkeit.
(2) Mitglieder sind die evangelisch-reformierte Kirchgemeinde Obwalden (Alter Kantonsteil) und die evangelisch-reformierte Kirchgemeinde Engelberg.

Art. 2. Sitz. Der Sitz des Verbandes befindet sich am Sitz des Sekretariates.

Art. 3. Zweck. Der Verband bezweckt die gemeinsame Vertretung der Mitglieder gegen aussen, namentlich:

a) im Schweizerischen Evangelischen Kirchenbund SEK sowie den Schweizerischen reformierten Hilfswerken und Missionen,

* In GDB nicht enthalten. – Zustimmung der Evangelisch-reformierten Kirchgemeinde Obwalden (alter Kantonsteil) an der ausserordentlichen Kirchgemeindeversammlung vom 10. Februar 2002. Zustimmung der Evangelisch-reformierten Kirchgemeinde Engelberg an der Kirchgemeindeversammlung vom 17. Februar 2002.
Keine Änderungen seither.

1 GDB 101.

b) in überregionalen Organisationen und Vereinbarungen, denen der Verband oder die Mitgliedgemeinden einzeln beigetreten sind,
c) in der Zusammenarbeit mit den reformierten Kirchen in der Zentralschweiz,
d) in der Zusammenarbeit mit den katholischen Kirchgemeinden des Kantons Obwalden.

Art. 4. Gründung/Organisationsstatut. (1) Die Gründung des Verbandes erfolgt durch die Zustimmung der Kirchgemeindeversammlungen in Obwalden (Alter Kantonsteil) und Engelberg zum Organisationsstatut.
(2) Der Kirchgemeindeverband untersteht der Aufsicht des Regierungsrates gemäss Art. 89 KV, dem das Organisationsstatut und seine Änderungen zur Kenntnis zu bringen sind.
(3) Änderungen des Organisationsstatutes erfolgen auf übereinstimmenden Beschluss beider Kirchgemeindeversammlungen.

II. Verbandsrat

Art. 5. Zusammensetzung. (1) Im Verbandsrat nehmen mit Stimmrecht Einsitz:
a) je ein Mitglied des Präsidiums der beiden Mitgliedgemeinden,
b) je eine Pfarrerin oder ein Pfarrer aus den beiden Mitgliedgemeinden,
c) je ein weiteres Mitglied aus dem Kirchgemeinderat der beiden Mitgliedgemeinden.
(2) Die Ernennung der Mitglieder des Verbandsrates erfolgt durch die jeweiligen Kirchgemeinderäte.
(3) Sofern die Abgeordneten gemäss Art. 3 lit. a nicht stimmberechtigte Mitglieder des Verbandsrates sind, gehören sie diesem mit beratender Stimme an.
(4) Der Sekretär/die Sekretärin gehört dem Verbandsrat mit beratender Stimme an.

Art. 6. Zuständigkeit. In die Zuständigkeit des Verbandsrates fallen:
a) Beschlussfassung über den Beitritt zu den Organisationen und den Abschluss von Verträgen gemäss Art. 3 lit. a und b. Vorbehalten bleibt die Genehmigung durch die Kirchgemeindeversammlungen gemäss Kirchenverfassung/Kirchenorganisation;
b) Wahl des Vorsitzenden oder der Vorsitzenden, wobei diese/r auch Mitglied des Verbandsrates ohne Stimmrecht sein kann. Die Amtsdauer beträgt ein Jahr; Wiederwahl ist möglich;

c) Wahl der Abgeordneten und Delegationen für die Vertretungen gemäss Art. 3. Die Amtsdauer beträgt ein Jahr; Wiederwahl ist möglich;
d) Zuteilung der Aufgaben innerhalb des Verbandsrates;
e) Bestimmung des Sekretariates;
f) Erstellen einer jährlichen Abrechnung zuhanden der beiden Kirchgemeinderäte;
g) Erstellen eines Budgets und Beschlussfassung über die von den Dachorganisationen vorgeschlagenen Beiträge.

Art. 7. Organisation. (1) Der Verbandsrat trifft sich mindestens zweimal jährlich zu einer Sitzung zur Erledigung der Geschäfte gemäss Art. 6.
(2) Liegt ein Antrag vor, ist darüber innert zwei Monaten zu beschliessen.
(3) Zur Beschlussfassung ist die Anwesenheit von zwei Dritteln der stimmberechtigten Mitglieder des Verbandsrates erforderlich. Die Beschlussfassung auf dem Zirkularweg ist möglich, sofern nicht ein Mitglied des Verbandsrates eine Diskussion wünscht.

Art. 8. Anträge. Zur schriftlichen Antragstellung berechtigt sind:
1. die Mitglieder des Verbandsrates,
2. die Mitgliedgemeinden gemäss Beschluss des jeweiligen Kirchgemeinderates oder der Kirchgemeindeversammlung.

Art. 9. Verbindlichkeit von Beschlüssen. Beschlüsse des Verbandsrates sind für beide Mitgliedgemeinden verbindlich.

Art. 10. Aufgaben des/der Vorsitzenden. (1) Der/die Vorsitzende bereitet zusammen mit dem Sekretariat die Geschäfte des Verbandsrates vor. Er/sie lädt sieben Tage im voraus zu den Sitzungen des Verbandsrates ein.
(2) Der/die Vorsitzende leitet die Sitzungen und Abstimmungen des Verbandsrates.
(3) Der/die Vorsitzende unterzeichnet kollektiv zu zweien mit einem Mitglied des Verbandsrates.

Art. 11. Sekretariat. (1) Das Sekretariat hat folgende Aufgaben:
a) Entgegennahme und Weiterleitung der von den Dachorganisationen zugestellten Papiere,
b) Vorbereitung und Protokollierung der Sitzungen des Verbandsrates,
c) Führung der Finanzen.

(2) Einzelne Aufgaben des Sekretariats können auch an Mitglieder des Verbandsrates übertragen werden.

Art. 12. Aufgaben der Abgeordneten. Die Abgeordneten und Delegierten vertreten die Interessen des Verbandes. Sie sind verpflichtet, dem Verbandsrat sowie auf Wunsch den Kirchgemeinderäten Bericht zu erstatten.

III. Finanzierung

Art. 13. Beiträge der Verbandsmitglieder. Die vom Verband im Zusammenhang mit den Organisationen und Verträgen gemäss Art. 3 zu leistenden Beiträge und Entschädigungen sind von den beiden Kirchgemeinden im Verhältnis ihrer Mitglieder zu übernehmen.

Art. 14. Zahlungsabwicklung/Rechnungsprüfung. (1) Die Zahlungen werden durch die Kirchgemeinde am Sitz des Sekretariates getätigt und durch die andere Kirchgemeinde rückvergütet. Die rückvergütende Kirchgemeinde hat einen Kostenvorschuss von 80 % des für sie budgetierten Jahresbeitrages zu leisten. Nach Vorliegen der jährlichen Abrechnung ist die Restzahlung zu entrichten.
(2) Die jährliche Abrechnung ist durch die Revisionsstellen der Mitgliedgemeinden zu prüfen.

IV. Auflösung

Art. 15. Auflösung/Kündigung. Der Verband wird aufgelöst:
1. Durch übereinstimmenden Beschluss der Kirchgemeindeversammlungen in Obwalden (Alter Kantonsteil) und Engelberg.
2. Durch Kündigung mit einer Frist von einem Jahr auf Ablauf des Kalenderjahres, sofern eine der beiden Kirchgemeindeversammlungen den Austritt beschliesst.

V. Schlussbestimmungen

Art. 16. Inkrafttreten. Das vorliegende Statut tritt nach der Zustimmung der beiden Kirchgemeindeversammlungen auf den 1. März 2002 in Kraft.

SJKR /ASDE Beiheft 6 (2009), S. 291-303

St. Gallen (Saint-Gall)

Verfassung der Evangelisch-reformierten Kirche des Kantons St. Gallen vom 13. Januar 1974*

Inhaltsverzeichnis

	Artikel
Erster Teil: Allgemeine Bestimmungen	1
Zweiter Teil: Die Kirchgemeinden	7
A. Aufgaben, Bestand und Organisation	7
B. Kirchgemeindeversammlung	14
C. Kirchenvorsteherschaft	20
D. Geschäftsprüfungskommission	24
Dritter Teil: Dienste und Ämter	27
Vierter Teil: Die Kirchenbezirke	31
Fünfter Teil: Die Kantonalkirche	40
A. Aufgaben und Mittel	40
B. Evangelisch-reformierte Aktivbürgerschaft	42
C. Synode	49
D. Kirchenrat	54
Sechster Teil: Gemeinsame Bestimmungen für Kirchgemeinden, Kirchenbezirke und Kantonalkirche	60
Siebter Teil: Schlussbestimmungen	66

Einen andern Grund kann niemand legen als den, der gelegt ist, welcher ist Jesus Christus. 1. Kor. 3, 11.

* sGS 175.1/Kirchl. GSlg. 11-10. – Von der Synode erlassen am 25. Juni 1973, in der Urnenabstimmung von den Stimmberechtigten des evangelischen Konfessionsteiles angenommen am 13. Januar 1974, vom Grossen Rat genehmigt am 13. Februar 1974.
Keine Änderungen seither.

Die evangelisch-reformierte Kirche des Kantons St. Gallen gibt sich in Anwendung von Art. 24 der Kantonsverfassung vom 16. November 1890[1] die nachstehende Kirchenverfassung:

Erster Teil: Allgemeine Bestimmungen

Art. 1. Bekenntnis. Die evangelisch-reformierte Kirche des Kantons St. Gallen bekennt sich als Glied der allgemeinen christlichen Kirche zum Evangelium Jesu Christi gemäss der Heiligen Schrift Alten und Neuen Testamentes. Sie zählt sich zu den aus der Reformation hervorgegangenen und aufgrund der Heiligen Schrift erneuerten und stets zu erneuernden Kirchen.

Art. 2. Auftrag. Die evangelisch-reformierte Kirche des Kantons St. Gallen erkennt als ihren Auftrag, Jesus Christus als das Haupt der Kirche und den Herrn der Welt zu verkündigen und durch ihr dienendes Handeln das angebrochene Reich Gottes zu bezeugen.

Art. 3. Volkskirche. Als Volkskirche umfasst die evangelisch-reformierte Kirche des Kantons St. Gallen alle Einwohner, die einer evangelisch-reformierten Kirchgemeinde angehören. Als Christen sind sie aufgrund des allgemeinen Priestertums zur Mitarbeit und zur Mitverantwortung in Kirche und Welt berufen.

Art. 4. Kantonalkirche. (1) Die Kantonalkirche baut sich auf den sanktgallischen evangelisch-reformierten Kirchgemeinden auf.
(2) Sie schafft sich die zeitliche Ordnung, derer sie als Kantonalkirche zur Erfüllung ihres Auftrages bedarf.
(3) Sie ordnet und besorgt im Rahmen der Verfassung und der Gesetze des Staates ihre Angelegenheiten frei und selbständig.

Art. 5. Kirchenbund. Die Kantonalkirche ist Mitglied des Schweizerischen Evangelischen Kirchenbundes.

Art. 6. Ökumene. Die evangelisch-reformierte Kirche des Kantons St. Gallen wirkt für Zusammenarbeit unter allen christlichen Konfessionen.

1 Heute: Verfassung des Kantons St. Gallen vom 10. Juni 2001 (sGS 111.1). Gemäss Art. 110 Abs. 1 der Kantonsverfassung sind die Religionsgemeinschaften autonom. Die öffentlich-rechtlich anerkannten Religionsgemeinschaften bestehen „nach ihrem Selbstverständnis“ (Art. 109 Abs. 2 KV).

Zweiter Teil: Die Kirchgemeinden

A. Aufgaben, Bestand und Organisation

Art. 7. Aufgaben. Die Kirchgemeinde ist die Trägerin des kirchlichen Lebens. Sie sorgt für die Erfüllung des kirchlichen Auftrages. Sie wirkt im Rahmen ihrer Möglichkeiten an der Lösung kantonal- und gesamtkirchlicher Aufgaben mit.

Art. 8. In jeder Kirchgemeinde müssen die evangelisch-reformierte Verkündigung und die Seelsorge gewährleistet sein.

Art. 9. Bestand. Bestand und Umfang der Kirchgemeinden werden durch die Kirchenordnung festgelegt.

Art. 10. Mitgliedschaft. (1) Mitglied der Kirchgemeinde ist jeder in ihr wohnhafte oder ihr zugeteilte evangelische Einwohner, der nicht schriftlich seinen Austritt oder bei der Wohnsitznahme seine Nichtzugehörigkeit erklärt hat.
(2) Den Eintritt in die evangelisch-reformierte Kirche und den Austritt regelt die Kirchenordnung.

Art. 11. Rechtsstellung. (1) Die Kirchgemeinde ist eine öffentlich-rechtliche Körperschaft.
(2) Sie ist vermögensfähig und berechtigt, Steuern zu erheben.
(3) Im Rahmen der Gesetzgebung der Kantonalkirche regelt die Kirchgemeinde ihre Angelegenheiten selbständig.

Art. 12. Kirchgemeindeordnung. (1) Die Kirchgemeinde kann über ihre Organisation und über die Erfüllung ihrer Aufgaben eine Kirchgemeindeordnung erlassen.
(2) Die Kirchgemeindeordnung bedarf der Genehmigung durch den Kirchenrat.

Art. 13. Zusammenarbeit von Kirchgemeinden. (1) Die Kirchgemeinden sind befugt, zur Erfüllung von Aufgaben zusammenzuarbeiten. Sie sind ermächtigt, Zweckverbände zu bilden.
(2) Vereinbarungen unter den Kirchgemeinden über die gemeinsame Erfüllung von Aufgaben sind dem Kirchenrat zur Kenntnis zu bringen. Statuten von Zweckverbänden sind ihm zur Genehmigung vorzulegen.
(3) Ist die Zusammenarbeit notwendig und können sich Kirchgemeinden innert angemessener Frist nicht einigen, so trifft der Kirchenrat die notwendigen Massnahmen.

B. Kirchgemeindeversammlung

Art. 14. Stellung. Die Kirchgemeindeversammlung ist das oberste Organ der Kirchgemeinde. Sie besteht aus den stimmberechtigten Gemeindegliedern.

Art. 15. Stimmrecht. (1) Stimmberechtigt in der Kirchgemeinde sind diejenigen Gemeindeglieder, die das Stimmrecht in eidgenössischen Angelegenheiten besitzen.
(2) Soweit das kantonale Recht es zulässt, kann durch die Kirchenordnung das Stimmrecht auch zuerkannt werden:
a) Ausländern,
b) jugendlichen, aber mindestens 18 Jahre alten Gemeindegliedern.

Art. 16. Aufgaben. (1) Der Kirchgemeindeversammlung obliegt die Sorge für das kirchliche Leben.
(2) Es stehen ihr insbesondere zu:
a) Wahl der Mitglieder der Kirchenvorsteherschaft und des Präsidenten,
b) Wahl der Mitglieder der Geschäftsprüfungskommission,
c) Wahl der Abgeordneten in die Synode,
d) Wahl und allfällige Abberufung der Pfarrer,
e) Aufsicht über die kirchliche Verwaltung,
f) Beschlussfassung über die Jahresrechnung,
g) Beschlussfassung über den Voranschlag und Festlegung des Steuerfusses,
h) Erlass einer Kirchgemeindeordnung,
i) die für jede Amtsdauer zu treffenden organisatorischen Beschlüsse,
k) Beschlussfassung über Kauf, Verkauf, Tausch oder Verpfändung von Liegenschaften, Begründung von Baurechten, Neubauten oder grössere Umbauten, Äufnung oder Verwendung von Fonden und Aufnahme von Krediten für ausserordentliche Bedürfnisse der Kirchgemeinde,
l) Beschlussfassung über Beitritt zu Zweckverbänden,
m) Abkurungsvereinbarungen.
(3) Wahlen und Beschlüsse gemäss Abs. 2 lit. d, h, k, l und m bedürfen der Genehmigung durch den Kirchenrat. Von Wahlen gemäss lit. a und c ist dem Kirchenrat Kenntnis zu geben.

Art. 17. Leitung. Die Kirchgemeindeversammlung wird vom Präsidenten der Kirchenvorsteherschaft geleitet.

Art. 18. Abstimmung. (1) Die Kirchgemeindeversammlung übt ihre Befugnisse in der Regel in offener Abstimmung aus.
(2) Begehren auf Abberufung eines Pfarrers dürfen nur durch Urnenabstimmung erledigt werden.

Art. 19. Kassationsbeschwerde. (1) Gegen Wahlen und Beschlüsse der Kirchgemeindeversammlung kann innert 14 Tagen Kassationsbeschwerde beim Kirchenrat erhoben werden.
(2) Als Kassationsgründe gelten Rechtsverletzungen und Verfahrensmängel, die bei der amtlichen Vorbereitung oder Durchführung einer Wahl oder Abstimmung vorgekommen und von entscheidendem Einfluss auf deren Ergebnis gewesen sind oder sein konnten.

C. Kirchenvorsteherschaft

Art. 20. Aufgaben. (1) Die Kirchenvorsteherschaft ist für den Aufbau des kirchlichen Lebens in der Gemeinde sowie für die Förderung der Liebestätigkeit und der Mission verantwortlich.
(2) Sie leitet und unterstützt die Träger der kirchlichen Dienste und Ämter in der Erfüllung ihrer Aufgaben.
(3) Sie vollzieht die kirchlichen Gesetze und Beschlüsse und besorgt die ökonomischen Angelegenheiten. Sie wählt die Angestellten der Kirchgemeinde.

Art. 21. Zusammensetzung. (1) Die Kirchenvorsteherschaft besteht aus dem Präsidenten und mindestens vier weiteren Mitgliedern.
(2) Die von der Kirchgemeindeversammlung gewählten Pfarrer sind von Amtes wegen Mitglieder der Kirchenvorsteherschaft.

Art. 22. Wählbarkeit. (1) Als Präsident und als Mitglieder sind alle stimmberechtigten Gemeindeglieder wählbar.
(2) Die der Kirchenvorsteherschaft von Amtes wegen angehörenden Pfarrer sind nicht als Präsident wählbar.

Art. 23. Konstituierung. (1) Die Kirchenvorsteherschaft konstituiert sich selbst. Sie wählt einen Vizepräsidenten, einen Aktuar und einen Kassier.
(2) Die der Kirchenvorsteherschaft von Amtes wegen angehörenden Pfarrer sind nicht als Vizepräsident wählbar. Der Vizepräsident kann gleichzeitig Aktuar oder Kassier sein.
(3) Die Kirchenvorsteherschaft kann die Aufgaben des Aktuars und des Kassiers Nichtmitgliedern übertragen. Wohnen diese den Sitzungen der Kirchenvorsteherschaft bei, so haben sie beratende Stimme.

D. Geschäftsprüfungskommission

Art. 24. Zusammensetzung und Konstituierung. Die Geschäftsprüfungskommission besteht aus mindestens drei Mitgliedern und mindestens zwei Ersatzmitgliedern. Sie konstituiert sich selbst.

Art. 25. Aufgaben. Die Geschäftsprüfungskommission prüft das Rechnungswesen und die ökonomischen Angelegenheiten der Kirchgemeinde sowie die Rechtmässigkeit der Amtsführung der Kirchenvorsteherschaft.

Art. 26. Berichterstattung. Die Geschäftsprüfungskommission erstattet der Kirchgemeindeversammlung jährlich Bericht über das Prüfungsergebnis.

Dritter Teil: Dienste und Ämter

Art. 27. Pfarrer. Der Pfarrer ist der für den Dienst in der Gemeinde und für weitere Dienste ausgebildete und ordinierte Verkündiger des Evangeliums. Er versieht diese Aufgabe durch Predigt, Taufe und Abendmahl sowie durch Seelsorge und Unterweisung. Die Verantwortung für das kirchliche Leben sowie für die Förderung der Liebestätigkeit und der Mission teilt der Gemeindepfarrer mit der Kirchenvorsteherschaft.

Art. 28. (1) Wahlfähig ist, wer gemäss Konkordat über die gegenseitige Zulassung evangelisch-reformierter Pfarrer in den Kirchendienst[2] das Wahlfähigkeitszeugnis der Konkordatsprüfungsbehörde besitzt.
(2) Der Kirchenrat kann die Wahlfähigkeit aufgrund von Zeugnissen, die dem Wahlfähigkeitszeugnis der Konkordatsprüfungsbehörde gleichwertig sind, aufgrund mehrjährigen Kirchendienstes oder aufgrund einer von ihm angeordneten theologisch-wissenschaftlichen Prüfung erteilen.
(3) Der Kirchenrat erstattet der Synode über die Erteilung der Wahlfähigkeit Bericht.

Art. 29. Weitere Vorschriften über Ordination, Wahl, Stellung, Anstellungsbedingungen, Rücktritt, Abberufung und Entzug der Wählbarkeit bleiben der Gesetzgebung vorbehalten.

Art. 30. Nichttheologische Fachleute. (1) Die Kirchgemeinden, die Zweckverbände und die Kantonalkirche können andere Aufgaben der Verkündi-

2 Konkordat betreffend die gemeinsame Ausbildung der evangelisch-reformierten Pfarrerinnen und Pfarrer und ihre Zulassung zum Kirchendienst, abgedruckt in: Schweizerische Kirchenrechtsquellen III: Konkordate und weitere Verträge, hg. von *Christoph Winzeler*, SJKR-Beiheft 5 (2004), Bern 2004, Nr. 53.

gung und der Diakonie haupt- oder nebenberuflich an Kirchenglieder übertragen, die dazu ausgebildet sind.
(2) Die Synode kann für die Träger dieser Dienste und Ämter die Ordination vorsehen.
(3) Art. 29 findet sinngemäss Anwendung.

Vierter Teil: Die Kirchenbezirke

Art. 31. Einteilung. Der Kanton ist in folgende Kirchenbezirke eingeteilt:
a) St. Gallen, umfassend die politischen Bezirke St. Gallen, Rorschach und Gossau,
b) Rheintal, umfassend die politischen Bezirke Unterrheintal, Oberrheintal, Werdenberg und Sargans,
c) Toggenburg, umfassend die politischen Bezirke Gaster, See, Obertoggenburg, Neutoggenburg, Alttoggenburg, Untertoggenburg und Wil.

Art. 32. Dekane. Für jeden Kirchenbezirk werden aus der im Gemeindedienst stehenden Pfarrerschaft ein Dekan und ein Stellvertreter gewählt.

Art. 33. Der Dekan vertritt die Kantonalkirche in den durch den Kirchenrat bezeichneten Fällen. Er steht den Kirchgemeinden in allen Fragen des kirchlichen Lebens, insbesondere hinsichtlich der Ausübung des Pfarramtes, als Berater zur Verfügung. Er vermittelt bei Meinungsverschiedenheiten und Spannungen zwischen Kirchenvorsteherschaft und Pfarrer sowie zwischen Kirchgemeinden. Er steht den Pfarrern als Seelsorger zur Seite.

Art. 34. Pfarrkapitel. Die in einem Kirchenbezirk wohnhaften Pfarrer bilden das Pfarrkapitel.

Art. 35. Das Pfarrkapitel behandelt Fragen von theologischem oder kirchlichem Interesse. Es kann von der Synode, vom Kirchenrat oder von der Kirchenbezirkstagung zur Begutachtung solcher Fragen eingeladen werden oder auch von sich aus diesen Instanzen seine Auffassung unterbreiten.

Art. 36. Das Pfarrkapitel konstituiert sich selbst. Die Einladung zur konstituierenden Sitzung geht vom Dekan aus.

Art. 37. Kirchenbezirkstagung. Die Kirchenvorsteher und die Synodalen eines Kirchenbezirkes vereinigen sich zur Kirchenbezirkstagung.

Art. 38. Die Kirchenbezirkstagung behandelt übergemeindliche Aufgaben. Sie kann zu kirchlichen Angelegenheiten zuhanden der Kirchgemeinden und der Kantonalkirche Stellung nehmen.

Art. 39. Die Kirchenbezirkstagung konstituiert sich selbst. Die Einladung zur konstituierenden Sitzung geht vom Dekan aus.

Fünfter Teil: Die Kantonalkirche

A. Aufgaben und Mittel

Art. 40. Aufgaben. (1) Die Kantonalkirche schafft die rechtlichen Voraussetzungen für lebendige Kirchgemeinden und fördert deren Einheit und Zusammenarbeit.
(2) Sie unterhält oder unterstützt kantonale und regionale Pfarrämter und andere Dienststellen sowie Werke der Liebestätigkeit und der Mission. Sie überwacht und fördert die Ausbildung der Religionslehrer. Sie beteiligt sich an der Lösung kirchlicher Aufgaben, die über ihr Gebiet hinausgreifen.
(3) Für die Beziehungen nach aussen sind allein die Organe der Kantonalkirche zuständig.

Art. 41. Mittel. Die finanziellen Aufwendungen werden gedeckt aus:
a) dem Ertrag des Vermögens sowie der Stiftungen und Fonde,
b) der Zentralsteuer,
c) den staatlichen Ausgleichsbeiträgen,
d) Schenkungen und Vermächtnissen.

B. Evangelisch-reformierte Aktivbürgerschaft

Art. 42. Bestand. Die evangelisch-reformierte Aktivbürgerschaft besteht aus der Gesamtheit der stimmberechtigten Glieder aller Kirchgemeinden der Kantonalkirche.

Art. 43. Obligatorisches Referendum. Erlass und Änderung der Kirchenverfassung unterstehen dem obligatorischen Referendum.

Art. 44. Fakultatives Referendum. (1) Dem fakultativen Referendum unterstehen:
a) von der Synode erlassene Gesetze und allgemeinverbindliche Beschlüsse,
b) Vereinbarungen mit andern Kirchen der Schweiz, soweit sie allgemeinverbindlicher Natur sind,
c) Kreditbeschlüsse der Synode, soweit sie Mindestbeträge übersteigen, die in der Kirchenordnung festgelegt werden.
(2) Zweitausend evangelisch-reformierte Aktivbürger können innert 30 Tagen, von der Beschlussfassung an gerechnet, verlangen, dass ein dem fakul-

tativen Referendum unterstehender Erlass der Volksabstimmung unterstellt wird.

Art. 45. Initiative. Mit einem Initiativbegehren können viertausend evangelisch-reformierte Aktivbürger die Änderung der Kirchenverfassung, den Erlass, die Änderung oder Aufhebung eines Gesetzes oder eines nicht in die abschliessende Zuständigkeit der Synode fallenden Beschlusses verlangen.

Art. 46. (1) Das Initiativbegehren kann als einfache Anregung oder als ausgearbeiteter Entwurf gestellt werden.
(2) Das Initiativbegehren muss eindeutig abgefasst sein und darf nur einen einzigen Erlass zum Gegenstand haben.
(3) Das Initiativbegehren kann mit einer Rückzugsklausel versehen sein.

Art. 47. Stimmt die Synode dem Initiativbegehren zu, so ist im Falle der einfachen Anregung der entsprechende Erlass auszuarbeiten und dem Referendum zu unterstellen. Im Falle des ausgearbeiteten Entwurfes untersteht der Erlass dem Referendum.

Art. 48. (1) Lehnt die Synode das Initiativbegehren ab, so hat sie zu beschliessen, ob sie der Aktivbürgerschaft einen Gegenvorschlag unterbreiten will oder nicht. In letzterem Fall ist ohne weiteres die Volksabstimmung anzuordnen. Wird die Ausarbeitung eines Gegenvorschlages beschlossen, so ist dieser nach Verabschiedung durch die Synode gleichzeitig mit dem Initiativbegehren zur Abstimmung zu bringen.
(2) Stimmt die Aktivbürgerschaft einem als einfache Anregung gestellten Initiativbegehren zu, so hat die Synode einen entsprechenden Erlass zu verabschieden, der dem Referendum untersteht.

C. Synode

Art. 49. Rechtsstellung. Die Synode ist in Vertretung der evangelisch-reformierten Aktivbürgerschaft das oberste Organ der Kantonalkirche.

Art. 50. Wahl. (1) Die Synode wird von den Kirchgemeinden aus der Gesamtheit der stimmberechtigten Glieder der Kantonalkirche gewählt. Sie besteht aus 180 Synodalen.
(2) Jeder Kirchgemeinde stehen vorab zwei Sitze zu. Die verbleibenden Sitze werden auf die Kirchgemeinden im Verhältnis zur Zahl ihrer Gemeindeglieder verteilt, soweit diese Zahl 1500 übersteigt. Massgebend ist das amtlich veröffentlichte Ergebnis der letzten eidgenössischen Volkszählung.

Art. 51. Aufgaben. (1) Der Synode obliegt die Sorge für die Lebendigkeit des evangelischen Glaubens. Sie ist verantwortlich für die rechtliche Ordnung und für die organisatorische Gliederung der Kirche und überwacht die Wahrnehmung der kantonalkirchlichen Aufgaben.

(2) Es stehen ihr insbesondere zu:

a) Wahl der Mitglieder des Kirchenrates und seines Präsidenten,
b) Wahl des Kirchenschreibers, der Kirchenrat hat das Recht auf den ersten Vorschlag,
c) Wahl der Abgeordneten in den Schweizerischen Evangelischen Kirchenbund und ihrer Stellvertreter,
d) Wahl des Abgeordneten in die Konkordatsprüfungsbehörde und seines Stellvertreters,
e) Wahl der Dekane und ihrer Stellvertreter,
f) Erlass einer Kirchenordnung[3] sowie weiterer kirchlicher Gesetze[4],
g) Abschluss von Vereinbarungen mit andern Kirchen der Schweiz, soweit sie allgemeinverbindlicher Natur sind,
h) Beschlussfassung über Kredite und Bürgschaften der Kantonalkirche,
i) Festsetzung der Mindestgehälter der Pfarrer und der Gehälter der kantonalkirchlichen Behörden und Amtsträger,
k) Oberaufsicht über die Amtstätigkeit der Kirchenvorsteherschaften und über die Pfarrer,
l) Aufsicht über die Amtstätigkeit des Kirchenrates,
m) Beschlussfassung über Entgegennahme des kirchenrätlichen Amtsberichtes,
n) Genehmigung der Jahresrechnung,
o) Genehmigung des Voranschlages und Festsetzung der Zentralsteuer.

Art. 52. Geschäftsreglement. (1) Die Synode gibt sich ein Geschäftsreglement.

(2) Sie ist beschlussfähig, wenn die absolute Mehrheit der Synodalen anwesend ist.

(3) Die Verhandlungen in der Synode sind in der Regel öffentlich. Präsident und Mitglieder des Kirchenrates haben beratende Stimme.

Art. 53. Sessionen. (1) Die Synode versammelt sich ordentlicherweise zweimal im Jahr.

(2) Ausserordentliche Sitzungen können einberufen werden auf Beschluss der Synode, ihres Büros, des Kirchenrates oder auf schriftliches Begehren von mindestens einem Fünftel der Synodalen.

3 Kirchenordnung der evangelisch-reformierten Kirche des Kantons St. Gallen vom 30. Juni 1980 (Kirchl. GSlg. 11-20; sGS 175.11).

4 Sammlung „Gültige Erlasse der Ev.-ref. Kirche des Kantons St. Gallen (GE)“, verfügbar im Internet unter www.ref-sg.ch.

D. Kirchenrat

Art. 54. Zusammensetzung. (1) Der Kirchenrat besteht aus dem Präsidenten und sechs weiteren Mitgliedern. Wählbar sind alle evangelisch-reformierten Aktivbürger.
(2) Präsident und Mitglieder des Kirchenrates können nicht gleichzeitig Synodale, Dekan, Kirchenschreiber oder Zentralkassier sein.

Art. 55. Konstituierung. Der Kirchenrat konstituiert sich selbst. Er wählt seinen Vizepräsidenten, seine Ausschüsse, den Zentralkassier und die kirchenrätlichen Abordnungen.

Art. 56. Geschäftsreglement. Der Kirchenrat gibt sich ein Geschäftsreglement. Er kann darin Ausschüsse für die Vorbereitung oder Erledigung von Geschäften vorsehen.

Art. 57. Aufgaben. (1) Der Kirchenrat leitet die Kantonalkirche, vollzieht die Gesetze und Beschlüsse der Synode und vertritt die Kantonalkirche nach aussen.
(2) Es stehen ihm insbesondere zu:
a) Wahl derjenigen kantonalkirchlichen oder von der Kantonalkirche vorzuschlagenden Behörden und Amtsträger, deren Wahl nicht ausdrücklich der Synode vorbehalten ist,
b) Antragstellung an die Synode für alle Geschäfte, die in deren Geschäftskreis fallen,
c) Genehmigung von Reglementen und Beschlüssen der Kirchgemeinden,
d) Aufsicht über die Amtstätigkeit der Kirchenvorsteherschaften, über die Pfarrer und über alle von ihm gewählten oder zur Wahl vorgeschlagenen Behörden und Amtsträger,
e) Oberaufsicht über das kirchliche Unterrichtswesen auf allen Schulstufen,
f) Sorge für die Weiterbildung der Pfarrer und der Religionslehrer,
g) Entscheid über Kassationsbeschwerden gegen Wahlen und Beschlüsse von Kirchgemeindeversammlungen,
h) Entscheid über Beschwerden bei Anständen, die sich innerhalb einer Kirchgemeinde oder zwischen Kirchgemeinden ergeben.

Art. 58. Kreditkompetenz. Die finanziellen Kompetenzen des Kirchenrates werden in der Kirchenordnung festgesetzt.

Art. 59. Amtsbericht. Der Kirchenrat ist für seine Amtsführung der Synode verantwortlich. Er erstattet darüber jährlich Bericht.

Sechster Teil: Gemeinsame Bestimmungen für Kirchgemeinden, Kirchenbezirke und Kantonalkirche

Art. 60. Amtsdauer. Die Amtsdauer der kirchlichen Behörden beträgt vier Jahre.

Art. 61. Nach der jeweiligen Gesamterneuerung beginnt die Amtsdauer der Synode am 1. Juni, diejenige aller übrigen Behörden am 1. Juli.

Art. 62. Rechnungsjahr. Das Rechnungsjahr deckt sich mit dem Kalenderjahr.

Art. 63. Verlust kirchlicher Ämter. (1) Wer die Zugehörigkeit zu einer Kirchgemeinde verliert, scheidet aus kirchlichen Gemeindebehörden aus.
(2) Wer die Zugehörigkeit zur Kantonalkirche verliert, scheidet aus kantonalkirchlichen Behörden aus.

Art. 64. Ausschliessungsgründe. (1) In die Kirchenvorsteherschaft, in die Geschäftsprüfungskommission oder in den Kirchenrat sind nicht gleichzeitig wählbar: Ehegatten, Vater oder Mutter und Sohn oder Tochter, Geschwister, Schwiegervater oder Schwiegermutter und Schwiegersohn oder Schwiegertochter, Schwäger, Schwägerinnen sowie Ehegatten von Geschwistern.
(2) Der Ausschliessungsgrund, der sich aus einer Ehe ergibt, bleibt nach deren Auflösung bestehen.

Art. 65. Ergänzendes Recht. Kann dem kirchlichen Recht keine Vorschrift entnommen werden, so findet die kantonal-sanktgallische Gesetzgebung über die Bürgerversammlung[5], die Urnenabstimmungen[6], über Referendum und Initiative[7] sowie über die Verwaltungsrechtspflege[8] sinngemäss Anwendung.

Siebter Teil: Schlussbestimmungen

Art. 66. Inkrafttreten. (1) Diese Kirchenverfassung tritt in Kraft, sobald sie von der Aktivbürgerschaft angenommen und vom Grossen Rat sanktioniert worden ist.
(2) Vor dem Inkrafttreten dieser Verfassung getroffene Wahlen behalten ihre Geltung bis zum Ablauf der Amtsdauer im Jahre 1974.

5 Grossratsbeschluss über die Gemeindeorganisation (Urnenabstimmung anstelle der Bürgerversammlung, sGS 151.1).
6 sGS 125.3; sGS 125.31.
7 sGS 125.1.
8 sGS 951.5.

Art. 67. Aufhebung bisherigen Rechtes. (1) Mit dem Inkrafttreten dieser Kirchenverfassung tritt das Grundgesetz vom 9. Januar 1922 ausser Kraft.
(2) Ebenso verlieren alle andern kirchlichen Gesetze, Reglemente und Verordnungen, soweit sie dieser Verfassung widersprechen, ihre Gültigkeit.

SJKR/ASDE Beiheft 6 (2009), S. 305-321

Schaffhausen (Schaffhouse)

Verfassung der Evangelisch-reformierten Kirche des Kantons Schaffhausen vom 22. September 2002*

Inhaltsverzeichnis

		Artikel
I.	Die Kirchenmitglieder	4
II.	Die Kirchgemeinde	12
III.	Die Kirchenregion	23
IV.	Die Kantonalkirche	25
	A. Die Synode	28
	B. Der Kirchenrat	34
	C. Übrige Organe	40
	D. Der Finanzhaushalt der Kantonalkirche	43
V.	Die schweizerische und die weltweite Kirche	46
VI.	Freiwilligenarbeit, Dienste, Ämter	49
VII.	Rechtsschutz und Volksrechte	59
VIII.	Revision der Verfassung	63

Art. 1. Grundlage. Im Glauben an den dreieinigen Gott, in der Gewissheit seiner allumfassenden Liebe und in der Hoffnung auf das kommende Gottesreich hat die Evangelisch-reformierte Kirche des Kantons Schaffhausen als Teil der weltweiten christlichen Kirche ihren tragenden Grund.

Art. 2. Auftrag. (1) Die Evangelisch-reformierte Kirche des Kantons Schaffhausen bezeugt die befreiende und Weg weisende Kraft des Evangeliums von Jesus Christus und fördert die Auseinandersetzung mit den Fragen,

* Von der Synode beschlossen am 27. Juni 2002, angenommen in der Volksabstimmung vom 22. September 2002.
Keine Änderungen seither.

Anliegen und Herausforderungen der biblischen Botschaft für unsere Zeit. Sie nimmt die Anliegen und Fragen der Menschen von heute wahr; sie bietet Begleitung und Hilfestellung bei der Suche nach Sinn und Orientierung.
(2) Sie verwirklicht diesen Auftrag als feiernde, lernende, seelsorgliche, diakonische, missionarische und prophetische offene Gemeinde. Sie setzt sich ein für Gerechtigkeit, Frieden und Bewahrung der Schöpfung.

Art. 3. Rechtliche Stellung. Die Kirchgemeinden und die Kantonalkirche sind gemäss Kantonsverfassung[1] Körperschaften des öffentlichen Rechts. Sie erfüllen ihre Aufgaben selbstständig im Rahmen der staatlichen und der kantonalkirchlichen Gesetzgebung.

I. Die Kirchenmitglieder

Art. 4. Mitgliedschaft. (1) Als Mitglied einer Kirchgemeinde und damit der Kantonalkirche gilt jede im Kanton Schaffhausen wohnende evangelisch-reformierte Person, sofern sie nicht ihren Austritt erklärt hat.
(2) Jedes Mitglied gehört zur Kirchgemeinde seines Wohnortes (Wohnortskirchgemeinde), sofern es nicht durch schriftliche Erklärung die Zugehörigkeit zu einer anderen Kirchgemeinde (Wahlkirchgemeinde) erklärt hat. Im letzteren Fall erfolgt die Ausübung der Rechte und Pflichten in der Wahlkirchgemeinde; vorbehalten bleibt die Regelung über den Steuereinzug (Art. 22).
(3) Über die Mitgliedschaft von Kindern unter sechzehn Jahren entscheiden deren Erziehungsberechtigte.
(4) Doppelmitgliedschaften in anderen christlichen Kirchen sind mit allen Rechten und Pflichten möglich.
(5) Nichtmitglieder können schriftlich beim Kirchenstand einer Kirchgemeinde ihren Beitritt beantragen.
(6) Der Austritt erfolgt durch schriftliche Erklärung an den Kirchenstand der Wohnorts- oder Wahlkirchgemeinde. Mit Abgabe der Austrittserklärung erlöschen Rechte und Pflichten.

Art. 5. Das Recht auf kirchliche Dienste. Die Kirchenmitglieder haben in ihrer Kirchgemeinde grundsätzlich Anrecht auf die Inanspruchnahme von Amtshandlungen, namentlich Taufe, Konfirmation, Trauung und Bestattung.

1 Verfassung des Kantons Schaffhausen vom 22. September 2002 (SHR 101.100). Gemäss Art. 109 der Kantonsverfassung organisieren sich die anerkannten Kirchen nach demokratischen und rechtsstaatlichen Grundsätzen selbständig.

Weitere Dienste der Kirche stehen ihnen, soweit diese angeboten werden, zur Verfügung.

Art. 6. Datenschutz. Die Belange des Datenschutzes werden auf Gesetzesstufe geregelt.

Art. 7. Stimm- und Wahlrecht. Das Stimmrecht sowie das aktive und passive Wahlrecht in Kirchgemeinde und Kantonalkirche hat jedes Mitglied, welches das sechzehnte Altersjahr vollendet hat, unabhängig von seiner Staatsbürgerschaft.

Art. 8. Antragsrecht. Ein stimmberechtigtes Mitglied hat das Recht, vorgängig einer Kirchgemeindeversammlung beim Präsidium der Kirchgemeinde einen Antrag zu stellen, der traktandiert werden muss. Das Nähere regelt die Synode auf Gesetzesstufe.

Art. 9. Unvereinbarkeit und Ausstand. (1) Derselben Behörde dürfen mit Ausnahme der Synode nicht gleichzeitig angehören: Ehepaare, Konkubinatspaare, Eltern und Kinder, Geschwister.
(2) Niemand darf gleichzeitig der Synode und dem Kirchenrat angehören.
(3) Mitglieder von Behörden sowie Angehörige der Kirchenverwaltung und der Rekurskommission treten bei Geschäften, die sie unmittelbar betreffen, in den Ausstand. Das Gesetz kann weitere Ausstandsgründe vorsehen.

Art. 10. Amtsdauer. Die Amtsdauer für alle Behörden, für die gewählten Pfarrerinnen und Pfarrer sowie Sozial-diakonischen Mitarbeiterinnen und Mitarbeiter beträgt vier Jahre. Behörden üben ihre Funktion bis zum Amtsantritt der neuen Organe weiter aus.

Art. 11. Dienstverhältnis. Das Dienstverhältnis der Behördenmitglieder und der Arbeitnehmerinnen und Arbeitnehmer der Kirche wird auf Gesetzesstufe geregelt.

II. Die Kirchgemeinde

Art. 12. Auftrag. Die Kirchgemeinde ist Trägerin des kirchlichen Lebens an ihrem Ort. Sie erfüllt im Rahmen ihrer Möglichkeiten den Auftrag, welcher der Kirche gegeben ist.

Art. 13. Bestand. (1) Es bestehen folgende Kirchgemeinden:
Beggingen, Beringen, Buch, Buchberg-Rüdlingen, Burg, Dörflingen, Gächlingen, Hallau, Hemmental, Lohn-Stetten-Büttenhardt, Löhningen-Guntmadingen, Merishausen-Bargen, Neuhausen am Rheinfall, Neunkirch, Oberhallau, Opfertshofen-Altdorf-Bibern-Hofen, Osterfingen, Ramsen, Schaff-

hausen-Buchthalen, Schaffhausen-Herblingen, Schaffhausen-Münster, Schaffhausen-St. Johann, Schaffhausen-Steig, Schaffhausen-Zwingli, Schleitheim, Siblingen, Stein am Rhein-Hemishofen, Thayngen-Barzheim, Trasadingen, Wilchingen.
(2) Änderungen im Bestand der Kirchgemeinden und Grenzbereinigungen erfolgen auf Antrag der beteiligten Kirchgemeinden durch Beschluss der Synode.

Art. 14. Die Kirchkorporation. (1) Die Kirchkorporation ist der Zusammenschluss von Mitgliedern verschiedener Kirchgemeinden mit einem gemeinsamen Anliegen. Das Nähere regelt ein Erlass der Synode.

Art. 15. Minderheiten. Minderheiten innerhalb einer Kirchgemeinde und Kommunitäten können sich privatrechtlich zusammenschliessen. Ihre Stellung zur betreffenden Kirchgemeinde bzw. zur Kantonalkirche regelt die Synode durch Erlass.

Art. 16. Organe. Die Organe der Kirchgemeinde sind:
a) die Stimmbürgerschaft, die ihre Rechte in der Kirchgemeindeversammlung oder an der Urne wahrnimmt,
b) der Kirchenstand,
c) die Rechnungs- bzw. Geschäftsprüfungskommission,
d) weitere Kommissionen.

Art. 17. Stimmbürgerschaft in der Kirchgemeindeversammlung. Die Kirchgemeindeversammlung hat namentlich folgende Aufgaben und Befugnisse:
a) Wahl der Präsidentin bzw. des Präsidenten und der übrigen Mitglieder des Büros der Kirchgemeinde,
b) Wahl der Präsidentin bzw. des Präsidenten und der übrigen Mitglieder des Kirchenstandes,
c) Wahl der Rechnungsprüfungs- bzw. der Geschäftsprüfungskommission und gegebenenfalls der externen Fachstelle,
d) Wahl der Abgeordneten in die Synode,
e) Wahl der Pfarrerinnen bzw. Pfarrer,
f) Wahl der Sozial-diakonischen Mitarbeiterinnen bzw. Mitarbeiter,
g) Anstellung der übrigen Mitarbeiterinnen und Mitarbeiter, sofern sie nicht dem Kirchenstand übertragen wird,
h) Beratung und Beschlussfassung über Anträge an die Synode oder an den Kirchenrat,
i) Entscheid über Angelegenheiten von wesentlicher Tragweite für das Leben der Kirchgemeinde,

j) Beschlussfassung über Jahresrechnung, Voranschlag und Kirchensteuerfuss,
k) Beschlussfassung über Nutzung, Erwerb, Veräusserung oder Verpfändung von Gebäuden und Liegenschaften sowie Bauvorhaben,
l) Äufnung oder Verwendung von Fonds und Aufnahme von Krediten für ausserordentliche Bedürfnisse,
m) Beschlussfassung über die Zugehörigkeit zu einem Gemeindeverband sowie Genehmigung eines zwischen Kirchgemeinden oder mit der Einwohnergemeinde abgeschlossenen Vertrages, beides unter Vorbehalt kantonalkirchlicher Bestimmungen,
n) Durchführung von kantonalkirchlichen Abstimmungen.

Art. 18. Stimmbürgerschaft an der Urne. Wahlen und Abstimmungen können an der Urne erfolgen, sofern ein Beschluss der Kirchgemeindeversammlung oder ein kantonalkirchlicher Erlass der Synode dies anordnet.

Art. 19. Kirchenstand. (1) Der Kirchenstand ist die leitende und vollziehende Behörde der Kirchgemeinde. Er ist für die Förderung und Gestaltung des Gemeindelebens verantwortlich.
(2) Er besteht aus der Präsidentin bzw. dem Präsidenten und mindestens vier weiteren Mitgliedern. Abgesehen vom Präsidium konstituiert er sich selbst.
(3) Die gewählten Pfarrerinnen und Pfarrer sowie die gewählten Sozialdiakonischen Mitarbeiterinnen und Mitarbeiter sind in der Regel stimmberechtigte Mitglieder des Kirchenstandes, müssen jedoch in dieser Behörde die Minderheit bilden. Das Nähere regelt die Synode.

Art. 20. Rechnungs- bzw. Geschäftsprüfungskommission. (1) Die Rechnungsprüfungskommission prüft das gesamte Rechnungswesen der Kirchgemeinde und erstattet der ordentlichen Kirchgemeindeversammlung alljährlich Bericht und Antrag über das Prüfungsergebnis. Ihre Aufgaben können ganz oder teilweise an eine externe Fachstelle übertragen werden.
(2) Die Kirchgemeindeversammlung kann anstelle der Rechnungsprüfungskommission eine Geschäftsprüfungskommission einsetzen und dieser weitere Aufgaben zuweisen.
(3) Die Rechnungsprüfungskommission bzw. die Geschäftsprüfungskommission besteht aus mindestens zwei Mitgliedern. Sie dürfen weder dem Kirchenstand angehören noch Beamte oder Angestellte der Kirchgemeinde sein.
(4) Die Organe der Kirchgemeinde sind verpflichtet, der Rechnungsprüfungs- bzw. der Geschäftsprüfungskommission zur Erfüllung ihrer Aufgaben Auskunft zu erteilen; vorbehalten bleibt das Amts- oder Berufsgeheimnis bzw. eine Schweigepflicht.

Art. 21. Finanzhaushalt. Zum Finanzhaushalt der Kirchgemeinde tragen namentlich bei:

a) Kirchensteuer,
b) Vermögensertrag,
c) Beiträge, Spenden, Schenkungen, Legate,
d) Darlehen,
e) projektbezogenes Sponsoring,
f) Einnahmen aus Vermietung, Gebühren,
g) Einnahmen aus Dienstleistungen an Nichtmitglieder.

Art. 22. Kirchensteuern. (1) Die Kirchgemeinden erheben von den evangelisch-reformierten Steuerpflichtigen nach Massgabe der staatlichen Gesetzgebung[2] die Kirchensteuern, welche zur Erfüllung ihrer Aufgaben und derjenigen der Kantonalkirche notwendig sind.
(2) Mitglieder einer Wahlkirchgemeinde sind grundsätzlich in dieser nach den dort geltenden Vorschriften steuerpflichtig. Wer einer Wahlkirchgemeinde beitritt, hat Steuern gemäss dem höheren Steuerfuss (Wohnortskirchgemeinde oder Wahlkirchgemeinde) zu bezahlen. Der Steuereinzug erfolgt grundsätzlich in der Wohnortskirchgemeinde. Das Nähere regelt ein Erlass der Synode.

III. Die Kirchenregion

Art. 23. Kirchgemeindeverband. (1) Einzelne Kirchgemeinden können zur Erfüllung bestimmter Aufgaben einen Kirchgemeindeverband bilden. Dieser bedarf der Zustimmung durch die Kirchgemeindeversammlungen der beteiligten Kirchgemeinden sowie der Genehmigung durch die Synode. Er ist eine Körperschaft des öffentlichen Rechts mit eigener Rechtspersönlichkeit und tritt im Umfang der ihm übertragenen Aufgaben an die Stelle der betreffenden Kirchgemeinden.
(2) Die Verbandsordnung bedarf der Genehmigung durch die Kirchgemeindeversammlungen der beteiligten Kirchgemeinden sowie durch den Kirchenrat.
(3) Das Nähere regelt die Synode.

Art. 24. Vertragliche Zusammenarbeit. (1) Kirchgemeinden können untereinander zur Erfüllung bestimmter Aufgaben Verträge abschliessen. Diese sind dem Kirchenrat zur Genehmigung vorzulegen.

2 Vgl. SHR 641.100.

(2) Ist eine kirchenrechtlich vorgeschriebene und für die Kirche wesentliche Aufgabe nicht anders zu erfüllen, kann der Kirchenrat zwei oder mehrere Gemeinden zur Zusammenarbeit verpflichten. Den Kirchgemeinden ist vorgängig eine angemessene Frist zur selbstständigen Erfüllung der Aufgabe einzuräumen.

IV. Die Kantonalkirche

Art. 25. Auftrag. Die Kantonalkirche vertritt die Anliegen der Gesamtheit der evangelisch-reformierten Mitglieder und Kirchgemeinden nach aussen wie nach innen. Sie fördert das gemeinsame Handeln und sorgt für vergleichbare Verhältnisse unter den einzelnen Kirchgemeinden. Sie unterstützt diese bei Aufgaben, welche die Möglichkeiten der Kirchgemeinden übersteigen.

Art. 26. Organe. Die Organe der Kantonalkirche sind:
a) die Evangelisch-reformierte Stimmbürgerschaft,
b) die Synode,
c) der Kirchenrat,
d) die Geschäftsprüfungskommission,
e) die Pensionskassenkommission,
f) die Rekurskommission,
g) der Pfarrkonvent,
h) der Diakoniekonvent.

Art. 27. Kantonalkirchliche Abstimmungen und Wahlen. Das Verfahren über kantonalkirchliche Abstimmungen und Wahlen wird durch Erlass der Synode geregelt.

A. Die Synode

Art. 28. Auftrag. Die Synode ist das gesetzgebende Organ der Kantonalkirche. Sie trägt die Verantwortung für deren Ordnung und übt die Oberaufsicht über die kirchlichen Tätigkeiten aus.

Art. 29. Zusammensetzung. (1) Jede Kirchgemeinde wählt ihre Abgeordneten aus ihren wahlfähigen Gemeindegliedern. Sie ordnet in der Regel nicht mehr als eine Pfarrerin oder einen Pfarrer in die Synode ab.
(2) Bei Wohnortswechsel innerhalb des Kantons kann ein Mitglied der Synode im Einverständnis mit der Kirchgemeinde sein Mandat bis zum Ende der Amtsperiode behalten.

(3) Jede Kirchgemeinde hat Anrecht auf mindestens zwei Sitze in der Synode. Kirchgemeinden mit mehr als 1200 Gemeindegliedern wählen auf je weitere 600 Gemeindeglieder oder einen Bruchteil dieser Anzahl eine weitere Person. Massgebend ist die Zahl der evangelisch-reformierten Einwohnerinnen und Einwohner zu Beginn des Vorjahres von Gesamterneuerungswahlen.
(4) Die Kirchgemeinden können Ersatzabgeordnete wählen. Diese ersetzen Abgeordnete ihrer Kirchgemeinde bei deren Ausscheiden.

Art. 30. Einberufung und Beschlussfähigkeit. (1) Die Synode versammelt sich auf Einladung ihres Präsidiums mindestens zwei Mal jährlich zu ordentlichen Sitzungen.
(2) Ausserordentliche Sitzungen finden statt, wenn unter Angabe der Gründe
a) ein Viertel der Mitglieder es schriftlich verlangt,
b) das Präsidium es als notwendig erachtet,
c) der Kirchenrat es begehrt.
(3) Die Synode ist beschlussfähig, wenn die Mehrheit ihrer Mitglieder anwesend ist.

Art. 31. Erlasse und Beschlüsse unter Referendumsvorbehalt. Folgende Erlasse und Beschlüsse der Synode unterstehen dem fakultativen Referendum:
a) Erlass der Kirchenordnung[3],
b) Erlass des Wahlgesetzes,
c) Erlass der Geschäftsordnung für Kantonalkirche und Kirchgemeinden,
d) Erlass des Personalgesetzes für Kantonalkirche und Kirchgemeinden,
e) Erlass des Pfarrstellengesetzes,
f) Erlass des Finanzausgleichsgesetzes,
g) Beschluss über Änderungen im Bestand der Kirchgemeinden gemäss Art. 13 Abs. 2,
h) grundsätzliche Genehmigung eines Kirchgemeindeverbandes gemäss Art. 23 Abs. 1,
i) Beschlüsse und Verträge, sofern ein Drittel der anwesenden Mitglieder der Synode dies verlangt.

3 Kirchenordnung der Evangelisch-reformierten Kirche des Kantons Schaffhausen vom 26. November 2006. Weitere kirchliche Erlasse verfügbar im Internet unter www.ref-sh.ch. Hilfreich insbes. Register – Stichwortverzeichnis zur Kirchenverfassung und zur Kirchenordnung, hg. vom Kirchenrat 2007.

Art. 32. Befugnisse in abschliessender Kompetenz. Die Synode hat, unter Vorbehalt von Art. 31 lit. i, namentlich folgende weiteren Befugnisse in abschliessender Kompetenz:

a) Dekrete und allgemeinverbindliche Entscheide im Rahmen der Kirchenverfassung und der Kirchenordnung,
b) Genehmigung der Voranschläge und der Jahresrechnungen der Kantonalkirche,
c) Festsetzung der finanziellen Beiträge der Kirchgemeinden an die Kantonalkirche,
d) Schaffung oder Aufhebung von kantonalkirchlichen Konferenzen,
e) Schaffung oder Aufhebung von Ämtern oder Dienststellen für gesamtkirchliche Aufgaben,
f) Ordnung der Besoldungen und Entschädigungen für Mitarbeiterinnen und Mitarbeiter der Kantonalkirche,
g) Regelung der Finanzkompetenz des Kirchenrates,
h) Erlass von Bestimmungen über den Finanzhaushalt der Kirchgemeinden,
i) Grenzbereinigung gemäss Art. 13 Abs. 2,
j) Abschluss von Vereinbarungen mit anderen Kirchen.

Art. 33. Wahlen. Die Synode wählt:

a) die Präsidentin bzw. den Präsidenten und die weiteren Mitglieder des Büros,
b) die Präsidentin bzw. den Präsidenten, die Finanzreferentin bzw. den Finanzreferenten und die weiteren Mitglieder des Kirchenrates,
c) die Geschäftsprüfungskommission und gegebenenfalls die externe Rechnungsprüfungsstelle,
d) die Rekurskommission,
e) die Abgeordneten und deren Stellvertreterinnen bzw. Stellvertreter in den Schweizerischen Evangelischen Kirchenbund, in die Konkordatskonferenz und die Konkordatsprüfungsbehörde.

B. Der Kirchenrat

Art. 34. Auftrag. Der Kirchenrat ist das ausführende Organ der Kantonalkirche. Er leitet und verwaltet sie und ist zugleich Aufsichtsbehörde.

Art. 35. Zusammensetzung. Der Kirchenrat besteht aus der Präsidentin bzw. dem Präsidenten, der Finanzreferentin bzw. dem Finanzreferenten und drei oder fünf weiteren Personen, die von der Synode aus den Mitgliedern der Evangelisch-reformierten Kirche des Kantons Schaffhausen gewählt werden. Entweder das Präsidium oder das Vizepräsidium ist mit einer Pfarrerin bzw. einem Pfarrer zu besetzen.

Art. 36. Einberufung und Beschlussfähigkeit. (1) Der Kirchenrat tritt auf Einladung seines Präsidiums so oft zu ordentlichen Sitzungen zusammen, als es die Geschäfte erfordern. Eine ausserordentliche Sitzung findet auf Verlangen von mindestens zwei Mitgliedern statt.
(2) Der Kirchenrat ist beschlussfähig, wenn die Mehrheit seiner Mitglieder anwesend ist.

Art. 37. Stellung zur Synode. Die Mitglieder des Kirchenrates nehmen an den Tagungen der Synode teil. Sie haben beratende Stimme und Antragsrecht.

Art. 38. Sekretariat. (1) Der Kirchenrat ernennt eine Sekretärin bzw. einen Sekretär und stellt die weiteren Mitarbeiterinnen und Mitarbeiter des Sekretariates an.
(2) Die Sekretärin bzw. der Sekretär nimmt an den Sitzungen des Kirchenrates und der Synode teil und hat in beiden Organen beratende Stimme und Antragsrecht.

Art. 39. Aufgaben und Befugnisse. Der Kirchenrat hat namentlich folgende Aufgaben und Befugnisse:
a) jährliche Berichterstattung an die Synode,
b) Ausführung der Gesetze, Dekrete und Beschlüsse der Synode,
c) Vorbereitung der Geschäfte der Synode, soweit diese die Geschäfte nicht selbst bearbeitet,
d) Anordnung der allgemeinen kirchlichen Wahlen und Abstimmungen,
e) Bestätigung der Wahlfähigkeit und Erteilung der Wählbarkeit von Pfarrerinnen und Pfarrern sowie der Sozial-diakonischen Mitarbeiterinnen und Mitarbeiter,
f) Ordination,
g) Einsetzung der Amtspersonen,
h) Wahl bzw. Anstellung von Beauftragten für gesamtkirchliche Aufgaben,
i) Aufsicht über alle kantonalkirchlichen Angestellten, die Pfarrerinnen und Pfarrer sowie die Sozial-diakonischen Mitarbeiterinnen und Mitarbeiter,
j) Visitation der Kirchgemeinden,
k) Inpflichtnahme der Präsidentinnen und Präsidenten der Kirchgemeinden und Kirchenstände,
l) Genehmigung von Verträgen der Kirchgemeinden, welche über den ordentlichen Geschäftsbereich einer Kirchgemeinde hinausgehen und weitreichende Bedeutung haben,

m) Anordnung einer Zusammenarbeit zwischen Kirchgemeinden gemäss Art. 24 Abs. 2,
n) Einsetzung eines Kuratoriums für Kirchgemeinden, welche ihren Auftrag nicht mehr verantwortlich erfüllen können,
o) Schlichtung von kirchlichen Streitigkeiten,
p) Entscheid über Rekurse in erster Instanz,
q) Anordnung einer vorzeitigen Bestätigungswahl von Amtspersonen,
r) Pflege der Beziehungen zu kirchlichen Institutionen und anderen Kirchen,
s) Vertretung der Kantonalkirche nach aussen,
t) Aufsicht über den Finanzhaushalt der Kirchgemeinden,
u) Führung des Finanzhaushaltes der Kantonalkirche.

C. Übrige Organe

Art. 40. Geschäftsprüfungskommission. (1) Die Geschäftsprüfungskommission prüft alle Geschäfte, welche der Kirchenrat der Synode unterbreitet, so weit die Synode dafür nicht Spezialkommissionen einsetzt. Sie besteht aus fünf oder sieben Mitgliedern der Synode.
(2) Sie hat Anspruch auf die zur Erfüllung ihrer Aufgabe notwendigen Informationen.
(3) Die Rechnungsprüfung kann von der Synode einer externen Fachstelle übertragen werden.

Art. 41. Pensionskassenkommission. (1) Die Pensionskassenkommission vertritt die Kantonalkirche und diejenigen Angestellten, welche durch die Kantonalkirche bei einer Pensionskasse versichert sind.
(2) Sie besteht aus sieben Mitgliedern. Je drei werden vom Kirchenrat und von der Versichertenversammlung gewählt; den Vorsitz führt von Amtes wegen die Dekanin bzw. der Dekan.
(3) Das Nähere regelt ein Erlass der Synode.

Art. 42. Rekurskommission. (1) Die Rekurskommission ist die oberste kirchliche Rechtsmittelinstanz. Sie beurteilt Rekurse gegen Entscheide des Kirchenrates und überprüft Erlasse gemäss Art. 51 des Gesetzes über den Rechtsschutz in Verwaltungssachen des Kantons Schaffhausen (VRG)[4].
(2) Die Rekurskommission besteht aus fünf Mitgliedern und drei Ersatzmitgliedern. Sie konstituiert sich selbst und amtet in der Besetzung von fünf Mitgliedern. Wählbar sind alle Stimmberechtigten der Evangelisch-reformierten Kirche des Kantons Schaffhausen, mit Ausnahme der Mitglieder der

4 SHR 172.200.

Synode und des Kirchenrates. Mindestens ein Mitglied sowie die Sekretärin bzw. der Sekretär der Kommission müssen über eine juristische Ausbildung verfügen.
(3) Ein Mitglied der Rekurskommission hat in Angelegenheiten der eigenen Kirchgemeinde in den Ausstand zu treten. Im Übrigen richtet sich der Ausstand nach den Bestimmungen des Verwaltungsrechtspflegegesetzes.

D. Der Finanzhaushalt der Kantonalkirche

Art. 43. Beitragsquellen. Zum Finanzhaushalt der Kantonalkirche tragen bei:
a) die Beiträge der Kirchgemeinden, insbesondere die Zentralsteuer,
b) die gesetzlichen Leistungen des Staates,
c) der Vermögensertrag,
d) weitere Beiträge, Spenden, Schenkungen, Legate,
e) Darlehen,
f) projektbezogenes Sponsoring.

Art. 44. Finanzausgleich. Die Zentralkasse führt den Finanzausgleichsfonds für Zuwendungen an Kirchgemeinden mit hoher Steuerbelastung.

Art. 45. Aufgaben. Die Kantonalkirche hat aufzukommen für:
a) die Besoldungen, die gemäss Gesetzen, Dekreten oder Beschlüssen der Synode von der Kantonalkirche übernommen werden müssen,
b) andere aus Beschlüssen der Synode resultierende Kosten,
c) ihre Verwaltungskosten.

V. Die schweizerische und die weltweite Kirche

Art. 46. Grundsatz. (1) Die Kirchgemeinden und die Kantonalkirche verstehen sich als Glieder der weltweiten Kirche von Jesus Christus.
(2) Sie wollen gemeinsam mit den Schwesterkirchen und deren Gliedern die Einheit bezeugen, welche in Jesus Christus begründet ist und in ihm schon besteht. Sie dienen der Erfüllung dieser Einheit im Gebet, im Gespräch und im gemeinsamen Handeln.

Art. 47. Solidarität. Die Evangelisch-reformierte Kirche des Kantons Schaffhausen ist aufgerufen zur Solidarität mit allen Menschen, die benachteiligt sind und Leid erfahren. Die Kantonalkirche unterstützt diakonische und soziale Werke im In- und Ausland sowie die Mission und die Entwicklungszusammenarbeit.

Art. 48. Beziehungen. (1) Die Kantonalkirche ist Mitglied des Schweizerischen Evangelischen Kirchenbundes. Sie pflegt Verbindungen mit andern Kirchen und Gemeinden auf kantonaler, überregionaler, schweizerischer und internationaler Ebene.
(2) Sie fördert den Dialog mit verschiedenen, auch nichtchristlichen Religionsgemeinschaften.

VI. Freiwilligenarbeit, Dienste, Ämter

Art. 49. Freiwillige Mitarbeit. Alle Mitglieder der Kirche stehen gemeinsam im Dienst von Jesus Christus. Sie tragen das Leben der Kirche entsprechend ihren Möglichkeiten, ihren Gaben und ihrer Ausbildung mit. Die Kirche anerkennt und fördert freiwillige Mitarbeit.

Art. 50. Vielfalt der Dienste und Ämter. (1) In der Kirchgemeinde bestehen verschiedene Dienste und Ämter, die sich gegenseitig ergänzen.
(2) Die Kirche beauftragt einzelne Personen oder Personengruppen mit besonderen Aufgaben, namentlich:
- in der Verkündigung,
- in der Seelsorge,
- in der Diakonie,
- im Gottesdienst,
- in der Ausbildung,
- in der Mission,
- im Gemeindeaufbau,
- in Leitung und Verwaltung.

(3) Voraussetzung für diese Dienste sind die innere Bereitschaft, die persönliche Eignung, eine den Aufgaben entsprechende Ausbildung und in der Regel die Kirchenmitgliedschaft.

Art. 51. Ordination. Zum Pfarramt und zum Diakonat werden Kandidatinnen und Kandidaten ordiniert, deren Ausbildung und Kompetenz von der Kirche anerkannt worden sind.

Art. 52. Einsetzung. Wer eine besondere kirchliche Aufgabe übernimmt, wird in diese eingesetzt. Die Einsetzung stellt eine Beglaubigung und eine gegenseitige Verpflichtung dar.

Art. 53. Regionale Tagungen. Regionale Tagungen, namentlich der Kirchenstände und der Pfarrkapitel, dienen dem Erfahrungsaustausch, der Besprechung gemeinsamer Anliegen, der Weiterbildung und der Stärkung der Zusammengehörigkeit.

Art. 54. Kantonalkirchliche Kommissionen und Konferenzen. (1) Der Kirchenrat setzt kantonalkirchliche Kommissionen ein, namentlich in den Bereichen Erwachsenenbildung, Arbeit mit Kindern und Jugendlichen, Oekumene, Mission und Entwicklungszusammenarbeit (OeME), Frauenarbeit, Klinikseelsorge und Medien.
(2) Kantonalkirchliche Konferenzen werden von der Synode eingesetzt und bestehen mehrheitlich aus Delegierten der Kirchgemeinden. Sie haben folgende gemeinsame Zielsetzungen:
- Förderung der Basisarbeit in den Kirchgemeinden,
- Weiterbildung,
- Kontakte zu anderen Gremien und Institutionen ihres Fachbereiches.

(3) Sowohl die kantonalkirchlichen Kommissionen als auch die Konferenzen haben in der Synode je eine beratende Stimme und Antragsrecht.

Art. 55. Pfarrkonvent. (1) Der Pfarrkonvent behandelt theologische, religiöse, kirchliche und soziale Fragen. Er beteiligt sich an der Weiterbildung der Pfarrerinnen und Pfarrer.
(2) Er besteht aus den von den Kirchgemeinden oder der Kantonalkirche gewählten oder angestellten Pfarrerinnen und Pfarrern. Er konstituiert sich selbst.
(3) Der Pfarrkonvent ist durch die Dekanin bzw. den Dekan in der Synode mit beratender Stimme und Antragsrecht vertreten.

Art. 56. Dekanat. Die Dekanin bzw. der Dekan hat namentlich folgende Aufgaben:
- Leitung des Pfarrkonvents und dessen Vertretung nach aussen,
- Seelsorge an Pfarrerinnen und Pfarrern,
- Förderung des Zusammenhaltes unter Pfarrerinnen und Pfarrern,
- Vermittlung bei Schwierigkeiten.

Art. 57. Ministerium. (1) Das Ministerium ist Eigentümer der unveräusserlichen Ministerialbibliothek und des Ministerialfonds. Es sorgt für ihre Verwaltung, Äufnung und Pflege.
(2) Es besteht aus den in der Evangelisch-reformierten Kirche des Kantons Schaffhausen ordinierten, den in ihrem Dienste stehenden und den durch sie emeritierten Pfarrerinnen und Pfarrern. Es konstituiert sich selbst.

Art. 58. Diakoniekonvent. (1) Der Diakoniekonvent behandelt soziale, gesellschaftliche und kirchliche Fragen und setzt sich für die Anliegen von Menschen in besonderen Lebenslagen ein. Er beteiligt sich an der Weiterbildung seiner Mitglieder.

(2) Er besteht aus den von den Kirchgemeinden oder der Kantonalkirche gewählten oder angestellten Mitarbeiterinnen und Mitarbeitern im Sozial-diakonischen Bereich. Er konstituiert sich selbst.
(3) Der Diakoniekonvent ist durch die Vorsitzende bzw. den Vorsitzenden in der Synode mit beratender Stimme und Antragsrecht vertreten.

VII. Rechtsschutz und Volksrechte

Art. 59. Rechtsschutz. Der Rechtsschutz in kirchlichen Angelegenheiten richtet sich nach dem kantonalen Gemeindegesetz[5], dem kantonalen Wahlgesetz[6] sowie dem Gesetz über den Rechtsschutz in Verwaltungssachen des Kantons Schaffhausen[7]. Die staatlichen Bestimmungen sind sinngemäss anwendbar.

Art. 60. Referendum. (1) Erlasse und Beschlüsse gemäss Art. 31 werden einer kantonalkirchlichen Abstimmung unterstellt, sofern dies mindestens 400 Stimmberechtigte oder 3 Kirchgemeinden durch Mehrheitsbeschluss ihrer Kirchgemeindeversammlungen verlangen. Das Begehren ist innert 90 Tagen nach Veröffentlichung des betreffenden Erlasses im offiziellen Publikationsorgan der Kantonalkirche beim Präsidium der Synode einzureichen.
(2) Der Kirchenrat prüft die Erfüllung der formalen Anforderungen und ordnet innert Jahresfrist seit Einreichung die kantonale kirchliche Abstimmung an.

Art. 61. Initiative. (1) Mindestens 400 Stimmberechtigte oder 3 Kirchgemeinden durch Mehrheitsbeschluss ihrer Kirchgemeindeversammlungen können beim Präsidium der Synode ein Initiativbegehren zur Änderung der Verfassung oder zur Schaffung, Änderung oder Aufhebung von Erlassen auf Gesetzesstufe einreichen. Dieses kann als allgemeine Anregung oder als ausgearbeiteter Entwurf formuliert sein und darf nur einen Gegenstand zum Inhalt haben.
(2) Der Kirchenrat entscheidet über die Erfüllung der formalen Anforderungen, die Synode über die materielle Gültigkeit. Ganz oder teilweise ungültig ist eine Initiative, wenn sie gegen übergeordnetes Recht verstösst, die Einheit der Form oder der Materie verletzt oder undurchführbar ist.

Art. 62. Volksmotion. (1) 50 Stimmberechtigte haben das Recht, der Synode einen schriftlich begründeten Antrag zu stellen.

5 SHR 120.000.
6 SHR 160.000.
7 SHR 172.200.

(2) Die Synode behandelt den Antrag wie eine Motion eines ihrer Mitglieder.

VIII. Revision der Verfassung

Art. 63. Grundsatz. (1) Die Verfassung kann jederzeit ganz oder teilweise revidiert werden.
(2) Verfassungsrevisionen sind dem obligatorischen Referendum unterstellt.

Art. 64. Teilrevision. Mit einer Teilrevision können einzelne oder mehrere sachlich zusammenhängende Verfassungsbestimmungen geändert werden.

Art. 65. Totalrevision. (1) Die Einleitung einer Totalrevision kann von der Synode mit einfachem Mehr beschlossen oder von 500 Stimmberechtigten in schriftlicher Eingabe oder von zwei Kirchgemeinden durch Mehrheitsbeschluss ihrer Kirchgemeindeversammlungen verlangt werden.
(2) Sie unterliegt einer kantonalkirchlichen Abstimmung.
(3) Zur Vorbereitung einer Totalrevision kann die Synode einen Verfassungsrat einsetzen. Die Synode legt das Verfahren fest und wählt gegebenenfalls die Mitglieder des Verfassungsrates.

Art. 66. Neuerungen. (1) Zur Erlangung neuer Erkenntnisse hat die Synode unter Wahrung rechtsstaatlicher und demokratischer Grundsätze die Kompetenz, eine Neuerung versuchsweise einzuführen, die über den Rahmen dieser Verfassung hinausgeht.
(2) Die Synode hat einen solchen Versuch zeitlich zu befristen und für eine kritische Begleitung zu sorgen. Die Versuchsfrist ist so kurz wie möglich zu halten.
(3) Der Kirchenrat erstattet der Synode regelmässig Bericht über einen laufenden Versuch und bereitet gegebenenfalls die Schaffung der notwendigen rechtlichen Grundlagen vor.

Art. 67. Inkrafttreten. (1) Die vorliegende Verfassung tritt nach Annahme in der kantonalkirchlichen Abstimmung und nach der Genehmigung durch den Regierungsrat auf einen von der Synode festzusetzenden Zeitpunkt in Kraft.
(2) Sie ersetzt die „Organisation der Evangelisch-reformierten Kirche des Kantons Schaffhausen“ vom 26. Februar 1914.

Art. 68. Aufhebung bisherigen Rechts. Bestimmungen im bisherigen Recht, welche dieser Verfassung widersprechen, sind aufgehoben.

Art. 69. Anpassung an das neue Recht. Der Kantonalkirche und den Kirchgemeinden wird zur Anpassung ihrer Organisation sowie zur Änderung der rechtlichen Grundlagen eine Frist von 5 Jahren nach Inkrafttreten dieser Verfassung eingeräumt.

SJKR/ASDE Beiheft 6 (2009), S. 323-336

Schwyz (Schwytz)

Verfassung der Evangelisch-reformierten Kantonalkirche Schwyz vom 13. Juni 1996*

Inhaltsverzeichnis

	§§
I. Vorbemerkungen	1
II. Grundsätze	2
III. Kirchgemeinden	7
A. Allgemeine Bestimmungen	7
B. Kirchgemeindeversammlung	13
C. Kirchgemeinderat	18
D. Geschäftsprüfungskommission	20
E. Ämter und Dienste	22
F. Pfarramt	24
IV. Pfarrkapitel	26
V. Kantonalkirche	29
A. Allgemeine Bestimmungen	29
B. Stimmberechtigte Mitglieder der Kirchgemeinden	32
C. Synode	36
D. Kirchenrat	41
E. Rekurskommission	45
F. Geschäftsprüfungskommission	47
VI. Gemeinsame Bestimmungen	49
VII. Schluss- und Übergangsbestimmungen	55

* Kirchl. GSlg. 20. – Angenommen in der Volksabstimmung vom 1. Dezember 1996.
Änderungen: 10. November 2001; 21. April 2007 (genehmigt am 12. Dezember 2007).

Der Evangelisch-reformierte Verfassungsrat des Kantons Schwyz, aufgrund von §§ 91 ff. der Kantonsverfassung[1]*, beschliesst: [...]*

I. Vorbemerkungen

§ 1. Sprachliche Gleichbehandlung. Nachfolgende Personen- und Funktionsbezeichnungen beziehen sich gleicherweise auf beide Geschlechter.

II. Grundsätze

§ 2. Kirche. Kirche ist überall, wo Menschen im Namen Jesu Christi zusammenkommen, wo Gottes Wort auf Grund des Alten und Neuen Testamentes verkündet und gehört wird, wo Menschen durch den Heiligen Geist zum Glauben erweckt und zu lebendiger Gemeinschaft des Leibes Christi verbunden sind und wo sie Jesus Christus als Herrn und Erlöser anerkennen und durch ihr Leben die Hoffnung auf das Kommen des Reiches Gottes bezeugen.

§ 3. Evangelisch-reformierte Kantonalkirche. (1) Die Evangelisch-reformierte Kantonalkirche Schwyz hat ihren Grund im Evangelium Jesu Christi und ist darauf verpflichtet. Das Evangelium ist Richtpunkt des Glaubens, Lebens und Handelns in unserer Welt. Die Evangelisch-reformierte Kantonalkirche bekennt dieses Evangelium in der Gemeinschaft mit der gesamten christlichen Kirche aller Zeiten.
(2) Im Sinne der Reformation ist sie bereit, ihren Auftrag und ihre Gestalt in unserer Welt immer wieder am Evangelium zu überprüfen. Sie ist sich ihrer Vorläufigkeit als Gemeinschaft unvollkommener, aber von Gott geliebter Menschen bewusst.
(3) Als Kantonalkirche weiss sie sich zusammen mit der Römisch-katholischen Kantonalkirche zu allen Menschen gesandt.

§ 4. Recht und Sitz. (1) Die Evangelisch-reformierte Kantonalkirche ist gemäss Verfassung des Kantons Schwyz eine öffentlich-rechtliche Körperschaft mit eigener Rechtspersönlichkeit. Sie ordnet ihre Angelegenheiten im Rahmen des staatlichen Rechts selbständig.
(2) Ihr Sitz ist am Wohnort des Präsidenten des Kirchenrates der Kantonalkirche.

1 Verfassung des eidgenössischen Standes Schwyz vom 23. Oktober 1898 (SRSZ 100.100), siehe hier insbes. Titel IV zu Staat und Kirchen, §§ 91-96.

§ 5. Mitgliedschaft. (1) Die Evangelisch-reformierte Kantonalkirche umfasst alle Personen, die einer Evangelisch-reformierten Kirchgemeinde des Kantons Schwyz angehören.
(2) Sie selbst ist Mitglied des Schweizerischen Evangelischen Kirchenbundes.
(3) Sie pflegt partnerschaftliche Beziehungen zum Protestantisch-kirchlichen Hilfsverein des Kantons Zürich.

§ 6. Auftrag. (1) Die Evangelisch-reformierte Kantonalkirche dient mit ihren Kirchgemeinden und gesamtkirchlichen Institutionen den Menschen durch die Verkündigung des Evangeliums in Wort, Taufe und Abendmahl, in kirchlichen Handlungen, in der Pflege der Gemeinschaft, in Seelsorge, Unterweisung und Diakonie.
(2) Im Geist christlicher Freiheit ist sie der Gemeinschaft unter den Christen und Kirchen sowie der Ökumene und Mission verpflichtet.
(3) Vom Evangelium her setzt sie sich ein für die Achtung der Würde aller Menschen als Brüder und Schwestern Jesu Christi und für einen verantwortungsvollen Umgang mit der Schöpfung.

III. Kirchgemeinden

A. Allgemeine Bestimmungen

§ 7. Rechtsform. (1) Die Kirchgemeinden sind selbstständige Körperschaften des öffentlichen Rechts mit eigener Rechtspersönlichkeit.
(2) Sie sind vermögensfähig und berechtigt, Steuern zu erheben.
(3) Im Rahmen der staatlichen und kirchlichen Rechtsordnung regeln sie ihre Angelegenheiten selbständig.

§ 8. Bestand. (1) Die Evangelisch-reformierte Kantonalkirche Schwyz umfasst die bisherigen Kirchgemeinden:
a) Arth-Goldau,
b) Brunnen-Schwyz,
c) Einsiedeln,
d) Höfe,
e) Küssnacht am Rigi,
f) March.
(2) Veränderungen im Bestand und Umfang der Kirchgemeinden bedürfen der Zustimmung der betreffenden Kirchgemeinden und der Synode.

§ 9. Mitgliedschaft. (1) Mitglied einer Kirchgemeinde ist jede im Kirchgemeindegebiet wohnhafte evangelisch-reformierte Person, die nicht schriftlich ihren Austritt aus der evangelisch-reformierten Kantonalkirche erklärt hat.
(2) Zeichen und Ausdruck findet diese Mitgliedschaft in Taufe und Abendmahl, in Unterweisung und Konfirmation, in der Teilnahme am Gottesdienst, im Interesse am Leben der Gemeinde und im Erfüllen der Steuerpflicht.

§ 10. Organe. Die Organe der Kirchgemeinden sind:
a) Kirchgemeindeversammlung,
b) Kirchgemeinderat,
c) Geschäftsprüfungskommission.

§ 11. Aufgaben. (1) Zu den Aufgaben der Kirchgemeinden gehören die Verkündigung des Evangeliums in Wort, Taufe und Abendmahl, die Seelsorge, der Religionsunterricht, die Pflege der Gemeinschaft, die kirchliche Liebestätigkeit sowie die innere und äussere Mission. Die Kirchgemeinden stellen hiefür die finanziellen, materiellen und personellen Mittel zu Verfügung.
(2) Die Kirchgemeinden wirken im Rahmen ihrer Möglichkeiten an der Lösung kantonal- und gesamtkirchlicher Aufgaben mit.
(3) In Angelegenheiten, die nicht kantonalkirchlich geordnet sind, steht der Entscheid den Kirchgemeinden zu.

§ 12. Zusammenarbeit. (1) Die Kirchgemeinden können zur Erfüllung von Aufgaben zusammenarbeiten und hierzu Zweckverbände bilden.
(2) Vereinbarungen unter Kirchgemeinden über die dauernde gemeinsame Erfüllung von Aufgaben sind vom Kirchenrat der Kantonalkirche zu genehmigen.
(3) Ist die Zusammenarbeit zwingend notwendig und können sich die Kirchgemeinden nicht einigen, so trifft der Kirchenrat der Kantonalkirche die erforderlichen Massnahmen.

B. Kirchgemeindeversammlung

§ 13. Stellung. Die Kirchgemeindeversammlung ist das oberste Organ der Kirchgemeinde. Sie besteht aus den evangelisch-reformierten Stimmberechtigten.

§ 14. Stimm- und Wahlrecht. (1) Das Stimm- und Wahlrecht in kirchlichen Angelegenheiten steht allen Mitgliedern der Kirchgemeinde zu, die das 16. Altersjahr zurückgelegt haben.
(2) Als Mitglied einer Kirchenbehörde sind alle Mitglieder der Kirchgemeinde wählbar, die das 18. Altersjahr zurückgelegt haben.

§ 15. Einberufung. (1) Die Kirchgemeindeversammlung wird vom Kirchgemeinderat einberufen, so oft es die Geschäfte erfordern, jedoch mindestens einmal im Jahr.

(2) Sie muss innerhalb von drei Monaten zusammentreten, wenn dies von einem Zehntel oder mindestens 100 Stimmberechtigten unter Angabe des Verhandlungsgegenstandes schriftlich verlangt wird.

§ 16. Aufgaben. In den Aufgabenbereich der Kirchgemeindeversammlung fallen:

a) Erlass einer Gemeindeordnung und von Rechtssätzen, soweit dafür nicht ein anderes Organ zuständig ist,
b) Wahl des Kirchgemeindepräsidenten,
c) Wahl der übrigen Mitglieder des Kirchgemeinderates,
d) Wahl der Mitglieder der Geschäftsprüfungskommission,
e) Wahl der Synodalen,
f) Wahl der Pfarrer,
g) Wahl der Stimmenzähler,
h) Genehmigung der Jahresrechnung,
i) Festsetzen des jährlichen Voranschlages und des Steuerfusses,
j) Beschlussfassung über Gebietsänderungen,
k) Beschlussfassung über Erwerb, Veräusserung und Verpfändung von Grundstücken, Äufnung und Verwendung von Fondationen und Ausgaben, welche durch den Voranschlag eines Jahres nicht finanziert werden können,
l) Abnahme der Jahresberichte,
m) Beschlussfassung über die Zugehörigkeit zu einem Zweckverband.

§ 17. Initiative. (1) Jedes stimmberechtigte Mitglied der Kirchgemeinde kann beim Kirchgemeinderat ein schriftliches Initiativbegehren in Form einer einfachen Anregung oder eines ausgearbeiteten Entwurfs einreichen.

(2) Das Initiativbegehren muss sich auf einen Gegenstand beziehen, zu dessen Behandlung die Kirchgemeindeversammlung zuständig ist. Es darf weder dem Grundsatz der Einheit der Materie widersprechen noch widerrechtlich oder unmöglich sein.

(3) Erachtet der Kirchgemeinderat das Initiativbegehren als zulässig, so legt er es mit seinem Antrag oder einem Gegenvorschlag spätestens innert Jahresfrist der Kirchgemeindeversammlung vor.

(4) Stimmt die Kirchgemeindeversammlung dem Initiativbegehren in Form einer einfachen Anregung auf Erlass oder Änderung einer Verordnung zu, so hat der Kirchgemeinderat innert Jahresfrist eine entsprechende Vorlage auszuarbeiten und der Kirchgemeindeversammlung zu unterbreiten.

C. Kirchgemeinderat

§ 18. Zusammensetzung. (1) Der Kirchgemeinderat besteht aus dem Kirchgemeindepräsidenten und vier bis acht weiteren Mitgliedern. Er konstituiert sich selbst, sofern die Gemeindeordnung nichts anderes vorsieht.
(2) Der Kirchgemeindepräsident führt zusammen mit einem anderen Mitglied des Kirchgemeinderates die rechtsverbindliche Unterschrift. Er vereidigt die Kirchgemeinderäte.
(3) Der Kirchgemeinderat ist beschlussfähig, wenn die Mehrheit der Mitglieder anwesend ist.
(4) Pfarrer sind verpflichtet, an den Sitzungen des Kirchgemeinderates teilzunehmen. Sie haben beratende Stimme und Antragsrecht.
(5) Weitere Mitarbeiter der Kirchgemeinde können bei Bedarf beigezogen werden.
(6) Die Kirchgemeinderatssitzungen sind nicht öffentlich. Die Teilnehmer unterstehen der Schweigepflicht.

§ 19. Aufgaben. (1) Der Kirchgemeinderat ist die leitende und vollziehende Behörde der Kirchgemeinde. Er fördert das kirchliche Leben in der Gemeinde und erledigt alle Geschäfte, die nicht einem anderen Organ übertragen sind.
(2) Er vertritt die Kirchgemeinde nach aussen.
(3) Er hat die Aufsicht über die Amtsführung der Pfarrer und der Angestellten der Kirchgemeinde und unterstützt deren Dienste.

D. Geschäftsprüfungskommission

§ 20. Zusammensetzung. Die Geschäftsprüfungskommission besteht aus dem Präsidenten und zwei weiteren Mitgliedern.

§ 21. Aufgaben. Die Geschäftsprüfungskommission prüft die gesamte Geschäftsführung und das Rechnungswesen der Kirchgemeinde. Sie erstattet der Kirchgemeindeversammlung jährlich Bericht und Antrag.

E. Ämter und Dienste

§ 22. Grundsätzliches. Die Evangelisch-reformierte Kantonalkirche und die Kirchgemeinden sind auf die Mitarbeit und Mitverantwortung ihrer Mitglieder angewiesen.

§ 23. Aufgaben. (1) Die Evangelisch-reformierte Kantonalkirche, die Kirchgemeinden und die Zweckverbände können geeignete Personen mit der Ausübung bestimmter Dienste beauftragen.

(2) Sie können Diakone, Katecheten und Gemeindehelfer für die Erfüllung kirchlicher Aufgaben in Dienst nehmen. Sie fördern deren Weiterbildung.
(3) Die Synode kann für solche Mitarbeiter die Ordination zum Kirchendienst vorsehen.

F. Pfarramt

§ 24. Aufgaben. (1) Den Pfarrern ist insbesondere die Verkündigung des Evangeliums anvertraut. Über die weiteren Aufgaben erlässt die Synode Richtlinien.
(2) Pfarrer versehen ihre Aufgaben nach den Grundsätzen dieser Verfassung.

§ 25. Wählbarkeit. (1) Ins Pfarramt ist wählbar, wer die folgenden Voraussetzungen erfüllt:

a) Wahlfähigkeitszeugnis der theologischen Konkordatsprüfungsbehörde oder ein vom Kirchenrat als gleichwertig anerkannter Ausweis,
b) Ordination zum Kirchendienst.

(2) Sofern die Verhältnisse es erfordern, kann die Synode abweichende Regelungen für die Wählbarkeit erlassen.

IV. Pfarrkapitel

§ 26. Zusammensetzung. Das Pfarrkapitel besteht aus den ins Pfarramt gewählten Personen.

§ 27. Aufgaben. (1) Das Pfarrkapitel berät über Fragen der Amtsführung und weitere das Pfarramt berührende Probleme.
(2) Es kann der Synode und dem Kirchenrat der Kantonalkirche Anträge stellen.

§ 28. Dekan. (1) Das Pfarrkapitel wählt aus seiner Mitte den Dekan und dessen Stellvertreter.
(2) In den Aufgabenbereich des Dekans fallen:

a) Leitung und Vertretung des Pfarrkapitels,
b) Beratung der Pfarrer in kirchlichen und persönlichen Belangen,
c) Pfarrinstallation und Amtseinführung,
d) Teilnahme an Sitzungen des Kirchenrates der Kantonalkirche mit beratender Stimme.

V. Kantonalkirche

A. Allgemeine Bestimmungen

§ 29. Aufgaben. Die Evangelisch-reformierte Kantonalkirche erfüllt mit ihren Mitteln diejenigen Aufgaben, welche die Kirchgemeinden nicht alleine besorgen können.

§ 30. Mittel. (1) Die finanziellen Aufwendungen der Evangelisch-reformierten Kantonalkirche werden insbesondere gedeckt durch:
a) Beiträge der Kirchgemeinden gemäss Anzahl aller Gemeindemitglieder,
b) Erträge aus Stiftungen und Fonds,
c) andere Zuwendungen und Beiträge.

(2) Der Beitragsschlüssel für die Kirchgemeinden bleibt jeweils auf vier Jahre fest, entsprechend der Wahlperiode der Synode.

§ 31. Organe. Die Organe der Evangelisch-reformierten Kantonalkirche sind:
a) stimmberechtigte Mitglieder der Kirchgemeinden,
b) Synode,
c) Kirchenrat,
d) Rekurskommission,
e) Geschäftsprüfungskommission.

B. Stimmberechtigte Mitglieder der Kirchgemeinden

§ 32. Stellung. Die stimmberechtigten Mitglieder der Kirchgemeinden bilden das oberste Organ der Evangelisch-reformierten Kantonalkirche.

§ 33. Obligatorisches Referendum. Verfassungsänderungen müssen der geheimen Abstimmung durch die stimmberechtigten Mitglieder der Kirchgemeinden unterstellt werden, sofern sie nicht nach zwei Lesungen jeweils mit einer Zweidrittelsmehrheit der Synode beschlossen wurden.

§ 34. Fakultatives Referendum. Alle Verfassungsänderungen, Gesetze und Verordnungen der Synode sowie deren Beschlüsse über Ausgaben, welche nicht durch den Voranschlag eines Jahres finanziert werden können, unterliegen der geheimen Abstimmung, sofern dies von 200 stimmberechtigten Mitgliedern der Kirchgemeinden innert 30 Tagen nach Veröffentlichung beim Kirchenrat der Kantonalkirche schriftlich verlangt wird.

§ 35. Initiative. (1) 400 stimmberechtigte Mitglieder der Kirchgemeinden oder zwei Kirchgemeinden können beim Kirchenrat der Kantonalkirche schriftlich den Erlass, die Änderung oder Aufhebung von Verfassungsbe-

stimmungen oder Rechtssätzen, welche in die Zuständigkeit der Synode fallen, mit einer einfachen Anregung oder einem ausgearbeiteten Entwurf verlangen.
(2) Die Frist für die Unterschriftensammlung darf drei Monate nach Anmeldung des Initiativbegehrens beim Präsidenten des Kirchenrates der Kantonalkirche nicht überschreiten.
(3) Das Initiativbegehren darf weder dem Grundsatz der Einheit der Materie widersprechen noch widerrechtlich oder unmöglich sein.
(4) Erachtet der Kirchenrat der Kantonalkirche das Initiativbegehren als zulässig, so hat die Synode dieses den stimmberechtigten Mitgliedern zur geheimen Abstimmung zu unterbreiten, wobei sie bei einer einfachen Anregung vorher einen entsprechenden Erlass auszuarbeiten hat.
(5) Die Synode kann die Ablehnung der Initiative beantragen oder einen Gegenvorschlag unterbreiten. Die Abstimmung über Initiative und Gegenvorschlag findet gleichzeitig statt. Das doppelte Ja ist zulässig. Erreichen Initiative und Gegenvorschlag das absolute Mehr, so gilt jene Vorlage als angenommen, die mehr Ja-Stimmen aus sich vereinigt.

C. Synode

§ 36. Zusammensetzung und Wahl. (1) Die Synode besteht aus 30 von den Kirchgemeinden gewählten Synodalen. Sie werden vom Präsidenten der Synode vereidigt.
(2) Jeder Kirchgemeinde steht vorab mindestens ein Sitz in der Synode zu. Die übrigen Sitze werden nach Massgabe der evangelisch-reformierten Wohnbevölkerung verteilt.
(3) Die Mitglieder des Kirchenrates der Kantonalkirche nehmen an der Synode mit beratender Stimme teil.

§ 37. Aufgaben. In den Aufgabenbereich der Synode fallen:
a) Oberaufsicht über die gesamte kirchliche Tätigkeit,
b) Änderung der Verfassung,
c) Erlass und Revision der Kirchenordnung[2], weiterer Gesetze und Verordnungen sowie von Richtlinien und Empfehlungen[3],
d) Wahl des Präsidenten, Vizepräsidenten und Aktuars der Synode,
e) Wahl von zwei Stimmenzählern,

2 Kirchenordnung der evangelisch-reformierten Kantonalkirche Schwyz vom 16. Juni 2000 (Kirchl. GSlg. 30).
3 Siehe im Internet unter www.ref-sz.ch.

f) Wahl und Vereidigung des Präsidenten und der Mitglieder des Kirchenrates der Kantonalkirche,
g) Wahl und Vereidigung des Präsidenten, der Mitglieder und Ersatzmitglieder der Rekurskommission,
h) Wahl des Präsidenten und der Mitglieder der Geschäftsprüfungskommission,
i) Bestellung von Kommissionen und Wahl der Kommissionsmitglieder,
j) Wahl der Delegierten in Verbandsorgane,
k) Genehmigung des kirchenrätlichen Jahresberichtes und Kenntnisnahme des Berichts der Geschäftsprüfungskommission,
l) Genehmigung der Jahresrechnung,
m) Festsetzung des jährlichen Voranschlages und der Höhe der Beiträge der Kirchgemeinden,
n) Kreditbeschlüsse,
o) Beschlüsse über den Finanzausgleich,
p) Bildung regionaler Dienste,
q) Genehmigung von Vereinbarungen und Verträgen, welche vom Kirchenrat der Kantonalkirche mit anderen Kirchen, dem Staat oder Institutionen von öffentlichem Interesse abgeschlossen wurden,
r) Genehmigung von Beitritten zu interkantonalen Organisationen.

§ 38. Antrags- und Petitionsrecht. (1) Das Recht Anträge an die Synode zu stellen haben:
a) die Synodalen,
b) die Kirchenräte der Kantonalkirche,
c) die von der Synode bestellten Kommissionen,
d) das Pfarrkapitel,
e) die Kirchgemeindeversammlungen,
f) der Kirchgemeinderat.
(2) Jedermann hat das Recht, der Synode Petitionen einzureichen.

§ 39. Geschäftsreglement. (1) Die Synode gibt sich ein Geschäftsreglement.
(2) Sie ist beschlussfähig, wenn die Mehrheit der Mitglieder anwesend ist.
(3) Die Verhandlungen der Synode sind in der Regel öffentlich. Aus wichtigen Gründen kann geheim verhandelt werden; Beratungen und Beschlüsse darüber erfolgen unter Ausschluss der Öffentlichkeit.

§ 40. Sitzungen. (1) Die Synode versammelt sich ordentlicherweise einmal pro Jahr.
(2) Ausserordentliche Sitzungen können unter Angabe der zu behandelnden Geschäfte einberufen werden durch:
a) die Synode,

b) das Büro der Synode, bestehend aus dem Präsidenten, Vizepräsidenten und Aktuar,
c) den Kirchenrat der Kantonalkirche,
d) einen Fünftel der Synodenmitglieder oder die Kirchgemeinderäte von zwei Kirchgemeinden auf schriftliches Begehren.

D. Kirchenrat

§ 41. Zusammensetzung. (1) Der Kirchenrat der Kantonalkirche besteht aus dem Präsidenten, dem Finanzverwalter und drei bis fünf weiteren Mitgliedern. Er konstituiert sich selbst.
(2) Pfarrer dürfen nicht die Mehrheit im Rat bilden.
(3) Der Kirchenratspräsident führt zusammen mit einem anderen Kirchenratsmitglied die rechtsverbindliche Unterschrift.

§ 42. Aufgaben. (1) Der Kirchenrat leitet die Evangelisch-reformierte Kantonalkirche, vollzieht die Beschlüsse der Synode und vertritt die Kantonalkirche nach aussen.
(2) Es stehen ihm insbesondere folgende Aufgaben zu:
a) Aufsicht über die Kirchgemeinden, die von ihm gewählten Amtsträger und das Unterrichtswesen,
b) Wahlen in Ämter, Kommissionen und Abordnungen, deren Bestellung nicht ausdrücklich der Synode vorbehalten ist,
c) Vorbereitung und Antragstellung zu den Geschäften der Synode,
d) Jahresbericht zu Handen der Synode,
e) Entscheide bei Streitigkeiten zwischen Kirchgemeinden und der Verwaltungsrechtspflege,
f) Entscheide bei Konflikten zwischen Pfarrern, Pfarrern und Kirchgemeinden sowie innerhalb von Kirchgemeinden einschliesslich dem Erlass von Disziplinarmassnahmen,
g) Vernehmlassungen,
h) Vereidigung der Kirchgemeinderatspräsidenten.

§ 43. Finanzkompetenzen. Die Finanzkompetenzen des Kirchenrates der Kantonalkirche werden durch das Budget der Kantonalkirche geregelt.

§ 44. Sitzungen. (1) Die Sitzungen des Kirchenrates der Kantonalkirche sind nicht öffentlich. Sie werden vom Präsidenten einberufen, so oft es die Geschäfte erfordern oder wenn zwei Mitglieder unter Angabe der zu behandelnden Gegenstände die Einberufung verlangen.
(2) Der Kirchenrat der Kantonalkirche ist beschlussfähig, wenn die Mehrheit der Mitglieder anwesend ist.

(3) Über die Sitzungen wird unter Wahrung des Persönlichkeitsschutzes Bericht erstattet.

E. Rekurskommission

§ 45. Zusammensetzung. (1) Die Rekurskommission der Kantonalkirche besteht aus dem Präsidenten, zwei Mitgliedern und zwei Ersatzmitgliedern.
(2) Sie wählt den Vizepräsidenten aus ihrer Mitte sowie einen Kommissionsschreiber.

§ 46. Aufgaben. Die Rekurskommission der Kantonalkirche beurteilt Beschwerden nach Massgabe dieser Verfassung.

F. Geschäftsprüfungskommission

§ 47. Zusammensetzung. Die Geschäftsprüfungskommission der Kantonalkirche besteht aus dem Präsidenten und zwei weiteren Mitgliedern.

§ 48. Aufgaben. (1) Die Geschäftsprüfungskommission prüft die Amtsführung des Kirchenrates der Kantonalkirche aufgrund des Jahresberichtes und der Protokolle.
(2) Sie prüft das Rechnungswesen der Kantonalkirche.
(3) Sie erstattet der Synode einmal pro Jahr Bericht und Antrag.

VI. Gemeinsame Bestimmungen

§ 49. Amtsdauer – Beginn und Beendigung. (1) Die Amtsdauer der Synodalen und aller Kirchenbehörden beträgt vier Jahre; eine Wiederwahl ist möglich.
(2) Die Amtsdauer beginnt jeweils am 1. Januar nach den Erneuerungswahlen.
(3) Pfarrer werden auf unbefristete Zeit gewählt.
(4) Über Begründung und Beendigung des Dienstverhältnisses der Pfarrer erlässt die Synode eine besondere Regelung.

§ 50. Unvereinbarkeit. (1) Es kann nicht jemand als Mitglied einer Behörde angehören, welche gleichzeitig über ihn die direkte Aufsicht hat.
(2) Die Mitglieder der Rekurskommission der Kantonalkirche können nicht gleichzeitig einer anderen Kirchenbehörde angehören.

§ 51. Rechnungsjahr. Das Rechnungsjahr deckt sich mit dem Kalenderjahr.

§ 52. Veröffentlichungen. Beschwerdefähige Beschlüsse der Kantonalkirche und der Kirchgemeinden werden veröffentlicht, sofern keine schutzwürdigen privaten oder öffentlichen Interessen entgegenstehen und darin keine individuellen Rechtsverhältnisse geregelt werden.

§ 53. Rechtsschutz. (1) Gegen Beschlüsse des Kirchgemeinderates und der Zweckverbände kann jedermann, der ein eigenes, unmittelbares oder schützenswertes Interesse hat, beim Kirchenrat der Kantonalkirche Beschwerde erheben.
(2) Beschlüsse des Kirchenrates der Kantonalkirche können bei der Rekurskommission angefochten werden.
(3) Jedermann, der ein Interesse hat, kann gegen Unregelmässigkeiten bei Wahlen und Abstimmungen der Kirchgemeinden, gegen die Wahl- und Abstimmungsergebnisse und die Verletzung des Stimmrechts beim Kirchenrat der Kantonalkirche und auf Stufe Kantonalkirche bei der Rekurskommission Beschwerde erheben. Die gleiche Befugnis steht dem Kirchgemeinderat zu.
(4) Gegen Entscheide der Rekurskommission kann beim Verwaltungsgericht Beschwerde erhoben werden.

§ 54. Ergänzendes Recht. Sofern das kirchliche Recht keine entsprechende Vorschrift enthält, kommt sinngemäss das kantonale Recht zur Anwendung.

VII. Schluss- und Übergangsbestimmungen

§ 55. Inkrafttreten. (1) Diese Verfassung bedarf der Zustimmung der stimmberechtigten Mitglieder der Kirchgemeinden und der Genehmigung durch den Kantonsrat.
(2) Die Verfassung tritt auf den 1. Januar des nach der Genehmigung durch den Kantonsrat folgenden Jahres in Kraft.

§ 56. Aufhebung und Änderung von Erlassen. (1) Mit dem Inkrafttreten dieser Verfassung[4] werden alle bisher geltenden kirchlichen Erlasse aufgehoben, soweit sie der Verfassung widersprechen.
(2) Davon ausgenommen sind die Statuten und Reglemente der Kirchgemeinden, welche innert 5 Jahren der Verfassung anzupassen sind.

§ 57. Übergangsbestimmungen. (1) Der Präsident des Verfassungsrates organisiert mit den Präsidenten der Kirchgemeinden die Neuwahlen und die erste Synode. Er vereidigt den ersten Präsidenten der Synode.

4 Inkrafttreten der Kirchenverfassung: 1. Januar 1998.

(2) Die Neuwahlen haben spätestens an der ersten Kirchgemeindeversammlung nach Inkrafttreten dieser Verfassung bzw. an der ersten Synode stattzufinden. Bis dahin bleiben die bisherigen Amtsträger im Amt.

SJKR/ASDE Beiheft 6 (2009), S. 337-350

Solothurn (Soleure)

Verfassung der evangelisch-reformierten Kirche Kanton Solothurn vom 5. Juni 2005*

Inhaltsverzeichnis

	Artikel
I. Grundsätze	1
II. Organisation	9
A. Die Kirchgemeinden	9
B. Die Kantonalkirche	13
1. Allgemeine Bestimmungen	13
2. Synode	16
3. Synodalrat	20
4. Geschäftsprüfungskommission	23
5. Beschwerdekommission	25
6. Dekanat	27
7. Pfarrkapitel und Diakoniekapitel	28
III. Ämter und Dienste	29
IV. Revisions- und Übergangsbestimmungen	38

Präambel

Einen anderen Grund kann niemand legen als den, der gelegt ist, welcher Jesus Christus ist. (1. Korinther 3,11)

* BGS 425.151. – Von der Synode der Evangelisch-Reformierten Kirche Kanton Solothurn am 6. November 2004 beschlossen. An der Urnenabstimmung vom 5. Juni 2005 von der Mehrheit der Stimmenden der Evangelisch-Reformierten Kirche Kanton Solothurn angenommen. Vom Regierungsrat des Kantons Solothurn am 12. Juli 2005 mit RRB 2005/1574 genehmigt.
Keine Änderungen seither.

Die Evangelisch-Reformierte Kirche Kanton Solothurn gibt sich – gestützt auf Art. 53-57 der Kantonsverfassung vom 8. Juni 1986[1] – die nachstehende Verfassung:

I. Grundsätze

Art. 1. Wesen und Grundlage der Kirche. (1) Kirche ist überall, wo Menschen im Namen Jesu Christi zusammenkommen, wo Gottes Wort auf Grund der beiden Testamente verkündet und gehört wird, wo Menschen durch den Heiligen Geist im Glauben gestärkt und zu lebendiger Gemeinschaft des Leibes Christi verbunden sind. Die so verbundenen Menschen anerkennen Jesus Christus als Haupt der Kirche und bezeugen durch ihr Leben die Hoffnung auf das Kommen des Reiches Gottes.

(2) Die Evangelisch-Reformierte Kirche Kanton Solothurn bekennt sich zum Evangelium von Jesus Christus in der Gemeinschaft mit der weltweiten christlichen Kirche. Sie weiss im Besonderen um ihre Prägung durch die Reformation und verpflichtet sich, dieses Erbe lebendig weiterzugeben.

Art. 2. Auftrag der Kirche. (1) Die Evangelisch-Reformierte Kirche Kanton Solothurn kommt ihrem Auftrag nach in der Verkündigung des Evangeliums im Wort, durch die Taufe und das Abendmahl, im kirchlichen Unterricht, in der Kinder- und Jugendarbeit, Erwachsenenbildung, Seelsorge, Diakonie sowie in der Förderung ihrer Hilfswerke und der Mission. Sie kann andere Formen des gemeindlichen Lebens im Rahmen des evangelisch-reformierten Glaubens fördern.

(2) Vom Evangelium her verpflichtet sich die Evangelisch-Reformierte Kirche Kanton Solothurn, die Würde aller Menschen, den Frieden und die Gerechtigkeit sowie die Bewahrung der Schöpfung zu achten und zu fördern.

Art. 3. Beziehungen zu anderen Kirchen und Religionen. (1) Die Evangelisch-Reformierte Kirche Kanton Solothurn ist Mitglied des Schweizerischen Evangelischen Kirchenbundes und durch diesen verbunden mit den reformierten Kirchen in der ganzen Welt und mit allen Kirchen des Ökumenischen Rates.

(2) Sie pflegt die Zusammenarbeit mit den benachbarten Kantonalkirchen und den Schwesterkirchen.

(3) Sie achtet in besonderer Weise das Judentum, in dem auch die Christenheit Wurzeln hat.

(4) Sie ist offen für den Dialog mit anderen Religionen.

1 BGS 111.1.

Art. 4. Rechtspersönlichkeit. (1) Die Evangelisch-Reformierte Kirche Kanton Solothurn ist gemäss der Verfassung des Kantons Solothurn eine öffentlich-rechtliche Körperschaft[2].
(2) Sie gibt sich ihre Ordnungen im Rahmen des staatlichen Rechts[3].

Art. 5. Mitgliedschaft und Kirchengebiet. (1) Zur Evangelisch-Reformierten Kirche Kanton Solothurn gehören alle Evangelisch-Reformierten Kirchgemeinden der Bezirke Thal, Gäu, Olten, Gösgen, Dorneck, Thierstein.
(2) Evangelisch-Reformierte Kirchgemeinden aus andern Bezirken können ihre Mitgliedschaft durch Annahme der Verfassung erklären[4].

Art. 6. Zugehörigkeit. Die Evangelisch-Reformierte Kirche Kanton Solothurn umfasst alle Personen, die einer ihr angeschlossenen Kirchgemeinde angehören.

Art. 7. Stimm- und Wahlrecht. Das Stimm- und Wahlrecht richtet sich nach der Kantonsverfassung und dem Gesetz über die politischen Rechte[5].

Art. 8. Amtsperiode. Die Amtsperiode für die kirchlichen Behörden richtet sich nach derjenigen der staatlichen Behörden.

2 Art. 53 Abs. 1 der Kantonsverfassung: „Die römisch-katholische, die evangelisch-reformierte und die christkatholische Kirche sind als Körperschaften des öffentlichen Rechts anerkannt."

3 Art. 56 der Kantonsverfassung: „(1) Die Synoden sorgen für die allgemeinen Anliegen ihrer Religionsgemeinschaft und ordnen gemeinsame Belange der Kirchgemeinden. (2) Ihre Statuten unterliegen der Genehmigung durch den Regierungsrat."

4 Vorbehalt anlässlich des Genehmigungsverfahrens des Regierungsrates: „Möchte eine evangelisch-reformierte Kirchgemeinde der Bezirkssynode Solothurn der Evangelisch-Reformierten Kirche Kanton Solothurn beitreten, so bedingt dies eine vorgängige Änderung des Staatsvertrages über die kirchlichen Verhältnisse in den evangelisch-reformierten Kirchgemeinden des Bucheggberges und der Bezirke Solothurn, Lebern und Wasseramt (BGS 425.131). Ein isolierter Übertritt, wie ihn der Wortlaut von Art. 5 Abs. 2 zu ermöglichen scheint, ohne dass das Verfahren staatsvertraglich geregelt ist, ist somit nicht möglich. Art. 5 Abs. 2 steht unter dem ausdrücklichen Vorbehalt des Staatsvertrages und darf keinesfalls als Missachtung des negativen Volksentscheids vom 10. Juni 2001 über die Bildung eines evangelisch-reformierten Kirchendachs Solothurn gewertet werden."

5 BGS 113.111.

II. Organisation

A. Die Kirchgemeinden

Art. 9. Rechtsform. (1) Die Kirchgemeinden sind selbständige Körperschaften des öffentlichen Rechts.
(2) Sie regeln ihre Angelegenheiten selbständig im Rahmen der staatlichen und der innerkirchlichen Rechtsordnung.
(3) Sie sind vermögensfähig und berechtigt, Steuern auf dem Einkommen und Vermögen der Mitglieder sowie Personalsteuern zu erheben.
(4) Die Bildung, Vereinigung, Auflösung oder Änderung im Bestand und Gebiet der Kirchgemeinden bedürfen der Zustimmung der beteiligten Kirchgemeinden und des Kantonsrates.
(5) Grenzänderungen, die keine wesentliche Änderung im Gebiet der Kirchgemeinde bedeuten, können durch Beschluss der beteiligten Kirchgemeinden oder aus wichtigen Gründen auf Antrag dieser Kirchgemeinden durch den Regierungsrat vorgenommen werden. Sein Entscheid kann von den beteiligten Kirchgemeinden an den Kantonsrat weitergezogen werden.
(6) Der Abschluss von Pastorationsverträgen unterliegt der Genehmigung durch den Synodalrat.

Art. 10. Mitgliedschaft. (1) Die Kirchgemeinde umfasst alle in ihrem Gebiet wohnenden Mitglieder.
(2) Der Austritt kann jederzeit durch schriftliche Mitteilung an den Kirchgemeinderat erklärt werden.

Art. 11. Aufgaben. (1) Die Kirchgemeinde führt insbesondere die in Art. 2 dieser Verfassung genannten Aufgaben aus.
(2) Sie kann an der Lösung regionaler, kantonaler und gesamtkirchlicher Aufgaben mitwirken.

Art. 12. Organe. (1) Organe der Kirchgemeinde sind:
1. die Kirchgemeindeversammlung,
2. der Kirchgemeinderat,
3. die Rechnungsprüfungskommission.

(2) Die Kirchgemeinde erlässt eine eigene Kirchgemeindeordnung und die nötigen Reglemente nach dem kantonalen Gemeindegesetz[6].
(3) Die Kirchgemeinde kann die ausserordentliche Gemeindeorganisation einführen.

6 BGS 131.1.

B. Die Kantonalkirche

1. Allgemeine Bestimmungen

Art. 13. Aufgaben. Die Kantonalkirche erfüllt die Aufgaben, welche in der Kirchenverfassung und der Kirchenordnung festgelegt sind. Sie nimmt auch solche wahr, welche die Kirchgemeinden nicht allein besorgen können.

Art. 14. Mittel. Die finanziellen Aufwendungen der Kantonalkirche werden insbesondere gedeckt durch:
1. Beiträge der Kirchgemeinden,
2. Anteil aus dem kirchlichen Finanzausgleich,
3. Erträge aus Stiftungen und Fonds,
4. Andere Zuwendungen und Beiträge.

Art. 15. Organe. Organe der Kantonalkirche sind:
1. die Synode,
2. der Synodalrat,
3. die Geschäftsprüfungskommission,
4. die Beschwerdekommission,
5. das Dekanat,
6. das Pfarrkapitel,
7. das Diakoniekapitel.

2. Synode

Art. 16. Stellung. Die Synode ist das oberste Organ der Kantonalkirche.

Art. 17. Zusammensetzung und Wahl. (1) Die Synode besteht aus 40 von den Kirchgemeinden gewählten Abgeordneten.
(2) Jeder Kirchgemeinde steht vorab ein Sitz in der Synode zu. Die übrigen Sitze werden im Verhältnis der evangelisch-reformierten Wohnbevölkerung verteilt.
(3) Die Mitglieder des Synodalrates der Kirche Kanton Solothurn nehmen an der Synode mit beratender Stimme teil.

Art. 18. Aufgaben. (1) Die Synode wählt das Büro der Synode, bestehend aus dem Präsidenten oder der Präsidentin, dem Vizepräsidenten oder der Vizepräsidentin, zwei Stimmenzählern oder Stimmenzählerinnen und dem Sekretär oder der Sekretärin.
(2) Sie wählt die Mitglieder des Synodalrates, den Präsidenten oder die Präsidentin des Synodalrates, die Geschäftsprüfungskommission und nimmt alle ihr durch die Kirchenordnung übertragenen Wahlen vor.

(3) Sie erlässt eine Kirchenordnung[7].
(4) Sie ordnet die gesamtkirchlichen Dienste.
(5) Sie ist für den Finanzhaushalt der Kantonalkirche verantwortlich, insbesondere genehmigt sie das Budget, den Finanzausgleich sowie die Jahresrechnung und legt die jährlichen Beiträge der Kirchgemeinden fest.
(6) Sie genehmigt den Geschäftsbericht des Synodalrates.

Art. 19. Antrags- und Petitionsrecht. (1) Das Recht, Anträge an die Synode zu stellen, haben:
1. die Synodalen,
2. der Synodalrat,
3. die von der Synode bestellten Kommissionen,
4. das Pfarrkapitel,
5. das Diakoniekapitel.

(2) Jeder hat das Recht, Gesuche und Eingaben an die Behörden innerhalb der Evangelisch-Reformierten Kirche zu richten. Die zuständige Behörde ist verpflichtet, innert angemessener Frist, jedoch vor Ablauf eines Jahres, eine begründete Antwort zu geben.

3. Synodalrat

Art. 20. Stellung. Der Synodalrat ist im Rahmen der Kantonsverfassung, der Kirchenverfassung und der Kirchenordnung die Verwaltungs-, Aufsichts- und Vollzugsbehörde der Kantonalkirche.

Art. 21. Zusammensetzung. (1) Der Synodalrat besteht aus 7 Mitgliedern; mindestens 4 davon sind Laien.
(2) Die Mitglieder des Synodalrates dürfen weder der Synode noch dem Dekanat angehören.

Art. 22. Aufgaben. (1) Der Synodalrat vertritt die Kantonalkirche nach aussen.
(2) Er vollzieht die Gesetze und Beschlüsse der Synode.
(3) Er nimmt Wahlen in Ämter, Kommissionen und Abordnungen vor, deren Bestellung nicht ausdrücklich der Synode vorbehalten ist.
(4) Er übt die Aufsicht aus über die innerkirchlichen Angelegenheiten.

7 Kirchenordnung der Evang.-reform. Kirche im Kanton Solothurn vom 12. November 1977 (in Revision).

4. Geschäftsprüfungskommission

Art. 23. Zusammensetzung. (1) Die Geschäftsprüfungskommission besteht aus dem Präsidenten oder der Präsidentin, dem Vizepräsidenten oder der Vizepräsidentin, dem Sekretär oder der Sekretärin und zwei weiteren Mitgliedern.
(2) Die Mitglieder der Geschäftsprüfungskommission dürfen keinem anderen Organ der Kantonalkirche angehören.

Art. 24. Aufgaben. (1) Die Geschäftsprüfungskommission prüft die Amtsführung des Synodalrates und das Rechnungswesen der Kantonalkirche.
(2) Sie erstattet der Synode schriftlich Bericht und stellt Antrag.

5. Beschwerdekommission

Art. 25. Zusammensetzung. (1) Die Beschwerdekommission setzt sich aus dem Präsidenten oder der Präsidentin und vier Mitgliedern zusammen.
(2) Die Mitglieder dürfen keiner kirchlichen Behörde angehören.
(3) Ein Mitglied kann der Kommission höchstens zwei Amtsperioden angehören.

Art. 26. Aufgaben. (1) Die Kommission entscheidet über Beschwerden gegen Beschlüsse des Synodalrates in innerkirchlichen Angelegenheiten.
(2) Weitere Aufgaben und Kompetenzen werden in der Kirchenordnung geregelt.

6. Dekanat

Art. 27. Aufgaben. (1) Das Dekanat steht den Kirchgemeinden in allen Fragen des kirchlichen Lebens beratend zur Verfügung, vermittelt in Konflikten und steht den Pfarrern und Pfarrerinnen ebenso wie allen kirchlichen Mitarbeitern und Mitarbeiterinnen seelsorgerlich zur Seite.
(2) Organisation, Wahl und Kompetenzen des Dekanats werden in der Kirchenordnung geregelt.

7. Pfarrkapitel und Diakoniekapitel

Art. 28. Aufgaben. (1) Die Pfarrer, die Pfarrerinnen und die Sozial-Diakonischen Mitarbeiter und Mitarbeiterinnen der Evangelisch-Reformierten Kirche Kanton Solothurn bilden je eigene Kapitel.
(2) Sie behandeln theologische, pfarramtliche, sozial-diakonische Anliegen, welche für das kirchliche Leben von Bedeutung sind.
(3) Die Zugehörigkeit zu den Kapiteln, ihre Organisation und ihre Gliederung sowie ihre Kompetenzen werden in der Kirchenordnung geregelt.

III. Ämter und Dienste

Art. 29. Grundsatz. Alle Mitglieder der Kirche sind zum Dienst am Evangelium aufgerufen.

Art. 30. Freiwillige Mitarbeit. Die Evangelisch-Reformierte Kirche Kanton Solothurn anerkennt und fördert die freiwillige Mitarbeit.

Art. 31. Besondere Ämter. Für bestimmte Aufgaben kann die Kantonalkirche besondere Ämter errichten.

Art. 32. Pfarramtlicher Dienst. Die Pfarrer und Pfarrerinnen tragen die theologische Verantwortung in den Kirchgemeinden und versehen ihren Dienst nach den Bestimmungen der Kirchenverfassung, der Kirchenordnung und den Ordnungen der Kirchgemeinden.

Art. 33. Wählbarkeitsvoraussetzung der Pfarrer und Pfarrerinnen.
(1) In das Pfarramt ist wählbar, wer in einer Kirche des Konkordates über die gegenseitige Zulassung zum Pfarramt[8] ordiniert oder wer in den Dienst des Evangelisch-Reformierten Synodalverbandes Bern-Jura-Solothurn aufgenommen ist.
(2) Über die Gleichwertigkeit anderer Ausweise entscheidet der Regierungsrat auf Antrag des Synodalrates.
(3) Der Regierungsrat stellt die Wählbarkeitsvoraussetzung fest.

Art. 34. Sozial-Diakonischer Dienst. Die Sozial-Diakonischen Mitarbeiter und Mitarbeiterinnen versehen ihren Dienst nach den Bestimmungen der Kirchenverfassung, der Kirchenordnung und den Ordnungen der Kirchgemeinden.

Art. 35. Wählbarkeitsvoraussetzung der Sozial-Diakonischen Mitarbeiter und Mitarbeiterinnen. (1) Als Sozial-Diakonischer Mitarbeiter oder Sozial-Diakonische Mitarbeiterin ist wählbar, wer die Voraussetzungen der „Übereinkunft der Deutschschweizer Kirchen zum diakonischen Dienst" erfüllt.
(2) Der Synodalrat stellt die Wählbarkeitsvoraussetzung fest.

Art. 36. Weitere Dienste. (1) Die Evangelisch-Reformierte Kirche Kanton Solothurn und die Kirchgemeinden können für die Erfüllung kirchlicher Aufgaben Katecheten oder Katechetinnen, Kirchenmusiker oder Kirchenmu-

8 Konkordat betreffend die gemeinsame Ausbildung der evangelisch-reformierten Pfarrerinnen und Pfarrer und ihre Zulassung zum Kirchendienst vom 28. November 2002 (BGS 425.541).

sikerinnen, Sigristen oder Sigristinnen sowie weitere Mitarbeiter und Mitarbeiterinnen in Dienst nehmen.
(2) Ihre Aufgaben sind in der Kirchenordnung und den Ordnungen der Kirchgemeinden festgehalten.

Art. 37. Aus- und Weiterbildung. Kirchgemeinden und Kantonalkirche fördern im Rahmen ihrer Möglichkeiten die Aus- und Weiterbildung ihrer Angestellten und freiwilligen Mitarbeitenden.

IV. Revisions- und Übergangsbestimmungen

Art. 38. Verfassungsrevision. (1) Die Verfassung kann jederzeit ganz oder teilweise revidiert werden.
(2) Die Teilrevision muss sich auf ein einheitliches Sachgebiet beziehen.

Art. 39. Totalrevision. (1) 500 Stimmberechtigte mit beglaubigter Unterschrift oder fünf Kirchgemeinden können mit einer einfachen Anregung die vollständige Revision der Verfassung verlangen.
(2) Die Frist zur Unterschriftensammlung für die Totalrevision der Verfassung beträgt sechs Monate, gerechnet von der schriftlichen Anmeldung beim Präsidenten oder bei der Präsidentin des Synodalrates der Kantonalkirche.
(3) Stimmt die Synode an der nächsten Sitzung der Totalrevision zu, so ist ein entsprechender Erlass auszuarbeiten.
(4) Stimmt die Synode dem Begehren nicht zu, so ist innerhalb eines Jahres darüber eine Urnenabstimmung durchzuführen.
(5) Wird dem Begehren zugestimmt, so muss die Synode innerhalb von zwei Jahren eine total revidierte Verfassung ausarbeiten und der Urnenabstimmung unterbreiten.

Art. 40. Teilrevision. (1) 500 Stimmberechtigte mit beglaubigter Unterschrift oder fünf Kirchgemeinden können mit einer einfachen Anregung oder einem ausgearbeiteten Entwurf die Teilrevision der Verfassung verlangen.
(2) Sie Frist zur Unterschriftensammlung für die Teilrevision der Verfassung beträgt sechs Monate, gerechnet von der schriftlichen Anmeldung beim Präsidenten oder der Präsidentin des Synodalrates der Kantonalkirche.
(3) Stimmt die Synode dem ausgearbeiteten Entwurf mit Zweidrittelsmehrheit zu, so tritt er, vorbehältlich des fakultativen Referendums, in Kraft.
(4) Stimmt die Synode dem Begehren in Form einer einfachen Anregung zu, so ist die entsprechende Änderung innerhalb eines Jahres seit der Einreichung auszuarbeiten.
(5) Stimmt die Synode dem Begehren nicht zu, so ist innerhalb von zwei Jahren darüber eine Urnenabstimmung durchzuführen.

Art. 41. Behandlung. (1) Die Synode kann die Ablehnung der Total- oder der Teilrevision beantragen oder einen Gegenvorschlag unterbreiten.
(2) Die Abstimmung über das Revisionsbegehren und den Gegenvorschlag findet gleichzeitig statt.
(3) Bei Mehrfachabstimmungen können die Stimmberechtigten sowohl dem Revisionsvorschlag als auch dem Gegenvorschlag zustimmen oder beide ablehnen.
(4) Stimmen die Stimmberechtigten beiden Vorlagen zu, so ist jene angenommen, für welche in der gleichzeitig stattfindenden Eventualabstimmung mehr Stimmen abgegeben werden.

Art. 42. Fakultatives Referendum. (1) Auf Begehren von 500 Stimmberechtigten mit beglaubigter Unterschrift oder fünf Kirchgemeinden sind zur Abstimmung an der Urne zu unterbreiten:
a) Beschlüsse der Synode über die Teilrevision der Verfassung,
b) Beschlüsse der Synode über die Total- oder Teilrevision der Kirchenordnung.
(2) Die Abstimmung muss durchgeführt werden, wenn das Begehren innert sechs Monaten nach amtlicher Publikation des Entscheides der Synode beim Präsidenten oder bei der Präsidentin des Synodalrates der Kantonalkirche eingereicht wird.
(3) Kommt das Referendum zustande, ist über die von der Synode beschlossene Revision der Verfassung oder der Kirchenordnung innerhalb von zwei Jahren an der Urne abzustimmen.

Art. 43. Inkrafttreten der Kirchenverfassung. Diese Verfassung tritt nach der Zustimmung einer Mehrheit der Stimmenden der Kirche Kanton Solothurn gemäss Art. 5 und nach der Genehmigung durch den Regierungsrat des Kantons Solothurn in Kraft.

Art. 44. Anwendbares Recht. (1) Mit Inkrafttreten dieser Verfassung wird die Kirchenverfassung der Evangelisch-Reformierten Kirche im Kanton Solothurn vom 4. März 1978 aufgehoben.
(2) Bis zur Inkraftsetzung der neuen Kirchenordnung wenden die Organe der Evangelisch-Reformierten Kirche des Kantons Solothurn für alle Fragen, die nicht in der Verfassung geregelt sind, das bisherige Recht an.
(3) Die Reglemente der Kirchgemeinden sind spätestens innert drei Jahren seit Inkrafttreten der Verfassung anzupassen.

Ordnung des Verbandes der evangelisch-reformierten Synoden des Kantons Solothurn vom 9. November 2002*

Inhaltsverzeichnis

	Artikel
A. Allgemeines	1
B. Der Verband und seine Aufgaben	5
1. Verbandsrat	5
2. Rechnungsprüfungskommission	8
3. Fachkommissionen	11
C. Finanzielles	12
D. Rechtspflege	15
E. Revisions- und Übergangsbestimmungen	16

A. Allgemeines

Art. 1. Name und Rechtsform. Unter dem Namen Verband der evangelisch-reformierten Synoden des Kantons Solothurn schliessen die Evangelisch-reformierte Kirche Kanton Solothurn und die Bezirkssynode Solothurn der Reformierten Kirchen Bern-Jura-Solothurn einen öffentlich-rechtlichen Vertrag ab nach § 164 lit. b des Gemeindegesetzes vom 16. Februar 1992[1].

Art. 2. Zugehörigkeit. Der Verband umfasst die Evangelisch-reformierte Kirche Kanton Solothurn und die Bezirkssynode Solothurn der Reformierten Kirchen Bern-Jura-Solothurn.

Art. 3. Wesen und Aufgaben. (1) Der Verband ist das für gesamtkantonale Aufgaben und Belange zuständige Organ der Synoden.

* BGS 425.11. – Von der Delegiertenversammlung der Bezirkssynode Solothurn der Reformierten Kirchen Bern-Jura-Solothurn am 20. November 2002 beschlossen, vom Regierungsrat des Kantons Solothurn am 25. November 2003 genehmigt.
Keine Änderungen seither.

1 BGS 131.1.

(2) Der Verband ist insbesondere zuständig für die Verteilung des ihm nach § 65 lit. c Finanzausgleichsgesetz[2] zufallenden Beitrages aus der Finanzausgleichssteuer zwischen den beiden Synoden.

Art. 4. Verpflichtung. Die Synoden verpflichten sich, diese Ordnung zu beachten und die sich daraus ergebenden Rechte und Pflichten zu erfüllen.

B. Der Verband und seine Aufgaben

1. Verbandsrat

Art. 5. Oberstes Organ. Das oberste Organ des Verbandes ist der Verbandsrat. Dieser ist paritätisch zusammengesetzt und besteht aus vier Mitgliedern: Dem Präsidenten, dem Vizepräsidenten und zwei weiteren Mitgliedern. Seine Beschlüsse werden mit der Mehrheit der abgegebenen Stimmen gefasst.

Art. 6. Wahlen. Die Mitglieder des Verbandsrates werden von den jeweils delegierenden Synoden gewählt. Die Mitglieder der Bezirkssynode werden auf Antrag der Bezirkssynode vom Synodalrat der Reformierten Kirchen Bern-Jura-Solothurn genehmigt. Die Amtsperiode beträgt vier Jahre und stimmt mit derjenigen der Gemeindekommissionen überein. Eine Wiederwahl ist möglich. Das Präsidium wechselt jährlich zwischen den Synoden.

Art. 7. Aufgaben. Der Verbandsrat hat folgende Aufgaben:
a) Vertretung der Synoden in ausserkirchlichen kantonalen Angelegenheiten (insbesondere gegenüber kantonalen Behörden und Institutionen),
b) Zuweisung der Einnahmen der Finanzausgleichssteuer an die beiden Synoden zugunsten gesamtkantonaler Aufgaben, gemäss separat vereinbartem Schlüssel für die innerkirchlichen Ausgleichszahlungen zwischen den beiden Synoden.

2. Rechnungsprüfungskommission

Art. 8. Zusammensetzung. Die Rechnungsprüfungskommission ist paritätisch zusammengesetzt und besteht aus vier Mitgliedern. Sie konstituiert sich selbst.

Art. 9. Wahlen. Die Mitglieder der Rechnungsprüfungskommission werden von ihren Synoden gewählt.

2 BGS 131.71.

Art. 10. Aufgaben. Die Rechnungsprüfungskommission hat die Rechnung des Finanzausgleichs zu prüfen sowie den Synoden darüber Bericht zu erstatten.

3. Fachkommissionen

Art. 11. Stellung. (1) Zur Wahrnehmung gesamtkantonaler Aufgaben können Fachkommissionen eingesetzt werden. Ihre Organisation wird in separaten Verträgen geregelt.
(2) Die Mitglieder der Fachkommissionen werden von den Synoden gewählt.

C. Finanzielles

Art. 12. Geldmittel. Die Ausgabenkompetenz des Verbandsrates beschränkt sich auf die Verteilung des Beitrages der Finanzausgleichssteuer an die beiden Synoden.

Art. 13. Finanzausgleich. Die Verteilung des dem Verband nach § 65 lit. c Finanzausgleichsgesetz zustehenden Beitrags aus der Finanzausgleichssteuer und die Bestimmungen über die innerkirchlichen Ausgleichszahlungen werden in einer separaten Vereinbarung zwischen den beiden Synoden geregelt.

Art. 14. Rechnungsjahr. Das Rechnungsjahr fällt mit dem Kalenderjahr zusammen.

D. Rechtspflege

Art. 15. Beschwerden. (1) Beschwerden gegen die Entscheide des Verbandsrates sind an den Regierungsrat des Kantons Solothurn zu richten.
(2) Die Beschwerdefrist beträgt in jedem Fall zehn Tage.

E. Revisions- und Übergangsbestimmungen

Art. 16. Revisionsbestimmungen. (1) Die Revision dieser Ordnung kann durch eine der beiden Synoden beantragt werden.
(2) Die Revision tritt nach Beschluss durch beide Synoden und nach Genehmigung durch den Regierungsrat des Kantons Solothurn in Kraft.

Art. 17. Kündigung. Diese Ordnung kann durch eine der beiden Synoden auf Ende des Kalenderjahres schriftlich gekündigt werden. Es besteht eine zweijährige Kündigungsfrist.

Art. 18. Schlussbestimmungen. Die vorliegende Ordnung tritt nach Beschluss durch beide Synoden und nach Genehmigung durch den Regierungsrat des Kantons Solothurn rückwirkend auf den 1. Oktober 2003 in Kraft, womit die Ordnung des Verbandes der evangelisch-reformierten Synoden des Kantons Solothurn vom 18. März 1989 aufgehoben ist.

SJKR/ASDE Beiheft 6 (2009), S. 351-371

Thurgau (Thurgovie)

Verfassung der Evangelischen Landeskirche des Kantons Thurgau vom 27. November 2000*

Inhaltsverzeichnis

		§§
1.	Die Landeskirche	1
2.	Die Kirchgemeinden	11
3.	Die Kirchenvorsteherschaften	19
4.	Die Kirchenpflege	25
5.	Pfarrer und Pfarrerinnen	27
6.	Diakone und Diakoninnen	38
7.	Weitere Mitarbeiter und Mitarbeiterinnen	45
8.	Die Dekanatskreise	49
9.	Die Synode	56
10.	Der Kirchenrat	65
11.	Rekurs- und Beschwerdekommission	74
12.	Rechtsmittel	75
13.	Allgemeine Verwaltungsbestimmungen	82
14.	Schlussbestimmungen	86

Einen anderen Grund kann niemand legen als den, der gelegt ist, welcher ist Jesus Christus (1. Kor. 3, 11).

* RB 187.11. – Vom Grossen Rat genehmigt am 21. November 2001.
Änderungen: 1. Januar 2004.

1. Die Landeskirche

§ 1. Wesen und Auftrag. (1) Die Evangelische Landeskirche des Kantons Thurgau ist Teil der gesamten christlichen Kirche, im Besonderen Glied der evangelisch-reformierten Kirchen der Schweiz.
(2) Sie fördert die Verkündigung des Evangeliums, die Pflege des evangelischen Glaubens, das diakonische Handeln, die Gemeinschaft und den Einsatz für Gerechtigkeit, Frieden und Bewahrung der Schöpfung.

§ 2. Rechtsnatur. Die Evangelische Landeskirche des Kantons Thurgau ist eine Körperschaft des öffentlichen Rechtes. Sie ordnet ihre Angelegenheiten selbständig im Rahmen des eidgenössischen und kantonalen Rechtes[1].

§ 3. Kirchenbund. Die Evangelische Landeskirche des Kantons Thurgau ist Mitglied des Schweizerischen Evangelischen Kirchenbundes.

§ 4. Mitgliedschaft. (1) Mitglied der Evangelischen Landeskirche ist jeder evangelische Einwohner und jede evangelische Einwohnerin des Kantons, der oder die nicht schriftlich den Austritt erklärt hat.
(2) Einzelheiten regelt die Kirchenordnung.

§ 5. Stimm- und Wahlrecht. (1) Das Stimm- und Wahlrecht in Angelegenheiten der Landeskirche und der Kirchgemeinde steht den Mitgliedern der Evangelischen Landeskirche zu, die das 16. Altersjahr vollendet haben.
(2) Der Kirchenrat erlässt eine Verordnung zum kirchlichen Stimm- und Wahlrecht. Im Übrigen gelten bezüglich des Stimm- und Wahlrechtes sowie der Verfahren bei Wahlen und Abstimmungen der Landeskirche die entsprechenden kantonalen Bestimmungen.

§ 6. Organe, Ämter. Die Evangelische Landeskirche erfüllt ihre Aufgaben durch:
1. die Gesamtheit ihrer stimmberechtigten Mitglieder;
2. die Kirchgemeinden, deren Vorsteherschaften und weitere Organe;
3. die Pfarrer, Pfarrerinnen, Diakone, Diakoninnen und weitere Mitarbeiter oder Mitarbeiterinnen;
4. die Synode und den Kirchenrat;
5. die Rekurs- und Beschwerdekommission.

1 Siehe in erster Linie Verfassung des Kantons Thurgau vom 16. März 1987 (RB 101), Teil VIII §§ 91-93. Die Landeskirchen ordnen ihre inneren Angelegenheiten selbständig. Sie regeln Angelegenheiten, die sowohl den staatlichen als auch den kirchlichen Bereich betreffen, in einem Erlass, der die demokratischen und rechtsstaatlichen Grundsätze zu wahren hat.

§ 7. Volksabstimmung. Der evangelisch-konfessionellen Volksabstimmung an der Urne unterliegen:
1. die Bestimmungen der Verfassung;
2. Beschlüsse und Erlasse, welche die Synode von sich aus oder aufgrund eines Behördenreferendums der Volksabstimmung unterbreitet;
3. Änderungen des Steuerfusses der Landeskirche von mehr als 0,8 % der einfachen Staatssteuer.

§ 8. Initiative. (1) Mit einer Initiative können 2500 Stimmberechtigte das Begehren um Erlass, Änderung oder Aufhebung von Bestimmungen der Verfassung oder der Kirchenordnung stellen.
(2) Das Begehren kann als einfache Anregung oder als ausgearbeiteter Entwurf gestellt werden.
(3) Das Verfahren richtet sich sinngemäss nach dem kantonalen Recht.

§ 9. Referendum. (1) Dem fakultativen Referendum unterstehen:
1. Erlass, Änderung oder Aufhebung der Kirchenordnung oder Bestimmungen derselben;
2. von der Synode genehmigte Vereinbarungen und Verträge, welche vom Kirchenrat als Vertreter der Landeskirche mit anderen Kirchen, mit dem Staat oder mit Institutionen von öffentlichem Interesse abgeschlossen werden;
3. Änderungen des Steuerfusses der Landeskirche von mehr als 0,4 % bis 0,8 % der einfachen Staatssteuer;
4. einmalige Ausgaben von mehr als 20 % und neue jährlich wiederkehrende Ausgaben von mehr als 2 % des vorjährigen landeskirchlichen Steuerertrages.

(2) Ein dem fakultativen Referendum unterstehender Beschluss oder Erlass ist der evangelisch-konfessionellen Volksabstimmung zu unterbreiten, wenn 1500 Stimmberechtigte innert drei Monaten seit seiner Veröffentlichung im Amtsblatt dies verlangen.
(3) Das Verfahren richtet sich sinngemäss nach kantonalem Recht.

§ 10. Behördenreferendum. Erlass, Änderung oder Aufhebung der Kirchenordnung oder Bestimmungen derselben unterstehen der Volksabstimmung, wenn sich 30 Mitglieder der Synode dafür aussprechen.

2. Die Kirchgemeinden

§ 11. Mitgliedschaft. (1) Die Mitglieder der Landeskirche sind in Kirchgemeinden zusammengeschlossen.

(2) Eine Kirchgemeinde umfasst sämtliche innerhalb ihres Gebietes wohnhaften Angehörigen der Evangelischen Landeskirche. Vorbehalten bleiben besondere Verhältnisse an der Kantonsgrenze.

§ **12. Rechtsnatur.** Die Kirchgemeinde ist eine öffentliche Körperschaft des kantonalen Rechtes[2].

§ **13. Bestand.** (1) Es bestehen folgende Kirchgemeinden:
1. Aadorf-Aawangen, 2. Affeltrangen, 3. Alterswilen-Hugelshofen, 4. Altnau, 5. Amriswil-Sommeri, 6. Andwil, 7. Arbon, 8. Basadingen, 9. Berg, 10. Berlingen, 11. Bichelsee, 12. Birwinken, 13. Bischofszell-Hauptwil, 14. Braunau, 15. Bürglen, 16. Burg, 17. Bussnang, 18. Diessenhofen, 19. Dussnang, 20. Egnach, 21. Erlen, 22. Ermatingen, 23. Felben, 24. Frauenfeld, 25. Gachnang, 26. Gottlieben[3], 27. Güttingen, 28. Horn, 29. Hüttlingen, 30. Hüttwilen, 31. Illighausen, 32. Kesswil-Dozwil, 33. Kreuzlingen, 34. Langrickenbach, 35. Leutmerken, 36. Lipperswil, 37. Lommis, 38. Lustdorf, 39. Mammern, 40. Märstetten, 41. Märwil, 42. Matzingen, 43. Müllheim, 44. Münchwilen-Eschlikon, 45. Neukirch an der Thur, 46. Neunforn, 47. Nussbaumen, 48. Oberhofen-Lengwil, 49. Pfyn, 50. Roggwil, 51. Romanshorn-Salmsach, 52. Scherzingen-Bottighofen, 53. Schlatt, 54. Schlattingen, 55. Schönholzerswilen, 56. Sirnach, 57. Sitterdorf-Zihlschlacht, 58. Steckborn, 59. Stettfurt, 60. Sulgen, 61. Tägerwilen[4], 62. Thundorf-Kirchberg, 63. Uesslingen, 64. Uttwil, 65. Wagenhausen, 66. Wäldi, 67. Wängi, 68. Weinfelden, 69. Warth-Weiningen, 70. Wigoltingen-Raperswilen.
(2) Über Änderungen im Bestand der Kirchgemeinden oder im Gebiet einer Kirchgemeinde entscheidet der Kirchenrat auf Antrag der beteiligten Gemeinden.

§ **14. Gemeindeverbindungen.** (1) Kirchgemeinden können durch ein gemeinsames Pfarramt verbunden werden.
(2) Über die Schaffung oder die Auflösung einer solchen Verbindung entscheidet der Kirchenrat nach Rücksprache mit den beteiligten Gemeinden.

2 Vgl. § 93 KV.
3 Seit dem 1. Januar 2004 mit der Kirchgemeinde Tägerwilen zusammengeschlossen zur neuen Kirchgemeinde Tägerwilen-Gottlieben.
4 Seit dem 1. Januar 2004 mit der Kirchgemeinde Gottlieben zusammengeschlossen zur neuen Kirchgemeinde Tägerwilen-Gottlieben.

§ 15. Aufgaben, Befugnisse. Der Kirchgemeinde obliegt die Sorge für das kirchliche Leben. Sie hat insbesondere folgende Aufgaben und Befugnisse:

1. Wahl der Kirchenvorsteherschaft und ihres Präsidenten oder ihrer Präsidentin;
2. Wahl der Gemeindepfarrer oder Gemeindepfarrerinnen;
3. Wahl ordinierter Diakone oder Diakoninnen;
4. Wahl des Pflegers oder der Pflegerin;
5. Wahl der Abgeordneten in die Synode;
6. Wahl der Mitglieder der Rechnungsprüfungskommission und des Wahlbüros;
7. Erlass eines Gemeindeorganisationsreglementes;
8. Schaffung neuer und Aufhebung bestehender Stellen für Mitarbeiter oder Mitarbeiterinnen;
9. Erstellung und Unterhalt der kirchlichen Gebäude und Einrichtungen;
10. Genehmigung des Voranschlages und Festsetzung des Steuerfusses;
11. Genehmigung der Vermögens- und Verwaltungsrechnungen der Kirchgemeinde;
12. Antrag auf Änderung im Bestand oder im Gebiet der Kirchgemeinde;
13. Antrag auf Schaffung, Änderung des Umfanges oder Aufhebung eines Pfarramtes, Teilzeitpfarramtes oder Diakonates der Gemeinde;
14. Antrag auf die Verbindung mit einer anderen Kirchgemeinde durch ein gemeinsames Pfarramt oder die Auflösung einer solchen Verbindung;
15. Veräusserung von unbeweglichem Vermögen;
16. Veräusserung von Kult- und Kunstgegenständen;
17. Aufnahme von Anleihen für ausserordentliche Gemeindebedürfnisse;
18. Entscheid über Führung von Prozessen im Namen der Kirchgemeinde;
19. Durchführung der landeskirchlichen Wahlen und Abstimmungen;
20. Vorschläge in kirchlichen Angelegenheiten an die Synode oder den Kirchenrat;
21. Erfüllung des diakonischen und missionarischen Auftrags, allein oder in Verbindung mit anderen öffentlich-rechtlichen Körperschaften.

§ 16. Wahlen und Abstimmungen, Verfahren. (1) Die Kirchgemeinde trifft ihre Entscheide in der Kirchgemeindeversammlung oder an der Urne.

(2) Die Wahlen gemäss § 15 Ziff. 1 bis 5 sind geheim vorzunehmen. Wahlen und Beschlüsse gemäss Ziff. 1 bis 5, 11 und 15 bis 17 unterliegen der Genehmigung durch den Kirchenrat[5].

5 RB 161.1; 131.1.

(3) Für das Verfahren bei Gemeindeversammlungen sowie Wahlen und Abstimmungen der Kirchgemeinde gelten die entsprechenden kantonalen Bestimmungen.

§ 17. Minoritäten. (1) Verbindet sich infolge unterschiedlicher Glaubensrichtung eine Minderheit der Gemeinde zu einer kirchlichen Gemeinschaft, ohne deshalb aus der Landeskirche ausscheiden zu wollen, so hat sie das Recht zu unentgeltlicher Benützung der Kirche und anderer kirchlicher Einrichtungen, sofern sie mindestens den fünften Teil der Stimmberechtigten umfasst.
(2) Dieses Recht ist an die Bedingung geknüpft, dass die Mitglieder dieser Gemeinschaft die kirchlichen Funktionen auf eigene Kosten durch in der Landeskirche wählbare Geistliche besorgen lassen, die kirchlichen Steuerpflichten erfüllen und sich dem landeskirchlichen Recht und der Aufsicht des Kirchenrates unterziehen. Die kirchliche Einheit der Gemeinde bleibt anzustreben.

§ 18. Regionale Zusammenarbeit. Mit dem Einverständnis der betreffenden Kirchgemeinden und des Kirchenrates können die Pfarrer, Pfarrerinnen, Diakone, Diakoninnen, Kirchenvorsteherschaften und kirchlichen Mitarbeiter oder Mitarbeiterinnen innerhalb einer Region eine Arbeitsteilung vornehmen.

3. *Die Kirchenvorsteherschaften*

§ 19. Gemeindeleitung. Die Kirchenvorsteherschaft leitet die Kirchgemeinde in gemeinsamer Verantwortung ihrer Mitglieder.

§ 20. Mitglieder, Amtsdauer. (1) Die Kirchgemeinde wählt eine Kirchenvorsteherschaft von mindestens fünf Mitgliedern. Die Mitgliederzahl wird von der Gemeinde bestimmt. Die Amtsdauer beträgt vier Jahre.
(2) Von der Gemeinde gewählte, ordinierte Amtsträger oder Amtsträgerinnen sind Mitglied der Kirchenvorsteherschaft, können diese aber nicht präsidieren. Sie verfügen höchstens über einen Drittel der Stimmkraft der von der Kirchgemeinde gewählten Mitglieder der Kirchenvorsteherschaft. Wenn ihre Stimmkraft grösser ist, nehmen die zuletzt in ihr Amt eingesetzten Amtsträger oder Amtsträgerinnen mit Antragsrecht und beratender Stimme an den Sitzungen teil. Verweser, Verweserinnen und vollamtliche diakonische Mitarbeiter oder Mitarbeiterinnen nehmen mit Antragsrecht und beratender Stimme an den Sitzungen teil.
(3) Weitere Mitarbeiter oder Mitarbeiterinnen der Kirchgemeinde können zur Beratung beigezogen werden.

§ 21. Konstituierung. Die Kirchenvorsteherschaft wählt aus ihrer Mitte den Vizepräsidenten oder die Vizepräsidentin sowie den Aktuar oder die Aktuarin und kann Verantwortliche für bestimmte Aufgabenbereiche bezeichnen.

§ 22. Aufgaben und Befugnisse. Die Kirchenvorsteherschaft hat insbesondere folgende Aufgaben und Befugnisse:

1. Verantwortung für das kirchliche Leben und den diakonischen und missionarischen Auftrag der Gemeinde;
2. Vollzug der kirchlichen Beschlüsse und Erlasse;
3. Sorge für würdige Gottesdienstfeier;
4. Mitwirkung im Gottesdienst;
5. Verantwortung für den kirchlichen Unterricht;
6. Anstellung der weiteren Mitarbeiter oder Mitarbeiterinnen und Aufsicht über deren Tätigkeit;
7. Einbezug und Begleitung von freiwilligen Mitarbeitern oder Mitarbeiterinnen;
8. Sorge für die angemessene Anerkennung der Tätigkeit aller kirchlichen Mitarbeiter oder Mitarbeiterinnen und Förderung ihrer Aus- und Weiterbildung;
9. Wahl der evangelischen Mitglieder einer paritätischen Pflegekommission in Paritätsverhältnissen;
10. Verwaltung des Vermögens der Kirchgemeinde;
11. Sorge für die kirchlichen Gebäude, Gerätschaften und Kunstgegenstände;
12. Verantwortung für die Führung des Stimmregisters und den Bezug der kirchlichen Steuern in Zusammenarbeit mit den zuständigen Gemeindebehörden;
13. Vorberatung der Geschäfte der Kirchgemeinde;
14. Verantwortung für das Archiv der Kirchgemeinde.

§ 23. Aufsichtskommission. (1) Die von der Gemeinde als Kirchenvorsteher oder Kirchenvorsteherin gewählten Mitglieder der Kirchenvorsteherschaft bilden die Aufsichtskommission.
(2) Der Aufsichtskommission obliegt die Aufsicht über die Amtstätigkeit der Pfarrer, Pfarrerinnen, Diakone oder Diakoninnen.

§ 24. Gesonderte Fondationen. Wo in einer Kirchgemeinde gesonderte kirchliche Fondationen bestehen, hat sie dafür besondere Verwaltungsbehörden zu wählen.

4. Die Kirchenpflege

§ 25. Pfleger. (1) Für die Verwaltung ihrer Fondationen wird von der Kirchgemeinde ein Pfleger oder eine Pflegerin gewählt.
(2) Für die Verwaltung gesonderter Fondationen sind eigene Pfleger oder Pflegerinnen zu wählen.
(3) Die Amtsdauer deckt sich mit derjenigen der Kirchenvorsteherschaft.

§ 26. Status. (1) Der Pfleger kann nicht zugleich Präsident, die Pflegerin nicht zugleich Präsidentin der Behörde sein.
(2) Einem Pfleger oder einer Pflegerin, der oder die nicht Mitglied der Kirchenvorsteherschaft ist, steht Sitz und beratende Stimme in der Kirchenvorsteherschaft zu.

5. Pfarrer und Pfarrerinnen

§ 27. Pfarramt. (1) Das Amt des Pfarrers oder der Pfarrerin umfasst im Sinne der Ordination insbesondere folgende Tätigkeiten:
1. Verkündigung des Evangeliums;
2. Leitung der Gottesdienste;
3. Vollzug der heiligen und kirchlichen Handlungen;
4. Erteilung des Konfirmationsunterrichtes;
5. Erteilung von Religionsunterricht;
6. Seelsorge;
7. Gestaltung des übrigen Gemeindelebens;
8. Förderung des diakonischen und missionarischen Auftrages der Gemeinde;
9. Führung der kirchlichen Register.

(2) Der Pfarrer oder die Pfarrerin führt das Amt in Zusammenarbeit mit der Kirchenvorsteherschaft und anderen Mitarbeitern oder Mitarbeiterinnen.

§ 28. Wählbarkeit. (1) Ins Pfarramt sind Männer und Frauen wählbar, die das Wahlfähigkeitszeugnis der Konkordatsprüfungsbehörde besitzen und zum Kirchendienst ordiniert sind.
(2) Ausnahmsweise kann der Kirchenrat auch auf Grund eines anderen, gleichwertigen Wahlfähigkeitszeugnisses oder auf Grund mehrjähriger pfarramtlicher Tätigkeit in der Schweiz die Wählbarkeit zuerkennen. Über solche Fälle erstattet er der Synode Bericht.

§ 29. Wahl. (1) Die Wahl eines Gemeindepfarrers oder einer Gemeindepfarrerin erfolgt auf eine Amtsdauer von jeweils vier Jahren. Die Amtszeit deckt sich mit jener der Kirchenvorsteherschaft.

(2) Nach Ablauf der Amtsdauer gilt der Pfarrer oder die Pfarrerin für weitere vier Jahre als wiedergewählt, sofern nicht die Aufsichtskommission nach Rücksprache mit dem Kirchenrat eine Bestätigungswahl beschliesst oder ein Fünftel der Stimmberechtigten der Kirchgemeinde eine solche verlangt.
(3) Eine Bestätigungswahl eines Gemeindepfarrers oder einer Gemeindepfarrerin ist auch während der Amtszeit anzuordnen, wenn ein Fünftel der Stimmberechtigten der Kirchgemeinde eine solche verlangt.
(4) Das Verfahren richtet sich nach einer Verordnung des Kirchenrates.

§ 30. Genehmigung. Die Pfarrwahlen bedürfen der vorgängigen Feststellung der Wählbarkeit und der nachträglichen Genehmigung durch den Kirchenrat. Zu diesem Zweck sind ihm vor der Wahl die erforderlichen Ausweise und nach der Wahl das Wahlprotokoll vorzulegen.

§ 31. Einsetzung ins Amt. (1) Von der Gemeinde gewählte Pfarrer oder Pfarrerinnen werden durch den zuständigen Dekan oder die zuständige Dekanin im Auftrag des Kirchenrates gemäss der in der Liturgie vorgeschriebenen Form ins Amt eingesetzt.
(2) Sie leisten dabei das Amtsgelübde.

§ 32. Pflicht, Wohnsitz. (1) Pfarrer und Pfarrerinnen sind verpflichtet, Zeit und Kraft gewissenhaft ihrem Amt zu widmen.
(2) Von der Gemeinde gewählte Pfarrer und Pfarrerinnen wohnen grundsätzlich in einer Gemeinde ihres Tätigkeitsgebietes. Die Gemeinde stellt ihnen in der Regel eine Amtswohnung zur Verfügung.

§ 33. Amtsordnung. Wo in einer Gemeinde zwei oder mehrere Pfarrer oder Pfarrerinnen amten oder neben dem Pfarramt ein Diakonat besteht, regelt die Kirchenvorsteherschaft die Aufgabenzuteilung in einer Amtsordnung.

§ 34. Gemeindepfarramt. (1) Jede Kirchgemeinde führt in der Regel ein Pfarramt. Kleinere Kirchgemeinden können im gegenseitigen Einvernehmen ein gemeinsames Pfarramt führen. Die Zusammenarbeit ist schriftlich zu regeln.
(2) In grösseren Kirchgemeinden kann für je 2000 Mitglieder ein Pfarramt geschaffen werden.
(3) In Kirchgemeinden mit weniger als 1000 Mitgliedern kann das Pfarramt im Teilzeitamt geführt werden.
(4) Wo die Verhältnisse es rechtfertigen, kann der Kirchenrat im Einvernehmen mit der Kirchgemeinde eine Abweichung von diesen Richtzahlen bewilligen.

(5) Über die Schaffung, Änderung des Umfangs oder Aufhebung von Pfarrämtern oder Teilzeitpfarrämtern entscheidet der Kirchenrat nach Rücksprache mit den Beteiligten.

§ 35. Regionales Pfarramt. (1) Für bestimmte Aufgaben können Kirchgemeinden im gegenseitigen Einvernehmen und mit Zustimmung des Kirchenrates ein regionales Pfarramt schaffen.
(2) Die Wahl in ein regionales Pfarramt erfolgt durch die beteiligten Kirchenvorsteherschaften. Hierfür gelten die Voraussetzungen der §§ 28 und 30. Rechte und Pflichten werden in einem Vertrag geregelt; dieser unterliegt der Genehmigung durch den Kirchenrat.

§ 36. Landeskirchliches Pfarramt. (1) Für Aufgaben im Rahmen der Landeskirche kann die Synode landeskirchliche Pfarrämter schaffen.
(2) Die Wahl der Amtsinhaber oder Amtsinhaberinnen, für welche die Voraussetzungen von § 28 gelten, sowie die Regelung des Anstellungsverhältnisses und die Aufsicht über die Amtstätigkeit und Amtsführung obliegen dem Kirchenrat.

§ 37. Rücktritt vom Pfarramt. (1) Dem Pfarrer oder der Pfarrerin steht jederzeit das Recht zu, die Berufung an eine andere Gemeinde anzunehmen oder vom Pfarramt zurückzutreten. Dabei ist eine sechsmonatige Kündigungsfrist zu beachten.
(2) Das Rücktrittsschreiben ist an die Kirchenvorsteherschaft zu richten. Gleichzeitig ist dem Kirchenrat davon Kenntnis zu geben.
(3) Der Kirchenrat kann auf Gesuch von Zurücktretenden und nach Anhören der Kirchenvorsteherschaft einer vorzeitigen Auflösung des Dienstverhältnisses zustimmen. Der Kirchenrat regelt die Stellvertretung.

6. *Diakone und Diakoninnen*

§ 38. Diakonat. (1) Einem Diakon oder einer Diakonin können folgende Tätigkeiten übertragen werden:

1. Fürsorgearbeit;
2. Religionsunterricht;
3. Leitung von Jugend- und Kindergottesdiensten;
4. Jugendarbeit, Arbeit mit Schicksals- und Altersgruppen;
5. Seelsorge;
6. Mitwirkung im Gottesdienst und Predigtstellvertretungen in der eigenen Gemeinde.

(2) Der Diakon oder die Diakonin führt das Amt in Zusammenarbeit mit der Kirchenvorsteherschaft und anderen Mitarbeitern oder Mitarbeiterinnen.

§ 39. Wählbarkeit. (1) In das Diakonat sind Männer und Frauen wählbar, die sich über die nötige berufliche Fachausbildung ausweisen und zum Kirchendienst ordiniert sind.
(2) Der Kirchenrat legt für die Wählbarkeit die weiteren Bedingungen nach regionalen oder schweizerischen Kriterien fest.

§ 40. Wahl. (1) Die Wahl erfolgt jeweils auf eine Amtsdauer von vier Jahren. Die Amtszeit deckt sich mit jener der Kirchenvorsteherschaft.
(2) Die Wahl bedarf der vorgängigen Feststellung der Wählbarkeit und der nachträglichen Genehmigung durch den Kirchenrat.
(3) Nach Ablauf der Amtsdauer gilt der Diakon oder die Diakonin für weitere vier Jahre als wiedergewählt, sofern nicht die Aufsichtskommission nach Rücksprache mit dem Kirchenrat eine Bestätigungswahl beschliesst oder ein Fünftel der Stimmberechtigten der Kirchgemeinde eine solche verlangt.
(4) Eine Bestätigungswahl eines Diakons oder einer Diakonin ist auch während der Amtszeit anzuordnen, wenn ein Fünftel der Stimmberechtigten der Kirchgemeinde eine solche verlangt.
(5) Das Verfahren richtet sich nach einer Verordnung des Kirchenrates.

§ 41. Amtseinsetzung. Die Amtseinsetzung erfolgt durch den Dekan oder die Dekanin im Auftrag des Kirchenrates in einem Gottesdienst nach einer von der Synode genehmigten Liturgie.

§ 42. Pflicht. Diakone oder Diakoninnen sind verpflichtet, Zeit und Kraft gewissenhaft ihrem Amt zu widmen.

§ 43. Amtsordnung, Dienstverhältnis. Die Kirchenvorsteherschaft regelt die Aufgabenzuteilung in einer Amtsordnung, die Aufsichtskommission das Dienstverhältnis.

§ 44. Rücktritt vom Amt. (1) Dem Diakon oder der Diakonin steht jederzeit das Recht zu, die Berufung an eine andere Gemeinde anzunehmen oder vom Amt zurückzutreten. Dabei ist eine sechsmonatige Kündigungsfrist zu beachten.
(2) Das Rücktrittsschreiben ist an die Kirchenvorsteherschaft zu richten. Gleichzeitig ist dem Kirchenrat davon Kenntnis zu geben.
(3) Der Kirchenrat kann auf Gesuch von Zurücktretenden und nach Anhören der Kirchenvorsteherschaft einer vorzeitigen Auflösung des Dienstverhältnisses zustimmen.

7. Weitere Mitarbeiter und Mitarbeiterinnen

§ 45. Aufgaben. In einer Kirchgemeinde können weitere Mitarbeiter und Mitarbeiterinnen insbesondere für folgende Aufgaben angestellt, beauftragt oder zur freiwilligen Mitarbeit eingeladen werden:
1. Diakonische Dienste;
2. Jugendarbeit;
3. Religionsunterricht;
4. Leitung von Jugendgottesdiensten;
5. Leitung von Kindergottesdiensten;
6. Gottesdienstmitgestaltung;
7. Seniorenarbeit;
8. Seelsorge;
9. Erwachsenenbildung;
10. Kirchenmusik;
11. Mesmerdienste;
12. Verwaltungsaufgaben.

§ 46. Angestellte. (1) Für die berufliche Tätigkeit im diakonischen Dienst und für den Religionsunterricht können Frauen oder Männer angestellt werden, die über die entsprechende Ausbildung verfügen.
(2) Über die Anerkennung der Anstellungsfähigkeit entscheidet der Kirchenrat.

§ 47. Beauftragte, Freiwillige. (1) Zur Förderung des Gemeindelebens können für bestimmte Aufgaben Frauen oder Männer beauftragt werden, die sich dazu persönlich eignen und über die entsprechenden Voraussetzungen verfügen.
(2) Mitarbeit von Freiwilligen ist in allen Bereichen des Gemeindelebens anzustreben und als solche ausdrücklich anzuerkennen.

§ 48. Gemeinsame Dienststellen. Zwei oder mehrere Kirchgemeinden können für bestimmte Aufgaben gemäss § 45 im gegenseitigen Einvernehmen eine gemeinsame Dienststelle schaffen.

8. Die Dekanatskreise

§ 49. Einteilung. Die Kirchgemeinden des Kantons werden vier Dekanatskreisen zugeteilt. Die Zuteilung wird durch eine Verordnung der Synode geregelt.

§ 50. Kapitel. Die Pfarrer, Pfarrerinnen, Diakone und Diakoninnen, die in einem Dekanatskreis ein Amt ausüben, bilden das Kapitel. Dessen Organisation wird durch eine Verordnung der Synode geregelt.

§ 51. Aufgaben des Kapitels. Das Kapitel hat insbesondere folgende Aufgaben:

1. Es behandelt theologische und kirchliche Fragen;
2. Es fördert die Fortbildung und die praktische Amtstätigkeit seiner Mitglieder;
3. Es pflegt die Gemeinschaft;
4. Es kann von der Synode, dem Kirchenrat oder der Dekanatstagung zur Begutachtung und Stellungnahme in kirchlichen Angelegenheiten eingeladen werden.

§ 52. Dekanat. (1) Das Kapitel wird von einem Dekan oder einer Dekanin geleitet. Die Wahl erfolgt durch die Mitglieder.
(2) Der Dekan oder die Dekanin nimmt seelsorgerliche Aufgaben unter den Mitgliedern des Kapitels wahr und kann zur Vermittlung in Konfliktfällen beigezogen werden.
(3) Er oder sie setzt die Pfarrer, Pfarrerinnen, Diakone und Diakoninnen des Dekanatskreises in ihr Amt ein und vertritt die Landeskirche in den vom Kirchenrat übertragenen Aufgaben.

§ 53. Gesamtkapitel. Der Kirchenrat kann die Mitglieder der Kapitel, gegebenenfalls auch weitere Mitarbeiter oder Mitarbeiterinnen zu einem Gesamtkapitel einladen.

§ 54. Dekanatstagung. (1) Die Mitglieder der Kirchenvorsteherschaften und der Synode aus einem Dekanatskreis werden auf Verlangen des Kirchenrates, des Dekans, der Dekanin oder von mindestens drei Kirchenvorsteherschaften zur Dekanatstagung eingeladen.
(2) Der Dekan oder die Dekanin lädt zur Tagung ein und leitet sie.

§ 55. Aufgaben der Dekanatstagung. Die Dekanatstagung behandelt übergemeindliche Angelegenheiten. Sie kann zuhanden der Kirchgemeinden und der Landeskirche zu regionalen und gesamtkirchlichen Fragen Stellung nehmen.

9. Die Synode

§ 56. Stellung. Die Synode ist die oberste Behörde der Evangelischen Landeskirche.

§ 57. Mandatszuteilung. (1) Jeder Kirchgemeinde steht mindestens ein Sitz in der Synode zu. Ab 700 Stimmberechtigten ist für je weitere 700 oder den Teil über 350 Stimmberechtigten ein weiterer Abgeordneter oder eine weitere Abgeordnete zu wählen.
(2) Massgebend ist die Zahl der stimmberechtigten Gemeindeglieder im ersten Halbjahr des der Erneuerungswahl vorausgehenden Jahres.

§ 58. Einschränkung der Wählbarkeit. Eine Kirchgemeinde kann nur einen oder eine ihrer Pfarrer, Pfarrerinnen, Diakone oder Diakoninnen in die Synode abordnen.

§ 59. Amtsdauer. Die Amtsdauer der Synode und ihrer Organe beträgt vier Jahre. Sie beginnt jeweils am 1. Juni. Die Gesamtzahl der Mitglieder bleibt während der Amtsdauer unverändert.

§ 60. Geschäftsreglement. Die Synode gibt sich ein Geschäftsreglement.

§ 61. Büro der Synode. Die Synode wählt das Büro. Dieses umfasst das Präsidium, das Vizepräsidium, das Aktuariat mit zwei Mitgliedern und vier Stimmenzählende. Personen, die das Präsidium oder Vizepräsidium innehatten, sind nach Ablauf ihrer Amtsdauer nicht sofort wieder für dasselbe Amt wählbar.

§ 62. Geschäftsprüfungskommission. Die Synode wählt eine Geschäftsprüfungskommission. Das Geschäftsreglement der Synode regelt deren Organisation und Aufgaben.

§ 63. Ordentliche und ausserordentliche Sitzungen. (1) Die Synode versammelt sich zweimal im Jahr.
(2) Ausserordentlich wird sie einberufen:
1. auf eigenen Beschluss;
2. auf ein von mindestens einem Viertel der Mitglieder beim Präsidium gestelltes Begehren;
3. auf Verlangen des Büros der Synode;
4. auf Verlangen des Kirchenrates.

§ 64. Aufgaben und Befugnisse. Die Synode trägt die Verantwortung für das Leben der Landeskirche. Sie hat insbesondere folgende Aufgaben und Befugnisse:
1. Ausarbeitung der Verfassung zuhanden der Volksabstimmung;

2. Erlass der Kirchenordnung[6] und der darin festgelegten Verordnungen[7];
3. Erlass einer Verordnung über Leistungen aus dem Zentralfonds zu Gunsten von finanzschwachen Kirchgemeinden;
4. Erlass von Verordnungen über die Besoldung der Pfarrer, Pfarrerinnen, Diakone oder Diakoninnen in Ämtern der Kirchgemeinden oder der Landeskirche und des Personals der Landeskirche sowie über deren Fortbildung und Studienurlaube und über die berufliche Vorsorge für Arbeitnehmer und Arbeitnehmerinnen der Kirchgemeinden und der Landeskirche;
5. Erlass einer Verordnung über die Verbindung von Kirche und Mission;
6. Erlass von Verordnungen über die Ausrichtung von Taggeldern und Entschädigungen sowie von kirchlichen Ausbildungsbeiträgen;
7. Erlass einer Verordnung über die Pfarramtsstellvertretungen;
8. Genehmigung von Vereinbarungen und Verträgen, welche vom Kirchenrat als Vertreter der Landeskirche mit anderen Kirchen, mit dem Staat oder mit Institutionen von öffentlichem Interesse abgeschlossen werden;
9. Schaffung und Unterstützung von Ämtern und Stellen zur Erfüllung des seelsorgerlichen, diakonischen und missionarischen Auftrages der Landeskirche sowie deren Aufhebung;
10. Wahl der Mitglieder des Kirchenrates und Besetzung des Präsidiums;
11. Wahl der Mitglieder der Rekurs- und Beschwerdekommission;
12. Schaffung der erforderlichen Stellen für das Aktuariat und das Sekretariat des Kirchenrates und die Verwaltung des landeskirchlichen Zentralfonds (Quästorat);
13. Wahl eines oder einer Abgeordneten in die Theologische Konkordatsprüfungsbehörde und des Stellvertreters oder der Stellvertreterin[8];
14. Wahl der Delegierten in die Diakonatskonferenz;
15. Wahl der Delegierten in die Abgeordnetenversammlung des Schweizerischen Evangelischen Kirchenbundes, von denen mindestens ein Mitglied dem Kirchenrat angehören muss;
16. Genehmigung des Rechenschaftsberichtes des Kirchenrates;
17. Genehmigung der Rechnungen und des Voranschlages der Landeskirche sowie Festsetzung des Steuerfusses der Landeskirche;

6 Kirchenordnung der evangelischen Landeskirche des Kantons Thurgau vom 20. Februar 1978 (RB 187.12). Die Kirchenordnung wurde mit Beschluss vom 20. Februar 2000 durch eine Verordnung der Synode ergänzt (RB 187.121).

7 Die Erlasse sind im RB wiedergegeben. Siehe auch die im Internet verfügbare Kirchliche Gesetzessammlung (KGS) unter www.evang-kirche-tg.ch.

8 Die Theologische Konkordatsprüfungsbehörde wurde infolge Änderung des Konkordats auf den 1. Januar 2004 abgeschafft.

18. Genehmigung von einmaligen Ausgaben von mehr als 2 % bis 20 % und von neuen wiederkehrenden Ausgaben von mehr als 0,2 % bis 2 % des für das betreffende Jahr veranschlagten Steueranteils der Landeskirche.

10. Der Kirchenrat

§ 65. Stellung. Der Kirchenrat leitet die Evangelische Landeskirche als Aufsichts-, Vollziehungs- und Verwaltungsbehörde. Ihm obliegt die Sorge für die Einheit der Kirche nach innen und aussen.

§ 66. Zusammensetzung. Der Kirchenrat besteht aus mindestens fünf Mitgliedern. Ordinierte Amtsträger erhalten mindestens zwei, aber nicht mehr als die Hälfte der Sitze. Sie werden durch die Synode aus den Mitgliedern der Evangelischen Landeskirche gewählt.

§ 67. Beschlussfähigkeit. Der Kirchenrat ist mit der Mehrheit seiner Mitglieder beschlussfähig.

§ 68. Konstituierung. Der Kirchenrat wählt aus seiner Mitte den Vizepräsidenten oder die Vizepräsidentin.

§ 69. Wahlen. Der Kirchenrat besetzt die von der Synode bewilligten Stellen für das Aktuariat, Quästorat und Sekretariat sowie für die weiteren Mitarbeiter und Mitarbeiterinnen der Landeskirche.

§ 70. Amtsdauer. (1) Die Amtsdauer der Mitglieder des Kirchenrates beträgt vier Jahre.
(2) Sie beginnt am 1. Juni des dritten auf die Erneuerungswahl der Synode folgenden Jahres.

§ 71. Geschäftsreglement. Der Kirchenrat gibt sich ein Geschäftsreglement. Dieses ordnet auch die Aufgaben des Aktuariates und des Quästorates.

§ 72. Aufgaben, Befugnisse. Der Kirchenrat hat folgende Aufgaben und Befugnisse:
1. Er entwirft Kirchenverfassung, Kirchenordnung und weitere Erlasse zuhanden der Synode;
2. er ordnet die evangelisch-konfessionellen Volksabstimmungen sowie die Wahlen für die Synode an;
3. er veröffentlicht die in Kraft tretenden Erlasse und Beschlüsse und sorgt für deren Vollzug;
4. er erlässt die durch Verfassung und Kirchenordnung in seine Kompetenz fallenden Verordnungen;

5. er erlässt Verordnungen über Verwaltung, Rechnungswesen und Archive, sowie über die Visitation der Kirchgemeinden;
6. er vertritt die Landeskirche gegen aussen und sucht in der Vertretung gegenüber den anderen christlichen Kirchen die Einheit der Kirche in der Vielfalt zu fördern;
7. er ernennt die Inhaber und Inhaberinnen der landeskirchlichen Ämter und beaufsichtigt deren Tätigkeit und Amtsführung;
8. er wählt zwei Mitglieder der paritätischen Administrativkommission;
9. er erstattet der Synode jährlich Bericht über seine Tätigkeit und diejenige der kirchlichen Behörden und Beauftragten sowie über die Verwaltung der kirchlichen Fondationen und Einrichtungen;
10. er kann für bestimmte Aufgaben Fachleute beiziehen und Kommissionen bestellen;
11. er ordnet die Wahl von Pfarrern, Pfarrerinnen, Diakonen oder Diakoninnen sowie der Mitglieder von Behörden und Ämtern der Kirchgemeinden an und entscheidet über die Gültigkeit der getroffenen Wahlen;
12. er erteilt die Ordination zum kirchlichen Amt und sorgt für die Einsetzung von Neugewählten in ihr Amt;
13. er arbeitet bei der Wiederbesetzung freier Pfarrstellen mit den zuständigen Kirchenvorsteherschaften und Dekanaten zusammen;
14. er genehmigt die Regelung von längerfristigen pfarramtlichen Stellvertretungen;
15. er kann in Zusammenarbeit mit der betreffenden Kirchenvorsteherschaft Gemeindepfarrern oder Gemeindepfarrerinnen besondere Aufgaben übertragen;
16. er veranlasst und überwacht in besonderen Fällen Prüfungen für die Wählbarkeit als Pfarrer oder Pfarrerin;
17. er sorgt für die Ausbildung und Prüfung von Katecheten oder Katechetinnen und entscheidet über die Anerkennung von Fähigkeitszeugnissen;
18. er kann auf Antrag einer Kirchenvorsteherschaft oder von sich aus einem geeigneten Mitglied der Landeskirche ausnahmsweise die Predigterlaubnis erteilen und die Leitung von Gottesdiensten übertragen;
19. er fördert und unterstützt die Arbeit der Pfarrer, Pfarrerinnen, Diakone oder Diakoninnen und beaufsichtigt ihre Tätigkeit in geistlich-theologischer Hinsicht;
20. er kann auf Antrag der betreffenden Aufsichtskommission oder von sich aus die teilweise oder vollständige Amtseinstellung verfügen;
21. er fördert und unterstützt die Arbeit der Kirchenvorsteherschaften und beaufsichtigt ihre Amtstätigkeit. Bei arger Misswirtschaft oder beharrli-

cher Nichtbefolgung von angeordneten Massnahmen kann er Neuwahlen anordnen;

22. er verwaltet das Vermögen und die Liegenschaften der Landeskirche;
23. er entwirft den Voranschlag der Landeskirche und ordnet den Bezug der landeskirchlichen Zentralsteuer an;
24. er ist befugt, einmalige Ausgaben in der Höhe bis zu 2 % und neue jährlich wiederkehrende Ausgaben in der Höhe bis zu 0,2 % des für das betreffende Jahr veranschlagten Steueranteils der Landeskirche zu beschliessen;
25. er entscheidet auf Antrag der Beteiligten über die Vereinigung oder Trennung bestehender Kirchgemeinden oder einzelner ihrer Teile;
26. er entscheidet nach Rücksprache mit den Beteiligten über
    a. die Verbindung von Kirchgemeinden durch ein gemeinsames Pfarramt,
    b. die Schaffung, Änderung des Umfangs oder Aufhebung von Pfarrämtern oder Teilzeitpfarrämtern und Diakonaten;
27. er entscheidet bei Anständen
    a. zwischen Mehrheiten und Minderheiten gemäss § 17 dieser Verfassung, betreffend die Benützung der kirchlichen Gebäude und, unter Vorbehalt der staatlichen Gesetzgebung, des Geläutes und der Friedhöfe,
    b. zwischen Kirchgemeinden,
    c. über die Stimmberechtigung,
    d. über Steuern, Beitragsleistungen, Besoldungen und die Verwendung von Gemeindevermögen,
    e. bei Amtsübergaben.

§ 73. Vollzug. Der Kirchenrat kann zum Vollzug seiner Beschlüsse die staatlichen Vollzugsorgane in Anspruch nehmen.

11. Rekurs- und Beschwerdekommission

§ 74. Rekurs- und Beschwerdekommission. (1) Die Rekurs- und Beschwerdekommission besteht aus sieben Mitgliedern. Ihr gehören drei Geistliche und mindestens eine juristische Fachperson an. Sie ist in Fünferbesetzung beschlussfähig.
(2) Die Kommissionsmitglieder werden durch die Synode aus den Mitgliedern der Evangelischen Landeskirche gewählt. Mitglieder der Synode und des Kirchenrates sind nicht wählbar.

(3) Die Synode wählt den Präsidenten oder die Präsidentin der Kommission. Die Kommission wählt aus ihrer Mitte den Vizepräsidenten oder die Vizepräsidentin sowie den Aktuar oder die Aktuarin.
(4) Die Amtszeit der Kommission deckt sich mit jener des Kirchenrates.

12. Rechtsmittel

§ 75. Rekurs. Entscheide der Kirchenvorsteherschaft oder der Aufsichtskommission oder Beschlüsse der Kirchgemeinde sowie erstinstanzliche Entscheide des Kirchenrates können mit Rekurs weitergezogen werden.

§ 76. Rekursinstanzen. Rekursinstanzen sind:
1. der Kirchenrat für Entscheide der Kirchenvorsteherschaften und für Beschlüsse der Kirchgemeinden;
2. die Rekurs- und Beschwerdekommission für erstinstanzliche Entscheide des Kirchenrates und Aufsichtsbeschwerdeentscheide der Aufsichtskommission.

§ 77. Rekursberechtigung. Zum Rekurs ist berechtigt, wer durch einen Entscheid berührt ist und ein schutzwürdiges Interesse auf dessen Aufhebung oder Änderung hat.

§ 78. Beschwerde. Entscheide der Rekursinstanzen können bei vermuteter Rechtsverletzung sowie unrichtiger oder unvollständiger Feststellung des Sachverhaltes mit Beschwerde weitergezogen werden.

§ 79. Beschwerdeinstanzen. Beschwerdeinstanzen, unter Vorbehalt der Bestimmungen von § 80, sind:
1. die Rekurs- und Beschwerdekommission der Landeskirche bei Beschwerden gegen Rekursentscheide des Kirchenrates;
2. das Verwaltungsgericht bei Beschwerden gegen Rekursentscheide der Rekurs- und Beschwerdekommission der Landeskirche.

§ 80. Aufsichtsbeschwerde. (1) Beschwerden betreffend die Amtstätigkeit der Pfarrer oder Pfarrerinnen, der Diakone oder Diakoninnen in organisatorischer und administrativer Hinsicht oder der mit landeskirchlichen Ämtern Beauftragten sowie der Tätigkeit von Kirchenvorsteherschaften oder einzelner ihrer Mitglieder sind an die Aufsichtsinstanz zu richten.
(2) Beschwerden gegen die Amtsführung von Pfarrern oder Pfarrerinnen, Diakonen oder Diakoninnen in geistlich-theologischer Hinsicht sind an den Kirchenrat zu richten.

§ 81. Verordnung. Rekurs- und Beschwerdeverfahren sowie die Aufgaben der Rekurs- und Beschwerdekommission werden durch die Synode in einer Verordnung geregelt. Die entsprechenden Bestimmungen des Verwaltungsrechtspflegegesetzes[9] sind sinngemäss anzuwenden.

13. Allgemeine Verwaltungsbestimmungen

§ 82. Finanzbeschaffung. Die Landeskirche beschafft die Mittel zur Erfüllung ihrer Aufgaben:
1. aus dem landeskirchlichen Anteil an der Kirchensteuer;
2. aus dem Vermögen der Landeskirche;
3. aus Kollekten und freiwilligen Spenden.

§ 83. Paritätische Verhältnisse. Für die Verwaltung von paritätischen, für kirchliche Zwecke bestimmten Fondationen sowie für die Behandlung von Administrativstreitigkeiten über paritätische Kirchgemeindeverhältnisse und für den Fortbestand der paritätischen Korporationen sind die entsprechenden kantonalen Gesetze massgebend.

§ 84. Verantwortlichkeit. Die Verantwortlichkeit der kirchlichen Gemeinwesen, Behördemitglieder, Amtsträger oder Amtsträgerinnen wird durch das kantonale Verantwortlichkeitsgesetz[10] geregelt.

§ 85. Ausstandspflicht. Die Wahrnehmung des Ausstandes richtet sich nach dem kantonalen Recht.

14. Schlussbestimmungen

§ 86. Verfassungslücken. Wo der Verfassung für einen entscheidungsbedürftigen Fall weder eine Vorschrift entnommen noch staatliches Recht angewendet werden kann, soll nach bewährter Praxis und unter Berücksichtigung der Gesetzgebung anderer christlicher Kirchen insbesondere reformatorischer Herkunft entschieden werden.

§ 87. Inkraftsetzung. Die Verfassung sowie allfällige Änderungen und Ergänzungen derselben werden der evangelisch-konfessionellen Volksabstimmung unterbreitet. Sie treten nach Annahme durch die Stimmberechtigten der Evangelischen Landeskirche des Kantons Thurgau sowie nach Ge-

9 RB 170.1.
10 RB 170.3.

nehmigung durch den Grossen Rat des Kantons Thurgau auf einen durch den Kirchenrat festzusetzenden Zeitpunkt in Kraft.

§ 88. Aufhebung bisherigen Rechtes. Mit dem Inkrafttreten dieser Verfassung werden alle ihr widersprechenden Bestimmungen aufgehoben, insbesondere die Verfassung der Evangelischen Landeskirche des Kantons Thurgau vom 10. Dezember 1984[11].

11 §§ 20, 23 und 81 sind später, auf den 1. Juni 2004 in Kraft gesetzt worden.

SJKR/ASDE Beiheft 6 (2009), S. 373-386

Ticino (Tessin)

Statuti della Chiesa evangelica riformata nel Ticino, del 30 ottobre 1976*

Indice

	Articolo
I. Generalità	1
II. Finalità	4
III. Appartenenza	6
IV. Organizzazione	10
A. Il Sinodo	11
B. Il Consiglio sinodale	19
C. La commissione di ricorso	22
D. I revisori dei conti	24
E. Il Capitolo dei ministri	26
F. Segretariato	29
V. Disposizioni finali	30

* RL 2.3.2.2. – Approbati dal Consiglio di Stato con ris. gov. N. 209 del 20 gennaio 1999 e n. 5235 dell'8 novembre 2005. – Cf. Legge sulla Chiesa evangelica riformata nel Cantone Ticino del 14 aprile 1997 (RL 2.3.2.1). Art. 3 (Statuti) „(1) L'organizzazione ed il funzionamento della Chiesa cantonale e delle Comunità regionali sono stabiliti negli statuti. (2) Gli statuti devono in particolare definire gli organi, disciplinare le loro competenze e il loro funzionamento. (3) [...]. (4) Gli statuti devono essere conformi alla Costituzione e alle leggi ed entrano in vigore con la loro approvazione da parte del Consiglio di Stato."
Modifiche: –.

I. Generalità

Art. 1. Composizione. La Chiesa evangelica riformata nel Ticino (CERT) unisce in forma federativa le comunità evangeliche riformate regionali.

Art. 2. Personalità giuridica. (1) Alla CERT è riconosciuta la personalità giuridica di diritto pubblico ai sensi dell'art. 1 della vigente costituzione del Cantone Ticino[1].
(2) La CERT si dà i propri ordinamenti nell'ambito del diritto federale e cantonale.

Art. 3. Relazioni. La CERT è membro della Federazione delle Chiese evangeliche della Svizzera (FCES) e, tramite questa, fa parte dell'Alleanza riformata mondiale e del Consiglio ecumenico delle Chiese.

II. Finalità

Art. 4. Dichiarazione di fede. Le comunità che fanno parte della CERT:
- professano di voler appartenere, confidando nella grazia del Signore Gesù Cristo, al popolo di Dio sul fondamento della sua parola nell'Antico e nel Nuovo Testamento;
- accettano i principi essenziali della Riforma per la ricerca di una sempre rinnovata obbedienza all'evangelo;
- riconoscono come loro scopo la testimonianza all'evangelo di Gesù Cristo che le impegna nel servizio di tutti gli uomini;
- collaborano nello spirito del movimento ecumenico con altre confessioni o denominazioni.

Art. 5. Scopi. La CERT si prefigge di:
- coordinare le attività delle singole comunità;
- curare le relazioni fra le comunità e le autorità cantonali;
- rappresentare il protestantesimo riformato nel Ticino;
- promuovere le relazioni con altre chiese.

III. Appartenenza

Art. 6. Requisiti. Una comunità evangelica può diventare membro della CERT qualora:

1 RL 1.1.1.1. – Art. 24 della costituzione: „La Chiesa cattolica apostolica romana e la Chiesa evangelica riformata hanno la personalità di diritto e si organizzano liberamente."

- sia regolarmente costituita con un'assemblea dei membri e un consiglio di parrocchia;
- accetti i presenti statuti;
- sia disposta ad accogliere ogni persona domiciliata o dimorante nel suo territorio, che condivide l'art. 4 dei presenti statuti.

Art. 7. Ammissione. L'ammissione di una comunità nella CERT avviene per decisione del sinodo. La domanda, che va presentata per iscritto al consiglio sinodale, viene accolta se sono osservate le condizioni di cui all'art. 6.

Art. 8. Membri attuali. Sono membri della CERT le comunità regionali:
- Bellinzona e dintorni;
- Locarno e dintorni;
- Sottoceneri.

Art. 9. Autonomia. Nell'ambito dei presenti statuti le comunità godono di piena autonomia.

IV. Organizzazione

Art. 10. Organi. Gli organi della CERT sono:
- il sinodo;
- il consiglio sinodale;
- la commissione di ricorso;
- i revisori dei conti;
- il capitolo dei ministri.

A. Il Sinodo

Art. 11. Composizione. Il sinodo, quale organo supremo della CERT, è l'assemblea dei delegati delle comunità, dei loro pastori e diaconi. I delegati sinodali e i supplenti sono eletti dalle assemblee delle comunità per un periodo di 4 anni e sono rieleggibili.

Art. 12. Rappresentanza. Fanno parte del sinodo.

a) con voto deliberativo:
   - 4 delegati per ogni comunità;
   - 1 delegato ogni mille abitanti di confessione protestante in base all'ultimo censimento federale;
   - i pastori e i diaconi in servizio nelle comunità, i pastori al servizio della CERT;

b) con voce consultiva:
   - i membri del consiglio sinodale, il suo segretario.

Art. 13. Presidenza. Il presidente e i due vice-presidenti restano in carica 4 anni e sono rieleggibili.

Art. 14. Convocazione. (1) Il sinodo è convocato dal consiglio sinodale almeno una volta all'anno o su proposta scritta e motivata di una comunità membro.
(2) La convocazione, con l'ordine del giorno, deve essere inviata ai membri almeno 10 giorni prima della data della sessione.

Art. 15. Competenze. Le competenze del sinodo sono le seguenti:
- elegge il presidente e i due vicepresidenti;
- elegge i membri del consiglio sinodale e il suo presidente;
- elegge i membri della commissione di ricorso;
- elegge i revisori dei conti e il supplente;
- elegge i delegati all'assemblea della FCES e i loro supplenti;
- elegge i membri delle commissioni speciali ed eventuali incaricati per scopi particolari;
- approva la gestione, i conti annuali, il preventivo ed eventuali prestiti;
- stabilisce le quote annue delle comunità membro per la CERT e altri eventuali contributi;
- decide con effetto vincolante per le comunità membro in merito alle proposte dei membri del sinodo o del consiglio sinodale;
- incarica il consiglio sinodale di studiare determinate proposte;
- tratta problemi di attività nella vita delle chiese (ecumenismo, predicazione, missione, diaconia), problemi di formazione cristiana e di impegno politico-sociale;
- prende atto di eventuali unioni o suddivisioni territoriali delle comunità membro;
- approva eventuali revisioni degli statuti delle comunità membro a condizione che i presenti statuti non vengano lesi;
- emana regolamenti e ordinamenti ecclesiastici;
- emana un regolamento sulla eleggibilità dei pastori e dei diaconi;
- modifica gli statuti della CERT.

Art. 16. Deliberazioni. L'assemblea sinodale è valida se è presente almeno la metà dei membri; essa delibera a maggioranza relativa. È escluso il voto per procura.

Art. 17. Elezioni. Per le elezioni è richiesta la maggioranza assoluta. In seconda votazione è sufficiente la maggioranza relativa. Su domanda di almeno 5 (cinque) membri dell'assemblea si procede a elezioni segrete. In caso di elezioni i diretti interessati devono astenersi dall'esprimere il proprio voto.

Art. 18. Modifica degli statuti. (1) Per la modifica degli statuti è richiesta la presenza di almeno due terzi dei membri del sinodo e una maggioranza qualificata di due terzi dei presenti. Qualora in una prima sessione non si raggiunga il minimo prescritto dei membri, il consiglio sinodale ne convoca una seconda, che può decidere a maggioranza di due terzi.
(2) La seconda assemblea deve aver luogo al più tardi entro 30 giorni e non prima di 10 dalla precedente.

B. Il Consiglio sinodale

Art. 19. Composizione. Il consiglio sinodale, quale organo esecutivo della CERT, è composto da due rappresentanti per ogni comunità, di cui uno deve far parte del consiglio di chiesa, e di un pastore, in rappresentanza del capitolo dei ministri. Si costituisce liberamente. I membri del consiglio sinodale restano in carica 4 anni e sono rieleggibili.

Art. 20. Compiti e competenze. Il consiglio sinodale:
- esegue gli incarichi affidatigli;
- promuove la collaborazione fra le Comunità membro;
- decide spese straordinarie non ripetibili fino a fr. 10'000.- (diecimila) e fino a un massimo annuo di fr. 20'000.- (ventimila); spese superiori devono essere approvate dal sinodo;
- fa opera di mediazione fra le comunità membro in caso di conflitto;
- propone al consiglio della FCES i membri per le sue commissioni.

Art. 21. Rappresentanza legale. La CERT è legalmente rappresentata verso terzi dalla firma del presidente o del vicepresidente, e di un altro membro del consiglio sinodale.

C. La commissione di ricorso

Art. 22. Composizione. La commissione di ricorso è composta di tre membri che non facciano parte del sinodo o del consiglio sinodale. Essa viene nominata dal sinodo per la durata di 4 anni.

Art. 23. Competenze. (1) La commissione di ricorso decide in via definitiva su reclami contro infrazioni dei presenti statuti, dei regolamenti emanati dal sinodo come pure degli statuti delle singole comunità.

(2) Le decisioni della commissione di ricorso sono impugnabili al Tribunale cantonale amministrativo (TRAM) secondo la legge di procedura per le cause amministrative[2].

D. I revisori dei conti

Art. 24. Composizione. (1) Il sinodo elegge due revisori dei conti e un supplente, che non siano membri del consiglio sinodale.
(2) I revisori rimangono in carica 4 anni.

Art. 25. Obblighi di verifica/Rapporto. (1) I revisori devono controllare il conto d'esercizio, il bilancio della cassa generale e i conti speciali.
(2) Essi sono in ogni tempo autorizzati a esercitare controlli della cassa e dei registri, nonché delle relative pezze giustificative.
(3) I revisori devono presentare ogni anno al sinodo, entro la fine di aprile, un rapporto scritto sul bilancio e sul conto d'esercizio, proponendo l'approvazione o il rinvio del bilancio.
(4) L'anno contabile scade a fine dicembre di ogni anno.

E. Il Capitolo dei ministri

Art. 26. Composizione. I pastori, i diaconi e i missionari in servizio nelle comunità della CERT formano il "capitolo dei ministri".

Art. 27. Organizzazione. Il capitolo dei ministri ha un proprio regolamento nel quadro dei presenti statuti.

Art. 28. Compiti. Il capitolo dei ministri:
- promuove programmi di formazione;
- organizza attività e incontri a livello cantonale;
- elabora perizie e prese di posizione teologiche;
- provvede alla consacrazione dei candidati in teologia e all'insediamento dei nuovi pastori eletti nelle comunità;
- stimola l'aggiornamento e il lavoro teologico collettivo.

F. Segretariato

Art. 29. Il consiglio sinodale assume il personale necessario al funzionamento del segretariato e ne fissa i compiti, mansioni e competenze in apposito regolamento.

2 RL 3.3.1.1.

V. Disposizioni finali

Art. 30. I presenti statuti entrano in vigore con l'approvazione da parte del sinodo in data 30 ottobre 1976 e sostituiscono quelli della Federazione delle comunità evangeliche riformate del Ticino.

Art. 31. Dei presenti statuti fa testo la versione in lingua italiana.

Statuten der evangelisch-reformierten Kirche im Tessin vom 30. Oktober 1976*

Inhaltsverzeichnis

	Artikel
I. Allgemeines	1
II. Zweck	4
III. Zugehörigkeit	6
IV. Organisation	10
A. Die Synode	11
B. Der Synodalrat	19
C. Die Rekurskommission	22
D. Die Rechnungsrevisoren	24
E. Das Pfarrkapitel	26
F. Sekretariat	29
V. Schlussbestimmungen	30

I. Allgemeines

Art. 1. Zusammensetzung. Die evangelisch-reformierte Kirche im Tessin (CERT[1]) vereint in föderativer Form die evangelisch-reformierten Regionalgemeinden.

Art. 2. Rechtspersönlichkeit. (1) Die CERT ist im Sinne von Art. 1 der geltenden Verfassung des Kantons Tessin[2] öffentlichrechtlich anerkannt.
(2) Sie erlässt ihre eigenen Reglemente im Rahmen des eidgenössischen und des kantonalen Rechts.

* RL 2.3.2.2. – Genehmigt durch den Staatsrat mit Beschluss Nr. 9 vom 20. Januar 1999 und Nr. 5235 vom 8. November 2005. – Nichtamtliche Übersetzung aus dem Italienischen.
Keine Änderungen seither.

1 = Chiesa evangelica riformata nel Ticino.

2 RL 1.1.1.1. – Vgl. Art. 24 KV: „La Chiesa cattolica apostolica romana e la Chiesa evangelica riformata hanno la personalità di diritto e si organizzano liberamente."

Art. 3. Beziehungen. Die CERT ist Mitglied des Schweizerischen evangelischen Kirchenbundes (SEK) und durch diesen des reformierten Weltbundes und des Ökumenischen Rates der Kirchen.

II. Zweck

Art. 4. Glaubensbekenntnis. Die Gemeinden, die der CERT angehören,

- bekennen im Vertrauen auf die Gnade des Herrn Jesus Christus und auf der Grundlage der Heiligen Schrift Alten und Neuen Testaments, dass sie zum Volk Gottes zu gehören;
- akzeptieren die wesentlichen Grundsätze der Reformation durch die Suche nach einem ständig erneuerten Gehorsam am Evangelium;
- anerkennen als ihr Ziel die Bezeugung zum Evangelium von Jesus Christus, das sie zum Dienst an allen Menschen verpflichtet;
- arbeiten im Geist der ökumenischen Erneuerung mit anderen Konfessionen und Glaubensrichtungen zusammen.

Art. 5. Ziele. Die CERT setzt sich zum Ziel,

- die Aktivitäten der einzelnen Gemeinden zu koordinieren;
- die Beziehungen zwischen den Gemeinden und den kantonalen Behörden zu pflegen;
- den reformierten Protestantismus im Tessin zu vertreten;
- die Beziehungen mit anderen Kirchen zu fördern.

III. Zugehörigkeit

Art. 6. Voraussetzungen. Eine evangelische Gemeinde kann Mitglied der CERT werden, wenn

- sie sich rechtmässig durch eine Mitgliederversammlung und einen Kirchgemeinderat konstituiert;
- ihre Statuten genehmigt sind;
- sie sich bereit erklärt, jede im Gemeindegebiet wohnende oder sich aufhaltende Person aufzunehmen, welche Art. 4 dieser Statuten zustimmt.

Art. 7. Aufnahme. Die Aufnahme einer Gemeinde in die CERT erfolgt durch Beschluss der Synode. Dem Gesuch, welches in schriftlicher Form dem Synodalrat einzureichen ist, muss entsprochen werden, wenn die Voraussetzungen gemäss Art. 6 erfüllt sind.

Art. 8. Gegenwärtige Mitglieder. Mitglieder der CERT sind die Regionalgemeinden

- Bellinzona und Umgebung;
- Locarno und Umgebung;
- Sottoceneri.

Art. 9. Autonomie. Im Rahmen dieser Statuten kommt den Kirchgemeinden die volle Autonomie zu.

IV. Organisation

Art. 10. Organe. Die Organe der CERT sind:

- die Synode;
- der Synodalrat;
- die Rekurskommission;
- die Rechnungsrevisoren;
- das Pfarrkapitel.

A. Die Synode

Art. 11. Zusammensetzung. Die Synode ist als oberstes Organ der CERT die Versammlung der Gemeindedelegierten, ihrer Pfarrer und Diakone. Die delegierten Synodalen und die Stellvertreter werden von der Gemeindeversammlung auf eine Amtsdauer von vier Jahren gewählt und sind wiederwählbar.

Art. 12. Vertretung. An der Synode nehmen teil

a) mit Stimmrecht:
   - 4 Delegierte pro Gemeinde;
   - 1 Delegierter auf 1000 protestantische Konfessionsangehörige auf der Grundlage der jeweils letzten eidgenössischen Volkszählung;
   - die Pfarrer und die Diakone im Gemeindedienst, die Pfarrer im Dienst der CERT;

b) mit beratender Stimme:
   - die Mitglieder des Synodalrates und ihr Sekretär.

Art. 13. Präsidium. Der Präsident und die beiden Vizepräsidenten sind auf Amtsdauer von vier Jahren gewählt und wiederwählbar.

Art. 14. Einberufung. (1) Die Synode wird durch den Synodalrat mindestens einmal pro Jahr einberufen, oder auf schriftliches und begründetes Gesuch einer Mitgliedsgemeinde.

(2) Die Einberufung muss an die Mitglieder zusammen mit der Tagesordnung mindestens 10 Tage vor dem Sessionstag zugestellt werden.

Art. 15. Zuständigkeiten. Die Synode
- wählt ihren Präsidenten und zwei Vizepräsidenten;
- wählt die Mitglieder des Synodalrates und dessen Präsidenten;
- wählt die Mitglieder der Rekurskommission;
- wählt die Rechnungsrevisoren und den Stellvertreter;
- wählt die Delegierten der SEK-Abgeordnetenversammlung und ihre Stellvertreter;
- wählt die Mitglieder der Spezialkommissionen und allfällige Beauftragte für besondere Aufgaben;
- genehmigt die Geschäftsführung, die Jahresrechnung, den Voranschlag und eventuelle Darlehen;
- legt die jährlich der CERT abzuliefernden Abgaben der Mitgliedsgemeinden und andere allfällige Beiträge fest;
- entscheidet verbindlich für die Mitgliedsgemeinden bei Vorliegen von Anträgen eines Mitglieds der Synode oder des Synodalrates;
- beauftragt den Synodalrat, bestimmte Anträge zu studieren;
- behandelt Angelegenheiten des kirchlichen Handelns und Lebens (Ökumene, Predigt, Mission, Diakonie), Fragen der christlichen Bildung und des politisch-sozialen Engagements;
- nimmt von allfälligen Fusionen oder Gebietsaufteilungen von Mitgliedsgemeinden Kenntnis;
- genehmigt eventuelle Revisionen der Statuten der Mitgliedsgemeinden, bei Beachtung der vorliegenden Statuten;
- erlässt kirchliche Reglemente;
- erlässt ein Reglement über die Wählbarkeit der Pfarrer und der Diakone;
- ändert die Statuten der CERT.

Art. 16. Beratungen. Die Synode kann gültig verhandeln, wenn mindestens die Hälfte ihrer Mitglieder anwesend ist; für die Abstimmungen gilt das relative Mehr. Die Stimmausübung durch Vollmacht ist nicht zulässig.

Art. 17. Wahlen. Bei Wahlen ist das absolute Mehr massgeblich; im zweiten Wahlgang genügt das relative Mehr. Auf Verlangen von mindestens fünf Versammlungsteilnehmern erfolgt die Wahl im geheimen Verfahren. Bei den Wahlen haben sich die direktbetroffenen Kandidaten der Stimme zu enthalten.

Art. 18. Änderung der Statuten. (1) Für eine Statutenänderung ist die Anwesenheit von mindestens zwei Dritteln der Synodemitglieder erforder-

lich, sowie ein qualifiziertes Mehr von zwei Dritteln der Anwesenden. Wenn in einer ersten Versammlung das vorgeschriebene Minimum der Mitglieder nicht erreicht ist, so beruft der Synodalrat eine zweite Versammlung ein, die mit einer Mehrheit von zwei Dritteln entscheiden kann.
(2) Die zweite Versammlung muss spätestens 30 Tage nach der ersten und darf nicht früher als 10 Tage nach der vorangegangenen stattfinden.

B. Der Synodalrat

Art. 19. Zusammensetzung. Der Synodalrat als Exekutivorgan des CERT besteht aus zwei Vertretern pro Gemeinde – einer davon Mitglied des jeweiligen Kirchgemeinderates –, und aus einem Pfarrer, welcher das Pfarrkapitel vertritt. Er konstituiert sich selbst. Die Mitglieder des Synodalrates werden für 4 Jahre gewählt und sind wiederwählbar.

Art. 20. Aufgaben und Kompetenzen. Der Synodalrat:
- vollzieht die ihm übertragenen Geschäfte;
- fördert die Zusammenarbeit unter den Mitgliedsgemeinden;
- beschliesst ausserordentliche nichtwiederkehrende Ausgaben von Fr. 10'000.- bis Fr. 20'000.- pro Jahr; diesen Betrag übersteigende Ausgaben müssen von der Synode bewilligt werden;
- bemüht sich um Schlichtung im Konfliktfall, wenn Mitgliedsgemeinden betroffen sind;
- schlägt dem Rat des SEK die Mitglieder für dessen Kommissionen vor.

Art. 21. Rechtsgültige Vertretung. Die CERT ist gegenüber Dritten durch die Unterschrift des Präsidenten oder des Vizepräsidenten, sowie durch ein weiteres Mitglied des Synodalrates rechtsgültig vertreten.

C. Die Rekurskommission

Art. 22. Zusammensetzung. Die Rekurskommission besteht aus drei Mitgliedern, die nicht gleichzeitig der Synode oder dem Synodalrat angehören dürfen. Sie wird von der Synode auf eine Amtsdauer von vier Jahren gewählt.

Art. 23. Kompetenzen. (1) Die Rekurskommission entscheidet letztinstanzlich bei Beschwerden wegen Verletzung dieser Statuten, der von der Synode erlassenen Reglemente sowie auch der Statuten einer einzelnen Gemeinde.

(2) Die Entscheide der Rekurskommission können nach Massgabe des Gesetzes über die Verwaltungsrechtspflege[3] an das kantonale Verwaltungsgericht weitergezogen werden.

D. Die Rechnungsrevisoren

Art. 24. Zusammensetzung. (1) Die Synode wählt zwei Rechnungsrevisoren und einen Stellvertreter, die dem Synodalrat angehören.
(2) Die Revisoren sind für vier Jahre gewählt.

Art. 25. Verpflichtungen/Berichterstattung. (1) Die Revisoren haben die Rechnungsführung und die Bilanz der allgemeinen Kasse und der Spezialkonten zu überprüfen.
(2) Sie sind jederzeit berechtigt, Kontrollen der Kasse und der Register vorzunehmen, sowie der Rechnungsbelege.
(3) Die Revisoren haben zuhanden der Synode jedes Jahr, spätestens bis Ende April, einen schriftlichen Bericht über die Bilanz und die Betriebsrechnung zu erstatten und dabei die Genehmigung oder die Rückweisung der Bilanz zu beantragen.
(4) Das Rechnungsjahr endet am Ende des Monats Dezember des Jahres.

E. Das Pfarrkapitel

Art. 26. Zusammensetzung. Die Pfarrer, Diakone und Missionare im Dienst der CERT bilden das Pfarrkapitel.

Art. 27. Organisation. Das Pfarrkapitel gibt sich ein eigenes Reglement im Rahmen dieser Statuten.

Art. 28. Aufgaben. Das Pfarrkapitel
- fördert die Ausbildungsprogramme;
- organisiert Aktivitäten und Begegnungen auf kantonaler Ebene;
- erstellt Gutachten und erarbeitet theologische Stellungnahmen;
- sorgt für die Ordination der theologischen Kandidaten und die Installation der neuen Pfarrer nach ihrer Wahl durch die Gemeinde;
- befördert die Erneuerung und die theologische Zusammenarbeit.

F. Sekretariat

Art. 29. Der Synodalrat stellt das nötige Sekretariatspersonal an und bestimmt die Aufgaben und Kompetenzen in Pflichtenheften.

3 RL 3.3.1.1.

V. Schlussbestimmungen

Art. 30. Die vorliegenden Statuten treten mit der Genehmigung durch die Synode am 30. Oktober 1976 in Kraft und ersetzen diejenigen des Bundes evangelisch-reformierter Gemeinden des Tessin.

Art. 31. Die vorliegenden Statuten sind in ihrer italienischsprachigen Fassung verbindlich.

SJKR/ASDE Beiheft 6 (2009), S. 387-396

Uri

Organisationsstatut der Evangelisch-Reformierten Landeskirche Uri vom 22. April 1986/19. November 2001*

Inhaltsverzeichnis

	Artikel
I. Allgemeine Bestimmungen	1
II. Aussenbeziehungen	6
III. Politische Rechte	7
IV. Finanzordnung	12
V. Organisation	14
1. Grundsätze	14
2. Die Organe der Evangelisch-Reformierten Landeskirche Uri	19
(1) Die Kantonalversammlung	19
(2) Der Kirchenrat	24
(3) Die Rechnungsprüfungskommission	27
3. Die Kirchgemeinden	29
VI. Änderung des Organisationsstatuts	38
VII. Schlussbestimmungen	39

Die Kantonalversammlung der Evangelisch-Reformierten Kirchgemeinde des Kantons Uri, gestützt auf Art. 8 Abs. 3 Kantonsverfassung[1], beschliesst:

* Genehmigung des Organisationsstatuts durch den Regierungsrat am 15. Januar 2002.
Keine Änderungen seither.

1 RB 1.1101. – Art. 8 Abs. 3 der Verfassung des Kantons Uri vom 28. Oktober 1984 (RB 1.1101): „Jede Landeskirche erlässt für sich ein Organisationsstatut, das vom Regierungsrat zu genehmigen ist."

1. Kapitel: Allgemeine Bestimmungen

Art. 1. Grundsatz. (1) Die Evangelisch-Reformierte Landeskirche Uri bekennt sich zur allgemeinen christlichen Kirche, deren einziges Haupt Jesus Christus, der Sohn Gottes, ist.
(2) Sie fördert die Pflege des evangelischen Glaubens, die Verkündigung des Evangeliums und die Gemeinschaft ihrer Mitglieder.
(3) Wo dieses Organisationsstatut die männliche Form wählt, gilt sie auch für weibliche Personen.

Art. 2. Rechtsnatur. Die Evangelisch-Reformierte Landeskirche Uri ist eine selbständige Körperschaft des öffentlichen Rechts nach Art. 7 Abs. 2 der Kantonsverfassung[2].

Art. 3. Gebiet und Sitz. (1) Die Evangelisch-Reformierte Landeskirche Uri umfasst das Gebiet des Kantons Uri.
(2) Ihr Sitz ist Erstfeld.

Art. 4. Personalhoheit. (1) Mitglied der Evangelisch-Reformierten Landeskirche Uri ist jeder Kantonseinwohner evangelischen Glaubens, der nicht ausdrücklich ausgetreten ist oder seine Nichtzugehörigkeit erklärt hat.
(2) Wer aus der Evangelisch-Reformierten Landeskirche Uri austreten oder seine Nichtzugehörigkeit erklären will, richtet seine schriftliche Erklärung an die zuständige Kirchenpflege.
(3) Die zuständige Kirchenpflege entscheidet über schriftliche Gesuche auf Eintritt, Wiedereintritt oder Übertritt aus einer anderen Religionsgemeinschaft.

Art. 5. Kirchenbund. (1) Die Evangelisch-Reformierte Landeskirche Uri ist Mitglied des Schweizerischen Evangelischen Kirchenbundes (SEK) und durch diesen mit den Kirchen der Leuenberger Kirchengemeinschaft, des Reformierten Weltbundes und des Ökumenischen Rates verbunden.
(2) Die Evangelisch-Reformierte Landeskirche Uri ist Mitglied des Hilfswerkes der Evangelischen Kirchen der Schweiz (HEKS) und von Brot für alle[3]. Sie unterstützt die im Rahmen des SEK (und seiner Mitgliedkirchen) tätige Werke der Mission.

2 Gemäss Art. 7 KV werden die römisch-katholische und die evangelisch-reformierte Kirche als Landeskirchen anerkannt. Die Landeskirchen sind selbstständige Körperschaften des öffentlichen Rechts.

3 Indes sind das HEKS und Brot für alle als Stiftungen organisiert, die keine „Mitglieder“ haben.

2. Kapitel: Aussenbeziehungen

Art. 6. Beziehungen zur Römisch-Katholischen Landeskirche. Die Evangelisch-Reformierte Landeskirche Uri fördert im Rahmen des evangelischen Glaubensbekenntnisses die Zusammenarbeit mit der Römisch-Katholischen Landeskirche Uri.

3. Kapitel: Politische Rechte

Art. 7. Stimm- und Wahlrecht. (1) Stimmberechtigt sind alle Angehörigen der Evangelisch-Reformierten Landeskirche Uri, die das 16. Altersjahr zurückgelegt haben.
(2) Wer stimmberechtigt ist, ist wahlfähig.

Art. 8. Volksinitiative. (a) in der Landeskirche. (1) Hundertfünfzig Stimmberechtigte können mit einer Volksinitiative zuhanden der Landeskirche die Abberufung einer Behörde oder den Erlass, die Änderung oder die Aufhebung von Rechtsvorschriften verlangen.
(2) Es gelten die Formvorschriften der Kantonsverfassung und der kantonalen Gesetzgebung[4].

Art. 9. Volksinitiative. (b) in der Kirchgemeinde. (1) Zehn Prozent der Stimmberechtigten einer Kirchgemeinde können mit einer Volksinitiative zuhanden der Kirchgemeinde die Abberufung einer Behörde oder den Erlass, die Änderung oder die Aufhebung von Rechtsvorschriften verlangen.
(2) Es gelten die Formvorschriften der Kantonsverfassung und der kantonalen Gesetzgebung.

Art. 10. Antragsrecht. (1) Jeder Stimmberechtigte hat das Recht, Anträge an die Kirchgemeindeversammlung zu richten.
(2) Jeder Stimmberechtigte hat das Recht, bei der zuständigen Kirchenpflege schriftlich zu beantragen, dass die Kirchgemeinde einen Antrag gemäss Abs. 3 an die Kantonalversammlung richtet.
(3) Jede Kirchgemeinde hat das Recht, Anträge an die Kantonalversammlung zu richten. Die Anträge sind bis Mitte August für die Herbstversammlung und bis Ende Dezember für die nächstfolgende Frühjahresversammlung dem Kirchenrat schriftlich einzureichen.

Art. 11. Abstimmungsordnung. (1) Wahlen und Abstimmungen werden mit Handmehr getroffen.

4 RB 2.1201.

(2) Verlangen es zehn Prozent der anwesenden Stimmberechtigten, hat der Versammlungsleiter die geheime Abstimmung anzuordnen und:

a) Stimm- oder Wahlzettel an der Versammlung abzugeben,
b) jedem Stimmberechtigten die Gelegenheit zum Ausfüllen des Stimm- oder Wahlzettels, unter Wahrung des Stimmgeheimnisses, zu geben,
c) die abgegebenen Stimm- oder Wahlzettel einsammeln zu lassen und
d) die Stimm- oder Wahlzettel unmittelbar danach auszählen zu lassen und das Resultat bekannt zu geben.

(3) Die Pfarrwahlen erfolgen immer in geheimer Abstimmung.

4. Kapitel: Finanzordnung

Art. 12. Steuern. (1) Die Evangelisch-Reformierte Landeskirche Uri erhebt Steuern.
(2) Jeder Angehörige der Evangelisch-Reformierten Landeskirche Uri, die juristischen Personen und die beschränkt Steuerpflichtigen sind nach Massgabe des Steuergesetzes des Kantons Uri[5] steuerpflichtig.
(3) Der Steuersatz ist so festzulegen, dass die Rechnung im Durchschnitt mehrerer Jahre ausgeglichen ist.
(4) Der Kirchenrat bestimmt das Verfahren für den Steuerbezug.

Art. 13. Gebühren. Der Kirchenrat und die Kirchenpflegen können Gebühren erheben.

5. Kapitel: Organisation

1. Abschnitt: Grundsätze

Art. 14. Verwandtenausschluss und Ausstand. (1) Die Bestimmungen von Art. 77 und 78 der Kantonsverfassung gelten auch für die Behörden der Evangelisch-Reformierten Landeskirche Uri.
(2) Die Mitarbeiter des Sekretariats der Landeskirche Uri dürfen nicht als Mitglied einer Behörde der Landeskirche oder einer ihrer Unterorganisationen tätig sein.

Art. 15. Beschlussfähigkeit und Beschlussfassung. Die Bestimmungen von Art. 80 und Art. 81 der Kantonsverfassung gelten auch für die Behörden der Evangelisch-Reformierten Landeskirche Uri.

5 RB 3.2211.

Art. 16. Öffentlichkeit. Die Kantonalversammlungen und die Kirchgemeindeversammlungen der Evangelisch-Reformierten Landeskirche Uri sind öffentlich.

Art. 17. Amtsdauer. Die Amtsdauer für Behörden beträgt zwei Jahre, jene für die Pfarrer sechs Jahre.

Art. 18. Amtsantritt. (1) Die Behörden treten ihr Amt nach ihrer Wahl an.
(2) Pfarrer treten ihr Amt nach Absprache an.

2. Abschnitt:
Die Organe der Evangelisch-Reformierten Landeskirche Uri

1. Unterabschnitt: Die Kantonalversammlung

Art. 19. Stellung und Zusammensetzung. Die Kantonalversammlung ist das oberste Organ der Evangelisch-Reformierten Landeskirche Uri. Ihr gehören alle Stimmberechtigten an.

Art. 20. Einberufung. (a) Allgemeines. (1) Der Kirchenrat beruft die ordentlichen Kantonalversammlungen im Frühjahr und im Herbst ein.
(2) Der Kirchenrat kann jederzeit eine ausserordentliche Kantonalversammlung einberufen.
(3) Hundertfünfzig Stimmberechtigte können eine ausserordentliche Kantonalversammlung unter Angabe der Traktanden verlangen. Der Kirchenrat hat diese Kantonalversammlung innert drei Monaten einzuberufen.

Art. 21. Einberufung. (b) Verfahren. (1) Der Kirchenrat beruft die Kantonalversammlung spätestens zehn Tage vor ihrem Zusammentritt ein, indem er Ort und Zeit sowie die Verhandlungsgegenstände im Amtsblatt des Kantons Uri bekannt gibt.
(2) Der Kirchenrat stellt den Haushaltungen spätestens zehn Tage vor dem Zusammentritt der ordentlichen Kantonalversammlungen den Voranschlag (Herbst) und die Rechnung (Frühjahr) zu oder veröffentlicht sie im Amtsblatt des Kantons Uri.

Art. 22. Durchführung. (1) Der Präsident des Kirchenrates leitet die Kantonalversammlung.
(2) Die Kantonalversammlung wählt die Stimmenzähler.
(3) Die Kantonalversammlung kann nur über rechtzeitig ausgekündigte Verhandlungsgegenstände beschliessen.

Art. 23. Zuständigkeit. Die Kantonalversammlung ist zuständig,

a) Rechtsvorschriften zu beschliessen,
b) den Voranschlag und die Rechnung zu verabschieden,
c) den Steuersatz festzulegen,
d) neue Ausgaben zu beschliessen,
e) die Ausgabenbefugnis des Kirchenrates festzulegen, bis zu einem abweichenden Beschluss kann der Kirchenrat im Einzelfall Ausgaben bis Fr. 10'000.- beschliessen,
f) den Beitritt zu nationalen und regionalen Organisationen zu genehmigen,
g) den Präsidenten und die Mitglieder des Kirchenrates zu wählen,
h) die Mitglieder der Rechnungsprüfungskommission zu wählen,
i) Delegierte in nationale und regionale Organisationen zu wählen,
k) die Pfarrer zu wählen.

2. Unterabschnitt: Der Kirchenrat

Art. 24. Zusammensetzung. (1) Der Kirchenrat besteht aus höchstens fünfzehn Mitgliedern, nämlich aus dem Präsidenten, dem Vizepräsidenten, dem Kantonalkassier und den weiteren Mitgliedern. Die Pfarrer sind von Amtes wegen Mitglieder des Kirchenrates.
(2) Jede Kirchgemeinde hat Anspruch auf die Wahl von zwei Mitgliedern.

Art. 25. Arbeitsweise. (1) Der Kirchenrat konstituiert sich selbst.
(2) Er versammelt sich auf Einladung des Präsidenten nach Bedarf. Jedes Mitglied kann die Einberufung verlangen, worauf der Präsident den Kirchenrat innert acht Wochen zu versammeln hat.

Art. 26. Zuständigkeiten. Der Kirchenrat hat die Aufgabe,

a) im Sinne von Art. 1 den evangelischen Glauben und die Gemeinschaft der Mitglieder zu fördern,
b) die Kantonalversammlung vorzubereiten und ihre Beschlüsse zu vollziehen,
c) das Vermögen der Evangelisch-Reformierten Landeskirche Uri zu verwalten,
d) gestützt auf die Beschlüsse der Kantonalversammlung die Einnahmen zu verwenden,
e) die Aufgaben und die Anstellungsbedingungen sowie die Entlöhnung der Pfarrer festzulegen,
f) die Aufgaben und die Anstellungsbedingungen sowie die Entlöhnung der Organisten und Sigristen festzulegen,
g) das weitere notwendige Personal nach Arbeitsvertrags- oder Auftragsrecht anzustellen und dessen Aufgaben festzulegen,

h) die Evangelisch-Reformierte Landeskirche Uri nach aussen zu vertreten,
i) der Kantonalversammlung Rechenschaft über die Tätigkeit abzulegen,
k) alle Geschäfte zu erledigen und alle Verfügungen zu treffen, die nicht ausdrücklich einem anderen Organ zugewiesen sind.

Art. 26a. Sekretariat. (1) Der Kirchenrat bestimmt einen Sekretär oder eine Sekretärin. Diese Person muss der Landeskirche nicht angehören.
(2) Der Kirchenrat erlässt ein Pflichtenheft und umschreibt die Zeichnungsberechtigung.
(3) Der Sekretär oder die Sekretärin nimmt an den Sitzungen des Kirchenrates ohne Stimmrecht teil.

3. Unterabschnitt: Die Rechnungsprüfungskommission

Art. 27. Zusammensetzung. Die Rechnungsprüfungskommission besteht aus mindestens zwei Mitgliedern, die nicht dem Kirchenrat oder einer Kirchenpflege angehören dürfen.

Art. 28. Aufgaben. Die Rechnungsprüfungskommission prüft die Rechnung auf Rechtmässigkeit und Zweckmässigkeit und berichtet darüber der Kantonalversammlung.

3. Abschnitt: Die Kirchgemeinden

Art. 29. Kirchgemeinden. Die Evangelisch-Reformierte Landeskirche Uri gliedert sich in drei Kirchgemeinden, nämlich:
a) die Kirchgemeinde Altdorf und Umgebung; sie umfasst das Gebiet der Einwohnergemeinden Altdorf, Bürglen, Spiringen, Unterschächen, Schattdorf, Attinghausen, Seedorf, Isenthal, Bauen, Seelisberg, Sisikon und Flüelen,
b) die Kirchgemeinde Erstfeld und Urner Oberland; sie umfasst das Gebiet der Einwohnergemeinden Erstfeld, Silenen, Gurtnellen und Wassen,
c) die Kirchgemeinde Ursern; sie umfasst das Gebiet der Einwohnergemeinden Andermatt, Göschenen, Hospental und Realp.

Art. 30. Rechtsnatur. Die Kirchgemeinden sind selbstständige Körperschaften des öffentlichen Rechts, die alle in einer Gemeinde ansässigen Angehörigen der Landeskirche umfassen[6].

6 Siehe Art. 106-109, Art. 114 f. KV.

Art. 31. Zuständigkeiten. (a) Allgemein. (1) Die Kirchgemeinden erfüllen diejenigen Aufgaben, die ihnen die Kantonalversammlung durch Rechtsvorschrift überträgt.
(2) Der Kirchenrat kann ihm obliegende Aufgaben den Kirchgemeinden zum Vollzug delegieren.

Art. 32. Zuständigkeiten. (b) Finanzordnung. (1) Die Kirchgemeinden verfügen selbständig nur über die Einnahmen aus Kollekten und zweckgebundenen Spenden.
(2) Übertragen Kantonalversammlung oder Kirchenrat Aufgaben, regeln sie die dafür notwendige Finanzierung der Kirchgemeinden.

Art. 33. Organisation. (a) Allgemeines. Organe der Kirchgemeinde sind die Kirchgemeindeversammlung, die Kirchenpflege und die Rechnungsprüfungskommission.

Art. 34. Organisation. (b) Kirchgemeindeversammlung. (1) Die Kirchgemeindeversammlung hat im Rahmen der Zuständigkeiten der Kirchgemeinde die Aufgabe:
a) Rechtsvorschriften zu beschliessen,
b) die Rechnung der Kirchgemeinde zu verabschieden,
c) den Präsidenten und die Mitglieder der Kirchenpflege und die Rechnungsprüfungskommission zu wählen,
d) die Organisten und den Sigrist zu wählen.

(2) Ordentlicherweise findet jährlich eine Kirchgemeindeversammlung im Frühjahr statt. Einberufung und Durchführung richten sich sinngemäss nach Art. 20 bis 22. Die Einladung an alle Stimmberechtigten kann die Publikation im Amtsblatt ersetzen.
(3) Für die Einberufung einer ausserordentlichen Kirchgemeindeversammlung bedarf es des Begehrens von zehn Prozent der in der Kirchgemeinde Stimmberechtigten.

Art. 35. Organisation. (c) Kirchenpflege. (1) Die Kirchenpflege besteht aus dem Präsidenten, dem Vizepräsidenten und mindestens drei Mitgliedern. Der Pfarrer ist von Amtes wegen Mitglied der Kirchenpflege.
(2) Die Kirchenpflege hat die Aufgabe, im Rahmen der Zuständigkeiten der Kirchgemeinde:
a) im Sinne von Art. 1 den evangelischen Glauben und die Gemeinschaft der Mitglieder zu fördern,
b) den Pfarrer in der Ausübung seiner Aufgabe zu unterstützen,
c) die Kirchgemeindeversammlung vorzubereiten und ihre Beschlüsse zu vollziehen,

d) das Gemeindevermögen zu verwalten,
e) Anträge nach Art. 10 Abs. 2 mit ihrem Antrag an den Kirchenrat zuhanden der Kirchgemeindeversammlung weiterzuleiten,
f) die Kirchgemeinde zu leiten und zu verwalten sowie nach aussen zu vertreten.

Art. 36. Organisation. (d) Rechnungsprüfungskommission. (1) Die Rechnungsprüfungskommission besteht aus mindestens zwei Mitgliedern. Diese dürfen nicht dem Kirchenrat oder einer Kirchenpflege angehören, können aber Mitglieder der Rechnungsprüfungskommission der Landeskirche sein.
(2) Sie prüft die Rechnung auf Rechtmässigkeit und Zweckmässigkeit und berichtet darüber der Kirchgemeindeversammlung.

Art. 37. Aufsicht. (1) Der Kirchenrat beaufsichtigt die Organe der Kirchgemeinden. Die Aufsicht erstreckt sich auf Rechtmässigkeit und Zweckmässigkeit des Handelns.
(2) Der Kirchenrat entscheidet über Beschwerden gegen Verfügungen der Kirchgemeinde. Die Vorschriften des Kantons über das Verwaltungsverfahren[7] gelten sinngemäss.

6. Kapitel: Änderung des Organisationsstatuts

Art. 38. Grundsatz. Das Organisationsstatut kann jederzeit ganz oder teilweise revidiert werden. Die Kantonalversammlung beschliesst über Revisionen.

7. Kapitel: Schlussbestimmungen

Art. 39. Aufhebung bisherigen Rechts. (1) Es werden aufgehoben:
1. die Statuten der Evangelisch-Reformierten Kirchgemeinde des Kantons Uri vom 8. Juni 1955/5. Mai 1983,
2. die Verordnung der Protestantischen Kirchgemeinde Altdorf vom 9. Mai 1955,
3. die Statuten der Protestantischen Kirchgemeinde Erstfeld und Urneroberland vom März 1974,
4. die Statuten der Protestantischen Kirchgemeinde Ursern und Göschenen vom 5. Mai 1975.

(2) Alle übrigen Bestimmungen, die diesem Organisationsstatut widersprechen, sind aufgehoben.

7 RB 2.2345.

Art. 40. Inkrafttreten. Dieses Organisationsstatut tritt am 1. Januar 2002 in Kraft. Es unterliegt der Genehmigung durch den Regierungsrat des Kantons Uri.

SJKR/ASDE Beiheft 6 (2009), S. 397-414

Valais/Wallis

Constitution de l'Eglise réformée évangélique du Valais (EREV), du 4 novembre 1972*

Table des matières

	Articles
Préambule	1
Déclaration de foi	4
Mission de l'Eglise	5
Les membres de l'Eglise	11
Les paroisses	16
Généralités	16
L'Assemblée de paroisse	18
Le Conseil de paroisse	20
Les autorités de l'EREV	22
Le Synode	23
Le Conseil synodal	28
Le Conseil ecclésiastique	33
Les ministres	34
L'enseignement religieux et la catéchèse	40
Finances et immeubles	43
Dispositions juridiques et finales	45

* Pas de publication officielle. – Le texte de la constitution de l'EREV est précédé de l'avertissement au lecteur suivant: „Pour les fonctions dont il est fait état dans ce document, la forme masculine a été adoptée afin d'alléger le texte. Il va de soi que la forme féminine y est toujours implicitement associée."
Des révisions partielles de la constitution ont été adoptées par le Synode en session du 2 mai 1992, du 27 septembre 1997 et du 6 mai 2006.

Préambule

Art. 1. L'EGLISE REFORMEE EVANGELIQUE DU VALAIS (ci-après: EREV) fait partie de l'Eglise universelle qui depuis les temps apostoliques tire sa vie de Jésus-Christ, seul chef de l'Eglise. Elle reconnaît l'autorité de la Parole de Dieu attestée par les Saintes Ecritures. Elle se réclame de la Réforme du XVIème siècle et vit selon l'ordre presbytérien synodal.

Art. 2. L'EREV doit son origine à la fidélité des protestants établis en Valais et à la sollicitude fraternelle des SOCIETES BERNOISE, GENEVOISE et VAUDOISE de Secours aux protestants disséminés. Leurs efforts aboutirent au milieu du XIXème siècle à la fondation de communautés et d'écoles protestantes; en 1923 à la création de la FEDERATION DES COMMUNAUTES PROTESTANTES DU VALAIS; et, par décision de l'Assemblée des délégués du 14 mai 1949, à la Constitution de l'EGLISE REFORMEE EVANGELIQUE DU VALAIS.

Art. 3. (1) L'EREV est membre de la FEDERATION DES EGLISES PROTESTANTES DE LA SUISSE (FEPS), de la CONFERENCE DES EGLISES PROTESTANTES DE LA SUISSE ROMANDE (CER) et de la CONFERENCE DES EGLISES DE SUISSE ALEMANIQUE (KIKO). Elle fait partie de la COMMUNAUTE D'EGLISES EN MISSION (Cevaa). Par la FEPS, elle se rattache au CONSEIL OECUMENIQUE DES EGLISES et à l'ALLIANCE REFORMEE MONDIALE.
(2) Elle est reconnue de droit public par la Constitution du Canton du Valais[1].

Déclaration de foi

Art. 4. L'EREV confesse sa foi en ces termes:
– Nous croyons en Dieu notre Père, à sa puissance, à sa sainteté, à son amour révélé en Jésus-Christ[2].
– Nous croyons en Jésus-Christ, le Fils du Dieu vivant[3], qui, par sa vie sainte, sa mort et sa résurrection, assure à ceux qui ont foi en lui, le par-

1 Constitution du Canton du Valais du 8 mars 1907 (RS/VS 101.1). Art. 2 al. 2: „Les communautés religieuses définissent leur doctrine et aménagent leur culte en toute indépendance. Elles s'organisent et s'administrent d'une manière autonome, dans les limites du droit public." Al. 3: „Le statut de personne juridique de droit public est reconnu à l'Eglise catholique romaine et à l'Eglise réformée évangélique. [...]".

2 Apoc. 4, 8; Jean 3, 16.

don des péchés[4] et la vie éternelle[5]. Jésus-Christ, ayant paru une seule fois pour abolir le péché par son sacrifie[6], est le seul Sauveur[7] et le seul Médiateur entre Dieu et les hommes[8].

– Nous croyons au Saint-Esprit qui nous conduit dans toute la vérité[9], et par lequel Dieu nous sanctifie, nous console et nous unit dans la communauté de foi et d'amour de l'Eglise.
– Nous croyons à la Bonne Nouvelle du salut par la grâce[10], par le moyen de la foi, de tous ceux qui se repentent[11].
– Nous attendons le triomphe de Jésus-Christ et la venue du Règne de Dieu[12].

Mission de l'Eglise

Art. 5. L'EREV annonce l'Evangile à tous. Elle unit ses membres dans la foi, l'espérance et l'amour fraternel. Elle accomplit sa mission tant par le témoignage personnel de ses membres que par les divers ministères que le Saint-Esprit suscite dans l'Eglise.

Art. 6. L'EREV reconnaît comme sacrements le baptême et la Sainte-Cène.

Art. 7. L'EREV s'efforce d'amener les enfants et les jeunes à la foi chrétienne et d'en faire des membres vivants de l'Eglise.

Art. 8. L'EREV est ouverte au dialogue et à la collaboration avec les autres confessions chrétiennes.

Art. 9. L'EREV prend une part active à la Mission, proche ou lointaine.

Art. 10. L'EREV est prête à s'associer, au nom de Jésus-Christ, à toute œuvre d'entraide qui se fonde sur l'amour du prochain.

---

3 Mat. 16, 16.
4 Luc 7, 50.
5 Jean 11, 24-26.
6 Héb. 9, 26.
7 Actes 4, 12.
8 I Tim. 2, 5.
9 Jean 16, 13.
10 Eph. 2, 8.
11 Marc 1, 15.
12 Jacq. 5, 7.

Les membres de l'Eglise

Art. 11. L'EREV reconnaît pour ses membres toutes les personnes protestantes domiciliées en Valais.

Art. 12. (1) L'EREV reçoit comme membres des personnes d'autres confessions ou étrangères à la foi chrétienne, après un enseignement et une participation à la vie de l'Eglise réformée durant un an au moins.
(2) Les personnes d'autres confessions chrétiennes ne sont pas rebaptisées (Reconnaissance mutuelle du baptême par les Eglises chrétiennes de la Suisse, 1973).

Art. 13. L'EREV attend de ses membres une foi personnelle vécue au service de l'Eglise et du monde.

Art. 14. L'EREV compte sur l'appui tant spirituel que matériel de ses membres.

Art. 15. Chaque membre de l'Eglise possède le droit de vote dès seize ans révolus et d'éligibilité dès dix-huit ans révolus, en principe dans la paroisse où il est domicilié.

Les paroisses

Généralités

Art. 16. Les paroisses réformées du Valais constituent ensemble et solidairement l'EREV. Elles sont autonomes sur le plan local en matière administrative et financière, dans le cadre

- de la législation valaisanne sur les rapports entre les Eglises et l'Etat[13],
- de la Cst. (Constitution de l'Eglise), du RE (Règlement ecclésiastique) et du RP (Règlement de procédure) de l'EREV,
- des décisions du Synode et du Conseil synodal,
- des relations avec les Comités des Sociétés d'aide aux Protestants disséminés (ci-après „Comités").

Art. 17. Les organes de la paroisse sont:

a) l'Assemblée de paroisse,
b) le Conseil de paroisse.

13 Loi sur les rapports entre les Eglises et l'Etat dans le canton du Valais, du 13 novembre 1991 (RS/VS 180.1).

L'Assemblée de paroisse

Art. 18. L'Assemblée de paroisse est formée de tous les membres de la paroisse qui ont droit de vote.

Art. 19. L'Assemblée de paroisse délibère de tout ce qui concerne la vie de la paroisse et de l'Eglise. Elle examine les rapports et les comptes, et en donne décharge. Elle vote le budget. Elle procède aux élections prévues par la Cst. et le RE.

Le Conseil de paroisse

Art. 20. Le Conseil de paroisse se compose de membres de la paroisse choisis pour leur engagement dans la vie de l'Eglise et pour leurs compétences. Les ministres titulaires en font partie de droit. Ils ne peuvent être élus président.

Art. 21. Le Conseil de paroisse exécute les décisions de l'Assemblée de paroisse et des Autorités de l'Eglise. Il a la direction spirituelle et matérielle de la paroisse.

Les autorités de l'EREV

Art. 22. Les Autorités de l'EREV sont:
a) le Synode,
b) le Conseil synodal,
c) le Conseil ecclésiastique.

Le Synode

Art. 23. (1) Le Synode est la plus haute autorité de l'EREV.
(2) Ses décisions ont force de loi pour toute l'EREV.

Art. 24. Le Synode se compose des membres suivants:
a) les délégués des paroisses,
b) un représentant de chacun des Comités,
c) les pasteurs et les diacres en fonction dans l'EREV qui ne font pas partie du Conseil synodal.

Art. 25. Le Synode se fait assister dans l'exercice de ses fonctions par la Commission de gestion, nommée en son sein (RE 42).

Art. 26. Le Synode peut confier des tâches particulières à des Commissions ordinaires ou extraordinaires.

Art. 27. (1) Les législatures de l'EREV sont de 4 ans, comptés à partir de 1954.

(2) Au début de chaque législature, le Synode élit pour 4 ans

a) son bureau,

b) trois représentants au Conseil ecclésiastique: le Président du Synode et deux membres laïcs de l'EREV.

(3) Il nomme ses commissions et leur président (cf. Cst. 26).

(4) A mi-législature, il élit pour 4 ans:

c) les membres du Conseil synodal, dont il nomme le président et le vice-président,

d) les délégués de l'EREV aux organismes ecclésiastiques suisses, romands ou alémaniques.

(5) Chaque année, il procède à des élections complémentaires aux postes vacants.

Le Conseil synodal

Art. 28. Le Conseil synodal se compose de sept membres élus pour quatre ans, dont trois ministres titulaires.

Art. 29. Le Conseil synodal exécute les décisions du Synode et veille à l'application de la Cst., du RE et du RP. Il a la direction spirituelle et matérielle de l'EREV.

Art. 30. Le Conseil synodal s'occupe de questions qui intéressent l'ensemble des paroisses ou une partie d'entres elles.

Art. 31. Le Conseil synodal représente l'EREV et assure la liaison avec les Comités, les autres Eglises, les Autorités civiles, ses autres partenaires et les tiers.

Art. 32. (1) Le Conseil synodal se fait assister dans l'exercice de ses fonctions par des Commissions de travail, dont il définit le cahier des charges.

(2) Il est responsable du travail de ces commissions devant le Synode.

Le Conseil ecclésiastique

Art. 33. Le Conseil ecclésiastique se compose de 5 membres élus pour quatre ans. Il tranche en dernier ressort les différends qui surgissent dans l'EREV. Il homologue les textes de la Cst., du RE et du RP adoptés par le Synode.

Les ministres

Art. 34. Tous les membres de l'Eglise sont appelés à faire valoir pour l'utilité commune les dons du Saint-Esprit qu'ils ont reçus. L'Eglise les encourage et les aide à exercer concrètement leur vocation.

Art. 35. Selon l'enseignement des apôtres et la pratique constante de l'Eglise, l'EREV reconnaît la nécessité de ministères particuliers: de la parole, de l'enseignement et de la diaconie.

Art. 36. L'EREV reconnaît par la consécration les vocations particulières de pasteur et de diacre (ministres).

Art. 37. (1) Les ministres titulaires de paroisse sont élus par l'Assemblée de paroisse. Leur élection est ratifiée par le Conseil synodal. Ils peuvent être soumis à réélection (RE 78).
(2) Les autres ministres titulaires sont nommés à leur poste par le Conseil synodal.

Art. 38. (1) Les ministres titulaires sont installés dans leur charge au nom de l'Eglise par le Conseil synodal. Ils sont agrégés au Corps ministériel de l'EREV par le Synode.
(2) Ils se doivent d'abord à leur paroisse ou à leur ministère, mais aussi à l'EREV dans son ensemble.
(3) Les pasteurs et les diacres en fonction dans l'EREV forment la Pastorale.

Art. 39. Les services de l'Eglise sont gratuits et ses ministres sont à la disposition de tous.

L'enseignement religieux et la catéchèse

Art. 40. (1) L'EREV a la mission de former et d'éduquer les enfants qui lui sont confiés dans un esprit de liberté chrétienne, en collaboration avec les parents et les paroisses (Cst. 7, RE 130).
(2) Elle est attachée au principe de l'école confessionnellement neutre, telle qu'elle est définie par la Constitution fédérale[14]. Pour cette raison, elle a créé ses propres écoles.

Art. 41. L'EREV soutient les cultes et autres activités organisées par les paroisses pour les enfants. Elle veille à la coordination de la catéchèse des adolescents dans ses paroisses (RE 131-136).

14 Dans l'ancienne Constitution fédérale (CF, 1874) voir art. 26 al. 3. Dans la CF 1999 (RS 101), on ne trouve pas de disposition expresse à ce sujet.

Art. 42. (1) L'EREV donne un enseignement religieux et de culture chrétienne dans ses propres écoles.
(2) Elle participe à l'enseignement de culture religieuse dans es écoles publiques, en conformité avec la loi scolaire de l'Etat du Valais[15] (RE 147-154).

Finances et immeubles

Art. 43. Le Conseil de paroisse gère les finances et les biens mobiliers et immobiliers de la paroisse.

Art. 44. Le Conseil synodal gère les finances et les biens mobiliers et immobiliers de l'EREV.

Dispositions juridiques et finales

Art. 45. En vertu de la Constitution et de la Loi valaisannes, l'Eglise réformée évangélique du Valais, de même que les paroisses qui la composent, sont des personnes juridiques de droit public.

Art. 46. (1) Le siège de l'EREV se trouve à son Secrétariat.
(2) L'EREV est représentée par le président et le secrétaire du Conseil synodal; ils signent ensemble.
(3) Le siège des paroisses se trouve au lieu qui les désigne ou au lieu spécifié dans leurs statuts (RE 1).
(4) Les paroisses sont représentées par le président et le secrétaire du Conseil de paroisse; ils signent ensemble.

Art. 47. Les détails d'application de la présente Constitution sont fixés dans le Règlement ecclésiastique (RE) et dans le Règlement de procédure (RP).

Art. 48. Avec l'entrée en vigueur de la présente Cst., ainsi que du RE et du RP qui en sont l'application, toutes les dispositions dans des règlements spéciaux de l'EREV et dans des statuts ou règlements locaux des paroisses qui ne sont pas en accord avec elle, avec le RE ou le RP, sont abrogées ou doivent être adaptées.

Art. 49. Les textes de la Cst., du RE et du RP sont traduits en allemand. La traduction est ratifiée par le Conseil ecclésiastique.

15 RS/VS 400.1.

Art. 50. Toute modification partielle de la Cst., du RE ou du RP doit être acceptée en deuxième lecture par la moitié des membres du Synode.

Art. 51. (1) Une révision totale de la Constitution ou du Règlement ecclésiastique ou du Règlement de procédure doit être adoptée en deuxième lecture par deux tiers des membres du Synode.
(2) La votation finale a lieu dans une session extraordinaire qui ne traite que de la révision et à laquelle les deux tiers des paroisses doivent être représentées.

Art. 52. En cas de dissolution de l'EREV, les règles de vote selon l'art. 51 sont appliquées. Le Synode nomme une Commission de liquidation.

Art. 53. (1) Les présents textes de la Cst. ainsi que du RE et du RP qui l'appliquent, modifient ceux de 1972. Des révisions partielles ont été adoptées par le Synode en session du 2 mai 1992, du 27 septembre 1997 et du 6 mai 2006.
(2) Ils entrent en vigueur dès leur adoption par le Synode et leur ratification par le Conseil ecclésiastique.

Je suis certain de ceci: Dieu a commencé cette œuvre bonne parmi vous, la continuera jusqu'à ce qu'elle soit achevée au jour de Jésus-Christ.
(Philippiens 1, 6)

Verfassung der Evangelisch-reformierten Kirche des Wallis vom 4. November 1972*

Inhaltsverzeichnis

	Artikel
Präambel	1
Glaubensbekenntnis	4
Auftrag der Kirche	5
Die Glieder der Kirche	11
Die Kirchgemeinden	16
Allgemeines	16
Kirchgemeindeversammlung	18
Kirchgemeinderat	20
Die Behörden der ERKW	22
Synode	23
Synodalrat	28
Rekurskommission	33
Die Ämter	34
Die kirchliche Unterweisung	40
Finanzen und Gebäude	43
Rechtliche und Schlussbestimmungen	45

Präambel

Art. 1. Die EVANGELISCH-REFORMIERTE KIRCHE DES WALLIS (ERKW) ist Teil der einen, allgemeinen Kirche, die seit apostolischer Zeit ihr Leben auf Jesus Christus, das alleinige Haupt der Kirche, gründet. Sie anerkennt die Autorität des Wortes Gottes, das in der Heiligen Schrift bezeugt ist. Sie beruft sich auf die Reformation des 16. Jahrhunderts und lebt unter synodal-presbyterianischer Leitung.

* Übersetzung. – Der Verfassungstext enthält einleitend folgenden Hinweis an den Leser: „Für die in diesem Dokument erwähnten Funktionen wurde die männliche Personalform zwecks Erleichterung des Textes gewählt, selbstverständlich ist die weibliche Form mit inbegriffen.“
Teilrevisionen wurden von der Synode in ihren Sitzungen vom 2. Mai 1992, vom 27. September 1997 und vom 6. Mai 2006 genehmigt.

Art. 2. Die ERKW verdankt ihren Ursprung der Glaubenstreue der im Wallis wohnhaften Protestanten und der brüderlichen Hilfe der Protestantisch-kirchlichen Hilfsvereine der Kantone Bern, Genf und Waadt. Ihre gemeinsamen Bemühungen führten von der Mitte des 19. Jahrhunderts an zur Gründung reformierter Gemeinden und Schulen, 1923 zur Schaffung der Vereinigung der Protestantischen Gemeinden des Wallis und 1949 durch Beschluss der Delegiertenversammlung vom 14. Mai zur Gründung der Evangelisch-reformierten Kirche des Wallis.

Art. 3. (1) Die ERKW ist Mitglied des SCHWEIZERISCHEN EVANGELISCHEN KIRCHENBUNDES (SEK), der CONFERENCE DES EGLISES PROTESTANTES DE SUISSE ROMANDE (CER) und der DEUTSCHSCHWEIZERISCHEN KIRCHENKONFERENZ (KIKO). Sie gehört zur Communauté évangélique d'action apostolique (CEVAA). Durch den SEK ist sie mit dem OEKUMENISCHEN RAT DER KIRCHEN und dem REFORMIERTEN WELTBUND verbunden.
(2) Sie ist von der Verfassung des Kantons Wallis[1] öffentlich-rechtlich anerkannt.

Glaubensbekenntnis

Art. 4. Die ERKW bekennt ihren Glauben mit folgenden Worten:
- Wir glauben an Gott, unseren Vater, an Seine Allmacht und Heiligkeit und an Seine in Jesus Christus offenbarte Liebe[2].
- Wir glauben an Jesus Christus, den Sohn des lebendigen Gottes[3], der durch sein heiliges Leben, seinen Tod und seine Auferstehung allen, die an ihn glauben, Vergebung der Sünden[4] und das ewige Leben verheissen[5]. Wir bekennen Jesus Christus, der ein einziges Mal erschienen ist,

1 Verfassung des Kantons Wallis vom 8. März 1907 (SGS/VS 101.1). Art. 2 Abs. 2: „Die Religionsgemeinschaften entscheiden über ihre Lehre und ihren Kultus frei und unabhängig. Sie befinden innert den Schranken des öffentlichen Rechts selbständig über ihre Organisation und Verwaltung." Abs. 3: „Die römisch-katholische Kirche und die evangelisch-reformierte Kirche werden als öffentlich-rechtliche Institutionen mit eigener Rechtspersönlichkeit anerkannt. [...]".

2 Off. 4, 8b; Joh. 3, 16.

3 Matth. 16, 16.

4 Luk. 7, 50.

5 Joh. 11, 24-26.

um durch seinen Opfertod die Sünde zu überwinden[6], als einzigen Heiland[7] und alleinigen Mittler zwischen Gott und den Menschen[8].

- Wir glauben an den Heiligen Geist, der uns in alle Wahrheit führt[9], durch den Gott uns heiligt, tröstet und uns in der Gemeinschaft des Glaubens und der Liebe in der Kirche eins macht.
- Wir glauben an die frohe Botschaft des Heils aus Gnade[10] allein durch den Glauben für alle, die Busse tun[11].
- Wir erwarten den Sieg Christi am Ende der Zeit und das Kommen des Reiches Gottes[12].

Auftrag der Kirche

Art. 5. Die ERKW verkündet allen das Evangelium. Sie eint ihre Glieder im Glauben, in der Hoffnung und in der brüderlichen Liebe. Sie erfüllt ihren Auftrag sowohl durch das persönliche Zeugnis ihrer Glieder als auch durch die verschiedenen Ämter, die der Heilige Geist in der Kirche bewirkt.

Art. 6. Die ERKW kennt zwei Sakramente: die Taufe und das Abendmahl.

Art. 7. Die ERKW ist bestrebt, die Kinder und Jugendlichen zum christlichen Glauben zu führen und sie zu lebendigen Gliedern der Kirche zu machen.

Art. 8. Die ERKW ist für den Dialog mit anderen christlichen Konfessionen und für die Zusammenarbeit mit ihnen offen.

Art. 9. Die ERKW nimmt aktiv teil an der Inneren und Äusseren Mission.

Art. 10. Die ERKW ist bereit, sich im Namen Jesu Christi jedem helfenden Werk der Nächstenliebe anzuschliessen.

Die Glieder der Kirche

Art. 11. Die ERKW erkennt alle im Wallis wohnhaften evangelischen Personen als ihre Mitglieder an.

6 Heb. 9, 26.
7 Apg. 4, 12.
8 1. Tim. 2, 5.
9 Joh. 16, 13.
10 Eph. 2, 8.
11 Mk. 1, 15.
12 Jak. 5, 7.

Art. 12. (1) Die ERKW nimmt Personen anderer Konfessionen und Nicht-Christen nach einer Unterweisung und einer mindestens einjährigen Teilnahme am Leben der reformierten Kirche als Mitglieder auf.
(2) Mitglieder anderer christlicher Konfession werden nicht wiedergetauft (Gegenseitige Anerkennung der Taufe zwischen den christlichen Kirchen der Schweiz, 1973).

Art. 13. Die ERKW erwartet von ihren Mitgliedern, dass sie ihren persönlichen Glauben im Dienst an Kirche und Welt leben.

Art. 14. Die ERKW erwartet von ihren Mitgliedern eine aktive Teilnahme am geistigen Leben und eine Beteiligung an den finanziellen Lasten.

Art. 15. Jedes Mitglied der Kirche hat vom vollendeten 16. Lebensjahr an das aktive und vom vollendeten 18. Lebensjahr an das passive Wahlrecht, im Prinzip in der Kirchgemeinde seines Wohnsitzes.

Die Kirchgemeinden

Allgemeines

Art. 16. Die reformierten Kirchgemeinden des Wallis bilden gemeinsam und solidarisch die ERKW. In lokalen Verwaltungs- und Finanzangelegenheiten sind sie selbständig, dies im Rahmen

- der Walliser Gesetzgebung über das Verhältnis zwischen Kirchen und Staat[13],
- der Kirchenverfassung (KiV), der Kirchenordnung (KiO), und des Geschäftsreglements (GR) der ERKW,
- der Beschlüsse der Synode und des Synodalrates, und
- der Beziehungen zu den Hilfsvereinen.

Art. 17. Die Organe der Kirchgemeinde sind:

a) die Kirchgemeindeversammlung,
b) der Kirchgemeinderat.

Kirchgemeindeversammlung

Art. 18. Die Kirchgemeindeversammlung setzt sich aus allen stimmberechtigten Gemeindegliedern zusammen.

13 Gesetz über das Verhältnis zwischen Kirchen und Staat im Kanton Wallis vom 13. November 1991 (SGS/VS 180.1).

Art. 19. Die Kirchgemeindeversammlung berät alle Geschäfte, die das Leben der Gemeinde und der Kirche betreffen. Sie kontrolliert Berichte und Rechnung und genehmigt sie. Sie stimmt über das Budget ab. Sie führt Wahlen durch, wie diese in der KiV und in den Reglementen vorgesehen sind.

Kirchgemeinderat

Art. 20. (1) Der Kirchgemeinderat setzt sich aus Gemeindegliedern zusammen, die durch die Teilnahme am kirchlichen Leben und durch ihre Fähigkeiten zu diesem Amt geeignet sind.
(2) Die ernannten Amtsinhaber sind von Amtes wegen Mitglieder, sie können jedoch nicht zum Präsidenten gewählt werden.

Art. 21. Der Kirchgemeinderat führt die Beschlüsse der Kirchgemeindeversammlung und der kirchlichen Behörden aus. Ihm obliegt die geistige und materielle Leitung der Kirchgemeinde.

Die Behörden der ERKW

Art. 22. Die Behörden der ERKW sind
a) die Synode,
b) der Synodalrat,
c) die Rekurskommission.

Synode

Art. 23. (1) Die Synode ist die oberste Behörde der ERKW.
(2) Ihre Beschlüsse sind für die gesamte ERKW verbindlich.

Art. 24. Die Synode setzt sich auf folgenden Mitgliedern zusammen:
a) den Delegierten der Kirchgemeinden,
b) einem Vertreter der einzelnen Hilfsvereine,
c) den Pfarrern und Diakonen, die im Dienst der ERKW sind und nicht dem Synodalrat angehören.

Art. 25. Die Synode wird in ihrer Aufgabe durch die Geschäftsprüfungskommission unterstützt. Diese wird von der Synode unter ihren Mitgliedern ernannt (KiO 42).

Art. 26. Die Synode kann besondere Aufgaben ordentlichen oder ausserordentlichen Kommissionen anvertrauen.

Art. 27. (1) Die Legislaturperioden der ERKW betragen vier Jahre, beginnend ab 1954.
(2) Zu Beginn jeder Legislaturperiode wählt die Synode für eine Dauer von 4 Jahren:
a) ihr Büro,
b) drei Vertreter in die Rekurskommission: den Präsidenten der Synode und zwei Laien unter den Mitgliedern der ERKW.
(3) Sie ernennt ihre Kommissionen und deren Präsidenten (vgl. KiV 26).
(4) Nach Ablauf der halben Legislaturperiode wählt sie für 4 Jahre:
a) die Mitglieder des Synodalrates, darunter dessen Präsidenten und Vizepräsidenten,
b) die Delegierten der ERKW in die kirchlichen Organe der Welsch- und Deutschschweiz wie auch der gesamten Schweiz.
(5) Die Synode vollzieht alljährlich die erforderlichen Ersatzwahlen unbesetzter Posten.

Synodalrat

Art. 28. Der Synodalrat setzt sich aus sieben Mitgliedern, davon drei ernannten Amtsinhabern, zusammen. Sie sind für vier Jahre gewählt.

Art. 29. Der Synodalrat führt die Beschlüsse der Synode aus und überwacht die Einhaltung der KiV, der KiO und des GR. Ihm obliegt die geistige und materielle Leitung der ERKW.

Art. 30. Der Synodalrat befasst sich mit Angelegenheiten, die für die Gesamtheit der Kirchgemeinden oder für einen Teil von ihnen von Interesse sind.

Art. 31. (1) Der Synodalrat vertritt die ERKW rechtskräftig.
(2) Ihm obliegt die Verbindung zu den Hilfsvereinen, den anderen Kirchen, den Zivilbehörden, seinen anderen Partnern und Dritten.

Art. 32. (1) Der Synodalrat wird in seiner Aufgabe durch Arbeitskommissionen unterstützt, deren Pflichtenheft er festlegt.
(2) Der Synodalrat ist vor der Synode für deren Arbeit verantwortlich.

Rekurskommission

Art. 33. Die Rekurskommission besteht aus fünf für vier Jahre gewählten Mitgliedern. Sie behandelt und entscheidet in letzter Instanz alle Streitfälle, die in der ERKW auftreten. Sie setzt die Texte der KiV, der KiO und des GR in Kraft.

Die Ämter

Art. 34. Alle Mitglieder der Kirche sind aufgerufen, ihre vom Heiligen Geist empfangenen Gaben zum allgemeinen Wohle einzusetzen. Die Kirche ermutigt und unterstützt sie, ihrer Berufung Gestalt zu verleihen.

Art. 35. Gemäss der Lehre der Apostel und der ständigen Praxis der Kirche anerkennt die ERKW die Notwendigkeit besonderer Ämter: das Amt des Wortes, das Amt der Lehre und das Amt der Diakonie.

Art. 36. Die ERKW anerkennt die besondere Berufung der Pfarrer und der Diakone (Amtsinhaber) durch Ordination.

Art. 37. (1) Die Inhaber eines Amtes innerhalb einer Kirchgemeinde werden von der Kirchgemeindeversammlung gewählt. Ihre Wahl wird vom Synodalrat bestätigt. In besonderen Fällen haben sie sich einer Wiederwahl zu unterziehen (KiO 78).
(2) Die Inhaber anderer Ämter werden vom Synodalrat ernannt.

Art. 38. (1) Die Inhaber eines Amtes werden vom Synodalrat im Namen der Kirche in ihr Amt eingesetzt. Sie werden von der Synode dem Pfarrkapitel der ERKW angeschlossen.
(2) Ihr Dienst gilt zuerst ihrer Kirchgemeinde oder ihrem besonderen Amt, aber auch der gesamten ERKW.
(3) Die amtierenden Pfarrer und Diakone der ERKW bilden zusammen das Pfarrkapitel.

Art. 39. Die Dienste der Kirche sind unentgeltlich, und die Inhaber der Ämter halten sich allen zur Verfügung.

Die kirchliche Unterweisung

Art. 40. (1) Die ERKW hat die Aufgabe, die ihr anvertrauten Kinder in Zusammenarbeit mit den Eltern und den Kirchgemeinden im Geist der christlichen Freiheit zu erziehen und zu bilden (KiV 7, KiO 130).
(2) Die ERKW bekennt sich zu dem in der Bundesverfassung festgelegten Prinzip der konfessionell neutralen Schule[14]. Aus diesem Grunde hat sie ihre eigenen Schulen geschaffen.

14 In der a.BV (1874) siehe Art. 26 Abs. 3. In der BV 1999 (SR 101) findet sich hierzu keine ausdrückliche Bestimmung.

Art. 41. Die ERKW unterstützt Gottesdienste und andere von den Kirchgemeinden für Kinder organisierte Anlässe. Sie koordiniert die Unterweisung der Jugendlichen in den Kirchgemeinden (KiO 131-136).

Art. 42. Die ERKW erteilt in ihren eigenen Schulen Unterricht in Religion und in christlicher Kultur.
(2) Sie beteiligt sich am Unterricht in religiöser Kultur an den öffentlichen Schulen, gemäss der Schulgesetzgebung des Kantons Wallis[15] (KiO 147-154).

Finanzen und Gebäude

Art. 43. Der Kirchgemeinderat verwaltet die finanziellen Mittel sowie das bewegliche und unbewegliche Vermögen der Kirchgemeinde.

Art. 44. Der Synodalrat verwaltet die finanziellen Mittel sowie das bewegliche und unbewegliche Vermögen der ERKW.

Rechtliche und Schlussbestimmungen

Art 45. Die Evangelisch-reformierte Kirche des Wallis sowie ihre Kirchgemeinden sind auf Grund der Walliser Verfassung und Gesetzgebung öffentlich-rechtliche Institutionen mit eigener Rechtspersönlichkeit.

Art. 46. (1) Sitz der ERKW ist das Kirchensekretariat.
(2) Der Präsident und der Sekretär des Synodalrates vertreten gemeinsam die ERKW rechtsverbindlich.
(3) Sitz der Kirchgemeinden ist die Ortschaft, deren Namen sie tragen oder der Ort, der in ihren Statuten festgelegt ist (KiO 1).
(4) Der Präsident und der Sekretär des Kirchgemeinderates vertreten gemeinsam die Kirchgemeinde rechtsverbindlich.

Art. 47. Die Einzelheiten der Anwendung der vorliegenden Kirchenverfassung sind in der Kirchenordnung (KiO) und im Geschäftsreglement (GR) festgestellt.

Art. 48. Mit dem Inkrafttreten dieser Kirchenverfassung und ihrer Ausführungsbestimmungen, d.h. der Kirchenordnung und des Geschäftsreglements, werden alle Bestimmungen der früheren Verfassungstexte der ERKW und der Kirchgemeinden, die nicht mit dieser Kirchenverfassung und ihren

15 Gesetz über das öffentliche Unterrichtswesen vom 4. Juli 1962 (SGS/VS 400.1).

Ausführungsbestimmungen übereinstimmen, aufgehoben oder sie müssen angepasst werden.

Art. 49. Die Texte der KiV, der KiO und des GR werden ins Deutsche übersetzt. Die Übersetzung wird von der Rekurskommission in Kraft gesetzt.

Art. 50. Jede Teiländerung der KiV, der KiO oder des GR muss in zweiter Lesung durch die Hälfte der Mitglieder der Synode genehmigt werden.

Art. 51. (1) Eine Totalrevision der KiV, der KiO oder des GR bedarf in zweiter Lesung der Zweidrittelmehrheit aller Mitglieder der Synode.
(2) Die Schlussabstimmung erfolgt in einer ausserordentlichen Sitzung, die allein die Revision behandelt und an der zwei Drittel der Kirchgemeinden vertreten sein müssen.

Art. 52. (1) Im Falle der Auflösung der ERKW sind die Abstimmungsvorschriften gemäss Art. 51 anzuwenden.
(2) Die Synode ernennt eine Liquidationskommission.

Art. 53. (1) Die vorliegenden Texte der Kirchenverfassung, der Kirchenordnung und des Geschäftsreglementes ersetzen jene von 1972. Teilrevisionen wurden von der Synode in ihren Sitzungen vom 2. Mai 1992 und vom 27. September 1997 und vom 6. Mai 2006 genehmigt.
(2) Sie treten nach Annahme durch die Synode und Ratifizierung durch die Rekurskommission in Kraft.

Ich bin ganz sicher: Gott wird sein Werk, das er bei euch angefangen hat, auch vollenden bis zu dem Tag, an dem Jesus Christus kommt.
(Philipperbrief 1, 6)

SJKR/ASDE Beiheft 6 (2009), S. 415-423

Vaud (Waadt)

Règlement général d'organisation de l'Eglise évangélique réformée du Canton de Vaud, du 31 août 2007*

Table des matières

	Articles
Déclaration d'ouverture	
Chapitre premier: Principes généraux	1
Chapitre II: Structures principales	8
Chapitre III: Personnel	22
Chapitre IV: Discipline	25
Chapitre V: Dispositions financières	27
Chapitre VI: Dispositions finales et transitoires	30

Déclaration d'ouverture

L'Eglise évangélique réformée du Canton de Vaud (EERV) définit son identité, sa vocation et sa mission par les principes constitutifs suivants[1]*:*

1. *L'Eglise évangélique réformée du Canton de Vaud a pour seule autorité Jésus-Christ, le Fils de Dieu. Avec la Bible, elle le reconnaît comme Sauveur et Seigneur de l'humanité et du monde. L'Eglise trouve en Lui son fondement et son sens.*
2. *A la lumière du Saint-Esprit, elle cherche à discerner dans les Ecritures la Parole de Dieu. Elle proclame le salut par grâce accueilli dans la foi.*

* Pas de modifications à ce jour.

1 Adoptés par le Synode de l'EERV le 9 avril 2005. Voir aussi: Document accompagnateur des principes constitutifs de l'EERV, du 10 octobre 2005.

Avec les Eglises de la Réforme, elle affirme que la Bible doit toujours être interprétée et soumet cette interprétation à la Bible elle-même.

3. *Elle est communauté de prière, de partage et d'espérance, rassemblée autour du Christ par la proclamation de la Parole et la célébration des sacrements. Elle reconnaît le baptême célébré une fois pour toutes et à tout âge. Elle accueille à la cène tous les baptisés.*
4. *Selon la Constitution cantonale qui respecte sa liberté spirituelle et garantit sa liberté d'organisation, elle est reconnue par l'Etat comme une institution de droit public dotée de la personnalité morale. Elle collabore au bien de tous*[2].
5. *Elle reçoit du Christ la mission de témoigner de l'Evangile en paroles et en actes. Elle accomplit cette mission dans le canton de Vaud, auprès de tous et sans discrimination.*
6. *Elle reconnaît que tous les baptisés sont responsables de cette mission selon la vocation et les charismes reçus de Dieu.*
7. *Dans le cadre de ce sacerdoce universel, elle consacre des femmes et des hommes à des ministères particuliers qui entraînent et forment à la vie communautaire, au témoignage et à la solidarité.*
8. *Elle s'inscrit dans la communion de l'Eglise universelle. Avec les Eglises chrétiennes, elle partage la responsabilité du témoignage de l'Evangile dans le monde. Elle s'engage dans l'action œcuménique et l'œuvre missionnaire. Elle entretient une solidarité particulière avec les Eglises de la Réforme.*
9. *Dans le dialogue avec les religions, elle privilégie l'interpellation mutuelle pour une coexistence pacifique et une meilleure compréhension. Elle respecte la différence tout en continuant de proclamer l'Evangile. Elle encourage à la clairvoyance envers les diverses formes de spiritualité.*
10. *Elle porte un regard bienveillant et critique sur la société.*
11. *Elle demeure exigeante envers elle-même et se sait toujours à réformer.*
12. *Ouverte à tous, elle reconnaît comme membre toute personne qui accepte „la grâce du Seigneur Jésus-Christ, l'amour de Dieu et la communion du Saint-Esprit"*[3] *ainsi que ses Principes constitutifs et ses formes organiques. Elle remet à Dieu le jugement des cœurs.*

2 Amendé par le Synode de l'EERV le 31 août 2007.
3 II Cor. 13, 18.

Chapitre premier: Principes généraux

Art. 1. Objet. Le présent Règlement général d'organisation (RGO), édicté en application de l'art. 6 de la loi sur les relations entre l'Etat et les Eglises reconnues de droit public[4], fixe les axes principaux de l'organisation de l'EERV, conformément à la loi sur l'Eglise évangélique réformée du Canton de Vaud[5].

Art. 2. Pouvoir de légiférer au niveau synodal. Le Synode édicte des règlements et le Conseil synodal des directives.

Art. 3. Terminologie. Toute désignation de personne, de statut ou de fonction dans les règlements ou directives de l'EERV s'applique indifféremment aux femmes et aux hommes.

Art. 4. Siège et domaines d'activité. (1) L'EERV est une institution de droit public ayant la personnalité morale. Son siège est à Lausanne.
(2) Conformément aux art. 170 al. 2 Cst-VD[6] et 7 de la loi sur les relations entre l'Etat et les Eglises reconnues de droit public, l'EERV exerce sa mission au service de tous dans les domaines suivants:
- vie communautaire et cultuelle,
- santé et solidarités,
- communication et dialogue,
- formation et accompagnement.

Art. 5. Egalité et démocratie. (1) L'EERV veille à l'égalité entre les femmes et les hommes, à tous les niveaux.
(2) Elle applique les principes démocratiques.
(3) Conformément à l'usage presbytéro-synodal des Eglises réformées, l'EERV est organisée selon une hiérarchie d'assemblées et de conseils.
(4) Les organes délibérants et exécutifs sont distincts. Ils peuvent nommer des commissions.
(5) Dans les assemblées, les conseils et les commissions de l'EERV, les laïcs sont en nombre supérieur à celui des ministres.

Art. 6. Législature. La législature est de cinq ans.

Art. 7. Secret de fonction. Les membres des conseils, ainsi que ceux des commissions sont tenus au secret de fonction.

4 RSV 180.05.
5 RSV 180.11.
6 RSV 101.01.

Chapitre II: Structures principales

Art. 8. Lieux d'Eglise. L'EERV exerce sa mission au service de tous dans trois types de lieux d'Eglise, qui jouissent tous de la même légitimité ecclésiale:
- les paroisses (y compris les Kirchgemeinden),
- les services communautaires,
- les aumôneries.

Art. 9. Paroisse. (1) La paroisse est un lieu d'Eglise qui correspond à un territoire géographique. Elle a la personnalité morale de droit public.
(2) Au nom de l'Evangile, la paroisse favorise la rencontre et le rassemblement de personnes là où elles habitent. Elle collabore avec les autres lieux d'Eglise et s'insère dans la vie de la région et de l'EERV. Elle développe des relations, notamment avec les communes, les sociétés et les associations locales.
(3) Les organes paroissiaux sont l'assemblée paroissiale et le conseil paroissial. Ils ont des compétences décisionnelles et de gestion, définies par le Règlement ecclésiastique (RE).

Art. 10. Service communautaire. (1) Le service communautaire est un lieu d'Eglise qui offre des services en fonction de besoins spécifiques à une catégorie de la population.
(2) Au nom de l'Evangile, le service communautaire favorise la rencontre et le rassemblement de personnes en fonction d'intérêts et de projets spécifiques. Le service communautaire collabore avec les autres lieux d'Eglise et s'insère dans la vie de la région et de l'EERV.
(3) Le service communautaire est doté d'un conseil.

Art. 11. Aumônerie. (1) L'aumônerie est un lieu d'Eglise qui assure la présence de l'EERV dans des institutions ou organismes.
(2) Au nom de l'Evangile, l'aumônerie favorise la rencontre et le rassemblement des personnes vivant et travaillant dans des institutions ou organismes. Dans la plupart des cas, l'aumônerie s'exerce de manière œcuménique dans le cadre de la mission au service de tous exercée en commun. L'aumônerie collabore avec les autres lieux d'Eglise et s'insère dans la vie de l'EERV. L'aumônerie est en lien avec la direction des institutions ou organismes où elle s'insère.
(3) L'aumônerie est dotée d'un conseil.

Art. 12. Structures de coordination et de collaboration. Les structures de coordination et de collaboration sont:
- les régions,

- les services cantonaux,
- les offices cantonaux,
- la commission de coordination de la mission au service de tous exercée en commun.

Art. 13. Région. (1) La région est une structure réunissant différents lieux d'Eglise (les paroisses et les services communautaires) sur un territoire défini.
(2) Elle coordonne les activités des lieux d'Eglise et favorise la collaboration. Elle est chargée de responsabilités sur le plan de la formation, de la diaconie et de l'information. La région soutient, organise et gère les relations et les collaborations œcuméniques et interreligieuses. Elle développe des relations avec les autorités politiques de son territoire.
(3) Les organes régionaux sont l'assemblée régionale et le conseil régional. Ils ont des compétences décisionnelles et de gestion définies par le RE.

Art. 14. Services cantonaux. L'EERV dispose de services cantonaux qui coordonnent et apportent un soutien à toutes les activités d'un même domaine. Ils sont dotés d'un conseil placé sous la responsabilité du Conseil synodal.

Art. 15. Offices cantonaux. L'EERV dispose d'offices cantonaux, notamment pour la gestion des ressources humaines, l'administration, les finances, l'information et la communication. Ils sont dirigés par le Conseil synodal.

Art. 16. Commission de coordination de la mission au service de tous exercée en commun. Une commission de coordination paritaire assure la gestion administrative des missions exercées en commun sous la responsabilité du Conseil synodal de l'EERV et du Conseil de l'Eglise catholique, cas échéant avec le concours d'autres communautés reconnues. Sa compétence est fixée par la convention d'exécution prévue à l'art. 18 de la loi sur les relations entre l'Etat et les Eglises reconnues de droit public. Cette convention est soumise à la ratification du Synode.

Art. 17. Organes synodaux. (1) Les organes faîtiers qui assument la responsabilité de l'EERV sont:
- le Synode (organe délibérant),
- le Conseil synodal (organe exécutif).

(2) L'organe de contrôle financier est nommé par le Synode.

Art. 18. Synode. (1) Le Synode assume la responsabilité théologique et ecclésiologique dans l'EERV. Il veille à en préserver l'unité et la cohésion,

en cohérence avec les positions des Eglises issues de la Réforme. Il fixe les grandes lignes de son organisation et de son action.
(2) Il a notamment les compétences suivantes:
- adopter les principes constitutifs de l'EERV,
- adopter le RGO, le RE et les autres règlements,
- adopter le programme de législature,
- délibérer de la loi sur les relations entre l'Etat et les Eglises reconnues de droit public et de la loi sur l'EERV,
- adopter les objectifs généraux de l'EERV,
- attribuer les ressources humaines affectées à chacun des domaines, au sens de l'art. 7 de la loi sur les relations entre l'Etat et les Eglises reconnues de droit public, où l'EERV exerce sa mission,
- adopter le budget de l'EERV et approuver les comptes,
- approuver la gestion du Conseil synodal,
- approuver les transferts de compétences au plan romand, suisse, œcuménique,
- élire les membres du Conseil synodal,
- élire les membres de ses commissions permanentes, dont la commission de gestion, la commission des finances,
- élire ses délégués à la commission de consécration,
- nommer l'organe de contrôle financier,
- ratifier la convention collective de travail,
- ratifier la convention d'exécution relative aux missions communes.

(3) Le Synode exerce en outre les compétences générales qui ne sont pas expressément attribuées à un autre organe de l'EERV.
(4) Le Synode se compose des délégués des régions et des services cantonaux, ainsi que de ceux que l'Etat et la faculté de théologie et de sciences des religions de l'Université de Lausanne ont désignés.

Art. 19. Conseil synodal. (1) Le Conseil synodal exerce la direction générale de l'EERV. Il veille au développement de la vie spirituelle et communautaire de l'Eglise. Il met en œuvre les décisions du Synode et rend compte de sa gestion au Synode.
(2) Il a les compétences suivantes:
- proposer les objectifs généraux,
- édicter les directives,
- prendre toutes les décisions nécessaires à la gestion et au bon fonctionnement de l'EERV,
- représenter l'EERV auprès de l'Etat et des tiers, notamment auprès des autres Eglises,

- coordonner l'ensemble des activités de l'EERV,
- veiller à l'organisation et à la coordination des régions,
- exercer la responsabilité des services cantonaux,
- diriger les offices cantonaux,
- représenter l'EERV dans son rôle d'employeur des ministres et des laïcs salariés,
- élaborer le programme de législature,
- établir le budget et les comptes, ainsi qu'assurer la gestion des finances de l'EERV.

(3) Le Conseil synodal est composé de quatre laïcs et trois ministres, élus par le Synode.

Art. 20. Organe de contrôle financier. (1) L'organe de contrôle financier vérifie les comptes et la comptabilité de l'EERV.
(2) Il est indépendant de l'EERV.
(3) Il est nommé pour une année. Son mandat peut être renouvelé.

Art. 21. Renvoi au Règlement ecclésiastique.
- L'organisation, le fonctionnement et le nombre des paroisses, des services communautaires, des aumôneries,
- l'organisation, le fonctionnement et le nombre des régions,
- l'organisation, le fonctionnement et le nombre des services et des offices cantonaux,
- l'organisation et le fonctionnement des organes synodaux,

sont définis dans le RE[7].

Chapitre III: Personnel

Art. 22. Catégories de personnel et contrat. (1) L'EERV s'assure la collaboration d'un personnel salarié composé de ministres et de laïcs.
(2) Lorsque l'EERV est l'employeur, les personnes salariées sont engagées par le Conseil synodal, sur la base de contrats de travail.

Art. 23. Convention collective de travail. Les personnes salariées, dont l'employeur est l'EERV, sont soumises à la convention collective de travail négociée et signée par le Conseil synodal et la ou les représentations des collaborateurs de l'EERV.

7 Voir: Règlement ecclésiastique de l'Eglise évangélique réformée du Canton de Vaud, du 20 novembre 1999; Règlement ecclésiastique de l'Eglise évangélique réformée du Canton de Vaud, 2009 (le nouveau RE n'est, au moment de l'impression de ce volume, que partiellement en vigueur).

Art. 24. Fonctions, formes de ministères, conditions d'accès, compétences.

– Les fonctions et les formes de ministères,
– les conditions d'accès aux ministères, les conditions générales de leur exercice,
– les compétences des organes lors d'une élection ou d'une désignation,

sont définies dans le RE.

Chapitre IV: Discipline

Art. 25. Principe. (1) La discipline ecclésiastique consiste dans le respect notamment des principes constitutifs, du RGO et du RE; elle est formulée de manière précise dans le RE.
(2) Elle s'applique aux personnes salariées de l'EERV, ainsi qu'à toute personne exerçant une fonction dans les assemblées, conseils ou commissions de l'EERV.

Art. 26. Procédure. Les procédures disciplinaires, de recours et de gestion des conflits sont définies dans le RE.

Chapitre V: Dispositions financières

Art. 27. Transparence financière. (1) L'EERV pratique la transparence financière.
(2) A tous les échelons, la comptabilité et les comptes sont contrôlés par une commission de gestion et/ou des finances et approuvés par l'organe délibérant compétent.
(3) Les budgets, les comptes et les rapports de gestion sont publics.
(4) L'EERV dispose d'une planification financière.

Art. 28. Ressources financières. Les ressources de l'EERV sont les suivantes:

a) la subvention de l'Etat de Vaud,
b) les ressources propres,
c) les dons, legs et autres libéralités.

Art. 29. Flux financiers. Les modalités des flux financiers internes à l'EERV sont définies dans le RE.

Chapitre VI: Dispositions finales et transitoires

Art. 30. Dispositions transitoires. Le Règlement ecclésiastique de l'Eglise évangélique réformée du Canton de Vaud du 20 novembre 1999 continue à s'appliquer tant que les dispositions du RE auxquelles le RGO renvoie ne sont pas entrées en vigueur.

Art. 31. Entrée en vigueur. (1) Le présent règlement entre en vigueur après avoir été contrôlé par le Conseil d'Etat qui en vérifie la légalité.
(2) La date de l'entrée en vigueur est fixée par le Conseil synodal, mais au plus tard en même temps que celle du RE.

Dans sa séance du 9 avril 2008, et conformément à l'art. 6 de la loi du 9 janvier 2007 sur les relations entre l'Etat et les Eglises reconnues de droit public, le Conseil d'Etat a vérifié et validé l'adéquation du Règlement général d'organisation de l'Eglise évangélique réformée du Canton de Vaud avec les principes constitutionnelles et avec les lois sur les Eglises.

SJKR/ASDE Beiheft 6 (2009), S. 425-439

Zug (Zoug)

Gemeindeordnung der evangelisch-reformierten Kirchgemeinde des Kantons Zug vom 24. August 1997*

Inhaltsverzeichnis

	§§
Präambel	
1. Abschnitt: Die Kirchgemeinde	1
2. Abschnitt: Der Grosse Kirchgemeinderat	14
3. Abschnitt: Der Kirchenrat	26
4. Abschnitt: Die Bezirke	41
5. Abschnitt: Die Bezirkskirchenpflegen	50
6. Abschnitt: Die Pfarrämter	55
7. Abschnitt: Kirchliche Aufgaben	60
8. Abschnitt: Schlussbestimmungen	64

Präambel

Grundlage und Auftrag. Die Evangelisch-reformierte Kirchgemeinde des Kantons Zug versteht sich als Teil der allgemeinen christlichen Kirche. Sie zählt sich zu den aus der Reformation hervorgegangenen, erneuerten und sich stets erneuernden Volkskirchen, die sich an der Gerechtigkeits- und Befreiungsbotschaft Jesu Christi vom Reiche Gottes orientieren. Sie vertraut

* Angenommen per Urnenabstimmung. – Vom Regierungsrat am 21. Oktober 1997 bzw. 24. Januar 2002 genehmigt.
Teilrevision vom 28. Oktober 2001 (Urnenabstimmung). Kleine Teilrevision bevorstehend (29. März 2009), wobei §§ 33-64 neu nummeriert werden sollen (Änderungen hier noch nicht berücksichtigt).

auf die Kraft des Heiligen Geistes und weiss sich verantwortlich gegenüber der Schöpfung. Sie dient den Menschen durch die Verkündigung der biblischen Botschaft im Gottesdienst in Wort und Sakrament, in Diakonie und Seelsorge, in kirchlichen Handlungen, im Religionsunterricht sowie in Kinder- und Jugendarbeit, in Erwachsenenbildung sowie auf andere geeignete Weise. Vom Evangelium her setzt sie sich ein für die weltweite ökumenische Gemeinschaft, den interreligiösen Dialog und die Mission als Begegnung in Offenheit sowie für die Wahrung der Menschenrechte.

1. Abschnitt: Die Kirchgemeinde

§ 1. Rechtliche Stellung. Die Kirchgemeinde ordnet ihre Angelegenheiten im Rahmen von Verfassung[1] und Gesetzen[2]. Sie untersteht der Aufsicht des Kantons.

§ 2. Mitgliedschaft. (1) Die Kirchgemeinde umfasst die im Kantonsgebiet wohnhaften Angehörigen der Evangelisch-reformierten Kirche.
(2) Zeichen und Ausdruck findet diese Mitgliedschaft in Taufe und Abendmahl, in Unterweisung und Konfirmation, in der Teilnahme am Gottesdienst und anderen Aktivitäten der Gemeinde.
(3) Der Austritt aus der Kirchgemeinde erfolgt durch eine persönliche, schriftliche Mitteilung an den Kirchenrat. Ein Austrittsschreiben für eine Familie muss von allen religionsmündigen Mitgliedern unterzeichnet sein. Ein rückwirkender Austritt ist ausgeschlossen.
(4) Die Anmeldung um einen Eintritt oder Wiedereintritt hat ebenfalls persönlich und schriftlich zu erfolgen.
(5) Der Übertritt aus anderen Konfessionen oder Religionen erfolgt mittels schriftlicher Anmeldung unter Beilage einer Kopie des Austrittsschreibens an die bisherige Konfession oder Religion.
(6) Für Personen unter 16 Jahren sind ihre gesetzlichen Vertreter zuständig.

§ 3. Kirchliche Dienste. (1) Die Angehörigen der Kirchgemeinde haben grundsätzlich Anspruch auf eine umfassende und in der Regel unentgeltliche Vermittlung der kirchlichen Dienste.
(2) Nicht der Kirchgemeinde angehörende Personen können solche Dienste unter Erfüllung bestimmter Voraussetzungen ebenfalls beanspruchen.

1 Verfassung des Kantons Zug vom 31. Januar 1894 (BGS 111.1).
2 Vgl. insbes. §§ 27 ff. des Gesetzes über die Organisation und die Verwaltung der Gemeinden (Gemeindegesetz) vom 4. September 1980 (BGS 171.1) und Gesetz über Wahlen und Abstimmungen vom 28. September 2006 (BGS 131.1).

§ 4. Stimm- und Wahlrecht. (1) Stimm- und wahlberechtigt sind die im Kanton wohnhaften Mitglieder der Kirchgemeinde gemäss § 27 der Kantonsverfassung und § 131 des Gemeindegesetzes.
(2) Personen ausländischer Nationalität sind stimmberechtigt. Das Stimmrecht richtet sich nach § 133 des Gemeindegesetzes.

§ 5. Steuerpflicht. (1) Die Kirchgemeinde erhebt zur Deckung der Ausgaben aufgrund des jeweils gültigen kantonalen Steuergesetzes[3] folgende Steuern:
1. von den steuerpflichtigen natürlichen Personen:
   - eine Einkommens- und Vermögenssteuer,
   - eine Personalsteuer;
2. von den steuerpflichtigen juristischen Personen:
   - eine Reingewinn- und Kapitalsteuer.

(2) Steuersätze werden alljährlich vom Grossen Kirchgemeinderat festgesetzt.
(3) Veranlagung und der Steuerbezug erfolgen über das kantonale Steueramt.

§ 6. Organisation. (1) Oberstes Organ der Kirchgemeinde sind die Stimmberechtigten, die ihre Rechte an der Urne ausüben.
(2) Gewählte Organe der Kirchgemeinde sind:
1. der Grosse Kirchgemeinderat,
2. der Kirchenrat,
3. der Präsident/die Präsidentin des Kirchenrates,
4. der Kirchenschreiber/die Kirchenschreiberin,
5. die Rechnungsprüfungskommission,
6. die Pfarrpersonen im Pfarramt.

§ 7. Urnenwahl. Die Stimmberechtigten wählen nach Massgabe des kantonalen Rechts an der Urne:
1. die Mitglieder des Grossen Kirchgemeinderates,
2. die Mitglieder des Kirchenrates,
3. den Präsidenten/die Präsidentin des Kirchenrates,
4. den Kirchenschreiber/die Kirchenschreiberin (analog Kanton),
5. die Mitglieder der Rechnungsprüfungskommission und deren Präsident/Präsidentin.

§ 8. Obligatorisches Referendum. Die Stimmberechtigten entscheiden über folgende Sachgeschäfte an der Urne:
1. Erlass und Änderung der Gemeindeordnung;

3 Vgl. Steuergesetz vom 25. Mai 2000 (BGS 632.1).

2. Erlass und Änderung des Personalgesetzes;
3. Beschlüsse, die jährlich wiederkehrende Ausgaben von Fr. 500'000.- überschreiten oder einmalige Ausgaben über Fr. 5 Mio.

§ 9. Fakultatives Referendum. Die allgemeinverbindlichen Beschlüsse und die Ausgabenbeschlüsse des Grossen Kirchgemeinderates gemäss § 21 dieser Gemeindeordnung unterstehen dem fakultativen Referendum mit Ausnahme der Genehmigung des Voranschlages und der Jahresrechnung, sowie von § 8 der Gemeindeordnung.

§ 10. Zustandekommen. Für die dem fakultativen Referendum unterstehenden Beschlüsse des Grossen Kirchgemeinderates ist eine Urnenabstimmung durchzuführen:

1. wenn ein Drittel sämtlicher Mitglieder des Grossen Kirchgemeinderates es beschliesst,
2. wenn sie von 100 Stimmberechtigten innert 30 Tagen seit der Bekanntmachung des Beschlusses im Amtsblatt verlangt wird.

§ 11. Initiativrecht. (1) Mindestens 300 Stimmberechtigte können über einen, in den Bereich der Kirchgemeinde fallenden Gegenstand, der dem obligatorischen oder dem fakultativen Referendum unterliegt, eine Initiative einreichen.
(2) Die Initiative kann in Form einer einfachen Anregung oder eines ausgearbeiteten Entwurfs eingereicht werden.
(3) Der Grosse Kirchgemeinderat kann die Initiative zum Beschluss erheben. Stimmt er der Initiative nicht zu, muss er sie den Stimmberechtigten mit einem entsprechenden Antrag zum Entscheid vorlegen.
(4) Lehnt der Grosse Kirchgemeinderat eine Initiative ab, kann er einen Gegenvorschlag ausarbeiten und diesen gleichzeitig mit der Initiative als Variante im Sinne von § 67 des Gemeindegesetzes der Urnenabstimmung unterstellen. Die Abstimmung hat innert sechs Monaten nach Einreichung der Initiative zu erfolgen.

§ 12. Einzelinitiative. (1) Jeder Stimmberechtigte kann ein Initiativbegehren im Sinne von § 10 des Gemeindegesetzes einreichen. Ein solches Begehren ist unter dem Vorbehalt von § 109 des Gemeindegesetzes nur dann der Urnenabstimmung zu unterstellen, wenn dies vom Grossen Kirchgemeinderat beschlossen wird.
(2) Der Grosse Kirchgemeinderat hat innert Jahresfrist über die Durchführung einer Urnenabstimmung zu beschliessen.

§ 13. Abstimmungsvorlagen. (1) Der Kirchenrat erstattet zu jedem Geschäft Bericht und Antrag. Der Bericht hat insbesondere über die finanziellen Auswirkungen Aufschluss zu geben.
(2) Die Durchführung von Wahlen und Abstimmungen richtet sich nach den Bestimmungen des kantonalen Gesetzes über Wahlen und Abstimmungen.

2. Abschnitt: Der Grosse Kirchgemeinderat

§ 14. Zusammensetzung. (1) Der Grosse Kirchgemeinderat besteht aus 50 Mitgliedern. Die Bezirke gelten als Wahlkreise.
(2) Die Vertretungen erfolgen proportional zu den Mitgliederzahlen der Bezirke. (Stand 1.1. des Wahljahres).
(3) Nicht wählbar in den Grossen Kirchgemeinderat sind die Mitglieder des Kirchenrates, die Mitglieder der Rechnungsprüfungskommission und der Kirchenschreiber/die Kirchenschreiberin.
(4) Pro Bezirk können zwei, maximal bis ein Drittel der Sitze, durch Pfarrpersonen im Pfarramt und Mitarbeiter/Mitarbeiterinnen besetzt werden.

§ 15. Organisation. (1) Der Grosse Kirchgemeinderat wählt in geheimer Abstimmung auf die Dauer von zwei Jahren aus seiner Mitte den Präsidenten/die Präsidentin, den Vizepräsidenten/die Vizepräsidentin und zwei Stimmenzähler/Stimmenzählerinnen. Diese bilden zusammen mit dem Kirchenschreiber/der Kirchenschreiberin das Büro.
(2) Bei der Wahl der Mitglieder des Büros und der Kommissionen sind die Bezirke gemäss ihrer Stärke im Grossen Kirchgemeinderat angemessen zu berücksichtigen.
(3) Die administrativen Arbeiten werden der Kirchenkanzlei übertragen.

§ 16. Einberufung. (1) Der Grosse Kirchgemeinderat versammelt sich in der Regel in Zug:
1. auf Einladung des Präsidenten/der Präsidentin mindestens dreimal jährlich,
2. auf eigenen Beschluss,
3. auf schriftlich begründetes Begehren von mindestens 20 Ratsmitgliedern,
4. auf Verlangen des Kirchenrates,
5. auf schriftlich begründetes Begehren einer Bezirkskirchenpflege.

(2) Die Traktandenliste ist, Dringlichkeit vorbehalten, mindestens 14 Tage vor der Sitzung im Amtsblatt öffentlich bekannt zu geben und den Ratsmitgliedern mit den zur Behandlung stehenden Anträgen zuzustellen.
(3) Zur konstituierenden Sitzung bei Beginn einer Amtsdauer wird der Grosse Kirchgemeinderat vom Kirchenrat eingeladen. Der Präsident/die

Präsidentin des Kirchenrates eröffnet und leitet die Sitzung bis zur Wahl des neuen Präsidenten/der neuen Präsidentin des Grossen Kirchgemeinderates.

§ 17. Verhandlungen. Die Verhandlungen des Grossen Kirchgemeinderates sind öffentlich. Die Beschlüsse, die dem obligatorischen oder dem fakultativen Referendum unterstehen, sind im Amtsblatt bekannt zu machen. Die Vorlagen sind den Stimmberechtigten auf Begehren hin abzugeben.

§ 18. Beschlussfähigkeit. Der Grosse Kirchgemeinderat ist verhandlungs- und beschlussfähig, wenn die Mehrheit der Mitglieder anwesend ist.

§ 19. Abstimmungsmodus. (1) Die Abstimmungen erfolgen offen, wenn nicht ein Drittel der anwesenden Mitglieder die geheime Abstimmung verlangt.
(2) Die Wahlen werden schriftlich und geheim vorgenommen. Für die Kommissionswahlen erfolgt offene Abstimmung, wenn nicht anders beschlossen wird.

§ 20. Teilnahme an Sitzungen. (1) Die Mitglieder des Kirchenrates haben den Sitzungen des Grossen Kirchgemeinderates beizuwohnen. Sie besitzen beratende Stimme und können Anträge stellen.
(2) Der Grosse Kirchgemeinderat beschliesst, wenn es sich nicht um seine Geschäftsordnung, die Wahl des neuen Büros oder der Kommissionen handelt, aufgrund eines Berichts und Antrags des Kirchenrates.

§ 21. Befugnisse. Dem Grossen Kirchgemeinderat stehen folgende Befugnisse zu:

1. Erlass seiner Geschäftsordnung;
2. Beschlussfassung über alle Geschäfte, die dem obligatorischen oder fakultativen Referendum unterstehen;
3. Beschlussfassung über den Voranschlag und den Steuerfuss;
4. Genehmigung der Jahresrechnung und des Jahresberichtes;
5. Erlass von allgemeinverbindlichen Verordnungen und Reglementen, welche der Genehmigung durch den Regierungsrat bedürfen;
6. Wahl und Wiederwahl der Pfarrpersonen für die Pfarrämter, auf Antrag der betreffenden Bezirksversammlung;
7. Festsetzung der Entschädigung für den Kirchenrat und die Bezirkskirchenpflegen;
8. Festsetzung eines Rahmen-Stellenplanes der Kirchgemeinde;
9. Beschlussfassung über jährlich wiederkehrende Ausgaben über Fr. 50'000.- oder einmalige Ausgaben über Fr. 100'000.-;
10. Annahme von Schenkungen und Legaten mit belastenden Auflagen;
11. Zugehörigkeit zu kirchlichen Organisationen;

12. Änderungen der Bezirksgrenzen;
13. Stellungnahme zu Initiativbegehren und die Behandlung von Motionen, Postulaten und Interpellationen;
14. Im Bedarfsfall ist der Grosse Kirchgemeinderat befugt, aus seiner Mitte eine aus fünf Mitgliedern bestehende Untersuchungskommission einzusetzen.

§ 22. Beizug Sachverständiger. Der Grosse Kirchgemeinderat und dessen Kommissionen können Sachverständige, und im Einverständnis mit dem Kirchenrat auch Angestellte der Kirchgemeinde zu den Beratungen beiziehen.

§ 23. Kommissionen. (1) Der Grosse Kirchgemeinderat kann zur Vorbereitung einzelner Geschäfte aus seiner Mitte Kommissionen bestellen. Er bezeichnet deren Präsidenten/Präsidentin.
(2) Mitglieder des Kirchenrates haben sich bei Einladungen der Kommissionen zu den Sitzungen zur Verfügung zu stellen.

§ 24. Entschädigung. Die Mitglieder des Grossen Kirchgemeinderates sowie der Kommissionen beziehen ein Sitzungsgeld.

§ 25. Geschäftsprüfungskommission. (1) Zur Ausübung der Oberaufsicht über den Kirchenrat sowie zur Berichterstattung über die Vorlagen kann der Grosse Kirchgemeinderat für jede Amtsdauer aus seiner Mitte eine aus fünf Mitgliedern bestehende Geschäftsprüfungskommission wählen.
(2) Die Geschäftsprüfungskommission kann zur Erfüllung ihrer Aufgaben Einsicht in die Protokolle und Akten der Kirchgemeinde nehmen.
(3) Die Mitglieder der Geschäftsprüfungskommission und der Untersuchungskommission unterstehen, unter dem Vorbehalt der Berichterstattung an den Grossen Kirchgemeinderat, der Schweigepflicht gem. § 13 des Gemeindegesetzes. Bei der Berichterstattung ist auf berechtigte Interessen Dritter Rücksicht zu nehmen.

3. Abschnitt: Der Kirchenrat

§ 26. Zusammensetzung. (1) Der Kirchenrat setzt sich zusammen aus:
1. dem Kirchenratspräsidenten/der Kirchenratspräsidentin,
2. sechs Kirchenräten/Kirchenrätinnen,
3. zwei Pfarrpersonen im Pfarramt,
4. dem Kirchenschreiber/der Kirchenschreiberin mit beratender Stimme.

(2) Die beiden Pfarrpersonen werden vom Pfarrkonvent in den Kirchenrat abgeordnet und besitzen Stimmrecht. Im übrigen sind Pfarrpersonen im Pfarramt nicht als Kirchenräte wählbar.

§ 27. Aufgaben und Befugnisse. Dem Kirchenrat stehen folgende Aufgaben und Befugnisse zu:
1. Ausführung der ihm von der Gesetzgebung übertragenen Aufgaben;
2. Besorgung aller Geschäfte nach den Vorschriften des Gemeindegesetzes und anderer Gesetze, soweit die Beschlussfassung nicht einer anderen Behörde zusteht;
3. Erlass von Reglementen, die nicht der Genehmigung durch den Regierungsrat bedürfen, sowie der Erlass von Dienstanweisungen für die ihm unterstellten Mitarbeiter und Mitarbeiterinnen;
4. Beschlussfassung über Ausgaben gem. der Kompetenzordnung, die vom Grossen Kirchgemeinderat beschlossen wird;
5. Anstellung der im Dienst der Kirchgemeinde tätigen Mitarbeiter und Mitarbeiterinnen;
6. Festsetzung der Besoldungen und Entschädigungen der Mitarbeiter und Mitarbeiterinnen innerhalb des Personalrechtes;
7. Schaffung und Aufhebung von Dienststellen innerhalb des Rahmenstellenplanes;
8. Wahl des Präsidenten oder der Präsidentin des Pfarrkonvents auf dessen Vorschlag;
9. Wahl von kirchenrätlichen Kommissionen;
10. Wahl von Vertretern und Vertreterinnen in Stiftungen, Genossenschaften, Verbände usw., bei denen die Kirchgemeinde beteiligt oder Mitglied ist.

§ 28. Organisation. (1) Die Sitzungen des Kirchenrates sind nicht öffentlich. Sie werden nach Bedarf vom Kirchenratspräsidenten/von der Kirchenratspräsidentin einberufen.
(2) Das Protokoll des Kirchenrates sowie die Akten erledigter Geschäfte, stehen den Angehörigen der Kirchgemeinde zur Einsicht offen, wenn diese ein berechtigtes Interesse glaubhaft machen und die Einsicht keine Interessen Dritter verletzt. Ausgenommen von der Einsichtnahme sind Protokolle und Akten, die vertraulich sind.
(3) Der Kirchenrat nimmt an den Sitzungen des Grossen Kirchgemeinderates mit beratender Stimme teil.
(4) Eine Vertretung des Kirchenrates nimmt an den Sitzungen der kirchenrätlichen Kommissionen teil. Grundsätzlich präsidiert das zuständige Mitglied des Kirchenrates die Kommission.

(5) Über die Verhandlungen des Kirchenrates und der beratenden Kommissionen ist ein Protokoll zu führen, welches durch den Präsidenten/die Präsidentin und dem Kirchenschreiber/der Kirchenschreiberin nach der Genehmigung zu unterzeichnen ist.

§ 29. Der Präsident/die Präsidentin: Aufgaben und Befugnisse. Der Kirchenratspräsident/die Kirchenratspräsidentin hat insbesondere folgende Aufgaben und Befugnisse:

1. Leitung der Kirchenratssitzungen,
2. Überwachung des Vollzugs der Beschlüsse des Grossen Kirchgemeinderates und des Kirchenrates,
3. Führung des Dialogs mit den Bezirkskirchenpflegen,
4. Vermittlung in Konflikten von Mitarbeitern und Mitarbeiterinnen sowie Organisationen.

§ 30. Präsidialverfügungen. (1) Der Kirchenratspräsident/die Kirchenratspräsidentin kann Geschäfte von untergeordneter Bedeutung durch Präsidialverfügung erledigen.
(2) Der Kirchenratspräsident/die Kirchenratspräsidentin handelt für den Kirchenrat, wenn unverzügliche Massnahmen zu treffen sind. Er/sie tut dies, wenn möglich im Einvernehmen mit dem Ratsmitglied, dessen Amtsbereich betroffen ist. Er/sie orientiert den Rat an der nächsten Sitzung über die getroffenen Massnahmen.

§ 31. Stellvertretung. Der Kirchenrat bestimmt den Vizepräsidenten/die Vizepräsidentin aus seiner Mitte. Ist dieser oder diese auch verhindert, vertritt das amtsälteste Mitglied den Kirchenratspräsidenten oder die Kirchenratspräsidentin.

§ 32. Der Kirchenschreiber/die Kirchenschreiberin: Aufgaben und Befugnisse. Dem Kirchenschreiber/der Kirchenschreiberin obliegen folgende Aufgaben und Befugnisse:

1. Protokollführung im Kirchenrat und im Grossen Kirchgemeinderat;
2. Vorbereitung der Geschäfte des Kirchenrates und des Grossen Kirchgemeinderates;
3. Koordination und Unterstützung der Zusammenarbeit zwischen den Organen der Kirchgemeinde, den Bezirken und den Mitarbeitern und Mitarbeiterinnen;
4. Führung und Leitung der Kirchenkanzlei;
5. administrative Betreuung der Mitarbeiter und Mitarbeiterinnen.

§ 33. Anstellung/Wahl. Der Kirchenschreiber/die Kirchenschreiberin ist im Vollpensum gewählt. Die Besoldung richtet sich nach dem Personalgesetz[4].

§ 34. Stellvertretung. Der Kirchenrat regelt die Stellvertretung des Kirchenschreibers/der Kirchenschreiberin.

§ 35. Die Rechnungsprüfungskommission: Aufgaben. Die Rechnungsprüfungskommission besteht aus drei Mitgliedern und einem Ersatzmitglied. Ihre Aufgaben sind im § 94 des Gemeindegesetzes geregelt.

§ 36. Akteneinsicht. (1) Die Rechnungsprüfungskommission kann zur Erfüllung ihrer Aufgaben Einsicht in Protokolle und Akten der Kirchgemeinde nehmen.
(2) Die Organe der Kirchgemeinde sind verpflichtet, der Rechnungsprüfungskommission zur Erfüllung ihrer Aufgabe Auskunft zu erteilen.

§ 37. Berichterstattung. (1) Die Rechnungsprüfungskommission erstattet dem Grossen Kirchgemeinderat Bericht. Sie stellt Antrag auf Genehmigung oder Rückweisung der Rechnung und des Voranschlages. Der Bericht soll allfällige Mängel der Rechnungsführung sowie eine gesetzwidrige Verwendung öffentlicher Mittel festhalten.
(2) Stellt die Rechnungsprüfungskommission bei der Prüfung der Rechnungsführung Fehler oder Ordnungswidrigkeiten fest, teilt sie dies dem Kirchenrat mit. Sie gibt dem betreffenden Organ Gelegenheit zur Behebung des Mangels, bevor sie dem Grossen Kirchgemeinderat oder der Aufsichtsbehörde Bericht erstattet.
(3) Stellt die Rechnungsprüfungskommission erhebliche Pflichtverletzungen, Missstände oder strafbare Handlungen fest, oder besteht ein entsprechender Verdacht, erstattet sie dem Kirchenrat unverzüglich Bericht und unterrichtet die Direktion des Innern.

§ 38. Kommissionen: Grundsätze. (1) Der Kirchenrat kann für besondere Aufgaben Kommissionen einsetzen. Sie haben in der Regel beratende Funktion.
(2) Die Kommissionen stehen unter der Aufsicht des Kirchenrates und haben diesem auf Verlangen über ihre Tätigkeit zu berichten.

§ 39. Die Angestellten: Grundsätze. (1) Die Rechte und Pflichten der Angestellten richten sich nach dem Personalrecht der Kirchgemeinde.
(2) Soweit Bestimmungen fehlen, werden die kantonalen Vorschriften sinngemäss angewendet.

4 Gesetz über das Arbeitsverhältnis des Staatspersonals (Personalgesetz) vom 1. September 1994 (BGS 154.21).

(3) Die Angestellten unterstehen dem zuständigen Mitglied des Kirchenrates.
(4) Die Angestellten können in Kommissionen gewählt werden.

§ 40. Rechnungsführer/Rechnungsführerin. (1) Der Rechnungsführer/die Rechnungsführerin muss eine abgeschlossene kaufmännische Lehre oder eine andere, gleichwertige Ausbildung ausweisen.
(2) Der Rechnungsführer/die Rechnungsführerin besorgt das Rechnungs- oder Kassawesen der Gemeinde. Er/sie ist verantwortlich für die Buchführung und den Zahlungsverkehr.

4. Abschnitt: Die Bezirke

§ 41. Grundlage und Auftrag. (1) Das Zentrum des kirchlichen Lebens liegt im Bezirk.
(2) Der Bezirk hat den Auftrag, in Zusammenarbeit mit den Pfarrpersonen, und den Mitarbeitern und Mitarbeiterinnen alle Dienste zu vermitteln, welche die Kirche in Verkündung, Unterricht, Seelsorge, Diakonie, innerer und äusserer Mission, sowie in anderen Diensten am Nächsten zu leisten berufen ist. Er erfüllt diese Aufgaben selbständig.
(3) Die Kirchgemeinde und der Kirchenrat können dem Bezirk weitere Aufgaben übertragen, und der Bezirk kann weitere Tätigkeitsbereiche festlegen.

§ 42. Rechtliche Stellung. (1) Der Bezirk ist ein Verein im Sinne des Schweizerischen Zivilgesetzbuches[5].
(2) Die Statuten sind dem Kirchenrat zur Vorprüfung einzureichen und anschliessend durch die Bezirksversammlung zu genehmigen.

§ 43 Bezirksgebiet. (1) Die Bezirke sind Wahlkreise.
(2) Der Grosse Kirchgemeinderat bestimmt die Anzahl der Bezirke und deren Grenzverlauf.
(3) Bezirksgrenzen können nur auf Ende des dritten Legislaturjahres geändert werden.

§ 44. Mitglieder. Zum Bezirk gehören die im Bezirksgebiet wohnhaften Mitglieder der Kirchgemeinde.

§ 45. Stimm- und Wahlrecht. (1) Im Bezirk stimm- und wahlberechtigt sind Bezirksmitglieder nach erfolgter Konfirmation oder nach Erfüllung des 16. Lebensjahres.

5 SR 210.

(2) Betreut ein Bezirk ausserkantonale Kirchgemeinden aufgrund eines Vertrages, so können die Statuten das Wahl- und Stimmrecht dieser Mitglieder vorsehen.

§ 46. Organe. Die Organe des Bezirks sind:
1. die Bezirksversammlung (Vereinsversammlung),
2. die Bezirkskirchenpflege (Vorstand).

§ 47. Bezirksversammlung. (1) Oberstes Organ ist die Bezirksversammlung.
(2) Die Bezirksversammlung hat folgende Befugnisse und Aufgaben:
1. Wahl des Präsidenten/der Präsidentin und der Mitglieder der Bezirkskirchenpflege;
2. Wahl der Rechnungsrevisoren;
3. Erlass und Änderung der Statuten;
4. Genehmigung des Voranschlags und der Jahresrechnung des Bezirks, sowie Genehmigung des Jahresberichtes des Präsidenten/der Präsidentin;
5. Wahl der Pfarrwahlkommission;
6. Nomination der Pfarrpersonen in ihrem Bezirk zu Handen des Grossen Kirchgemeinderates;
7. Beschlussfassung über bezirkseigene Geschäfte, soweit sie nicht in die Kompetenz des Grossen Kirchgemeinderates oder des Kirchenrates fallen.

(3) Die Bezirksversammlung ist mindestens einmal jährlich abzuhalten.

§ 48. Durchführung der Bezirksversammlung und der Wahlen. (1) Für die Durchführung der Bezirksversammlung gelten die Bestimmungen des Zivilgesetzbuches (Art. 64 bis 69 ZGB).
(2) Urnenwahlen sind ausgeschlossen.

§ 49. Finanzielles. Der Bezirk verfügt in eigener Verantwortung über folgende finanzielle Mittel:
1. jährlicher Pauschalbeitrag für Aufgaben und Dienste im Bezirk,
2. Vereinsvermögen, Spenden und Legate zur freien oder zweckgebundenen Verwendung.

5. Abschnitt: Die Bezirkskirchenpflegen

§ 50. Zusammensetzung. (1) Die Bezirkskirchenpflege besteht aus fünf bis neun gewählten Mitgliedern, bei deren Wahl die einzelnen Ortschaften des Bezirks nach Möglichkeit zu berücksichtigen sind. Sie konstituiert sich selbst.

(2) Die Pfarrpersonen mit einem Pfarramt im Bezirk nehmen von Amtes wegen und mit Stimmrecht an den Sitzungen teil.
(3) Die im Bezirk tätigen Sozial-diakonischen Mitarbeiterinnen und Mitarbeiter nehmen mit beratender Stimme an den Sitzungen teil.

§ 51. Aufgaben und Kompetenzen. Die Bezirkskirchenpflege hat folgende Aufgaben:

1. Leitung, Förderung und Gestaltung des kirchlichen Lebens im Bezirk in Zusammenarbeit mit den im Bezirk tätigen Pfarrpersonen, Mitarbeiterinnen und Mitarbeitern und Freiwilligen;
2. der Grosse Kirchgemeinderat erlässt ein Reglement, welches die Aufgabenteilung zwischen Kirchgemeinde und Bezirk im Detail regelt;
3. Einberufung, Vorbereitung und Durchführung der Bezirksversammlung und Vollzug derer Beschlüsse;
4. Erarbeiten der Stellenprofile auf Grund der kirchenrätlichen Stellenbeschriebe;
5. Prüfung der Stellenbewerbungen in Zusammenarbeit mit dem Kirchenrat; bei Meinungsverschiedenheiten entscheidet der Kirchenrat;
6. Mitwirkung bei kirchlichen Handlungen;
7. Erstellen des Bezirks-Voranschlages auf Grund der Reglemente und Weisungen des Kirchenrates;
8. Vorschlags- und Antragsrecht an den Kirchenrat;
9. Entscheidungen über alle übrigen Bezirksangelegenheiten, die nicht ausdrücklich in der Kompetenz anderer Organe liegen.

§ 52. Präsidium. (1) Der Präsident/die Präsidentin der Bezirkskirchenpflege leitet die Bezirksversammlungen und die Sitzungen der Bezirkskirchenpflege.
(2) Der Präsident/die Präsidentin nimmt an den Sitzungen des Kirchenrates auf dessen Einladung teil.

§ 53. Geschäftsführung. Die Geschäftsführung richtet sich nach Art. 60 ff. des Zivilgesetzbuches.

§ 54. Protokoll. (1) Über die Verhandlungen und Beschlüsse der Bezirksversammlung und die Sitzungen der Bezirkskirchenpflege ist Protokoll zu führen.
(2) Die Prüfung des Protokolls der Bezirksversammlung kann durch die bezirkseigenen Rechnungsrevisoren erfolgen.
(3) Die Protokolle sind dem Kirchenrat zuzustellen.

6. Abschnitt: Die Pfarrämter

§ 55. Art und Anzahl. (1) Jeder Bezirk umfasst mindestens ein Pfarramt.
(2) Art und Anzahl der Pfarrämter sowie ihre Aufteilung auf die Bezirke wird durch den Grossen Kirchgemeinderat beschlossen.

§ 56. Wahlvoraussetzungen. (1) Zur Übernahme eines Pfarramtes ist das Wählbarkeitszeugnis einer schweizerischen, reformierten Landeskirche und die Ordination erforderlich. Der Kirchenrat kann Ausnahmen beschliessen.
(2) Einzelheiten des Verfahrens regelt das Pfarrwahlreglement.

§ 57. Neuwahlen. (1) Die Neuwahl einer Pfarrerin, eines Pfarrers erfolgt auf Anordnung des Kirchenrates.
(2) Die Wahl erfolgt für den Rest der Amtsperiode.
(3) Einzelheiten regelt das Pfarrwahlreglement.

§ 58. Wiederwahlen. (1) Die Wiederwahlen erfolgen alle vier Jahre durch den Grossen Kirchgemeinderat.
(2) Die Wahl erfolgt gemeinsam, sofern nicht Einzel-Abstimmung verlangt wird.
(3) Einzelheiten regelt das Pfarrwahlreglement.

§ 59. Pfarrkonvent. (1) Die für ein Pfarramt verantwortlichen Pfarrerinnen und Pfarrer sind einander in Rechten und Pflichten gleichgestellt. Sie bilden zusammen mit dem theologischen Fachpersonal den Pfarrkonvent.
(2) Der Pfarrkonvent konstituiert sich selbst.
(3) Der Pfarrkonvent wählt aus seiner Mitte eine Pfarrperson, welche bei Konflikten zwischen Pfarrpersonen, sowie zwischen Pfarrpersonen und Gemeindemitgliedern vermittelt.
(4) Der Präsident oder die Präsidentin des Pfarrkonvents nimmt die Pfarrinstallation vor.

7. Abschnitt: Kirchliche Aufgaben

§ 60. Religiöse Bildung für Kinder und Jugendliche. (1) Mit kirchlicher Kinder- und Jugendarbeit sowie dem Konfirmandenunterricht fördert die Kirchgemeinde die religiöse Bildung.
(2) Mit dem Evangelisch-reformierten Religionsunterricht trägt die Kirchgemeinde zur religiösen Bildung an den Schulen bei.
(3) Die fachliche Beratung der Unterrichtenden, der Schulen und der Eltern, sowie die Koordination dieses Religionsunterrichts werden der Fachstelle für Religionspädagogik übertragen.

§ 61. Diakonie. (1) Die Diakonie ist grundsätzlich für alle da, die Hilfe und Begleitung auf ihrem Lebensweg benötigen.
(2) Zur Erfüllung dieser Aufgaben unterhält die Kirchgemeinde soziale Dienste, welche Beratung, Aufbau- und Bildungsarbeit sowie Sachhilfe für Menschen umfassen. Diese Dienste leisten einen wichtigen, gesamtgesellschaftlichen Beitrag und orientieren sich an den jeweiligen Bedürfnissen und Möglichkeiten.

§ 62. Mission. (1) Die Kirchgemeinde anerkennt die innere und äussere Mission als ihren Auftrag und begegnet Menschen mit einem offenen evangelischen Verständnis des christlichen Glaubens.
(2) Sie unterstützt im Rahmen ihrer finanziellen Möglichkeiten Hilfe in der Schweiz und im Ausland, vor allem auch durch die kirchlichen Hilfswerke. Sie setzt sich für die Förderung und Unterstützung der Entwicklungszusammenarbeit ein.

§ 63. Ökumene. (1) Die Kirchgemeinde fördert und unterstützt aktiv die Möglichkeiten ökumenischer Begegnungen und gegenseitigen ökumenischen Lernens innerhalb des Protestantismus und mit anderen christlichen Konfessionen.
(2) Sie pflegt ebenfalls die Begegnungen mit konfessionslosen Menschen, und mit Angehörigen anderer Religionen.

8. Abschnitt: Schlussbestimmungen

§ 64. Vollzug. (1) Der Kirchenrat veranlasst die sich aus dieser Gemeindeordnung ergebenden Reglemente und deren Anpassung.
(2) Soweit diese Gemeindeordnung nichts anderes bestimmt, liegt der Vollzug beim Kirchenrat.

§ 65. Aufgehobene Erlasse. Auf den Zeitpunkt des Inkrafttretens dieses Gesetzes wird folgender Erlass aufgehoben:
- Gemeindeordnung 2. Teil vom 29. Juni 1989, §§ 14 bis 36.

§ 66. Redaktionelle Anpassungen. Im 1. Teil der Gemeindeordnung gemäss Fassung vom 24. August 1997 werden die §§ 1 bis 13 neu nummeriert. Es handelt sich um eine redaktionelle Änderung.

SJKR/ASDE Beiheft 6 (2009), S. 441-487

Zürich (Zurich)

Kirchenordnung der evangelisch-reformierten Landeskirche des Kantons Zürich vom 2. Juli 1967*

Inhaltsverzeichnis

	Artikel
Erster Hauptteil: Grundsätzliches	1
1. Grundlage	1
2. Evangelisch-reformierte Landeskirche	3
3. Mitgliedschaft	7
4. Aufbau und Organe der Landeskirche	15
Zweiter Hauptteil: Die Kirchgemeinde	19
1. Bestand und Organisation	19
2. Die Glieder der Kirchgemeinde	25
3. Die Kirchgemeindeversammlung	28
4. Die Kirchenpflege	31
5. Zusammenarbeit	36
6. Besondere Gemeinschaften und Gemeindeverbände	39
Dritter Hauptteil: Auftrag der Kirchgemeinde	44
1. Allgemeines	44

* LS 181.12.
Änderungen und Teilrevisionen: 26. Juni 1984; 19. November 1985; 26. September 1989; 19. März 1991; 23. November 1993; 9. Juni 1998; 1. Dezember 1998; 31. Januar 2006. – Leicht gekürzter Abdruck (ohne typische, das Gemeindeleben beschlagende Normierungen; ab Art. 45 bis 103).
Zur Zeit der Herausgabe dieses Bandes befindet sich die Kirchenordnung im Prozess der Totalrevision. – Am 17. März 2009 wurde von der Zürcher Synode eine neue Kirchenordnung beschlossen, die vorbehältlich der Annahme durch die Stimmberechtigten (Termin der Volksabstimmung: 27. September 2009) auf einen vom Kirchenrat zu bestimmenden Termin in Kraft treten wird (vorgesehen per 1. Januar 2010).

2. Der Gottesdienst ... 45
3. Kind, Jugend, junge Erwachsene und Familie ... 79
4. Das kirchliche Gemeindeleben ... 95
5. Der Haushalt der Kirchgemeinde ... 104
Vierter Hauptteil: Ämter und Dienste der Kirchgemeinde ... 108
1. Grundsätzliches ... 108
2. Das Pfarramt ... 110
a. Pfarrstellen ... 110
b. Wahl, Bestätigungswahl, Wahlfähigkeit, Wählbarkeit ... 114
c. Die Amtsverrichtungen des Pfarrers und der Pfarrerin ... 119
d. Besoldung, Ferien, Urlaub, Vikariate und Verwesereien ... 132
3. Gemeindedienste ... 143
4. Freiwillige ... 149a
Fünfter Hauptteil: Der kirchliche Bezirk ... 150
1. Grundsatz ... 150
2. Die Bezirkskirchenpflege ... 151
3. Bezirksversammlungen und -kirchentage ... 154
4. Das Pfarrkapitel ... 155
5. Dekan und Dekanin ... 157
6. Das Diakonatskapitel ... 157b
7. Präsidium des Diakonatskapitels ... 157f
Sechster Hauptteil: Die Landeskirche ... 158
1. Bestand und Organisation ... 158
2. Die Aktivbürgerschaft ... 159
3. Die Kirchensynode ... 160
4. Der Kirchenrat ... 163
5. Die Rekurskommission ... 169
Siebenter Hauptteil: Aufgaben und Werke der Landeskirche ... 170
1. Grundsätzliches ... 170
2. Bibelübersetzung, Kirchenbuch, Gesangbuch ... 171
3. Ausbildung, Ordination und Weiterbildung der Pfarrer ... 174
4. Ausbildung und Weiterbildung ... 186
5. Gesamtkirchliche Pfarrämter und Dienste ... 192
6. Landeskirchliche Mittel ... 198
7. Das Disziplinarrecht ... 201
8. Mission, Diakonie, Hilfswerk ... 205
9. Dienst am öffentlichen Leben ... 209
10. Aufgaben im schweizerischen Protestantismus ... 213
11. Ökumene ... 216
Übergangsbestimmungen ... 219

Erster Hauptteil: Grundsätzliches

1. Grundlage

Art. 1. Kirche. Kirche ist überall, wo Gottes Wort auf Grund der Heiligen Schrift Alten und Neuen Testamentes verkündigt und gehört wird, wo Menschen, durch den Heiligen Geist zum Glauben erweckt und zur lebendigen Gemeinschaft verbunden, Jesus Christus als das Haupt der Gemeinde und als den Herrn und Erlöser der Welt anerkennen und durch ihr Leben die Hoffnung auf das Kommen des Reiches Gottes bezeugen.

Art. 2. Ordnung der Kirche. Die Kirche bedarf einer ihrem Auftrage gemässen Ordnung. Diese hat ihr als Raum und Werkzeug zu dienen.

2. Evangelisch-reformierte Landeskirche

Art. 3. Ursprung. Die evangelisch-reformierte Landeskirche des Kantons Zürich besteht auf Grund des Evangeliums von Jesus Christus. Sie führt die von Huldrych Zwingli begonnene und gemäss den Beschlüssen des zürcherischen Rates verwirklichte Reformation weiter.

Art. 4. Bekenntnis. (1) Die Landeskirche ist mit ihren Gliedern allein auf das Evangelium von Jesus Christus verpflichtet. Er ist einziger Ursprung und Herr ihres Glaubens, Lehrens und Lebens. Die Landeskirche bekennt dieses Evangelium in Gemeinschaft mit der gesamten christlichen Kirche aller Zeiten.
(2) Sie weiss sich verpflichtet, ihre Lehre und Ordnung an dem in der Heiligen Schrift bezeugten Wort Gottes immer wieder zu prüfen und sich von da her im Glauben, in der Hoffnung und in der Liebe stets zu erneuern.

Art. 5. Volkskirche, Auftrag. Entsprechend ihrem Auftrage versteht sich die Landeskirche als Volkskirche. In der Offenheit gegenüber dem ganzen Volke leistet sie ihren Dienst als Gesamtkirche, durch ihre Kirchgemeinden und ihre einzelnen Glieder. Er geschieht durch die Verkündigung des Wortes Gottes in Predigt, Taufe, Abendmahl, Unterweisung, Seelsorge und Werken der Liebe.

Art. 6. Verhältnis zum Staat, Autonomie. (1) Als Landeskirche steht sie durch Geschichte und Verfassung in einem besonderen Verhältnis zum Staate Zürich.

(2) Sie bestimmt ihre Organisation und ordnet ihre innerkirchlichen Angelegenheiten selbstständig nach Massgabe des Gesetzes über die evangelisch-reformierte Landeskirche vom 7. Juli 1963 (Kirchengesetz)[1].
(3) Das Kirchengesetz regelt die äussere Organisation der Landeskirche, der Kirchgemeinden und des Pfarramtes, namentlich das Verhältnis des Staates zur Kirche und die staatlichen Leistungen für deren ökonomische Bedürfnisse.

3. Mitgliedschaft

Art. 7. Grundsatz. Als Glied der Landeskirche wird jeder evangelische Einwohner des Kantons betrachtet, der die in der Kirchenordnung umschriebenen kirchlichen Erfordernisse erfüllt und nicht ausdrücklich seinen Austritt oder seine Nichtzugehörigkeit erklärt hat (Kirchengesetz § 8).

Art. 8. Taufe. Die Taufe gilt als Zeichen der Zugehörigkeit zur Gemeinde Jesu Christi.

Art. 9. Evangelische Einwohner. (1) Die kirchlichen Erfordernisse als Glied der Landeskirche erfüllt ohne weiteres, wer als Kind eines Gliedes einer auf dem Boden reformatorischen Glaubens- und Schriftverständnisses stehenden Kirche in diesem Glauben auferzogen wird oder wer sonst den in dieser Kirchenordnung vorgesehenen Unterricht besucht hat und konfirmiert worden ist.
(2) Kinder und Jugendliche, die das 16. Altersjahr noch nicht erreicht haben und die Voraussetzungen gemäss Abs. 1 nicht erfüllen, sind Mitglieder der Landeskirche, wenn die Eltern oder die Inhaber der elterlichen Sorge dies so bestimmen.

Art. 10. Aufnahme. (1) Wer in die Landeskirche aufgenommen werden will, hat sich mit einem schriftlichen Gesuch an einen zürcherischen Pfarrer, eine zürcherische Pfarrerin oder an die vom Kirchenrat bezeichneten Stellen zu wenden. Diese führen mit der aufnahmewilligen Person ein Aufnahmegespräch. Sie holen beim Kirchenrat eine Bescheinigung ein und vollziehen nach deren Vorliegen die Aufnahme.
(2) Aufgenommene, die noch nicht christlich getauft sind, empfangen als Zeichen der Zugehörigkeit zur Gemeinde Jesu Christi die Taufe.

1 LS 181.11. – Das Kirchengesetz gilt noch bis zum Inkrafttreten des neuen Kirchengesetzes vom 9. Juli 2007 (Inkrafttreten vorgesehen auf 1. Januar 2010).

(3) Sofern der Bewerber noch einer andern staatlich anerkannten Kirche angehört, hat er dort anschliessend an die Aufnahme in die Landeskirche den Austritt zu erklären.
(4) Der Kirchenrat fördert Bestrebungen der Kirchgemeinden, der Pfarrer und Pfarrerinnen sowie der weiteren Mitarbeiter und Mitarbeiterinnen zur Gewinnung von Mitgliedern der Landeskirche.

Art. 11. Austritt, Nichtzugehörigkeit. Erklärungen über den Austritt oder die Nichtzugehörigkeit zur Landeskirche sind der Kirchenpflege des Wohnsitzes schriftlich einzureichen. Der Pfarrer oder ein Mitglied der Kirchenpflege ist zu beauftragen, mit dem Austretenden wenn immer möglich Rücksprache zu nehmen. Die Kirchenpflege stellt dem Austretenden einen Ausweis über seine Entlassung oder Nichtzugehörigkeit zu. Kollektive Austrittserklärungen sind ungültig.

[Art. 12 und 13 aufgehoben]

Art. 14. Mitteilungspflicht. (1) Die Kirchenpflegen teilen dem Kirchenrat binnen zehn Tagen nach Eintritt der Rechtskraft alle Nichtzugehörigkeitserklärungen und unter Nennung der Beweggründe alle Austritte mit.
(2) Sie melden Austritte und Nichtzugehörigkeitserklärungen binnen gleicher Frist der zuständigen Gemeindebehörde zur Nachführung der Stimm- und Steuerregister.

4. *Aufbau und Organe der Landeskirche*

Art. 15. Organisation. (1) Die Landeskirche ist auf den Kirchgemeinden aufgebaut. Oberstes Organ der Kirchgemeinde ist die Kirchgemeindeversammlung, ausführende Behörde die Kirchenpflege. Landeskirchliche Organe sind die evangelisch-reformierte Aktivbürgerschaft, die Kirchensynode, der Kirchenrat und die Rekurskommission.
(2) In den kirchlichen Bezirken (Kirchengesetz § 24) amten als Behörden die Bezirkskirchenpflegen.

Art. 16. Eignung und Verpflichtung. (1) Jede Mitwirkung in kirchlichen Behörden und Ämtern ist ihrem Wesen nach Dienst an der Kirche, ihren Gemeinden und Gliedern im Gehorsam gegenüber Jesus Christus, dem alleinigen Herrn der Kirche.
(2) Bei Wahlen in kirchliche Behörden und Ämter ist abgesehen von den rechtlichen Wahlvoraussetzungen die persönliche und fachliche Eignung der Vorgeschlagenen in Betracht zu ziehen.
(3) Mit der Annahme der Wahl in eine kirchliche Behörde oder in ein kirchliches Amt anerkennt der Gewählte stillschweigend oder, wo das vorgesehen

ist, durch Ablegen eines Gelübdes das besondere Wesen des kirchlichen Auftrages und die Verpflichtung, diesen in christlicher Verantwortung nach bestem Vermögen zu erfüllen.

Art. 16a. Aus- und Weiterbildung. Mitglieder kirchlicher Behörden, Pfarrer und Pfarrerinnen sowie Angestellte der Kirchgemeinden und der Landeskirche sind gehalten, sich die zur Erfüllung ihrer Aufgabe erforderlichen Fähigkeiten anzueignen und sich für ihre Aufgabe regelmässig weiterzubilden. Der Kirchenrat regelt die Einzelheiten.

Art. 17. Verantwortlichkeit und Zuständigkeit. (1) Behörden und ihre Mitglieder, Pfarrer und Pfarrerinnen sowie Angestellte üben im Rahmen ihrer Zuständigkeit und der gesetzlichen Bestimmungen die ihnen zustehenden Rechte und Pflichten aus. Zuständigkeitskonflikte beurteilt die gemeinsame Aufsichtsbehörde, im Zweifel der Kirchenrat.
(2) Behörden und ihre Mitglieder sind im Rahmen ihrer Zuständigkeit zum Eingreifen verpflichtet, wenn sie Pflichtverletzungen oder Missstände feststellen. Liegen diese ausserhalb ihrer Befugnisse, so erstatten sie der zuständigen Behörde Meldung.

Art. 17a. Personalrecht. (1) Die Kirchgemeinden und die Landeskirche sorgen für ein von Wertschätzung, Vertrauen und gegenseitiger Achtung geprägtes Arbeitsumfeld.
(2) Die Kirchensynode erlässt für die Angestellten der Kirchgemeinden und der Landeskirche sowie für die Pfarrer und Pfarrerinnen eine Personalverordnung. Vorbehalten bleiben abweichende Bestimmungen des staatlichen Rechts und der Kirchenordnung für die nach Kirchengesetz gewählten Pfarrer und Pfarrerinnen.
(3) Die Personalverordnung regelt insbesondere Begründung, Auflösung und Ausgestaltung des Arbeitsverhältnisses, die Grundzüge der Entlöhnung sowie die Rechte und Pflichten der Angestellten. Der Kirchenrat erlässt die zum Vollzug der Personalverordnung erforderlichen Vorschriften.

Art. 18. Amtsgeheimnis. (1) Mitglieder der Behörden und Kommissionen sowie Beamte und Angestellte der Kirchgemeinden, der kirchlichen Bezirke und der Landeskirche sind verpflichtet, in Amts- und Dienstsachen Verschwiegenheit zu beobachten, und zwar auch nach Beendigung des Amts- und Dienstverhältnisses.
(2) Zuständig zur Entbindung vom kirchlichen Amtsgeheimnis ist in allen Fällen der Kirchenrat.

Art. 18a. Datenschutz. (1) Erfassung und Bearbeitung von Personendaten erfolgen auf der Grundlage der staatlichen Datenschutzgesetzgebung. Jede

Kirchenpflege bezeichnet eine in Datenschutzfragen zuständige Ansprechperson.
(2) Zur Gewährleistung der gemeinschaftsbildenden Ziele gemäss kirchlicher Ordnung tragen insbesondere die Pfarrämter die Verantwortung für die Erfassung und Bearbeitung der notwendigen Personendaten. Vorbehältlich individueller Sperrvermerke sind sie befugt, unter Beachtung ihrer Schweigepflicht Daten zur Erfüllung kirchlicher Aufgaben zu bearbeiten oder untereinander auszutauschen. Der Datenaustausch gilt ausdrücklich auch für den Verkehr in der zwischenkirchlichen Zusammenarbeit unter Kirchen verschiedener Konfessionen, wo der Dienst in ökumenischer Verantwortung wahrgenommen wird.
(3) Der Kirchenrat regelt Einzelheiten in einem Datenschutzreglement[2]. Er kann dies in Absprache mit den zuständigen Organen anderer öffentlichrechtlich anerkannter Kirchen tun.

Zweiter Hauptteil: Die Kirchgemeinde

1. Bestand und Organisation

Art. 19. Bestand. Die im Kanton Zürich bestehenden evangelisch-reformierten Kirchgemeinden und französischen Kirchgemeinschaften sind im Anhang zum Kirchengesetz aufgeführt.

Art. 20. Veränderungen im Bestand. (1) Für die Neubildung, Aufhebung und Vereinigung von Kirchgemeinden sowie für Grenzveränderungen gelten die Bestimmungen des Gemeindegesetzes[3] (Kirchengesetz § 11 Abs. 2).
(2) Wo die örtlichen Verhältnisse und das Wachstum der Bevölkerung es nahelegen, sollen, soweit die gesetzlichen Voraussetzungen gegeben sind, durch Teilung neue Kirchgemeinden geschaffen werden. Die Teilung ist in der Regel erst zu beantragen, wenn in den neu entstehenden Kirchgemeinden eine Kirche und die übrigen nötigen kirchlichen Gebäude vorhanden sind.
(3) Die Kirchensynode nimmt von jeder Veränderung im Bestande der Kirchgemeinden Vormerk.

Art. 21. Organisation. (1) Den Rahmen für die Organisation der Kirchgemeinde bildet das Gemeindegesetz. Gemäss diesem besteht in jeder Kirchgemeinde die Kirchgemeindeversammlung, die Kirchenpflege und die Rechnungsprüfungskommission.

2 Kirchliches Datenschutzreglement vom 15./6. Dezember 1999/23. Mai 2000 (LS 180.7).
3 LS 131.1.

(2) Kirchgemeinde und Kirchenpflege können zur Prüfung bestimmter Geschäfte oder zur Bearbeitung bestimmter Aufgaben Kommissionen bestellen, wie Pfarrwahl-, Bau-, Unterrichts- oder Vortragskommissionen. Befugnisse und Antragsrecht der Kommissionen richten sich nach dem Gemeindegesetz.
(3) Bei der Bestellung der Behörden, Kommissionen und Ämter ist auf den inneren Zusammenhalt der Kirchgemeinde Bedacht zu nehmen.

Art. 22. Autonomie. (1) Innerhalb der Gesetzgebung und der Kirchenordnung regeln die Kirchgemeinden und Kirchgemeinschaften ihre Angelegenheiten selbstständig.
(2) Es stehen ihnen alle Aufgaben und Befugnisse zu, die nicht ausdrücklich einem höheren Verbande übertragen sind.

Art. 23. Kirchgemeindeordnung. (1) Die Kirchgemeinden regeln im Rahmen der gesetzlichen Vorschriften ihre Organisation sowie die Zuständigkeit und Aufgaben ihrer Organe in einer Kirchgemeindeordnung.
(2) Die Kirchgemeindeordnung unterliegt der Genehmigung des Kirchenrates. Diese wird erteilt, wenn die Kirchgemeindeordnung den gesetzlichen Vorschriften entspricht.

Art. 24. Zusammenarbeit. Die Organe der Kirchgemeinde pflegen im Rahmen ihrer Befugnisse die Zusammenarbeit mit den Organen der örtlichen politischen Gemeinden und Schulgemeinden sowie mit anderen Kirchgemeinden.

2. *Die Glieder der Kirchgemeinde*

Art. 25. Kirchliche Rechte und Pflichten. Jedes Glied der Landeskirche gehört der Kirchgemeinde seines Wohnortes an. Es ist als Gemeindeglied aufgerufen, an der Erfüllung des umfassenden Auftrages der Kirche in seiner Kirchgemeinde und überall sonst, wo sich christliches Leben gestalten lässt, nach seinen Gaben und Kräften mitzuwirken und dazu, wie für sich persönlich, die kirchlichen Dienste in Anspruch zu nehmen.

Art. 26. Stimm- und Wahlrecht. Stimmberechtigt und wählbar sind die nach der Staatsverfassung[4] zur Ausübung politischer Rechte in kirchlichen Angelegenheiten befugten Glieder der Landeskirche (Kirchengesetz § 9 Abs. 1).

4 Heute: Verfassung des Kantons Zürich vom 27. Februar 2005 (LS 101).

Art. 27. Rechte und Pflichten der Aufenthalter und Ausländer. Der Landeskirche angehörende Schweizer und Schweizerinnen, die in der Gemeinde niedergelassen, aber noch nicht stimmberechtigt sind, sowie in der Kirchgemeinde wohnhafte ausländische Glieder der Landeskirche haben, abgesehen vom Stimm- und Wahlrecht, die vollen Rechte und Pflichten als Glieder der Landeskirche.

3. Die Kirchgemeindeversammlung

Art. 28. Rechtsstellung. Die Kirchgemeindeversammlung als oberstes Organ der Kirchgemeinde besteht aus der Gesamtheit der Stimmberechtigten. Diese üben ihre Rechte ausser in der Kirchgemeindeversammlung durch die Urne aus, wo dies durch Gesetz, Kirchgemeindeordnung, Kirchgemeindebeschluss oder Statut eines Zweckverbandes besonders vorgesehen ist.

Art. 29. Aufgaben. Ausser den ihr durch das Gemeindegesetz übertragenen Geschäften liegen der Kirchgemeindeversammlung namentlich ob:

1. Erlass der Kirchgemeindeordnung,
2. Festsetzung der gottesdienstlichen Einrichtungen, soweit diese weder gesamtkirchlich geordnet noch durch Kirchgemeindeordnung oder Kirchgemeindebeschluss der Kirchenpflege übertragen sind,
3. Neuwahl der Pfarrer, soweit nicht in der Kirchgemeindeordnung oder im Einzelfall Urnenwahl angeordnet wurde,
4. Wahl evangelisch-reformierter Ergänzungsmitglieder der Rechnungsprüfungskommission gemäss § 134 Abs. 1 und 3 des Gemeindegesetzes,
5. Beschlussfassung über die Leistungen gemäss Kirchengesetz bei der Schaffung neuer Pfarrstellen,

[6. aufgehoben]

7. Entgegennahme des Jahresberichtes der Kirchenpflege und Aussprache über den Stand des kirchlichen Lebens,
8. Geschäfte, die ihr durch Vermittlung der Kirchenpflege von den Oberbehörden unterbreitet werden,
9. weitere ihr durch Kirchgemeindeordnung oder Kirchgemeindebeschluss vorbehaltene oder von der Kirchenpflege vorgelegte Geschäfte.

Art. 30. Freie Versammlungen. Die Kirchenpflege kann die Gemeindeglieder zur Beratung kirchlicher Anliegen zu freien Versammlungen einladen. Beschlüsse solcher Versammlungen haben den Sinn von Anregungen.

4. Die Kirchenpflege

Art. 31. Rechtsstellung, Zusammensetzung und Konstituierung. (1) Die Kirchenpflege ist die leitende, beaufsichtigende, vollziehende und verwaltende Behörde der Kirchgemeinde.
(2) Jede Kirchgemeinde bestellt eine Kirchenpflege von mindestens fünf Mitgliedern, einschliesslich Präsident oder Präsidentin. Der Präsident oder die Präsidentin der Kirchenpflege wird von der Kirchgemeinde gewählt. Im Übrigen konstituiert sich die Kirchenpflege selbst. Sie teilt den einzelnen Mitgliedern Aufgabenbereiche zu.
(3) Die Gemeindepfarrer und Gemeindepfarrerinnen sowie der Leiter oder die Leiterin des Gemeindekonvents wohnen den Sitzungen mit beratender Stimme und Antragsrecht bei. Ist der Leiter oder die Leiterin des Gemeindekonvents eine Pfarrperson, so nimmt ein weiteres Mitglied des Gemeindekonvents an den Sitzungen mit beratender Stimme und Antragsrecht teil. Für Kirchgemeinden, die ausschliesslich Angestellte mit kleinen Pensen beschäftigen, regelt der Kirchenrat die Ausnahmen.

Art. 32. Wahl. (1) Die Kirchenpflege wird im gleichen Zeitraume wie die anderen Gemeindebehörden auf eine Amtsdauer von vier Jahren gewählt. Wählbar sind sämtliche stimmberechtigten Glieder der Kirchgemeinde.
(2) Für das Wahlverfahren, die Unvereinbarkeit infolge von Ämtern oder Verwandtschaft, für Rücktritt und Entlassung gilt das Wahlgesetz[5].

[Art. 33. aufgehoben]

Art. 34. Bekanntgabe der Wahl. (1) Erfolgte Wahlen in die Kirchenpflege sind amtlich zu publizieren, dem Kirchenrat nach Eintritt der Rechtskraft mitzuteilen und mit den weiteren Publikationsmitteln der Kirchgemeinde bekannt zu geben.
(2) Neu in die Kirchenpflege gewählte Mitglieder werden bei einem geeigneten Anlass der Gemeinde vorgestellt.

Art. 34a. Kommissionen und Arbeitsgruppen. (1) Die Kirchenpflege kann für bestimmte Sachbereiche Kommissionen und zur Bearbeitung einzelner Geschäfte Arbeitsgruppen bestellen. Sie formuliert deren Auftrag und regelt die Befugnisse.
(2) Der Einsitz in Kommissionen und Arbeitsgruppen steht Gemeindegliedern und weiteren Personen offen. Kommissionen werden in der Regel von einem Mitglied der Kirchenpflege oder einem Mitglied des Gemeindekonvents geleitet.

5 Heute: Gesetz über die politischen Rechte vom 1. September 2003 (LS 161).

Art. 35. Auftrag und Aufgaben. (1) Die Kirchenpflege ist in gemeinsamer Verantwortung mit den Pfarrern und Pfarrerinnen sowie den Kirchgemeindeangestellten in erster Linie zum Aufbau der Gemeinde gerufen.

(2) Die Kirchenpflege erfüllt ihre Aufgaben auf der Grundlage des Evangeliums mit Blick auf die Kirchgemeinde und die Landeskirche als Ganzes. Sie vertritt die Anliegen der evangelischen Hilfswerke und Missionen in der Gemeinde und ist für die Pflege und Förderung der Beziehungen in der Ökumene und zu anderen Glaubensgemeinschaften mit verantwortlich.

(3) Sie besorgt die Geschäfte, die ihr als Gemeindebehörde durch das staatliche Recht, die Kirchenordnung und die Kirchgemeindeordnung übertragen sind, namentlich:

1. Vertretung der Kirchgemeinde nach aussen,
2. Beschlussfassung über Jahresziele und Schwerpunktprogramm,
3. Festlegung der Organisation der Kirchgemeinde unter Vorbehalt der Zuständigkeit der Kirchgemeindeversammlung,
4. Anstellung von Mitarbeitern und Mitarbeiterinnen,
5. Personalführung und Personalunterstützung,
6. Aufsicht über das kirchliche Leben in der Gemeinde, die Amtsführung der Pfarrer und Pfarrerinnen sowie die Aufgabenerfüllung durch die weiteren Mitarbeiter und Mitarbeiterinnen,
7. Aufsicht über die Angebote der Religionspädagogik,
8. Information der Mitarbeiter und Mitarbeiterinnen, der Kirchgemeinde, der Landeskirche und der weiteren Öffentlichkeit,
9. Wahl des Leiters oder der Leiterin des Gemeindekonvents und Bestellung von Kommissionen,
10. Verabschiedung des jährlichen Voranschlags und der Jahresrechnung zuhanden der Kirchgemeindeversammlung,
11. Erlass und Nachführung des Finanzplans und des Stellenplans,
12. Entscheid über die Vergabungen und die Verwendung der Kollekten,
13. Unterhalt und Verwaltung von Kirchen, Kirchgemeindehäusern, Pfarrhäusern, Pfarrwohnungen und weiteren Liegenschaften,
14. Mitwirkung bei gottesdienstlichen Aufgaben und Teilnahme am Leben der Gemeinde,
15. Unterstützung aller Bestrebungen, den Sonntag als Tag der christlichen Besinnung und als Ruhetag zu erhalten,
16. jährliche schriftliche Berichterstattung über ihre Tätigkeit und das kirchliche Gemeindeleben zuhanden der Kirchgemeindeversammlung,
17. Aufsicht über die Führung der kirchlichen Register und des Archivs der Kirchgemeinde.

5. Zusammenarbeit

Art. 36. Grundsatz der Zuordnung. (1) Die Kirchenpflege, die Pfarrer und Pfarrerinnen sowie die Kirchgemeindeangestellten tragen die Verantwortung für den Gemeindeaufbau gemeinsam.
(2) Die Kirchenpflege nimmt ihre Aufgaben im Rahmen der behördlichen Verantwortung wahr.
(3) Die Pfarrer und Pfarrerinnen sowie die Kirchgemeindeangestellten erfüllen ihre Aufgaben je in ihrem besonderen Dienst. Diese ergeben sich aus der Kirchenordnung, aus den Vorgaben der Kirchenpflege und den besonderen Gegebenheiten der Kirchgemeinde.

Art. 37. Gemeindekonvent. (1) Die Pfarrer und Pfarrerinnen sowie die Angestellten bilden den Gemeindekonvent. Die Kirchenpflege regelt die Organisation des Gemeindekonvents.
(2) Der Gemeindekonvent koordiniert die Arbeit zwischen dem Pfarramt, den weiteren Diensten sowie den Freiwilligen der Kirchgemeinde und stellt den Informationsaustausch sicher. Er fördert den sorgsamen Umgang mit den zur Verfügung stehenden Mitteln, eine zielorientierte Arbeitsweise und die Qualitätsentwicklung der kirchgemeindlichen Arbeit.
(3) Im Weiteren kommen dem Gemeindekonvent folgende Aufgaben zu:
1. Umsetzung von Aufgaben gemäss den Aufträgen der Kirchenpflege,
2. Mitarbeit bei der Entwicklung der Jahresziele und der Schwerpunktprogramme,
3. Vernehmlassung zu Geschäften der Kirchenpflege auf deren Einladung,
4. Unterbreitung von Anträgen an die Kirchenpflege über alle Fragen des Gemeindelebens,
5. Wahlvorschlag für die Leitung des Gemeindekonvents zuhanden der Kirchenpflege.

Art. 37a. Konventsleitung. (1) Die Kirchenpflege wählt auf Vorschlag des Gemeindekonvents aus dessen Mitte die Konventsleitung auf eine bestimmte Dauer.
(2) Die Konventsleitung koordiniert die Tätigkeit des Gemeindekonvents inhaltlich und organisatorisch.

Art. 37b. Kirchgemeindesekretariat. Die Kirchgemeinden können administrative Aufgaben von Kirchenpflege, Pfarramt, Konventsleitung und Gemeindekonvent einem Kirchgemeindesekretariat übertragen.

Art. 38. Unstimmigkeiten in Behörde und Kirchgemeinde. (1) Die Kirchenpflege klärt durch das Gespräch mit den Betroffenen Unstimmigkeiten in der Behörde, im Gemeindekonvent, in Kommissionen, in Arbeitsgruppen

und unter den Mitarbeitern und Mitarbeiterinnen sowie Spannungen in der Kirchgemeinde. Sie kann den Dekan oder die Dekanin, den Präsidenten oder die Präsidentin des Diakonatskapitels und die Bezirkskirchenpflege beiziehen.
(2) Lässt sich eine Klärung nicht erreichen, so trifft die Kirchenpflege die nötigen Anordnungen, soweit sie hierfür zuständig ist. Als Gemeindebehörde stehen ihr die Disziplinarkompetenzen gemäss dem Gesetz betreffend die Ordnungsstrafen[6] zu.
(3) Stösst die Kirchenpflege auf Tatbestände, deren Behandlung über ihre Kompetenz hinausgeht, so hat sie unter Beilegung der Akten der zuständigen Behörde Meldung zu erstatten. Vorgesetzte Behörde bei Verstössen gegen die kirchliche Ordnung ist die Bezirkskirchenpflege, bei solchen gegen das staatliche Recht der Bezirksrat.

6. Besondere Gemeinschaften und Gemeindeverbände

Art. 39. Französische Kirchgemeinschaften. (1) Hinsichtlich der französischen Kirchgemeinschaften gelten die besonderen Vorschriften des Kirchengesetzes.
(2) Die französische Kirchgemeinschaft Zürich umfasst die französisch sprechenden Glieder der Landeskirche in den staatlichen Bezirken Zürich, Affoltern, Horgen, Meilen, Uster und Dielsdorf. Sie ist der Bezirkskirchenpflege Zürich rechts der Limmat unterstellt. Ihre Pfarrer gehören dem Pfarrkapitel Zürich rechts der Limmat an.
(3) Die französische Kirchgemeinschaft Winterthur umfasst die französisch sprechenden Glieder der Landeskirche in den staatlichen Bezirken Hinwil, Pfäffikon, Winterthur, Andelfingen und Bülach. Sie ist der Bezirkskirchenpflege Winterthur unterstellt. Ihre Pfarrer gehören dem Pfarrkapitel Winterthur an.

Art. 40. Kirchliche Minderheiten. (1) Für kirchliche Minderheiten gemäss § 22 des Kirchengesetzes kommt das für Kirchgemeinden geltende Recht sinngemäss zur Anwendung.
(2) Wo Gruppierungen Dienste beanspruchen, die im Angebot der Kirchgemeinde zu wenig zur Geltung kommen, können sie sich zu einem Gemeindeverein zusammenschliessen und mit der Kirchgemeinde durch Vereinbarung gegenseitige Rechte und Pflichten festlegen, auch wenn sie das im § 22 des Kirchengesetzes vorgeschriebene Quorum (mindestens ein Fünftel der Stimmberechtigten) nicht erreichen. Mit der Zustimmung zu einer derartigen

6 LS 312.

Vereinbarung durch die Kirchgemeindeversammlung können auch Beiträge zugesprochen werden.
(3) Solche Vereinbarungen sind dem Kirchenrat zur Genehmigung vorzulegen. Er prüft insbesondere, ob kein Verstoss gegen Bestimmungen der Kirchenordnung vorliegt und der Gesamtzusammenhang von Kirchgemeinde und Landeskirche nicht missachtet wird.
(4) Der Kirchenrat kann zuhanden der Kirchgemeinden Richtlinien erlassen.

Art. 40a. Landeskirchliche Vermittlungskommission bei Minderheitenfragen. (1) Zur Beratung und Begleitung von Kirchgemeinden in Minderheitenfragen wählt der Kirchenrat eine landeskirchliche Vermittlungskommission.
(2) Die landeskirchliche Vermittlungskommission kann von Minderheiten, von Kirchenpflegen oder von Bezirkskirchenpflegen angerufen werden. Ihre Tätigkeit setzt die Zustimmung von Kirchenpflege und Minderheitenvertretung voraus. Während des Verfahrens vor der landeskirchlichen Vermittlungskommission werden hängige Verfahren über den Minderheitenkonflikt vor kirchlichen Behörden sistiert, sofern es nicht um Beseitigung oder Verhinderung offensichtlicher Rechtswidrigkeiten geht.
(3) Der Kirchenrat regelt die Einzelheiten in einer Verordnung.

Art. 41. Evangelische Werke und freie evangelische Gemeinschaften. (1) Evangelische Werke und freie evangelische Gemeinschaften, die auf dem Boden reformatorischen Glaubens- und Schriftverständnisses stehen, können mit der Landeskirche in eine engere Beziehung treten. Gegenseitige Rechte und Pflichten sind vertraglich zu regeln. Solche vom Kirchenrat abzuschliessende Verträge unterliegen der Genehmigung durch die Kirchensynode.
(2) In diesen Verträgen können auch die Oberaufsicht des Kirchenrates und die Visitation durch die Bezirkskirchenpflege über die in diesen Werken und Gemeinschaften wirkenden Pfarrer festgelegt werden, sofern diese die volle oder partielle Wahlfähigkeit in der Landeskirche besitzen. Soweit der Vertrag die Zugehörigkeit nicht anders regelt, gehören solche Pfarrer dem Pfarrkapitel des Bezirkes ihres Wohnortes an. Sie werden vom zuständigen Dekan in ihren Dienst eingesetzt.

Art. 42. Vereinbarungen zwischen Kirchgemeinden. (1) Hinsichtlich der Bildung von Zweckverbänden oder des Abschlusses anderer Vereinbarungen zwischen Kirchgemeinden gilt § 14 des Kirchengesetzes.
(2) Durch Vereinbarungen solcher Art sollen insbesondere die Arbeitsbelastungen der Pfarrer in benachbarten Gemeinden mit stark unterschiedlicher Ausdehnung und Seelenzahl ausgeglichen und regionale Pfarrdienste ge-

schaffen werden. Entsprechende Dienstordnungen bedürfen der Genehmigung durch den Kirchenrat.

Art. 43. Filialen. Neue kirchliche Filialen dürfen nicht gebildet werden. Von früher her noch bestehende Filialverhältnisse können durch Vereinbarung der Beteiligten abgelöst werden. Die Vereinbarungen sind von der Bezirkskirchenpflege zu begutachten und vom Kirchenrate zu genehmigen.

Dritter Hauptteil: Auftrag der Kirchgemeinde

1. Allgemeines

Art. 44. Dienst der Gemeinde. (1) Die Kirchgemeinde hat an ihrem Orte den Auftrag der Kirche zu erfüllen. Ihr ist als wesentlicher Dienst die Aufgabe überbunden, das Evangelium von Jesus Christus zu bezeugen.
(2) Das Evangelium wird im Gottesdienst (Predigt, Taufe, Abendmahl sowie Trauung und Abdankung), in der Unterweisung der Jugend und der Erwachsenen, in der Seelsorge, aber auch bei jeder anderen angemessenen Gelegenheit auf jede geeignete Weise verkündigt und durch tätige Bruderliebe und christliche Gemeinschaft in Freud und Leid bekräftigt.

*2. **Der Gottesdienst** (nicht abgedruckt)*

*3. **Kind, Jugend, junge Erwachsene und Familie** (nicht abgedruckt)*

*4. **Das kirchliche Gemeindeleben** (nicht abgedruckt)*

5. Der Haushalt der Kirchgemeinde

Art. 104. Gemeindehaushalt. (1) Haushalt und Rechnungsführung der Kirchgemeinde werden durch das Gemeindegesetz und die Verordnung über den Gemeindehaushalt[7] geregelt.
(2) Die Kirchgemeinden sind innerhalb der durch das Gemeindegesetz gezogenen Schranken berechtigt, ausser den Ausgaben zur Deckung ihrer eigenen Bedürfnisse weitere Ausgaben zugunsten der innerkirchlichen Angelegenheiten und Aufgaben der Landeskirche zu beschliessen.

Art. 105. Gebäude und Liegenschaften. (1) Erstellung und Unterhalt der Kirchen, Kirchgemeindehäuser, Pfarrhäuser und der Unterrichtslokale sind

7 LS 133.1.

Sache der Kirchgemeinden, sofern sie nicht kraft bestehender Rechtsverhältnisse dem Staat oder Dritten obliegen.
(2) Die dauernde Nutzung von Kirchen zu anderen als kirchlichen Zwecken und ihre Veräusserung bedürfen der Zustimmung des Kirchenrates. Im Bereich der Stadtverbände Zürich und Winterthur entscheidet der Kirchenrat unter Einbezug der Verbandsvorstände.
(3) Bei Festsetzung des Steuerfusses sind die Ausgaben für den Unterhalt der Gebäude angemessen zu berücksichtigen. Für die Erweiterung und die Erneuerung bisheriger und für die Erstellung neuer kirchlicher Bauten sind die gesetzlich zulässigen Reservebildungen vorzunehmen.

Art. 106. Staatsbeiträge, Denkmalpflege. (1) Für Staatsbeiträge an Neubauten und Hauptreparaturen von Kirchen und Pfarrhäusern ist die entsprechende Verordnung des Regierungsrates massgebend.
(2) Bei Renovationen kirchlicher Gebäude sind unter Wahrung der Gemeindebedürfnisse allfällige Anliegen der Denkmalpflege nach Möglichkeit zu berücksichtigen.

Art. 107. Kollekten. (1) Der Entscheid über die Verwendung der kirchlichen Kollekten steht der Kirchenpflege zu. Die ohne besondere Zweckbestimmung erhobenen Kollektengelder sind dem Spendgut oder einer Spendkasse der Kirchgemeinde zuzuweisen. Solche Mittel dürfen nicht für Ausgaben verwendet werden, die durch Steuern zu decken sind.
(2) Die vom Kirchenrat angeordneten Kollekten sind den Kirchgemeinden bekanntzugeben und sollen von ihnen erhoben werden. Ist eine solche Sammlung aus besonderen Gründen nicht durchführbar oder ist die Verschiebung auf einen anderen Zeitpunkt zu empfehlen, so hat die Kirchenpflege dem Kirchenrat Mitteilung zu machen.

Vierter Hauptteil: Ämter und Dienste der Kirchgemeinde

1. Grundsätzliches

Art. 108. Zweck. Um ihren Auftrag zu erfüllen, schafft die Kirchgemeinde die geeigneten Ämter und Dienste.

Art. 109. Zusammenarbeit in der Gemeinde. Pfarrer, Pfarrerinnen und Kirchenpflegemitglieder sorgen gemeinsam für eine gemeindefördernde Zusammenarbeit unter sich, den Kirchgemeindeangestellten und Freiwilligen der Kirchgemeinde.

2. *Das Pfarramt*

a. *Pfarrstellen*

Art. 110. Pfarramt. In jeder Kirchgemeinde besteht ein Pfarramt mit mindestens einer Pfarrstelle.

Art. 111. Neue Pfarrstellen. (1) Neue Pfarrstellen werden nach Vorschrift des Kirchengesetzes errichtet.
(2) Sobald ein Pfarrer bzw. eine Pfarrerin mehr als 3000 Gemeindeglieder zu betreuen hat, ist die Kirchenpflege verpflichtet, die Errichtung einer neuen Pfarrstelle in die Wege zu leiten. Erscheint ihr der Aufschub dieser Massnahme gerechtfertigt, so holt sie die Zustimmung des Kirchenrates ein.

Art. 112. Zeitlich befristete Pfarrstellen. Über zeitlich befristete Pfarrstellen entscheidet der Kirchenrat auf der Grundlage von § 19 des Kirchengesetzes und im Rahmen des staatlichen Kredites. Über Errichtung, Dauer und Aufhebung zeitlich befristeter Pfarrstellen erlässt der Kirchenrat eine Verordnung, die der Genehmigung durch die Kirchensynode unterliegt.

Art. 113. Spezialpfarrämter, gemeindeeigene Pfarrstellen. Im Einverständnis mit dem Kirchenrat können Kirchgemeinden und deren Verbände Spezialpfarrämter oder gemeindeeigene Pfarrstellen mit oder ohne zeitliche Befristung errichten, wenn sie die gesetzlichen Leistungen für sie übernehmen. Die Inhaber und Inhaberinnen solcher Ämter und Dienste müssen wählbar sein. Sie unterstehen der Visitation der Bezirkskirchenpflege und der Oberaufsicht des Kirchenrates.

Art. 113a. Aufteilung von Pfarrstellen. In Kirchgemeinden mit mehr als einer Pfarrstelle kann auf Beschluss der Kirchgemeindeversammlung ausnahmsweise eine Pfarrstelle auf zwei zum Pfarramt Wählbare unter den vom Kirchenrat in einer Verordnung festgelegten Bedingungen aufgeteilt werden. In Kirchgemeinden mit nur einer Pfarrstelle ist die definitive Besetzung mit Aufteilung nur für Pfarrerehepaare zulässig.

b. *Wahl, Bestätigungswahl, Wahlfähigkeit, Wählbarkeit*

Art. 114. Wahl. (1) Für die Wahlen von Pfarrern und Pfarrerinnen gelten das Kirchengesetz und das Wahlgesetz.
(2) Voraussetzung für die Wahl eines Bewerbers oder einer Bewerberin an eine Pfarrstelle der zürcherischen Landeskirche ist die Wählbarkeit.
(3) Das Verfahren bei Neuwahlen von Pfarrern und Pfarrerinnen wird durch eine Verordnung des Kirchenrates geregelt, die der Genehmigung des Regierungsrates bedarf (Kirchengesetz § 16 Abs. 3).

(4) Bei der Aufteilung einer Pfarrstelle setzt die Gültigkeit der Wahl die Zustimmung zu beiden Vorgeschlagenen voraus.

Art. 115. Bestätigungswahl. (1) Die Pfarrer und Pfarrerinnen der Kirchgemeinden werden auf eine Amtsdauer von sechs Jahren gewählt. Bei zeitlich befristeten Pfarrstellen richtet sich die Amtsdauer nach dem entsprechenden Beschluss des Kirchenrates. Wahlen innerhalb einer Amtsdauer gelten für deren Rest.
(2) Gedenkt eine Kirchenpflege Pfarrer bzw. Pfarrerinnen nicht zur Wiederwahl vorzuschlagen, so hat sie ihnen nach vorangegangener Aussprache mindestens drei Monate vor dem Wahltermin davon Kenntnis zu geben.
(3) Bei aufgeteilten Pfarrstellen ist vor Ablauf der Amtsdauer zur Vorbereitung der Bestätigungswahlen die Weiterführung der Aufteilung abzuklären. Die Einzelheiten über die Abklärung und die danach von der Kirchenpflege zuhanden der Stimmberechtigten zu veröffentlichende Stellungnahme richten sich nach der kirchenrätlichen Verordnung. Erhält bei der Bestätigung an der Urne nur ein Teil die Mehrheit der Stimmberechtigten, so wird die Bestätigung für den anderen Teil nicht rechtskräftig, und er tritt von Gesetzes wegen in den Stand der Verweserei, bis eine neue Lösung gefunden ist.

Art. 116. Wahlfähigkeit. (1) Wer gemäss dem Konkordat betreffend die gemeinsame Ausbildung der evangelisch-reformierten Pfarrerinnen und Pfarrer und ihre Zulassung zum Kirchendienst[8] das Wahlfähigkeitszeugnis erhalten hat und von der zuständigen Kirche ordiniert worden ist, besitzt die Wahlfähigkeit für ein Pfarramt.
(2) Ausserdem kann der Kirchenrat, in der Regel nach Abnahme einer mündlichen Prüfung (Kolloquium), andere Personen als wahlfähig bezeichnen, sowohl unbeschränkt für alle zürcherischen, als auch beschränkt für besonders umschriebene Pfarrstellen.
[(3) aufgehoben]

Art. 117. Wählbarkeit. (1) Die Wählbarkeit für ein Pfarramt setzt ausser der Wahlfähigkeit die für die Führung des Pfarramtes nötigen persönlichen Eigenschaften voraus.
(2) Bei aufgeteilten Pfarrstellen gelten die persönlichen Eigenschaften nur als erfüllt, wenn eine schriftliche Zustimmung der Vorgeschlagenen zu den Bedingungen der kirchenrätlichen Verordnung über aufgeteilte Pfarrstellen und zu den entsprechenden Kirchgemeindebeschlüssen vorliegt.
(3) Vor der Wahl an eine zürcherische Kirchgemeinde ist die Wählbarkeit vom Kirchenrat festzustellen.

8 LS 181.41.

(4) Stehen ordinierte Theologen bzw. Theologinnen während sechs Jahren ausserhalb des Kirchendienstes, so prüft der Kirchenrat im Hinblick auf die Feststellung der Wählbarkeit, ob die erforderlichen persönlichen Eigenschaften und die fachliche Befähigung noch vorhanden seien. Zu diesem Zwecke kann er in besonderen Fällen eine mündliche Prüfung (Kolloquium) in einem von Fall zu Fall zu bestimmenden Umfange verlangen.

Art. 118. Pfarreinsatz. (1) Hat der Regierungsrat von einer Pfarrwahl Vormerk genommen, so lädt der Kirchenrat Dekan bzw. Dekanin des betreffenden Kapitels ein, die Amtseinführung vorzunehmen.
(2) Die Einsetzung wird an einem zwischen Dekan bzw. Dekanin, der Kirchenpflege und dem bzw. der Einzusetzenden vereinbarten Sonntag im Morgengottesdienst vollzogen. Die Feier wird von Dekan bzw. Dekanin geleitet. Neugewählte sollen von einem Mitglied der Kirchenpflege begrüsst werden. Sie leisten das Amtsgelübde nach dem Wortlaute des Kirchenbuches und halten anschliessend die Antrittspredigt.

c. Die Amtsverrichtungen des Pfarrers und der Pfarrerin

Art. 119. Beruf des Pfarrers und der Pfarrerin. (1) Der Pfarrer und die Pfarrerin sind theologisch ausgebildet für die Verkündigung des Gotteswortes in Predigt, Taufe und Abendmahl, für die Seelsorge und für den kirchlichen Unterricht. Im Gehorsam gegen den Herrn der Kirche und gebunden durch das Ordinationsgelübde sind sie in der Wortverkündigung frei. Ihnen kommt die Leitung des Gottesdienstes und der Seelsorge in der Gemeinde zu.
(2) Mit dem Dienst in einer Kirchgemeinde oder in einer gesamtkirchlichen Aufgabe der Landeskirche erhalten die Mitglieder des Ministeriums den Titel Pfarrer oder Pfarrerin. Sie tragen ihn auch im Ruhestand. Der Kirchenrat kann den Pfarrertitel Theologen und Theologinnen in andern Stellungen zuerkennen, wenn sie einen gottesdienstlichen, seelsorgerlichen oder leitenden Dienst als Beruf im Rahmen ihres Ordinationsgelübdes versehen.

Art. 120. Amtspflichten. (1) Der Pfarrer und die Pfarrerin haben sämtliche ihnen nach Kirchengesetz10 und Kirchenordnung obliegenden Verpflichtungen zu erfüllen.
(2) Sie sind verantwortlich für Gottesdienst, Taufe und Abendmahl, vollziehen kirchliche Trauungen und Abdankungen, erteilen den kirchlichen Unterricht und sind Seelsorger oder Seelsorgerin der Gemeinde.
(3) Sie erteilen Religionsunterricht an der Volksschule oder an einer Mittelschule gemäss Art. 128 der Kirchenordnung. Vorbehalten bleibt die Übertragung anderer Aufgaben.

(4) Sie haben die Anliegen der Gesamtkirche in der Gemeinde zu vertreten, insbesondere die der Kirchensynode, des Kirchenbundes, der Mission und der Ökumene.
(5) Sie führen die kirchlichen Register, beurkunden die in der Gemeinde vollzogenen Taufen, Konfirmationen, Konversionen, Trauungen und Abdankungen und betreuen das Pfarrarchiv.
(6) Amtshandlungen, die sie in schwere Gewissensnot brächten, können sie nach Rücksprache mit dem Dekan bzw. der Dekanin ablehnen.

Art. 121. Zusätzlicher Dienst. (1) Der Kirchenrat ist berechtigt, Pfarrern und Pfarrerinnen kleiner Kirchgemeinden ohne Gewährung von Besoldungszulagen zusätzliche Funktionen im Dienste der Landeskirche zu übertragen (Kirchengesetz § 51 Abs. 2). Der Kirchenrat erlässt hierüber eine Verordnung.
[(2) aufgehoben]

Art. 122. Berufsgeheimnis. (1) Alle regulär, stellvertretend oder im Rahmen einer Aus- und Weiterbildung mit pfarramtlichen Verrichtungen Beschäftigten haben Geheimnisse zu wahren, die ihnen um ihres Berufes willen anvertraut werden oder die sie in dessen Ausübung wahrnehmen.
(2) Soweit andere Personen den zur Geheimhaltung Verpflichteten bei der Ausübung ihres Berufes behilflich sind, unterstehen sie der gleichen Geheimhaltungspflicht.
(3) Wer von Berechtigten oder nach deren Tode von sämtlichen Erben von der Geheimhaltungspflicht entbunden wird, entscheidet in eigener Verantwortung, ob die Wahrung des Geheimnisses durch das wirkliche Interesse von Berechtigten oder durch ein höheres Interesse nicht gleichwohl geboten sei. Vorbehalten bleibt die gesetzliche Zeugnispflicht.
(4) Der Kirchenrat kann Pfarrer bzw. Pfarrerinnen und die andern gemäss diesem Artikel zur Wahrung des Berufsgeheimnisses verpflichteten Personen auf deren Gesuch hin von der Geheimhaltungspflicht schriftlich entbinden, wenn ein höheres Interesse es gebietet.

Art. 123. Pfarrarchiv/kirchliche Register/Amtsakten. (1) In jeder Kirchgemeinde ist ein Pfarrarchiv zu führen. Seinen Inhalt bilden:
a) die offiziellen kirchlichen Register:
   das Taufregister,
   das Konfirmandenregister,
   das Trauregister,
   das Konvertitenregister,
   das Abdankungsregister,
[b) aufgehoben]

[c) aufgehoben]
d) die Personal- und Familienregister oder Kartotheken,
e) wichtige Briefwechsel in kirchlichen Angelegenheiten,
[f) aufgehoben]
g) Akten der dem Pfarramte zur Verwaltung übergebenen Stiftungen privater Natur.

(2) In Kirchgemeinden mit mehr als einer Pfarrstelle bestimmt der Pfarrkonvent, welcher Pfarrer bzw. welche Pfarrerin für Archiv- und Registerführung verantwortlich ist.

(3) Kirchliche Verordnungen, Kreisschreiben und andere amtliche Mitteilungen der Behörden sowie amtliche Exemplare von Büchern und Protokollen bilden Teil der Amtsakten. Sie sind aufzubewahren und vom Pfarrer oder von der Pfarrerin dem Nachfolger oder der Nachfolgerin im Amt geordnet zu übergeben.

Art. 124. Archiv- und Registerführung. (1) Das Pfarrarchiv und die kirchlichen Register sind gemäss den Vorschriften der Direktion des Innern, des Staatsarchivs und den Weisungen des Kirchenrates zu führen. Die Bezirkskirchenpflege übt die regelmässige Kontrolle darüber aus.

(2) Wechselt die Verantwortung für Archiv- und Registerführung, so ist durch ein Mitglied der Bezirks- und der Gemeindekirchenpflege in Anwesenheit des bzw. der bisher Verantwortlichen ein Protokoll aufzunehmen. Ist ein Pfarramt vorübergehend unbesetzt, so ist in dieser Zeit die Kirchenpflege für das Pfarrarchiv und die kirchlichen Register verantwortlich.

(3) Der Kirchenrat erlässt über Archiv- und Registerführung eine Verordnung.

Art. 125. Pfarrkonvent. In Kirchgemeinden mit mehr als einer Pfarrstelle bilden die Pfarrer und Pfarrerinnen den Pfarrkonvent. Sie bezeichnen in frei gewähltem Turnus oder zu Beginn jeder Amtsdauer, wer den Vorsitz führt. Der oder die Vorsitzende des Pfarrkonvents ist in erster Linie verantwortlich für die geordnete Zusammenarbeit mit der Kirchenpflege, dem Gemeindekonvent und den vorgesetzten kirchlichen Instanzen.

Art. 126. Pfarrdienstordnung. (1) Wo zwei oder mehrere Pfarrer bzw. Pfarrerinnen in einer Kirchgemeinde wirken, kann die Kirchenpflege die Arbeitseinteilung und Arbeitsverpflichtung unter ihnen in einer Dienstordnung festlegen. Der Pfarrkonvent ist befugt, der Kirchenpflege in allen Fragen der Dienstordnung Anträge zu stellen.

(2) Pfarrdienstordnungen sind von der Bezirkskirchenpflege zu begutachten.

Art. 127. Arbeitsteilung. (1) In Kirchgemeinden mit mehreren Pfarrstellen kann die Kirchenpflege zur übersichtlicheren Gestaltung der Gemeindearbeit für die Fürsorge, den Besuchsdienst, allenfalls für die Amtshandlungen und für den Unterricht Pfarrkreise bezeichnen.
(2) Auf Vorschlag des Pfarrkonventes kann die Kirchenpflege für die Übernahme von Taufen, Trauungen und Abdankungen durch die Pfarrer bzw. Pfarrerinnen bestimmte Ordnungen, insbesondere die Amtswoche, einführen.
(3) Im Einverständnis mit der Kirchenpflege können die beteiligten Gemeindepfarrer und -pfarrerinnen ihre Arbeit untereinander auch nach Arbeitsgebieten aufteilen.
(4) Der Gesamtzusammenhang der Gemeinde ist zu wahren, und die Gemeindeglieder sollen die Möglichkeit haben, die Dienste jedes Gemeindepfarrers bzw. jeder Gemeindepfarrerin in Anspruch zu nehmen.

Art. 128. Schulunterricht. (1) Der Kirchenrat legt in Ausführung der Verordnung über die Besoldungen der Pfarrer fest, welcher Unterricht an staatlichen Schulen im Rahmen der pfarramtlichen Pflichten zu erteilen ist.
(2) Der Kirchenrat ist nach Einholen einer Stellungnahme der Kirchenpflege zuständig für die Bewilligung anderer Aufgaben an Stelle von Unterricht im Rahmen einer örtlichen Arbeitsteilung gemäss Art. 127 Abs. 3 der Kirchenordnung oder in Verbindung mit regionalen bzw. gesamtkirchlichen Bedürfnissen.
(3) Der Kirchenrat erlässt die erforderlichen Weisungen.

Art. 129. Nebenämter. (1) Pfarrer und Pfarrerinnen sind verpflichtet, ihre Zeit und Kraft gewissenhaft ihrem Amte zu widmen und sich aller Nebenbeschäftigungen zu enthalten, soweit diese die Erfüllung ihrer Hauptaufgaben beeinträchtigen. Doch gehört es zum pfarramtlichen Auftrag, sich auch ausserhalb der kirchlichen Amtspflichten um die Aufgaben der Fürsorge und der Schule sowie um kulturelle und gemeinnützige Bestrebungen ratend und helfend zu kümmern.
(2) Vor der Übernahme zeitraubender Ämter oder Aufgaben sowie für besoldete Nebenbeschäftigungen hat der Pfarrer bzw. die Pfarrerin eine Bewilligung des Kirchenrates einzuholen. Dem Gesuch ist eine Stellungnahme der Kirchenpflege beizulegen. Einkünfte aus Nebenbeschäftigungen sind, sofern sie eine angemessene Pauschale überschreiten, grundsätzlich gemäss Beschluss des Kirchenrates abzuliefern bzw. an der Besoldung anrechnen zu lassen.

Art. 130. Tätigkeit ausserhalb der Gemeinde. (1) Pfarrer und Pfarrerinnen dürfen in anderen Kirchgemeinden nur im Einverständnis mit dem betreffen-

den Ortspfarrer bzw. der -pfarrerin und der zuständigen Kirchenpflege eine pfarramtliche Tätigkeit ausüben.
(2) Übernehmen Pfarrer oder Pfarrerinnen Aufgaben in gesamtkirchlichen Institutionen und Organisationen, so haben sie der Kirchenpflege davon Kenntnis zu geben. Entstehen über Art und Mass Meinungsverschiedenheiten, so entscheidet die Bezirkskirchenpflege und in letzter Instanz der Kirchenrat.

Art. 131. Feldprediger. Pfarrer oder Pfarrerinnen, die militärdiensttauglich sind und eine Rekrutenschule bestanden haben, können sich der schweizerischen Armee als Feldprediger bzw. Feldpredigerin zur Verfügung stellen. Sie haben sich hiefür beim Sekretariat des Kirchenrates anzumelden. Der Kirchenrat unterbreitet den militärischen Dienststellen Vorschläge.

d. Besoldung, Ferien, Urlaub, Vikariate und Verwesereien

Art. 132. Besoldung. (1) Im Rahmen von Kirchengesetz und staatlicher Besoldungsverordnung leistet die Kirchgemeinde bzw. ein Kirchgemeindeverband und bei kantonalen Pfarrämtern mit besonderen Diensten die landeskirchliche Zentralkasse einen Anteil an die einstufungsgemässe Gesamtbesoldung einschliesslich Arbeitgeberanteile an Sozialversicherungen.
(2) Der Kirchenrat sorgt für Berechnung, Abzüge, Gutschriften und Koordination zwischen Besoldungsberechtigten, Kirchenpflegen und Finanzdirektion in Absprache mit der Direktion des Innern.

Art. 133. Ferien. Für die Ferien von Pfarrern und Pfarrerinnen gelten die Bestimmungen der regierungsrätlichen Besoldungsverordnung für Pfarrer und die dazu erlassenen Richtlinien des Kirchenrates.

Art. 134. Studienurlaub. (1) Pfarrern und Pfarrerinnen, die während 12 Jahren im zürcherischen Kirchendienste gestanden haben, kann der Kirchenrat im Einverständnis mit der Kirchenpflege auf ein Gesuch hin einen bezahlten Studienurlaub bis zu sechs Monaten gewähren. Mit dem Gesuch wird der Studienplan vorgelegt. Der Kirchenrat bestimmt im Einvernehmen mit der Kirchenpflege und dem Pfarrer bzw. der Pfarrerin den Zeitpunkt des Urlaubes und ordnet die Stellvertretung.
(2) Für die Regelung der Besoldung (staatliche Besoldung, Übernahme der Stellvertretungskosten) holt der Kirchenrat die Zustimmung des Regierungsrates und für die Ausrichtung des Gemeindeanteils der Besoldung die der örtlichen Kirchenpflege ein.

Art. 135. Beurlaubung für Sonderaufgaben. (1) Der Kirchenrat ist befugt, nach Anhören der Kirchenpflege Gemeindepfarrer und -pfarrerinnen zur

Übernahme gesamtkirchlicher Aufgaben bis auf ein Jahr zu beurlauben. Er sorgt für die notwendige Stellvertretung. Für die Regelung der Besoldung holt er die Zustimmung des Regierungsrates ein.
(2) Urlaube aus anderen Gründen werden gemäss Kirchengesetz gewährt.

Art. 136. Amtswohnung und Wohnsitz. (1) Gewählte Pfarrer und Pfarrerinnen sind verpflichtet, in ihrer Kirchgemeinde zu wohnen. Hinsichtlich ihrer Amtswohnung gelten das Kirchengesetz und die Verordnung des Regierungsrates über die Amtswohnungen der Pfarrer.
(2) Für die Dauer der tatsächlichen Benützung einer Amtswohnung wird der kantonal festgelegte Mietwertanteil von der einstufungsgemässen Besoldung abgezogen. Dieser wird von der Direktion des Innern nach Anhören des Kirchenrates im Einvernehmen mit der Finanzdirektion festgelegt.
(3) Bei teilzeitlicher Tätigkeit regelt der Kirchenrat das Erforderliche. Stellt die Kirchenpflege nicht gewählten pfarramtlich Tätigen eine Amtswohnung zur Verfügung, so ist ein Überlassungsvertrag für die Dauer der Tätigkeit abzuschliessen. Der Kirchenrat kann in Absprache mit der Direktion des Innern ein kantonales Formular verbindlich erklären.

Art. 137. Aushilfe. (1) Sind Pfarrer oder Pfarrerinnen an der Ausübung ihres Amtes verhindert oder wollen sie ihre Ferien beziehen, so haben sie in Verbindung mit dem Präsidenten bzw. der Präsidentin der Kirchenpflege für Vertretung zu sorgen.
(2) In Gemeinden mit mehreren Pfarrern bzw. Pfarrerinnen sollen diese in erster Linie einander aushelfen.
(3) Besteht diese Möglichkeit nicht oder reicht sie nicht aus, so hat sich der Pfarrer bzw. die Pfarrerin für Aushilfe an einzelnen Sonntagen oder für einzelne Wochenfunktionen durch kollegiale Absprache zu behelfen oder beim Kirchenrat um Abordnung einer Stellvertretung zu ersuchen.

Art. 138. Vikariate. (1) Ist mit längerer Verhinderung eines Pfarrers bzw. einer Pfarrerin zu rechnen, so hat die Kirchenpflege den Kirchenrat um Bestellung eines Vikariates zu ersuchen oder kann der Kirchenrat von sich aus ein solches anordnen.
(2) Ist die Verhinderungsursache Krankheit, so ist dem Kirchenrat ein ärztliches Zeugnis einzureichen.

Art. 139. Aushilfskräfte. Zur Aushilfe im Pfarrdienst darf neben ordinierten Theologen und Theologinnen nur eingesetzt werden, wer eine Bewilligung des Kirchenrates besitzt. Wer sich dafür zur Verfügung stellen möchte, hat dem Kirchenrat ein Gesuch einzureichen, begleitet von Ausweisen über Bildungsgang und bisherige Tätigkeit.

Art. 140. Verweserei. An eine freie Pfarrstelle ordnet der Kirchenrat bis zu ihrer Wiederbesetzung einen Verweser bzw. eine Verweserin ab. Auch an eine neugeschaffene Pfarrstelle kann bis zur ordentlichen Besetzung ein Verweser bzw. eine Verweserin abgeordnet werden. Eine Verweserei soll in der Regel längstens zwei Jahre dauern (Kirchengesetz § 42).

Art. 141. Rücktritt. (1) Pfarrer und Pfarrerinnen, die von ihrer Stelle zurücktreten wollen, haben unter gleichzeitiger Anzeige an die Kirchenpflege ihr Entlassungsgesuch wenigstens drei Monate vorher dem Kirchenrat einzureichen. Dieser entscheidet, auf welchen Zeitpunkt dem Gesuch entsprochen werden kann.
(2) Gemäss den Bestimmungen des Kirchengesetzes sind die Pfarrer und Pfarrerinnen verpflichtet, auf das der Vollendung des 65. Altersjahres folgende Frühjahr bzw. im Einvernehmen mit Kirchenpflege und Kirchenrat auf das folgende Schuljahrende vom Pfarramte zurückzutreten. Ein früherer altersbedingter Rücktritt bleibt nach den Bestimmungen der Beamtenverordnung und der Beamtenversicherungskasse gewährleistet. Bei Pfarrermangel kann ein Pfarrer oder eine Pfarrerin mit Zustimmung der Kirchenpflege und des Kirchenrates das Amt bis zur Vollendung des 70. Altersjahres bekleiden.

Art. 142. Versicherungen. (1) Die Pfarrer und Pfarrerinnen gehören der kantonalen Beamtenversicherungskasse an. Über Ausnahmen entscheidet der Regierungsrat (Kirchengesetz § 51 Abs. 3).
(2) Als Grundlage für die versicherte Besoldung sind die einstufungsgemässe Besoldung gemäss kantonaler Besoldungsverordnung und der Beschäftigungsgrad massgebend.
(3) Der Kirchenrat regelt die Kollektivunfallversicherung in Absprache mit den zuständigen staatlichen Stellen.

3. Gemeindedienste

Art. 143. Kirchenmusiker, Kirchenmusikerin. Organisten und Organistinnen, Kantoren und Kantorinnen, Chorleiter und Chorleiterinnen sowie weitere beauftragte Musiker und Musikerinnen nehmen die kirchenmusikalischen Aufgaben der Kirchgemeinde wahr. Sie sind zusammen mit den Pfarrern und den Pfarrerinnen insbesondere für das Singen im Gottesdienst und die weitere musikalische Gestaltung der Liturgie verantwortlich.

[Art. 144 aufgehoben]

Art. 145. Sozial-Diakonischer Mitarbeiter, Sozial-Diakonische Mitarbeiterin. (1) Sozial-Diakonische Mitarbeiter und Mitarbeiterinnen erfüllen Aufgaben im Rahmen des diakonischen Auftrags der Kirchgemeinde.

[(2) aufgehoben]

Art. 145a. Katechet, Katechetin. Katecheten und Katechetinnen erfüllen Aufgaben im Rahmen des religionspädagogischen Auftrags der Kirchgemeinde.

[Art. 145b aufgehoben]

Art. 146. Kirchliche Sekretariatsangestellte. Kirchliche Sekretariatsangestellte übernehmen administrative Aufgaben der Kirchgemeinde.

[Art. 147 aufgehoben]

Art. 148. Sigrist, Sigristin, Hauswart, Hauswartin. (1) Sigristen und Sigristinnen warten in erster Linie die kirchlichen Liegenschaften, Gebäude und Räumlichkeiten. Sie verantworten die Zurüstung der gottesdienstlichen Veranstaltungen gemäss den Beschlüssen der Kirchenpflege oder nach den Weisungen des Pfarrers oder der Pfarrerin.
(2) Hauswarte und Hauswartinnen warten die kirchlichen Liegenschaften, Gebäude und Räumlichkeiten, soweit diese Aufgabe nicht vom Sigristen oder von der Sigristin wahrgenommen wird.

Art. 149. Berufsprofile. Der Kirchenrat legt für die kirchlichen Berufe Berufsprofile fest. Diese beschreiben die grundsätzlichen Aufgaben und Anforderungen.

4. Freiwillige

Art. 149a. Freiwilligenarbeit. (1) Die Freiwilligen beteiligen sich an der Gestaltung des Gemeindelebens.
(2) Die Kirchgemeinden schaffen für die Freiwilligen ein von Wertschätzung, Vertrauen und gegenseitiger Achtung geprägtes Umfeld. Sie sorgen für gute Rahmenbedingungen. Sie berücksichtigen die besonderen Fähigkeiten der Freiwilligen und fördern diese im Hinblick auf ihren Einsatz.
(3) Der Kirchenrat erlässt Richtlinien über die Freiwilligenarbeit.

Fünfter Hauptteil: Der kirchliche Bezirk

1. Grundsatz

Art. 150. Einteilung. Die Einteilung der kirchlichen Bezirke ist durch das Kirchengesetz (§ 24) festgelegt.

2. *Die Bezirkskirchenpflege*

Art. 151. Zusammensetzung, Organisation. (1) Zusammensetzung und Organisation der Bezirkskirchenpflege richten sich nach dem Kirchengesetz und dem Gesetz über die Bezirksverwaltung[9].

(2) Der Dekan oder die Dekanin nimmt an den Sitzungen der Bezirkskirchenpflege mit beratender Stimme und Antragsrecht teil. Der Präsident oder die Präsidentin des Diakonatskapitels im Bezirk nimmt auf Einladung der Bezirkskirchenpflege mit beratender Stimme und Antragsrecht an den Sitzungen teil, wenn entsprechende Geschäfte vorliegen, mindestens aber einmal jährlich.

(3) Die Mitgliedschaft in der Bezirkskirchenpflege ist unvereinbar mit dem Amt des Dekans oder der Dekanin, des Vizedekans oder der Vizedekanin sowie mit dem Präsidium und dem Vizepräsidium eines Diakonatskapitels.

Art. 152. Aufgaben. (1) Die Bezirkskirchenpflege beaufsichtigt die Kirchgemeinden und deren Organe hinsichtlich der Erfüllung ihrer kirchlichen Aufgaben sowie die Amtsführung der Pfarrer und ihrer Vertreter. Sie wacht über das kirchliche Leben im Bezirke. Sie entscheidet Rekurse gegen Beschlüsse kirchlicher Natur der Kirchgemeinden und der Kirchenpflegen (Kirchengesetz § 26).

(2) Der Bezirkskirchenpflege kommen namentlich folgende Aufgaben zu:

1. regelmässige Pflege der Beziehungen zu den Kirchgemeinden sowie zu deren Angestellten,
2. Visitation des kirchlichen Lebens in den Kirchgemeinden, insbesondere in den Bereichen Gottesdienst, Diakonie und Religionspädagogik,
3. Vermittlung bei Spannungen innerhalb einer Kirchgemeinde, zwischen Kirchgemeinden sowie zwischen ihren Amtsträgern und Amtsträgerinnen, Angestellten und Mitgliedern,
4. Anordnung von aufsichtsrechtlichen Massnahmen, Begutachtung von Gesuchen um Errichtung von zeitlich befristeten Pfarrstellen,
5. Unterstützung der Kirchgemeinden in der übergemeindlichen Zusammenarbeit,
6. Einberufung kirchlicher Bezirksversammlungen und Veranstaltung kirchlicher Bezirkstage,
7. Aufsicht über die Führung der Pfarrarchive und der kirchlichen Register, unter Vorbehalt der Zuständigkeit des Staatsarchivs,
8. Vertretung der Anliegen der Landeskirche im Bezirk,

9 LS 173.1.

9. Berichterstattung an den Kirchenrat über Vorkommnisse gemäss Ziff. 3 und 4 sowie Erstattung eines jährlichen Berichts an den Kirchenrat über ihre Tätigkeit und über den Stand des kirchlichen Lebens im Bezirk,
10. Behandlung weiterer durch die Kirchenordnung und den Kirchenrat zugewiesener Geschäfte.

(3) Die Bezirkskirchenpflege steht unter der Aufsicht des Kirchenrates. Dieser regelt die Aufsichts- und Visitationstätigkeit der Bezirkskirchenpflegen.
(4) Die Bezirkskirchenpflege kann eine Kasse führen. Diese wird aus freiwilligen Gemeindebeiträgen gespiesen und dient zur Deckung von Unkosten, welche vom Staate nicht nach Kirchengesetz zurückvergütet werden.

Art. 153. Disziplinarkompetenzen. (1) Wenn die Bezirkskirchenpflege in einer Kirchgemeinde erhebliche Spannungen, Missbräuche, Gesetzes- oder Pflichtverletzungen wahrnimmt, hat sie mit den zur Abhilfe geeigneten Mitteln einzuschreiten und darüber dem Kirchenrate Meldung zu erstatten.
(2) Die ihr als Bezirksbehörde zustehenden Disziplinarkompetenzen werden durch das Gesetz betreffend die Ordnungsstrafen geregelt.
(3) Bei Verstössen gegen staatliches Recht ist die Angelegenheit dem Bezirksrate zu überweisen.
(4) Für Einstellung im Amt, Abberufung und Entzug der Wählbarkeit ist gemäss Kirchengesetz der Kirchenrat zuständig. Beantragt eine Gemeindekirchenpflege derartige Massnahmen oder hält die Bezirkskirchenpflege solche von sich aus für angezeigt, so überweist die Bezirkskirchenpflege die Angelegenheit mit ihrem Berichte dem Kirchenrat.
(5) Das Verfahren in Disziplinarangelegenheiten richtet sich nach den Bestimmungen des Gesetzes über die Verwaltungsrechtspflege.

3. Bezirksversammlungen und -kirchentage

Art. 154. Bezirksversammlungen/kirchliche Bezirkstage. (1) Zu kirchlichen Bezirksversammlungen werden die Mitglieder der Kirchenpflegen sowie weitere Vertreter und Vertreterinnen der Kirchgemeinden, die Mitglieder des Pfarrkapitels, die Mitglieder des Diakonatskapitels im Bezirk und die Synodalen aus dem Bezirk eingeladen.
(2) Die Bezirksversammlung bespricht gemeinsame Aufgaben der Kirchgemeinden des Bezirks und kirchliche Probleme.
(3) Die Bezirkskirchentage bringen die Zusammengehörigkeit der Glieder der Landeskirche über die einzelne Kirchgemeinde hinaus zum Ausdruck und bieten Gelegenheit, zu Fragen des kirchlichen und öffentlichen Lebens Stellung zu nehmen.

4. Das Pfarrkapitel

Art. 155. Zusammensetzung. Im Pfarrkapitel des Bezirks versammeln sich die Mitglieder des zürcherischen Ministeriums mit Wohnsitz im Bezirk. Mitglieder, die im Dienst einer Kirchgemeinde, der Landeskirche oder einer mit ihr verbundenen Institution stehen und ihren Tätigkeitsschwerpunkt ausserhalb des Bezirks haben, nehmen dort Einsitz in das Pfarrkapitel.

Art. 155a. Konstituierung. (1) Das Pfarrkapitel konstituiert sich auf Einladung des Dekans oder der Dekanin binnen dreier Monate nach Beginn der sechsjährigen Amtsdauer.
(2) Das Pfarrkapitel wählt aus seiner Mitte im geheimen Verfahren auf die Dauer von sechs Jahren einen Vorstand, bestehend aus Dekan oder Dekanin, Vizedekan oder Vizedekanin und Aktuar oder Aktuarin. Dekan oder Dekanin und Vizedekan oder Vizedekanin müssen im Pfarrkapitel stimmberechtigt sein und dürfen nicht dem Kirchenrat angehören.

Art. 155b. Versammlungen. (1) Das Pfarrkapitel versammelt sich ordentlicherweise im Frühjahr und im Herbst, ausserordentlicherweise auf Einladung des Dekans oder der Dekanin oder auf Begehren von wenigstens einem Fünftel der stimmberechtigten Mitglieder.
(2) Die im Amt stehenden Pfarrer und Pfarrerinnen sind zum Besuch der Kapitelsversammlung verpflichtet.
(3) Stimm- und wahlberechtigt sind die im Dienst einer Kirchgemeinde, der Landeskirche oder einer mit ihr verbundenen Institution stehenden Mitglieder des Pfarrkapitels. Weitere Mitglieder nehmen an den Kapitelsversammlungen mit beratender Stimme teil.

Art. 156. Aufgaben. Dem Pfarrkapitel liegen insbesondere ob:
1. Begutachtung von Vorlagen für allgemein verbindliche Beschlüsse über kirchliche Angelegenheiten zuhanden der Synode, beziehungsweise des Kirchenrates,
2. Begutachtung anderer auf das Leben der Kirche bezüglicher oder theologischer Fragen, die ihm von der Kirchensynode oder vom Kirchenrate vorgelegt werden,
3. Behandlung theologischer und praktisch-kirchlicher Fragen zur wissenschaftlichen Anregung und Fortbildung,
4. Antragstellung zu kirchlichen Fragen und Einrichtungen, bezüglich des eigenen Bezirks zuhanden der Bezirkskirchenpflege und des Diakonatskapitels, im Übrigen zuhanden des Kirchenrates,
5. Erörterung der Anliegen von Spezialpfarrämtern.

5. Dekan und Dekanin

Art. 157. Stellung. (1) Der Dekan oder die Dekanin leitet das Pfarrkapitel und vertritt dieses nach aussen.
(2) Neu gewählte Dekane und Dekaninnen werden im Rahmen eines Gottesdienstes durch ein Mitglied des Kirchenrates in ihr Amt eingesetzt.
(3) Dekane und Dekaninnen, die im Dienst der Landeskirche oder einer Kirchgemeinde stehen, können in ihrer Tätigkeit zeitlich entlastet werden. Sind sie teilzeitlich tätig oder stehen sie im Dienst einer mit der Landeskirche verbundenen Institution, so kann ihnen oder der Institution stattdessen eine Entschädigung ausgerichtet werden. Der Kirchenrat setzt die Entlastung oder Entschädigung fest.

Art. 157a. Aufgaben. (1) Dem Dekan oder der Dekanin obliegen innerhalb des Pfarrkapitels insbesondere:

1. Einsetzung der neu gewählten Pfarrer und Pfarrerinnen in ihr Amt sowie Einführung in die besonderen Verhältnisse ihrer Gemeinde und der Landeskirche,
2. seelsorgerliche Begleitung sowie fachliche Beratung und Förderung der Mitglieder des Pfarrkapitels,
3. Vermittlung bei Spannungen unter Pfarrern und Pfarrerinnen sowie in Zusammenarbeit mit der Bezirkskirchenpflege zwischen diesen und der Kirchenpflege,
4. Förderung der Zusammenarbeit zwischen den Pfarrern und Pfarrerinnen im Pfarrkapitel,
5. Vertretung des Kirchenrates im Pfarrkapitel und im Bezirk in Belangen der Amtsführung der Pfarrer und Pfarrerinnen,
6. Teilnahme an der Dekanenkonferenz und Vertretung der Anliegen des Pfarrkapitels in der Dekanenkonferenz,
7. Berichterstattung an den Kirchenrat.

(2) Dekane und Dekaninnen sind im Rahmen ihrer Obliegenheiten befugt, wenn nötig einzelne Mitglieder ihres Pfarrkapitels zu ermahnen und Anweisungen zu erteilen.

6. Das Diakonatskapitel

Art. 157b. Zusammensetzung/Bestand. (1) Sozial-Diakonische Mitarbeiter und Mitarbeiterinnen, die im Dienst einer Kirchgemeinde, der Landeskirche oder einer mit ihr verbundenen Institution stehen, sind Mitglieder eines Diakonatskapitels. Die Zugehörigkeit richtet sich nach dem Ort der Tätigkeit.

(2) Es bestehen die Diakonatskapitel Stadt Zürich rechts der Limmat (Bezirk Zürich rechts der Limmat), Stadt Zürich links der Limmat (Bezirk Zürich links der Limmat), Winterthur (Bezirke Winterthur und Andelfingen), Unterland (Bezirke Bülach, Dielsdorf und Dietikon), Oberland (Bezirke Uster, Pfäffikon und Hinwil) und Zürichsee (Bezirke Meilen, Horgen und Affoltern).

Art. 157c. Konstituierung. (1) Das Diakonatskapitel konstituiert sich auf Einladung des Präsidenten oder der Präsidentin im zweiten Semester des Jahres, das auf die Gesamterneuerungswahlen der Kirchenpflegen folgt.
(2) Es wählt aus seiner Mitte im geheimen Verfahren auf die Dauer von vier Jahren seinen Vorstand, bestehend aus Präsident oder Präsidentin, Vizepräsident oder Vizepräsidentin und Aktuar oder Aktuarin. Präsident oder Präsidentin und Vizepräsident oder Vizepräsidentin müssen im Diakonatskapitel stimmberechtigt sein und dürfen nicht dem Kirchenrat angehören.

Art. 157d. Versammlungen. (1) Das Diakonatskapitel versammelt sich ordentlicherweise im Frühjahr und im Herbst, ausserordentlicherweise auf Einladung des Präsidenten oder der Präsidentin oder auf Begehren von wenigstens einem Fünftel der stimmberechtigten Mitglieder.
(2) Die stimmberechtigten Mitglieder sind zur Teilnahme an den Kapitelsversammlungen verpflichtet.
(3) Stimm- und wahlberechtigt sind Mitglieder, die mit einem Beschäftigungsgrad von mindestens 30 Prozent bei einer Kirchgemeinde, der Landeskirche oder einer mit ihr verbundenen Institution tätig sind. Weitere Mitglieder nehmen an den Kapitelsversammlungen mit beratender Stimme teil.

Art. 157e. Aufgaben. Dem Diakonatskapitel obliegen insbesondere:

1. Begutachtung von Fragen zum Leben der Kirche, die ihm von Kirchensynode, Kirchenrat, Bezirkskirchenpflege oder Pfarrkapitel vorgelegt werden,
2. Behandlung diakonischer und kirchlicher Fragen,
3. Antragstellung zu kirchlichen Fragen und Einrichtungen, bezüglich des eigenen Diakonatskapitels zuhanden der zuständigen Bezirkskirchenpflege und des zuständigen Pfarrkapitels, im Übrigen zuhanden des Kirchenrates,
4. Kontakte mit kirchlichen Diensten und verwandten Einrichtungen.

7. *Präsidium des Diakonatskapitels*

Art. 157f. Stellung und Aufgaben. (1) Der Präsident oder die Präsidentin leitet das Diakonatskapitel und vertritt dieses nach aussen.

(2) Präsidenten und Präsidentinnen, die im Dienst einer Kirchgemeinde oder der Landeskirche stehen, können in ihrer beruflichen Tätigkeit zeitlich entlastet werden. Sind sie teilzeitlich tätig oder stehen sie im Dienst einer mit der Landeskirche verbundenen Institution, so kann ihnen oder der Institution stattdessen eine Entschädigung ausgerichtet werden. Der Kirchenrat regelt in Absprache mit der betreffenden Kirchgemeinde oder Institution die Einzelheiten.

Art. 157g. Aufgaben. Dem Präsidenten und der Präsidentin obliegen insbesondere folgende Aufgaben:

1. auf Einladung der Kirchenpflege Mitwirkung bei der Einsetzung von neu angestellten Sozial-Diakonischen Mitarbeitern und Mitarbeiterinnen in ihren Dienst sowie Einführung in die besonderen Verhältnisse ihrer Gemeinde und der Landeskirche,
2. Beratung und Begleitung der Mitglieder des Diakonatskapitels,
3. im Einzugsbereich des Diakonatskapitels Vermittlung bei Spannungen unter Sozial-Diakonischen Mitarbeitern und Mitarbeiterinnen sowie in Zusammenarbeit mit der Bezirkskirchenpflege zwischen diesen und der Kirchenpflege,
4. Teilnahme an der Diakonatspräsidienkonferenz und Vertretung der Anliegen des Diakonatskapitels in der Diakonatspräsidienkonferenz,
5. Berichterstattung an den Kirchenrat.

Sechster Hauptteil: Die Landeskirche

1. Bestand und Organisation

Art. 158. Aufbau. (1) Die Landeskirche als staatlich anerkannte Körperschaft fasst die evangelisch-reformierten Kirchgemeinden des Kantons Zürich zusammen.
(2) Organe der Landeskirche sind die reformierte Aktivbürgerschaft, die Kirchensynode, der Kirchenrat und die Rekurskommission.

2. Die Aktivbürgerschaft

Art. 159. Bestand und Rechte. (1) Die reformierte Aktivbürgerschaft besteht aus der Gesamtheit aller Stimmberechtigten der Landeskirche.
(2) Sie wählt in den Synodalwahlkreisen die 180 Mitglieder der Kirchensynode und stimmt über die ihr nach den Grundsätzen des Initiativ- und Referendumsrechts zu unterbreitenden landeskirchlichen Vorlagen ab.

Art. 159a. Initiative. (1) Die Initiative der Stimmberechtigten umfasst das Begehren nach Erlass, Aufhebung oder Änderung von Bestimmungen der Kirchenordnung.

(2) Solche Begehren können gestellt werden:

1. von einem Drittel der Mitglieder der Kirchensynode,
2. von 40 Kirchgemeinden,
3. von 5000 Stimmberechtigten.

(3) Initiativen sind dem Kirchenrat einzureichen.

Art. 159b. Referendum. (1) Dem obligatorischen Referendum unterstehen:

1. Gesamtrevisionen der Kirchenordnung,
2. Teilrevisionen, welche die Befugnisse der Stimmberechtigten betreffen.

(2) Dem fakultativen Referendum unterstehen:

1. andere Teilrevisionen der Kirchenordnung,
2. Beschlüsse der Kirchensynode über neue, einmalige Ausgaben von mehr als Fr. 2'000'000 oder neue, jährlich wiederkehrende Ausgaben von mehr als Fr. 200'000.

(3) Das Referendum kann ergriffen werden:

1. von einem Drittel der Mitglieder der Kirchensynode,
2. von 3000 Stimmberechtigten.

(4) Das Referendum ist dem Kirchenrat einzureichen.

(5) Die Kirchensynode kann von sich aus ihre Beschlüsse der Volksabstimmung unterstellen.

(6) Alle dem Referendum unterstehenden Beschlüsse sind im kantonalen Amtsblatt unter Hinweis auf die Referendumsbedingungen zu veröffentlichen.

3. Die Kirchensynode

Art. 160. Rechtsstellung. (1) Die Kirchensynode ist die Vertretung der gesamten Landeskirche.

(2) Betreffend Zusammensetzung und Wahlart, Amtsdauer, Pflichten und Befugnisse, Sitzungen und Ordnung der Verhandlungen gelten das Kirchengesetz, das Wahlgesetz und die Geschäftsordnung der Kirchensynode.

(3) Gegen Wahlen, welche die Kirchensynode vollzogen hat, ist eine Einsprache nicht zulässig.

Art. 161. Befugnisse. Über die im Kirchengesetz festgelegten Aufgaben hinaus liegen der Kirchensynode ob:

1. Beschlussfassung über Bibelübersetzung, Liturgie, Gesangbuch und Lehrbücher,

2. Beschlussfassung über besondere gesamtkirchliche Aufgaben,
3. Genehmigung von Verordnungen des Kirchenrates, soweit dies die Kirchenordnung für den Einzelfall vorsieht,
4. Antragstellung an den Regierungsrat bezüglich Schaffung von Pfarrämtern für besondere Dienste,
5. Wahl des Kirchenratspräsidenten auf eine Amtsdauer von vier Jahren,
6. Wahl des Synodalpredigers,
7. Behandlung von Motionen, Postulaten, Initiativen, Resolutionen, Interpellationen, Kleinen Anfragen und Petitionen,
8. endgültige Beschlussfassung über neue einmalige Ausgaben für einen bestimmten Zweck, welche den Betrag von Fr. 2’000’000 nicht übersteigen, sowie über neue jährlich wiederkehrende Ausgaben bis zu einem Betrag von Fr. 200’000,
9. Beschlussfassung über neue einmalige Ausgaben für einen bestimmten Zweck von mehr als Fr. 2’000’000 sowie über neue jährlich wiederkehrende Ausgaben von mehr als Fr. 200’000 unter Vorbehalt des fakultativen Referendums,
10. Festsetzung des jährlichen Voranschlages der Einnahmen und Ausgaben der Zentralkasse,
11. Festsetzung der Beiträge der Kirchgemeinden an die Zentralkasse in Steuerprozenten bis zu einer Höchstgrenze von zwei Steuerprozenten,
12. Prüfung und Genehmigung der Rechnungen der Zentralkasse, der Fonds und der Separatgüter,
13. Beratung und allfällige Beschlussfassung über andere ihr vom Kirchenrat vorgelegte Geschäfte.

Art. 162. Archiv. Sämtliche Akten der Kirchensynode und ihrer Kommissionen sind dem Kirchenrate zur ordnungsgemässen Archivierung zu übergeben.

4. Der Kirchenrat

Art. 163. Rechtsstellung. (1) Dem Kirchenrate steht die Vertretung der Landeskirche nach aussen zu, soweit Kirchengesetz und Kirchenordnung nichts anderes bestimmen. Insbesondere vertritt er die Landeskirche gegenüber den staatlichen Behörden, dem Schweizerischen Evangelischen Kirchenbund, in der Konkordatskonferenz und gegenüber anderen Kirchen.
(2) Der Kirchenrat vollzieht die Beschlüsse der Kirchensynode und übt die Oberaufsicht über das kirchliche Leben der Bezirke und der Gemeinden aus.

Art. 164. Wahl. (1) Der Kirchenrat besteht aus sieben von der Kirchensynode aus den stimmberechtigten Gliedern der Landeskirche gewählten Mitgliedern.
(2) Betreffend Unvereinbarkeit mit anderen Ämtern gelten die Bestimmungen des Kirchengesetzes und des Wahlgesetzes.

Art. 165. Amtsgelübde. (1) Nach ihrer Wahl leisten die Mitglieder des Kirchenrates vor der Kirchensynode oder deren Büro das Amtsgelübde. Es lautet:
„Ich gelobe vor Gott, meinen Pflichten als Mitglied des Kirchenrates gewissenhaft nachzukommen, der Landeskirche in der Erfüllung ihres Auftrages zu dienen und so die Sache Jesu Christi nach Kräften zu fördern mit Gottes Hilfe."
(2) Das Amtsgelübde wird geleistet durch Aussprechen der Worte: „Ich gelobe es."

Art. 166. Konstituierung. (1) Der Kirchenrat konstituiert sich nach seiner Gesamterneuerung auf Einladung des Präsidenten. Er wählt auf eine Amtsdauer von vier Jahren seinen Vizepräsidenten und den Kirchenratsschreiber sowie die kirchenrätlichen Abordnungen in Kommissionen und Körperschaften.
(2) Er bestellt sein Sekretariat und gibt sich eine Geschäftsordnung nach Massgabe des Kirchengesetzes. Ist der Kirchenratsschreiber nicht Mitglied der Behörde, so hat er beratende Stimme.
(3) Der Kirchenrat kann für bestimmte Aufgaben Fachleute beiziehen und Kommissionen bestellen. Näheres darüber bestimmt seine Geschäftsordnung.

Art. 167. Befugnisse und Aufgaben. (1) Über die im Kirchengesetz genannten Befugnisse hinaus stehen dem Kirchenrate zu:
1. Antragstellung an die Kirchensynode für alle Geschäfte, die in ihren Geschäftskreis fallen,
2. Begutachtung der Berichte und Anträge der Synodalkommissionen,
3. Vollzug der Synodalbeschlüsse,
4. Erlass von Verordnungen, die nicht in die Kompetenz der Kirchensynode fallen,
5. Anordnung allgemeiner und besonderer Visitationen,
6. Anhandnahme gesamtkirchlicher Aufgaben,
7. Oberaufsicht über die kirchlichen Behörden, die Pfarrer und die Angestellten der Kirchgemeinden,
8. Aufsicht über die Pfarrämter für besondere Dienste und Wahl ihrer Amtsträger,

9. Herausgabe der Zürcher Bibel, des Kirchenbuches und kirchlicher Gesang- und Lehrbücher,
10. Herausgabe des kirchlichen Amtsblattes und Erlass von Kreisschreiben und Mandaten,
11. Pflege der Beziehungen zur Theologischen Fakultät der Universität Zürich und zu den Konkordatsbehörden,
12. Beratung zürcherischer Theologiestudenten,
13. Regelung der praktischen Ausbildung der zürcherischen Theologiekandidaten,
14. Weiterbildung der Pfarrer und Pfarrerinnen, Aus- und Weiterbildung der Inhaber und Inhaberinnen anderer kirchlicher Dienste sowie der Mitglieder von Bezirkskirchenpflegen und Kirchenpflegen,
15. Oberaufsicht über das religionspädagogische Handeln der Kirchgemeinden,
16. Festsetzung der Obliegenheiten der Verweser und Vikare,
17. Entscheidungen über Kompetenzstreitigkeiten zwischen Bezirkskirchenpflegen und Zuweisung von Angelegenheiten, die mehr als einen Bezirk betreffen, zur einheitlichen Behandlung an eine der beteiligten zuständigen Behörden,
18. Einberufung der Präsidien der Kirchenpflegen und Bezirkskirchenpflegen zu Konferenzen,
19. Einberufung der Dekane und Vizedekane sowie der Präsidien der Diakonatskapitel zur Beratung aktueller kirchlicher Fragen,
20. alle weiteren ihm durch die Kirchenordnung übertragenen Aufgaben.

(2) Der Kirchenrat kann Versuche namentlich auf dem Gebiet des Gottesdienstes und des Unterrichtes, die den Rahmen der geltenden Kirchenordnung überschreiten, selber veranlassen oder einzelnen Kirchgemeinden auf ihr Gesuch hin die Ermächtigung hiezu erteilen. Solche Versuche müssen begründet, sachlich genau umschrieben und zeitlich befristet sein. Sie bedürfen der Zustimmung der Kirchgemeindeversammlung. Ihre Durchführung ist vom Kirchenrat zu begleiten. Nach Abschluss der Versuche ist dem Kirchenrat Bericht zu erstatten. Über die Ergebnisse ist der Kirchensynode Rechenschaft abzulegen.

Art. 167a. Finanzielle Befugnisse. (1) Der Kirchenrat beschliesst in eigener Kompetenz:

1. über neue, im Voranschlag nicht enthaltene Ausgaben der Zentralkasse im folgenden Umfang:
   a) einmalige Ausgaben bis Fr. 100'000 im Einzelfall,
   b) jährlich wiederkehrende Ausgaben bis Fr. 30'000 im Einzelfall,

2. über Nachtragskredite zu den von der Kirchensynode bewilligten Verpflichtungskrediten, bis höchstens zehn Prozent des von der Kirchensynode im Einzelnen bewilligten Betrags, alles zusammen bis zu einem jährlichen Höchstbetrag von Fr. 1'000'000.

(2) Der Kirchenrat ist nach Massgabe des Finanzreglements zur Aufnahme und Gewährung von Darlehen sowie zum Ankauf und Verkauf von Liegenschaften ermächtigt.

Art. 168. Geschäftsbericht. Der Kirchenrat ist für seine Amtsführung der Kirchensynode verantwortlich. Er erstattet ihr jährlich Bericht über seine Geschäftsführung, legt ihr Rechnung ab über alle ihm unterstellten Verwaltungen und unterbreitet ihr den Voranschlag der Zentralkasse für das nächstfolgende Jahr.

5. Die Rekurskommission

Art. 169. Geschäftsordnung und Sekretariat. Die Rekurskommission gibt sich eine Geschäftsordnung und bestellt ihr Sekretariat. Aufgabe und Organisation richten sich nach dem Kirchengesetz.

Siebenter Hauptteil: Aufgaben und Werke der Landeskirche

1. Grundsätzliches

Art. 170. Dienste der Landeskirche. Die Landeskirche erfüllt Aufgaben, die über den Rahmen und die Kraft der einzelnen Gemeinden hinausgehen. Sie ist deren Sprecherin gegenüber der Öffentlichkeit und hilft ihnen mit Ermunterung, Rückhalt und Mahnung ihren Auftrag erfüllen.

2. Bibelübersetzung, Kirchenbuch, Gesangbuch

Art. 171. Zürcher Bibel. (1) In Fortführung des Erbes der Reformationszeit weiss sich die Landeskirche der Aufgabe der Bibelübersetzung und Bibelverbreitung verpflichtet.

(2) Die von der Kirchensynode beschlossene und vom Kirchenrat herausgegebene Übersetzung gilt als die in Zürich kirchlich eingeführte Bibelausgabe.

(3) Die Kirchgemeinden sind aufgefordert, durch regelmässige Kollekten zur Verbreitung und Verbilligung der Bibel beizutragen.

Art. 172. Kirchenbuch. Das auf Grund der Beschlüsse der Kirchensynode vom Kirchenrat herausgegebene Kirchenbuch enthält die Grundlagen für die Gestaltung der Gottesdienste und Handlungen der Landeskirche.

Art. 173. Kirchengesangbuch. Zusammen mit anderen Kantonalkirchen gibt die Landeskirche das „Gesangbuch der evangelisch-reformierten Kirchen der deutschsprachigen Schweiz" heraus.

3. Ausbildung, Ordination und Weiterbildung der Pfarrer

Art. 174. Theologische Fakultät. Zur Sicherung der wissenschaftlichen Berufsbildung der Theologen, zur Bearbeitung und Erweiterung des Gebietes der theologischen Wissenschaft und zur Verbreitung wissenschaftlicher Erkenntnis besteht gemäss dem Gesetz über das gesamte Unterrichtswesen des Kantons Zürich an der Universität Zürich die Theologische Fakultät.

Art. 175. Studenten der Theologie. Landeskirche und Kirchgemeinden sind für den theologischen Nachwuchs mitverantwortlich. Sie kümmern sich um die Studenten der Theologie und fördern das Stipendienwesen.

Art. 176. Kirchendienst von Kandidaten der Theologie. Studierende der Theologie dürfen erst nach bestandener propädeutischer Prüfung und dem Besuch eines homiletischen, beziehungsweise eines katechetischen Seminars kirchliche Aushilfsdienste leisten. Sie sind dabei dem Vorsteher der Hilfsprediger unterstellt. Sie dürfen Gottesdienste und Amtshandlungen nur im Einvernehmen mit ihm und im Auftrage der zuständigen Kirchenpflege übernehmen.

Art. 177. Praktika. Bevor die Kandidaten vom Kirchenrate der Konkordatsprüfungsbehörde zur theologisch-praktischen Prüfung empfohlen werden, haben sie zur praktischen Ausbildung im Pfarrdienste gemäss den Bestimmungen des Konkordates Praktika zu bestehen. Der Kirchenrat erlässt hierüber die nötigen Richtlinien.

Art. 178. Praktikantenkurse. (1) Innerhalb ihrer praktischen Ausbildung haben die Kandidaten einen Schulkurs, bestehend aus einer Vorbereitung auf die Schulführung an der Oberstufe und nachfolgendem Praktikum, zu absolvieren. Der Kirchenrat regelt die Organisation der Schulkurse.
(2) Für die in der praktischen Ausbildung stehenden Kandidaten der Theologie führt der Kirchenrat Kurse zur Einführung ins Pfarramt durch.
(3) Zur Teilnahme an diesen Kursen können auch Absolventen des Kolloquiums und andere Theologen, denen die Wahlfähigkeit erteilt werden soll, verpflichtet werden. Es können auch Kandidaten anderer Landeskirchen zugelassen werden.

Art. 179. Konkordat und Konkordatsexamen. (1) Die Landeskirche beteiligt sich am Konkordat betreffend die gemeinsame Ausbildung der

evangelisch-reformierten Pfarrerinnen und Pfarrer und ihre Zulassung zum Kirchendienst.
(2) Auf Grund dieser Vereinbarung überträgt die Landeskirche die reguläre Prüfung der von ihr empfohlenen Kandidaten und Kandidatinnen den zuständigen Konkordatsorganen, soweit die Kirchenordnung keine andere Regelung vorsieht.
(3) Die von der Konkordatskonferenz erlassene Prüfungsordnung regelt Voraussetzungen für die Zulassung zur Konkordatsprüfung und deren Durchführung.

Art. 180. Satzungen für Kolloquien. (1) Die Voraussetzungen für die Zulassung zur kantonalen mündlichen Prüfung (Kolloquium), deren Durchführung sowie gänzlichen oder teilweisen Erlass und die Erteilung des Zeugnisses der Wahlfähigkeit für alle oder für besonders umschriebene zürcherische Pfarrstellen werden in den vom Kirchenrat erlassenen Satzungen für Kolloquien geregelt. Nach diesen soll Bewerbern der Eintritt ins Pfarramt ermöglicht werden, wenn ihnen das Konkordatsexamen aus triftigen Gründen nicht zugemutet werden kann, sie sich aber durch entsprechende Unterlagen und eine mündliche Prüfung über ausreichende wissenschaftliche Bildung sowie über die praktische Befähigung für das Pfarramt ausweisen können.
(2) Bewerber für das Pfarramt an einer evangelisch-französischen Kirchgemeinschaft haben keine mündliche Prüfung zu bestehen, wenn sie in einer dem Schweizerischen Evangelischen Kirchenbund angeschlossenen kantonalen Kirche ordiniert worden sind.
(3) Bewerbern, die bereits in einer anderen evangelischen Kirche oder als Missionar einer dem Schweizerischen Evangelischen Missionsrat angeschlossenen Mission ordiniert worden sind und die sich in mehrjähriger praktischer Tätigkeit über ihre Befähigung für das Pfarramt ausgewiesen haben, kann der Kirchenrat die mündliche Prüfung ganz oder teilweise erlassen.

Art. 181. Ordination. (1) Die Ordination ist die Aufnahme von Gliedern der Kirche in den Dienst am göttlichen Wort. Sie setzt das Bestehen der Konkordatsprüfungen oder die Zulassung zum Kirchendienste nach den Satzungen für Kolloquien voraus. Mit seinem Gelübde verspricht der Ordinand, den Dienst der Schriftauslegung als Pfarrer oder in einer andern beruflichen Stellung in theologischer Verantwortung zu erfüllen und die mit dieser Aufgabe verbundenen persönlichen Verpflichtungen auf sich zu nehmen. Die Landeskirche verpflichtet sich mit der Ordination dazu, den Dienern am Wort in der Verkündigung jede mögliche Förderung und Hilfe zu gewähren.

(2) Die Ordination wird von einem Mitglied des Kirchenrates in einem öffentlichen Gottesdienst oder in einer Versammlung der Kirchensynode nach erfolgtem Ordinationsgelübde vollzogen. Dem Gelübde geht eine Ermahnung voraus. Das Ordinationsgelübde lautet:
„Ich gelobe vor Gott, den Dienst an seinem Wort auf Grund der Heiligen Schrift Alten und Neuen Testamentes in Verantwortung zu erfüllen.
Ich gelobe, im Gehorsam gegenüber Jesus Christus diesen Dienst durch mein Leben zu bezeugen, wo immer ich hinberufen werde."
(3) Die Ordination erfolgt im übrigen nach den von der Kirchensynode im Kirchenbuch festgelegten Formen.

Art. 182. Ministerium. (1) Nach der Ordination trägt sich jeder Verbi Divini Minister (VDM, Diener am göttlichen Wort) in die Liste des zürcherischen Ministeriums ein.
(2) Das Ministerium umfasst alle von der Landeskirche ordinierten Theologen. Ausserdem gehören ihm die von einer anderen evangelischen Kirche ordinierten Theologen an, wenn sie ein Pfarramt im Dienste der Landeskirche versehen oder im Dienste einer gemäss Kirchenordnung mit der Landeskirche verbundenen Institution stehen und auf Gesuch hin vom Kirchenrat ins Ministerium aufgenommen worden sind. Der Eintritt in den Ruhestand berührt die Zugehörigkeit zum Ministerium nicht.

Art. 183 Lernvikariate. Für Lernvikariate gilt § 43 des Kirchengesetzes.

Art. 184. Fortbildung der Pfarrer. (1) Die persönliche Fortbildung gehört zu den Amtspflichten des Pfarrers.
(2) Der Kirchenrat sorgt in Zusammenarbeit mit der Theologischen Fakultät und anderen Institutionen für Fortbildungsmöglichkeiten der Pfarrerschaft. Die Pfarrer im Dienst der evangelisch-reformierten Landeskirche sind zum Besuch von Fortbildungsveranstaltungen verpflichtet.
(3) Der Kirchenrat erlässt zur Regelung der Pfarrerfortbildung eine Verordnung.

Art. 185. Archivkurs. Der Kirchenrat veranstaltet zusammen mit dem Staatsarchiv regelmässig Kurse zur Einführung ins Archivwesen. Er kann neu in den zürcherischen Kirchendienst tretenden Pfarrern den Besuch vorschreiben.

4. Ausbildung und Weiterbildung

Art. 186. Allgemeines. Die Landeskirche weiss sich verpflichtet, ihre Amtsträger, Angestellten und Glieder für die Erfüllung ihrer Aufgabe in Kirche und Welt auszurüsten.

Art. 187. Amtsträger und Amtsträgerinnen. Zur Aus- und Weiterbildung der Mitglieder der Gemeinde- und Bezirkskirchenpflegen, der Dekane und Dekaninnen sowie der Präsidenten und Präsidentinnen der Diakonatskapitel führt der Kirchenrat Kurse und Tagungen durch, besonders zu Beginn einer neuen Amtsdauer.

Art. 188. Angestellte. (1) Der Kirchenrat stellt im Zusammenwirken mit den Kirchgemeinden die Aus- und Weiterbildung der kirchlichen Angestellten sicher.
(2) Die Landeskirche kann Ausbildungsstätten für kirchliche Berufe errichten oder unterstützen.

Art. 189. Freiwillige. Die Landeskirche unterstützt die Weiterbildung von Freiwilligen.

[Art. 190 aufgehoben]

Art. 191. Kirchliche Erwachsenenbildung. Die kirchliche Erwachsenenbildung trägt dazu bei, Glieder der Kirche in Fragen des Glaubens und des christlichen Lebens durch Information und Gespräch zur Verantwortung und zum Dienst in der Welt zu führen. Die Landeskirche unterstützt den Ausbau der kirchlichen Erwachsenenbildung. Der Kirchenrat erlässt entsprechende Weisungen.

5. Gesamtkirchliche Pfarrämter und Dienste

Art. 192. Allgemeines. Gesamtkirchliche Pfarrämter und Dienste erfüllen landeskirchliche Aufgaben.

Art. 193. Gesamtkirchliche Pfarrämter. (1) Gesamtkirchliche Pfarrämter erfüllen pfarramtliche Aufgaben in Spitälern, Heimen, Gefängnissen und weiteren Institutionen sowie in besonderen Diensten der Landeskirche.
(2) Sie werden von der Kirchensynode geschaffen. Der Kirchenrat wählt die Amtsinhaber und Amtsinhaberinnen, setzt ihre Besoldungen fest und regelt ihre dienstlichen Verrichtungen. Vorbehalten bleiben die Bestimmungen des staatlichen Rechts (Kirchengesetz § 45).

Art. 194. Einsetzung und Einordnung. (1) Die an Gesamtkirchliche Pfarrämter und mit der Landeskirche verbundenen Institutionen gewählten Pfarrer und Pfarrerinnen werden im Auftrag des Kirchenrates vom zuständigen Dekan oder von der zuständigen Dekanin in ihr Amt eingesetzt.
(2) Sie unterstehen hinsichtlich ihrer Amtstätigkeit dem für ihr Pfarramt oder ihre Institution bestellten Aufsichtsorgan und der Oberaufsicht des Kirchenrates.

Art. 195. Gesamtkirchliche Dienste. (1) Die Gesamtkirchlichen Dienste übernehmen Aufgaben, die sich der Landeskirche gesamthaft stellen. Sie unterstützen den Kirchenrat und weitere kirchliche Behörden, Organe sowie Mitarbeiter und Mitarbeiterinnen bei der Erfüllung ihres Auftrags. Sie erbringen insbesondere Leistungen zu Gunsten der Kirchgemeinden und fördern die übergemeindliche Zusammenarbeit.
(2) Der Kirchenrat leitet die Gesamtkirchlichen Dienste. Er regelt ihre Organisation, Aufgaben und Zuständigkeiten.

Art. 196. Heimstätten. Die Landeskirche unterstützt und fördert die Arbeit reformierter, vor allem zürcherischer Heimstätten. Sie weiss sich besonders der Arbeit des Tagungs- und Studienzentrums Boldern verbunden.

[Art. 197 aufgehoben]

6. Landeskirchliche Mittel

Art. 198. Zentralkasse. (1) Gemäss Kirchengesetz besteht eine Zentralkasse der Landeskirche.
(2) Der Zweck der Zentralkasse ist:
a) die Finanzierung von Aufgaben, Funktionen und Werken der Landeskirche, für die staatliche Mittel nicht beansprucht werden können,
b) die Ausrichtung von Finanzausgleichsbeiträgen und Baukostenbeiträgen an Kirchgemeinden,
c) die Finanzierung von Aufgaben sowie die Ausrichtung von Beiträgen an Werke, die in Zusammenhang mit dem Auftrag der Kirche stehen.
(3) Finanzausgleichs- und Baukostenbeiträge werden vom Kirchenrat nach Massgabe des Reglementes über den Finanzausgleich im Rahmen des von der Kirchensynode jährlich eröffneten Kredites ausgerichtet. Sie sind so zu bemessen, dass die Kirchensteuersätze nicht mehr als drei Steuerprozente über dem gewogenen Mittel der evangelisch-reformierten Kirchensteuersätze liegen. Im Rahmen der finanziellen Möglichkeiten der Zentralkasse kann die Kirchensynode die Berechtigungslimite auch tiefer ansetzen.
[(4) aufgehoben]

Art. 199. Fonds. (1) Die Landeskirche verfügt über Fonds für kirchliche Zwecke. Ihre Verwendung und Verwaltung ist nach den für sie bestehenden Vorschriften dem Kirchenrat übertragen. Die Kirchensynode hat auch die Fondsrechnungen prüfen zu lassen.
(2) Im Jahresbericht des Kirchenrates werden die Fonds unter Angabe ihres Zweckes aufgeführt.

Art. 200. Kirchliche Stiftungen. Die selbstständigen, auf Grund des Zivilgesetzbuches zur Förderung von Aufgaben der Landeskirche und ihrer Kirchgemeinden geschaffenen kirchlichen Stiftungen unterstehen der Aufsicht des Kirchenrates.

7. Das Disziplinarrecht

Art. 201. Verfahren. (1) Die Überwindung von Spannungen innerhalb von Behörden und Kirchgemeinden soll vorerst auf dem Wege seelsorgerlicher Bemühungen angestrebt werden.
(2) Bleiben diese Bestrebungen ohne Erfolg oder erscheinen sie als aussichtslos, so sind die rechtlichen Behelfe anzuwenden, für welche die kirchlichen Behörden gemäss Gesetzgebung und Kirchenordnung zuständig sind. Alsdann richtet sich das Verfahren nach dem Verwaltungsrechtspflegegesetz. Ergänzende Vollziehungsbestimmungen für das Verfahren in kirchlichen Disziplinarangelegenheiten werden in einer Verordnung des Kirchenrates erlassen, die der Genehmigung der Kirchensynode bedarf.

Art. 202. Verweise und Geldbussen. Nach Massgabe des Gesetzes betreffend die Ordnungsstrafen steht sämtlichen kirchlichen Behörden die Befugnis zu, Disziplinarvergehen ihrer Mitglieder sowie der ihnen untergeordneten Behörden und deren Mitglieder, ferner der ihnen unterstellten Beamten oder Bediensteten und der mit ihnen in mündlichem oder schriftlichem Geschäftsverkehr stehenden Privaten mit Verweis oder Geldbusse zu ahnden.

Art. 203. Einstellung im Amt, Abberufung und Entzug der Wählbarkeit.
(1) Der Kirchenrat kann Pfarrer und andere mit kirchlichen Funktionen betraute Personen nach Massgabe des Kirchengesetzes im Amte einstellen, vom Amte abberufen oder ihnen in besonders schweren Fällen die Wählbarkeit entziehen.
(2) Die Wählbarkeit erlischt von Rechts wegen mit dem Verluste der Handlungsfähigkeit oder mit der gerichtlichen Einstellung in der bürgerlichen Ehrenfähigkeit. Sie kann ferner nach Massgabe des schweizerischen Strafgesetzbuches durch den Richter entzogen werden.
(3) Wird einem Pfarrer im Gebiete des Konkordates von der zuständigen Kirchenbehörde die Wählbarkeit entzogen, so gilt dieser Entzug auch für den zürcherischen Kirchendienst, sofern er in einem dem zürcherischen gleichwertigen Verfahren erfolgt ist.
(4) Wird einem Mitgliede des zürcherischen Ministeriums die Wählbarkeit vom Kirchenrat oder durch richterliches Urteil entzogen, so ist es aus der Liste des zürcherischen Ministeriums zu streichen.

Art. 204. Rehabilitation. (1) Wird einem Pfarrer oder einer anderen mit pfarramtlichen Funktionen betrauten Person die Wählbarkeit vom Kirchenrat entzogen oder ist ein Verzicht auf die Wählbarkeit wegen Unfähigkeit oder Unwürdigkeit erklärt worden, so kann der Kirchenrat den Betroffenen auf sein Gesuch hin wieder als wählbar erklären, wenn sein Verhalten dies rechtfertigt und wenn seit dem Verluste der Wählbarkeit zehn Jahre verstrichen sind. Unter besonderen Verhältnissen kann die Frist bis auf fünf Jahre herabgesetzt werden.
(2) Ist dem Betroffenen vom Strafrichter die Ausübung des Berufes untersagt, so kann die Wählbarkeit nicht vor Ablauf der vom Strafrichter gesetzten Frist wieder erteilt werden.
(3) Der Kirchenrat kann in besonderen Fällen verlangen, dass der Gesuchsteller sich einer mündlichen Prüfung (Kolloquium) in dem vom Kirchenrat von Fall zu Fall zu bestimmenden Umfang unterziehe.

8. Mission, Diakonie, Hilfswerk

Art. 205. Mission. (1) Die Landeskirche erkennt die Mission als ihren Auftrag.
(2) Sie arbeitet mit den schweizerischen Missionswerken zusammen, namentlich mit „mission21".

Art. 206. Liebestätigkeit, Diakonie. Die Landeskirche anerkennt die innere Mission und die Diakonie als ihre eigenen Aufgaben und fördert die hiefür bestehenden Werke, ungeachtet ihrer Rechtsform.

Art. 207. Bürgschafts- und Darlehensgenossenschaft. Unter dem Patronat der Kirchensynode besteht die Bürgschafts- und Darlehensgenossenschaft der evangelisch-reformierten Landeskirche des Kantons Zürich. Die Genossenschaft bezweckt, Angehörigen der Landeskirche durch Übernahme von Bürgschaften, Gewährung von Darlehen, Beratung in wirtschaftlichen Fragen und durch Buchführungshilfe beizustehen. Mitglieder der Genossenschaft können nur evangelisch-reformierte Kirchgemeinden sein. Der Kirchenrat ernennt ein Mitglied des Vorstandes.

Art. 208. Zwischenkirchliche Hilfe, Entwicklungszusammenarbeit. (1) Die Landeskirche unterstützt die zwischenkirchliche Hilfe in der Schweiz und im Ausland.
(2) Sie setzt sich für die Förderung und Unterstützung der Entwicklungszusammenarbeit ein.
(3) Sie arbeitet namentlich mit „HEKS – Hilfswerk der Evangelischen Kirchen Schweiz" und „Brot für alle" (BFA) als den Werken des Schweize-

rischen Evangelischen Kirchenbundes zusammen. Sie unterstützt auch andere Werke.

9. Dienst am öffentlichen Leben

Art. 209. Landeskirche und öffentliches Leben. (1) Die Landeskirche verkündigt die Herrschaft Gottes über alle Gebiete des Lebens. Sie setzt sich mit Fragen von Zeit und Welt auseinander, z.B. mit politischen und sozialen Problemen, Erhaltung des Friedens und der Freiheit. Sie tritt für eine Ordnung von Staat, Gesellschaft und Wirtschaft ein, die sich aus christlichem Glauben verantworten lässt. Sie fordert ihre Glieder auf, sich in diesem Sinne am öffentlichen und kulturellen Leben zu beteiligen.
(2) Kirchensynode und Kirchenrat sind bestrebt, den über die einzelne Kirchgemeinde hinausgehenden Auftrag der Kirche mit den ihnen gegebenen Mitteln, insbesondere auf den Gebieten der Schulung und der Informationsmittel sowie kultureller Bestrebungen, zu erfüllen.
(3) Sie treten in Ausübung des Wächteramtes der Kirche gegen Verletzungen der Mitmenschlichkeit und gegenüber den Gefahren der Vermassung auf.
(4) Sie können zu wichtigen Fragen durch öffentliche Erklärungen und Mandate Stellung nehmen.

Art. 210. Landeskirche und Schule. (1) Die Landeskirche bejaht die volkserzieherische Aufgabe der Schule und unterstützt alle Bestrebungen, Erziehung und Lehrerbildung in christlicher Verantwortung zu verankern.
(2) Die Landeskirche übernimmt ideell und finanziell Mitverantwortung für staatlich anerkannte evangelische Bildungs- und Ausbildungsinstitutionen, indem sie deren Gründung und Betrieb unterstützt.

Art. 211. Landeskirche und Informationsmittel. (1) Die Landeskirche benützt auf geeignete Weise zur Verkündigung des Wortes Gottes auch die Massenmedien (Presse, Radio, Film und Fernsehen) und sorgt durch sie für eine genügende Information der Öffentlichkeit über ihre eigenen Anliegen sowie über jene des schweizerischen Protestantismus und seiner Kirchen.
(2) Der Kirchenrat trifft geeignete Massnahmen zur Gewährleistung der kirchlichen Mitverantwortung und zur Förderung kirchlicher Mitarbeit auf dem Gebiete der Informationsmittel. Hiezu arbeitet er insbesondere mit dem Schweizerischen Evangelischen Kirchenbund und dessen Institutionen, mit dem Schweizerischen Evangelischen Pressedienst und mit der Redaktion des „Kirchenboten für den Kanton Zürich“ zusammen.

Art. 212. Landeskirche und kulturell-gemeinnützige Bestrebungen. (1) Die Landeskirche fördert über die einzelne Kirchgemeinde hinausgehende kulturelle und gemeinnützige Bestrebungen, zumal solche, die sich mit der Lösung von Fragen befassen, welche für die Zukunft unseres Volkes lebenswichtig sind.
(2) Kirchensynode und Kirchenrat können solche Bestrebungen insbesondere durch Gewährung von Beiträgen aus ihnen dafür zur Verfügung stehenden Mitteln oder durch Empfehlung von Kollekten unterstützen.

10. Aufgaben im schweizerischen Protestantismus

Art. 213. Kirchenbund. (1) Die evangelisch-reformierte Landeskirche des Kantons Zürich ist Mitglied des Schweizerischen Evangelischen Kirchenbundes (SEK). So hilft sie die Einheit und Kraft des schweizerischen Protestantismus fördern.
(2) Die Kirchensynode wählt auf ihre Amtsdauer die Vertreter der zürcherischen Landeskirche für die Abgeordnetenversammlung des Schweizerischen Evangelischen Kirchenbundes.

Art. 214. Diaspora. Die Landeskirche weiss sich für die Glaubensgenossen in der Diaspora verantwortlich. Deshalb arbeitet sie mit dem Protestantisch-kirchlichen Hilfsverein des Kantons Zürich zusammen und empfiehlt den Kirchgemeinden, jährlich mindestens eine Kollekte zu seinen Gunsten zu erheben.

Art. 215. Auslandschweizergemeinden. Der Landeskirche ist die Mitverantwortung für die Auslandschweizergemeinden überbunden. Sie bemüht sich daher, solchen dem Schweizerischen Evangelischen Kirchenbund angeschlossenen Gemeinden mit kirchlichen Kräften und finanziellen Mitteln beizustehen und zurückkehrenden Pfarrern den Wiedereintritt in den hiesigen Kirchendienst zu erleichtern.

11. Ökumene

Art. 216. Reformierter Weltbund und Ökumenischer Rat der Kirchen. Durch den Schweizerischen Evangelischen Kirchenbund ist die Landeskirche dem Reformierten Weltbund und dem Ökumenischen Rate der Kirchen angeschlossen.

Art. 217. Zusammenarbeit. (1) Die Landeskirche bemüht sich um ökumenische Zusammenarbeit. Sie wirkt für gegenseitiges Verständnis und für Achtung unter allen christlichen Konfessionen.

[(2) (aufgehoben)]

Art. 218. Auftrag. In Gemeinschaft mit der gesamten Christenheit weiss sich die Landeskirche im Gehorsam gegenüber dem Herrn der Kirche dazu bestellt, an ihrem Orte die Botschaft vom Heil in Jesus Christus, von der Nächstenliebe und vom Kommen des Reiches Gottes zu bezeugen.

Übergangsbestimmungen

Art. 219. Aufhebung von Erlassen. Durch diese Kirchenordnung und ihre Änderungen werden alle widersprechenden früheren Vorschriften der evangelisch-reformierten Landeskirche des Kantons Zürich aufgehoben, insbesondere die Kirchenordnung vom 13. Februar 1905 mit den seitherigen Änderungen.

Art. 220. Kirchgemeindeordnung/Gemeindekonvent. (1) Kirchgemeinden, die über keine Kirchgemeindeordnung verfügen, erlassen eine solche binnen zweier Jahre nach Inkrafttreten der Teilrevision der Kirchenordnung vom 31. Januar 2006.
(2) Binnen der nämlichen Frist nimmt der Gemeindekonvent seine Tätigkeit auf.

Art. 221. Religionspädagogisches Handeln. Art. 86-92 b der Kirchenordnung in der Fassung gemäss Synodebeschluss vom 31. Januar 2006 treten in den Kirchgemeinden schrittweise mit der Einführung der verbindlichen Angebote des religionspädagogischen Handelns in Kraft. Bis zu diesem Zeitpunkt gelten für den kirchlichen Unterricht Art. 86-91 der Kirchenordnung in der Fassung gemäss Synodebeschluss vom 26. September 1989 weiter.

Art. 222. Inkrafttreten. Diese Kirchenordnung und ihre Änderungen treten, unter Vorbehalt der Annahme durch die Stimmberechtigten und der Erwahrung durch die Kirchensynode im Fall einer Referendumsabstimmung, nach der amtlichen Veröffentlichung des Genehmigungsbeschlusses des Regierungsrates auf den vom Kirchenrat bestimmten Termin in Kraft.

SJKR/ASDE Beiheft 6 (2009), S. 489-511

Anhang

Schweizerischer Evangelischer Kirchenbund (SEK), Fédération des Eglises protestantes de Suisse (FEPS), Federazione delle Chiese evangeliche della Svizzera (FCES)

Verfassung des Schweizerischen Evangelischen Kirchenbundes vom 13. Juni 1950*

Inhaltsverzeichnis

	Artikel
I. Allgemeine Bestimmungen	1
II. Die Mitglieder	4
III. Das Verhältnis des SEK zu seinen Mitgliedern	5
IV. Die Organe des SEK	8
A. Die Abgeordnetenversammlung	9
B. Der Rat	13

* Die vorliegende Verfassung wurde durch die Abgeordnetenversammlung vom 12. Juni 1950 in Zürich angenommen und ersetzt diejenige vom 17. Juni 1924. Änderungen: Juni 1982; Oktober 1992; Juni 1993; März 1998; November 2002; November 2003; Juni 2006; November 2008. Die Abgeordnetenversammlung des SEK hat am 17.-19. Juni 2007 eine Motion überwiesen, wonach die Verfassung totalrevidiert werden soll.

C. Die Revisionsstelle 14bis
V. Finanzen 15
VI. Auflösung 17ter
VII. Revision der Verfassung 18

Wie der Leib einer ist und viele Glieder hat, alle Glieder des Leibes aber, obgleich es viele sind, einen Leib bilden, so ist es auch mit Christus. (1. Kor. 12, 12)

I. Allgemeine Bestimmungen

Glaubensgrundlage. (1) Der Schweizerische Evangelische Kirchenbund (nachstehend SEK genannt) bezeugt Jesus Christus als seinen alleinigen Herrn. Er erkennt in der Heiligen Schrift das Zeugnis der göttlichen Offenbarung. Er bekennt, dass wir errettet sind durch Gnade und gerechtfertigt durch den Glauben.
(2) Der SEK weiss sich aufgerufen, im Glauben an das kommende Reich Gottes die Forderung und Verheissung der Christusbotschaft in unserem Volke zu vertreten.

Art. 1. Zusammensetzung. Der SEK umfasst auf föderalistischer Grundlage die schweizerischen evangelisch-reformierten Kantonalkirchen, protestantische Diasporaverbände, die kantonalen Freikirchen sowie andere auf dem Boden der Reformation stehende kirchlich organisierte Glaubensgemeinschaften.

Art. 2. Zweck. Der SEK hat die Aufgabe, die gemeinsamen Interessen seiner Mitglieder und des schweizerischen Protestantismus wahrzunehmen. Auf dieser Grundlage obliegen ihm:

a) die Wahrung, Stärkung und Ausbreitung des evangelischen Glaubens in der Schweiz;
b) die Zusammenfassung aller protestantischen Kräfte;
c) die Pflege der geistlichen Verbundenheit seiner Mitglieder;
d) die Gründung und Förderung evangelischer Werke in der Schweiz;
e) die Unterstützung der schweizerischen Protestantinnen und Protestanten im Ausland;
f) die Vertretung der Gesamtheit seiner Mitglieder gegenüber Dritten, insbesondere bei den Behörden der Schweizerischen Eidgenossenschaft; die Mitglieder informieren den Rat des SEK über Schritte, die sie bei den eidgenössischen Behörden unternehmen;

g) die Vertretung der Gesamtheit seiner Mitglieder im Ökumenischen Rat der Kirchen;
h) die Pflege von Beziehungen zu den Kirchen des Auslandes.

Art. 3. Rechtscharakter und Sitz. (1) Der SEK besitzt das Recht der Persönlichkeit gemäss Art. 60 ff. ZGB[1].
(2) Sein Sitz wird durch die Abgeordnetenversammlung bestimmt.

II. Die Mitglieder

Art. 4. (1) *Gegenwärtige Mitglieder.* Mitglieder des SEK sind die in Art. 1 genannten Kirchen und Verbände, welche ihm zur Zeit der Genehmigung dieser Verfassung angehören.
(2) *Voraussetzung weiterer Mitgliedschaft.* Andere selbständige kirchliche Gemeinschaften, sofern sie die Voraussetzungen erfüllen, wie sie in den allgemeinen Bestimmungen dieser Verfassung niedergelegt sind, können die Mitgliedschaft erwerben, wenn sie korporativ organisiert sind, mindestens 5000 Mitglieder zählen und von der Abgeordnetenversammlung mit Zweidrittelmehrheit aufgenommen werden. Eine Gemeinschaft, die bereits einem Mitglied des SEK angegliedert ist, kann für sich selbst die Mitgliedschaft nicht erwerben. Ein Verband, welcher Gemeinschaften enthält, die bereits dem SEK angehören, kann auch nicht als Mitglied aufgenommen werden.
(3) *Schweizerkirchen im Ausland.* Reformierte Schweizerkirchen im Ausland können als freie Mitglieder ohne finanzielle Verpflichtungen aufgenommen werden. Sie haben das Recht, sich an der Abgeordnetenversammlung durch je eine Delegierte oder einen Delegierten mit beratender Stimme vertreten zu lassen.

III. Das Verhältnis des SEK zu seinen Mitgliedern

Art. 5. Selbständigkeit der Mitglieder. Die Zugehörigkeit zum SEK verpflichtet die Mitglieder zu Stärkung der Einheit des schweizerischen Protestantismus. Sie beeinträchtigt die Selbständigkeit und Eigenart der einzelnen Mitglieder nicht.

Art. 6. Obligatorischer Charakter der Beschlüsse des SEK. Die Mitglieder verpflichten sich, die in Anwendung der vorliegenden Verfassung ordnungsgemäss gefassten Beschlüsse des SEK zu beachten und durchzuführen,

1 SR 210.

vorbehältlich der in den einzelnen Mitgliedkirchen geltenden kirchlichen Ordnungen.

Art. 7. Beziehungen zu protestantischen Organisationen. Der SEK unterhält Beziehungen zu protestantischen Organisationen in der Schweiz.

IV. Die Organe des SEK

Art. 8. Die Organe. Die Organe des SEK sind:

a) die Abgeordnetenversammlung,
b) der Rat,
c) die Revisionsstelle.

Art. 8bis. Sprachen. (1) In Organen des SEK, in Kommissionen und in besonderen Funktionen wie Präsidien und Vizepräsidien sollen die deutsche und die französische Sprache angemessen vertreten sein.
(2) Dokumente des SEK erscheinen in deutscher und französischer, grundlegende Dokumente ebenso in italienischer Sprache.

A. Die Abgeordnetenversammlung

Art. 9. Zusammensetzung und Vertretung. (1) Die Abgeordnetenversammlung ist das oberste Organ des SEK. Sie besteht aus den Abgeordneten der Mitglieder.
(2) Pro Mitglied besteht nach Kirchenangehörigen gemäss der jeweils letzten eidgenössischen Volkszählung folgender Anspruch:

- bis 5000 Kirchenangehörige: eine Abgeordnete oder ein Abgeordneter,
- bis 50'000 Kirchenangehörige: zwei Abgeordnete,
- bis 150'000 Kirchenangehörige: drei Abgeordnete,
- pro angebrochene weitere 100'000 Kirchenangehörige: eine zusätzliche Abgeordnete oder ein zusätzlicher Abgeordneter.

(3) Die Mitglieder bestimmen die Wahlart ihrer Abgeordneten selbst. Deren Amtsdauer beträgt ordentlicherweise 4 Jahre.
(4) Mitarbeitende des SEK und von Stiftungen, in denen die Abgeordnetenversammlung oder der Rat des SEK Organ sind, können nicht Abgeordnete sein.
(5) Die Abgeordnetenversammlung kann mittels Reglement vorsehen, dass weitere Personen mit eingeschränkten Mitwirkungsrechten an ihren Tagungen teilnehmen. Mitwirkungsrechte sind im Reglement festzulegen.

(6) Der Rat kann Vertreterinnen oder Vertreter von Organisationen im Sinne von Art. 7 zur Teilnahme an der Abgeordnetenversammlung einladen; diese kann ihnen das Recht beratender Stimme zuerkennen.

Art. 10. Tagungen. (1) Die Abgeordnetenversammlung tritt ordentlicherweise jährlich zweimal an dem von ihr zuvor bestimmten Tagungsort zusammen.

(2) Ausserordentliche Tagungen finden statt:

a) auf Beschluss der Abgeordnetenversammlung,
b) auf Verlangen von mindestens drei Mitgliedkirchen oder eines Viertels der Abgeordneten,
c) auf Beschluss des Rates.

(3) Ort und Zeit der ausserordentlichen Tagungen werden durch die Präsidentin oder den Präsidenten der Abgeordnetenversammlung festgesetzt.

Art. 10bis. Die Abgeordnetenversammlung ordnet Arbeitsweise und Verfahren in einem Reglement. Das Reglement kann die nachträgliche Ergänzung der Traktandenliste bis zum Zeitpunkt ihrer Behandlung vorsehen.

Art. 11. Befugnisse. Die Abgeordnetenversammlung hat folgende Befugnisse:

a) Beschlussfassung über alle Fragen, welche gemäss Art. 2 der Verfassung in den Aufgabenkreis des SEK fallen und gemäss Art. 14 nicht dem Rat zugewiesen sind, sowie über die ihr vom Rat unterbreiteten Gegenstände;
b) Wahl ihrer Präsidentin oder ihres Präsidenten sowie von zwei Personen als Vizepräsidentinnen oder Vizepräsidenten aus der Mitte der Abgeordneten. Diese dürfen nicht der gleichen Kirche angehören;
c) Wahl der vollamtlichen Präsidentin oder des vollamtlichen Präsidenten sowie von sechs bis zwölf weiteren Mitgliedern des Rates auf eine Amtsdauer von vier Jahren, die am darauffolgenden 1. Januar beginnt. Die Abgeordnetenversammlung legt die Zahl der Mitglieder des Rates mindestens ein Jahr vor Beginn der neuen Amtsdauer fest.
   Bei der Zusammensetzung des Rates ist auf eine angemessene Vertretung der verschiedenen Landesgegenden und Sprachgebiete zu achten. Es dürfen nicht mehr als zwei Ratsmitglieder der gleichen Kirche angehören. Die Mitglieder des Rates können nicht gleichzeitig Abgeordnete sein; sie sind wiederwählbar. Ein Mitglied, welches das 70. Altersjahr zurückgelegt hat, scheidet auf das Ende des betreffenden Kalenderjahres aus dem Rat aus;
d) Wahl ständiger Kommissionen, unter anderem der Geschäftsprüfungskommission;

e) Wahl der Revisionsstelle;
f) Bestellung nichtständiger Kommissionen;
g) Beratung und Beschlussfassung über Genehmigung des Jahresberichtes des Rates;
h) Genehmigung der Rechnung und des Voranschlages;
i) Erlass des Geschäftsreglements der Abgeordnetenversammlung und der durch sie eingesetzten Kommissionen, eines Finanzreglements sowie anderer Reglemente, sofern sie nicht Angelegenheiten betreffen, die der Befugnis des Rates zugewiesen sind;
[k) aufgehoben]
l) Errichtung schweizerischer kirchlicher Stiftungen und deren Überwachung;
m) Beschlussfassung über eine allfällige Revision der Verfassung.

Art. 12. Beratungen/Wahlen/Abstimmungen. (1) Die Abgeordnetenversammlung ist nur verhandlungs- und beschlussfähig bei Anwesenheit von mindestens der Hälfte der Abgeordneten.
(2) Jede Abgeordnete und jeder Abgeordnete hat eine Stimme. Die Mitglieder des Rates haben beratende Stimme.
(3) Die Wahlen der Präsidentin oder des Präsidenten und der Vizepräsidentinnen oder Vizepräsidenten der Abgeordnetenversammlung werden geheim vorgenommen. Das Gleiche gilt für die Wahlen der Mitglieder und der Präsidentin oder des Präsidenten des Rates. Die Wahl der Präsidentin oder des Präsidenten des Rates erfolgt separat.
(4) Wahlen kommen zustande durch das absolute Mehr aller gültig abgegebenen Stimmen im ersten und durch das relative Mehr im zweiten Wahlgang.
(5) Unter Vorbehalt abweichender Verfassungsbestimmungen entscheidet bei allen Abstimmungen das absolute Mehr der gültig abgegebenen Stimmen.
(6) Die Präsidentin oder der Präsident stimmt nur im Fall der Stimmengleichheit.
(7) Wenn fünf Mitglieder oder ein Drittel der anwesenden Abgeordneten es für einen bestimmten Gegenstand verlangen, so ist für einen Entscheid eine Zweidrittelmehrheit aller gültig abgegebenen Stimmen erforderlich.
(8) Ausserdem kann für Fragen der Festsetzung ihrer Tagesordnung und des Geschäftsverfahrens die Abgeordnetenversammlung in ihrem Geschäftsreglement ein qualifiziertes Mehr vorschreiben.

B. Der Rat

Art. 13. Konstituierung. Der Rat konstituiert sich unter Vorbehalt von Art. 11 lit. c selbst.

Art. 14. Verpflichtungen und Befugnisse. Der Rat hat folgende Verpflichtungen und Befugnisse:

a) er leitet verantwortlich die Geschäfte des SEK und führt die Beschlüsse der Abgeordnetenversammlung durch;
b) er macht den Mitgliedern Anregungen, die ihnen zum Aufbau ihres geistlichen Lebens und zur Erfüllung ihrer Aufgaben dienlich sein können;
c) er kann in seinem Namen oder im Namen des SEK Aufrufe und öffentliche Erklärungen erlassen; ein Aufruf oder eine Erklärung kann jedoch nur dann im Namen des SEK erlassen werden, wenn der Entwurf innert einer Frist von zwei Wochen nach Mitteilung an die vollziehenden Behörden der Mitglieder nicht von einem Drittel derselben abgelehnt worden ist;
d) er vertritt den SEK in seinen Beziehungen zu den eidgenössischen Behörden;
e) er vertritt den SEK in seinen ökumenischen Beziehungen;
f) er unterbreitet der Abgeordnetenversammlung jährlich einen Bericht über seine Tätigkeit sowie die Jahresrechnung und den Voranschlag;
g) er kann ständige oder nichtständige Kommissionen einsetzen und für diese Bestimmungen erlassen;
h) er organisiert unter Berücksichtigung der deutschen und der französischen Sprache die Geschäftsstelle und beaufsichtigt sie;
i) er bezeichnet die Personen, welche berechtigt sind, den SEK durch ihre Unterschrift zu verpflichten.

C. Die Revisionsstelle

Art. 14bis. Aufgabe. Die Revisionsstelle prüft die Buchführung und Jahresrechnung des SEK auf Übereinstimmung mit den Bestimmungen des Finanzreglements und dem Gesetz. Sie stellt der Abgeordnetenversammlung Antrag betreffend Genehmigung.

V. Finanzen

Art. 15. Voranschlag und Mitgliederbeiträge. (1) Die Mitglieder entrichten jährliche Beiträge zur Deckung der sich laut Voranschlag ergebenden Ausgaben.
(2) Ein besonderes Reglement ordnet den Beitragsschlüssel. Dieses kann zu Gunsten einzelner finanzschwacher Mitglieder eine Entlastung vorsehen.

Art. 16. Ausserordentliche Kollekten. Unternimmt der SEK besondere Aktionen, so kann er sich die hiezu nötigen Mittel durch ausserordentliche Kollekten beschaffen, die von der Abgeordnetenversammlung oder in dringenden Fällen vom Rat anzuordnen sind.

Art. 17. Ausserordentliche Beiträge. Ausserordentliche Beiträge und Garantien sowie deren Verteilung auf die Mitglieder werden, nach Begutachtung durch den Rat, von der Abgeordnetenversammlung beschlossen.

Art. 17bis. Haftung der Mitglieder. Die Haftung der Mitglieder des SEK für dessen Verbindlichkeiten beschränkt sich auf die Beiträge gemäss Art. 15 und 17 der Verfassung.

VI. Auflösung

Art. 17ter. Auflösung. (1) Eine Auflösung des SEK richtet sich nach dem Gesetz.
(2) Im Falle einer Auflösung werden Gewinn und Kapital steuerbefreiten juristischen Personen mit Sitz in der Schweiz zugewendet.
(3) Die Zuwendung erfolgt an die allfällige Nachfolgeorganisation des SEK oder bei Fehlen einer solchen an die Mitglieder gemäss dem vor der Auflösung geltenden SEK-Verteilschlüssel.

VII. Revision der Verfassung

Art. 18. Voraussetzungen und Vorgehen. (1) Alle Anträge betreffend Abänderung der Verfassung sind dem Rat zur Begutachtung zu überweisen und von der Abgeordnetenversammlung in zwei Lesungen zu beraten, wobei die zweite Lesung erst in einer nachfolgenden Tagung der Abgeordnetenversammlung vorgenommen werden darf.
(2) Im Falle einer Gesamtrevision der Verfassung erfolgt die endgültige Abstimmung frühestens sechs Monate nach Abschluss der zweiten Lesung.
(3) Abänderungen der Verfassung können nur mit zwei Dritteln der Stimmen der anwesenden Abgeordneten beschlossen werden.

Constitution de la Fédération des Eglises protestantes de Suisse, du 13 juin 1950*

Table des matières

		Articles
I.	Dispositions générales	1
II.	Des membres	4
III.	Des rapports entre la FEPS et ses membres	5
IV.	Des organes de la FEPS	8
	A. De l'Assemblée des délégués	9
	B. Du Conseil	13
	C. De l'organe de révision	14bis
V.	Des finances	15
VI.	Dissolution	17ter
VII.	De la révision de la Constitution	18

Comme le corps est un et a plusieurs membres, et comme tous les membres du corps, malgré leur nombre, ne forment qu'un seul corps, – ainsi en est-il de Christ.

1 Cor. 12: 12

I. Dispositions générales

Affirmation religieuse. (1) La Fédération des Eglises protestantes de Suisse (ci-après FEPS) confesse que Jésus-Christ est son seul Seigneur. Elle reconnaît dans la Bible le témoignage de la révélation divine. Elle affirme que nous sommes sauvés par grâce, justifiés par la foi.

* La présente Constitution a été adoptée par l'Assemblée des délégués réunie à Zurich le 12 juin 1950 et abroge celle du 17 juin 1924.
Modifications: juin 1982; octobre 1992; juin 1993; mars 1998; novembre 2002; novembre 2003; juin 2006, novembre 2008.
Lors de sa session du 17 au 19 juin 2007, l'Assemblée des délégués de la FEPS a approuvé une motion visant la révision totale de la Constitution de la FEPS.

(2) Dans l'espérance du Royaume de Dieu, la FEPS se sait appelée à apporter à notre peuple le message de Jésus-Christ, avec ses exigences et ses promesses.

Art. 1. Composition. La FEPS groupe, en la forme fédérative, les Eglises évangéliques réformées des cantons suisses, les associations des protestantes et des protestants disséminés, les Eglises libres cantonales, ainsi que d'autres communautés religieuses organisées en Eglises et qui adoptent les principes de la Réformation.

Art. 2. But. La FEPS a pour but de protéger les intérêts communs de ses membres et du protestantisme suisse. Sur cette base, elle a pour mission:
a) de sauvegarder, d'affermir et de propager la foi évangélique en Suisse;
b) de travailler à la concentration des forces protestantes;
c) de resserrer les liens spirituels entre ses membres;
d) de fonder et de développer des œuvres protestantes en Suisse;
e) de soutenir les protestants et les protestantes suisses à l'étranger;
f) de représenter l'ensemble de ses membres dans les relations avec les tiers, en particulier avec les autorités fédérales; les membres de la FEPS informeront le Conseil des démarches qu'ils entreprennent auprès de ces autorités;
g) de représenter l'ensemble de ses membres dans le Conseil œcuménique des Eglises;
h) d'entretenir des relations avec les Eglises de l'étranger.

Art. 3. Qualification juridique; siège. (1) La FEPS est une personne morale; elle est régie par les art. 60 ss. du Code civil suisse[1].
(2) Elle a son siège au lieu désigné par l'Assemblée des délégués.

II. Des membres

Art. 4. (1) *Membres actuels.* Sont membres de la FEPS les Eglises et communautés mentionnées à l'art. 1 qui lui sont affiliées au moment de l'adoption de la présente Constitution.
(2) *Conditions d'admission de nouveaux membres.* D'autres communautés ecclésiastiques qui remplissent les conditions exprimées dans les dispositions générales de la présente Constitution et qui comptent au moins 5000 membres peuvent demander leur affiliation à la FEPS si elles sont organisées corporativement; elles deviennent membres de la FEPS si l'Assemblée des délégués les admet à la majorité des deux tiers des votants. Une communauté

1 RS 210.

déjà rattachée à l'un des membres de la FEPS ne peut acquérir elle-même la qualité de membre. Par ailleurs, une association qui regroupe des communautés déjà membres de la FEPS ne peut elle-même acquérir cette qualité.
(3) *Eglises suisses à l'étranger.* Les Eglises réformées suisses à l'étranger peuvent être affiliées sur leur demande, sans être astreintes à aucune charge financière. Chacune d'elles peut se faire représenter à l'Assemblée par un délégué ou une déléguée, qui a voix consultative.

III. Des rapports entre la FEPS et ses membres

Art. 5. Autonomie des membres. L'affiliation à la FEPS implique pour tous les membres la volonté de renforcer l'unité du protestantisme suisse, mais ne porte aucune atteinte à l'autonomie ni au caractère particulier de chacun d'eux.

Art. 6. Caractère obligatoire des décisions de la FEPS. Les membres s'obligent à observer et à exécuter les décisions qui sont régulièrement prises par la FEPS conformément à la présente Constitution, sous réserve des dispositions de leur propre droit ecclésiastique.

Art. 7. Relations avec les organisations protestantes. La FEPS entretient des relations avec les organisations protestantes de Suisse.

IV. Des organes de la FEPS

Art. 8. Désignation. Les organes de la FEPS sont:
a) l'Assemblée des délégués,
b) le Conseil,
c) l'organe de révision.

Art. 8bis. Langues. (1) La langue allemande et la langue française doivent être représentées de manière appropriée dans les organes de la FEPS, dans les commissions et dans certaines fonctions telles que la présidence et la vice-présidence.
(2) Les documents de la FEPS sont publiés en allemand et en français, les documents fondamentaux le sont également en italien.

A. De l'Assemblée des délégués

Art. 9. Composition et représentation. (1) L'Assemblée des délégués est l'organe suprême de la FEPS; elle est constituée par les délégués ou déléguées des membres.

(2) En fonction du nombre de membres de l'Eglise selon le dernier recensement fédéral, chaque membre peut avoir le nombre de délégués ou déléguées suivant:

– jusqu'à 5000 membres: un délégué ou déléguée,
– jusqu'à 50'000 membres: deux délégués ou déléguées,
– jusqu'à 150'000 membres: trois délégués ou déléguées,
– par tranche de 100'000 membres supplémentaires: un délégué ou une déléguée supplémentaire.

(3) Les membres déterminent eux-mêmes le mode d'élection de leurs délégués ou déléguées. La durée de fonction de ces derniers est normalement de quatre ans.

(4) Les membres du personnel de la FEPS et des fondations dans lesquelles l'Assemblée des délégués ou le Conseil de la FEPS exercent des fonctions formelles ne peuvent faire partie des délégués ou des déléguées.

(5) L'Assemblée des délégués peut prévoir, dans son règlement, que d'autres personnes dont le droit d'intervention est limité participent à ses sessions. Les droits d'interventions sont déterminés dans le règlement.

(6) Le Conseil peut inviter à l'Assemblée des délégués des personnes représentant des organisations, au sens de l'art. 7; l'Assemblée des délégués peut leur accorder voix consultative.

Art. 10. Sessions. (1) L'Assemblée des délégués se réunit en session ordinaire deux fois par an, au lieu fixé préalablement par elle.

(2) Elle se réunit en session extraordinaire:

a) lorsqu'elle le décide elle-même,
b) lorsque trois Eglises membres ou un quart des délégués ou des déléguées au moins le demandent,
c) lorsque le Conseil le décide.

(3) Le lieu et la date des sessions extraordinaires sont fixés par le président ou la présidente de l'Assemblée des délégués.

Art. 10bis. L'Assemblée des délégués règle son mode de travail et sa procédure par un règlement. Celui-ci peut prévoir la possibilité d'apporter des compléments à l'ordre du jour jusqu'au moment de l'examen de ce dernier par l'Assemblée des délégués.

Art. 11. Attributions. L'Assemblée des délégués exerce les attributions suivantes:

a) elle statue sur toutes les questions qui ressortissent à la FEPS aux termes de l'art. 2 de la présente Constitution et qui ne font pas partie des attributions du Conseil selon l'art. 14, ainsi que sur toutes celles qui lui sont soumises par le Conseil;

b) elle élit parmi les délégués et déléguées son président ou sa présidente, ainsi que deux personnes qui assumeront la vice-présidence. Ces personnes ne peuvent appartenir à la même Eglise;

c) elle élit le président ou la présidente à plein temps ainsi que six à douze autres membres du Conseil pour une période de quatre ans, commençant le 1er janvier suivant. L'Assemblée des délégués fixe le nombre des membres du Conseil une année au moins avant le début d'une nouvelle législature.
Dans le choix des membres du Conseil, elle tient équitablement compte des différentes régions géographiques et linguistiques du pays. Deux membres du Conseil au plus peuvent appartenir à la même Eglise. Les membres du Conseil ne peuvent pas être en même temps délégués à l'Assemblée; ils sont rééligibles. Un membre qui a atteint l'âge de 70 ans doit quitter le Conseil à la fin de l'année civile au cours de laquelle il accomplit son 70e anniversaire;

d) elle nomme les commissions permanentes, notamment la Commission d'examen de la gestion;

e) elle nomme l'organe de révision;

f) elle institue des commissions temporaires;

g) elle discute le rapport annuel du Conseil et statue sur son adoption;

h) elle adopte les comptes et le budget;

i) elle adopte le règlement de l'Assemblée et des commissions instituées par elle, un règlement des finances, ainsi que d'autres règlements sur les matières qui ne rentrent pas dans les attributions du Conseil;

[k) abrogé]

l) elle peut constituer des fondations ecclésiastiques suisses; elle en assume la surveillance;

m) elle statue sur la révision de la présente Constitution.

Art. 12. Délibérations/Elections/Votations. (1) L'Assemblée des délégués ne délibère et ne vote valablement que si la moitié au moins des délégués ou déléguées est présente.

(2) Chaque délégué ou déléguée dispose d'une voix. Les membres du Conseil ont voix consultative.

(3) L'élection du président ou de la présidente et des personnes qui assumeront la vice-présidence de l'Assemblée des délégués se fait à bulletin secret. Il en va de même pour l'élection des membres et du président ou de la présidente du Conseil. L'élection de la présidente ou du président du Conseil se fait séparément.

(4) Les élections se font, au premier tour de scrutin, à la majorité absolue des suffrages valablement exprimés et, au second tour, à la majorité relative.
(5) Sous réserve des dispositions contraires de la Constitution, les votations se font à la majorité absolue des suffrages valablement exprimés.
(6) Le président ou la présidente ne vote qu'en cas d'égalité de voix.
(7) Si cinq membres de la FEPS ou un tiers des délégués et des déléguées présents en font la demande, les décisions sur un objet déterminé devront être prises à la majorité des deux tiers des suffrages valablement exprimés.
(8) L'Assemblée des délégués peut en outre prescrire dans son règlement une majorité qualifiée sur les questions d'ordre du jour et de procédure.

B. Du Conseil

Art. 13. Constitution. Le Conseil se constitue lui-même sous réserve de l'art. 11 let. c.

Art. 14. Attributions. Le Conseil a les attributions suivantes:
a) il dirige, sous sa responsabilité, les affaires de la FEPS et il exécute les décisions prises par l'Assemblée des délégués;
b) il suggère aux membres de la FEPS ce qui peut être utile au développement de leur vie spirituelle et à l'accomplissement de leur tâche;
c) il peut lancer des appels et faire des déclarations, soit au nom de la FEPS, soit en son propre nom; il ne pourra le faire au nom de la FEPS qu'après avoir communiqué le projet d'appel ou de déclaration aux autorités exécutives des membres; si ce projet ne soulève pas l'opposition du tiers des membres dans un délai de deux semaines, l'appel ou la déclaration seront faits au nom de la FEPS;
d) il la représente la FEPS dans les relations avec les autorités fédérales;
e) il la représente dans ses relations œcuméniques;
f) il présente chaque année à l'Assemblée des délégués un rapport sur son activité et sur sa gestion, ainsi que les comptes et le budget;
g) il peut nommer des commissions permanentes ou temporaires et édicter des prescriptions générales à leur intention;
h) il organise le Secrétariat, en tenant compte des langues française et allemande, et il en a la surveillance;
i) il désigne les personnes autorisées à engager la FEPS par leur signature.

C. De l'organe de révision

Art. 14bis. Rôle. L'organe de révision examine la conformité de la comptabilité et des comptes annuels de la FEPS avec les dispositions du règlement des finances et de la loi. Il propose à l'Assemblée des délégués d'approuver les comptes de la FEPS.

V. Des finances

Art. 15. Budget et contributions des membres. (1) Les membres versent des contributions annuelles pour couvrir les dépenses qui résultent des prévisions budgétaires.
(2) Un règlement spécifique définit la clé de répartition des contributions. Il peut prévoir une décharge en faveur des Eglises membres financièrement faibles.

Art. 16. Collectes extraordinaires. Lorsque la FEPS entreprend des actions spéciales, elle peut se procurer les fonds nécessaires par des collectes extraordinaires qui seront décidées soit par l'Assemblée des délégués, soit, en cas d'urgence, par le Conseil.

Art. 17. Contributions extraordinaires. L'Assemblée des délégués peut, sur préavis du Conseil, décréter des contributions extraordinaires et assumer des garanties dont elle répartit la charge entre les membres de la FEPS.

Art. 17bis. La responsabilité des membres de la FEPS concernant les engagements de celle-ci est limitée aux contributions fixées conformément aux art. 15 et 17 de la Constitution.

VI. Dissolution

Art. 17ter. Dissolution. (1) La loi règle une éventuelle dissolution de la FEPS.
(2) En cas de dissolution, le bénéficie et le capital sont versés à des personnes morales exonérées de l'impôt et ayant leur siège en Suisse.
(3) Le versement se fait à l'organisation prenant la succession de la FEPS, ou, si une telle n'existe pas, aux Eglises membres en fonction de la clef de répartition en vigueur.

VII. De la révision de la Constitution

Art. 18. Conditions et procédure. (1) Toute proposition de modifier la Constitution doit être soumise au préavis du Conseil et fera l'objet de deux débats de l'Assemblée des délégués. Ces débats auront lieu dans deux sessions différentes de l'Assemblée des délégués.

(2) En cas de révision totale de la Constitution, le vote final interviendra au plus tôt six mois après le deuxième débat.
(3) Les modifications ou la révision totale de la Constitution ne peuvent être adoptées qu'à la majorité des deux tiers des délégués et des déléguées présents.

Costituzione della Federazione delle Chiese evangeliche della Svizzera, del 13 giugno 1950*

Indice

		articolo
I.	Disposizioni generali	1
II.	I membri	4
III.	Rapporti fra la FCES e suoi membri	5
IV.	Gli organi della FCES	8
	A. L'Assemblea die delegati	9
	B. Il Consiglio	13
	C. L'organo di revisione	14bis
V.	Le finanze	15
VI.	Scioglimento	17ter
VII.	Revisione della Costituzione	18

Come il corpo è uno e ha molte membra, e tutte le membra del corpo, benché siano molte, formano un solo corpo, così è anche di Cristo.

1 Cor. 12, 12

I. Disposizioni generali

Fondamento teologico. (1) La Federazione delle Chiese evangeliche della Svizzera (in seguito FCES) confessa che Gesù Cristo è il suo solo Signore. Riconosce nella Bibbia la testimonianza della rivelazione divina. Riconosce che noi siamo salvati per grazia, giustificati per fede.
(2) Nella fede nel Regno di Dio che viene, la FCES si sente chiamata a portare al nostro popolo il messaggio di Gesù Cristo, con le sue esigenze e le sue promesse.

Art. 1. Composizione. La FCES raggruppa, su base federativa, le Chiese evangeliche riformate dei Composizione cantoni svizzeri, le associazioni dei

* La presente Costituzione, adottata dall'Assemblea dei delegati riunita a Zurigo il 12 giugno 1950, abroga quella del 17 giugno 1924.
Modifiche: giugno 1982; ottobre 1992; giugno 1993; marzo 1998; novembre 2002; novembre 2003; giugno 2006; novembre 2008.

protestanti e delle protestanti della Diaspora, le Chiese libere cantonali, come altre comunità religiose organizzate in Chiese che adottano i principi della Riforma.

Art. 2. Scopo. La FCES ha lo scopo di proteggere gli interessi comuni dei suoi membri e Scopo del protestantesimo svizzero. Su questa base, essa ha come missione:

a) salvaguardare, rafforzare e diffondere la fede evangelica in Svizzera;
b) lavorare per il consolidamento delle forze protestanti;
c) curare i legami spirituali fra i membri;
d) fondare e sviluppare opere protestanti in Svizzera;
e) sostenere le protestanti e i protestanti svizzeri all'estero;
f) rappresentare l'insieme dei suoi membri nelle relazioni con i terzi, in particolare con le autorità federali. I membri della FCES informeranno il Consiglio sui passi che intraprendono presso queste autorità;
g) rappresentare l'insieme dei suoi membri nel Consiglio ecumenico delle Chiese;
h) curare i rapporti con le Chiese all'estero.

Art. 3. Carattere giuridico e sede. (1) La FCES è una persona giuridica ai sensi dell'art. 60 e ss. del Codice civile svizzero[1].
(2) Ha la sua sede nel luogo designato all'Assemblea dei delegati.

II. I membri

Art. 4. (1) *Membri attuali.* Sono membri della FCES le Chiese e comunità menzionate all'art. 1 affiliate al momento dell'adozione della presente Costituzione.
(2) *Condizioni d'ammissione di nuovi membri.* Altre comunità ecclesiastiche che adempiono le condizioni espresse nelle disposizione generali della presente Costituzione e che contano almeno 5000 membri possono chiedere l'affiliazione alla FCES se sono organizzate corporativamente; diventano membri della FCES se l'Assemblea dei delegati le ammette con la maggioranza dei due terzi dei votanti. Una comunità che già fa parte di uno dei membri della FCES non può acquisire lei stessa la qualità di membro. Analogamente, una associazione che raggruppa comunità già membro della FCES non può a sua volta essere accolta come membro.
(3) *Chiese svizzere all'estero.* Le Chiese riformate svizzere all'estero possono essere accolte come membri liberi su loro richiesta, senza essere tenute

1 RS 210.

ad alcun obbligo finanziario. Ciascuna di queste può farsi rappresentare all'Assemblea dei delegati da un delegato o da una delegata, che ha voto consultivo.

III. Rapporti fra la FCES e i suoi membri

Art. 5. Autonomia dei membri. L'affiliazione alla FCES comporta per tutti i membri la volontà di rafforzare l'unità del protestantesimo svizzero, ma non comporta alcuna limitazione dell'autonomia né del carattere particolare di ciascuno.

Art. 6. Carattere obbligatorio delle decisioni della FCES. I membri si impegnano ad osservare ed eseguire le decisioni regolarmente prese della FCES in conformità alla presente Costituzione, fata riserva delle disposizioni del proprio diritto ecclesiastico.

Art. 7. Relazioni con le organizzazioni protestanti. La FCES intrattiene rapporti con le organizzazioni protestanti in Svizzera.

IV. Gli organi della FCES

Art. 8. Organi. Gli organi della FCES sono:
a) l'Assemblea dei delegati,
b) il Consiglio,
c) l'organo di revisione.

Art. 8a^bis^ Lingue. (1) La lingua tedesca e la lingua francese devono essere rappresentate in modo appropriato negli organi della FCES, nelle commissioni e in certe funzioni come la presidenza e la vice presidenza.
(2) I documenti della FCES sono pubblicati in tedesco e in francese, quelli fondamentali anche in italiano.

A. L'Assemblea dei delegati

Art. 9. Composizione e rappresentazione. (1) L'Assemblea dei delegati è l'organo supremo della FCES; è costituita dai delegati e dalle delegate dei membri.
(2) In funzione del numero dei membri della Chiesa secondo l'ultimo censimento federale, ogni membro può avere il seguente numero di delegati o delegate:

Fino a 5000 membri:	un delegato o una delegata,
Fino a 50'000 membri:	due delegati o delegate,

Fino a 150'000 membri: tre delegati o delegate,
Per ogni frazione di 100'000 membri in più, un delegato o una delegata supplementare.
(3) I membri determinano loro stessi il modo di elezione dei loro delegati o delegate. La durata della funzione di questi ultimi è normalmente di quattro anni.
(4) I membri del personale della FCES e delle fondazioni nelle quali l'Assemblea dei delegati o il Consiglio della FCES esercitano funzioni formali non possono far parte dei delegati o delle delegate.
(5) L'Assemblea dei delegati può prevedere, nel proprio regolamento, che altre persone partecipino alle sue sessioni, con diritto di intervento limitato. I diritti di intervento sono determinati dal regolamento.
(6) Il Consiglio può invitare all'Assemblea dei delegati persone che rappresentano delle organizzazioni, ai sensi dell'art. 7; l'Assemblea dei delegati può accordare loro voto consultivo.

Art. 10. Sessioni. (1) L'Assemblea dei delegati si riunisce in sessione ordinaria due volte l'anno, in un luogo fissato preventivamente dalla stessa.
(2) Si riunisce in sessione straordinaria:
a) quando lo decide essa stessa,
b) quando tre Chiese membro o almeno un quarto dei delegati o delle delegate lo richiedono,
c) quando lo decide il Consiglio.
(3) Il luogo e la data delle sessioni straordinarie sono fissati dal presidente o dalla presidente dell'Assemblea dei delegati.

Art. 10bis. L'Assemblea dei delegati stabilisce il suo modo di lavorare e la sua procedura tramite un regolamento. Questo può prevedere la possibilità di portare dei complementi all'ordine del giorno fino al momento dell'esame di quest'ultimo da parte dell'Assemblea dei delegati.

Art. 11. Competenze. L'Assemblea dei delegati esercita le seguenti competenze:
a) decide su tutte le questioni che riguardano la FCES ai sensi dell'art. 2 della presente Costituzione e che non sono di competenza del Consiglio secondo l'art. 14, come su tutte quelle che le sono state sottoposte dal Consiglio;
b) elegge fra i delegati e le delegate il suo presidente o la sua presidente, come pure due persone che assumeranno la vicepresidenza. Queste persone non possono appartenere alla stessa Chiesa;
c) elegge il presidente o la presidente a tempo pieno e gli altri membri del Consiglio in numero da sei a dodici per un periodo di quattro anni, che

comincia il 1° gennaio seguente. L'Assemblea dei delegati stabilisce il numero dei membri del Consiglio almeno un anno prima dell'inizio di una nuova legislatura.
Nella scelta dei membri del Consiglio, tiene conto in modo equo delle diverse regioni geografiche e linguistiche del paese. Al massimo due membri del Consiglio possono appartenere alla stessa Chiesa. I membri del Consiglio non possono essere contemporaneamente membri dell'Assemblea dei delegati; sono rieleggibili. Un membro che raggiunge l'età di 70 anni deve lasciare il Consiglio alla fine dell'anno civile nel corso del quale giunge al 70 compleanno;

d) nomina le commissioni permanenti, in particolare la Commissione d'esame della gestione;
e) nomina l'organo di revisione;
f) istituisce le commissioni temporanee;
g) discute il rapporto annuale del Consiglio e decide sulla sua approvazione;
h) approva i conti e il preventivo;
i) approva il regolamento dell'Assemblea e delle commissioni da essa istituite, un regolamento delle finanze come pure altri regolamenti su questioni che non sono di competenza del Consiglio;
[k) abrogato]
l) costituisce, se è il caso, delle fondazioni ecclesiastiche svizzere e ne assume la sorveglianza;
m) decide su una eventuale revisione della presente Costituzione.

Art. 12. Deliberazioni. elezioni e votazioni. (1) L'assemblea dei delegati delibera e vota validamente soltanto se è presente meno la metà dei delegati e delle delegate.
(2) Ogni delegato o delegata dispone di un voto. I membri del Consiglio hanno voto consultivo.
(3) L'elezione del presidente o della presidente e delle persone che assumeranno la vice presidenza dell'Assemblea dei delegati avviene a scrutinio segreto. Lo stesso vale per l'elezione dei membri e del presidente o della presidente del Consiglio. L'elezione della presidente o del presidente del Consiglio avviene separatamente.
(4) Per l'elezione al primo scrutinio è richiesta la maggioranza assoluta dei suffragi validamente espressi, al secondo scrutinio basta la maggioranza relativa.
(5) Con riserva delle disposizioni contrarie della Costituzione, le votazioni avvengono a maggioranza assoluta dei suffragi validamente espressi.
(6) Il presidente o la presidente vota soltanto in caso di parità di voti.

(7) Se cinque membri della FCES o un terzo dei delegati e delle delegate presenti ne fanno richiesta, le decisioni su un determinato oggetto devono essere prese con la maggioranza dei due terzi dei suffragi validamente espressi.
(8) L'Assemblea dei delegati può inoltre prescrivere nel suo regolamento una maggioranza qualificata sulle questioni di ordine del giorno e di procedura.

B. Il Consiglio

Art. 13. Costituzione. Il Consiglio si costituisce da sé, con riserva dell'art. 11 let. c.

Art. 14. Competenze. Il Consiglio esercita le seguenti competenze:

a) dirige, sotto propria responsabilità, gli affari della FCES ed esegue le decisioni prese dall'Assemblea dei delegati;
b) suggerisce ai membri della FCES quanto può essere utile per lo sviluppo della loro vita spirituale e l'adempimento del loro compito;
c) può lanciare appelli e fare dichiarazioni, sia a nome della FCES sia a nome proprio. Non potrà farlo a nome della FCES senza prima aver comunicato alle autorità esecutive dei membri il progetto di appello o di dichiarazione; se questo progetto non solleva l'opposizione di un terzo dei membri entro un termine di due settimane, l'appello o la dichiarazione saranno fatte a nome della FCES;
d) rappresenta la FCES nei rapporti con le autorità federali;
e) la rappresenta nelle sue relazioni ecumeniche;
f) presenta ogni anno all'Assemblea dei delegati un rapporto sulla propria attività e la propria gestione, come pure i conti annuali ed il preventivo;
g) può nominare commissioni permanenti o temporanee ed emanare prescrizioni generali loro destinate;
h) organizza il Segretariato, tenendo conto delle lingue francese e tedesca, ed è responsabile della sua sorveglianza;
i) designa le persone autorizzate a impegnare la FCES con la loro firma.

C. L'organo di revisione

Art. 14bis Compito. L'organo di revisione esamina la conformità della contabilità e dei conti annuali della FCES con le disposizioni del regolamento delle finanze e della legge. Propone all'Assemblea dei delegati di approvare i conti della FCES.

V. Le finanze

Art. 15. Preventivo e contributo dei membri. (1) I membri versano dei contributi annuali per coprire le spese che risultano dal preventivo.

(2) Uno specifico regolamento definisce la chiave di ripartizione dei contributi. Esso può prevedere sgravi in favore delle Chiese membro finanziariamente deboli.

Art. 16. Collette straordinarie. Quando la FCES intraprende azioni speciali, può procurarsi i fondi necessari con collette straordinarie decise sia dall'Assemblea dei delegati, sia, in caso di urgenza, dal Consiglio.

Art. 17. Contributi straordinari. L'Assemblea dei delegati, su preavviso del Consiglio, delibera contributi straordinari e assume garanzie, i cui rischi sono ripartiti fra i membri della FCES.

Art. 17bis. Responsabilità dei membri. La responsabilità dei membri della FCES riguardo agli impegni assunti da quest'ultima è limitata ai contributi fissati in conformità agli art. 15 e 17 della presente Costituzione.

VI. Scioglimento

Art. 17ter. Scioglimento. (1) Un eventuale scioglimento della FCES è regolato a norma di legge.
(2) In caso di scioglimento, utile e capitale sono versati a persone giuridiche esenti dall'imposta con sede in Svizzera.
(3) Il versamento viene fatto all'organizzazione che prende la successione della FCES e, in mancanza di tale organizzazione, alle Chiese membro in base alla vigente chiave di riparto.

VII. Revisione della Costituzione

Art. 18. Condizioni e procedura. (1) Ogni proposta di modifica della Costituzione deve essere sottoposta al preavviso del Consiglio e sarà oggetto di due dibattiti dell'Assemblea dei delegati. Questi dibattiti si svolgeranno in due diverse sessioni dell'Assemblea dei delegati.
(2) In caso di revisione totale della Costituzione, la votazione finale avverrà al più presto sei mesi dopo il secondo dibattito.
(3) Le modifiche o la revisione totale della Costituzione possono essere adottate soltanto con la maggioranza dei due terzi dei delegati e delle delegate presenti.

Mitarbeiter dieses Beiheftes

Frey, Jakob, lic. iur., Leiter Rechtsdienst der Reformierten Kirchen Bern-Jura-Solothurn, Münsingen

Kraus, Dieter, Dr. iur. LL.M. (Edin.), Kabinettchef des Präsidenten des Gerichtshofes der Europäischen Gemeinschaften, Luxemburg

Anschriften der Herausgeber des Jahrbuchs

Dieter Kraus (geschäftsführender Herausgeber und Schriftleiter)
privat: 46-50 Avenue Pasteur, L-2310 Luxemburg
dienstlich: Gerichtshof der Europäischen Gemeinschaften, Kabinett des Präsidenten, Boulevard Konrad Adenauer, L-2925 Luxemburg

Wolfgang Lienemann
privat: Manuelstrasse 116, CH-3006 Bern
dienstlich: Universität Bern, Evangelisch-theologische Fakultät, Länggassstrasse 51, CH-3000 Bern 9

René Pahud de Mortanges
privat: de Castellaweg 29, CH-3280 Greng
dienstlich: Universität Freiburg i.Ü., Rechtswissenschaftliche Fakultät, Lehrstuhl für Rechtsgeschichte und Kirchenrecht, Miséricorde, CH-1700 Freiburg i.Ü.

Christoph Winzeler (bearbeitet den Rezensionsteil)
privat: St. Jakobs-Strasse 96, CH-4052 Basel
geschäftlich: Schweizerische Bankiervereinigung, Postfach 4182, CH-4002 Basel

www.ingramcontent.com/pod-product-compliance
Ingram Content Group UK Ltd.
Pitfield, Milton Keynes, MK11 3LW, UK
UKHW020728041026
15590UKWH00002B/952

9 783034 300759